经以促世
建德开来
贺教育部
人文社会科学
重大项目

李镇梓

教育部哲学社会科学研究重大课题攻关项目
"十三五"国家重点出版物出版规划项目

融合与修正：
跨文化交流的逻辑与认知研究

FUSION AND REVISION:
A LOGICAL AND COGNITIVE STUDY OF CROSS-CULTURAL COMMUNICATION

鞠实儿

等著

中国财经出版传媒集团
经济科学出版社
Economic Science Press

图书在版编目（CIP）数据

融合与修正：跨文化交流的逻辑与认知研究/鞠实儿等著.
—北京：经济科学出版社，2020.1
教育部哲学社会科学研究重大课题攻关项目
"十三五"国家重点出版物出版规划项目
ISBN 978-7-5218-1212-1

Ⅰ.①融…Ⅱ.①鞠…Ⅲ.①文化交流—研究Ⅳ.①G115

中国版本图书馆 CIP 数据核字（2020）第 021813 号

责任编辑：孙丽丽
责任校对：杨　海
责任印制：李　鹏　范　艳

融合与修正：跨文化交流的逻辑与认知研究

鞠实儿　等著

经济科学出版社出版、发行　新华书店经销
社址：北京市海淀区阜成路甲 28 号　邮编：100142
总编部电话：010-88191217　发行部电话：010-88191522
网址：www.esp.com.cn
电子邮件：esp@esp.com.cn
天猫网店：经济科学出版社旗舰店
网址：http://jjkxebs.tmall.com
北京季蜂印刷有限公司印装

787×1092　16 开　28.25 印张　765000 字
2020 年 8 月第 1 版　2020 年 8 第 1 次印刷
ISBN 978-7-5218-1212-1　定价：96.00 元
（图书出现印装问题，本社负责调换。电话: 010-88191510）
（版权所有　侵权必究　举报电话：010-88191586
电子邮箱：dbts@esp.com.cn）

课题组主要成员

主要成员 鞠实儿 罗旭东 王建新 曾昭式
何 杨 文学锋 谢 耘 袁永锋
陈小青 陈彦瑾 冯 聪 景晓鑫
胡炳年 陈伟伟 李 栩 麦劲恒
潘琳琦 朱 谕

编审委员会成员

主 任 吕 萍
委 员 李洪波 柳 敏 陈迈利 刘来喜
　　　　 樊曙华 孙怡虹 孙丽丽

总　序

哲学社会科学是人们认识世界、改造世界的重要工具，是推动历史发展和社会进步的重要力量，其发展水平反映了一个民族的思维能力、精神品格、文明素质，体现了一个国家的综合国力和国际竞争力。一个国家的发展水平，既取决于自然科学发展水平，也取决于哲学社会科学发展水平。

党和国家高度重视哲学社会科学。党的十八大提出要建设哲学社会科学创新体系，推进马克思主义中国化、时代化、大众化，坚持不懈用中国特色社会主义理论体系武装全党、教育人民。2016年5月17日，习近平总书记亲自主持召开哲学社会科学工作座谈会并发表重要讲话。讲话从坚持和发展中国特色社会主义事业全局的高度，深刻阐释了哲学社会科学的战略地位，全面分析了哲学社会科学面临的新形势，明确了加快构建中国特色哲学社会科学的新目标，对哲学社会科学工作者提出了新期待，体现了我们党对哲学社会科学发展规律的认识达到了一个新高度，是一篇新形势下繁荣发展我国哲学社会科学事业的纲领性文献，为哲学社会科学事业提供了强大精神动力，指明了前进方向。

高校是我国哲学社会科学事业的主力军。贯彻落实习近平总书记哲学社会科学座谈会重要讲话精神，加快构建中国特色哲学社会科学，高校应发挥重要作用：要坚持和巩固马克思主义的指导地位，用中国化的马克思主义指导哲学社会科学；要实施以育人育才为中心的哲学社会科学整体发展战略，构筑学生、学术、学科一体的综合发展体系；要以人为本，从人抓起，积极实施人才工程，构建种类齐全、梯队衔接的高校哲学社会科学人才体系；要深化科研管理体制改革，发挥高校人才、智力和学科优势，提升学术原创能力，激发创新创造活力，建设中国特色新型高校智库；要加强组织领导、做好统筹规划、营造良好学术生态，形成统筹推进高校哲学社会科学发展新格局。

哲学社会科学研究重大课题攻关项目计划是教育部贯彻落实党中央决策部署的一项重大举措，是实施"高校哲学社会科学繁荣计划"的重要内容。重大攻关项目采取招投标的组织方式，按照"公平竞争，择优立项，严格管理，铸造精品"的要求进行，每年评审立项约40个项目。项目研究实行首席专家负责制，鼓励跨学科、跨学校、跨地区的联合研究，协同创新。重大攻关项目以解决国家现代化建设过程中重大理论和实际问题为主攻方向，以提升为党和政府咨询决策服务能力和推动哲学社会科学发展为战略目标，集合优秀研究团队和顶尖人才联合攻关。自2003年以来，项目开展取得了丰硕成果，形成了特色品牌。一大批标志性成果纷纷涌现，一大批科研名家脱颖而出，高校哲学社会科学整体实力和社会影响力快速提升。国务院副总理刘延东同志做出重要批示，指出重大攻关项目有效调动各方面的积极性，产生了一批重要成果，影响广泛，成效显著；要总结经验，再接再厉，紧密服务国家需求，更好地优化资源，突出重点，多出精品，多出人才，为经济社会发展做出新的贡献。

作为教育部社科研究项目中的拳头产品，我们始终秉持以管理创新服务学术创新的理念，坚持科学管理、民主管理、依法管理，切实增强服务意识，不断创新管理模式，健全管理制度，加强对重大攻关项目的选题遴选、评审立项、组织开题、中期检查到最终成果鉴定的全过程管理，逐渐探索并形成一套成熟有效、符合学术研究规律的管理办法，努力将重大攻关项目打造成学术精品工程。我们将项目最终成果汇编成"教育部哲学社会科学研究重大课题攻关项目成果文库"统一组织出版。经济科学出版社倾全社之力，精心组织编辑力量，努力铸造出版精品。国学大师季羡林先生为本文库题词："经时济世 继往开来——贺教育部重大攻关项目成果出版"；欧阳中石先生题写了"教育部哲学社会科学研究重大课题攻关项目"的书名，充分体现了他们对繁荣发展高校哲学社会科学的深切勉励和由衷期望。

伟大的时代呼唤伟大的理论，伟大的理论推动伟大的实践。高校哲学社会科学将不忘初心，继续前进。深入贯彻落实习近平总书记系列重要讲话精神，坚持道路自信、理论自信、制度自信、文化自信，立足中国、借鉴国外，挖掘历史、把握当代，关怀人类、面向未来，立时代之潮头、发思想之先声，为加快构建中国特色哲学社会科学，实现中华民族伟大复兴的中国梦做出新的更大贡献！

教育部社会科学司

前言

文化是指一群人共享的价值、信仰和对世界的认识。共享某一文化且相互作用、相互依赖的个体构成该文化中的群体（简称群体）。享有不同文化的群体之间在信息和物质层面的交往形成跨文化群体互动。本书将以鞠实儿 (2012, 2017) 提出的多重文化融合理论为总体框架，综合运用民族志方法、扎根理论方法、认知科学方法、广义论证方法、非形式逻辑方法、形式（符号）逻辑方法（包括公理化方法）和博弈论方法，研究跨文化群体交流的逻辑和认知结构。这一研究之所以必要，有现实和理论两方面的考量。

从现实背景看，其一，我国地域广阔、民族众多，随着我国改革开放的不断深入，民族交往的环境日益复杂；因此，要进一步发展各民族之间的友好交往。其二，随着我国和平崛起，调整我国与其他国家、地区之间的政治、经济和军事关系；加强各民族之间、各宗教之间、各文化之间的沟通与了解，维护世界和平，这已是当务之急。本书的研究试图为处理跨文化群体互动问题的方法和策略提供理论依据。它的设计面向上述国内国际重大现实问题，因而具有深刻的现实背景。

从理论学科发展背景看，其一，逻辑学发展的要求：近 10 年来，逻辑学出现了社会转向。以前被认为是经济学、政治学、社会学等人文社会科学研究的诸多经典问题也成了逻辑学的研究对象。几乎与此同时，鞠实儿 (2006, 2010a,b) 提出和论证了逻辑学文化转向的思想，指出逻辑学研究应该关注不同文化的逻辑思想的差异性，以及不同文化之间交流、论辩和融合的逻辑。事实上，在不同文化背景下，个体的信念、偏好必将随着群体间信息的互动产生不同的信念更新和偏好改变。逻辑学的方法可以帮助我们更加清晰地理解和刻画群体交流和互动背景下的人类社会行为（特别是主流文化中的理性行为）。由此，逻辑学的研究对象和范围也得到进一步扩展，逻辑学日益成为解决人类社会的各种冲突的重要工具之一。其二,社会科学发展的要求:我国社会学、民族学和人类学界对民族问题的研究采用传统的田野调查方法,主要集中在各民族社会文化的结构性、象征性、行为性层面;而缺乏采用高科技手段研究各民族心理、认知、语言逻辑的内部机理及规律,以及对民族、跨文化交流中摩擦乃至纠纷与各民族心理、认知及语言逻辑关系的综合比较研究。因此,如何在学科交叉的背景下,对复杂的民族问题做出精确地描述和提出可操作的消解策略,这是社会科学,尤其是人类学发展的重要课题。其三,跨文化交流和互动研究是20世纪后期国际上兴起的学术思潮。相关学术活动主要集中在国际关系、社会文化思潮、语言交际、中外交流史等研究领域,主要研究成果是:语言交流和相互理解的方法的探索、对有关历史事实(事件)描述和解释、对有关理论的思辨分析和评论。虽然上述研究有助于我们理解跨文化互动和处理日常活动层面上的交流问题;但是,对于处理复杂的大规模的互动问题,我们需要更为精确和系统的模型作为表述和处理手段。

在上述背景下,研究各民族在具体的自然和文化环境中进行论辩的原则,揭示跨民族交流所必需的认知、推理和社会交往机制,探索进行跨民族的论辩与交流的有效途径,成为亟待解决的重大理论和现实问题。

仅从逻辑学研究的角度看,本研究不同于已有研究的地方在于,我们不但考虑群体交流与互动中的公共理性,而且探讨不同文化背景下的主体在逻辑和认知上的结构性差异;不但考虑单一社会和单一文化内部的群体交流与互动,而且考虑不同社会和不同文化之间的交流与互动;不但运用已有的逻辑理论描述更广泛的社会现象,而且通过广泛考察不同社会和文化背景下的论辩行为,反过来修正和扩展逻辑理论本身。

本研究的不同之处还在于,我们引入了广义论证理论和多重文化融合理论。广义论证是指:在给定的文化中,主体依据语境采用规则进行的语言博弈,旨在从前提出发促使参与主体拒绝或接受某个结论,其中,主体隶属于文化群体和相应的社会,语言包括自然语言、肢体语言、图像语言和其他符号。这种论证既不同于形式逻辑学家所关心的形式论证,也不同于非形式逻辑学家所研究的非形式论证。其根本特征在于:它关注论证参与者的社会文化隶属关系对论证规则与结构的制约作用。这种广义论证概念的外延包括各种他文化论辩方式,对应的广义论证逻辑学是对他文化逻辑机制的研究;它丰富和发展了论证理论,揭示了跨文化互动的逻辑基础。因此,从学术价值上讲,本书关于跨文化互动的逻辑学研究,将全面检现有逻辑理论在推进不同文化人群间交流和理解方面的能力,从而有助于挖掘逻辑的深层性质,探索逻辑作为人类社会交流的内在机制及具体形式,为计算机模拟人工社会、研制面向解决人类重大社会问题(如社会公正、规则、资源、效率等）的辅助决策软件提供更加有力的理论和技术支持。

多重文化融合理论是对反驳文化相对主义的回应，用以回答在文化相对主义预设下，不同文化群体之间相互理解、成功交流以及解决文化冲突、和谐生活的可能性（鞠实儿，2012）。在跨文化交流之前，交流双方各自享有的文化被称为原文化；若交流的一方称本方的原文化为本文化，则对方的原文化为他文化。在跨文化交流中，本文化群体成员至少可部分获取他文化的知识。在跨文化交流中，当其中一方获取他文化的知识时，该方的本文化可以被修改。这类经由交流过程最终被修改的本文化被称为该文化的修订版。在跨文化交流中，不仅交流双方各自的本文化可以被修改；而且通过融合他们各自的本文化及其修改版，可以创生一个新的文化。我们称这种新文化为这两种文化的公共或共生文化，简称公共版或共生版；文化共生中所涉及到的文化被称为共生方文化。在跨文化交流过程中，交流双方各自的本文化会被修改；通过融合，新的文化会创生；但是，交流双方至少会部分保留各自的本文化。

根据多重文化融合理论，融合与修正是跨文化交流中的两大主题。全书将围绕这两大主题按照语言融合、逻辑融合、文化修正和信念修正四部分展开，其中语言融合为跨文化交流提供语言基础，逻辑融合为跨文化交流提供逻辑基础，文化修正通过人类学和心理学等实证方法给出跨文化交流的宏观过程，信念修正则综合运用和发展信念修正理论、动态认知逻辑和模糊逻辑以及博弈论等工具揭示了跨文化交流的微观机制。全书总体框架如图 1 所示：

下面对各章内容作简要介绍。

导论：跨文化交流的概念模型

本章首先对"文化"这一概念进行了哲学分析，从而获得了文化的结构特征，然后对跨文化交流活动的过程、常见问题及其解决办法进行了非形式分析。接着给出了文化模型和理想文化模型的形式定义，并依此给出了十条对跨文化交流中文化模型的理性改变的形式规范，而且给出了跨文化交流中理性论辩的建议。最后提出了跨文化交流的多重文化融合理论。

第 1 章：基于语义网的语言融合

本章提供的是跨文化群体在语言交流上的一种可能性。使用了动态语义网，以 WordNet 为基础，主要分析关于名称的认知。文化能够体现在语义网的内部节点和联系中，不同的文化背景的人群会使用不同的语义网。通过语义网融合，两种文化能实现最基本的交流。这种交流从专名出发，建立在例证和分类的基础上，能够将联系拓展到其他概念节点，并能够通过语义网内的联系进行推演。

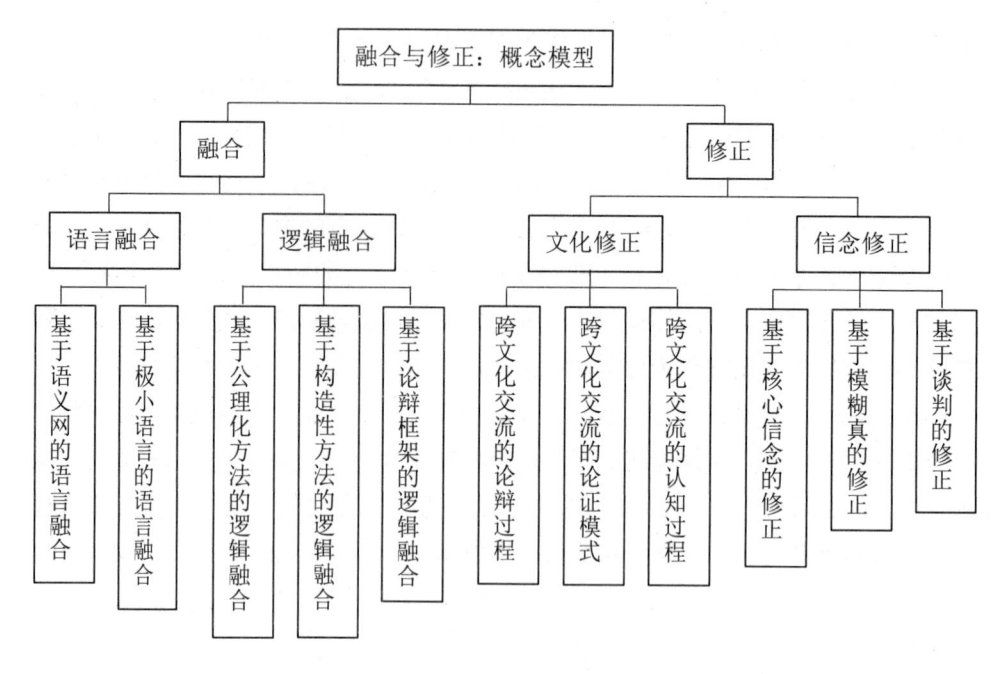

图 1　总体框架

第 2 章：基于极小语言的语言融合

作为研究跨文化交流的语言逻辑起点，我们给出了 IMA 语言的逻辑。尽管 IMA 语言看上去过于简单，但通过对这种极小语言的形式化，我们可以找到所有自然语言的共同基础。我们给出了该极小逻辑的若干扩充，展示了如何利用这些扩充逐步逼近真实的自然语言。这种极小主义纲领不仅为跨文化交流的语言逻辑提供了研究方法，而且更一般地为组合语义学提供了一种新的研究进路。这种研究进路能帮助我们更好地发现隐藏在自然语言表层差异下的深层差异和共同之处。进一步的研究包括将我们构造的形式系统应用于具体的自然语言（如汉语），以帮助解释自然语言中特殊的语义和推理现象。

第 3 章：基于公理化方法的逻辑融合

本章首先在最一般的层面上讨论了逻辑是什么，以及一个逻辑通常需要满足哪些性质，然后讨论了融合逻辑的函数通常需要满足哪些公理，最后研究了满足不同公理的逻辑融合函数是否存在。本章不仅讨论了逻辑融合的一些可能性与不可能性结果，还比较了逻辑融合与其他聚合框架之间的关系。逻辑融合为研究逻辑提供了一种社会性视角。不同逻辑性质在社会融合框架下的鲁棒性差异让我们对一些表面上无区别的逻辑性质有了新的理解。

第 4 章：基于构造性方法的逻辑融合

本章刻画了一种消除不同文化群体逻辑系统之间冲突的融合方法。首先，所有逻辑系统被扩充为基于同一语言。然后利用基于距离测度的方法找出距离最小的扩充。在这一工作中，我们利用了汉明距离测度来测量两个逻辑之间的距离。同时，我们证明了这个融合算子满足协同性、强一致性、有根性和匿名性这四个在社会选择理论中被广泛讨论的性质。因此，我们对于融合算子的定义是合理的。结果表明，不同文化逻辑间的矛盾被所建立的共同逻辑消除了。通过这样建立的共同逻辑可以作为不同文化交流的基础。

第 5 章：基于论辩框架的逻辑融合

通过在辩论过程中考察论辩框架的每对论证中的一个论证是否会攻击另外一个论证，得出一个论辩框架可以通过高层次的抽象来模拟主体的论证态度。当我们希望模拟不同文化群体被介入到一场辩论这种情况时，我们可能希望能够聚合他们各自的论辩框架以求得到一个单一的能反映不同文化共同意见的框架。即使主体们在细节上持不同看法，他们仍然可能在更高层次上的语义性质上看法一致，比如一个给定论证的可接受性。本章通过使用来自社会选择的方法，分析了在什么情况下这些被主体们认同的语义性质可以在聚合后保留下来。

第 6 章：跨文化交流的论辩过程

本章从广义非形式逻辑的角度探讨了如何描述跨文化交流的论辩过程。其中，实施跨文化交流的主体均限定为现代文化群体。首先，我们考虑了最简单的情况，即指出在单一文化中描述论辩实践的核心要素和主要步骤。其次，讨论如何在论辩实践的刻画中嵌入社会文化因素。根据不同的社会文化维度，我们不仅讨论了主体特征及语境特征的表征方法，而且借助语言学的研究方法，揭示了如何在实际的跨文化交流文本中提取论辩语篇。最后，基于中德学生之间跨文化交流的案例分析，我们直观呈现了论辩步骤的使用、论证图式的习得以及信念修正的实现等关键问题。

第 7 章：跨文化交流的论证模式

基于上一章所给出的论辩刻画程序，本章首先扩充了实践主体的适用范围。通过引入"广义论证"理论，我们采取了一种更具包容性的论辩刻画视角，从而既可以考察现代文化群体之间的跨文化交流，也能够表征非现代文化群体所实施的论辩活动。通过分析一组典型的人类学调查数据，我们还进一步揭示了如何在作为"过程"的论辩刻画中提取出作为"结果"的论证模式。其中，论证模式包括基础论证模式与扩展论证模式。

第8章：跨文化交流的认知过程

本章从认知心理学的角度探讨了跨文化交流的个体所使用的主要知识网络，即"文化模型"与"文化图式"。通过分析汉藏跨文化交流中的"帮忙"、"面子"和"友谊"等三种文化图式以及主体对图式差异的知觉、使用，我们不仅揭示了双方的文化模型，而且考察了文化图式的动态变化与融合过程。最后，我们还提供了用以验证多重文化融合理论及其理论假设的人类学与心理学证据，并借助田野调查研究而总结了公共文化运行的可能规则。

第9章：基于核心信念的修正 Ⅰ

不同文化各自有着自己的不可修正的核心信念，这些核心信念在跨文化交流时对外来文化的信念起着评价作用。本章和下一章讨论了基于核心信念的修正理论，该理论属于决策+修正模式的非优先复合修正。本章首先给出了评价算子的公理性刻画，然后依据不一致核心集和一致保留集给出了两种函数式构造：核心评价算子和部分交评价算子，并分别证明了它们的表达定理。本章进一步提出评价复合修正算子，给出了该算子的公理性刻画，然后基于评价核心集和评价保留集分别给出了两种函数式构造：核心评价复合修正算子和部分交评价复合修正算子，并分别证明了它们的表达定理。最后对置换算子等相关理论进行了比较研究。

第10章：基于核心信念的修正 Ⅱ

本章提出了另一种基于核心信念的非优先复合修正的实现方案：代谢修正算子。这种算子不像决策+修正模式那样，先对新信息进行评价决策，然后再进行信念改变；而是先把新信息添加进来，然后再进行信念巩固以恢复一致性。本章首先给出了该算子公理性刻画，然后分别依据核心集、不一致核心集、保留集和不一致保留集四个概念构造了四种算子：保护型核心代谢修正、排斥型核心代谢修正、保护型部分交代谢修正和排斥型部分交代谢修正，并证明了它们的表达定理。本章还考察了评价算子、评价复合修正算子和代谢修正算子之间的内在关系。最后还利用跨文化交流的例子对这三种算子进行了案例分析，突出了这些理论在现实生活中的应用价值。

第11章：基于模糊真的修正

本章给出了一个模糊动态信念修正的逻辑系统。首先定义了一个模糊动态信念逻辑系统的语言，并给出了该系统的模型，接着在静态和动态的意义上，分别给出了语言的语义。我们可以看到，模糊动态信念修正的实质就是通过模型上所有可能世界的可能程度来得到一个新的模型，从而实现信念的更新。另外，我们定义了我们系统语言的可满足性、有效性，给出了一个非常简单的公理系统。另外，也证明了该系统的可靠性与完全性，最后证明我们定义的模糊动态信念修正方法满足 AGM 理论的一些基本假设。

第 12 章：基于谈判的修正

本章给出了一个基于完整性约束的多主体谈判的博弈模型，并且定义了谈判的解及进一步构造了一个特殊的解，叫作同时让步的解。我们可以证明这个同时让步的解可以由一组逻辑性质唯一地刻画，并且满足博弈论的一些基本性质。最后，我们通过实验分析的方法考察了谈判的各个因素对谈判结果的影响。具体来讲，我们讨论了谈判中冲突的要求、谈判者的风险态度，以及谈判者的数量对谈判的成功率、谈判效率以及谈判质量分别有什么影响作用。

本书各部分作者如下：

前言：鞠实儿、文学锋

导论：袁永锋

第 1 章：潘琳琦

第 2 章：文学锋

第 3 章：文学锋

第 4 章：景晓鑫、罗旭东

第 5 章：陈伟伟、Ulle Endriss

第 6 章：陈彦瑾、朱谕

第 7 章：陈彦瑾、胡炳年

第 8 章：8.1～8.2，陈小青、王建新；8.3～8.4，李栩、冯聪

第 9 章：袁永锋

第 10 章：袁永锋

第 11 章：景晓鑫、罗旭东

第 12 章：景晓鑫、罗旭东

后记：鞠实儿

本书正文部分，除第 2、3、5 章和第 8.1～8.2 节之外，其余均在鞠实儿指导下完成。鞠实儿和文学锋对全书进行了统校。感谢何杨博士和陈彦瑾博士对第 6～8 章的编辑和校改；特别感谢赖永红女士在整个项目完成过程中为文档搜集、整理和表格填写、打印等工作付出的辛劳。最后，感谢所有在项目申报和研究过程中伸出援手的同事和学界友人。

摘要

本书以多重文化融合理论为总体框架，综合运用民族志方法、扎根理论方法、认知科学方法、广义论证方法、非形式逻辑方法、形式（符号）逻辑方法（包括公理化方法）和博弈论方法，研究跨文化群体交流的逻辑和认知结构，从而为处理跨文化群体互动问题的方法和策略提供理论依据。

根据多重文化融合理论，跨文化交流的两个核心机制是融合和修正。全书将围绕这两大主题按照语言融合、逻辑融合、文化修正和信念修正四部分展开，其中语言融合为跨文化交流提供语言基础，逻辑融合为跨文化交流提供逻辑基础，文化修正通过人类学和心理学等实证方法给出跨文化交流的宏观过程，信念修正则综合运用和发展信念修正理论、动态认知逻辑和模糊逻辑以及博弈论等工具揭示跨文化交流的微观机制。

我们从语言和逻辑两个方面对融合进行了形式化建模。在语言融合方面，我们将不同文化背景的人群使用的语言抽象为不同的语义网，考察了语义网上节点的对应和融合，进而研究新产生的语义网对两个原有语义网的影响。另一方面，根据文献中语言人类学的调查结果，我们对语言学家发现的一种原始性的具有一定普遍性的语言IMA语言进行了逻辑建模，它有助于我们理解不同语言表层差异下的深层差异和共同之处。

在逻辑融合方面，我们将一个文化的逻辑抽象为该文化所认可的全体论证构成的集合，然后考察不同逻辑融合的可能性。通过公理化方法，我们得到了一些不可能性结果，以及哪些逻辑性在融合下更容易得到保持。通过构造性方法，我们找到了实现逻辑融合的一种途径。另外，我们还将一个文化的逻辑处理为一个论辩框架，研究了不同论辩框架融合下各种语义的保持性。

我们从文化和信念两个维度对修正进行了研究。在文化修正方面，我们基于中山大学和德国科隆大学、鲁西南地区 N 村落、拉萨西郊和北郊、甘南夏河县拉卜楞镇及其周边地区等田野点的调查资料，从广义论证的角度，根据主体、语境和言语行为的特征刻画出真实的论辩过程，提取了跨文化交际活动中的多种典型论证模式；从认知心理学的角度，揭示了主体在跨文化交流中使用的文化模型与文化图式，并探讨了文化图式的动态变化与融合过程；对刻画跨文化互动整体性质的多重文化融合理论及其假设，提供人类学与心理学证据并进行验证；在上述研究结果和田野数据的基础上，进一步提出约束公共文化的规则。

由于信念是文化的重要承载形式，我们还运用形式化方法研究了跨文化交流背景下的信念修正机制。与传统的信念修正理论相比，我们的信念修正理论不再假设新信息具有绝对优先性，而是要在本文化的核心信念下进行评估，与核心信念相融的信息才会引发修正。由于语言的模糊性，我们还以动态信念逻辑为基础，考察了基于模糊真的修正。按照多重文化融合理论，在融合与修正后，会产生一种新的共生文化。一种达成共生文化的方法就是谈判。因此，我们研究了一种基于谈判的修正，以及谈判解的逻辑刻画。

以上研究表明，面向跨文化交流的多重文化融合理论，为逻辑学研究提供了新的背景问题和更广阔的应用空间。不仅催生了新的逻辑学理论（如基于核心信念的信念修正理论），而且促使形式逻辑学家从抽象冰冷的概念模型走向生动具体的田野数据，进而反思逻辑的多样性并谋求方法论上的变革。为此，我们提出未来逻辑学本土化研究方法如下：

（1）进入田野整理本土文化中关于论证的相关背景知识：语言、信仰、价值、宗教信念、社会制度、文化习俗等；

（2）进入田野，采集关于论证的经验数据，如音像资料；

（3）采用会话分析和语用学方法分析数据，在此基础上概括出候选的逻辑规则；

（4）运用（1）中结果对候选规则的合理性说明，筛选出在该文化中拟似合理的逻辑规则；

（5）重回田野，运用（4）所得规则进行论证实践，对它们进行检验，通过检验这为该文化中控制论证进程的逻辑规则。

Abstract

Based on the framework of multi-cultural fusion theory, combining the approaches from ethnography, grounded theory, cognitive science, general argumentation, informal logic, formal logic (including axiomatic method), and game theory, this book explores the logic and cognitive structure of cross-cultural communication, in order to provide theoretical basis for methods and strategies coping with the problem of cross-cultural interaction.

Based on the framework of multi-cultural fusion theory, combining the approaches from ethnography, grounded theory, cognitive science, general argumentation, informal logic, formal logic (including axiomatic method), and game theory, this book explores the logic and cognitive structure of cross-cultural group interaction, in order to provide strategies and methods for resolving group conflicts due to cultural difference.

We give formal models for fusion from two aspects: language and logic. For language fusion, we abstract different languages in different groups with different cultural background as different semantic webs, exploring the correspondence and fusion on the nodes of the semantic webs, and the influence of the new semantic web on old ones. On the other hand, based on the investigation in linguistic anthropology, we give logic models for the IMA language, which is considered to be a primitive language with universal significance, in order to understand the deep difference and commonality between languages with superficial distinctions.

For logic fusion, we abstract the logic in a culture as the set of all arguments accepted by the culture and explores the possibility of fusing different logics. By axiomatic method, we obtain some impossibility results, and the logic properties that are easier for preserving under fusion. By constructive method, we find an approach to logic fusion. Furthermore, we treat the logic in a culture as an argumentation framework, and explores the preservation of various semantics in fusing different argumentation frameworks.

We study revision from dimensions: culture and beliefs. For cultural revision, based on field investigations in Sun Yat-sen University, Universität zu Köln in Germany, Village N in southwest of Shandong province, western suburbs of Lasa, and Xiahe county of southern Gansu, according to characteristics of subjects, contexts, and speech acts, we describe the real process of cross-cultural argumentation from the perspective of general argumentation theory, and extract various typical argumentation schemes of cross-cultural communication. We reveal the cultural models and cultural schema in cross-cultural communication from the perspective of cognitive psychology, and discuss the dynamic change and fusion process of cultural schema. We provide anthropological and psychological evidence for five-culture theory in order to verify it. Based on the above research results and field data, we propose rules for constraining public culture.

Since belief is the basic form of culture, we study the mechanism of belief revision under the background of cross-cultural communication, using formal methods. Compared to traditional belief revision theory, our belief revision theory does not presume that new information is absolutely prior to old information. Instead, new information is evaluated under the core beliefs of the local culture. Only the information consistent with the core beliefs will initiate revision. Because of the vagueness of language, we study revision based on fuzzy truth, using dynamic doxastic logic. Barging is an important approach to common culture, which will emerge after fusion and revision. Thus, we study a revision based on barging, and logical characterizations of the solutions of barging.

The above research shows that multi-cultural fusion theory for cross-cultural communication provides new background problems and broader applications for logic. It not only produces new logical theories (like belief revision theory based on core beliefs), but also urge formal logicians to go from abstract and cold models to concrete and live field data, and to reflect the diversity of logic and even the revolution of methodology of logic. For this, we propose the methodology of localization for future logic as follows.

(1) Go into fields and sort out background knowledge about arguments in the local culture, including language, faith, values, religious beliefs, social systems, cultural conventions, etc.;

(2) Go into fields and collect empirical data of arguments, like audio-visual materials;

(3) Analyze data by conversational analysis and pragmatic methods, in order to induce and generalize tentative logical rules;

(4) Applying the rationality explanation of the results in (1), filtrate the plausible logical rules of the culture;

(5) Go back to fields and practice arguments using the rules obtained from (4) to verify them, those of which passing verification are the logical rules of the culture controlling arguments.

目 录

导论：跨文化交流的概念模型　1

1　引入　1

2　文化的结构　2

3　跨文化交流的过程　13

4　文化模型的形式定义　18

5　文化修正的形式规范　20

6　跨文化论辩的理性建议　23

7　多重文化融合理论　26

8　结论　28

第 1 编

语言融合：跨文化交流的语言基础　31

第 1 章 ▶ 基于语义网的语言融合　33

1.1　意义和文化　35

1.2　语义网　37

1.3　搭建语义网　41

1.4　跨语义网主体沟通　49

1.5　小结　55

第 2 章 ▶ 基于极小语言的语言融合　56

2.1　语言逻辑研究的英语进路　57

2.2　作为原型的 IMA 语言　59

2.3　IMA 语言的逻辑　60

2.4 可能的扩充　62

2.5 小结　67

第 2 编

　　逻辑融合：跨文化交流的逻辑基础　69

第 3 章 ▶ 基于公理化方法的逻辑融合　71

　　3.1 逻辑的形式刻画　72

　　3.2 逻辑融合的形式刻画　75

　　3.3 逻辑融合的可能性与不可能性　78

　　3.4 与其他聚合框架的关系　82

　　3.5 小结　83

第 4 章 ▶ 基于构造性方法的逻辑融合　85

　　4.1 文化逻辑系统　85

　　4.2 文化逻辑系统融合　88

　　4.3 融合的性质　92

　　4.4 小结　95

第 5 章 ▶ 基于论辩框架的逻辑融合　96

　　5.1 导言　96

　　5.2 抽象论辩　98

　　5.3 模型　100

　　5.4 聚合结果　105

　　5.5 相关工作　114

　　5.6 小结　115

第 3 编

　　文化修正：跨文化交流的宏观过程　117

第 6 章 ▶ 跨文化交流的论辩过程　119

　　6.1 文化内部的论辩刻画　119

6.2 社会文化背景的嵌入　　132

6.3 中德学生之间的跨文化交流活动　　135

6.4 案例分析　　143

6.5 小结　　155

第 7 章 ▶ 跨文化交流的论证模式　　156

7.1 广义论证理论　　157

7.2 城乡之间的跨文化交流　　159

7.3 农村的社会文化特征　　160

7.4 彩礼说理的策略　　169

7.5 彩礼说理的典型论证模式　　171

7.6 小结　　175

第 8 章 ▶ 跨文化交流的认知过程　　176

8.1 文化图式理论　　177

8.2 基于文化图式的藏汉互动分析　　180

8.3 跨文化交流的多重融合理论　　191

8.4 对多重融合理论的实验验证　　195

8.5 小结　　213

第 4 编

信念修正：跨文化交流的微观机制　　215

第 9 章 ▶ 基于核心信念的修正 Ⅰ　　217

9.1 研究动机　　217

9.2 评价算子　　227

9.3 评价复合修正算子　　252

第 10 章 ▶ 基于核心信念的修正 Ⅱ　　281

10.1 代谢修正算子　　281

10.2 生成算子　　321

10.3 案例分析　　328

10.4 小结　332

第 11 章 ▶ 基于模糊真的修正　335

11.1 预备知识　335

11.2 模糊动态信念逻辑　340

11.3 可靠性和完全性　347

11.4 模糊动态信念修正的合理性　353

11.5 小结　355

第 12 章 ▶ 基于谈判的修正　356

12.1 谈判模型　357

12.2 谈判的解　360

12.3 解的性质　363

12.4 实验分析　368

12.5 小结　372

参考文献　376

后记：走向田野的逻辑学　400

索引　410

Contents

Introduction: A Conceptual Model for Cross-Cultural Communication   1

    1   Introduction   1

    2   The Structure of Culture   2

    3   The Process of Cross-Cultural Communication   13

    4   A Formal Definition of Cultural Model   18

    5   Formal Norms of Cultural Revision   20

    6   Suggestions for Rational Cross-Cultural Argumentation   23

    7   Multi-Cultural Fusion Theory   26

    8   Conclusion   28

Part I
Language Fusion: Linguistic Foundations of Cross-Cultural Communication   31

Chapter 1   Language Fusion Based on Semantic Web   33

    1.1   Meaning and Culture   35

    1.2   Semantic Web   37

    1.3   Constructing Semantic Web   41

    1.4   Cross-Semantic-Web Communication   49

    1.5   Summary   55

Chapter 2   Language Fusion Based on a Minimal Language   56

    2.1   Research on Logic for Natural Language Based on English   57

    2.2   IMA Language as a Prototype   59

2.3 A Logic for IMA Language   60

2.4 Possible Extensions   62

2.5 Summary   67

Part II
Logic Fusion: Logic Foundations of Cross-Cultural Communication   69

Chapter 3 Logic Fusion Based on Axiomatic Methods   71

3.1 Formal Characterization of Logic   72

3.2 Formal Characterization of Logic Fusion   75

3.3 Possibility and Impossibility Results of Logic Fusion   78

3.4 Relations to Other Aggregation Frameworks   82

3.5 Summary   83

Chapter 4 Logic Fusion Based on Constructive Methods   85

4.1 Logic Systems of Culture   85

4.2 Fusion of Logic Systems of Culture   88

4.3 Properties of Fusion   92

4.4 Summary   95

Chapter 5 Logic Fusion Based on Argumentation Frameworks   96

5.1 Introduction   96

5.2 Abstract Argumentation   98

5.3 Model   100

5.4 Aggregation Results   105

5.5 Related Work   114

5.6 Summary   115

Part III
Cultural Revision: Macro-Process of Cross-Cultural Communication   117

Chapter 6 Argumentation Process of Cross-Cultural Communication   119

6.1 Characterization of Argumentation within a Culture   119

6.2 Embedding Social Cultural Background   132

6.3 Cross-Cultural Activities Between Chinese and German Students   135

6.4 Case Study   143

6.5 Summary   155

Chapter 7   Argumentation Schemes of Cross-Cultural Communication   156

7.1 General Argument Theory   157

7.2 Cross-Cultural Communication Between Cities and Villages   159

7.3 Social Cultural Features of Villages   160

7.4 Strategies in Argumentation for Betrothal Gifts   169

7.5 Typical Schemes in Argumentation for Betrothal Gifts   171

7.6 Summary   175

Chapter 8   Cognitive Process of Cross-Cultural Communication   176

8.1 Cultural Schema Theory   177

8.2 Analysis of Tibet-Han Interaction Based on Cultural Schema   180

8.3 Cross-Cultural Multi-Fusion Theory   191

8.4 Experimental Verification of Multi-Fusion Theory   195

8.5 Summary   213

Part IV
Belief Revision: Micro-Mechanics of Cross-Cultural Communication   215

Chapter 9   Belief Revision Based on Core Beliefs I   217

9.1 Motivation   217

9.2 Evaluation Operator   227

9.3 Evaluation-Multiple-Revision Operator   252

Chapter 10   Belief Revision Based on Core Beliefs II   281

10.1 Metabolic Revision Operator   281

10.2 Generative Operator   321

10.3 Case Study   328

10.4 Summary   332

Chapter 11   Revision Based on Fuzzy Truth   335

11.1 Preliminaries   335

11.2 Fuzzy Dynamic Belief Logic   340

11.3 Soundness and Completeness   347

11.4 Rationality of Fuzzy Dynamic Relief Revision   353

11.5 Summary   355

Chapter 12   Revision Based on Barging   356

12.1 Barging Model   357

12.2 Solutions of Barging   360

12.3 Properties of Solutions   363

12.4 Experimental Analysis   368

12.5 Summary   372

Bibliography   376

Epilogue: Logic Going into Fields   400

Indexs   410

导论：跨文化交流的概念模型

1　引入

在这个信息全球化的时代，各个文化之间的充分接触引发了全球广泛而深入的跨文化交流，整个世界就好像一个跨文化交流的"大熔炉"。单就目前中国的思想文化方面看，就包括中医、西医、唯物主义、物理主义世界观、儒释道各家的世界观、基督教世界观等，它们之间时常会在交流与碰撞中相互理解和认识。跨文化交流活动是一类多个文化社群之间的复杂的交往互动行为，交流中常常会出现一些误解和一些不理性的行为，导致一些矛盾和冲突 (Samovar et al., 2010, pp. 357-358, 170-178, 321-324)。其实，只要对文化的基本结构和交流的特定模式有所了解，并且遵循一些交流的理性规则，这些误解、矛盾和冲突是可以避免的，从而跨文化交流是可以更深入有效地进行下去的。本章的主要目的就是通过对跨文化交流的特定结构和特定模式的考察，加深对跨文化交流的理解认识，进而提出一些跨文化交流时所应当遵循的理性原则和建议，希望有助于使跨文化交流更加深入有效。

为了达到这个目的，我们得首先了解所谓的"文化"通常是指什么？这个词在不同的学科、不同的使用中包含着不同的意义 (Lederach, 1995, P. 9; Linton, 1945, P. 32; Parson, 1949, P. 8; Hofstede, 1984, P. 51)。这些意义纷繁复杂，有学者 (Kroeber and Kluckhohn, 1952, P. 181) 就列举了 164 个对"文化"的不同定义。这些定义的大部分都把文化刻画成一种被一个社会群体所分享的东西。这种东西，既有外在部分，也有内在部分。故"文化"有三种定义方式，一种是外在化定义，另一种是内在化定义，还有一种是介乎两者之间的定义。外在化定义方式用人造物（artifact）和行为来进行定义。这种人造物包括书籍、生活用具、祭祀用品、艺术作品、装饰品、交通工具、语言的物理层面等文化信息的载体。而内在化定义则用人的心理的词项来进行定义，比如意义、信念和信息等。有学者认为，文化是可以历史性地传递下去的、嵌在符号中的意义模式（Geertz, 1973）。另有学者认为，文化是根植在一个既定社会群体中的广泛分布的，持续的心智和公共表征，是一种广泛分布的信息，这种信息在人的心灵里和他们共同生活的环境中得到了内容上的实现（Sperber, 1996）。

由于这里要从语言、交流和认知的角度来研究文化和跨文化交流，故本章采用偏内在化的定义。既然文化包含外在和内在两部分，所以跨文化交流也分外在和内在两个层面，其中外在层面为跨文化交流提供精神交流的载体（如丝绸之路），而内在层面则包括语言、意义、信念和价值等信息的交流。我们使用"跨文化交流"一词时只指这种内在层面的交流活动。

本章结构如下：第2节先对文化的结构进行非形式分析，然后第3节非形式地讨论跨文化交流的过程、常见问题和解决办法，接着第4节给出文化模型的形式定义，再在第5节和第6节分别给出文化修正的形式规范和跨文化论辩的理性建议，接着第7节对鞠实儿先生所提出的多重文化融合理论进行形式化表示，最后进行总结。

2 文化的结构

为了达到上述目的，首先应当考察文化的基本结构。文化主要包含什么东西？它是一种什么样的信息结构？怎样才算是一种文化？当然，文化包含很多要素，不可能将所有要素都进行罗列，并给出它们之间复杂的相互关系。因此，这里只尝试给出文化的主要结构要素或基本要素。

显然，一个文化作为社群的公共事物必须有一套语言（符号）系统，它至少包括词、词所表达的意义和词与意义间的对应关系等。虽然这些要素都是司空见惯的，但鉴于细致考察文化基本结构的需要，还是有必要进行一番阐明。

要素一：词

词无疑具有意义。词的意义是什么呢？语言哲学中有各式各样的回答。但首先要区分不同种类的词，我们有专名、通名、摹状词、谓词、语句连接词等。针对不同种类的词，处理方式或许不一样。例如，在早期维特根斯坦和克里普克看来，专名的意义就是其所指。但是对于摹状词却不能这样处理，例如"世界最高峰"这个摹状词无疑有意义，但是即便其所指变了（假设珠穆朗玛峰消失），一般也不会认为其意义发生改变。无论如何，必须承认词有不同种类，它们是语言的基本构件（构成更复杂的语言表达式，如语句），学习一种语言通常是从词开始的。

要素二：意义

词具有意义，但是要回答词的意义是什么并不容易。洛克认为词的意义就是头脑中的意象。在弗雷格看来，这无法解释意义的客观性，以及语言交流何以可能。弗雷格区分了语言表达式的涵义和指称，指称不是意义的成分，涵义才是。在弗雷格的语言本体论中，涵义是一种抽象的柏拉图式实体，存在于第三世界（既不是主观的内在世界，也不是客观的外在物理世界）。但这样理解意义，则假设了神秘的实体，在本体论上并不经济。后期维特根斯坦主张，意义即用法（尽管不是在所有情况下）。要了解一个词的意义，就要考察它如何被使用。由于词有很多种（相当于工具箱中有不同的工具），功能和用法各不相同，我们很难去给"意义"下一个严格的定义。然而后期维特根斯坦的贡献在于，让意义回归生活实践，而不是居住于天国。我们较为赞同后期维特根斯关于意义的理念。

为了下文尤其是广义逻辑观的阐述，下面先对这种意义的性质作进一步阐明。

（1）意义来源于生活实践。

它并不是现象本身，也不是意识之外的对象或者说藏在现象背后的物自体，而是来源于生活实践，与实际使用密切相关。从而不同的文化由于具有不同的生活实践而具有相互差别的意义。比如，中国古代数学文化没有西方数学中"自然数的基数"的意义，西方医学也没有中医"经络"的意义。

（2）意义具有其区别于其他意义的内在规定性。

人们在交流和日常实践中通常依据意义的内在规定性来使用语言表达式，比如，小孩听到"五角星"这个词，就能在图画中找到五角星，如果他找到的是其他图形（如正方形），则可能对这个词的意义理解有误。

（3）意义是统一的模型。

表达式（或语句）的意义是所涉及词（或子语句）的意义经过统一化（unified）处理后"粘合"成的单一意义模型，而不是所涉及词（或子语句）的意义的简单拼凑物。哲学工作者常常会问一个语言表达式或者语句是否具有意义。比如，"圆的三角形"、"既红且绿"和"$\varphi \wedge \neg \varphi$"等分别有没有意义？可能常见的答案是："显然都有意义，只是不可能存在其所指而已"。事实并非如此。要回答这个问题，我们首先要问："一个表达式（或语句）的意义"到底是指什么？这里只有三个可能的候选，即：该表达式（或语句）本身（作为整体）的意义；该表达式（或语句）所涉及的某些词（或子语句）的意义；该表达式（或语句）所涉及词（或子语句）的意义的简单拼凑物或者说松散组合物。

显然不可能是第二个候选，比如："踢球"的意义不是"踢"字的意义，"金山"的意义也不是"山"字的意义。剩下两个候选,其中可能比较陌生的是第三个候选。故先来解释:什么是意义的简单拼凑物或者说松散组合物?在对"踢球"或"小明在踢球"等表达式(或语句)的理解完成之前,我们首先按顺序去理解"踢"和"球"的意义,但由于还未把"踢"和"球"二字的意义进行统一以形成"踢球"的意义模型,所以此时理解活动所获得的只是"踢"和"球"二字意义的简单拼凑物或者说松散组合物(即第三个候选)。然而在理解活动完成之后,所获得的"踢球"的意义是"踢"和"球"二字的意义经过统一后形成的意义模型。也就是说,"踢球"的意义并不是"踢"和"球"二字意义的简单拼凑物。可见,表达式(或语句)的意义是指该表达式(或语句)本身(作为整体)的意义,而不是所涉及词(或子语句)的意义的简单拼凑物或者说松散组合物。当然在日常理解的时候,认知主体在看到"踢球"一词之后会很快地从理解"踢"和"球"二字的意义到形成简单拼凑物,进而过渡到统一的"踢球"的意义模型。"小明在踢球"等表达式(或语句)也与此类似。尤其是复杂长句,成功理解之前只获得所涉及词的意义的简单拼凑物,只有成功理解之后才真正获得该复杂长句的意义。因此,表达式(或语句)所涉及词(或子语句)的意义的简单拼凑物与表达式(或语句)本身(作为整体)的意义模型是相互区别的。这一区分是很关键的。因为有的表达式(或语句)只有简单拼凑物,而不可能构造出统一的意义模型。也就是说,对这种表达式的理解活动是无法最终成功的。比如"既红且绿"、"$\varphi \wedge \neg \varphi$"等。认为这二者具有意义的人要么是在上述简单拼凑物的意义上谈论"意义"一词,要么混淆了表达式(或语句)的意义与其所涉及词(或子语句)的意义的简单拼凑物之间的区别,从而把后者当成了表达式(或语句)的意义。更明白地说,当你尝试理解"既红且绿"和"圆的三角形"时,你会发现它们所涉及的词意义之间是相互分裂而无法统一的,因为无法将"红"和"绿"的意义按"既……且……"的意义所表达的方式(即"合取性"组合)进行统一,也无法将"圆"和"三角形"的意义按"的"字的意义所表达的方式(即"合取性"组合)进行统一,它们所涉及的词的意义仅仅是"堆"在一起而已,并没构成统一的意义模型。就像我们不会把松散地堆在一起的东西称为一个东西一样,我们也不能将松散的意义堆垒当成一个意义。

(4)每个意义应当是自身一致的。

意义是否是自身一致的?答案当然是肯定的!因为如果意义自身可以不一致,那么肯定有至少两个部分相互矛盾、相互冲突,而这导致这两部分相互分裂、无法统一成单一的意义模型,就像磁极同性相斥一样无法"粘合",从而只是所涉及的这两部分的意义的简单拼凑物,而不是(这里谈论的)意义本身。比如，"圆的三角形"、"既红且绿"和"$\varphi \wedge \neg \varphi$"等摹状词和语句就只是意义的简单拼凑物，而不可能形成一个内部自身一致的单一意义。然而"不能被2整除的自然数"这个摹状词的意义就不是它所涉及词汇意义的简单拼凑物，而是自身一致的意义模型。因此，如果词的意义间或语句的意义间相互不一致，那么这些词或语句的"合取性"组合是不具有意义的。这也是形式逻辑和数学上为何要求定义必须是良定义（well defined）的或无矛盾的根本原因。

（5）如果复合表达式（或语句）有意义，那么它所涉及的词（或子语句）也有意义；反之则不一定。

比如，"红色的三角形"这个复合表达式所涉及的词都具有意义；虽然"圆的三角形"所涉及的词都具有意义，但这个复合表达式作为整体并不具有统一的意义。当然，类似于"'圆的三角形'没有意义"、"'圆的三角形'不存在所指"这种**元语言**语句是有意义的。虽然我们无法将"圆"和"三角形"的意义按"的"字的意义所表达的方式进行统一，但它们却可通过"没有意义"或"不存在所指"所表达的意义而"粘合"成统一的意义模型。

我们认为，在一个文化中，意义主要分为两种：一种是公认可亲历的意义，另一种是公认不可亲历的意义。如果对于某意义 w，社群成员都认为它是可以在案例中重新获得的[①]，那么我们可以称这个意义 w 是公认可亲历的；如果社群成员都认为它不可在案例中重新获得，那么我们可以称之为公认不可亲历的。前者包括公认存在的对象（如月亮、经络和穴位等）所对应的意义，和公认可亲历的抽象"事物"（如"红色"、"宿命通"、"敲打"和"是"等）的意义（一般而言，人们不把这些词的意义看作存在对象，但有的可能确实是可以亲历的）。后者包括公认不存在的对象（如佛学论典中的龟毛兔角、无神论眼中的上帝等）所对应的意义，和公认不可亲历的抽象"事物"（如无神论眼中的神通等）的意义。因此，一个文化的所有词的意义的总体蕴涵着这个文化的本体论立场的范围。正如维特根斯坦在《逻辑哲学论》中说道："我的语言的界限意味着我的世界的界限"(Wittgenstein, 1921, 5.6)。

要素三：词与意义的对应关系

每个语言系统的一个关键要素是词与意义的对应关系。这种关系是使用者进行表达和理解以实现信息交流的桥梁。比如："柏拉图"、"六根"和"五行"等

[①] 比如，当我断言"太阳是存在的"时，你会首先受问题意识或理解意图的引导，通过词从你自己的语言系统中获得（理解）"太阳"一词的意义（记为 w），然后你转动眼睛朝向空中闪耀着金黄色的圆形区域，并从此案例中构造出太阳这一"对象"（而不只是一片闪耀着金黄色的圆形区域），并将此"对象"与前面理解中获得的意义 w 相比较匹配，从而认为太阳确实是存在的。在这一过程中，你就重新获得（或者说亲历）了"太阳"一词的确切意义 w。

都与它们的意义之间具有对应关系。但这种对应关系往往不是一一对应关系，而是包含很多的同义关系（多对一）和歧义关系（一对多）。它们往往是引起误解、阻碍跨文化交流的深入有效进行的重要因素。

当然，文化并不仅仅包含词、意义和它们间的对应关系这些要素。我们认为，文化的第四个关键要素是**实践定义法**。

要素四：实践定义法

每个文化的语言系统都有大量词汇。有些词的意义是可以通过实践方法重复亲历的，从而交流双方在跨文化交流中是容易达成共识的。比如，西方科学家跟某土著居民交流细胞这一主题时，西方科学家会拿出显微镜对准植物叶片，从而让土著居民观察细胞到底为何物，由此土著居民找到了细胞，知道了"细胞"一词的确切意义。但是有些词则并非如此，如"凤凰"、"经络"和"鬼魂"。它们的意义，可能被一些文化群体认为来自真实存在之物，但并非都能通过可靠、可重复实现的方法找到这些事物或现象，以充实词的确切意义；也可能曾经有可靠方法找到这些事物，但这种方法已经失传，或由于各种原因不再可实现或者难以重复实现。如果古时候真有凤凰这种生物，那么对于生活在那个时代的古人而言是具有可靠方法来找到这种生物的。由于这种实践性的认知方法，其他不知"凤凰"一词为何意的古人亦可通过这种方法来找到凤凰，从而较易获得"凤凰"一词的确切意义，达到理解和交流的目的。然而现在这种方法可能已经失传，原因可能是这种生物已经灭绝或者不在地球生存了。虽然可能有一些图画或文字记载流传下来，但是图画和文字记载并不能提供这种可靠方法，就像《圣经》中记载上帝的故事并不能让我们相信上帝存在一样。

再比如：当懂中文的人教懂英文的人"是"字的意义时，或者西方科学家教中国人"electron"一词的意义时，他们都能比较容易地理解；而当中医师教西医师"经络"一词的意义时，西医师却难以理解。这是为什么呢？这个差异的根本原因就在于我们能有效地在世界之中通过实践方法获得"是"和"electron"的确切意义，而"经络"一词的确切意义是很难获得的。我们从小耳濡目染中医的概念，却至今未能理解"经络"一词的**确切意义**或者说完整意义，只是从一些书籍和图画中获得一些人云亦云的、从未亲历的、模糊的、不完全的**书面意义**。不过，从中医文献来看，古代中医师似乎是可以通过某种实践方法来获得或亲历"经络"的确切意义的，即他们能够**通过某种实践方法获得一些外在经验或内在意识经验，来充实词的确切意义**。孙思邈《备急千金要方》卷二十七的《道林养性第二》中说道："尝习黄帝内视法，存想思念，令见五脏如悬磬，五色了了分明勿辍也"（孙思邈，2011）。而经络是运行气血、联系脏腑和体表及全身各部的通道，是人体功能的调控系统。故有一种说法认为经络是可以通过"内视"方法来"观察"到的。李时珍也在《奇经八脉考·阴跷脉》(《钦定四库全书》子部)中说:"内景隧道,唯返观者能照察之,其言必不谬也"(李时珍,2016)。但这种实践方法是否有被传承下来,是存有疑问的。至少这是一种极难掌握的实践方法。这导致我们对"经络"相关的文化内涵的理解和交流总是产生困难。

从这些例子可以看出,获得意义的实践方法在帮助交流双方理解和交流词语的确切意义时会起到至关重要的作用。我们把**这种能够有效地帮助文化主体获得词语的确切意义的实践方法称为实践定义法**。这里的实践可以是与外在经验相关的实践(如感知和行动等),也可以是与内在经验相关的实践(如推理和想象等)。我们既可以通过实验仪器获得"electron"的意义,也可以通过思维实践获得"自然数基数"和"$\sqrt{2}$"的意义。如果一个词缺乏实践定义法,那么这个词是多余的,或者是用于弄虚作假的,或者是已丧失传统意义的。

实践定义法不仅仅在跨文化交流的相互理解中起到关键作用,还在文化内部的生活实践和文化传承中起着关键作用。以无理数 $\sqrt{2}$ 为例。发现无理数 $\sqrt{2}$ 的人(Hippasus)给出了其实践定义法,他的方法在文化传承中可以帮助后人重复获得符号"$\sqrt{2}$"的真实意义。我们也可以通过教小孩子计算边长为 1 的正方形的对角线长度来告诉他数学符号"$\sqrt{2}$"的意义。然而一旦失去这种实践定义法,数学就又回到有理数的时代。即使文献中仍然保留"$\sqrt{2}$"这个符号,人们也不再知道它的确切意义,进而可能像"经络"一词那样被看作空洞或神秘的符号。由此可见实践定义法的重要性!

每个文化都有某些词的实践定义法容易获得其他文化的认同。显然"紫色"一词的意义是很容易获得的,只要跟了解颜色概念的听者展示紫色事物即可;"敲打"一词的意义也容易获得,只要向看者展示敲打动作即可。由于各个文化都有这类共同的实践经验,这种实践定义法容易获得各个文化的认同。但是一文化认为的实践定义法也可能不被另一文化的成员所认同。也就是说,另一文化可能认为这种所谓的"实践定义法"事实上并不能帮助获得所讨论词的确切意义。比如,"上帝"、"佛陀"、"三摩地"和"神通"等,虽然这些词所在的文化圈子可能坚持宣称:确实存在相关(修行)方法感知或经历到这些对象或现象,从而能够充实这些词的确切意义,但是其他文化的人依然不相信如此这般的方法是感知或经历到这些对象或现象的方法,故而不理解这些词的确切意义。

那么,怎样的实践方法才是名副其实的实践定义法呢?司空见惯的"孔子"一词是否肯定具有实践定义法呢?一般而言,人们会通过考古和文献学的方法论证孔子的存在,这一点是比较容易交流的。也就是说,人们一般会认为"孔子"

一词是具有实践定义法的,并相信孔子是曾经存在的。但"佛陀"、"上帝"、"三摩地"等这些词,人们就更倾向于怀疑它们是否存在所指的对象或现象,并认为这些词甚至不具有实践定义法。那么是否可以通过考古和文献学的方法类似地论证这些词意义的合理性呢?一般而言,人们认为是不行的,凭什么相信古文献呢?为什么人们对待两者的态度有所不同呢?原因在于后面这些名词与"孔子"的不同之处在于它们意指一些神奇罕见甚至难以置信的事物,需要更确实无疑的实践定义法,比如亲眼所见这些词的所指及其神奇之处,否则难以取信于人,更无法进一步深入交流。也就是说,只有亲历了这些存在物,人们才会觉得能够找到这些存在物,从而认为这些词是具有实践定义法的。由此可以看出,对于不同的人群、不同的词,对实践定义法的要求或许会大相径庭。比如,与"孔子"一词相比,"上帝"一词需要更确实无疑的实践定义法。不过对于某些追求彻底性的哲学家而言,上述"孔子"的实践定义法也不够确实无疑,就连眼前之物(如桌子)是否在此瞬间**同时**具有**另一面**或**里面**都是应当质疑或悬搁判断的。但普通人的跨文化交流并不是哲学家的交流,不会质疑到如此极端的程度。然而从另一个角度看,学者间的跨文化交流则不同,他们的目的是要去伪存真的,他们是彻底真理的严肃追求者,所以他们在跨文化交流中很可能常常穷根究底、讲道理讲到底。对于他们而言,考古和文献学的方法很可能不是一种实践定义法。

鉴于实践定义法在确定词的确切意义以促进深入有效的跨文化交流中的关键作用,我们认为:在跨文化交流的时候,提出非公共词的文化主体必须对该词给出可重复实现的实践定义法。比如,如果中医学者在与西医学者交流时提出"经络"一词,那么他就有责任给出这个词对应的实践定义法,以帮助对方确定该中医学者所言的确切意义;同样,如果西方科学家在交流时提出"DNA"一词,那么他也有责任给出这个词对应的实践定义法,以帮助对方确定"DNA"的确切意义。他们在给出这些词的实践定义法方面负有"举证"责任。对于不能给出实践定义法或实践定义法难以重复实现的主题,应当及时停止讨论或交流,等到确定了实践定义法之后再进一步深入交流;否则是不理性的,甚至是无意义的交流行为。

要素五:逻辑与推理

在这里,我们持一种广义逻辑观,认为**每个文化都有自己的逻辑命题、逻辑规范和归纳规则**。不同的文化具有不同的逻辑理论,这些逻辑理论进而在思维推理实践中转换成逻辑规范,并承担起规范社群成员使其逻辑地推理的责任。对于这种逻辑的文化相对性,我们不仅可以从民族志和历史学的角度来论述(如鞠实儿,2010b; 2006),还可以依据上述意义理论来作如下论证。

"逻辑"这个词在学术使用和日常使用中具有各种不同的意义：有时具有永真、必然有效这一类原初意义；有时又是在思维模式、推理模式的意义上使用；有时还在理性的意义上使用；有时还在文章思维脉络的意义上使用，诸如此类，不同的学者也具有不同的逻辑观。带"逻辑"二字的名词也非常多，比如：数理逻辑、演绎逻辑、归纳逻辑、非经典逻辑、时态逻辑、动态认知逻辑、模态逻辑、墨家逻辑和佛教逻辑（因明）等。人们也常说"你的叙述逻辑结构不清楚"、"你的文章逻辑推理不严密"等诸如此类的话，甚至有人说"上帝是超越逻辑的"、"佛学是超越逻辑的"等。可见，"逻辑"这个词在交流中往往是杂乱不一的。因此，这里必须对这里的广义逻辑观作出清楚的阐明。

逻辑命题不是经验命题，它的真值只决定于所涉及词的意义，而不依赖于世界的情况。这一点正如维特根斯坦在《逻辑哲学论》中说的那样："逻辑命题的特殊的标志是：我们仅从符号就可知其为真……非逻辑命题的真假不可能仅从命题得知"（Wittgenstein, 1921, 6.113）。比如，"既黑又白的点是不可能的"，"既圆又方的图形是不可能的"，"$1+1=2$，而不是 $1+1=3$"，"$\neg\varphi \wedge \varphi$ 是不可能的"，"$\varphi \wedge (\varphi \rightarrow \psi) \rightarrow \psi$"等。那么怎样判断一个命题是否是逻辑命题呢？是否具有有效的判定方法呢？有一种方法是根据语形直接判断，比如"窗外正在下雨或者窗外没有正在下雨"。但问题是：为什么这句话是真的？为什么这句话是逻辑命题？这就涉及更根本、更能凸显逻辑之本性的判定方法——否定归谬法：其否定为矛盾的命题即是逻辑命题。矛盾命题中都藏着一个逻辑命题；**当我们把一命题正确判定为矛盾命题时正是逻辑这一抽象事物在发挥作用**（这一抽象事物促使人们认为矛盾是不正确的，是不可能的，是应当避免的）。换句话说，此时所依据的就是那个隐藏着的逻辑标准或者说逻辑依据。

任何一个逻辑命题的否定都是矛盾命题；任何一个矛盾命题的否定都是逻辑命题；而所有的矛盾命题都包含如此这般情况和如此那般情况的"合取性"组合。比如，矛盾命题"$\neg\varphi \wedge \varphi$"。又比如，矛盾命题"任何两个奇数相加都不是偶数"中的"两个"、"奇数"、"偶数"和"相加"四词的意义及组合顺序已表明"两个奇数相加"是偶数，即运算结果是如此这般；然而该命题的"不是偶数"却又宣称是如此那般。综上所述并结合上述的意义理论，不难发现：**词的意义是有"棱角"的，这些"棱角"就是它们的内在规定性，这使得它们在组合可能性方面是有其规律①的；而逻辑命题就是这种规律，矛盾命题就是这种规律的另一种表达方式，它们是同一枚硬币的两个方面。**关于后面这一点，维特根斯坦在《逻辑哲学论》

---

① 这里的规律不是自然规律这样关于对象的经验规律，而是在相近且特殊的意义上使用"规律"一词，可以按数学或逻辑上的"定理"一词理解。

中有类似的说法："可以用矛盾式而非重言式来达到同样的目的"（Wittgenstein, 1921, 6.1202）。

对教义的不同理解会形成不同的宗教文化派别；类似的，对逻辑常项乃至词的不同理解也会导致不同的逻辑学派。比如，认知逻辑和信念逻辑里的"知道"和"相信"是满足 K 公理（即 $K(\varphi \to \psi) \to (K\varphi \to K\psi)$）的，而这是有争议的。因此，在不同的文化中，关于"知道"和"相信"的逻辑可能会有所差异。再如，西方数学文化有"自然数的基数"这个词的意义，对应地他们也研究了这个意义的数学命题；然而中国古代数学文化中并没有创立此概念，对应地也没有关于自然数基数的数学定理。类似的，中国古代数学文化中也没有递归论中图灵度间的关系定理和群论的相关定理。因为它根本就没有定义出、构造出，或者用维特根斯坦的话说，发明（invent，见Wittgenstein, 1983的 I-168 和 II-38）出这种数学结构或逻辑结构，也就没有关于这些结构的逻辑命题①。从中易见，中西文化是具有不同的数学的。再加上在广义逻辑观下，数学也是一种逻辑。故中西文化间有不同的逻辑。另外，由于不同的文化包含不同的意义，故不同文化具有不同的意义的组合可能性上的规律（即逻辑规律）。而这些逻辑规律又会对思维推理产生规范性作用，因为认知主体想尽量避免导致逻辑命题之否定这样的荒谬结论。也就是说，**逻辑命题的集合形成了一个"迷宫"的"铜墙铁壁"，它起到壁垒的作用，防止在里面"行走"的"人"撞得"头破血流"**。因此，不同文化中的逻辑就是不同的"迷宫"。不同的"迷宫"规范着不同的文化社群。也正是在这种意义上我们才持有上述广义的逻辑观。

逻辑命题由于其逻辑有效性而常被作为推理的规则。比如，"$\varphi \wedge (\varphi \to \psi) \wedge \neg\psi$ 是不可能的"。这个逻辑命题可被转换成演绎规则，即：如果 φ 且 $\varphi \to \psi$ 都成立，那么 $\neg\psi$ 就不可能成立，从而推导出 ψ 成立。又比如，"$1 + 1 = 2$"是一个逻辑命题，它常在技术应用中被当成计算规则来使用，即如果加法的两个输入是 1，那么运算结果就应该是 2。因此，推理的规则都是有它的（广义）逻辑上的理论基础的。更细致地说，**逻辑规范因逻辑命题作为推理的引导规则被使用而形成；或者说逻辑规范因矛盾命题作为推理的限度被使用而形成**。这里值得强调的是逻辑命题与逻辑规范是两类事物，后者的有效性依赖于前者，而前者的有效性则决定于所涉及词所表达意义的内在规定性；而且后者是规范性命题，表达的是应当怎样推理，与前者截然不同。

另外，除了逻辑规范，显然科学归纳法或者说归纳逻辑也是一种理性推理的规范或模式。但它并不是一种逻辑规范或逻辑命题。这正如维特根斯坦在《逻辑

---

① 当然中国人也有能力去学习西方逻辑或数学，并类似地定义出其他逻辑或数学结构，研究它们的性质。

哲学论》中所言："所谓的归纳律无论如何不可能是逻辑的规律……它也不可能是一个先验的规律"(Wittgenstein, 1921, 6.31)。逻辑规范的合理性决定于逻辑命题的必然性，而归纳推理的合理性并不依赖于逻辑必然性，"并没有任何逻辑的理由，而只有一种心理学的理由"(Wittgenstein, 1921, 6.3631)。不过，归纳推理作为一种符合理性的推理规则或推理模式而在逻辑学领域里被研究，所以我们也将其归入上述广义逻辑观之下。如果说逻辑命题的集合构成一个文化的逻辑迷宫的话，那么归纳推理的规范就是这个逻辑迷宫里的"交通工具"。它们往往能帮助人们在逻辑迷宫里更智慧地生活。不过这些"交通工具"中有的自带导航功能，比较安全可靠；而另一些则可能是跳跃性的交通工具，比较危险，而且效果不太好。

事实上，各个文化社群的很多推理过程并非仅仅按照逻辑命题或逻辑规范进行，而是借助各种不同的归纳性推理模式，包括简单归纳法、科学归纳法、类比推理、概率性推理和因果性推理等。比如，佛教因明或者说古印度的推理模式就带有大量的类比推理，五支论式（宗因喻合结）或三支论式（宗因喻）中的喻支就是类比推理的成分。我们把这些理性的推理模式统一称为归纳推理模式。而且我们认为，这些推理模式都可以进一步表示为逻辑规范和归纳性推理模式的综合运用。我们来看下面这个三支论式的例子。

宗：声是无常。

因：所作性故。

喻：如瓶等。

这个三支论式省略了一些推理规则[①]，这里需要先把其隐藏的推理规则揭示出来以展示其原貌。

宗：声是无常。

因：凡是具有所作性的都是无常的；声具有所作性。

喻：比如瓶等具有所作性，并且瓶等是无常的；声与此类似。

从这不难看出，"凡是具有所作性的都是无常的"这个命题是从"比如瓶等具有所作性，并且瓶等是无常的"通过类比推理获得的[②]，这是一种归纳性的推理规则。而宗因二支之间则使用了演绎推理规则。因此，可以说整个三支论式是综合运用演绎规则和归纳规则而形成的推理论证模式（当然三支论式的古代使

[①] 我们认为，文化主体在推理论证时往往会依其习惯进行推理论证，从而省略一些他们认为显然的推理规则。也就是说，直接跳过那些习以为常的推理规则而得到结论，如这里的三支论式。

[②] 一般而言，因是对宗的解释，喻是对因的进一步解释。这里对其论证原貌的揭示依此原则进行。

用者并没有这种区分和说法）。

要素六：经验知识与习俗规范

每个文化都有自己的经验知识体系和习俗规范[①]。前者是关于世界如何的描述性命题，比如："阿赖耶识又名藏识，深密难知"、"细胞里面含有 DNA 大分子"和"上帝创造了人类"。而后者是关于怎样为人处事的规范性命题（权且亦称之为命题），一般包括语法规则、法律、制度、戒律和习俗等，比如："在英文中单词复数后接动词的复数形式"、"出家人不能说谎"和"祭祀时必须用鲜花水果和乳猪摆到供桌"。这两者是每个文化的核心、灵魂，对于文化社群的长久生存具有关键的指导价值。

综上所述，我们认为文化的基本要素主要包括：（1）词表，（2）意义表，（3）词与意的对应关系，（4）实践定义法，（5）逻辑与推理，（6）经验知识与习俗规范等六类。当然这六类要素并非仅仅是罗列，它们之间还有复杂的内部关系。如果认知主体将实践定义法作用于世界，那么他会获得相关经验现象，如每天白天出现在空中的闪耀着金黄色的圆形区域和晚上常常出现在夜空中的或呈镰刀形或呈圆盘形的银白色区域。但是他的意识不会仅仅把这两个区域当成是两个二维区域，而是把他们看成是**同时**有正面、里面和另一面的三维物体。由于现象只向他呈现正面而没有**同时**呈现里面和另一面，故这是一种扩张性认知或者说超越性感知[②]，是一种发生在意识中的构造行为。认知主体从这种构造中获得"太阳"和"月亮"的意义。又比如：多个类似的敲打现象令认知主体在意识之中构造出敲打的动作模型出来，这个动作模型就是认知主体所构造的意义模型。每次理解"敲打"一词时，该动作模型就会再现出来作为所谓的意义使认知主体达成理解。上述这类从纯粹的现象中构造出意义的行为，我们称之为**构义**。人们通过这种构义活动和归纳推理来建构他们的世界观。意义被构造出来之后，为了交流表达的目的，人们就会给它"贴"一个或多个名字，这就是词，如"红"、"踢"、"中子"、"$\sqrt{2}$"、"自然数的基数"、"并且"、"否定"和"命题"等。之后便有了词与意义之间的对应关系。由于每个意义都有自己的内在规定性，从而（如前所述）意义之间会有组合可能性上的逻辑规律，比如：红不是绿，太阳不是月亮，$\varphi \wedge \neg \varphi$ 是不可能的，$2 \neq 3$ 等。这些就是逻辑命题。可能有学者通常不会把"红不是绿"和"太阳不是月亮"当成与"$\varphi \wedge \neg \varphi$ 是不可能的"和"$2 \neq 3$"一样的

[①] 逻辑规范除外，因为逻辑规范是具有逻辑必然性基础的，而习俗规范更多是一般的规范，没有逻辑上的基础。

[②] 与命题层面的扩张性认知——归纳推理——不同，这是一种经验对象层面的扩张性认知。

逻辑命题[①]，但是显然前两个命题和第四个命题的形式结构是相同的，它们的真假只决定于所涉及词的固定意义，而不用考虑世界的状况。更明白地说，"太阳不是月亮"和"太阳东升西落"是两个不同的命题，前者是逻辑命题，而后者是经验命题（或者说事实命题）。其关键在于前者的否定导致矛盾命题，而后者的否定，即"太阳不是东升西落的"，并不是矛盾命题。逻辑命题构筑的逻辑"迷宫"又会对思维推理产生规范性作用，这种逻辑规范与逻辑命题本身是相互区分的，前者是后者的应用规则，就好比数学关系命题 123 + 345 = 468 与其在工程中对应的计算规则相互区别一样[②]。而和逻辑命题与逻辑规范一样被人们当作推理模式的归纳规则则来源于在世界中的实践总结，它们在实践中的成效使它们作为一类理性的推理模式而被文化社群内部广泛使用。此外，意义被构造之后，认知主体会关注这些意义之间的经验上的描述性关系（如"日出东方"），这些关系通常被称为经验命题。它们从对世界的描述中来，而此经验命题又会对人们的行为起到指导性的规范作用，这就是知识的应用。比如，中国的二十四节气。最后，归纳规则、经验命题和规范性命题在表达上都受到逻辑的规范作用，违反逻辑的命题或规则是无意义的。

3 跨文化交流的过程

探讨完文化的基本结构，我们再来看跨文化交流的过程。直观上，跨文化交流开始于身体行为（如手势、眼神、表情等）上的简单信息交流。但只有学习了基本的交流语言，双方才能展开真正的深入交流。当双方习得了一种基本的、公共的交流语言后，他们就会开始了解对方的经验知识和习俗规范。而当双方对对方的经验知识和习俗规范有了一定了解之后，他们会就某些观点展开讨论、论辩和反思，并且可能会达成一定的共识，并在共同实践的基础上逐步发展出公共的新文化。故这里把跨文化交流的过程粗略分为初期、中期和后期三个阶段。初期主要是关于基本语言的公共交流平台的建立，中期主要是对对方经验知识和习俗规范的了解，而后期则主要是知识观念等的合理性的论辩、反思和共同实践。当然这只是粗略的区分，跨文化交流并不是严格按这三个步骤进行的，往往会由于初期公共交流语言平台的不完善性导致中后期的交流行为寸步难行且被迫终止，需要重新回到初期对公共的语言平台进行完善。不过一般而言，跨文化交流过程

[①] 原因可能在于在理解"红"、"绿"、"太阳"和"月亮"时，人们习惯地朝向外部世界去寻找它们的例示，而不像"2"和"3"等那样。

[②] 虽然数学和工程应用中会使用同一个等式 123 + 345 = 468，但在数学中"="是一个关系，而在工程应用中"="表示赋值行为。

总体上还是有一定的先后次序的：如果初期不进行，那么中后期都难以进行；如果中期不进行，后期也难以进行。因此，下面先来考察这三个阶段，看在这些阶段中往往会出现什么问题，应当如何尝试解决。

初期：基本的交流语言平台

这一阶段主要学习基本的语言，为进一步深入交流搭建公共的语言平台。首先识记词、意义及其对应关系，然后建立双方语言之间的基本翻译联系，这种翻译提供共同的交流平台（当然这个交流平台不是固定不变的，而会随着交流的深入不断被修正和完善）。我们认为这个交流阶段主要出现下面五类问题：

（a）单方同义与歧义问题：

每个文化都包含一些同义词。在跨文化交流中，如果一方常用不同的词表达同一个意义，那么对方将难以达成理解。类似的，每个文化都包含一些歧义的词，也就是说：用同一个词表达不同的意义。比如："小意思"和"什么意思"，"离开酒席去方便"和"方便时给我电话"。在跨文化交流中如果一方用同一个词在不同的时间表达不同的意义，那么对方往往会按前一次使用该词时的意义去理解那个词，这样容易导致误解。在跨文化交流中首先应该避免这两种问题：对于同义词，可以只使用一个词来交流，而把其他同义词去除；对于歧义词，则可另外造一个生词来意指其中一个意义，另一个意义还是用原来的词来表达。当然，在现实的跨文化交流中，由于语言习惯的缘故，这往往是难以达到的。

（b）双方同义与歧义问题：

即使参与跨文化交流的两个文化都各自解决了同义词和歧义词问题，还是可能存在文化间的同义词和歧义词问题。比如，"苹果"一词的意义和"apple"一词的意义是中英文化所共有的意义，这是文化间的同义词。又如，西藏宗喀巴的著作《菩提道次第广论》（汉译本）的"道"字的意义与老子《道德经》的"道"字的意义就不是同一个意义，至少不完全相同，这是文化间的歧义词。这两种问题同样会阻碍理解与交流，其解决方法类似于（a）。

（c）差别意义问题：

不同的文化往往有各种不同的生活实践，而不同的生活实践往往产生不同的意义。比如，经络对于西医，阿赖耶识对于西方文明，中子对于中国文化，自然数集合的基数对于中国古代数学文化等。对于这些差别意义，双方应该如何交流呢？如果该差别意义所对应词具有实践定义法，那么另一方只要遵循这种实践定义法就往往能确定该词的确切意义，从而也容易达成理解。比如，"原子"这个词是西学东渐而来，欧美文化中不仅具有该词的意义，还具有该词的实践定义法，即通过实验设备按一定的实验方法可以让中国人再次获得"原子"一词的确切意义,观察原子的性质。这使得中国人能快速理解这一西方"舶来品",并随即展开研究。但有些词则不具有实践定义法,即使这些词所在的文化总是声称他们能够在实践中获得这些词的确切意义。这种情况下交流双方无法达成共识。比如,有些西医师可能会认为经络理论就是胡说八道,因为无法观察到或者说找到经络,无法从实践中重新获得"经络"的确切意义。那么对于经络是否真的没有实践认知的方法呢?当然中医学家们可能会说,我们可以通过孙思邈的《备急千金要方》(孙思邈,2011)所提及的内视方法来发现这些经络。可问题的关键在于:现在有没有中医师再次通过内视方法发现这些经络,而不是靠书籍和师承关系来记忆这些经络呢?或者说这种内视方法是否具有可重复性?还是只是圣人的技能,凡人只管学习传承使用就行了?假设真有这种内视方法,那么现在这种实践方法是否已经失传了呢?人们是否不通过记忆书本上描述的经络知识就无法再次找到这些经络了呢?如此可见:实践定义法的缺乏或不被认同会带来理解和交流上的巨大困难。所以对于差别意义的交流问题,实践定义法的学习和认同是关键。

(d) 实践定义法的合理性问题:

退一步讲,即使真有这种内视法可以重新发现经络,这种方法也是极难发现并实施的。那么如何令他人认同其合理性?是否难以实施的就不算是实践定义法呢?发现中微子的实验就是非常难实施的 (Bird, 1998, pp. 88–89),那么这种实验方法就不是实践定义法?怎样的实践认知方法才是可靠合理的实践定义法呢?这就是实践定义法的合理性问题。如本章第 2 部分所阐述,实践定义法的合理性是具有文化相对性和主题相对性的。一般人们会接受考古和文献学的方法来获得"孔子"的确切意义,但不接受这种方法来获得"上帝"、"佛陀"和"神通"等的确切意义。

(e) 语法规范的问题:

双方掌握了词、意义和它们之间的对应关系之后,就自然会开始学习这些词的语法。直观而言,如果对方的语法规范所涉及的词都已被己方获得了相应的实践定义法,那么己方往往就会承认这些词的合理性,从而会把这些词添加到自己的词汇表里面,进而学习和训练这些语法规范,以便于在交流过程中熟练地表达和理解。

中期:知识与规范

通过学习语言建立了基本的交流平台之后,参与主体可以开始交流双方的知识体系和规范体系,共享社群经验。但是这一阶段主要是了解对方的知识和规范,仅仅如实地了解对方的思想,并不涉及双方的知识规范之间的关系问题。而只是了解对方知识规范体系的内部关系,比如上帝、摩西和耶稣三者的关系,礼拜日应该做什么事情，电子和质子什么关系，经络与穴位又是什么关系？它们是否被对方相信或接受，这需要双方在后期展开进一步的反思和论辩。由于这个时期只是单纯地了解其他文化的知识和规范，故出现的主要问题是公共语言平台的不完善所导致的误解。对于这种误解，应早发现早沟通，回到初期去修正完善已初步建立的公共语言平台。

后期：论辩、共同实践与文化交融

经历了上一阶段，双方都对对方的知识和规范体系有所了解，从而在各自的信息库中包含双方文化的信息，但未进行深入的抉择与交融。那么对于双方知识、规范体系之间有争议的问题到底孰真孰假，它们的关系如何呢？这是后期交流的主要内容，也是跨文化交流最需深入的那部分。当然也是最容易起争议乃至冲突的时期。这个阶段一般涉及下面三个方面。

（a）真假抉择：

如果两文化在同一论题上针锋相对，那么这里需要论辩和观察以抉择真假，去伪存真。比如上帝是否存在，上帝是否善良，阿赖耶识是否存在，经络是否存在等。

（b）解释与交融：

如果一方对另一方在某一主题上无法反驳，即一文化与另一文化的某主题保持一致、不相冲突，并且倾向于接受对方立场，那么在该文化中如何解释另一个文化的经验命题或辩护另一个文化的规范性命题呢？比如，中医师会面临这样一些问题：经络与基本粒子是否有关系，DNA 在中医五行学说里应该归入哪一行；而佛教信徒则可能面临这个问题：舍利子由哪些元素或分子构成，佛陀所放光明的波长是多少？两个文化是否能通过这种互相解释而融合在一起？

对于（a）和（b）中的这些问题应该如何展开论辩，论辩后文化主体又应当如何改变他的信念状态呢？这一阶段的跨文化交流可分为两部分，一部分是对具体跨文化论题内容上的交流，比如具体的论辩和信念改变；另一部分是这种具体的论辩和信念改变所依赖的形式认知机制，比如论辩与信念改变的形式模式。前者与内容密切相关，难以进行形式化研究。但后者是可以进行形式化研究的，论辩的形式模式方面已有抽象论辩理论对论辩的结构和论证的可接受性标准进行形式化研究 (Besnard and Hunter, 2008; Dung, 1995)，信念改变的形式模式方面也已有信念修正理论 (Alchourrón et al., 1985; Fermé and Hansson, 2011; 袁永锋, 2014; Peppas, 2008b) 对信念状态的改变的理性模式进行了形式刻画，主要包括对新信息的评价机制 (Yuan and Ju, 2015)、信念状态的收缩机制 (Fermé and Sanz, 2003)、膨胀机制和更新机制 (Katsuno and Mendelzon, 1992; Peppas, 2008b)。

不过，事实上很多跨文化交流所产生的问题并不是仅仅通过辩论就能达成共识的。这些问题的焦点往往会最终集中在实践定义法的寻找和认同上。为了达成更深入的相互理解乃至共识，交流双方应当长久地进行共同的生活实践，从而对对方的文化要素的确切意义、真正价值和局限性有一个完整的认知。

（c）逻辑推理：

经历了论辩之后，双方对对方都有了相对成熟的了解，此时往往会开始反思对方的逻辑与推理方法。这里主要有三个方面：

（c1）关于逻辑命题：在论辩中，双方会发现对方所认为的应当避免的矛盾，而这些矛盾背后则是逻辑在起作用，里面隐藏着逻辑依据。从本章第2部分对要素五的论述可知，由于各个文化之间具有相互差别的意义，故它们有不同的意义间的矛盾现象，从而它们具有不同的逻辑。但一旦一方掌握了对方的意义，那么相应的逻辑命题也容易被学习吸纳进来。比如，认知逻辑和信念逻辑的"知道"和"相信"概念一旦被中国人学习掌握，他们就能很快认识到这种概念应当满足K公理；西方几何学中点线面（点无广延，线有长度而无宽度，面有二维广延而无厚度）的定义一旦被中国人了解到，他们很快就能掌握平面几何的定理；一旦自然数、有理数、实数和基数的定义被中国人了解，他们也能很快掌握关于基数的定理；一旦你将命题逻辑的形式语言的词和意义告诉不懂这些的中国人，那么他们也能很快的掌握相关逻辑命题，如"$\neg \varphi \wedge \varphi$ 是不可能同时成立的"。

（c2）关于逻辑规范：对应的，双方也容易发现：对方的矛盾概念使得对方在推理论辩中尽量避免造成这些矛盾，以保证符合逻辑的推理。这就是逻辑规范的作用。双方在交流中也会由于承认这些逻辑规范背后的逻辑命题的有效性而去接受这些逻辑规范。比如，使用因明进行推理的佛教徒在学习了西方逻辑后会认为亚里士多德三段论和演绎规则都是有效的推理规则。那么为什么呢？原因就在于违反三段论和演绎规则的推理会导致矛盾：违反三段论时出现的矛盾是"所有的A都是B并且所有的B都是C并且存在A不是C"；违反演绎规则时出现的矛盾是"$\varphi \wedge (\varphi \rightarrow \psi) \wedge \neg \psi$"。这两个矛盾中都隐藏着逻辑命题，即："如果所有的A都是B并且所有的B都是C，那么所有的A都是C"和"$\varphi \wedge (\varphi \rightarrow \psi) \rightarrow \psi$"。

（c3）关于归纳规则：由于归纳规则是扩张性推理规则，并不具有保真性。因此，在跨文化交流时双方不一定认可或接受对方的这种推理模式。从而，这些规则的可接受性往往还有待于进一步的论辩，而不会像逻辑命题和逻辑规范一样较容易的被双方所接受。不过，这些归纳规则在交流中还是有可能被对方学习、接受的。

在学习了对方的逻辑命题、逻辑规范和归纳规则之后，双方就开始会用对方的"逻辑"去思考、推理乃至预测言语行为。这意味着双方开始了共同的思维实践，而思维实践又是共同生活实践的关键方面。从而进一步意味着双方文化开始交融，形成共同的新文化。比如：中医与西医的跨文化交流形成了中西医结合，印度佛教与儒道两家的跨文化交流形成了汉传佛教，马克思主义哲学与中国文化的交流形成了中国化的马克思主义哲学。

4 文化模型的形式定义

为了研究跨文化交流活动所应遵循的形式上的理性规范，下面首先根据本章第 2 部分获得的文化的基本要素来给出文化模型的形式定义：

定义 0.1 一个六元组 $C = \langle L, W, M, F, T, R \rangle$ 是一个文化模型当且仅当

(1) L 是词集合；

(2) W 是意义集合；

(3) M 是词与意义的对应关系；

(4) $F: L \mapsto W$ 表示一文化的所有具体实践定义法构成的总体，以具体词为输入，输出该文化所认为的该词的确切意义[①]。

(5) T 是一个三元组 (U, V, I)，其中 U, V, I 三者的元素都是 W 上的关系命题，U 是逻辑命题的集合，V 是逻辑规范的集合，I 是归纳规则的集合，三者两两交集为空且三者并集一致；

(6) R 是一个三元组 (D, S, N)，其中 D, S, N 三者的元素都是 W 上的关系命题，D 是经验命题的集合，S 是语法规范性命题，N 是其他规范性命题，三者两两交集为空。

在一文化的形成过程中，文化社群的成员从生活实践中获得各种意义，并把物理的词"贴"在这些意义上面。如"草"、"是"和"绿色"都是中文词集合 L 中的元素。而这三个词所表达的意义都是中文意义集合 W 的元素。对应关系 M 是这词集和意义集之间的关系，可能存在一对多（即歧义）或者多对一（即同义）的关系。我们认为每一个词都有其意义，没有任何意义的符号并不属于文化。类似的，我们也认为每一个意义都有其词来表达，未用词命名的意义还未积淀为文化的要素，这种意义常常是个体的而非公共的文化要素（文化要素都是公共的）。形式地说：对于 L 上的每个元素 l，至少存在 W 的一个元素即意义 w

---

[①] 在一个文化中，可能存在某一词具有多种实践定义法。也就是说，可以从多种实践方法获得该词的意义。因此，在这种情况下，这里的实践定义法只需利用该词的其中一种典型实践定义法进行定义即可。

使得 $(l,w) \in M$；对于 W 上的每个元素 w，至少存在 L 的一个元素即词 l 使得 $(l,w) \in M$。

　　实践定义法 F 是所有获得词意义的实践方法（具体实践定义法）的集合。如果一个词 l 在实践定义法 F 上有定义，那么我们可以称这个词 l 具有（具体的）实践定义法。如果词 l 是文化模型 C 中的词，并且 F 在 l 上有定义，那么 $F(l)$ 是这样一个过程：根据输入 l 获得对 l 的具体实践定义法，然后根据该方法通过现象获得词 l 的意义。直观地说，就是根据词从记忆中提取获得该词确切意义的实践方法，然后实施这种实践方法，从而亲历该词所表达的意义。比如：当一个物理学科普工作者向一个不懂电子为何物的中国人解释"电子"一词的意义时，他只需要做的是将找到电子的实验方法告知那个中国人，并帮助他实施这套实验方法，从而获得一些物理现象，最后从这些现象中构造并获得"电子"的意义。

　　定义 0.1 把词与意义之间的关系形式化为对应关系而不是函数，这是有原因的。因为如果只有那些词与意义之间的对应关系可以表达为函数的模型才算是文化模型的话，那么世界上几乎没有文化能达到这个要求，因为每个文化的语言系统几乎都包含同义（多对一）和歧义（一对多）现象。其中同义是指在同一个文化中存在两个及以上词表达同一个意义，即存在 $l_1, l_2 \in L, w \in W$ 使得 $(l_1, w) \in M$ 且 $(l_2, w) \in M$。而歧义是指在同一个文化中存在两个及以上意义被同一个词所表达，即存在 $w_1, w_2 \in W, l \in L$ 使得 $(l, w_1) \in M$ 且 $(l, w_2) \in M$。这些同义和歧义现象往往会阻碍跨文化交流深入有效地进行，因此我们在跨文化交流之前应当处理掉这些问题。而且与此同时文化模型的其他要素如实践定义法（F）和关系命题（T 与 R）也要作对应的修改。也就是说应当将整个文化模型理想化，从而将 $<L, W, M, F, T, R>$ 理想化改造成 $<L', W, M', F', T', R'>$，使得 $M': L' \mapsto W$ 是一个双射函数，这里 L' 是去除了歧义和同义现象后的语言，F'、T' 和 R' 是理想化处理之后的实践定义法和关系命题。这样经过理想化处理的文化模型 $<L', W, M', F', T', R'>$，我们称之为理想文化模型。

定义 0.2　一个六元组 $C = \langle L, W, M, F, T, R \rangle$ 是一个理想文化模型当且仅当

　　(1) L 是词集合；

　　(2) W 是意义集合；

　　(3) $M: L \mapsto W$ 是双射的对应函数；

　　(4) $F: L \mapsto W$ 是实践定义法，是一个部分函数；

　　(5) T 是一个三元组 (U, V, I)，其中 U, V, I 三者的元素都是 W 上的关系命题，U 是逻辑命题的集合，V 是逻辑规范的集合，I 是归纳规则的集合，三者两两交集为空且三者并集一致；

(6) R 是一个三元组 (D, S, N)，其中 D, S, N 三者的元素都是 W 上的关系命题，D 是经验命题的集合，S 是语法规范性命题，N 是其他规范性命题，三者两两交集为空。

它们的直观涵义如上所述，不再赘述。值得一提的是，D, S, N 不要求是 T 下一致的，因为一个文化的知识体系或规范体系难免有不一致、自相矛盾的地方。

5 文化修正的形式规范

至此，我们给出了文化模型的形式定义，并且非形式地讨论了跨文化交流过程三阶段中文化诸要素所涉及的问题和可能的解决办法。现在我们来考察：在理想的跨文化交流过程中，文化模型的诸要素应当如何理性地改变？换句话说，在**理想的跨文化交流**过程中文化模型的修正应当满足怎样的**理性**的形式规范？本节对此问题进行尝试性探讨。

下面用符号 ∘ 表示跨文化交流，文化模型 C_i 和 C_j 之间的交流可仿照函数的定义记为 $C_i \circ C_j : \mathcal{C} \times \mathcal{C} \mapsto \mathcal{C} \times \mathcal{C}$，表示其输入输出都为两对文化模型。那么怎样的跨文化交流才算是理性的呢？

第一，参与交流的文化模型都应当是理想的文化模型，以免由于歧义、同义等问题阻碍跨文化交流。[①]

(∘1) **参与交流的文化模型 C_i 和 C_j 都是理想的文化模型。**

第二，虽然 C_i 和 C_j 都是理想的文化模型，但是仍然可能出现交流双方之间的同义问题困扰跨文化交流，故应当在交流前消除这些问题。其中这里的同义是指两理想文化的词并集 $L_i \cup L_j$ 中包含两个不同的词，但它们在这两个文化中具有相同的意义，即存在 $w \in W_i \cap W_j$ 使得 $M_i^{-1}(w) \neq M_j^{-1}(w)$。对于这种同义问题，可以采用共同的词来意指那共同的意义，这样能更方便于交流的顺利进行。

(∘2) **如果存在 $w \in W_i \cap W_j$ 使得 $M_i^{-1}(w) \neq M_j^{-1}(w)$，那么添加新符号 $l \notin L_i \cup L_j$，并将 C_i 和 C_j 的 $M_i^{-1}(w)$ 和 $M_j^{-1}(w)$ 全都替换为 l。**

第三，C_i 和 C_j 在交流过程中仍然可能出现歧义的问题，故应当在交流前消除这些问题。这里的歧义是指两理想文化具有共同的词，但这个词在这两个文化中分别意指不同的意义，即存在 $l \in L_i \cap L_j$ 使得 $M_i(l) \neq M_j(l)$。对于这种

[①] 当然这是过于理想的要求，但至少应当朝这个方向努力，从而在每次交流内部避免同义问题和歧义问题。

歧义问题，应当将不同的意义分别用不同的符号来表示。假设存在 $l \in L_i \cap L_j$ 使得 $M_i(l) \neq M_j(l)$。由于上一个理性规范（o2）已经处理了同义的问题，如果 $M_i(l) \in W_i \cap W_j$，那么 $M_j^{-1}(M_i(l))$ 即是 l，从而 $M_i(l) = M_j(l)$，产生矛盾。故 $M_i(l) \notin W_i \cap W_j$。同理可得 $M_j(l) \notin W_i \cap W_j$。因此，易知 $M_i(l) \in W_i \backslash W_j$ 且 $M_j(l) \in W_j \backslash W_i$，故只需将一方保持不变，将另一文化的符号 l 全都用新符号替换即可。

(o3) **如果存在 $l \in L_i \cap L_j$ 使得 $M_i(l) \neq M_j(l)$，那么 $M_i(l) \in W_i \backslash W_j$ 且 $M_j(l) \in W_j \backslash W_i$，从而只需添加新符号 $x \notin L_i \cup L_j$，并将 C_j 的 l 全都替换为 x。**

即如图 0-1 所示，这样清除了歧义问题，跨文化交流才能尽量避免误解，促进更深入的交流。

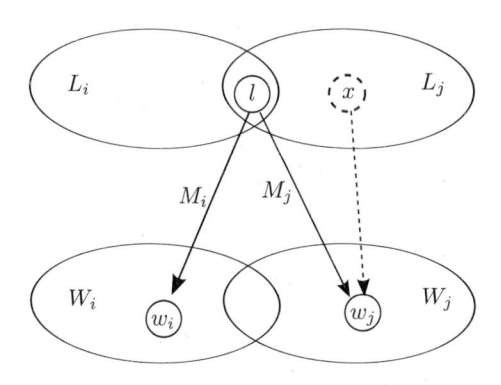

图 0-1　歧义问题的处理

第四，具有实践定义法的词是容易被其他文化所理解、认同和接受的。比如，"不落的太阳"一词对于生活在极地附近的文化社群而言是司空见惯的，当这一文化的成员与生活在赤道附近的文化社群成员进行跨文化交流时，前者只需带后者在极地附近观察太阳夏至时的活动轨迹即可令后者轻易地了解"不落的太阳"的意义。也就是说，如果一文化不具有另一文化所具有的意义，而且该意义所对应的词是有实践定义法的，那么这个意义及其对应词等是可以轻易被异文化所理解接受的，如图 0-2 所示。

(o4) **如果存在 $w \in W_i \backslash W_j$ 并且存在 $x \in L_i$ 使得 $F_i(x) = w$，那么在 L_j 中添加符号 x，在 W_j 中添加 w，并且令 $M_j(x) = w$，令 $F_j(x) = w$。**

值得注意的是，由于（o2）和（o3）处理了同义和歧义的问题，因此在 L_j 中添加符号 x 并不会引起新的同义或歧义现象。通过这个理性条件，实践定义法都

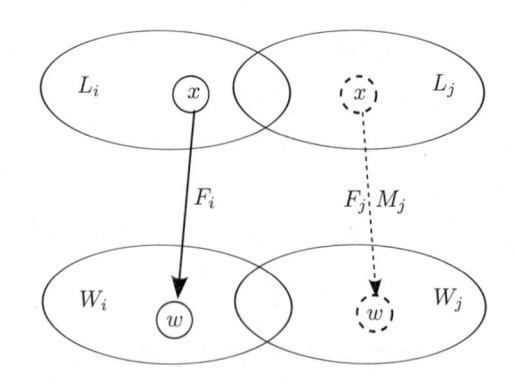

图 0-2　实践定义法的学习

得到交流学习，从而形成了共同的生活实践。比如，如果寻找经络的实践方法得到对方认同，那么"经络"这一词得到对方真正的理解；如果佛教徒给出寻找阿赖耶识的可重复实现的方法，那么与之交流的人则容易依此方法找到阿赖耶识，从而唯识学的"阿赖耶识"一词得到对方的真正理解。

第五，经过上面对同义、歧义问题的消解和一些新词、意义和实践定义法的学习，双方会学习彼此的语法。由于通过上一步所有对方文化中的具有实践定义法的词都已添加到己方词集合，故对于这些能获得确切意义的词，其相关语法规范性命题也应该从对方文化中获取过来。

(o5) 如果 L_j 的语法规范性命题 $\psi \in S_j \backslash S_i$ 的所有构成词都在 C_i 中具有实践定义法，那么将 ψ 添加进 S_i 中。

第六，对于逻辑命题，如本章第 3 部分的（c1）所言，如果一方获得了对方逻辑命题 ψ 涉及的所有词、意义和实践定义法，那么我们可以认为他可以比较容易地通过 $\neg\psi$ 的矛盾性认同 ψ 的有效性，从而把 ψ 接受为逻辑命题。即满足下面这个理性要求：

(o6) 如果存在 $\psi \in U_j \backslash U_i$ 使得 ψ 的所有构成词都在 C_i 中具有实践定义法，那么把 ψ 添加进 U_i 中。

第七，对于逻辑规范，如本章第 3 部分的（c2）所言，如果一方获得了对方逻辑规范 ψ 涉及的所有词、意义和实践定义法，那么我们可以认为他可以比较容易地通过违反 ψ 导致的矛盾性认同 ψ 的有效性，从而把 ψ 接受为逻辑规范。即满足下面这个理性要求：

(o7) 如果存在 $\psi \in V_j \backslash V_i$ 使得 ψ 的所有构成词都在 C_i 中具有实践定义法，那么把 ψ 添加进 V_i 中。

第八，对于经验命题，如果对方或己方有一个经验知识 φ，并且获得了这个知识的所有词及其实践定义法，那么我们可以认为双方都可以比较容易地通过观察真实世界以确定 φ 是否可信。如果 φ 符合事实，那么双方把 φ 接受为知识；否则，把 φ 从知识库中去除。即满足下面这个理性要求：

(○8) 如果存在 $\varphi \in D_i \cup D_j$ 使得 φ 的所有构成词都在 C_i 或 C_j 中具有实践定义法，而且 φ 符合事实，那么把 φ 添加进 D_i 和 D_j 中；否则，把 φ 从 D_i 和 D_j 中去除。

第九，交流的结果应当是两个改变后的理想的文化模型。

(○9) 交流结果 $C_i \circ C_j$ 是一个二元组 (C_i', C_j')，其中 C_i', C_j' 都是理想的文化模型。

第十，一致性要求。我们认为：如果跨文化交流进行得足够深入、足够理想，那么双方就会论辩得足够广泛且深入，从而使得双方的知识观念的不一致性都得到揭示，并在交流后都得到避免或消除。因此，交流后的新文化模型应当在其逻辑体系下具有一致性；当然这是过于理想的要求。

(○10) 交流后的新文化模型 C_i 在 T_i 下是一致的，即 $U_i \cup V_i \cup I_i \cup D_i \cup S_i \cup N_i$ 是一致的、无矛盾的。

6　跨文化论辩的理性建议

上述这些理性规范都是对文化模型在交流中的改变模式作出的理性要求，它们一般不需要大量论辩就可以理性地加以确定。但是还有一些需要大量论辩和进一步认知实践才能确定的文化模型的改变，这些改变由于影响因素比较多，没有明确的、可供形式化探讨的理性改变模式。这些改变对于跨文化交流也是非常重要的一部分，主要分为下面五类。

（1）缺乏实践定义法的词及其意义和对应关系的去留问题。这个问题关键在于是否能发现实践定义法，以及在未发现实践定义法之前是否坚信能发现实践定义法并确信词所指的真实存在性（如是否继续相信经络的存在，是否继续坚信上帝存在）。而这依赖于进一步观察世界和采取何种认知态度。

（2）实践定义法的合理性问题，即一个文化认为合理充分的实践定义法在另一个文化看来是否合理充分的问题，是否应当保留或接受的问题。这决定于交流双方采取的认知彻底性的程度；如果是持怀疑主义的哲学家，那么对实践定义法的合理性可能要求十分苛刻，而难以接受他觉得不合理的实践定义法。

（3）带有缺乏实践定义法的词的经验命题的去留和接受问题。这个问题的关键也在于能否发现这些词的实践定义法，并观察事实与这些经验命题是否相符合，以及在未发现实践定义法之前是否坚信这些命题的真实性。

（4）规范性命题的集合 N 中元素的去留和接受问题。这些问题是非常难确定的，其变因主要包括世界观、价值观、伦理观、审美观等，没有特定的、可供形式化探讨的改变模式。

（5）新思想的形成问题。在跨文化交流深入到相对成熟时期，双方可能都接受了一些对方的知识。这时如何用己方文化解释被己方接受的对方的经验知识和习俗规范呢？这是一个文化交融的重要问题。比如，中医师在经历了中西医跨文化医学交流之后，很可能渐渐接受了一些西医的理论，那么如何用中医去解释西医的这些理论呢？DNA 属于五行学说的哪一行呢？这类解释与交融会形成新思想，改变原有的文化模型。

这些问题涉及深入的内容性交流，需要专业的论辩和进一步的科学实践，没有特定的、可供形式化探讨的改变模式。这里只提出一些基于上述文化模型进行跨文化论辩的理性建议。

（1）双方应摆正心态、端正目的，以抉择真理的目的进行交流。

如龙树在《方便心论·明造论品第一》中所言"不为胜负利养名闻，但欲显示善恶诸相"，"令正法流布于世"。这要求我们应当真诚交流，如实表达自己的观点，不能刻意保护己方文化而进行诡辩，也不能刻意反驳对方文化而进行诡辩。

（2）双方在态度和情绪上应相互尊重并真诚沟通。

关于论辩，在龙树所著《方便心论·明造论品第一》中一反对造论者说道"凡造论者，多起恚恨、憍逸、贡高、自扰乱、心少柔和意，显现他恶，自叹己善，如斯众过，智者所呵。"那么我们是否就应该停止"造论"、禁止论辩和沟通呢？"世若无论，迷惑者众，则为世间邪智巧辩所共诳惑，起不善业。"可见，不能为了这些"众过"而放弃交流沟通带来的公共益处。我们要做的是调整态度和情绪来**理性**论辩，以避免"众过"、"利益众生"。双方可以尖锐反驳对方的前提、论证方式和结论，但是不得对对方及其文化进行人身攻击和种族歧视。双方应当尊重对方对自己观点的客观反驳，而不应误解为是主观的、傲慢的人身攻击或种族歧视。因为这种误解也会导致交流活动甚至双方关系的恶化甚至终止。

（3）双方应当严肃对待论辩，而不得随意转移话题。

双方未同意转换论辩主题之前，不得（引导）转移话题顾左右而言他，除非以明确的方式向对方表明不想再谈论该主题。毕竟论辩不是天马行空、不是高谈阔论、不是谈天论地、不是一会说东一会说西。

（4）双方尽量避免使用同义和歧义的词，以便于深入交流。

单个文化内部以及多个文化之间可能存在同义问题和歧义问题，这两者都会或多或少地阻碍跨文化交流的正常进行，甚至有可能导致这样一种情况：交流双方都在非常认真的交流（或论辩）了很长时间，结果发现双方无法达成共识的原因是由于一些同义问题或者歧义问题。所谓"工欲善其事必先利其器"，双方都规范自己的用语会使得跨文化交流更加深入有效。

（5）在论辩之前，双方应对论题中所包含的词进行意义确定。

词意义不确定会导致其所在语句所表达的观点或立场模棱两可，并很可能导致论辩无法深入进行下去。交流双方可以通过多个经典用例来确定、规范或限定该词在论辩时的意义，以便需要时回到这些用例加深理解并规范进一步的讨论。对于不具有双方所认同的实践定义法的词，应该悬搁相关论题。

（6）论辩时双方的立场应当是针锋相对的，否则停止论辩。

只有确定了论辩主题所涉及的词的意义，双方才能真正确认双方立场是否相互冲突，才能进一步确定是否需要进行论辩。

（7）双方在论辩时应尽量避免使用没有得到双方理解认同的词。

一旦遇到无法得到双方理解的词，能绕开则绕开，不能绕开则立即尝试交流和分享理解这些词的方法角度，或者说立即帮助对方获得该词的真实意义所在或真实所指。交流中使用一个（对对方而言）陌生词的一方负有提供实践定义法或者说理解方法的责任。如果仍然涉及意义无法得到双方理解认同的词，而且此词是关键词，无法绕开，那么此时也应当停止论辩。

（8）双方应尽量不提出与论证结论无关的论证前提。

否则，非必要前提可能会增加论证的复杂性，混淆视听，阻碍对方理解，因此应该尽量避免这种前提。

（9）双方应尽量构造演绎的论证。

文化主体往往由于固定的推理模式或者说思考模式而在论辩过程中省略一些他们自认为显然有效的推理规则。如果让他们尽量构造演绎的论证，那么他们就会把他们隐藏的推理规则明白地表达出来，这样能更有利于双方了解对方和自己，而且也便于定位矛盾与问题。这可以通过把归纳论证的前提与结论的过渡关系当成推理规则放到前提里面来达到。

（10）对于无法达成共识的关键前提，双方应展开进一步的子论辩。

如果这子论辩结束后双方对该关键前提达成共识,那么回到先前的论辩继续考察其他关键前提;否则继续考察子论辩的关键前提,如此类推。这样形成一棵向下论辩树,如果到了叶子节点(此时一方无法再提出反驳了),双方仍然不能相互达成共识,那么停止整个论辩。这样能帮助交流双方有效地定位最终导致误解的地方或不能达成共识之处。

(11)对于文化间解释与交融的问题,双方都应当立足于认知实践。

双方文化的相互解释与交融需要细致深入的实践观察和深入的思考推理,在此基础上提出解释性假说,再在后续认知实践中对此解释性假说进行证成或证伪。如佛教徒接受物理学理论后所面临的"舍利子是由什么基本粒子构成的,具有什么功能"这类问题,是无法仅仅通过论辩就能解决的。

(12)对于实践定义法的合理性问题,双方应当结合实际情况进行论辩。

对于实践定义法的合理性问题,不同的人对不同的研究对象有不同的要求,应当结合实际情况。一般而言,理性的认知主体应该对指称罕见对象和神奇现象的词的实践定义法要求更加苛刻一些。比如,通过考古和文献学方法对普通人的存在性进行论证的方法可以说是一种相对可靠的实践定义法,比如,鲁迅、孔子、孙中山等人的存在性,可以通过考古和文献来论证他们是存在的。但对于上帝、禅定、神通和轮回投胎等这类神奇罕见甚至难以置信的事物,它们的存在性就不能通过考古和文献学的方法进行论证,而需要更高要求的实践定义法,比如,亲见上帝及其神迹、亲自进入禅定状态、获得神通等。

7 多重文化融合理论

那么经过跨文化交流后交流结果如何呢?经过不断的学习、交流和论辩,双方文化不断地改变或修正己方文化的基本要素,也不断增加新的经验知识等。因此,双方文化都演变成新的文化。而且不仅仅如此,新的双方文化又由于交流不断深入的缘故而产生越来越多的共识,从而形成新的公共文化。比如,佛教传入中国后与儒家、道家不断冲突和交流,最终形成独特的汉传佛教。

也就是说,两个文化 C_i 和 C_j 的跨文化交流的结果往往会有五个文化:原有文化 C_i 和 C_j,文化 C_i 在交流后的新文化 C_i',文化 C_j 在交流后的新文化 C_j' 和交流后的共识即公共文化 O。而这五个文化两两之间又有复杂的相互关系。鞠实儿(2012,2017)把这称为多重融合理论。

如图 0-3 所示,跨文化交流开始时只有 C_i 和 C_j 两个原有文化。交流过一段时间后,双方在认识对方的同时也修正了自己,从而形成两个新的文化 C_i' 和 C_j',

这二者已经形成了一些交集或者说达成了一些共识。再经过进一步的文化交融之后，共识就会发展膨胀从而形成共同的新文化 O。

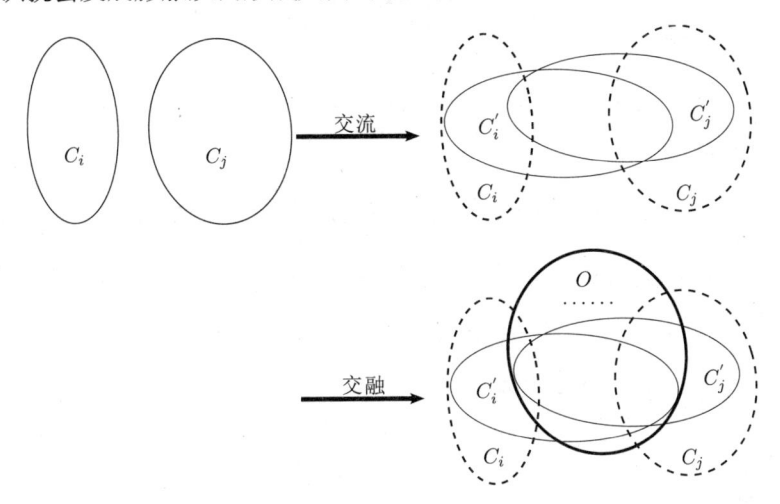

图 0-3　多重文化融合理论

按照本章第 4 部分文化模型的定义，如果文化 $C_i = \langle L_i, W_i, M_i, F_i, T_i, R_i \rangle$ 的主体与文化 $C_j = \langle L_j, W_j, M_j, F_j, T_j, R_j \rangle$ 的主体进行跨文化交流，那么交流后的双方就可表示为 $C_i' = \langle L_i', W_i', M_i', F_i', T_i', R_i' \rangle$ 和 $C_j' = \langle L_j', W_j', M_j', F_j', T_j', R_j' \rangle$。那么公共文化是什么，这五个文化之间的相互关系是什么呢？我们可以得到下列结果。

(1) 新的公共文化 $O = \langle L_i' \cap L_j', W_i' \cap W_j', M_i' \cap M_j', F_i' \cap F_j', T_i' \cap T_j', R_i' \cap R_j' \rangle$，其中 $M_i' \cap M_j'$ 的意思是指如果 $(l, w) \in M_i'$ 且 $(l, w) \in M_j'$，那么将 (l, w) 放入 $M_i' \cap M_j'$ 中[①]，$F_i' \cap F_j'$ 与此类似；$T_i' \cap T_j'$ 和 $R_i' \cap R_j'$ 都是指内部元素的交运算，如 $T_i' \cap T_j' = \langle U_i' \cap U_j', V_i' \cap V_j', I_i' \cap I_j' \rangle$；下面的集合运算与此类似，不再赘述。

(2) 原有文化 C_i 在交流后保留的部分为：
$$C_{ir} = \langle L_i \cap L_i', W_i \cap W_i', M_i \cap M_i', F_i \cap F_i', T_i \cap T_i', R_i \cap R_i' \rangle,$$
而舍弃的部分为：
$$C_{id} = \langle L_i \backslash L_i', W_i \backslash W_i', M_i \backslash M_i', F_i \backslash F_i', T_i \backslash T_i', R_i \backslash R_i' \rangle,$$
更新的部分为：
$$C_{in} = \langle L_i' \backslash L_i, W_i' \backslash W_i, M_i' \backslash M_i, F_i' \backslash F_i, T_i' \backslash T_i, R_i' \backslash R_i \rangle;$$

[①] 由第 5 部分的 (o1) 和 (o10) 知跨文化交流的输入和输出都是理想的文化模型，并且由 (o2) 和 (o3) 知两文化间的同义问题和歧义问题都得到了处理，因此改变后的对应函数中 M_i' 和 M_j' 都是双射函数，故易知 $M_i' \cap M_j'$ 也是一个双射函数。

(3) 类似的，原有文化 C_j 在交流后保留的部分为：

$$C_{jr} = \langle L_j \cap L'_j, W_j \cap W'_j, M_j \cap M'_j, F_j \cap F'_j, T_j \cap T'_j, R_j \cap R'_j \rangle,$$

而舍弃的部分为：

$$C_{jd} = \langle L_j \backslash L'_j, W_j \backslash W'_j, M_j \backslash M'_j, F_j \backslash F'_j, T_j \backslash T'_j, R_j \backslash R'_j \rangle,$$

更新的部分为：

$$C_{jn} = \langle L'_j \backslash L_j, W'_j \backslash W_j, M'_j \backslash M_j, F'_j \backslash F_j, T'_j \backslash T_j, R'_j \backslash R_j \rangle;$$

(4) 公共文化 O 中包含原有文化 C_i 中的部分为：

$$C_{ori} = \langle L_i \cap L_o, W_i \cap W_o, M_i \cap M_o, F_i \cap F_o, T_i \cap T_o, R_i \cap R_o \rangle,$$

包含原有文化 C_j 中的部分为：

$$C_{orj} = \langle L_j \cap L_o, W_j \cap W_o, M_j \cap M_o, F_j \cap F_o, T_j \cap T_o, R_j \cap R_o \rangle$$

此外，如果在公共文化 O 中的 T_o 不为空，即 $U'_i \cap U'_j \neq \varnothing$ 或 $V'_i \cap V'_j \neq \varnothing$ 或 $I'_i \cap I'_j \neq \varnothing$，那么我们可以称交流后双方文化在一定程度上形成了共同的思考方式；如果存在 $\psi \in (U'_i \cap U'_j) \backslash U_i$，那么我们可以说文化 i 学习掌握了文化 j 的逻辑命题 ψ；类似的，如果存在 $\psi \in (V'_i \cap V'_j) \backslash V_i$，那么我们可以说文化 i 学习掌握了文化 j 的逻辑规范 ψ；类似的，如果存在 $\psi \in (I'_i \cap I'_j) \backslash I_i$，那么我们可以说文化 i 学习掌握了文化 j 的归纳规则 ψ。

应当注意的是，这个跨文化交流过程中逐渐形成的公共文化并不是一个封闭的文化状态，它会在进一步的交流和共同生活实践中不断发展、膨胀，最后甚至很可能会演化成这两个文化的主流部分。也就是说，这个公共文化是一个向未来开放的系统。而且，它给双方社群提供了一个进一步相互理解和消解冲突的公共平台。

8 结论

全球化导致各个文化之间广泛而深入的接触，使得跨文化交流成为当前世界非常普遍的交往互动现象。然而这种交往互动却往往导致误解、矛盾乃至文化冲突。我们认为，只要对文化的基本结构和交流的特定模式有所了解，并且遵循一些交流的理性规则，这些误解、矛盾和冲突是可以避免的，从而跨文化交流是可以更深入有效地进行下去的。我们首先对"文化"概念进行了哲学分析，从而获得了文化的六类基本要素，包括词、意义、词与意义的对应关系、实践定义法、逻辑与推理、经验知识和习俗规范等。其间不仅考察了意义的性质，还提出了在文化传承与跨文化交流中起关键作用的"实践定义法"概念，而且还提出了支持不同文化具有不同逻辑的广义逻辑观。然后非形式地讨论跨文化交流的过程、常见问题和解决办法。接着，依据文化基本要素给出了文化模型的形式定义，并给出了文化修正的形式规范和跨文化论辩的理性建议。最后对鞠实儿(2012)提出的跨文化交流的多重文化融合理论进行形式化表示（另参见本书 8.3 和 8.4 节）。我们相信，这些工作不仅能加深我们对意义、逻辑、文化和跨文化交流的理解认识，还能对现实中的跨文化交流提供指导性建议，有助于使跨文化交流更加深入有效。

第1编

语言融合：
跨文化交流的
语言基础

第1章

基于语义网的语言融合

　　文化的出现是为了使处于这个文化背景下的人适应周围环境、对危险做出反应、便于群体的生存(Samovar et al., 2010)。可以说文化是为了一种实用的目的才出现的。因此在不同的环境中，有不同的文化生成。当两个不同文化背景的个体需要生活在同一处地方时，由于资源的有限性，他们和谐相处的必要条件就是能够彼此交流。随着全球化进程的进行，不同文化背景人群间的交流成为必须。但是不同文化背景下的人群的认知模式具有结构性差异，不同的认知模式会为交流带来阻碍(鞠实儿, 2006)。在跨文化交流过程中，如何使对方知道说话者想表达的意图，如何传递特定的信息，双方如何达成一致去做某些行动来实现特定的目的，都是值得探讨的问题。跨文化交流研究是一个很大的范畴，它涉及政治、社会、教育、语言等各个领域。本章试图从语言和认知的角度，证实跨文化交流的可行性，找到跨文化交流的语言基础。

　　文化是可以历史性地传递下去的、嵌在符号中的意义模式(Geertz, 1973)。语言作为符号的一个重要组成部分，和文化也有着密不可分的关系。语言也与交流密切相关。从语言的角度看，语言最重要的功能是用于个体与个体之间的交流；从交流的角度看，虽然交流中也存在无语言交流的成分，但交流最重要的特点仍是它带入了语言的使用。不同的文化在交流中表现出不同的意义模式，对抽象的意义模式很难直接进行解释和分析，除非将意义细化为基础的概念和联系，并符合某种程度的运算和推演。因此，抽象的意义模式可以通过语义网的方式表征，以此为基础对意义进行运算和分析。

本章研究的是最简单的语义网[①]，即能够支持简单的学习，从最初阶的认知状态出发，在识别和分类的基础上满足最基础的沟通和交流。为了实现交流中信息的传递，所采用的语义网是动态的语义网，内部的语义结构能够进行更新和重组，支持简单的学习。不同文化之间的交流，从概念层面看，就是双方语义网之间的交流，这种交流满足一定的规则，并能在交流过后搭造出一个不同于双方语义网的新的语义网。这种新的语义网，能够作为多重文化互动（见本书导论第7部分）的初步桥梁，为跨文化互动打下基础。

为了实现这个目的，本章第1.1节首先定义了文化和意义。意义指的是特定的文化共同体所使用的话语的语义，而文化则用内在化的方式进行定义。

第1.2节介绍语义网是一种用图形的方式来表征知识的模式，它使用点和线之间的联系来实现这种表征(Sowa, 1987)。语义网内部节点的联接具有方向性，根据使用的频率有强弱之别，并可以据此找出密度大的节点(Carley, 1993)。不同文化的语义网，则是在语义网的骨架处，即密度最大的节点处和最强的联接的地方具有很大的差异。

第1.3节在英语语义网 WordNet 的基础上，构造出一种可以带入其他文化和语言的语义网结构。并在这种语义网结构的基础上，为不同的文化背景的两种语言实现交流。人类有两种用于交流的方式，一种是例证和推论，另一种是编码和解码。带有意向性的交流从来都不仅仅是编码和解码的过程(Sperber and Wilson, 2001)。尤其在对一种外在语言的习得过程中，更重要的是例证和推论的过程。名称作为对世界进行识别和分类的基础，是任何一种文化都具有的概念。而专名又作为语义网中名称节点的下位集合，是作为例证的节点，那么在两个截然不同的文化背景的主体的语言交流中，对专名的定位则是开始交流的重要出发点之一。即，这两个语义网之间可以通过专名指称的方式进行节点的初始对应。

两个语义网能够通过专名节点来实现节点的对应和融合，那么可以通过专名来为其他词之间建立联系。以通名为例，通名是通过一种类似推理的归类的方式，对专名所关联的摹状进行分类习得。在进一步的交流过程中，密度较大的名称节点群被确定，这些节点群往往是通名中位于偏下位的节点层。在理解和交流中，两个语义网会寻找将双方语义网密度较大的节点群联系起来的路径，而其他节点要寻找通往对方语义网的通路时，一般会选择密度较大的节点作为中介。

第1.4节分析了语言接触的几种情况，其中几种情况会产生语义网融合的情

[①] 这种简单的语义网甚至不以命题陈述为基本单位，而是一个以意向和表征的储存和使用为基础的概念的网络结构。

况。语义网融合后，会产生出一种与原语义网不同的新语义网，并对两个原语义网产生影响。

1.1 意义和文化

1.1.1 意义

更具体地说，在本章中，"意义"主要指的是在特定的文化共同体[①]中，他们日常对话中语词、概念和句子的意义。或者说，这里说的意义，也就是特定语言共同体所使用的话语的语义。

下面的部分会涉及两个层面：一个是语词的层面，一个是概念的层面。我们在后面构建语义网的时候，会更详细地区分语词和概念。文化是可以历史性地传递下去的、嵌在符号中的意义模式 (Geertz, 1973)。因此可以说在这两个层面中，文化与概念层面的联系更紧密。但没有语词，文化是没有办法得以传递的。

在本体论上，概念可以看作是心理表征，这是在认知科学中最为常见的立场 (Pinker, 1994)。这种心理表征来源于心智的表征理论，跟语言一样具有结构性。最基础的心理表征不一定是心理图像，它可以只是一种内在的符号。这种符号并不像 qualia 一样是第一人称的，而是可以作为个人观念和世界的一个中介。比如某人有一个信念，那么这个信念就是这个主体和一个心智表征之间的关系。这么看来，心智表征是某种客观的东西。而作为一个命题的心理表征，是由像词一样单位更小的心理表征构造而成的 (Fodor, 1994)。但这里并不是说心理表征就是一个词，可以说，它可以用词来进行阐述，但它实际上比词更为抽象。它甚至可以独立于词汇存在，甚至有哲学家提出在除了人的动物中也存在内在的表征系统 (Bermudez, 2003)。

这种将概念理解为心理表征的方式，为从词汇抽象而成的概念提供了使用途径，也就是由单位最小的最基础的概念出发，能够通过句法方式组成命题式的心理表征，从而为主体提供了信念、愿望等命题态度表征的可能性。

概念也可以看作是一种能力 (Dummett, 1993)。更准确地说，是对阐述这个概念的词汇一种使用的能力。这种能力将这个概念背后的词与其他词区分开来，并且能够对这些词能够做出有效的推论。比如概念"猫"，就是一种能够将猫和其他非猫的东西区分开的能力，同时也能够对猫做出一些推论，比如猫是一种动

[①] 共同体一词来源于齐格蒙特·鲍曼，指的是社会中存在的、基于主观上或客观上的共同特征而组成的各种层次的团体、组织。而这里所称的文化共同体，则是在文化意义上具有共同特征的团体。

物，猫是有尾巴的等。这种对概念的定义方式避免了引入不必要的实体，不过也有它自身的问题——它没有办法对心智过程给出详细的解释。但无论从哪种定义都可以看出，概念比语词更为抽象。在两种不同语言的交流中，比起建立语词之间的联系，概念更容易建立相互之间的联系。

1.1.2 文化

用什么方式定义文化，一直都是学界争论不休的话题。[①] 文化有三种定义方式，一种是外在化定义，一种是内在化定义，还有一种是介乎两者之间的定义。外在化定义就是用人造物（artifact）和行为来进行定义。内在化定义就是用人的心理的词项来进行定义，比如信念等。我们在这里采用的是偏内在化的定义方式，主要参考 Geertz（1973）对文化的定义，如下：

文化是可以历史性地传递下去的、嵌在符号中的意义模式。

在认知科学中，关于文化的定义也偏向内在化定义。比如 D'Andrade（1995, P. 143）所说：

从二十世纪五十年代起，文化常常被认为是藏在规则内的……这些规则是隐形的，因为一般人并不能告诉你它们是什么。

Richerson 和 Boyd（2005）将文化定义为：

文化是能够影响个体的行为的信息，个体能够通过教学、模仿和其他方式的社会传播方式，从种群的其他个体中获得这种信息。

Sperber（1996）也对文化给予了定义，采用的是信息的方式：

文化是根植在一个既定社会群体中的广泛分布的、持续的心智和公共表征……是一种广泛分布的信息，这种信息在人的心灵里和他们共同生活的环境中得到了内容上的实现（material realizations）。

总的来说，大部分的定义，都把文化刻画成一种被一个社会群体分享的东西。这种东西，既有外在的部分，也有内在的部分。要从语言认知方面着手研究文化，也就是将内在的部分作为切入点。

在下文中提到的语义网里，语义网内部节点的联系是"隐形"的。人们一般情况下并不能直接认知到语词之间联系的激活与变动。文化的规则化在语义网的联系中得到了体现。通过将密度大的节点和刺激强的联系筛选出来，可以将某个

[①] 本小节内容参考 Prinz（2011）。

语义网简化成简单的骨架。这种骨架能够通过刺激的输入来进行演算，正是一种规则的表达方式，也体现了文化群体对概念的使用习惯。文化共同体的语义网能够对个体的概念网产生影响，这可以解释文化如何影响个体行为。同时这种语义网因使用群体具有持续性和流动性，因而内部节点的联系方式（即规则）也是能够被历史性地传递下去的。

1.2　语义网

1.2.1　语义网的定义

我们对于文化和语言的观察，大部分时候只能从外部[①]的刺激和反应出发，寻求一种最佳的解释方式。这种解释应该具有规范性，能够被应用于模拟和指导跨文化交流。而且这种解释的模式应该能够具有一定的推演性，能够对文化进行表征，同时它对自然语言的模拟也能够较大程度地符合人类的认知模式。

语义网就是这样一种解释和模拟的模式。语义网是一种用图形的方式来表征知识的模式，它使用点及点与点之间的联系来实现这种表征。最早的类似语义网概念可以追溯到古希腊哲学家 Porphyry 对亚里士多德的范畴论的批注中。在后来的发展中，它由哲学、心理学领域逐渐进入了可操作的语言学和计算领域。所有的语义网都是描述性的图形表征，用词汇之间、语句之间的联系来表征知识，或用来支持知识的自动推理 (Sowa, 1987)。

我们这里使用的语义网以文化共同体为使用主体。文化共同体在此指的是共享同一种文化的人类群体，即是一个既定的社会群体，他们共享了一种的广泛分布的、持续的心智和公共表征，这种表征能够被历史性传递、嵌在符号中、并能够被习得和模仿。在一个语义网中，节点一般用于表征概念或者词。某两个节点之间联系的强弱，跟共同体中个体的使用频率有关，本质是文化共同体群体刺激该联系的频率的累加。太弱的联系并不能够对语义网造成影响，比如，如果只有一个个体采取一种新的联系，且没有将这种联系传递到其他个体，这对这个语义网不构成联系上的意义。当出现了群体内部的信息传递，有多个甚至大部分主体采用了一种新的联系之后，才会对语义网构成影响。

个体对概念的使用网络在此被称为概念网。概念网中概念之间的联系，是由这个主体对概念的习得和一次又一次地强化或弱化刺激形成的。语义网中概念的联系是所有个体概念网中联系的累加。因此，在一个文化共同体中，多个个体对

[①] 这里的外部指的是从第三人称的角度来观察，与上文所指的外在化有所区别。

概念之间联系的变更，能够影响语义网内部相应概念的联系。反过来，一个语义网中被使用频率高的节点或强度高的联系，会常常被共同体中的大部分主体使用，那么也有更大的几率会影响共同体内部的某一个主体。从宏观的角度看，概念的网络是语义网；从微观的角度看，相应的就是某个人的概念系统，即概念网络。

再回到交流。交流就是通过实践和空间来传递和交换信息的过程 (Monge and Contractor, 2002)。那么在最弱的意义上，通过双方的信息传递，使得双方的语义网有所变动，都算是达成了交流。但并不是所有语义网的更新和变动都是由于交流引起的，比如也有可能是因为语义网的使用者与无人参与的环境产生了互动。成功的交流就是让双方确认共同的信念，理解双方的分歧，达成一致的目的，并能够整合双方的信息，从而共同实践行动。在本章最后会给出衡量交流成功与否的标准。

语义网有几个层面，一个是形式化计算的层面，它部分参考了人类认知的方式，但主要考虑的还是计算的可操作性和简便性。一个是经验性理论层面，它主要模拟人的语言认知模式，来描述人类是如何习得、使用语言的。在这个层面上，可以与社会学、心理学和语言学等互相融合。这两个层面并没有确切的界限，下文中介绍的语义网 WordNet，作为自然语言的模型，它采用了很多心理学的结论来支持其搭建方式，并在一定程度上模拟了人类认知，同时作为自然语言处理的一个工具，即也考虑了形式化计算的层面。下文在对专名节点的认知分析后，加入更多辅助性的专名节点，从而对通名的习得和形成做出经验性分析。这种侧重于分类的认知方式更倾向于经验性的层面，关注点在人对语言的习得和使用，从而为语义网分析跨文化交流打下理论基础。[①]

名词节点是语义网中最重要的节点 (Fellbaum, 2010)。在语言习得早期，名词的习得往往先于动词，名词的理解和使用频率远高于动词 (Gentner, 1982)。任何一个语义网都不可能缺少名词节点，同时名词节点也是最容易构造联系的节点。

[①] 这里的语义网，与语言学中的语义场概念很像。语义场指的是"在词义上具有某种关联的词聚合在一起并且互相规定、互相制约、互相作用而形成的一个聚合体，是义位形成的系统。这种聚合体的主要特征是：聚合体中的各词都具有共同义位或共同义素，同时具有区别义素"(黎千驹, 2007)。

接下来要使用的语义网是定义式语义网①为主，为其中名称②的摹状词加入了简单的断言式语义网的联系。下文语义网讨论的范围，局限在名称节点和与名称节点相关的摹状词节点。

1.2.2 语义网中的联系和节点

现在心理学上和语言学上大部分对语义网的研究还主要停留在静态语义网，也就是从静态的文字中，或者以字典上的释义为基础，搭建一个基础的语义网。这种搭建是可行的，能够体现本文字的语言特征，甚至能加入一些"文化词汇"（比如流行的商标名、电影名、书名、名人的名字等）。但这种语义网也有它自身固有的缺陷。首先，我们的语言是在使用中不停地变化的，很多词的用法会发生变更，词汇的使用频率也会发生改变。另外，每个人所使用的词汇区块也是不一样的。无论是个体还是群体，这种静态语义网的搭建方式都是过于片面了。为了描述交流，我们必须从另一个方面，动态地描述交流的过程。

既然语义网可以实现交流和学习，那么我们默认语义网有一个动态的可变更的过程。在这个过程中，在有必要的时候可以创建新的节点，同时也可以强化或者弱化两个节点之间的联系。可以看出，语义网的动态构造有两种方式，一种是针对节点，即新增节点或者删除节点；另一种是新增节点间的联系、强化或者弱化节点间的联系。我们在这里详细讨论一下后者。③

语义网中的联系，分为直接联系和间接联系 (Carley, 1993)。间接联系是通过多个直接联系组成的。很多时候，经常被使用的间接联系会转变为直接联系。语义网中节点之间的联系可以具有方向性。比如，若 A 是 B 的下义，那么 B 就是 A 的上义。但也会有不具有方向性的联系，或者说是具有对称性的联系，比如如果

---

①现在有众多不同的语义网。较为普遍接受的一种分类方法是 SOWA（1987）提出的，他将语义网主要分为六种。即定义式语义网、断言式语义网、蕴含式语义网、执行式语义网、学习式语义网、混合语义网。其中定义式语义网是以名词或形容词作为节点，同时以特定的谓词作为联结方式。定义式语义网中的名词之间强调类属关系。两个名词之间常常由"X 是一个 Y"的关系联系起来，其中一个属于另一个的子类。在定义式语义网中，两个名词之间的联系是必然的。定义式语义网中的必然性质具有继承性，即必然性质可以从母类型传递到子类型中。比如动物是有生命的或曾有过生命的，牛是动物的一个子类，因此牛是有生命的或曾有过生命的。断言式语义网是用来陈述命题的语义网。在断言式的语义网中，两个词之间的关系被默认为是偶然成立的，除非他们之间的关系在模态上是必然真。相比起来，定义式语义网更接近人工语言或者是科学语言，而断言式语义网更接近自然语言。执行式语义网能够进行内部信息的重新整合，蕴含式和学习式语义网则大部分用命题作为节点，而混合语义网则是前面至少一种语义网的混合构成。

②我们对 names 和 nouns 做出区分，其中 nouns 是名词，是在语词的层面。而 names 是名称，是在概念的层面。其中名称节点是由名词组合成的 synset。

③转引自 Chaffin (1984)，第 300 页中所引的 collins and quillian（1972），他们提出证据可以积累起来断定给与一个正面的还是负面的反馈。

A 和 B 是同义词，那么 B 和 A 也是同义词。①在语义网被使用的过程中，使用语义网的主体对联系进行选择性调用，往往只有其中一部分语义被激活 (Anderson, 1976)。

并不是每一个联系的强度都是相同的。节点之间的联系的强度，是由使用者累加的刺激决定的。这可以对心理学中的原型理论做出解释。位于上义的名词跟它每一个下位的名词之间的联系强度是不同的，比如水果和苹果之间的联系，比起水果与猕猴桃之间的联系更强。节点之间联系的强弱程度代表了这种联系容易被激发的程度。多次正向的刺激和激活可以强化联系，长时间不被使用的联系会弱化甚至消退。反向的刺激则会减弱联系的强度。

通过对于联系的观察，能够定义出节点的密度。节点的密度是与此节点有直接联系的节点数的集合。节点密度越高，说明这个节点的意义的广度越大。节点密度低且与它相关的联系强度都很弱的节点，是语义网中并不重要的节点。节点密度高并且许多与此节点相关的联系强度都很高的节点，就是该语义网中的关键节点。②

1.2.3 不同文化背景的语义网

虽然在前面提及，不同的语言默认了不同的文化，但是可以设想一种极端的思想实验。假设有两种语言，使用的是不同的语词，但常用语词的数量是相同的，并可以通过一一对应，使得双方的语义网完全同构，并且在环境和语境相同的情况下，会调用语义网中位于同样位置的节点和联系。这么就可以通过将其中一种语言的词汇映射到另一种语言，实现一种简便的对应方式。因此，那么这两种语言的语义网就不能称之为是不同文化背景的语义网。

因此，不同文化背景的语义网，只能从概念层面入手。在不同的小群体内部，都会有不同的概念构成，并且概念之间的联系也会有差异。甚至相对于不同的个体，因为经历和知识结构的不同，对于部分概念的联系也都会有所差异。不同的语言社区有不同的以概念为节点的语义网，这可能是地域性的差别，比如四川人和广东人的差异；又可能是教育性文化背景的差别，比如大学生群体和农民群体的差异；也可能是年龄背景的差异，比如老年人和年轻人之间的差异。不同的文化背景之间的语义网比不同语言社区的语义网差异性要更大。不同社区的语义网，可能只在一些细微的部分具有差异，密度大的节点和强的联接仍然是相似

---

①在语义场中，同义词之间具有一些细微差别。这些细微差别表现在理性意义、感情色彩、语体色彩和搭配意义里（黎千驹，2007，第 222 页）。

②此段定义参考 Carley (1993)。

的。但不同文化的语义网，则是在语义网的骨架处，即密度最大的节点处和最强的联接的地方也具有很大的差异。这种差异，不仅体现在定义式语义网的分类方式层面，也会体现在断言式语义网层面。因此，某个文化共同体的语义网中密度最大的节点和最强的联系，体现了这个共同体的文化结构。

我们可以设想有两种差异非常大的文化，它们之间的主体是如何可能进行互相交流的。如果在差异极大的情况下都可以实现互相交流，那么在文化之间差异较小的情况下，就也至少可以通过相同的途径来实现交流。下面我们试图通过改进 WordNet 系统，进行简要的模拟认知的语义网搭建。

1.3　搭建语义网

1.3.1　WordNet

WordNet 是一个大型的针对英语的电子词汇数据库，是现知的最大型的语义网之一。它于 1986 年在普林斯顿大学建立，至今仍不停补充发展。在 WordNet 中，每一个词都表达了至少一个概念。更准确地说，每一个词都至少有一部分属于某个概念。一般来说，一个概念对应的不止一个词；而一个词也可能会有多种意义，即多义词，那么这个词也会对应着不止一个概念。同义词归属于同一个概念，归属于同一个概念的词组成了词汇集。每一个这样的词汇集就是一个 synset。比如英文中的"boot"和"trunk"这两个词，它们是有同样的意义，它们也就因此而属于同一个概念，即车的行李箱。

1.3.1.1　节点

在 WordNet 中，节点既可以是词汇，也可以是 synset。[①] 词和词之间的联系是一种词汇上的联系（lexical relations）。但是更重要的联系是概念和概念之间的联系，这是一种语义—概念上的联系。因此，一般都以 synset 作为节点，正如 Fellbaum 所说，以概念为基础的 synset 是构成 WordNet 的砖，也可以说是 WordNet 中最着重讨论的节点。加上 WordNet 的本体论假设，概念其实并不完全依赖词汇，那么 WordNet 其实是具有这样的野心，它可以被当作是一个超越特定语言的模型。

进一步看，WordNet 的基础假设是，每一个词汇都携带了独立的意义。正是因为某些词汇具有相同（或者近似）的意义，它们才被归类为属于同一个概念。

[①] 此段参考 Fellbaum (2010)。

在这里需要强调的是，WordNet 并没有以模拟人类的语义组织方式为目的，而是作为一种计算性的工具。虽然作为自然语言的模型，它采用了很多心理学的结论来支持其搭建方式并在一定程度上模拟了人类认知，但是它最重要的目的还是作为自然语言处理（natural language processing）的一个工具。

因此，WordNet 中主要讨论的节点就是 synset。synset 是开放的类，里面包括了名词、动词、形容词和副词。synset 中不包括代词，连词和介词。比如你、我、他、在……上面、在……里面、但是、和、而且等词汇都不在 synset 内。可以说，WordNet 处理的是一种联想类的记忆储存和记忆激活，并不是每一个 WordNet 中的联系都能够生成有效的断言。

在 WordNet 中，节点的激活对于使用者来说是被动的。但是在日常生活中，每个人在使用语言的过程中，都是主动的。人会选择概念，会主动联想，挑选自己的概念网中的节点，会修正节点与节点之间的联系，甚至会添加新的节点。

每一个语义网在使用过程中，被关注和激活的最主要概念被称为关键概念（focal concept）(Carley, 1993)。占很重要一部分的关键概念是名词构成的 synset，因此，接下来主要从名词构成的 synset 出发，并讨论名称节点之间的联系。

词汇的意义会发生变化，但是相比起词汇的意义，概念的意义会相对来说更稳定、不易变更。概念不局限于某个语义网、不局限于某种语言的范畴，是比词汇更基础的单位。但需要指出的是，这里默认没有对应某个词汇的 synset 是不存在的。词汇能用来表达概念，无法表达的概念是不存在于某个语义网中的。在一个语义网中，如果一个引入的新的词汇具有一个新的意义，那么就需要引入一个新的节点与之对应。只有有了对应词汇的 synset，才能成在这个语义网中存在这个概念。

1.3.1.2 联系

节点之间的联系有很多种。定义式语义网词与词之间的联系，虽然说是一种 is-a 联系，但细分起来也可以分成很多种。① WordNet 在基础定义式语义网的基础上，还加入了同义和反义节点。WordNet 中的名词之间主要使用的是如下几种关系②：

（1）同义关系（synonymy）。同义词具有使用上的可替换性。假设 a、b 是同义词，那么在同样的语境下，激活 a 和激活 b 具有很近似的效用。比如"pipe"

---

① 语义场中的义位关系与此类似，分为不同层级之间的义位关系和同一层级的义位关系。其中同一层级的义位关系包括"同义关系义场、并列关系义场、对立关系义场、矛盾关系义场、序列关系义场"等。
② 参考 Fellbaum (2010) 以及 Miller (1995)。

和"tube","rise"和"ascend","sad"和"unhappy","rapidly"和"speedily"。虽然如果两个词具有同义关系是近似的,但是并不代表这两个词在日常语言的使用中完全一样。比如"pipe"和"tube"就具有管径上的差别,"tube"的管径一般较小。但是在字典义的翻译中,因为这两个词使用上的近似性,常常在翻译中被译为同一个词,比如英德和英法辞典中都把"pipe"和"tube"释为同义词。

WordNet 将同义词归类为同一个概念,忽略了内部的词汇间微小的差异,没有考虑使用中细微的区别。所以很难对于需要精细语感的部分作出区隔。[①]

(2) 反义关系(antonymy)。反义词主要针对的是形容词和动词。比如干—湿,长—短,上升—下降等。

(3) 下位关系(hyponymy)和上位关系(hypernymy)。这种关系将特殊的名词与更普遍的名词联系起来,比如运动鞋是一种鞋,而鞋又是一种衣物。亚里士多德对类属有细致的划分,西班牙的逻辑学家彼得(1329)用对亚里士多德的语义网进行了重新描述。比如,"实体"的下位包括"有形的实体"和"无形的实体"。"有形的实体"的下位包括"肉体","无形的实体"下位包括"灵魂"。"肉体"下位有"有生命的肉体"和"无生命的肉体"。"有生命的肉体"的下位包括有"有感知觉的"和"无感知觉的"。"有感知觉的"包括"动物","动物"的下位又包括了"人"和"野兽",而"人"的下位则有"苏格拉底"、"柏拉图"、"亚里士多德"等专名。

在上下位关系中,WordNet 区分了两种名词,类型和特例。[②] 通名属于类型,比如,城市是一种地名的类型,大学是一种教育机构的类型等。专名属于特例,比如纽约和普林斯顿都不属于类型,而是城市和教育机构的特例。如果将上下位关系看作一棵树,专名就是这棵树末梢上没有下位关系的节点。如苏格拉底、柏拉图、亚里士多德等没有下位关系的人名都是属于类型节点。

(4) 整体——部分关系(Meronymy)。比如,脚是身体的一部分,脚趾又是脚的一部分,而脚指甲又是脚趾的一部分等。

由名词构成的一个 synset 是一个集合,在此称为名称。名称之间具有反义关系、上下位关系和整体—部分关系。每一个名称都具有意义,它的意义可以通过某些断言进行表征。因此,在 WordNet 的基础上可以引入断言句。这就需要和断言式语义网一起形成混合式语义网。一个名词和它的摹状词之间的联系属于断言式语义网的一部分。

还有一种特殊的联系,在此称为同词联系。当一个词汇属于多个 synset 的时

[①] 语义场中对同义词有进一步的阐述。我们沿用了 WordNet 的简化处理。
[②] 类型在此指的是"type",特例是"instance"。

候，这几个 synset 之间会存在联系。这是某种文化的语义网特有的联系。这种联系会导致习得另一种语言的词汇的时候，这种词汇的意义会容易顺着这种联系衍生。在文末的维吾尔语"吾斯它"这个词汇的意义变更就是一个典型的例子。①

两个不同文化共同体所使用的语义网，它们的概念结构也是不同的。那么在概念结构不同的情况下，两个文化共同体内的主体之间应该如何交流呢？人类带有意向性的交流从来不仅仅是编码和解码的过程。人类的内在语言更倾向于例证和推论性的交流 (Sperber and Wilson, 2001)。专名作为例证的基础，规定了话语的关注点，是不可或缺的关键概念。它是上下义中最底层的概念，也是与世界能够建立直接指称的名称。下面以专名为例，来分析两个语义网之间的概念是如何建立联系的。

1.3.2 专名

简单地说，专名就是直接指称对象的名词，它所指的是仅仅是它的单个对象，而不可能是其他东西。人名、地名、给宠物起的名称以及用手指着某处说的"这里""那里"都是专名。弗雷格将带有定冠词的词项也看作是专名，如这杯子 (the cup)、那只猫 (that cat) 等。

逻辑专名是"这"、"那"这样的指示词，除此之外，其他的专名都是普通专名。正如克里普克指出的，摹状词并没有办法给出名称的内涵，甚至没有办法确定名称的指称。我们关于名称指称的使用，实际上是通过命名仪式（即指称的初次确定）和指称的历史性传递来确定的。但正如克里普克自己所言，指称的理论也并不是一个严格的哲学理论。这里我不打算讨论深入讨论可能世界的论证，但简要地说起来，"与指称的描述主义理论相比，因果图景的主要特征在于：它将名称指称对象的根本理由从名称本身的语言学性质（与某些摹状词语义等价）转移到名称的社会使用上"(任远, 2008)。

这种名称的社会使用，但是正如索绪尔所说，是集体惰性的产物。集体惰性对一切语言创新都有一种抗拒力。语言符号是建立在传统社会力量的基础上的，所以它可能是任意的。虽然是任意的，但是它除了传统的规律之外不知道有别的规律，所以在这个现实世界中，专名的社会使用是具有确定性的。

除了逻辑专名之外其他专名的指称，如亚里士多德、北京等，比起逻辑专名，更依赖文化共同体的使用方式。其他专名与它指称的对象之间的联系，依赖于文化共同体赋予这个对象的命名仪式，并且依赖于命名仪式后社会共同体对这个专

---
① 语义场的本质也是义位关系。

名使用的历史性传递。那么不同的文化共同体,对同一个对象可能会具有不同的指称方式,如果是简单地用不同的名词来指称同一个对象,那么只需要将其对应起来实现翻译即可。

但蒯因在彻底翻译的不确定性的论证中,指出指称具有不可测知性。一个土著指着兔子说"gavagai",既可以指称的是兔子,也可以指的是兔子的部分,也可以指的是在某个维度中的兔子。兔子和"gavagai"所属的概念,虽然没有办法确定它们是不是属于同一心理表征,但是在现实世界中,因为这两个词具有不可区分性,所以对这两个词的使用中要求的能力是一致的。

可是即便是处于同一个文化背景下的两个主体对于同一个专名也会分配有不同的摹状词。不具有使用中的可区分性这个说法未免过于笼统。假设有两个讲中文的人都知道发现 X 光的是德国物理学家伦琴,可是其中一个因为伦琴名字的中文译名,而将他误以为是女性。那么,其中一个人就会陈述这样的句子:"伦琴是女的"。而另外一个人则会陈述:"伦琴是男的"。这样一种区分,使得双方对伦琴这个专名的使用变得不一致。即便如此,双方对于伦琴这个专名赋予的摹状词不同,可是双方指称的都是伦琴。正如普特南认为,克里普克的专名理论的要点在于点明,"一个人可以用专名来指涉某事或某人 X,即使他对于 X 没有任何真信念"。

在最极端的情况下,即便两个人对某一个专名赋予的摹状词完全不同,也仍然可以指称同一个对象。只能说,专名并不是由与自身相连的摹状词的集合决定的,而是与世界有着直接联系。这种联系又是由这个专名与它的指称对象间的一种历史—因果性联系决定的,在初始命名的时候,可能是由一个或者某几个摹状词激发,但这几个摹状词与这个专名之间的联系也不是必然的,而是可以被修正和调整的。专名与指称对象之间的联系以文化共同体的背景做基础。当一个文化共同体要使他们所指涉的某一个专名被另一个文化共同体所认知的时候,可能会出现几种情况①:

第一种情况是双方用不同的方式指称同一个对象。这里的问题在于,怎么确定双方指称的是同一个对象呢?我们承认有一个独立于意志存在的世界,而我们对支撑对象的把握是简单而恒定的。还是看蒯因"gavagai"的例子 (Quine, 1960),虽然没有办法从彻底翻译中确认指称的唯一性,但是从经验的角度来考虑,仍然可以通过多次的重复刺激,来进行指称的弱同一性的确定。

在刺激次数较少的情况下,可能会出现整体—部分联系的偏差。举个例子,土著对"gavagai"这个词的使用,指的是兔子的腿。那么在刺激次数比较少的时

---

① 在 WordNet 中,并不考虑逻辑专名的情况,因此提到的专名都是除逻辑专名之外其他的专名。

候，每一次使用这个词时出现的都是有腿的兔子，语言学家可能就会将"gavagai"与兔子的腿相对应。但是当出现的是无腿的兔子的时候，语言学家可能会认为"gavagai"这个词仍然适用，但土著则会认为不应该使用"gavagai"。

当刺激足够多时，能够避免这种整体—部分的偏差。但很难证明当刺激量达到什么程度，才能够避免这种偏差。这种偏差的修正依赖于语义网中整体—部分的联系，在得到经验的负面的反馈之后，能够激活节点相关的整体—部分联系。

在多次使用和刺激过后，如果指称并未出现负面的反馈，那么双方就可以默认各自语义网中被激活的那个专名节点是同义的，就可以暂时将双方使用的节点归为同一个概念，即属于同一个 synset。这么一来，双方的语义网之间就建立了联系。双方的 synset 中都各自增加了一个词，在进一步的沟通中，从这两个词所在的 synset 出发，双方可以改变与这个 synset 相连的其他 synset 的联接，从而实现信息的交流。

第二种情况是其中有一方有相应的独特的指称，而另一方没有。假设如果某个村落给每一棵树都起了一个名字，比如甲、乙、丙、丁……而其他外来的人进村后，只能将甲乙丙丁等都认知为是这棵树，那棵树等，那么就需要对专名进行重新定位。这里可以对外来的人建立新的命名仪式，并通过文化内部的交流来将个体的概念网中新增的节点和联系传递到文化内部其他主体的概念网中，从而改变语义网。本质就是其中一个语义网建立新的节点的过程，并将这个节点和另一个语义网的联系进行同义相连。

第三种较为复杂，是双方都没有独特的名称，但可以通过指同一个对象，建立一种交流的途径。比如两个不同语义网背景的主体，看到了新出现的事物，而这种事物是双方都不曾见到过，也没有办法马上归类的。在这个情况下，双方如果需要针对此事物进行交流，那么就需要各自建立一个新的节点。这个事物可以激发双方的感知，使得每一方能够通过一个或者几个摹状词来使一个新的节点与原来的语义网相连。这个新的节点与摹状词的联系甚至不需要是正确的，甚至可以是某一方的误解或者是错觉。这两个节点一旦确定下来并被双方认可是指称同一个事物，便可以归属于同一个 synset，从而为双方提供一个传递知识和信息的渠道。

"每一件东西都是它自身，而不是别的什么东西"[①]，指称不能够化约为摹状词，在语义网内部，专名指称具有一定的稳定性。专名指称的稳定性暗示了其他词汇指称的稳定性。专名处于上下位链条的最底端，也就是最下的位置，它没有下位词汇。一方面，它通过语言共同体的历史—因果方式直接与世界的对象相联

[①] 克里普克在《命名与必然性》中引巴特勒主教的话。

系；另一方面，它与上位的词汇和跟它有关的摹状词有联系。因此，能够通过专名将联系拓展到其他词汇。下面看一下将专名节点拓展到通名节点的过程。

1.3.3 通名

通名属于类型词，处于专名的上位。语言的开始习得总是从具象的词汇开始，通名比专名处于更抽象的位置。最初习得某个名称总是从某几个具体的对象开始，随着这几个对象所对应的名称，搭建出通名的架构，然后才有可能从这个架构中自上而下习得新的名称。即两个不同的语义网在通名节点之间的联系不够多的时候，仍然需要通过专名节点来习得新的名称。当通名节点之间的联系较多的时候，才有可能从位于上位的通名来习得位于下位的名称。

模拟最初习得某个名称的过程，为了论证的便利性，在此需要加入一类专名节点。我们对苹果这个通名的认知总是从某几个苹果开始的，总是从"这个苹果"、"那个苹果"出发，但因为语义网中没有"这"、"那"节点，而且在不同的语境下，"这个苹果"的指称会完全不同，因此在这里采用另外一种方式来对认知过程进行解释。苹果是通名，在苹果之下又加入了苹果1、苹果2等针对某个苹果的专名。在个体的语言习得过程中，最初总是从几个专名出发，来形成对通名的认识。比如对"苹果"的理解，总是通过某几个苹果的摹状的确定，来确定苹果类型的节点的联系群。比如苹果是红色或者绿色的，苹果是甜的或者是酸的，苹果是圆的，苹果有籽等这些性质，是通过某几个"苹果N"的指称，即某些"苹果N"的专名节点对应着的摹状的累加和筛选来联系起来的。这是通过一种不完全归纳的方式来确定苹果的节点。同样，通名对于其上位，比如从"苹果"到"水果"习得过程，也是概念从具象到抽象的过程。在习得过程中，是对苹果和梨子、橙子之间性质进行归纳，来确定"水果"节点的位置。

相比专名，通名的命名更具任意性。比如可以设想在一种文化中，并不存在水果这个词，而是有两个词专门描述"矮小灌木所结的果实"和"高大的树所结的果实"。蒯因 (Quine, 1969) 指出，人的相似性标准是天生的，对于语言习得来说也是根本的。对语词的实指学习，是对类型归纳的一个明显的例子。如果不存在相似性的区分和归类能力，那么位于上位的词汇的习得便变得不可能。可是这种归类方式并不是唯一的。一般来说，对于位于上位的通名，可以通过同一个语义网中的专名或下位的通名来进行解释还原。

每一个语义网中都有一些密度大的节点，这种节点的使用频率很高。在名称链中，有一些语汇的基础层次①，这些基础层次就是由密度大的节点组成的。这种层次往往不是专名，而是"苹果"、"狗"这样的中间层次。这种中间层次通过实指习得（这种习得方式被模拟为上文中新增的专名节点），并不断强化。在这个过程中，新增用于模拟认知的专名节点因没有进一步的刺激而弱化甚至消减。

这种位于基础层次的节点一般来说是较下的节点。但比如有一个人在街上看见一只萨摩耶，要让他对萨摩耶进行描述，他更多是会觉得这是一只"狗"，而不会说这是一个"动物"，除非他对狗的种类有更细致的认知，否则他也不会说这是一只"萨摩耶"。可以理解"动物"是比"狗"更抽象的名词，因此一般不会被使用。但"萨摩耶"比起狗，无疑更位于名称链条的下位，但因为"狗"是密度更大的节点，因此它是语汇的"基础层次"，也就是在一个语义网中最容易被习得和使用的词汇层。这一类基础层次的通名，承担了用常用语汇进行指称交流的骨架。

刚才的论证，很多地方用习得过程来代替了交流的过程。习得过程也就是一个动态认知的过程，可以从这个过程看出语义网是如何形成的。不仅仅是语义网的形成，语义网的更新也可以看作是一个信息交换，即也是一种习得过程。不同的语义网之间的沟通过程，涉及到新节点的生成，或者新联系的生成和强化，这个过程都与儿童对语言的习得过程类似。个体对于词汇的习得和强化，是属于语言的社会传承过程的一个微观过程。而群体的语义网与另一个群体的语义网之间的交流，是一个较宏观的语义网动态过程，这种宏观的过程也是由许多微观的基础构成的。

通过专名节点来习得通名之后，很多专名节点弱化甚至消失，但语汇的基础层次被不断地强化稳定。当系统中已经有较多的通名节点，或说有较多的通名节点已经被习得时，一个新的通名节点可以通过跟其他的通名节点产生联系来确定位置。其余的通名节点可以被还原为密度大的节点，从而从整体上看能跟其他词汇产生最便捷的联系。只是离基础层次越远的通名，还原的过程越复杂。因为基础层次往往位于较下位，可以理解一般来说处于越上位的名词，如"实体"等，因其到基础层次的距离越长，联系就越松散，从而两个文化之间互相理解这个概念的难度就会越大。②

不同的语义网的基础层面可能也是不同的。两个语义网之间名称的互相对

---

① 这里的基础层次并不指的是位于更下位的层次。

② 除了通过专名习得外，还有可能有其他的习得方式，来巩固名称节点，比如通过关系（负数是小于零的整数）、功用（罗盘是用来指示方向的）、性质（对边平行的就是平行四边形）。关系、功用和性质都是为一个名称节点在网络中寻找位置的常用方式，但是都是建立在其他的通名节点已经确定的基础上。参考 黎千驹 (2007) 关于定义方式的分类。

应,最初始是通过联系专名进行习得,但当名称概念网构造到一定程度的时候,最重要的是实现双方基础概念的对应。当基础层面实现了对应,常用的词汇就能够找到最便捷的路径互相联系。

这里不细致讨论通名的联系如何拓展到其他非名称词汇。但机制是相似的,即,先通过最先联系起来的节点实现其他节点的联系,直至双方将各自密度大的节点联系起来,并将这种间接联系变成直接联系,继而其他节点的生成和解释都可以通过基础层面。因为某个文化共同体的语义网中密度最大的节点和最强的联系,体现了这个共同体的文化结构,所以,双方密度大的节点层之间能够互相解释或重合,便能够为其他词汇之间的联系提供基础。

1.4 跨语义网主体沟通

1.4.1 语言接触

现实中有很多语言接触的例子。语言接触(language contact),指的是有一群人在交流中至少使用不止一种语言。[①]两种语言接触时,可能会发生很多种情况。比如(1)语码转换(code-switching),(2)底层语言(substrate)和高层语言(superstrate),(3)借词(loanword)和"calque",(4)语言干扰(language interference),(5)"pidgin"和"creole"以及混合语。

在第(1)和第(2)种情况中,双方语言都较好地保存了自己的语言特点,简单说来,就是在不同的场合或者对不同的人,会选择说不同的语言。在语码转换的情况下,人们为了实现各种社会语用功能时,会灵活使用不同的语言。另外,底层语言一般用于非正式口头交谈的场合,而在更正式的场合或有正式书面的需要的时候,会使用高层语言。因为双方语义网并没有发生明显的交叉融合,所以这种语言接触的情况我们尚不考虑。

第(3)~(5)种情况下,两种语言中至少一种语言发生了变化,或者说,至少产生出了一种跟之前两种语言都不同的新语言的雏形。借词(loanword)指的是词汇层面的对另一种语言的借用和融合,而 calque 是意义(概念)层面的对另一种语言的借用和融合。语言干扰情况下,说话者自身母语的使用方式干扰了对另一种语言的习得。pidgin 和 creole 是在两种语言融合后,发展出了第(3)种被简化的"语言"。混合语,则指的是两种语言已经发生了较全面的融合,无论是从词汇概念层面,还是从语法语用规则层面,都融合并且无明显的简化。

[①] 定义参考 Thomason (2001)。为了分析方便,这里仅讨论两种语言接触的情况。多种语言接触的情况可类推。

本章仅仅局限在最小的单位，更确切地说，是词汇的名词层面和概念中名称层面的融合。因此，涉及对应的案例主要集中在借词和"calque"中。

具体两种语言会融合到什么程度，融合成什么样子，都是很难预测的。因为，影响两种语言如何融合的因素太多，牵涉各种社会因素以及每个人对语言的选择 (Thomason, 2001, P. 204)。但是仍可以总结出一些规律 (Thomason, 2001, pp. 129–152)：

（1）语码转换。

（2）语码交替 (code-alternation)。即同一个说话人跟不同的交谈对象 (通常是单语人) 会使用两种不同的语言。最常见的情况是，工作者在家使用一种语言，在办公场合使用另一种语言。

（3）协商（negotiation）。一般出现在这样的情况下：在一群人中，没有人能懂这群人中所有人的语言。假设这群人中有一部分人说 A 语言，一部分人说 B 语言，并且没有人是双语者。说 A 语言的人会猜测 B 语言该如何说，说 B 语言的人也在猜测 A 语言该如何说。当他们猜测错误，并诉诸交流的时候，可能会得到负反馈，他们在这个情境下使用的词汇和结构出现的频率就会减小。当获得正反馈的时候，他们就会继续使用这个词汇和结构。

（4）第二语言习得。以母语为原料，通过母语习得关于目标语言（第二语言）的知识，前提是对第二语言的知识大部分是正确的。现在的外语教学多采用这种模式。

（5）深思熟虑的决定（deliberate decision）。一般出现在并不太重要的语言部分，比如反思对外来词应该如何借用。

当两种语言接触的时候，以上几种规律往往是同时交叉出现的。但只有第（3）种情况适用于两种截然不同的语言第一次接触时。

在《人类认知的文化起源》(Tomasello, 1999) 一书中，说明了"指示"（包括用手指指，用目光注视，用身体姿势来吸引对方关注某物）在语言中的重要性。在文化的角度看，指示是语言起源中必不可少的一个部分。从命名角度看，指示也是一个最便捷常用的途径。指示可以把双方的关注点集中在较小的范围，为双方沟通提供一个短时间的目标。在指示的基础上，两种语言融合，必然会出现重新命名和同源词的现象。重新命名的情况比较简单。对于同源词来说，可能出现会在意义（概念）层面的同源词，和在形式层面（字音、字形）的同源词。这两种情况在使用中，并没有明确的界限。虽然之前是在概念的层面构建语义网，但是在使用中，必然会涉及到形式层面。在下文中，会以实例来进一步讨论。

1.4.2 语义网融合

上文所提及的语义网都以文化共同体为使用主体,但微观至文化共同体内部某一个使用主体,每一个主体都有自身的一个概念网络。如上定义,语义网的联系强度是所有使用者刺激该联系的频率的累加,那么在某个使用者的概念网络中,联系强度就是该使用者刺激这个联系的频率的累加,本质并无差异。这个概念网络是语义网一个部分,在关键节点上与该文化语义网保持一致。语义网中的关键节点指的是密度大到一定程度的节点的集合,加上这些节点之间的强联系,构成了语义网的骨架。某个文化共同体的语义网中一个成熟的使用者的概念网,也是由该文化的语义网的骨架为基础的。[①]

语义网融合是多重文化融合的概念基础,概念网融合又是语义网融合的微观体现。因此,我们可以通过研究不同个体之间搭建的概念间的联系构造,来同构地理解多重文化融合过程。两个语义网之间的交流,从微观上看,首先是两个主体之间的交流。接下来我们将细化分析两个主体之间的交流过程,从而模拟跨语义网的沟通,进而为多重文化融合刻画打下根基。

对于两个来自不同文化共同体的主体来说,沟通是信息动态交流的过程。在弱的意义上看,双方的语义网有因对话而产生改变,则是开始了沟通。而双方如果能在某些概念上达成一致,则实现了初步的交流。而在关键信念上达成了一致,则是一次成功的交流。下文中只考虑初步交流的情况,即考虑在沟通中,概念中包含的词汇和概念之间的联系是如何变化的。

每次双方的交流都不可能调动语义网所有的节点。对话中调动的节点的区域,是一个网状的结构。这里将这个网状的结构称之为局部概念网。在交流刚开始的时候,其中一方调用的文化背景 α 下的概念网称之为 A,另一方调用的原来文化背景 β 下的概念网称之为 B。这里的 A 包含了 α 的词汇,B 中包含了 β 的词汇。

在交流的进展过程中,A 和 B 之间搭建起了新的词与词之间的联系,进而搭建了概念与概念之间的联系,这种联系的量能够通过交流时间的增加而增加,从而在两个局部概念网之间形成越来越密集的网络。双方的主体会在概念网中创建一些以前从未使用过的联系,以前的一些很少使用的节点也可能会被频繁地调用。

与其说两个概念网的界限越来越不明晰,倒不如说在交流过程中,双方通过协商形成了一个新的概念。双方在交流中,部分词汇和概念之间的联系逐渐达成

[①] 参见 鞠实儿 (2012)。

一致，形成了一个与 A 和 B 均不同的概念网，在此称为 C。当双方之间想要互相沟通时，会采用 C 中的概念。C 中的概念的一部分会与 A 相似，另一部分可能与 B 相似，但总体说起来，它会具有一些 A、B 都不具有的特点。双方后续的沟通也会建立在 C 的基础上，C 中甚至会有一些 A、B 都没有的节点。

  C 与 A 和 B 之间的关系是耦合的。一方面，C 建立在 A 和 B 的基础上，它是一种 A、B 内关键节点之间互相组合的尝试。另一方面，使用 A、B 的主体在建构 C 的过程中，也发现了自身概念网之间概念组合的一种其他的可能性。可以说没有 A、B 就没有 C，而 A、B 反过来也通过习得 C 而自身发生了改变。这种发生改变后的 A、B，我们在此称之为 A'、B'。

  值得一提的是，在这次的交流中，虽然 A 变成了 A'，但是这个概念网的使用主体，在不同的背景下，根据不同的交流目的，会调用不同的概念网中的联系。即，即便在 A' 中，会受 C 的影响，有一些 A 中的词汇被 C 所取代，或者修正了概念之间的联系，但是当这个使用者返回去跟 α 文化背景下的人沟通时，他仍然会选择少采用 A' 中受到 C 影响的那一部分概念和联系，即会尽量趋于调用 A 中的概念和联系。除非有一种情况，就是 α 的使用人群和 β 的使用人群之间的关系是如此紧密，导致长时期的大量概念网互相联系，才可能影响到 α 和 β 的语义网。

  比如一个在印度出生并长大的人，在大学期间去美国修习数学，学完又回到了印度。在这里，印度文化为 α、北美文化为 β，他自身的语义网为 A。当他在美国的时候，自身的概念网由于接触 β 文化中的诸多语义网 $B_1, B_2, \ldots, B_n$ 而得到了变更，从 A 最终变为 A'，但当重新回到 α 文化背景下时，因为周围没有了强势的 β 文化，他便会尽量少地调用在 β 文化下习得的新概念和联系，从而更好地适应 α 文化。但 A' 中的新概念和联系仍然存在，他在回到北美的时候，可以重新主动启用这些新概念和联系。

  只有当两个不同文化背景的人群长时期生活在一起，有多个概念网高频率地互相交流，才可能会影响到文化内部的语义网。但这个过程是极其漫长的。某个文化对另一个文化的政策上的影响，会导致后者向前者同化。比如民国政府的苗族文化同化策略等。这里牵涉到强势文化的问题，不多加讨论。

  C 并不是唯一的。其中有一些词汇可能会取代另外一些词汇，又有一些词汇会因为误用而致使概念发生变化。这种取代和误用都带有随机的成分，所以在不同的情况下，同样是 A 与 B 之间的交流，可能会出现不同的 C。但如果双方有交流的必要意愿，且有足够的交流时间，那么 A 和 B 之间总能将需要沟通的部分联系起来，从而实现某些概念的重叠。同时，只有这种概念网在同文化共同体内部得到充分的传播，致使更多的主体使用 C 中的词汇和概念联系，那么这种联系才会影响对 α 和 β 的语义网造成影响。

这种语义网的融合过程也是双方对于概念、词汇进行习得的过程。概念习得包括两个层面，一个是理解层面，一个是生成和使用层面。理解层面是使用层面的基础，使用往往迟滞于理解。但在此不作细致区分。

在不施加外部压力的情况下，α 文化中的个体与 β 文化中的个体自主交流。C 中的概念越多，则 A 和 B 的主体交流得越成功。换句话说，也就是当 C 越大的情况下，那么 A 和 B 的主体交流得越成功。

宏观的某个文化的语义网也是类似的。所有发生了的对话的部分语义网 A_1，……，A_n 的累加，称之为 **A**，与另一个文化语义网中相对的部分 B_1，……，B_n 的累加，称之为 **B**，在发生了的交流之后变为 A_1'，……，A_n' 的累加 **A'**，和 B_1'，……，B_n' 的累加 **B'**。C_1' ……，C_n' 的累加为 **C**。C 覆盖的范围越大，两种文化之间融合的程度就越大。

在交流中选用什么联系，其实很大程度上是由主体决定的。联系本质上只是一种可能性。在主体理解的时候，这种联系是一种搜索；在主体试图表达的时候，这种联系是一种调用。哪些联系被激活，有一部分依赖于个体偏好，但是更大程度依赖于语境，最明显的例子就是语码转换，以及底层语言和高层语言。在语义网融合中，虽然双方在交流中都会采用语义网 **C**，但是在特定情况下选用哪些联系，仍然是会有一些差别的。

1.4.3 词汇融合

以上只谈到了概念层面，但是在对语言的实际日常使用中，更容易接触到的是词汇层面的变化。接下来用汉语中借用维吾尔语的词汇的例子来进行说明。[①]

在维汉共同聚居区，两种语言与文化接触频繁，在维汉双语条件下出于对交际的需要，维吾尔语中混入了汉语词汇，而同时汉语中也混入了维吾尔语词汇。这是上文中提到的借词和 calque 情况。接下来我们从其中一个方向出发，即汉语中混入的维吾尔语词汇出发，来分析语义网之间的沟通过程。

假设汉语语义网是 **A**，维吾尔语语义网是 **B**，在沟通中形成了 **C**。受 C 的影响，**A'** 比起 **A** 新增了一些节点。其中一些节点是在汉语中没有对应的词，比如馕这个概念，是一种维吾尔特有的饼类，为了对其指称，从而新增概念节点，同时在汉语中新增了新词。在初始交流的过程中，对于指称同一个对象，**B** 所属文化

[①] 部分案例取自 王景荣 (1998)。

中的个体的概念网 B 对应了一个概念，这个概念中的词汇在发音上是 [nan]，同时 A 所属文化中的个体在概念网 A 内将这个对象划归为"饼 1"、"饼 2"……"饼 n"。但在多次交流之后，A 所属文化中的个体发现采用近似的发音会在交流中更方便（比如在购买的时候），并且发现这种饼只是一种饼的子类，需要用一个名称来命名它，并作为饼的下位。因此，在跨文化和文化内多个主体的反复沟通之后，在 C 中双方的使用达成了一致，[nan] 是饼的子类，具有某些特定的性质足以跟其他的饼区分开来。A 所属文化中的个体也在 A' 中增加了这样的节点，这个节点与 B 中的指称同一类饼的节点是同一个概念。

对上述这类词的习得是简单的，可是大部分时候，语义网在交流过程中，并没有办法在对方原初的语义网直接加入新的节点，或者直接找到对应的节点。这就变成了两种文化交流之后发生的融合变异。汉语引入维吾尔语词汇的时候，很容易发生意义的演变，这种演变很多时候是与汉语自身的词汇相关的。比如维吾尔语中的 [usta]，在维吾尔语中的涵义是"工匠、匠人"。当 B 中的 [usta] 被使用的时候，指称的对象是某工匠 I，而工匠 I 在 A 中与师傅是上下位关系。因此，A 中的使用主体选用了"师傅"概念，从而将对方所说的 [usta] 与师傅对应的节点联系起来。汉语使用者所用的吾斯它这个词汇，经过多次使用，其中包括汉语使用者对于 [usta] 的误用，从而使得吾斯它意义拓展，它不仅仅可以用来指工匠、匠人，还可以用来指工人、农民、知识分子等，近似于汉语中的"师傅"。这个词汇用法的变化，借用了维吾尔语中的发音，但它所对应的联系则受到了汉语文化的影响。因此，在多次互相交流中，C 中的吾斯它属于"工人"、"农民"、"知识分子"所属的概念。初始的维吾尔语中没有"工人"和"知识分子"的概念，随着文化交流和工业、技术等的发展，维吾尔语中也新增了这两个概念作为节点。

C 中的工匠、知识分子、工人、农民等概念，由于同属于吾斯它这个词，因此具有了同词联系。这里需要说明的是，[usta] 和吾斯它在 C 中是否应该被看作同一个词汇。吾斯它和 [usta] 发音相同，在交流中不具有区分性。这个词在原意上与有所出入，维吾尔语言背景的使用者在与汉族交流过程中，需要了解并适应汉语背景的人对这个词的使用。因此，[usta] 和吾斯它在这里可以被看作是同一个词汇。在 C 中与原本的 A 一样，"工人"、"农民"、"知识分子"这几个词之间具有了同词联系。

维吾尔语向汉语流变的词汇中，有一些会发生发音上的变化。这种变化在不影响理解的情况下，比如在词后加"子"作为尾音，都可以被看作同一个词。正如汉语中的"巴郎子"、"皮牙子"、"洋冈子"等。两个文化沟通之后，可能会在 C 中新增节点。这个新增的节点可能既不是原先的 A 中的概念，也不是 B 中的概念，下文就是一个例子。在维吾尔语中，即 B 中发音为 [jɛŋgɲ] 的词汇，意义为"嫂子、婶子"，在与 A 发生交流之后，在双方共同使用的语义网 C 中新增了词汇，汉语发音为洋冈子。嫂子、婶子是用来指称兄弟的妻子，这两个节点与妻子和已婚妇女概念都联系非常紧密，在双方的交流中，洋冈子的意义发生了拓展流变，稳定在两个意义中，分别落在两个不同的节点上：一个是已婚妇女，另一个是妻子。妻子是常用词，在多次的使用累加后，洋冈子使用频率慢慢超过了这个节点中的其他词汇，成为了这个节点的常用词。而已婚妇女在汉语和维吾尔语的语义网中都不是常用的概念，甚至可以说是新增了一个用来描述已婚妇女节点。这个节点没有办法跟原本维吾尔语中的 [jɛŋgɲ] 的概念直接对应。当使用维吾尔语的主体试图跟汉语的主体进行交流后，在 B' 中 [jɛŋgɲ] 这个词汇也发生了变化，它的意义也得到了扩充，与妻子和已婚妇女的节点联系了起来。在 C 中，[jɛŋgɲ] 和洋冈子可以被看作是同一个词汇，并且这个词在 A 中和 B 中都找不到对应的词汇。虽然是在 A' 中洋冈子的意义发生了变化，但在 A 中，妻子和已婚妇女之间是不具有同词联系的。因此，在沟通中，双方使用的是一种不属于双方任何一种初始语言和文化的词汇。

两个语义网 A、B 融合时，产生的 C 中的词汇和概念是很难说属于哪一种语言。同时，A' 和 B' 与 C 并没有明确的界限，最重要的是双方如何达成交流，而不是使用的是哪一种语言。

1.5 小结

本章提供的是跨文化群体在语言交流上的一种可能性。虽然不能说完全模拟人类的认知模式，但至少是一种较优的解释的尝试。我们使用了动态语义网，以 WordNet 为基础，主要分析关于名称的认知。文化能够体现在语义网的内部节点和联系中，不同的文化背景的人群会使用不同的语义网。通过语义网融合，两种文化能实现最基本的交流。这种交流从专名出发，建立在例证和分类的基础上，能够将联系拓展到其他概念节点，并能够通过语义网内的联系进行推演。

跨文化交流是涉及面很广的课题，我们仅仅从语义网中的名称节点出发做了粗略的研究，对其中节点和联系之间传递方式的规范，则有待进一步的描述和扩充。我们所提供的语义网，仍存在许多可以完善之处。比如，间接联接之间如何传递，在哪些情况下间接联接会变成直接联接，名称节点与其他节点之间有什么样的联系等。这些都是可以延伸的研究内容。

第 2 章

基于极小语言的语言融合

语言的多样性是跨文化交流的首要障碍。为了能更好地进行跨文化沟通，有必要弄清各种不同语言之间共同的逻辑基础。本章我们将在语言人类学家田野调查得到的一种原型语言的基础上，给出所有语言在句法和语义上的共同结构，从而理解不同语言之间进行沟通的公共机制。

自从蒙太格 (Montague, 1973) 在自然语言形式化方面的开创性工作，运用范畴语法和类型逻辑表示自然语言成为组合性语义的主要逻辑方法[①]，该方法运用于英语和其他相似语言颇为成功，但当运用于与英语差异较大的语言时，则不那么成功。这导致了一些替代性方法的产生，如基于词汇功能语法的线性逻辑黏合（glue by linear logic）(Dalrymple et al., 1993; Kokkonidis, 2007)，极小递归语义（minimal recursion semantics）(Copestake et al., 2005)，基于预群语法的二分类谓词逻辑（two-sorted predicate logic）(Preller, 2007)，以及不带函子和运算元的无类型逻辑（type free logic without functors and operands）(Erdélyi-Szabó et al., 2008)等。这些方法在语义表征上的共同特征是：

(1) 更独立于自然语言的语法：语义表征可以应用于不同的语法；
(2) 更扁平的类型与阶：与蒙太格的概括至最差情形的思路（通常产生更高阶的类型）不同，尽可能少使用高阶类型；
(3) 非确定性语义 (underspecified semantics)：语义表征更加灵活，保留语义

[①] 参见 Morril (1994)、Moortgat (1997) 和 Carpenter (1997)。

歧义。

本章的研究思路与该进路类似，但走得更远。我们不对任何特定的自然语言给出形式语义，而是对一种由德国语言学家 (Gil, 2005) 提出的某种假设性语言 IMA (isolating-monocategorial-associational) 进行形式化。该语言具有如下特点：

(1) 形态孤立的 (morphologically isolating)：词汇内部没有形态结构；

(2) 句法单一范畴的 (syntactically monocategorial)：没有严格区分的句法范畴；

(3) 语义关联的 (semantically associational)：没有严格的语义解释规则，复合表达式的意义仅以非特定方式与其组成部分的意义相关。

这样，IMA 语言可以看作是自然语言在语法和语义上限制最少的原型语言。通过对该语言进行形式化，我们试图揭示自然语言在语义组合上的普遍机制，并对组合性语义提供一个最一般的框架。由此，任何特定的自然语言都可以通过在该框架上增加限制条件得到。我们称之为极小主义方法，类似于语法研究上的极小主义进路 (Chomsky, 1995)。

本章结构如下：第 2.1 节我们指出基于英语的语言逻辑研究的不足；第 2.2 节我们简述 IMA 语言的特征和意义；第 2.3 节我们对 IMA 语言给出一个极小逻辑，包括句法、语义和证明系统，并证明其可靠性和完全性。第 2.4 节我们在不同动机下给出该极小逻辑的若干扩充；最后，我们对本章进行小结。

2.1 语言逻辑研究的英语进路

当前的语言逻辑研究主要基于英语进行，它有如下两个基本假设。

透明映射 (H1)：与弗雷格和罗素认为自然语言的形式具有误导性不同，蒙太格认为在形式语言与自然语言之间不存在重要的理论差别。因而，从自然语言到形式语言的翻译可以直接和自动进行，而不需太多人工干预 (Montague, 1974)。

语义通用规则 (H2)：存在一些跨语言的语义通用规则，如"名词短语—量词通用规则"和"限定词通用规则"。前者指的是，每种语言都有一种句法构造（称为名词短语），其语义功能是表达论域上的广义量词。后者指的是，所有语言都有一种基本表达式（称为限定词），其语义功能是将普通可数名词的指称映射其上的量词 (Barwise and Cooper, 1981)。

这两个假设在跨语言研究中都受到了挑战。例如，现在的文献普遍认为，无论是名词短语—量词通用规则还是限定词通用规则，都是不正确的 (von Fintel and Matthewson, 2008)。事实上，不同自然语言在语法和语义上存在巨大差异。有些语言使用前置介词（如英语和法语），有些则使用后置介词（如 Quechua 语）；有些语言（如汉语）对动词和形容词的区分不如其他语言（如英语）；有些语言使用限定词素作为功能词（如 Bantu 语和 Amerindian 语），有些则使用自由词素（如多数西非语言和亚洲语言）(Shi, 2005)。并且，不同语言的表达式即使具有同样的表层结构，其语义也可能非常不同。如果采用 (H1) 假设，则我们必须对每种自然语言都给出一种形式语言，这显然是不经济的，也不利于我们寻找不同语言之间共同的句法和语义机制。

即使对像合取和析取这样的逻辑常项，不同语言之间也存在很大差别。正如 Payne (1985) 和 Winter (1995) 指出的，在某些语言（如 Samoyed 语和 Pacoh 语）中，没有用于表达合取的词素。其表达合取的唯一方法是将不同的合取支并置。然而，这一不使用词素表达合取的现象对于析取而言却没有在任何语言中发现。这表明合取与析取之间存在某种不对称性。一种不对称性却被英语的特殊性掩盖了。事实上，即使像蒙太格指出的那样，英语是一种形式语言，它也绝不是一种好的或典型的形式语言，尽管它是最流行的语言。考虑乔姆斯基 (Chomsky, 1977) 给出的一个例子。

(1) Unicycles have wheels.

(2) Jim's unicycle has wheels.

一方面，(1) 逻辑蕴涵 (2)。另一方面，根据英语语法，(1) 真而 (2) 假。但是，如果我们将这两个句子翻译成汉语，就没有这样的问题了，因为汉语在构词法上没有复数的概念。很多语义学中研究的问题都类似于这种问题，它们只是英语或类似于英语的语言所独有的问题。耗费过多精力研究这类问题将使我们错过很多普遍性和本质性的问题。下面是另一个表明英语缺陷的例子 (Levinson, 2003)。考虑如下两个语句。

(3) The dog ran into the house.

(4) The dog entered the house.

直观上，(3) 蕴涵 (4)。但这一语义直觉却不能由标准逻辑来刻画，除非我们为 "run into" 引入意义公设。这一问题对于法语而言却并不存在，因为在法语中 (3) 被表达成 "Le chien est entré dans la maison en courant"，其英语直译是 "The dog entered the house by running"。这样从 (3) 到 (4) 的推理就可以直接得到，而不需要任何意义公设了。

我们这里的意思不是要用法语（或任何其他自然语言）来取代英语进行语言逻辑的研究。实际上，任何现存的自然语言作为形式语言都有其自身的优势与劣势。与其对某个实际的自然语言进行形式化，我们不妨先研究一种最简单和最理想的语言，然后再逐步逼近实际的自然语言。这种研究方法非常类似于物理学研究，在那里，最初的研究对象是理想化的质点而不是实际的物体。这里，我们的研究出发点是 IMA 语言，一种由语言人类学家 (Gil, 2005) 提出的理想语言。

2.2　作为原型的 IMA 语言

IMA 语言的第一个性质——形态孤立性，意味着其词汇上的结构减少到了最低程度。与其他两个性质相比，形态孤立性对于自然语言并不陌生。众所周知，像越南语和汉语这样的孤立语，与俄语这样的综合语以及 Mohawk 这样的多态综合语相比，其词语内部的形态结构要少得多。尽管我们尚未发现有某种自然语言是纯粹的孤立语，但可以想象这种并不乏表达力的纯孤立语的存在。

IMA 语言的第二个性质——句法单一范畴性，意味着其句子结构减少到了最低程度。通常认为句法范畴普遍存在于自然语言。特别的，没有一种自然语言被发现是纯存单一范畴的。但不同自然语言的句法范畴的多少却有差异。有些自然语言与其他自然语言相比，其明确可分的范畴要少得多。例如，汉语中的很多形容词可以不加变化的用作名词。有学者发现，在 Munda 和 Austronesian 语中缺少名词和动词的区分 (Labelle, 2005)。这表明，经由句法范畴获得语义的机制并没有那么普遍。

IMA 语言的第三个性质——语义关联性，意味着其语义上的规定减少到了最低程度。由于不同自然语言的语义角色和特征千差万别，在听到一门外语时，对其意义最接近的猜测就是认为其复合表达式的意义与其组织部分的意义相关。我们假定这是一个一般的语义规则。更具体的规则可以在此规则的基础上具体化。

有学者 (Gil, 2005) 认为，IMA 语言在如下 5 个方面具有重要意义：

(1) 系统发生学：从进化史的观点看，人类早期语言可认为是 IMA 语言。
(2) 个体发生学：从个体发展的观点看，婴儿的早期语言可认为是 IMA 语言。
(3) 符号学：有些人工语言是 IMA 语言（如路标）。
(4) 类型学：有些自然语言如 Riau 的印尼语非常接近于 IMA 语言。
(5) 认知科学：IMA 语言可看作是人类一般认知的原型。

对 Gil 的这些观点我们不作评论。由于 IMA 语言在句法和语义上具有极简性，因此它是对组合性语义采取极小主义进路的一个很好的出发点。

2.3 IMA 语言的逻辑

2.3.1 形式句法

定义 2.1 给定一集原子项 $\mathcal{A}$，$\mathcal{L}_{\text{IMA}}$ 的合式表达式由如下 BNF 规则生成：
$$t ::= a \mid (t_1 \cdots t_n),$$
其中 $a \in \mathcal{A}$，$n \geqslant 2$。

记所有项 t 构成的集合为 $\mathcal{T}$。称非原子项为复合项。原子项用来表示 IMA 语言中的词，复合项表示词的串接，用来模拟 IMA 语言的孤立性和单一范畴性，即将该语言的语法减少到最低程度。

注意到上述复合项中的 n 并不是常数，而是变元。如果我们用算子从原子项构造复合项，那么该算子的论元数不是固定的，而是可变的。这与通常的形式语言的句法相当不同，在那里，构成复合表达式的算子的论元数都是固定的。从传统的观点看，$\mathcal{L}_{\text{IMA}}$ 相当于有无穷多个构成复合表达式的算子，对每一个 $n \geqslant 2$，都有一个论元数为 n 的算子。

根据 $\mathcal{L}_{\text{IMA}}$ 的句法，$(ab)c$、$a(bc)$ 和 abc 是不同的项。一种替代性的更简单的句法是按照如下方式构造复合项：
$$t ::= a \mid (t_1 t_2),$$
即，复合项都由二元串接构成。不过，这种句法对于 IMA 语言而言过于严格了，像 abc 这样的三元串接在该语法中只能表示为 $(ab)c$ 或 $a(bc)$，而后两者是有区别的。尽管我们可以在语义上添加意义公设，使 $(ab)c$ 和 $a(bc)$ 具有相同意义，但这样一来又过于宽泛了，因为有时它们确实又是不同的。为此，我们仍然采用最初论元数可变的句法定义，而不采用这种二元性方案。

2.3.2 形式语义

IMA 语言的单一范畴性决定了该语言在语义上也只有一个类型。因此，经典谓词逻辑的由个体和关系构成的模型不再适用于 IMA 语言。为解释 $\mathcal{L}_{\text{IMA}}$，我们假定模型的论域由意义构成。意义的复合由一个论元数可变的关系 R 来完成，$Rxx_1 \cdots x_n$ 意指：意义 x 由意义 $x_1, \cdots, x_n$（按此顺序）复合而成，或意义 x 可分解为意义 $x_1, \cdots, x_n$（按此顺序）。原子项的解释为其所具有的所有可能的意义的集合。复合项的解释为可由其组成部分的意义经过 R 复合得到的所有意义的集合。下面是形式定义。

定义 2.2 $\mathcal{L}_{\text{IMA}}$ 的模型为三元组 $\mathfrak{M} = \langle M, R, I \rangle$，其中：

(1) $M \neq \emptyset$，由所有意义实体构成；

(2) $R \subseteq \bigcup_{n \geq 3} M^n$，称之为意义复合/分解关系；

(3) $I : \mathcal{A} \to \wp(M)$，称之为指派，将每个原子项解释为一个 M 的子集。

定义 2.3 给定 $\mathcal{L}_{\text{IMA}}$ 的模型 $\mathfrak{M} = \langle M, R, I \rangle$，项 t 在 $\mathfrak{M}$ 下的解释（记作 $|t|^{\mathfrak{M}}$）定义如下：

$$|a|^{\mathfrak{M}} = I(a), 若 a \in \mathcal{A}$$

$$|t_1 \cdots t_n|^{\mathfrak{M}} = \{x \in M \mid \exists x_1 \cdots x_n (Rxx_1 \cdots x_n \wedge \bigwedge_{i=1}^{n} x_i \in |t_i|^{\mathfrak{M}})\}$$

语义后承一般定义为保真，此处我们定义为意义包含关系。

定义 2.4 给定一对项 (t, s)，称 s 可从 t 语义衍推（记作 $t \vDash s$），若对 $\mathcal{L}_{\text{IMA}}$ 的任意模型 $\mathfrak{M}$ 有：$|s|^{\mathfrak{M}} \subseteq |t|^{\mathfrak{M}}$。

即 $t \vDash s$ 的直观含义是：s 的意义已经包含于 t 的意义之中。

2.3.3 证明系统

定义 2.5 我们给出 $\mathcal{L}_{\text{IMA}}$ 的 Gentzen 式演算如下：

公理：　　　(id) $\dfrac{}{t \vdash t}$

推演规则：(R1) $\dfrac{t_i \vdash s_i, \text{for} 1 \leq i \leq n}{t_1 \cdots t_n \vdash s_1 \cdots s_n}$　　(R2) $\dfrac{t \vdash u \quad u \vdash s}{t \vdash s}$

以下引理将用于证明系统的完全性。

引理 2.6 $\exists s_1 \cdots s_n (s_1 \cdots s_n \vdash s \wedge \bigwedge_{i=1}^{n} t_i \vdash s_i)$ 当且仅当 $t_1 \cdots t_n \vdash s$。

证明：从左至右的方向直接运用两个推演规则即可得到。反方向，令 $s_i = t_i$ 即证。

引理 2.7 (R2) 规则可消去。

证明：如通常所证：施归纳于 cut 度。详细证明留给读者完成。

由于 (R2) 规则可消去，而 (R1) 规则具有子公式性质，因此我们有下面的结论。

定理 2.8 $\mathcal{L}_{\text{IMA}}$ 是可判定的。

实际上，不难发现，$\mathcal{L}_{\text{IMA}}$ 的所有有效推理均为 $t \vdash t$ 的特例。

2.3.4 可靠性与完全性

完全性如通常一样通过构造典范模型来证明。不过此处典范模型的论域不再由极大一致集构成，而是由所有的项构成，类似于 Lindenbaum-Tarski 代数的构造。

定义 2.9 $\mathcal{L}_{\text{IMA}}$ 的典范模型 $\mathfrak{M}^c = \langle M^c, R^c, I^c \rangle$ 定义如下：

(1) $M^c = \mathcal{T}$；

(2) $R^c tt_1 \cdots t_n$ 当且仅当 $t_1 \cdots t_n \vdash t$，对 $n \geqslant 2$；

(3) $I^c(a) = \{t \in \mathcal{T} | a \vdash t\}$，对 $a \in \mathcal{A}$。

引理 2.10 对任意项 t, s，$s \in |t|^{\mathfrak{M}^c}$ 当且仅当 $t \vdash s$。

证明：施归纳于 t 的构造。

情况 1：$t = a \in \mathcal{A}$。此时有 $s \in |t|^{\mathfrak{M}^c}$，当且仅当 $s \in I^c(a) = \{x | a \vdash x\}$，当且仅当 $a \vdash s$ 当且仅当 $t \vdash s$。

情况 2：$t = t_1 \cdots t_n$。此时有 $s \in |t|^{\mathfrak{M}^c}$，当且仅当 $s \in |t_1 \cdots t_n|^{\mathfrak{M}^c}$，当且仅当 $s \in \{x \mid \exists s_1 \cdots s_n (R^c x s_1 \cdots s_n \wedge \bigwedge_{i=1}^n s_i \in |t_i|^{\mathfrak{M}^c})\}$，当且仅当 $\exists s_1 \cdots s_n (R^c s s_1 \cdots s_n \wedge \bigwedge_{i=1}^n s_i \in |t_i|^{\mathfrak{M}^c})$，当且仅当 $\exists s_1 \cdots s_n (s_1 \cdots s_n \vdash s \wedge \bigwedge_{i=1}^n t_i \vdash s_i)$，当且仅当 $t_1 \cdots t_n \vdash s$，当且仅当 $t \vdash s$，其中第 4 个 "当且仅当" 由归纳假设得到，第 5 个 "当且仅当" 由引理 2.6 得到。

定理 2.11 $\mathcal{L}_{\text{IMA}}$ 的证明系统相对于其语义是可靠和完全的，即对任意项 t, s，$t \vdash s$ 当且仅当 $t \vDash s$。

证明：可靠性如通常验证。对于完全性，假设 $t \nvdash s$。由引理 2.10 有，$s \notin |t|^{\mathfrak{M}^c}$。因为 $s \vdash s$，故由引理 2.10 有，$s \in |s|^{\mathfrak{M}^c}$。由此可得，$|s|^{\mathfrak{M}^c} \nsubseteq |t|^{\mathfrak{M}^c}$，所以 $t \nvDash s$。

2.4 可能的扩充

2.4.1 增加对 R 的限制

如下是对 R 的可能限制和相对应的公理（详细证明留给读者完成）：

限制	公理
(C1) $Rxyz \wedge Ryuv \to Rxuvz$	(A1) $t_1 t_2 t_3 \vdash (t_1 t_2) t_3$
(C2) $Rxyz \wedge Rzuv \to Rxyuv$	(A2) $t_1 t_2 t_3 \vdash t_1 (t_2 t_3)$
(C3) $Rxyz \to Rxzy$	(A3) $t_1 t_2 \vdash t_2 t_1$

2.4.2 增加功能词

尽管不同语言的句法范畴千差万别，但内容词与功能词的区分却似乎是普遍的，这一点也得到了神经科学证据的支持 (Carroll, 2007)。功能词在句法上可以用函数符号来表示，在语义上解释为意义集上的函数。不同的功能词有不同的限制条件，这里我们只给出功能词的形式化，不具体给出关于它们的限制条件。

定义 2.12 给定一集原子项 $\mathcal{A}$ 和一集函数符号 $\mathcal{F}$ 使得 $\mathcal{A} \cap \mathcal{F} = \varnothing$，定义带函数符号的 IMA 语言 $\mathcal{L}_{\text{IMAF}}$ 如下：

$$t ::= a \mid (t_1 \cdots t_n) \mid ft_1 \cdots t_{r(f)}$$

其中，$a \in \mathcal{A}$ 且 $f \in \mathcal{F}$，f 的论元数为 $r(f)$。

定义 2.13 $\mathcal{L}_{\text{IMAF}}$ 的模型为三元组 $\mathfrak{M} = \langle M, R, I \rangle$，其中：

(1) $M \neq \varnothing$，由意义实体构成；

(2) $R \subseteq \bigcup_{n \geqslant 3} M^n$，称为意义复合/分解关系；

(3) $I : \mathcal{A} \cup \mathcal{F} \to \wp(M)$，称为指派，将每个原子项映射为 M 的子集，将每个函数符号 f 映射为函数：$f^{\mathfrak{M}} : M^{r(f)} \to \wp(M)$。

定义 2.14 给定 $\mathcal{L}_{\text{IMAF}}$ 的模型 $\mathfrak{M} = \langle M, R, I \rangle$，项 t 在模型 $\mathfrak{M}$ 下的解释（记作 $|t|^{\mathfrak{M}}$）定义如下：

$$|a|^{\mathfrak{M}} = I(a), \text{对} a \in \mathcal{A}$$

$$|t_1 \cdots t_n|^{\mathfrak{M}} = \{x \in M \mid \exists x_1 \cdots x_n (Rxx_1 \cdots x_n \wedge \bigwedge_{i=1}^{n} x_i \in |t_i|^{\mathfrak{M}})\}$$

$$|ft_1 \cdots t_{r(f)}|^{\mathfrak{M}} = \bigcup_{x_i \in |t_i|} f^{\mathfrak{M}}(x_1, \cdots, x_{r(f)})$$

定义 2.15 $\mathcal{L}_{\text{IMAF}}$ 的证明系统由 $\mathcal{L}_{\text{IMA}}$ 的证明系统添加如下推理规则得到：

$$(R3) \frac{t_i \vdash s_i, \text{对} 1 \leqslant i \leqslant r(f)}{ft_1 \cdots t_{r(f)} \vdash fs_1 \cdots s_{r(f)}}$$

定义 2.16 $\mathcal{L}_{\text{IMAF}}$ 的典范模型 $\mathfrak{M}^c = \langle M^c, R^c, I^c \rangle$ 由 $\mathcal{L}_{\text{IMA}}$ 的典范模型增加如下条件得到：

$$I^c(f) = f^{\mathfrak{M}^c} : s_1, \cdots, s_{r(f)} \mapsto \{s \mid fs_1 \cdots s_{r(f)} \vdash s\}$$

引理 2.17 对任意项 t, s，$s \in |t|^{\mathfrak{M}^c}$ 当且仅当 $t \vdash s$。

证明：施归纳于 t 的结构。前两种情况如前所证。

情况 3：$t = ft_1 \cdots t_{r(f)}$。此时 $s \in |t|^{\mathfrak{M}^c}$ 当且仅当 $s \in |ft_1 \cdots t_{r(f)}|^{\mathfrak{M}^c}$ 当且仅

当：

$$\exists s_1 \cdots s_{r(f)}(s \in f^{\mathfrak{M}^c}(s_1, \cdots, s_{r(f)}) \wedge \bigwedge_{i=1}^{r(f)} s_i \in |t_i|)$$

当且仅当：

$$\exists s_1 \cdots s_{r(f)}(fs_1 \cdots s_{r(f)} \vdash s \wedge \bigwedge_{i=1}^{r(f)} t_i \vdash s_i)$$

当且仅当 $t \vdash s$，其中第 3 个"当且仅当"由归纳假设得到，最后一个"当且仅当"的从左至右方向由规则 (R3) 和 (R2) 得到，另一个方向通过令 $s_i = t_i$ 得到。

由上面的引理，易证如下定理。

定理 2.18 $\mathcal{L}_{\text{IMAF}}$ 的证明系统相对于其语义是可靠和完全的，即对任意项 t, s，$t \vdash s$ 当且仅当 $t \vDash s$。

2.4.3 增加更多语法

尽管像汉语这样的语言没有明显的句法范畴，但却被认为存在一些基本的句法结构：并置、修饰（从左至右）和补充（从右至左）。如此一来，原来的串接算子分裂为 3 个相对应的二元算子。

定义 2.19 给定一集原子项 $\mathcal{A}$，定义带基本语法的 IMA 语言 $\mathcal{L}_{\text{IMAG}}$ 如下：

$$t ::= a \mid (t \circ t) \mid (t \triangleright t) \mid (t \triangleleft t)$$

其中，$a \in \mathcal{A}$。

在上述定义中，算子 $\circ$ 表示并置，$\triangleright$ 表示修饰（从左至右），$\triangleleft$ 表示补充（从右至左）。对并置的语义限制容易给出，但对另两个语法构造的语义限制则不那么容易给出，我们暂且不对之进行限制。

定义 2.20 $\mathcal{L}_{\text{IMAG}}$ 的模型为五元组 $\mathfrak{M} = \langle M, R_\circ, R_\triangleright, R_\triangleleft, I \rangle$，其中：

(1) $M \neq \emptyset$，由意义实体构成；

(2) 对 $* \in \{\circ, \triangleright, \triangleleft\}$，$R_* \subseteq M^3$ 是 M 上的 3 元关系，并满足：

- $R_\circ xyz \wedge R_\circ yuv \rightarrow \exists w(R_\circ uw \wedge R_\circ wvz)$
- $R_\circ xyz \wedge R_\circ zuv \rightarrow \exists w(R_\circ xwv \wedge R_\circ wyu)$
- $R_\circ xyz \rightarrow R_\circ xzy$

(3) $I : \mathcal{A} \rightarrow \wp(M)$，称为指派，将每个原子项映射为 M 的子集。

定义 2.21 给定 $\mathcal{L}_{\text{IMAG}}$ 的模型 $\mathfrak{M} = \langle M, R_\circ, R_\triangleleft, R_\triangleright, I \rangle$，项 t 在模型 $\mathfrak{M}$ 下解释（记作 $|t|^{\mathfrak{M}}$）定义如下：

$$|a|^{\mathfrak{M}} = I(a), 对 a \in \mathcal{A}$$

$$|(t_1 * t_2)|^{\mathfrak{M}} = \{x \in M \mid \exists y \in |t_1|^{\mathfrak{M}} \exists z \in |t_2|^{\mathfrak{M}} R_* xyz\}, * \in \{\circ, \triangleleft, \triangleright\}$$

2.4.4 增加语境

语境可以用来减少或消除语言的歧义。引入语境后，项不是整体的由模型给出解释，而是局部的在语境下获得解释。复合项在某个语境下的解释由其组成部分在该语境下可达的语境下的解释复合而成。如同复合/分解关系，语境之间的可达关系其论元数也是变化的。除了可达关系，还有一个用于区分不同意义在不同语境下使用频率的序关系。表达式在某个语境下的解释由该语境下使用最频繁的意义给出。

定义 2.22 $\mathcal{L}_{\text{IMAC}}$ 的模型为 $\mathfrak{M} = \langle M, W, R, r, \{\leqslant_w\}_{w \in W}, I \rangle$，其中：

(1) $M \neq \varnothing$，由意义实体构成；

(2) $W \neq \varnothing$，由语境构成；

(3) $R \subseteq \bigcup\limits_{n \geqslant 3} M^n$，称为意义复合/分解关系；

(4) $r \subseteq \bigcup\limits_{n \geqslant 3} W^n$，称为语境的可达关系；

(5) 对任意 $w \in W$，$\leqslant_w \subseteq M \times M$ 是 M 上的一个偏序，称为意义频率关系；

(6) $I : \mathcal{A} \to \wp(M)$，称为指派，将每个原子项映射为 M 的子集。

定义 2.23 给定 $\mathcal{L}_{\text{IMAC}}$ 的模型 $\mathfrak{M} = \langle M, W, R, r, \{\leqslant_w\}_{w \in W}, I \rangle$，项 t 在模型 $\mathfrak{M}$ 下在语境 $w \in W$ 中的解释（记作 $|t|^{\mathfrak{M},w}$）定义如下：

$$|a|^{\mathfrak{M},w} = \min_w I(a)$$

$$|t_1 \cdots t_n|^{\mathfrak{M},w} = \min_w \{x \in M \mid \exists w_1 \cdots w_n \in W \exists x_1 \cdots x_n$$

$$(rww_1 \cdots w_n \wedge Rxx_1 \cdots x_n \wedge \bigwedge_{i=1}^n x_i \in |t_i|^{\mathfrak{M},w_i})\}$$

其中：

$$\min_w X = \{x \in X \mid \forall x' \in X (x' \leqslant_w x \to x = x')\}$$

定义 2.24 $\mathcal{L}_{\text{IMAC}}$ 的典范模型 $\mathfrak{M}^c = \langle M^c, W^c, R^c, r^c, \{\leqslant_w^c\}_{w \in W}, I^c \rangle$ 定义如下：

(1) $M^c = W^c = \mathcal{T}$，

(2) $R^c t t_1 \cdots t_n$ 当且仅当 $r^c t t_1 \cdots t_n$ 当且仅当 $t_1 \cdots t_n \vdash t$，对 $n \geqslant 2$，

(3) 对任意 $w \in W$, $\leqslant^c_w = \emptyset$,

(4) $I^c(a) = \{t \in \mathcal{T} | a \vdash t\}$，对 $a \in \mathcal{A}$。

引理 2.25 对任意项 t, s:

(1) $s \in |t|^{\mathfrak{M}^c, w} \Rightarrow t \vdash s$，对所有 $w \in \mathfrak{M}^c$；

(2) $t \vdash s \Rightarrow s \in |t|^{\mathfrak{M}^c, s}$。

证明:

(1) 施归纳于 t。

情况 1: $t = a \in \mathcal{A}$。则 $s \in |t|^{\mathfrak{M}^c, w} \Rightarrow s \in \min_w I^c(a) \Rightarrow s \in I^c(a) \Rightarrow a \vdash s \Rightarrow t \vdash s$。

情况 2: $t = t_1 \cdots t_n$。则 $s \in |t|^{\mathfrak{M}^c, w}$

$\Rightarrow s \in \min_w\{x \in M \mid \exists w_1 \cdots w_n \in W^c \exists s_1 \cdots s_n(r^c w w_1 \cdots w_n \wedge R^c x s_1 \cdots s_n \wedge \bigwedge_{i=1}^n s_i \in |t_i|^{\mathfrak{M}^c, w_i})\}$

$\Rightarrow s \in \{x \in M \mid \exists w_1 \cdots w_n \in W^c \exists s_1 \cdots s_n(r^c w w_1 \cdots w_n \wedge R^c x s_1 \cdots s_n \wedge \bigwedge_{i=1}^n s_i \in |t_i|^{\mathfrak{M}^c, w_i})\}$

$\Rightarrow \exists w_1 \cdots w_n \in W^c \exists s_1 \cdots s_n(r^c w w_1 \cdots w_n \wedge R^c s s_1 \cdots s_n \wedge \bigwedge_{i=1}^n s_i \in |t_i|^{\mathfrak{M}^c, w_i}))$

$\Rightarrow \exists s_1 \cdots s_n(R^c s s_1 \cdots s_n \wedge \bigwedge_{i=1}^n s_i \in |t_i|^{\mathfrak{M}^c, w_i})$

$\Rightarrow \exists s_1 \cdots s_n(s_1 \cdots s_n \vdash s \wedge \bigwedge_{i=1}^n t_i \vdash s_i)$ (据归纳假设)

$\Rightarrow t_1 \cdots t_n \vdash s \Longrightarrow t \vdash s$。

(2) 施归纳于 t。

情况 1: $t = a \in \mathcal{A}$。则 $t \vdash s \Rightarrow a \vdash s \Rightarrow s \in I^c(a) \Rightarrow s \in \min_s I^c(a) \Rightarrow s \in |t|^{\mathfrak{M}^c, s}$。

情况 2: $t = t_1 \cdots t_n$。则 $t \vdash s \Rightarrow t_1 \cdots t_n \vdash s$

$\Rightarrow \exists s_1 \cdots s_n(s_1 \cdots s_n \vdash s \wedge \bigwedge_{i=1}^n t_i \vdash s_i)$ (令 $s_i = t_i$)

$\Rightarrow \exists s_1 \cdots s_n(s_1 \cdots s_n \vdash s \wedge \bigwedge_{i=1}^n s_i \in |t_i|^{\mathfrak{M}^c, s_i})$ (据归纳假设)

$\Rightarrow \exists w_1 \cdots w_n \in W^c \exists s_1 \cdots s_n(r^c s w_1 \cdots w_n \wedge R^c s s_1 \cdots s_n \wedge \bigwedge_{i=1}^n s_i \in |t_i|^{\mathfrak{M}^c, w_i})$ (令 $w_i = s_i$)

$\Rightarrow s \in \{x \in M \mid \exists w_1 \cdots w_n \in W^c \exists s_1 \cdots s_n(r^c s w_1 \cdots w_n \wedge R^c x s_1 \cdots s_n \wedge \bigwedge_{i=1}^n s_i \in |t_i|^{\mathfrak{M}^c, w_i})\}$

$\Rightarrow s \in \min_s\{x \in M \mid \exists w_1 \cdots w_n \in W^c \exists s_1 \cdots s_n(r^c s w_1 \cdots w_n \wedge R^c x s_1 \cdots s_n \wedge \bigwedge_{i=1}^n s_i \in |t_i|^{\mathfrak{M}^c, w_i})\}$

$\Rightarrow s \in |t|^{\mathfrak{M}^c, s}$。

由上面的引理，易证下面的定理。

定理 2.26 $\mathcal{L}_{\text{IMAC}}$ 的证明系统相对于其语义是可靠和完全的，即，对任意项 t, s，$t \vdash s$ 当且仅当 $t \vDash s$。

2.5 小结

作为研究跨文化交流的语言逻辑起点，我们给出了 IMA 语言的逻辑。尽管 IMA 语言看上去过于简单，但通过对这种极小语言的形式化，我们可以找到所有自然语言的共同基础。我们给出了该极小逻辑的若干扩充，展示了如何利用这些扩充逐步逼近真实的自然语言。这种极小主义纲领不仅为跨文化交流的语言逻辑提供了研究方法，而且更一般地为组合语义学提供了一种新的研究进路。这种研究进路能帮助我们更好的发现隐藏在自然语言表层差异下的深层差异和共同之处。进一步的研究包括将我们构造的形式系统应用于具体的自然语言（如汉语），以帮助解释自然语言中特殊的语义和推理现象。

第 2 编

逻辑融合：
跨文化交流的
逻辑基础

第 3 章

基于公理化方法的逻辑融合

不同文化之间的交流除了需要公共的语言作为基础,还需要公共的逻辑作为基础,否则就是公说公有理,婆说婆有理,大家只讲自己的道理而不承认对方的道理。如此一来,就只能是各说各话,而没有真正的交流。

那么,公共的逻辑如何达成呢?在一般情况下,我们假定每个参与交流的主体(文化)都有自己的逻辑,这些逻辑可以非常不同,也可以非常相似,甚至完全相同。这里的逻辑不仅包括形式推理,还包括实质推理,例如从"张三是单身汉"推出"张三是男人"。我们认为,一个主体的逻辑就是他所接受的所有有效论证的集合。一个公共可接受的逻辑就是所有参与交流的主体都接受的所有有效论证的集合,在形式上相当于对所有主体的逻辑取交集。但这个交集很有可能是空集,在这种情况下,参与交流的某些主体就必须作出某种妥协,最终在尽可能尊重每个主体意见的基础上达成一致。这种就逻辑问题达成一致的方法我们称之为"逻辑融合",即通过某种公共可接受的规则(函数)将参与交流的所有主体的逻辑转换(映射)成同一个逻辑。

对逻辑进行融合有两种不同的方法。一种方法称之为公理化方法,即将融合需要满足的公理全部列出来,然后看是否存在满足所有这些公理的具体规则(函数);另一种方法称之为构造性方法,即首先直接构造出将不同逻辑融合成同一个逻辑的规则(函数),然后检查这样的规则是否满足我们想要的公理。这两种方法将分别在本章和下一章进行讨论。

本章结构如下：第 3.1 节我们在最一般的层面上讨论逻辑是什么，以及一个逻辑通常需要满足哪些性质；第 3.2 节我们讨论融合逻辑的函数通常需要满足哪些公理；第 3.3 节我们研究满足不同公理的逻辑融合函数是否存在；第 3.4 节讨论了逻辑融合与其他聚合框架的关系；最后我们对本章内容进行小结。

3.1 逻辑的形式刻画

一个逻辑在句法上最早被认为是由一些公式构成的集合，即在该逻辑下所有逻辑有效（逻辑真）的公式构成的集合。在诸多非经典逻辑诞生后，这一观点被证明过于狭隘了。例如，在 Kleene 的三值逻辑中，并不存在任何有效的公式。按照逻辑等同于有效公式集的观点，Kleene 的三值逻辑即等同于空集，这显然不能很好的概括该逻辑。因此，现在一般认为逻辑在最抽象的层面上是一个后承关系，该后承关系决定了哪些推理或论证是（证明系统中）可证的或（语义上）有效的，而不仅仅是哪些公式是可证的或有效的。因此，一个逻辑也可以看成是由其后承关系决定的所有论证构成的集合。本章及下一章我们都将采用这种观点来看待逻辑。

令 $\mathcal{L}$ 为某个固定的语言，即一些闭公式构成的集合。该语言可以是有穷的（假定不少于 3 个元素），也可以是无穷的。一般的，一个语言 $\mathcal{L}$ 上的逻辑，记作 $\vdash$，就是一个 $\wp(\mathcal{L})$ 与 $\mathcal{L}$ 之间的二元关系，其中 $\wp(\mathcal{L})$ 是 $\mathcal{L}$ 的幂集。一个序对 $(\Sigma, \varphi) \in \wp(\mathcal{L}) \times \mathcal{L}$ 称为 $\mathcal{L}$ 中的一个论证，其中 Σ 为该论证的前提集，φ 为该论证的结论。一个前提集为空集的论证称为一个判断。一个论证 (Σ, φ) 称为在 $\vdash$ 中是有效的（或可接受的），通常记作 $\Sigma \vdash \varphi$，若 $(\Sigma, \varphi) \in \vdash$。这样，一个逻辑就是该逻辑中所有有效（或可接受）的论证构成的集合。由于我们不讨论有效性在句法或语义上是如何定义的，只是假定它已被接受该逻辑的主体（文化）给出，因此我们不区分一个论证在逻辑上的有效性与对于该主体而言的可接受性。这样做的好处是，这里的逻辑不仅包括经典形式逻辑和各种非经典形式逻辑，还包括人们实际使用的、暂时无法给出形式语义或证明系统的逻辑。为一般性起见，我们假定任意 $\wp(\mathcal{L})$ 和 $\mathcal{L}$ 之间的二元关系都是一个逻辑。

以下是一些记号约定。我们记 $\emptyset \vdash \varphi$ 为 $\vdash \varphi$，$\Sigma \vdash \Delta$ 是指对所有 $\varphi \in \Delta$，$\Sigma \vdash \varphi$[①]。当 Σ, φ（或 φ, Σ）和 Σ, Σ' 出现在 $\vdash$ 或 $\subseteq$ 左边时，是分别指 $\Sigma \cup \{\varphi\}$ 和 $\Sigma \cup \Sigma'$。

下面是文献中给出的一个逻辑通常应该具有的性质（参见 Gabbay, 1995）。

[①] 注意这个记号与标准的多结论后承关系不同，那里 $\Sigma \vdash \Delta$ 通常指对某些 $\varphi \in \Delta$ 有 $\Sigma \vdash \varphi$。

(1) 非平凡性：一个 $\mathcal{L}$ 上的逻辑 $\vdash$ 称为非平凡的，若 $\vdash \neq \wp(\mathcal{L}) \times \mathcal{L}$，即一个逻辑是非平凡的，当且仅当至少其语言中的某些论证不被其接受。
(2) 一致性：对包含否定词 $\neg$ 的语言 $\mathcal{L}$，一个 $\mathcal{L}$ 上的逻辑 $\vdash$ 称为一致的，若不存在 $\varphi \in \mathcal{L}$ 使得 $\vdash \varphi$ 且 $\vdash \neg \varphi$。

对经典逻辑而言，非平凡性与一致性是同一个概念，二者相互蕴涵。但对于非经典逻辑而言，这两个概念并不等同。例如，次协调逻辑可以是不一致但却是非平凡的。

自反性：一个 $\mathcal{L}$ 上的逻辑 $\vdash$ 称为自反的，若对所有 $\varphi \in \mathcal{L}$，$\varphi \vdash \varphi$。这一性质又称为受限自反性，以区别于下面定义的强自反性。

强自反性：一个 $\mathcal{L}$ 上的逻辑 $\vdash$ 称为强自反的，若对所有 $\Sigma, \varphi \subseteq \mathcal{L}$，$\varphi \in \Sigma$ 蕴涵 $\Sigma \vdash \varphi$。

易见，强自反性可以通过自反性加下面定义的单调性得到。

单调性：一个 $\mathcal{L}$ 上的逻辑 $\vdash$ 称为单调的，若对所有 $\Sigma, \Sigma', \varphi \subseteq \mathcal{L}$，$\Sigma \vdash \varphi$ 蕴涵 $\Sigma, \Sigma' \vdash \varphi$。

单调性不像自反性那样无争议。在日常推理中，单调性通常不被满足。这导致了非单调推理的诞生。下面定义的一种受限形式的单调性更弱，但更少争议。

谨慎单调性：一个 $\mathcal{L}$ 上的逻辑 $\vdash$ 称为谨慎单调的，若对所有 $\Sigma, \varphi, \varphi' \subseteq \mathcal{L}$，$\Sigma \vdash \varphi$ 和 $\Sigma \vdash \varphi'$ 一起蕴涵 $\Sigma, \varphi \vdash \varphi'$。

传递性：一个 $\mathcal{L}$ 上的逻辑 $\vdash$ 称为传递的，若对所有 $\Sigma, \Sigma', \varphi, \varphi' \subseteq \mathcal{L}$，$\Sigma \vdash \varphi$ 和 $\varphi, \Sigma' \vdash \varphi'$ 一起蕴涵 $\Sigma, \Sigma' \vdash \varphi'$。

传递性在证明论中也称为 cut，它的作用在于能利用已有的有效论证（证明）复合出更大的有效论证（证明）。

紧致性：一个 $\mathcal{L}$ 上的逻辑 $\vdash$ 称为紧致的，若对所有 $\Sigma, \varphi \subseteq \mathcal{L}$，只要 $\Sigma \vdash \varphi$ 则存在有穷集 $\Sigma' \subseteq \Sigma$ 使得 $\Sigma' \vdash \varphi$。

在有些文献中，紧致性指下面更强的性质，我们称之为 m-紧致性。

m-紧致性：一个 $\mathcal{L}$ 上的逻辑 $\vdash$ 称为 m-紧致的，若对所有 $\Sigma, \varphi \subseteq \mathcal{L}$，$\Sigma \vdash \varphi$ 当且仅当存在有穷集 $\Sigma' \subseteq \Sigma$ 使得 $\Sigma' \vdash \varphi$。

易见，m-紧致性实际上等价于紧致性加单调性。[①]

形式性：一个 $\mathcal{L}$ 上的逻辑 $\vdash$ 称为形式的（也称为结构的），若对所有 $\Sigma, \varphi \subseteq \mathcal{L}$ 和所有代入 σ，$\Sigma \vdash \varphi$ 蕴涵 $\Sigma^\sigma \vdash \varphi^\sigma$，其中 φ^σ 是 φ 在 σ 下的代入，$\Sigma^\sigma = \{\psi^\sigma \mid$

[①] 在由 Tarski 开创的抽象代数逻辑理论 (Jansana, 2011) 中，只有满足自反性、单调性和传递性的二元关系 $\vdash$ 才称为一个逻辑。在 Tarski 最早给出的关于逻辑后承的理论中，这三个逻辑应该满足的极小性质是自反性、传递性和 m-紧致性。

$\psi \in \Sigma\}$。①

形式性通常由代入规则（或等效的由公理模式）实现。大多数逻辑都具有形式性，因为它是使得可以通过有穷的论证（公理和规则）来刻画一个逻辑的机制。然而不加限制的形式性也限制了逻辑的效力，使得它不足以刻画自然语言中实质有效的论证。例如，"所有的单身汉都是未婚的"在标准逻辑中就不是有效的，因为并非其所有代入都是真的，除非我们将"单身汉"处理为一个复合谓词。出于这一原因，我们引入下面的相对化形式性的概念。

定义 3.1 (形式性) 给定集合 $\mathcal{A} \subseteq \mathcal{L}$，一个 $\mathcal{L}$ 上的逻辑 $\vdash$ 称为 $\mathcal{A}$-形式的，若对所有 $\Sigma, \varphi \subseteq \mathcal{A}$ 和任意代入 σ，$\Sigma \vdash \varphi$ 蕴涵 $\Sigma^\sigma \vdash \varphi^\sigma$，其中 $\Sigma^\sigma = \{\psi^\sigma \mid \psi \in \Sigma\}$。一个 $\mathcal{L}$ 上的逻辑 $\vdash$ 称为形式的，若它是 $\mathcal{L}$-形式的。

出于类似原因，我们引入下面的相对化完全性和相对化析取性概念。

定义 3.2 (句法完全性) 对包含否定词 $\neg$②的语言 $\mathcal{L}$ 和非空集 $\mathcal{A} \subseteq \mathcal{L}$，一个 $\mathcal{L}$ 上的逻辑 $\vdash$ 称为 $\mathcal{A}$-完全的，若对所有 $\varphi \in \mathcal{A}$，$\vdash \varphi$ 或 $\vdash \neg \varphi$。一个 $\mathcal{L}$ 上的逻辑 $\vdash$ 称为（句法）完全的（也称为否定完全的），若它是 $\mathcal{L}$-完全的。

定义 3.3 (析取性) 对包含析取联结词 $\vee$③的语言 $\mathcal{L}$ 和至少包含一个形如 $\varphi \vee \psi$ 的公式的公式集 $\mathcal{A} \subseteq \mathcal{L}$，一个 $\mathcal{L}$ 上的逻辑 $\vdash$ 称为 $\mathcal{A}$-析取的，若对所有 $\varphi \vee \psi \in \mathcal{A}$，只要 $\vdash \varphi \vee \psi$ 则 $\vdash \varphi$ 或 $\vdash \psi$。一个 $\mathcal{L}$ 上的逻辑 $\vdash$ 具有析取性，若它是 $\mathcal{L}$-析取的。

我们知道，经典逻辑并不具有析取性，但直觉主义逻辑具有析取性。下面两个性质是通常的逻辑都具有的。

定义 3.4 (合取性) 对包含合取联结词 $\wedge$ 的语言 $\mathcal{L}$，一个 $\mathcal{L}$ 上的逻辑 $\vdash$ 称为合取的，若对所有 $\Sigma, \varphi, \psi \subseteq \mathcal{L}$，$\Sigma \vdash \varphi \wedge \psi$ 当且仅当 $\Sigma \vdash \varphi$ 且 $\Sigma \vdash \psi$。

定义 3.5 (汇聚性) 一个 $\mathcal{L}$ 上的逻辑 $\vdash$ 称为汇聚的，若对所有 $\Sigma, \Sigma', \varphi \subseteq \mathcal{L}$，$\Sigma \vdash \varphi$ 且 $\Sigma' \vdash \varphi$ 蕴涵 $\Sigma, \Sigma' \vdash \varphi$。

注意单调性蕴涵汇聚性，但反之不然。最后，我们引入一个在非形式逻辑中更常见的性质。

定义 3.6 (非重言性) 一个 $\mathcal{L}$ 上的逻辑 $\vdash$ 称为非重言的，若对所有 $\Sigma, \varphi \subseteq \mathcal{L}$，$\Sigma \vdash \varphi$

---

① 由于在我们的一般框架中并未给出语言 $\mathcal{L}$ 的具体构造，所以这里的代入并未具体给出。一旦语言 $\mathcal{L}$ 的构造具体给定了，相应的代入也随之确定。

② 对我们而言，这里的否定词不必解释为经典否定，它可以是任意一元联结词或算子。

③ 对我们而言，这里的析取联结词不必解释为经典析取，它可以是任意二元联结词或算子。

蕴涵 $\varphi \notin \Sigma$。

形式逻辑通常不要求有非重言性。事实上，只要一个逻辑是自反的或单调的，则它一定不是非重言的。但在自然语言论证中，非重言性是一个合理的性质，它要求不能进行乞题论证。换言之，一个好的论证的前提不应该包含结论。为了保留单调性，在要求非重言性的情况下可以将单调性限制为：只要 $\Sigma \vdash \varphi$ 且 $\varphi' \neq \varphi$，则 $\Sigma, \varphi' \vdash \varphi$。

为简洁起见，我们引入下面的记号：

(1) $\mathbf{L}$：所有 $\mathcal{L}$ 上的逻辑构成的集合，即 $\mathbf{L} = \wp(\wp(\mathcal{L}) \times \mathcal{L})$。

(2) $\mathbf{L}_{cc}$：所有 $\mathcal{L}$ 上一致和句法完全的逻辑构成的集合。

(3) $\mathbf{L}_{cj}$：所有 $\mathcal{L}$ 上具有析取性的逻辑构成的集合。

(4) $\mathbf{L}_{nt}$：所有 $\mathcal{L}$ 上非重言的逻辑构成的集合。

3.2 逻辑融合的形式刻画

令 $N = \{1, \cdots, n\}$ 为一个至少包含 3 个成员的有穷主体（群体、社会、文化）构成的集合。由 $\mathcal{L}$ 上的逻辑构成的向量 $\Vdash = (\vdash_1, \cdots, \vdash_n)$ 称作一个逻辑组合。类似的，我们用 $\Vdash'$ 表示逻辑组合 $(\vdash'_1, \cdots, \vdash'_n)$。令 $N^{\Vdash}_{\Sigma,\varphi}$ 为逻辑组合 $\Vdash$ 中所有接受论证 (Σ, φ) 的主体构成的集合，即 $N^{\Vdash}_{\Sigma,\varphi} = \{i \in N \mid \Sigma \vdash_i \varphi\}$。我们记 $N^{\Vdash}_{\emptyset,\varphi}$ 为 $N^{\Vdash}_{\varphi}$，记 $N^{\Vdash}_{\{\varphi\},\psi}$ 为 $N^{\Vdash}_{\varphi,\psi}$。令 $N^{\Vdash}_{\Sigma,\Delta} = \bigcap_{\varphi \in \Delta} N^{\Vdash}_{\Sigma,\varphi}$，即在 $\Vdash$ 中所有接受论证 (Σ, φ)（对任意 $\varphi \in \Delta$）的主体构成的集合。

定义 3.7 (社会逻辑函数) 映射 $F : \mathbf{L}^n \to \mathbf{L}$ 称为 $\mathcal{L}$ 的一个社会逻辑函数（简称 SLF）。

社会逻辑函数是对逻辑融合规则的形式刻画。以下是从社会选择理论中借鉴的关于社会逻辑函数的合理要求。

定义 3.8 (一致同意性) 一个社会逻辑函数 $F : \mathbf{L}^n \to \mathbf{L}$ 称作一致同意的，若对所有 $\Sigma, \varphi \subseteq \mathcal{L}$ 和所有 $\mathbf{L}^n$ 中的逻辑组合 $\Vdash$，$\Sigma \vdash_i \varphi$（对所有 $i \in N$）蕴涵 $\Sigma \vdash_F \varphi$，即，若一个论证被所有主体接受，则它也被集体接受。

接下来的有根性概念源自 Porello and Endriss (2011)。

定义 3.9 (有根性) 一个社会逻辑函数 $F : \mathbf{L}^n \to \mathbf{L}$ 称作有根的，若对所有 $\Sigma, \varphi \subseteq \mathcal{L}$ 和所有 $\mathbf{L}^n$ 中的逻辑组合 $\Vdash$，$\Sigma \vdash_F \varphi$ 蕴涵存在 $i \in N$ 使得 $\Sigma \vdash_i \varphi$，即，若一个论证被集体接受，则它至少被其中一个主体接受。一个社会逻辑函数称作无根的，

若它不是有根的。

一致同意性和有根性分别确定了 $\vdash_F$ 的下界和上界。即，若 F 是一致同意的和有根的，则对所有逻辑组合 $\Vdash$，$\bigcap_{i \in N} \vdash_i \subseteq \vdash_F \subseteq \bigcup_{i \in N} \vdash_i$。我们称一个社会逻辑函数是有界的，若它既是一致同意的，又是有根的。如果我们将一致同意性限定在判断而不是论证上，则我们得到下面更弱的一致同意性和有根性。

定义 3.10 (弱一致同意性) 一个社会逻辑函数 $F: \mathbf{L}^n \to \mathbf{L}$ 称作弱一致同意的，若对所有 $\varphi \in \mathcal{L}$ 和所有 $\mathbf{L}^n$ 中的逻辑组合 $\Vdash$，$\vdash_i \varphi$（对所有 $i \in N$）蕴涵 $\vdash_F \varphi$，即，若一个判断被所有主体所接受，则它也被集体接受。

定义 3.11 (弱有根性) 一个社会逻辑函数 $F: \mathbf{L}^n \to \mathbf{L}$ 称作弱有根的，若对所有 $\varphi \in \mathcal{L}$ 和所有 $\mathbf{L}^n$ 中的逻辑组合 $\Vdash$，$\vdash_F \varphi$ 蕴涵存在 $i \in N$ 使得 $\vdash_i \varphi$，即，若一个判断被集体接受，则它至少被其中一个主体接受。

下面这个结论很容易验证。记得 $\mathbf{L}_{cc}$ 表示的是所有一致和句法完全的逻辑构成的集合。

命题 3.12 $F: \mathbf{L}_{cc}^n \to \mathbf{L}_{cc}$ 是弱一致同意的，当且仅当它是弱有根的。

定义 3.13 (独立性) 一个社会逻辑函数 F 是独立于无关论证的，简称独立的，若对所有 $\Sigma, \varphi \subseteq \mathcal{L}$ 和所有逻辑组合 $\Vdash$ 和 $\Vdash'$，$N_{\Sigma,\varphi}^{\Vdash} = N_{\Sigma,\varphi}^{\Vdash'}$ 蕴涵 $\Sigma \vdash_F \varphi$ 当且仅当 $\Sigma \vdash'_F \varphi$，即一个论证的集体接受性仅依赖于该论证的个体接受性，与其他论证的个体接受性无关。

独立性在社会选择理论（特别是判断聚合理论）中是最富争议的一个性质。由于我们将基于命题的聚合提升为了基于论证的聚合，相关命题作为论证的前提而被整体考虑了，因此社会逻辑函数的独立性比判断聚合理论中的独立性更具有恰当性。当然，我们可以继续追问某个论证的理由，就像我们可以追问某个判断的理由一样，这样，论证仍然不是独立的。但我们总是可以构造一个更高层次的论证，将论证的理由也考虑进来，从而获得一个元论证，这样仍然可以在基于论证聚合的框架中保留独立性，除非我们需要不断地提升论证的层次。

定义 3.14 (中立性) 一个社会逻辑函数 F 称作（对论证）中立的，若对所有 $\Sigma, \Sigma', \varphi, \varphi' \subseteq \mathcal{L}$ 和所有逻辑组合 $\Vdash$，$N_{\Sigma,\varphi}^{\Vdash} = N_{\Sigma',\varphi'}^{\Vdash}$ 蕴涵 $\Sigma \vdash_F \varphi$ 当且仅当 $\Sigma' \vdash_F \varphi'$，即，若两个论证获得相同的个体接受性，则它们的集体接受性也相同；换言之，所有论证在聚合时被同等对待。

我们定义两个更弱的中立性概念，这两个概念在文献中并无对应物。

定义 3.15 (结论中立性) 一个社会逻辑函数 F 称结论中立的，若对所有 $\Sigma, \varphi, \varphi' \subseteq \mathcal{L}$ 和所有逻辑组合 $\Vdash$，$N^{\Vdash}_{\Sigma,\varphi} = N^{\Vdash}_{\Sigma,\varphi'}$ 蕴涵 $\Sigma \vdash_F \varphi$ 当且仅当 $\Sigma \vdash_F \varphi'$。

定义 3.16 (前提中立性) 一个社会逻辑函数称作 F 前提中立的，若对所有 $\Sigma, \Sigma', \varphi \subseteq \mathcal{L}$ 和所有逻辑组合 $\Vdash$，$N^{\Vdash}_{\Sigma,\varphi} = N^{\Vdash}_{\Sigma',\varphi}$ 蕴涵 $\Sigma \vdash_F \varphi$ 当且仅当 $\Sigma' \vdash_F \varphi$。

三个中立性概念之间的关系如下。

命题 3.17 一个独立的社会逻辑函数是中立的，当且仅当它是前提中立和结论中立的。

证明：从左到右的证明显然。从右到左，假设 F 是前提中立和结论中立的，给定逻辑组合 $\Vdash$，假设 $N^{\Vdash}_{\Sigma,\varphi} = N^{\Vdash}_{\Sigma',\varphi'} =_{df} C$ 且 $\Sigma \vdash_F \varphi$。我们要证明 $\Sigma' \vdash_F \varphi'$。考虑逻辑组合 $\Vdash'$ 使得 $N^{\Vdash'}_{\Sigma,\varphi} = N^{\Vdash'}_{\Sigma,\varphi'} = N^{\Vdash'}_{\Sigma',\varphi'} = C$。因为 $N^{\Vdash}_{\Sigma,\varphi} = N^{\Vdash'}_{\Sigma,\varphi}$，据独立性，由 $\Sigma \vdash_F \varphi$ 可得 $\Sigma \vdash'_F \varphi$，故由结论中立性有，$\Sigma \vdash'_F \varphi'$，再由前提中立性有 $\Sigma' \vdash'_F \varphi'$，再据独立性可得 $\Sigma' \vdash_F \varphi'$。

我们称一个社会逻辑函数是系统的，若它既是独立的，又是中立的。

定义 3.18 (内部单调性) 一个社会逻辑函数 F 称作内部单调的，若对所有 $\Sigma, \varphi \subseteq \mathcal{L}$ 和所有逻辑组合 $\Vdash$，$N^{\Vdash}_{\Sigma,\varphi} \subseteq N^{\Vdash}_{\Sigma',\varphi'}$ 且 $\Sigma \vdash_F \varphi$ 蕴涵 $\Sigma' \vdash_F \varphi'$，即，若某个论证被集体接受了，则具有同样或更多个体接受度的论证也将被集体接受。

略显奇怪的是，这个自然的性质其对应的概念直到 2010 年 (Endriss et al., 2010) 才被首次提出。需注意的是，内部单调性不同于标准的单调性。后者涉及两个不同的逻辑组合，而前者只涉及同一个逻辑组合。易见，内部单调性蕴涵中立性，但反之不然。

定义 3.19 (独裁性) 一个社会逻辑函数 F 称作独裁的，若存在 $i \in N$ 使得对所有逻辑组合 $\Vdash$，$\vdash_F = \vdash_i$，即社会逻辑（融合后的逻辑）总是等同于 i 的逻辑。

我们称一个逻辑组合 $\Vdash$ 满足性质 P，若对所有 $i \in N$，$\vdash_i$ 都满足性质 P for all $i \in N$。下面这个概念改造自相关研究 (Grandi and Endriss, 2010)。

定义 3.20 (集体理性、鲁棒性) 一个社会逻辑函数 F 称作对性质 P 是集体理性的，若对所有逻辑组合 $\Vdash$，只要 $\Vdash$ 满足性质 P，则 $\vdash_F$ 也满足性质 P。在这种情况下，我们也称性质 P 在 F 下是鲁棒的。

我们故意对集体理性给了一个新的名称：鲁棒性。集体理性概念意味着在集体层面保持某些逻辑性质是"理性的"。但没有理由认为个体层面的性质在社会层面一定要得到满足。如果我们采取更严肃的社会观点来看待逻辑，那么某些逻辑性质在聚合下不能得到保持并不意味着聚合就是非理性的。它只是表明，在社会层面的理性或逻辑有可能是不同的。利用鲁棒性概念，我们可以比较一些常见的逻辑性质在社会选择框架下的强弱，从而为逻辑提供一种社会性视角。

本章要讨论的主要问题是：哪些逻辑性质是鲁棒的？更精确而言，哪些逻辑性质在我们想要的社会逻辑函数下可以得到保持？

3.3 逻辑融合的可能性与不可能性

首先我们给出一些可能性结果。

命题 3.21 （强）自反性在任何一致同意的社会逻辑函数 $F: \mathbf{L}^n \to \mathbf{L}$ 下是鲁棒的。

证明：令 $F: \mathbf{L}^n \to \mathbf{L}$ 是一致同意的，且 $\Vdash$ 满足（强）自反性，则给定 $\varphi \in \Sigma$，对任意 $i \in N$，$\varphi \vdash_i \varphi$ ($\Sigma \vdash_i \varphi$)。由 F 的一致同意性，$\varphi \vdash_F \varphi$ ($\Sigma \vdash_F \varphi$)。

命题 3.22 单调性在任何内部单调的社会逻辑函数 $F: \mathbf{L}^n \to \mathbf{L}$ 下是鲁棒的。

证明：令 $F: \mathbf{L}^n \to \mathbf{L}$ 为内部单调的社会逻辑函数。假设 $\Sigma \vdash_F \varphi$ 且 $\Sigma \subseteq \Sigma'$。因为 $\Vdash$ 是单调的，故 $N^{\Vdash}_{\Sigma,\varphi} \subseteq N^{\Vdash}_{\Sigma',\varphi}$。据 F 的内部单调性，我们有 $\Sigma' \vdash_F \varphi$。

命题 3.23 $\mathcal{A}$-形式性在任何内部单调的社会逻辑函数 $F: \mathbf{L}^n \to \mathbf{L}$ 下是鲁棒的。

证明：令 $F: \mathbf{L}^n \to \mathbf{L}$ 是内部单调的社会逻辑函数，且 $\Vdash$ 满足 $\mathcal{A}$-形式性。假设 $\Sigma, \varphi \subseteq \mathcal{A}$ 且 $\Sigma \vdash_F \varphi$。对任意代入 σ，我们有 $N^{\Vdash}_{\Sigma,\varphi} \subseteq N^{\Vdash}_{\Sigma^\sigma,\varphi^\sigma}$，因为 $\Vdash$ 是 $\mathcal{A}$-形式的。由 F 的内部单调性得 $\Sigma^\sigma \vdash_F \varphi^\sigma$。

命题 3.24 m-紧致性在任何内部单调的社会逻辑函数 $F: \mathbf{L}^n \to \mathbf{L}$ 下是鲁棒的。

证明：令 $F: \mathbf{L}^n \to \mathbf{L}$ 是内部单调的，且 $\Vdash$ 满足 m-紧致性。因为 $\Vdash$ 是单调的，由命题 3.22，$\vdash_F$ 也是单调的。因而只需证明 $\vdash_F$ 是紧致的。假设 $\Sigma \vdash_F \varphi$。由于 $\Vdash$ 是紧致的，故对每个 $i \in N^{\Vdash}_{\Sigma,\varphi}$，存在有穷集 $\Delta_i \subseteq \Sigma$ 使得 $\Delta_i \vdash_i \varphi$。令 $\Delta = \bigcup_{i \in N^{\Vdash}_{\Sigma,\varphi}} \Delta_i$，则 $\Delta \subseteq \Sigma$ 也是有穷的。由于 $\Vdash$ 是单调的，故对所有 $i \in N^{\Vdash}_{\Sigma,\varphi}$，$\Delta \vdash_i \varphi$。因此，$N^{\Vdash}_{\Sigma,\varphi} \subseteq N^{\Vdash}_{\Delta,\varphi}$。由 F 的内部单调性可得，$\Delta \vdash_F \varphi$。

注意，上述命题中的 m-紧致性不能替换为紧致性。事实上，单独的紧致性即使在多数制规则下也不是鲁棒的。考虑 $\vdash_i = \{(\{p_i\}, p), (\{p_j | j \in \mathbb{N}\}, p)\}$ ($i \in N$)，则每个 $\vdash_i$ 都是紧致的，但根据多数制规则，$\vdash = \{(\{p_j | j \in \mathbb{N}\}, p)\}$ 不是紧致的。

命题 3.25 谨慎单调性在任何内部单调的社会逻辑函数 $F: \mathbf{L}^n_{cj} \to \mathbf{L}_{cj}$ 下是鲁棒的。

证明：记得 $\mathbf{L}_{cj}$ 表示所有具有合取性的逻辑构成的集合。令 $F: \mathbf{L}_{cj}^n \to \mathbf{L}_{cj}$ 是内部单调的，且 $\Vdash$ 满足谨慎单调性。假设 $\Sigma \vdash_F \varphi$ 且 $\Sigma \vdash_F \varphi'$。由于 $\vdash_F$ 是合取的，我们有 $\Sigma \vdash_F \varphi \wedge \varphi'$。据 $\Vdash$ 的合取性，$N_{\Sigma,\varphi \wedge \varphi'}^{\Vdash} \subseteq N_{\Sigma,\varphi}^{\Vdash} \cap N_{\Sigma,\varphi'}^{\Vdash}$。由 $\Vdash$ 的谨慎单调性，$N_{\Sigma,\varphi}^{\Vdash} \cap N_{\Sigma,\varphi'}^{\Vdash} \subseteq N_{\Sigma \cup \{\varphi'\}, \varphi}^{\Vdash}$。因此，$N_{\Sigma,\varphi \wedge \varphi'}^{\Vdash} \subseteq N_{\Sigma \cup \{\varphi'\}, \varphi}^{\Vdash}$。由于 F 是内部单调的，由 $\Sigma \vdash_F \varphi \wedge \varphi'$ 可得 $\Sigma, \varphi' \vdash_F \varphi$。

下面我们证明一些不可能性结果。首先是一个比较简单的结果，它说的是内部单调性对于非平凡逻辑而言意味着有根性。

命题 3.26 不存在内部单调和无根的社会逻辑函数 $F: \mathbf{L}^n \to \mathbf{L}$ 使得它对于非平凡性是集体理性的。

证明：假设 $F: \mathbf{L}^n \to \mathbf{L}$ 是内部单调的和无根的，且对于非平凡性是集体理性的。则存在一个非平凡的逻辑组合 $\Vdash$ 和 $\Sigma, \varphi \subseteq \mathcal{L}$ 使得，没有人接受 (Σ, φ)，但 $\Sigma \vdash_F \varphi$。这样，对任意 $\Sigma', \varphi' \subseteq \mathcal{L}$，$N_{\Sigma,\varphi}^{\Vdash} = \varnothing \subseteq N_{\Sigma',\varphi'}^{\Vdash}$。从而由内部单调性可得 $\Sigma' \vdash_F \varphi'$。因此，$\vdash_F$ 是平凡的，矛盾于假设。

这个结果并不像社会选择理论中的不可能性结果那么令人悲观。它只是意味着，内部单调性必须与有根性一起使用，否则我们就可能得到平凡的逻辑。接下来的不可能性结果与通常的不可能性结果更加类似，其证明方法是通常的利用超滤的性质进行证明。该证明思路最早见于 1970 年的相关研究 (Fishburn, 1970)，它给出了阿罗不可能性定理的另一种证明。这一证明方法随后被应用于其他的聚合框架（相关文献包括 Gärdenfors, 2006; Dietrich and List, 2007b; Klamler and Eckert, 2009 用于判断聚合，以及 Endriss and Grandi, 2012 用于图聚合）。

定义 3.27 群体 $C \subseteq N$ 称作 (Σ, φ) 的一个必胜联盟（在 F 下），若对所有逻辑组合 $\Vdash$，$N_{\Sigma,\varphi}^{\Vdash} = C$ 蕴涵 $\Sigma \vdash_F \varphi$。

下面这个引理很容易验证。

引理 3.28 令 F 是独立的社会逻辑函数，$\mathcal{W}_{\Sigma,\varphi}^{F}$ 是 F 下 (Σ, φ) 的所有必胜联盟构成的集合。

(1) 若存在逻辑组合 $\Vdash$ 使得 $N_{\Sigma,\varphi}^{\Vdash} = C$ 且 $\Sigma \vdash_F \varphi$，则 C 是 (Σ, φ) 的一个必胜联盟。

(2) 对所有逻辑组合 $\Vdash$，$\Sigma \vdash_F \varphi$ 当且仅当 $N_{\Sigma,\varphi}^{\Vdash} \in \mathcal{W}_{\Sigma,\varphi}^{F}$。

若 F 在上下文中是清楚的，则我们省略 $\mathcal{W}_{\Sigma,\varphi}^{F}$ 中的上标 F。下面的引理改造自 Endriss and Grandi (2012)。

引理 3.29 假设 F 是独立的。令 $\mathcal{W}_{\Sigma,\varphi}$ 如上定义，则：

(1) F 是一致同意的，当且仅当对所有 $\Sigma,\varphi \subseteq \mathcal{L}$，$N \in \mathcal{W}_{\Sigma,\varphi}$。

(2) F 是有根的，当且仅当对所有 $\Sigma,\varphi \subseteq \mathcal{L}$，$\varnothing \notin \mathcal{W}_{\Sigma,\varphi}$。

(3) F 是中立的，当且仅当对所有 $\Sigma,\Sigma',\varphi,\varphi' \subseteq \mathcal{L}$，$\mathcal{W}_{\Sigma,\varphi} = \mathcal{W}_{\Sigma',\varphi'}$。

证明：(1) 和 (2) 显然。我们只证 (3)。假设 F 是中立的，且 $N^{\Vdash}_{\Sigma,\varphi} \in \mathcal{W}_{\Sigma,\varphi}$。令 $\Vdash'$ 为一个逻辑组合使得 $N^{\Vdash'}_{\Sigma',\varphi} = N^{\Vdash'}_{\Sigma,\varphi} = N^{\Vdash}_{\Sigma,\varphi}$。因为 $N^{\Vdash}_{\Sigma,\varphi} \in \mathcal{W}_{\Sigma,\varphi}$，我们有 $\Sigma \vdash_F \varphi$，从而据独立性有 $\Sigma \vdash'_F \varphi$，再据中立性可得 $\Sigma' \vdash'_F \varphi'$。这样，$N^{\Vdash}_{\Sigma,\varphi} = N^{\Vdash'}_{\Sigma',\varphi'} \in \mathcal{W}_{\Sigma',\varphi'}$。因此，$\mathcal{W}_{\Sigma,\varphi} \subseteq \mathcal{W}_{\Sigma',\varphi'}$。类似可得 $\mathcal{W}_{\Sigma',\varphi'} \subseteq \mathcal{W}_{\Sigma,\varphi}$。另一个方向，假设对所有 $\Sigma,\Sigma',\varphi,\varphi' \subseteq \mathcal{L}$，$\mathcal{W}_{\Sigma,\varphi} = \mathcal{W}_{\Sigma',\varphi'}$，且 $N^{\Vdash}_{\Sigma,\varphi} = N^{\Vdash}_{\Sigma',\varphi'}$，则 $\Sigma \vdash_F \varphi$ 当且仅当 $N^{\Vdash}_{\Sigma,\varphi} \in \mathcal{W}_{\Sigma,\varphi}$ 当且仅当 $N^{\Vdash}_{\Sigma',\varphi'} \in \mathcal{W}_{\Sigma',\varphi'}$ 当且仅当 $\Sigma' \vdash_F \varphi'$。

下面我们回顾一下超滤的定义。

定义 3.30 (超滤) 一个 N 上的超滤 $\mathcal{W}$ 是由 N 的一些子集构成的集合，且满足下列条件：

(1) $\mathcal{W}$ 是真的，即 $\varnothing \notin \mathcal{W}$；

(2) $\mathcal{W}$ 在（有穷）交下封闭，即 $C_1, C_2 \in \mathcal{W}$ 蕴涵 $C_1 \cap C_2 \in \mathcal{W}$；

(3) $\mathcal{W}$ 是极大的，即对所有 $C \subseteq N$，$C \in \mathcal{W}$ 或 $\overline{C} \in \mathcal{W}$，其中 $\overline{C} = N - C$ 是 C 的补集。

一个 N 上的超滤 $\mathcal{W}$ 称作主超滤，若存在 $i \in N$ 使得 $\mathcal{W} = \{C \subseteq N | i \in C\}$。

下面是关于超滤的一个常见结论。

引理 3.31 所有有穷集上的超滤都是主超滤。

定理 3.32 对所有非空集 $\mathcal{A} \subseteq \mathcal{L}$，任何有界和系统的，且对于传递性和 $\mathcal{A}$-完全性都是集体理性的社会逻辑函数 $F : \mathbf{L}^n \to \mathbf{L}$ 一定是独裁的。

证明：令 $F : \mathbf{L}^n \to \mathbf{L}$ 是有界的（一致同意的且有根的）、系统的（独立的且中立的），且对于传递性和 $\mathcal{A}$-完全性是集体理性的。由引理 3.29，存在必胜联盟 $\mathcal{W}$ 使得 $\Sigma \vdash_F \varphi$ 当且仅当对所有 $\Sigma,\varphi \subseteq \mathcal{L}$，$N^{\Vdash}_{\Sigma,\varphi} \in \mathcal{W}$。据引理 3.31，只需证明 $\mathcal{W}$ 是一个超滤。首先，由于 F 是有根的，故由引理 3.29(2) 知 $\mathcal{W}$ 是真的。其次，假设 $C_1, C_2 \in \mathcal{W}$。考虑一个传递的逻辑组合 $\Vdash$ 满足 $C_1 = N^{\Vdash}_{\varphi}$，$C_2 = N^{\Vdash}_{\varphi,\psi}$，且 $C_1 \cap C_2 = N^{\Vdash}_{\psi}$。据 $\Vdash$ 的传递性，$C_1 \cap C_2 \subseteq N^{\Vdash}_{\psi}$，故这样的逻辑组合是存在的。因为 C_1, C_2 是必胜联盟，我们有 $\vdash_F \varphi$ 且 $\varphi \vdash_F \psi$。故由 F 对于传递性是集体理性的可得，$\vdash_F \psi$。因此，$C_1 \cap C_2 \in \mathcal{W}$。最后，假设 $C \subseteq N$。考虑一个 $\mathcal{A}$-完全的逻辑组合 $\Vdash$ 满足 $C = N^{\Vdash}_{\varphi}$ 且 $\overline{C} = N^{\Vdash}_{\neg\varphi}$，其中 $\varphi \in \mathcal{A}$。由 F 对 $\mathcal{A}$-完全性是集体理性

的，故 $\vdash_F \varphi$ 或 $\vdash_F \neg\varphi$。所以，$C \in \mathcal{W}$ 或 $\overline{C} \in \mathcal{W}$。

定理 3.33 对所有至少包含一个形如 $\varphi \vee \psi$ 的公式且 $\varphi \neq \psi$ 的集合 $\mathcal{A} \subseteq \mathcal{L}$，任何有界和系统的，且对于传递性和 $\mathcal{A}$-析取性都是集体理性的社会逻辑函数 $F: \mathbf{L}^n \to \mathbf{L}$ 一定是独裁的。

证明：该定理的证明与上面一个定理的证明几乎一样，唯一不同在于验证 $\mathcal{W}$ 的极大性。令 $C \subseteq N$。考虑一个 $\mathcal{A}$-析取的逻辑组合 $\Vdash$ 满足 $C = N_\varphi^\Vdash$，$\overline{C} = N_\psi^\Vdash$，且 $N = N_{\varphi \vee \psi}^\Vdash$，其中 $\varphi \vee \psi \in \mathcal{A}$。由一致同意性，$\vdash_F \varphi \vee \psi$。由于 F 对于 $\mathcal{A}$-析取性是集体理性的，我们有 $\vdash_F \varphi$ 或 $\vdash_F \psi$。因此，$C \in \mathcal{W}$ 或 $\overline{C} \in \mathcal{W}$。

上面两个定理可以用鲁棒性概念进行重新表述：传递性加 $\mathcal{A}$-完全性（$\mathcal{A}$-析取性）在有界的、系统的且非独裁的社会逻辑函数下不是鲁棒的。

对于非重言的逻辑而言，这两个定理可以得到加强。由于下面这个引理，定理中的中立性条件可以不要。记得 $\mathbf{L}_{nt}$ 表示的是所有非重言的逻辑构成的集合。

引理 3.34 所有一致同意的、独立的且对传递性是集体理性的社会逻辑函数 $F: \mathbf{L}_{nt}^n \to \mathbf{L}_{nt}$ 一定是中立的。

证明：令 F 是一致同意的、独立的且对传递性是集体理性的。令 C 是 (Σ, φ) 的一个必胜联盟。由引理 3.29(3)，只需证 C 也是任意 (Σ', φ') 的必胜联盟。首先，我们证明 C 是 (Σ, φ') 的必胜联盟。令 $\Vdash$ 是一个传递的逻辑组合，满足 $N_{\Sigma,\varphi}^\Vdash = N_{\Sigma,\varphi'}^\Vdash = C$ 且 $N_{\varphi,\varphi'}^\Vdash = N$。由非重言性 $\varphi' \notin \Sigma$，故这样的逻辑组合是存在的。由于 C 是 (Σ, φ) 的必胜联盟，故 $\Sigma \vdash_F \varphi$。另一方面，由一致同意性我们有 $\varphi \vdash_F' \varphi'$，从而由传递性有 $\Sigma \vdash_F \varphi'$。因此，C 是 (Σ, φ') 的必胜联盟。下面我们证明 C 是 (Σ', φ') 的必胜联盟。令 $\Vdash$ 是一个传递的逻辑组合，满足 $N_{\Sigma,\varphi'}^\Vdash = N_{\Sigma',\varphi'}^\Vdash = C$ 且 $N_{\Sigma',\Sigma}^\Vdash = N$。由非重言性，$\varphi' \notin \Sigma$，故这样的逻辑组合是存在的。由于 C 是 (Σ, φ') 的必胜联盟，我们有 $\Sigma \vdash_F \varphi'$。另一方面，由一致同意性，我们有 $\Sigma' \vdash \Sigma$。从而由传递性有 $\Sigma' \vdash_F \varphi'$。因此，$C$ 是 (Σ', φ') 的必胜联盟。

使用上述引理，稍微修改一下定理 3.32 和定理 3.33 的证明，我们得到下面的结果。

定理 3.35 对所有非空集 $\mathcal{A} \subseteq \mathcal{L}$，任何有界和独立的，且对传递性和 $\mathcal{A}$-完全性都是集体理性的社会逻辑函数 $F: \mathbf{L}_{nt}^n \to \mathbf{L}_{nt}$ 一定是独裁的。

定理 3.36 对所有至少包含一个形如 $\varphi \vee \psi$ 的公式且 $\varphi \neq \psi$ 的集合 $\mathcal{A} \subseteq \mathcal{L}$，任何有界和独立的，且对于传递性和 $\mathcal{A}$-析取性都是集体理性的社会逻辑函数 $F: \mathbf{L}_{nt}^n \to \mathbf{L}_{nt}$ 一定是独裁的。

在上述定理中，传递性也可以替换为汇聚性或合取性，证明几乎一样。事实上，任何形如 $A \wedge B \to C$ 的性质都可以取代传递性在上述定理中的作用。类似的结果在关于一般二元关系的聚合理论中已经得到（See Endriss and Grandi, 2012）。

3.4 与其他聚合框架的关系

3.4.1 偏好聚合

如果我们将逻辑看作是公式之间的二元关系，而不是公式集与公式之间的二元关系，则一个逻辑可以大致看作是一个公式上的偏好关系。关于偏好的自反性和传递性可以合理的假设于逻辑。但偏好的完全性则不适用于逻辑。换言之，当把逻辑看作是公式上的二元关系时，一个一般的二元关系聚合框架（Endriss and Grandi, 2012）或偏序关系聚合框架（Pini et al., 2009）比偏好聚合框架更适合于处理逻辑融合。

反过来，偏好聚合可以嵌入逻辑融合，因为偏好聚合可以嵌入判断聚合，而后者可以嵌入逻辑融合框架。

3.4.2 判断聚合

一个逻辑 $\vdash$ 可以在更高层面上看作是一个判断集 $J = \{(\Sigma, \varphi) \mid \Sigma \vdash \varphi\} \cup \{\neg(\Sigma, \varphi) \mid \Sigma \nvdash \varphi\}$。区别在于，如果语言 $\mathcal{L}$ 是无穷的，则 J 也是无穷的，而在判断聚合中一个判断集通常是有穷的。若不考虑这一区别，则逻辑融合可以看作是判断聚合的特例，其中的判断表达的是论证是否成立。

另外，每个判断集与其所在的逻辑 $\vdash$ 构成一个新的逻辑 $\vdash' = \vdash \cup \{(\varnothing, p) \mid p \in J\}$。但需要注意的是，通常 J 中的判断不是形式的，即在新逻辑中，代入规则对它们不能使用。这样，在一个统一逻辑下的判断聚合也可以看作是逻辑融合的特例，其中每个个体的逻辑由统一的逻辑加上个体的判断作为非逻辑公理得到。判断聚合与逻辑融合二者之间的关系有点类似于对象语言与元语言之间的关系。我们总是可以将一个元语言看作是对象语言进行研究，反之亦然。在判断聚合中由元语言表达的底层逻辑在逻辑融合中由对象语言来表达，这使得我们可以更好地理解判断聚合中的逻辑性质。

3.4.3 图聚合

图聚合是一个用于聚合某个集合 V 上的任意二元关系的框架 (Endriss and Grandi, 2012)。如果我们将 V 看作是公式集，并且假定 m-紧致性，则一个逻辑也可以看作是 V 上的二元关系。在图 G 中由顶点 φ 到 ψ 的边代表一个在逻辑 G 中被接受的从前提 φ 到结论 ψ 的论证。但需注意的是，在图聚合中，V 通常假定是有穷的，而在逻辑融合中，公式集通常是无穷的。除此之外，图中的顶点是相互独立的，而逻辑中的公式则可以由其他公式复合而成。因此，即使对于 m-紧致的逻辑而言，图聚合对于刻画逻辑融合也过于抽象了。

另外，我们把一个图看作是模态逻辑的框架，那么一集图确定了一个模态逻辑。这样，图集的聚合就可以转化为模态逻辑的融合。而图聚合是图集聚合的特例，这样，图聚合可以转化为逻辑融合。

3.5 小结

对逻辑的融合问题有过一些研究 (Benamara et al., 2010; Miller, 2008)，但它们都只讨论了特例。本章则给出了一个基于公理化方法的一般逻辑融合框架。我们不仅讨论了逻辑融合的一些可能性与不可能性结果，还比较了逻辑融合与其他聚合框架之间的关系。

逻辑融合框架来源于判断聚合框架 (List and Pettit, 2002)，后者是研究如何将关于相互之间具有逻辑关联的命题的个体判断聚合为集体判断的研究领域。由于判断聚合既能推广社会选择理论中的判断聚合理论，也与政治科学中的审议民主和计算机科学中的信念融合理论密切相关，它在最近十年内得到了迅速发展（相关综述文献可参考 List, 2012; Grossi and Pigozzi, 2012）。

逻辑融合框架不仅可以用来研究跨文化交流问题，也有其独立的研究价值。第一，从多元逻辑的观点来看，逻辑融合是一个很自然的问题。当前的判断聚合理论通常假定有一个统一的底层逻辑，尽管这个逻辑不必是经典逻辑（参见 Dietrich, 2007）。不仅不同的个体可能使用不同的逻辑，用于集体判断的逻辑也不必等同于个体的逻辑。这一点不仅适用于跨文化交流的场景，在分布式多主体系统中也很常见。

第二，逻辑融合框架可以避免判断聚合框架中的某些哲学困难。判断聚合理论通常采用一种基于命题的聚合路径，即将对判断集的聚合转化为对单个命题的聚合，并且通常假定对某个命题的聚合独立于其他命题。这种独立性假设最早源于偏好聚合理论。尽管在偏好聚合中独立性假设非常自然，在判断聚合中独立性则颇有争议。因为不像在偏好聚合中的序对比较，判断聚合中的命题相互之间可能存在实质性关联。特别的，一些命题可能是另一些命题的前提或理由。从审议民主的观点看，不考虑前提或理由的命题聚合就显得不合理了。对于这个问题有若干解决方案。一种是仍然保留基于命题聚合的路径，但是对独立性概念进行限制（Mongin, 2008; Dietrich and Mongin, 2010）。另一种是完全放弃基于命题的聚合路径，而采用更加整体性的聚合方法，如基于距离的聚合 (Pigozzi, 2006)。本章的逻辑融合框架则是一种折中方案。它将基于命题的聚合推广为基于论证的聚合，逻辑的融合变成论证集的聚合，这样命题就与其前提或理由被整体考虑了，从而避免了判断聚合中的独立性问题。

第三，逻辑融合框架为讨论更多理性和集体理性概念提供了可能。在判断聚合中，一致性通常要求在聚合中被保持。但一致性只是理性的要求之一，它只是逻辑的一个性质。还有逻辑的很多其他性质（如传递性）值得讨论。因此，从判断聚合过渡到逻辑融合后，我们可以讨论更多的理性和集体理性概念。与研究不同语言的理性约束 (Grandi and Endriss, 2010) 不同，我们研究在同一语言中的不同理性概念。

第四，逻辑融合 (Endriss and Grandi, 2012) 为提出的图聚合理论提供了一种具体阐释。图聚合在本质上相当于对任意二元关系的聚合，尽管它推广了偏好聚合（其中的二元关系是特殊的序关系），但由于其框架过于抽象，很难看到其应用价值。由于逻辑也可以看作是一个二元关系，因此逻辑融合大致可以嵌入到图聚合框架中进行研究，这样就为图聚合提供了一种有趣的实例。

最后但并非最不重要的，逻辑融合为研究逻辑提供了一种社会性视角。我们不仅希望将已有理论应用于跨文化研究这一具体问题，还希望能通过这样的研究反过来推动理论本身的发展。逻辑融合框架有助于从新的——社会的——角度来看待逻辑，例如不同逻辑性质在社会融合框架下的鲁棒性差异就让我们对一些表面上无区别的逻辑性质有了新的理解。

本章是在社会选择框架中研究逻辑的初步尝试，将来还有很多工作可以开展。首先，一些更一般的可能性和不可能性结果在本章给出的框架下可以继续得到研究。其次，逻辑融合框架本身也可以继续扩展，从而可以囊括更多的逻辑。例如逻辑不再是公式集与公式之间的关系，而是公式结构与公式结构之间的关系，这样就可以将子结构逻辑（如线性逻辑、Lambek 演算等）纳入进来。最后，逻辑还可以处理得更加过程化、算法化，而不是只考虑逻辑作用的结果。这意味着不同算法得到的相同逻辑后承也将被看作是不同的逻辑。

第 4 章

基于构造性方法的逻辑融合

在跨文化交流的最初，来自不同文化背景的主体的语言和推理规则都不相同，从而他们完全不能进行交流。因此这一章，作为跨文化冲突消解的第一个阶段，我们给出了一个融合方法来消解不同文化群体逻辑系统之间的冲突。具体来讲，首先，我们把广义论证抽象化，不同文化群体的逻辑系统用一个包含语言和语言上的二元关系的二元组来表示。其次，融合不同逻辑系统可以分为两个步骤：第一，对所有的逻辑系统进行扩充，使之基于同一种语言；第二，采用基于距离的方法挑选出离扩充后的一组逻辑系统距离最近的那个逻辑系统，作为融合的结果。在这里，对两个逻辑系统之间距离的度量我们采用汉明距离。另外，我们证明了我们所定义的融合方法满足社会选择理论的一些基本性质。从而，不同文化群体达成了一个公共逻辑系统，为跨文化交流提供了平台。

4.1 文化逻辑系统

由广义逻辑的观点，不同的文化有不同的逻辑，它们的表现形式也是多种多样。当我们试图用现代逻辑对它们进行刻画的时候，我们首先要把不同形态的逻辑放到一个公共的论域下，给它们一个一致的结构，反映它们的本质和规律。在这里，我们将把文化逻辑系统定义为一个二元关系集合。我们认为我们所给出的这个二元结构可以刻画大多数的逻辑。具体地，逻辑系统的定义如下。

定义 4.1 (文化逻辑系统) 给定一个形式语言 $\mathcal{L}$，一个定义在 $\mathcal{L}$ 上的文化逻辑系统是一个二元组 $L = \langle \mathcal{L}, R_L^{\vdash} \rangle$，其中 $\mathcal{L}$ 是语言，$R_L^{\vdash}$ 是定义在 $\mathcal{P}(\mathcal{L}) \times \mathcal{L}$ 上的二元关系。也就是 $R_L^{\vdash} \in \mathcal{P}(\mathcal{L}) \times \mathcal{L}$。[①]

定义 4.2 (论证) 给定一个有穷的逻辑语言 $\mathcal{L}$，一个在 $\mathcal{L}$ 中的论证是一个二元组 $(\Sigma, \varphi) \in \mathcal{P}(\mathcal{L}) \times \mathcal{L}$，其中 Σ 一个推理前提集，φ 是一个推理结论。一个论证 (Σ, φ) 在一个文化逻辑系统 L 中是有效的当且仅当 $(\Sigma, \varphi) \in R_L^{\vdash}$[②]，我们用 $Ar(L)$ 表示所有在 L 中的有效论证。如果一个论证 (Σ, φ) 在 L 中不是有效的，那么 $(\Sigma, \varphi) \notin R_L^{\vdash}$。

本章中，我们假设所有的逻辑系统都是一致的，也就是，在 $\mathcal{L}$ 中给定任一 L，$\nexists (\Sigma, \varphi) \in \mathcal{P}(\mathcal{L}) \times \mathcal{L}$ 使得 $(\Sigma, \varphi) \in R_L^{\vdash}$ 并且 $(\Sigma, \neg\varphi) \in R_L^{\vdash}$。此外，我们用 $P = (L_1, \cdots, L_n)$ 作为一组逻辑系统。其中每一个 $L_i = \langle \mathcal{L}_i, R_{L_i}^{\vdash} \rangle$ 是主体 i 的逻辑系统。

当面对一组表达来自不同文化主体的逻辑系统 $P = (L_1, \cdots, L_n)$ 时，其中 $L_i = \langle \mathcal{L}_i, R_{L_i}^{\vdash} \rangle$，我们的目的是刻画一个逻辑系统从而最小化所有主体的逻辑系统的距离和。因为一个文化逻辑系统可以看作是相应文化下所有有效论证的集合，所以我们的目标是获得一个能被所有主体接受的论证集合。另外，由于不同逻辑系统基于不同的语言，我们首先给出以下的定义来扩充逻辑系统。从而使得所有逻辑系统具有相同的语言基础。

定义 4.3 (一个逻辑系统的扩充) 给定一组逻辑系统 $P = (L_1, \cdots, L_n)$ $(n \geqslant 1)$，其中 $L_i = \langle \mathcal{L}_i, R_{L_i}^{\vdash} \rangle$ 并且 $L = \langle \mathcal{L}, R_L^{\vdash} \rangle$，我们定义一个基于 P 的 L 的扩充

(i) $\mathcal{L}^e = \mathcal{L} \cup (\cup_{i=1}^n \mathcal{L}_i)$；

(ii) $R_{L^e}^{\vdash} \supseteq R_L^{\vdash}$；且

(iii) $R_{L^e}^{\nvdash} = \mathcal{P}(\mathcal{L}^e) \times \mathcal{L}^e \backslash R_{L^e}^{\vdash}$。

定义 4.4 (一致扩充) $P = (L_1, \cdots, L_n)$ 为一组逻辑系统，其中 $\forall i \in \{1, \cdots, n\}$，$L_i = \langle \mathcal{L}_i, R_{L_i}^{\vdash} \rangle$ 为一文化逻辑系统，并且 $c(P) = (\cup_{i=1}^n R_{L_i}^{\vdash}) \cap (\cup_{i=1}^n R_{L_i}^{\nvdash})$ 为存在于 P 中的矛盾关系集合。同时，$L = \langle \mathcal{L}, R_L^{\vdash} \rangle$ 为一逻辑系统。那么，我们定义 P 上 L 的一致扩充为 $ce(L, P) = \langle \mathcal{L}^{ce}, R_{ce}^{\vdash}, R_{ce}^{\nvdash} \rangle$，其中：

(i) $\mathcal{L}^{ce} = \mathcal{L} \cup (\cup_{i=1}^n \mathcal{L}_i)$；

(ii) $R_{ce}^{\vdash} = R_L^{\vdash} \cup (\cup_{i=1}^n R_{L_i}^{\vdash} \backslash c(P))$；且

[①] 接下来，我们将用 $L = \langle \mathcal{L}, R_L^{\vdash}, R_L^{\nvdash} \rangle$ 来表示一个完整的逻辑系统。其中 $R_L^{\nvdash} = \mathcal{P}(\mathcal{L}) \times \mathcal{L} \backslash R_L^{\vdash}$ 在不引起混淆的情况下，我们将不对这两个符号作区分。

[②] 也就是说，一个文化逻辑系统是在相应文化中所有有效论证的集合。

(iii) $R_{ce}^{\nvdash} = P(\mathcal{L}^{ce}) \times \mathcal{L}^{ce} \backslash R_{ce}^{\vdash}$。

直观上，给定一组逻辑系统 P，如果一个主体的逻辑系统中的有效论证没有被其他主体所质疑。那么这些论证应该被加入到这组逻辑系统的一致扩充中。形式上，我们有以下定义。

定义 4.5 (非冲突部分) $P = (L_1, \cdots, L_n)$ 为一组文化逻辑系统，其中，每个 $L_i = \langle \mathcal{L}_i, R_{L_i}^{\vdash}, R_{L_i}^{\nvdash} \rangle$ 是一个逻辑系统。那么 P 的非冲突部分，表示为 $nc(P)$，由以下定义给出：

$$nc(P) = \langle \cup_{i=1}^n \mathcal{L}_i, \cup_{i=1}^n R_{L_i}^{\vdash} \backslash \cup_{i=1}^n R_{L_i}^{\nvdash}, \cup_{i=1}^n R_{L_i}^{\nvdash} \backslash \cup_{i=1}^n R_{L_i}^{\vdash} \rangle$$

定义 4.6 (公共部分) $P = (L_1, \cdots, L_n)$ 为一组逻辑系统。那么 P 的公共部分，表示为 $cp(P)$，由以下定义给出：

$$cp(P) = \langle \cap_{i=1}^n \mathcal{L}_i, \cap_{i=1}^n R_{L_i}^{\vdash}, \cap_{i=1}^n R_{L_i}^{\nvdash} \rangle$$

我们可以给出一个一致扩充的性质如下：

定理 4.7 $P = (L_1, \cdots, L_n)$ 为一组文化逻辑系统，L_i^{ce} 为基于 P 的 L_i 的一致扩充。那么 $\forall i \in \{1, \cdots, n\}$：

(i) $\mathcal{L}_{nc(P)} = \mathcal{L}_i^{ce}$；且

(ii) $R_{i_{nc(P)}}^{\vdash} \subseteq R_{i_{ce}}^{\vdash}$。

证明： 我们将一个一个证明：(i) 根据定义 4.5，$nc(P) = \langle \cup_{i=1}^n \mathcal{L}_i, \cup_{i=1}^n R_{L_i}^{\vdash} \backslash \cup_{i=1}^n R_{L_i}^{\nvdash}, \cup_{i=1}^n R_{L_i}^{\nvdash} \backslash \cup_{i=1}^n R_{L_i}^{\vdash} \rangle$。让 $ce(L_i, P) = \langle \mathcal{L}_i^{ce}, R_{i_{ce}}^{\vdash}, R_{i_{ce}}^{\nvdash} \rangle$ 以及 $c(P)$ 作为 $(\cup_{i=1}^n R_{L_i}^{\vdash}) \cap (\cup_{i=1}^n R_{L_i}^{\nvdash})$。根据定义 4.5，$\mathcal{L}_{nc(P)} = \cup_{i=1}^n \mathcal{L}_i$；根据定义 4.4，$\mathcal{L}_i^{ce} = \mathcal{L}_i \cup (\cup_{i=1}^n \mathcal{L}_i) = \cup_{i=1}^n \mathcal{L}_i$。因此，我们有 $\mathcal{L}_{nc(P)} = \mathcal{L}_i^{ce}$。

(ii) $\forall (\Sigma, \varphi) \in \mathcal{P}(\cup_{i=1}^n \mathcal{L}_i) \times (\cup_{i=1}^n \mathcal{L}_i)$, if $(\Sigma, \varphi) \in R_{i_{nc(P)}}^{\vdash} = \cup_{i=1}^n R_{L_i}^{\vdash} \backslash \cup_{i=1}^n R_{L_i}^{\nvdash}$。因此，我们有 $(\Sigma, \varphi) \notin c(P) = (\cup_{i=1}^n R_{L_i}^{\vdash}) \cap (\cup_{i=1}^n R_{L_i}^{\nvdash})$。那么，$(\Sigma, \varphi) \in \cup_{i=1}^n R_{L_i}^{\vdash} \backslash c(P)$ 和 $(\Sigma, \varphi) \in R_{L_i}^{\vdash} \cup (\cup_{i=1}^n R_{L_i}^{\vdash} \backslash c(P))$。也就是，$(\Sigma, \varphi) \in R_{i_{ce}}^{\vdash}$。

以上命题给出了一致扩充的一个重要性质。根据这一性质，当我们确定了一组逻辑系统的一致扩充时，所有非冲突部分中的有效论证都将被保留。同时，一致扩充是能被定义的最谨慎的扩充，因为只有所有主体都赞同的论证才能被加入到该扩充当中。

4.2 文化逻辑系统融合

在这个部分，我们将应用基于距离的信念融合方法(Konieczny and Pérez, 2002a, 2011) 来处理文化逻辑系统的融合。直观上，我们将挑选一个与给定的逻辑系统组距离最近的逻辑。

定义 4.8 (逻辑系统融合) 给定逻辑系统组 $P = (L_1, \cdots, L_n)$，其中 $L_i = \langle \mathcal{L}_i, R_{L_i}^\vdash \rangle$ 是一个文化逻辑系统。用 d 来表示 P 中任意两个逻辑间的距离。假设 $(L_1', \cdots, L_n')$ 是基于 P 上 L_i 的扩充。那么 P 的融合定义如下：

$$\Delta_d^\otimes(L, \cdots, L_n) = \{L | L \text{over} \cup_{i=1}^n \mathcal{L}_i \text{such that} L \text{minimises} \otimes_{i=1}^n d(L, L_i')\} \quad (4.1)$$

其中聚合函数 $\otimes$ 是一个从 $(\mathbb{R}^+)^n$ 到 $\mathbb{R}^+$ 的映射，并且满足以下条件：

(i) 单调性：if $x_i \geqslant x_i'$, then $\otimes(x_1, \cdots, x_i, \cdots, x_n) \geqslant \otimes(x_1, \cdots, x_i', \cdots, x_n)$；

(ii) 最小性：$\otimes(x_1, \cdots, x_n) = 0$ 当且仅当对所有 $i \in \{1, \cdots, n\}$, $x_i = 0$；且

(iii) 等同性：$\otimes(x) = x$。

显然，对任何 $(\Sigma, \varphi) \in \mathcal{P}(\cup_{i=1}^n \mathcal{L}_i) \times \cup_{i=1}^n \mathcal{L}_i$，如果 (Σ, φ) 是融合后逻辑系统中的一个论证，那么 $(\Sigma, \varphi) \in R_\Delta^\vdash$。在文献中，有许多不同形式的聚合函数的讨论 (Konieczny and Pérez, 2002a; Luo and Jennings, 2007)，但是我们选取一种应用最广的聚合函数，那就是实数集上的加法算子。

因而，一个逻辑系统组的融合有两个步骤。首先，每个基于语言 $\mathcal{L}_i$ 的逻辑系统 L_i 的扩充，从而使得所有逻辑系统的扩充都能基于共同的语言 $\mathcal{L}' = \cup_{i=1}^n \mathcal{L}_i$。然后，应用基于距离的方法，选择一个扩充后的逻辑系统组 $\mathcal{L}'$ 距离最近的逻辑系统，这个逻辑系统就是我们融合的结果。同时，我们假设每个主体在逻辑系统组上的扩充都是采用了一致扩充的。另外，我们采用了著名的汉明距离的思想。对定义距离来说，这一方法是非常直观的。

此外，有研究表明融合算子的逻辑性质与所选用的距离测度是无关的 (Konieczny and Pérez, 2002b)。因而，我们对于汉明距离的选用不会影响结论的一般性。从形式上来说，根据有穷集上的汉明距离的思想 (Konieczny and Pino-Pérez, 1998; Konieczny and Pérez, 2002a)，我们可以定义两个文化逻辑之间的汉明距离如下：

定义 4.9 (逻辑系统间的汉明距离) 给定基于同一语言 $\mathcal{L}$ 上的两个文化逻辑系统 L_1 和 L_2，它们的汉明距离定义为两个逻辑系统不同的有效论证的数量。也就是，

$$d(L_1, L_2) = |\{(\Sigma, \varphi) \in \mathcal{P}(\mathcal{L}) \times \mathcal{L} | (\Sigma, \varphi) \in R_{L_1}^\vdash \varphi \text{but} (\Sigma, \varphi) \in R_{L_2}^\nvdash \text{or vice-versa}\}| \quad (4.2)$$

例如，给定两个逻辑系统：$L_1 = \langle \mathcal{L}, R_{L_1}^\vdash, R_{L_1}^\nvdash \rangle$，其中 $R_{L_1}^\vdash = \{(\Sigma_1, \varphi_1), (\Sigma_2, \varphi_2)\}$，

$R^{\nvdash}_{L_1} = \{(\Sigma_3, \varphi_3), (\Sigma_4, \varphi_4)\}$，且 $L_2 = \langle \mathcal{L}, R^{\vdash}_{L_2}, R^{\nvdash}_{L_2}\rangle$，其中 $R^{\vdash}_{L_2} = \{(\Sigma_1, \varphi_1), (\Sigma_3, \varphi_3)\}$，$R^{\nvdash}_{L_2} = \{(\Sigma_2, \varphi_2), (\Sigma_4, \varphi_4)\}$；那么，它们的汉明距离是 $d(L_1, L_2) = 2$。这是因为，(Σ_2, φ_2) 在 L_1 中是有效的但是在 L_2 不是有效的，(Σ_3, φ_3) 在 L_2 有效但在 L_1 不是有效的。

一般来说，给定同一语言上的两个文化逻辑系统 L_1 和 L_2，因为语言是有穷的。如果 $\mathcal{L}$ 中的句子数量是 m，那么语言 $\mathcal{L}$ 总共能产生 $m(C_m^1 + C_m^2 + \cdots + C_m^m)$ 个论证。对于任何一个逻辑系统来说，其中一部分是在其中是有效的，一部分是无效的。所以，给定任意两个逻辑，我们总是能数出两个系统中有冲突的论证的个数。也就是那些在一个逻辑中有效而在另一个逻辑中无效的论证。

以下的定理证明了我们对于汉明距离的定义是恰当的。

定理 4.10 给定任一 $\mathcal{L}$ 语言上的逻辑系统组 L_i，L_j 和 L_k ($i, j, k \in \{1, \cdots, n\}$)，它们的汉明距离满足：

(i) 非负性：$d(L_i, L_j) \geqslant 0$；

(ii) 无形等同性：$d(L_i, L_j) = 0$ 当且仅当 $L_i = L_j$；

(iii) 对称性：$d(L_i, L_j) = d(L_j, L_i)$；且

(iv) 三角不等性：$d(L_i, L_k) \leqslant d(L_i, L_j) + d(L_j, L_k)$

证明：给定 $L_i = \langle \mathcal{L}, R^{\vdash}_{L_i}\rangle$，$L_j = \langle \mathcal{L}, R^{\vdash}_{L_j}\rangle$ 和 $L_k = \langle \mathcal{L}, R^{\vdash}_{L_k}\rangle$。且我们对每一个性质进行验证。(i) 非负性。根据公式 (4.2)，$d(L_i, L_j) \geqslant 0$ 是显然的。(ii) 无形等同性。如果 $L_i = L_j$，那么 $R^{\vdash}_{L_i} = R^{\vdash}_{L_j}$。也就是，$\forall (\Sigma, \varphi) \in P(\mathcal{L}) \times \mathcal{L}, (\Sigma, \varphi) \in R^{\vdash}_{L_i}$ 当且仅当 $(\Sigma, \varphi) \in R^{\vdash}_{L_j}$。所以，$\nexists (\Sigma, \varphi) \in P(\mathcal{L}) \times \mathcal{L}$ 从而 $(\Sigma, \varphi) \in R^{\vdash}_{L_i}$ 且 $(\Sigma, \varphi) \in R^{\nvdash}_{L_j}$，或者 $(\Sigma, \varphi) \in R^{\nvdash}_{L_i}$ 且 $(\Sigma, \varphi) \in R^{\vdash}_{L_j}$。因而，$d(L_i, L_j) = 0$。($\Leftarrow$) 如果 $d(L_i, L_j) = 0$，根据公式 (4.2)，$\nexists (\Sigma, \varphi) \in P(\mathcal{L}) \times \mathcal{L}$ 从而 $(\Sigma, \varphi) \in R^{\vdash}_{L_i}$ 且 $(\Sigma, \varphi) \in R^{\nvdash}_{L_j}$，或者 $(\Sigma, \varphi) \in R^{\nvdash}_{L_i}$ 且 $(\Sigma, \varphi) \in R^{\vdash}_{L_j}$。也就是，$\forall (\Sigma, \varphi) \in P(\mathcal{L}) \times \mathcal{L}, (\Sigma, \varphi) \in R^{\vdash}_{L_i}$ 当且仅当 $(\Sigma, \varphi) \in R^{\vdash}_{L_j}$。那么，$R^{\vdash}_{L_i} = R^{\vdash}_{L_j}$。最后，$\mathcal{L}_i = \mathcal{L}_j = \mathcal{L}, L_i = L_j$。(iii) 对称性。由公式 (4.2) 显然 $d(L_i, L_j) = d(L_j, L_i)$。(iv) 三角不等性。

因为 $d(L_i, L_j)$ 是从 L_i 到 L_j 的最小的对于论证的调整距离，$d(L_j, L_k)$ 是从 L_j 到 L_k 的最小的对于论证的调整距离，并且我们知道 $d(L_i, L_j) + d(L_j, L_k)$ 个 $\mathcal{L}$ 上论证的改变能让我们从 L_i 到 L_k。而且我们知道 $d(L_i, L_k)$ 是从 L_i 到 L_k 需要调整的最小距离，因而 $d(L_i, L_k) \leqslant d(L_i, L_j) + d(L_j, L_k)$。

为了更好地理解文化逻辑系统的融合算子，我们将给出以下的例子。

示例 4.11 假设美国人 Amy (A)，俄国人 Blair (B) 和中国人 Chris (C) 对于各自国家的文化现象有一个讨论。Amy 认为，向别人提问 "你要去哪儿？(s_1)" 是对隐

私的侵犯(s_2)。并且她认为"龙(s_3)是邪恶的象征。(s_4)"。但是 Chris 有不同的观点。Chris 不认为询问某人要去哪儿是侵犯隐私,也不认为龙必定是邪恶的象征。而 Blair 同意 Amy 对于隐私的看法但是却赞同 Chris 关于龙的观点。此外,他们三人都赞同语言的自反性质。显然,由于文化背景和推理方式的不同,他们的交流必定为产生冲突。

将所有条件汇总,Amy 的逻辑系统各表达为:$L_A = \langle \mathcal{L}_A, R_{L_A}^\vdash \rangle$,其中:

$$\mathcal{L}_A = \{s_1, s_2, s_3, s_4\}$$

$$R_{L_A}^\vdash = \{(s_1, s_2)(s_3, s_4), (s_1, s_1), (s_2, s_2), (s_3, s_3), (s_4, s_4)\}$$

Blair 的逻辑系统为:$L_B = \langle \mathcal{L}_B, R_{L_B}^\vdash \rangle$,其中:

$$\mathcal{L}_B = \{s_1, s_2, s_3, s_4\}$$

$$R_{L_B}^\vdash = \{(s_1, s_2), (s_1, s_1), (s_2, s_2), (s_3, s_3), (s_4, s_4)\}$$

Chris 的逻辑系统为:$L_C = \langle \mathcal{L}_C, R_{L_C}^\vdash \rangle$,其中:

$$\mathcal{L}_C = \{s_1, s_3, s_4\}$$

$$R_{L_C}^\vdash = \{(s_1, s_1), (s_3, s_3), (s_4, s_4)\}$$

因为 Chris 的文化逻辑语言与 Amy 和 Blair 是不同的,利用我们关于融合逻辑系统的方法,我们首先要用一致扩充的方法扩充所有逻辑系统的语言。形式上我们有,$c(L_1, L_2, L_3) = (\bigcup_{i=1}^n R_{L_i}^\vdash) \cap (\bigcup_{i=1}^n R_{L_i}^\nvdash) = \{(s_3, s_4)\}$。那么:

$L_A' = \langle \mathcal{L}', R_{L_A}'^\vdash, R_{L_A}'^\nvdash \rangle$,其中:

$$\mathcal{L}' = \mathcal{L}_A \cup \mathcal{L}_B \cup \mathcal{L}_C = \{s_1, s_2, s_3, s_4\}$$

$$R_{L_A}'^\vdash = \{(s_1, s_2)(s_3, s_4), (s_1, s_1), (s_2, s_2), (s_3, s_3), (s_4, s_4)\}$$

$$R_{L_A}'^\nvdash = (\mathcal{P}(\mathcal{L}_A') \times \mathcal{L}_A') \setminus R_{L_A}'^\vdash$$

$L_B' = \langle \mathcal{L}', R_{L_B}'^\vdash, R_{L_B}'^\nvdash \rangle$,其中:

$$\mathcal{L}' = \mathcal{L}_A \cup \mathcal{L}_B \cup \mathcal{L}_C = \{s_1, s_2, s_3, s_4\}$$

$$R_{L_B}'^\vdash = \{(s_1, s_2), (s_1, s_1), (s_2, s_2), (s_3, s_3), (s_4, s_4)\}$$

$$R_{L_B}'^\nvdash = (\mathcal{P}(\mathcal{L}') \times \mathcal{L}_B') \setminus R_{L_B}'^\vdash$$

$L_C' = \langle \mathcal{L}', R_{L_C}'^\vdash, R_{L_C}'^\nvdash \rangle$,其中:

$$\mathcal{L}' = \mathcal{L}_A \cup \mathcal{L}_B \cup \mathcal{L}_C = \{s_1, s_2, s_3, s_4\},$$

$$R_{L_C}'^\vdash = \{(s_1, s_2), (s_1, s_1), (s_2, s_2), (s_3, s_3), (s_4, s_4)\},$$

$$R_{L_C}'^\nvdash = (\mathcal{P}(\mathcal{L}') \times \mathcal{L}_C') \setminus R_{L_C}'^\vdash.$$

接下来，我们将给出 A、B 和 C 的文化逻辑系统的融合结果。像之前所证明的，$\mathcal{L}'$ 中可产生:
$$4 \times (C_4^1 + C_4^2 + C_4^3 + C_4^4) = 4 \times (\frac{4}{1} + \frac{4 \times 3}{2 \times 1} + \frac{4 \times 3 \times 2}{3 \times 2 \times 1} + \frac{4 \times 3 \times 2 \times 1}{4 \times 3 \times 2 \times 1}) = 60$$
个论证，也就是如果将不同的论证最为有效论证的话，会生成 2^{60} 个不同的逻辑系统。

我们将计算过程总结在表 4-1 中。

表 4-1 基于 Σ 的距离

	L'_A	L'_A	L'_A	Σ
L_1	6	5	5	16
L_2	5	4	4	13
L_3	4	3	3	10
L_4	3	2	2	7
L_5	2	1	1	4
L_6	1	0	0	1
...	...	...	...	...
$L_{2^{60}}$	59	60	60	179

对每一个语言 $\mathcal{L}'$ 上可能生成的逻辑系统，我们将给出每两个逻辑之间的距离。同时，我们将利用汉明距离测量的方法，给出 Amy, Blair 和 Chris 的逻辑系统的扩充。然后，采用一般求和算子作为聚合函数，我们就能得到总的逻辑系统间的距离。因为，有 2^{60} 个不同的逻辑可以被生成，我们将只用其中几个例子来说明。

$L_1 = \langle \{s_1, s_2, s_3, s_4\}, \varnothing \rangle$

$L_2 = \langle \{s_1, s_2, s_3, s_4\}, \{(s_1, s_1)\} \rangle$

$L_3 = \langle \{s_1, s_2, s_3, s_4\}, \{(s_1, s_1), (s_2, s_2)\} \rangle$

$L_4 = \langle \{s_1, s_2, s_3, s_4\}, \{(s_1, s_1), (s_2, s_2), (s_3, s_3)\} \rangle$

$L_5 = \langle \{s_1, s_2, s_3, s_4\}, \{(s_1, s_1), (s_2, s_2), (s_3, s_3), (s_4, s_4)\} \rangle$

$L_6 = \langle \{s_1, s_2, s_3, s_4\}, \{(s_1, s_1), (s_2, s_2), (s_3, s_3), (s_4, s_4), (s_1, s_2)\} \rangle$

$L_{2^{60}} = \langle \{s_1, s_2, s_3, s_4\}, \mathcal{P}(\mathcal{L}) \times \mathcal{L} \setminus \{(s_1, s_1), (s_2, s_2), (s_3, s_3), (s_4, s_4), (s_1, s_2)\} \rangle$

我们在这里只对上面某个逻辑进行解释，其他都可以类似地理解。L_1 是基于 $\mathcal{L}'$ 的无有效论证的逻辑系统。L_2 是基于 $\mathcal{L}'$ 的拥有 (s_1, s_1) 为有效论证而其他基于 $\mathcal{L}'$ 的论证都是无效的逻辑系统。

最后，从表 4-1 中可以看出，如果我们将求和作为聚合函数，那么最小距离将会是 1，从而，我们有：

$$\Delta_d^{\Sigma}(L_A, L_B, L_C) = \langle \{s_1, s_2, s_3, s_4\}, \{(s_1, s_1), (s_2, s_2), (s_3, s_3), (s_4, s_4), (s_1, s_2)\} \rangle$$

这反映出融合后的一般推理模式，融合的结果符合大多数坚持语言自反性的人的想法。也就是说，三人中有两人认为提问"你要去哪儿？"是对隐私的侵犯，那么融合后的逻辑也这么认为。因而三人中有两人认为龙不代表邪恶，那么融合后的逻辑也保留了这点。

4.3 融合的性质

在这一部分，我们将考察逻辑系统融合算子的性质。更确切地说，我们希望融合算子能满足以下的性质：

定义 4.12 (协同性) 给定一组逻辑系统 $P = (L_1, \cdots, L_n)$，如果在这一组逻辑系统中没有任何冲突产生，也就是说对任意 $i, j \in \{1, \cdots, n\}$ 和任意论证 $(\Sigma, \varphi) \in P(\mathcal{L}_i \cap \mathcal{L}_j) \times (\mathcal{L}_i \cap \mathcal{L}_j)$，$(\Sigma, \varphi) \in R_{L_i}^{\vdash}$ 当且仅当 $(\Sigma, \varphi) \in R_{L_j}^{\vdash}$，那么：

$$\triangle(L, \cdots, L_n) = \cup_{i=1}^n L_i = \langle \cup_{i=1}^n \mathcal{L}_i, \cup_{i=1}^n R_{L_i}^{\vdash} \rangle$$

协同性质反映了，如果给定的逻辑系统组没有矛盾，那么融合的结果就是简单的所有逻辑系统的并。

定义 4.13 (一致性) 给定逻辑系统组 $P = (L_1, \cdots, L_n)$，融合算子 $\triangle$ 是一致的表明，对所有的 $(\Sigma, \varphi) \in \mathcal{P}(\cup_{i=1}^n \mathcal{L}_i) \times \cup_{i=1}^n \mathcal{L}_i$，如果对所有 $i \in \{1, \cdots, n\}$，有 $(\Sigma, \varphi) \in R_{L_i}^{\vdash}$，那么 $(\Sigma, \varphi) \in R_{\triangle}^{\vdash}$。[1]

一致性反映了如果一个论证被所有人接受，那么它将被集体接受。更进一步，我们将提出强一致性的概念来表明如果一个论证不质疑，那么它也将被集体接受。形式上，可以定义如下：

定义 4.14 (强一致性) 给定逻辑系统组 $P = (L_1, \cdots, L_n)$，使得 $nc(P) = \langle \mathcal{L}_{nc}, R_{nc}^{\vdash}, R_{nc}^{\nvdash} \rangle$ 为非冲突部分，一个融合算子 $\triangle$ 是强一致的当且仅当 $R_{nc}^{\vdash} \subseteq R_{\triangle}^{\vdash}$。

定义 4.15 (有根性) 给定一组逻辑系统 $P = (L_1, \cdots, L_n)$，一个融合算子 $\triangle$ 是有根的当且仅当对于所有 $(\Sigma, \varphi) \in \mathcal{P}(\cup_{i=1}^n \mathcal{L}_i) \times \cup_{i=1}^n \mathcal{L}_i$，$(\Sigma, \varphi) \in R_{\triangle}^{\vdash}$ 蕴含了：至少存在一个 $i \in \{1, \cdots, n\}$ 使得 $(\Sigma, \varphi) \in R_{L_i}^{\vdash}$。

---

[1] $R_{\triangle P}^{\vdash}$ 被缩写为 $R_{\triangle}^{\vdash}$，表明融合后逻辑中的关系仍为 P。

有根性表明如果一个论证是被集体接受的，那么它必定被至少一个个体接受。

定义 4.16 (匿名性) 给定基于 $\mathcal{L}$ 的两个逻辑系统组 $P = (L_1, \cdots, L_n)$ 和 $P' = (L'_1, \cdots, L'_n)$，两个系统组是彼此的不同排列。$L$ 是融合 P 后的结果当且仅当它也是融合 P' 后的结果。

这个性质表明所有个体在融合中都是同样重要的。

接下来的这个定理说明我们的基于汉明距离的融合算子满足所有以上性质。因而我们所给出的融合方法是合理的。

定理 4.17 如果对于逻辑系统组中每个逻辑的扩充都是一致的，那么融合算子满足协同性、强一致性、有根性和匿名性。

证明：给定一逻辑系统组 $P = (L_1, \cdots, L_n)$，其中 $L_i = \langle \mathcal{L}_i, R^\vdash_{L_i} \rangle$。定义 P 上的每个一致扩充为 $ce(L_i, P) = \langle \mathcal{L}'_i, R^\vdash_{L_i}, R^{\nvdash}_{L_i} \rangle$。定义融合算子为 $\Delta^\otimes_d$。我们将一一证明这样定义的融合算子满足这些性质。

(1) 协同性：如果 $\forall i,j \in \{1, \cdots, n\}$ 和 $\forall (\Sigma, \varphi) \in P(\mathcal{L}_i \cap \mathcal{L}_j) \times (\mathcal{L}_i \cap \mathcal{L}_j)$，$(\Sigma, \varphi) \in R^\vdash_{L_i}$ 当且仅当 $(\Sigma, \varphi) \in R^\vdash_{L_j}$，需要证明 $\Delta^\otimes_d(L_1, \cdots, L_n) = \cup^n_{i=1} L_i = \langle \cup^n_{i=1} \mathcal{L}_i, \cup^n_{i=1} R^\vdash_{L_i} \rangle$。因为 $\forall i \in \{1, \cdots, n\}$，$ce(L_i, P) = \langle \mathcal{L}'_i, R^\vdash_{L_i}, R^{\nvdash}_{L_i} \rangle$，因而有以下几种情况：(i) 如果 $(\Sigma, \varphi) \in R^\vdash_{L_i}$，那么 $(\Sigma, \varphi) \in R^\vdash_{L_i}$；(ii) 如果 $(\Sigma, \varphi) \notin R^\vdash_{L_i}$ 和 $(\Sigma, \varphi) \in P(\mathcal{L}_i) \times \mathcal{L}_i$，那么 $(\Sigma, \varphi) \in R^{\nvdash}_{L_i}$，因而 $(\Sigma, \varphi) \in R^{\nvdash}_{L_i}$；且 (iii) 如果 $(\Sigma, \varphi) \notin R^\vdash_{L_i}$ 且 $(\Sigma, \varphi) \notin P(\mathcal{L}_i) \times \mathcal{L}_i$，这里有两种情况：(a) $\exists L_j \in P$ 使得 $(\Sigma, \varphi) \in R^\vdash_{L_j}$，因此，因为没有达成一致，所以 $(\Sigma, \varphi) \in R^\vdash_{L_i}$；且 (b) $\nexists L_j \in P$ 使得 $(\Sigma, \varphi) \in R^\vdash_{L_j}$，所以 $(\Sigma, \varphi) \in R^{\nvdash}_{L_i}$。

考察了所有情况，我们证明了如果 (Σ, φ) 是至少逻辑系统组中一个文化逻辑中的有效论证，那么 (Σ, φ) 也是 P 中任一 L_i 的一致扩充中的有效论证。换句话说，$\forall i \in \{1, \cdots, n\}, ce(L_i, P) = \langle \cup^n_{i=1} \mathcal{L}_i, \cup^n_{i=1} R^\vdash_{L_i} \rangle = \cup^n_{i=1} L_i$。

接下来，需要证明的是 $\Delta^\otimes_d(\cup^n_{i=1} \mathcal{L}_i, \cdots, \cup^n_{i=1} \mathcal{L}_i) = \cup^n_{i=1} L_i$。因为 d 是定义 4.8 给出的汉明距离，由定理 4.10，它必须满足最小化条件，也就是，$\cup^n_{i=1} L_i$ 是唯一的到自身的距离为 0 的逻辑系统。

(2) 强一致性：给定 $P = (L_1, \cdots, L_n)$，其中非冲突部分为 $nc(P) = \langle \mathcal{L}_{nc} R^\vdash_{nc}, R^{\nvdash}_{nc} \rangle$，并且 $L = \langle \cup \mathcal{L}_i R^\vdash_\Delta, R^{\nvdash}_\Delta \rangle$ 任一融合后的逻辑系统。因此，我们需要证明 $\forall (\Sigma, \varphi) \in P(\cup \mathcal{L}_i) \times \cup \mathcal{L}_i$，如果 $(\Sigma, \varphi) \in R^\vdash_{nc}$，那么 $(\Sigma, \varphi) \in R^\vdash_\Delta$。假设结果不成立，也就是 $\exists (\Sigma_1, \varphi_1) \in P(\cup^n_{i=1} \mathcal{L}_i) \times \cup^n_{i=1} \mathcal{L}_i$ 使得 $(\Sigma_1, \varphi_1) \in R^\vdash_{nc}$ 但是 $(\Sigma_1, \varphi_1) \notin R^\vdash_\Delta$。由定理 4.7，我们知道 $R^\vdash_{nc} \subseteq R^\vdash_{L_i}$，所以 $(\Sigma_1, \varphi_1) \in R^\vdash_{L_i}$。考虑另一个逻辑系统，

$L' = \langle \cup_{i=1}^n \mathcal{L}_i, R_\Delta'^\vdash, R_\Delta'^\nvdash \rangle$，其中 $R_\Delta'^\vdash = R_\Delta^\vdash \cup (\Sigma_1, \varphi_1)$，$\forall i \in \{1, \cdots, n\}$，我们有：
$$d(L, ce(L_i, P)) = d(L', ce(L_i, P)) - 1$$
这是因为 $(\Sigma_1, \varphi_1) \in R_\Delta'^\vdash \cap R_{L_i}^\vdash$ 但是 $(\Sigma_1, \varphi_1) \notin R_\Delta^\vdash \cap R_{L_i}^\vdash$ 和其他在 L 及 L' 中的有效论证是一样的。

同时，因为这里的聚合函数 $\otimes$ 是一个简单的求和函数并且满足单调性，所以：
$$\otimes_{i=1}^n d(L, ce(L_i, P)) < \otimes_{i=1}^n d(L', ce(L_i, P))$$
现在我们找到了另一个比 L 离逻辑组更近的逻辑 L'，因而 L 不在融合后的结果中。矛盾产生。因而假设不正确。因而 $R_{nc}^\vdash \subseteq R_\Delta^\vdash$。

(3) 有根性：给定一逻辑系统 $P = (L_1, \cdots, L_n)$，使得任一融合后的逻辑系统为 $L = \langle \cup_{i=1}^n \mathcal{L}_i, R_\Delta^\vdash, R_\Delta^\nvdash \rangle$。我们需要证明 $\forall (\Sigma, \varphi) \in P(\cup \mathcal{L}_i) \times \cup_{i=1}^n \mathcal{L}_i$，$(\Sigma, \varphi) \in R_\Delta^\vdash$ 蕴含 $\exists i \in \{1, \cdots, n\}$ 使得 $(\Sigma, \varphi) \in R_{L_i}^\vdash$。假设结论不正确。也就是，存在一个论证 $(\Sigma_1, \varphi_1) \in P(\cup_{i=1}^n \mathcal{L}_i) \times \cup_{i=1}^n \mathcal{L}_i$，使得 $(\Sigma, \varphi_1) \in R_\Delta^\vdash$，然而 $\forall i \in \{1, \cdots, n\}$，$(\Sigma, \varphi_1) \notin R_{L_i}^\vdash$，也就是，$(\Sigma_1, \varphi_1) \in R_{L_i}^\nvdash$。由定义 4 $R_{L_i}^\vdash = R_L^\vdash \cup (\cup_{i=1}^n R_{L_i}^\vdash \setminus c(P))$ 其中 $c(P) = (\cup_{i=1}^n R_{L_i}^\vdash) \cap (\cup_{i=1}^n R_{L_i}^\nvdash)$。因为 $\forall i \in \{1, \cdots, n\}$，$(\Sigma_1, \varphi_1) \notin R_{L_i}^\vdash$，$(\Sigma_1, \varphi_1) \notin \cup_{i=1}^n R_{L_i}^\vdash$，所以 $\forall i \in \{1, \cdots, n\}$，$(\Sigma, \varphi) \notin R_\Delta^\vdash$，也就是，$(\Sigma, \varphi) \in R_\Delta^\nvdash$。考虑另一逻辑系统 $L' = \langle \cup_{i=1}^n \mathcal{L}_i, R_\Delta'^\vdash, R_\Delta'^\nvdash \rangle$ 其中 $R_\Delta'^\vdash = R_\Delta^\vdash \setminus (\Sigma_1, \varphi_1)$，那么 $\forall i \in \{1, \cdots, n\}$，我们有：$(\Sigma, \varphi) \in R_\Delta^\nvdash \cap R_{L_i}^\nvdash$，但是 $(\Sigma, \varphi) \notin R_\Delta'^\nvdash \cap R_{L_i}^\nvdash$ 并且所有其他有效论证在 L 和 L' 是一样的。因此，我们有：
$$d(L, ce(L_i, P)) = d(L', ce(L_i, P)) - 1$$
同时，由定理 4.7，聚合函数满足单调性，从而：
$$\otimes_{i=1}^n d(L, ce(L_i, P)) < \otimes_{i=1}^n d(L', ce(L_i, P))$$
从而我们找到了另一个比 L 离逻辑组更近的逻辑 L'，因而 L 不在融合后的结果中。矛盾产生。因而假设不正确。所以 $\forall (\Sigma, \varphi) \in P(\cup_{i=1}^n \mathcal{L}_i) \times \cup_{i=1}^n \mathcal{L}_i$，$(\Sigma, \varphi) \in R_\Delta^\vdash$ 蕴含着存在至少一个 $i \in \{1, \cdots, n\}$ 使得 $(\Sigma, \varphi) \in R_{L_i}^\vdash$。

(4) 匿名性：($\Rightarrow$) 给定两个逻辑系统组 $P = (L_1, \cdots, L_n)$ 和 $P' = (L_1', \cdots, L_n')$。让 P 和 P' 上的每个逻辑系统 L_i 和 L_i' 的一致扩充分别为 L_i^{ce} 和 $L_i'^{ce}$。因为 P 和 P' 基于相同的语言 L 并且它们是彼此的排列，我们有 $\cup_{i=1}^n \mathcal{L}_i = \cup_{i=1}^n \mathcal{L}_i'$。同时，$(L_1^{ce}, \cdots, L_n^{ce})$ 是 $(L_1'^{ce}, \cdots, L_n'^{ce})$ 的重新排列。换句话说，$\forall L_i^{ce} \in P^{ce}$，可以找到 $L_j'^{ce} \in P'^{ce}$ 使得 $L_i^{ce} = L_j'^{ce}$。假设 L 是 P 融合后的结果，由定理 4.7，有 L 最小化 $\otimes_{i=1}^n d(L, L_i^{ce})$。将这个公式中的 i 换成 j，得到 L 最小化 $\otimes_{j=1}^n d(L, L_j'^{ce})$。这一结果恰巧表明 L 是 P' 融合后的一个逻辑系统。因而，我们证明了如果 L 是 P 融合后的结果那么它也是 P' 融合后的结果。

该命题的另一方向的证明类似。

4.4 小结

本章刻画了一种消除不同文化群体逻辑系统之间冲突的融合方法。更确切地说，我们定义每个主体的文化逻辑系统为他的语言及语言上关系的一个二元组，这一个二元组反映了不同主体文化的不同推理模式。对于不同系统的融合由两个步骤组成。首先，所有逻辑系统被扩充为基于同一语言。然后利用基于距离测度的方法找出距离最小的扩充。在这一工作中，我们利用了汉明距离测度来测量两个逻辑之间的距离。同时，我们证明了这个融合算子满足协同性、强一致性、有根性和匿名性，这四个在社会选择理论中被广泛讨论的性质。因此，我们对于融合算子的定义是合理的。结果表明，不同文化逻辑间的矛盾被所建立的共同逻辑而消除了。通过这样建立的共同逻辑可以作为不同文化交流的基础。

第 5 章

基于论辩框架的逻辑融合

5.1 导言

在全球化背景下,享有不同文化的群体在信息层面的交流与互动越来越普遍。研究跨文化群体之间如何进行交流意义深远。论辩(argumentation)是一个考察不同文化群体之间如何进行交流的很好的视角。论辩始于观点的不同,比如辩论过程中的双方一方持一个观点,另一方对对方的观点的可接受性表示怀疑。当发生这种情况时,人们就会对自己的观点与主张给出支持,比如通过逻辑推理,如果一个命题能增加自己观点的可接受性,那人们就通过表达这个命题来辩护自己的立场。

多重文化融合理论近年来受到越来越多的关注。多重文化融合理论包括文化的修正与交融。修正过程是在两个原有文化的基础上得到两个新的文化,融合过程是在两个新的文化中通过文化要素融合得到新的共同文化。其中修正过程与信念修正理论密切相关,文化交融过程涉及聚合问题,其中的策略又与社会选择理论密切相关。文化的融合过程是各种文化要素竞争与辩护的过程,如何将这些文化进行表征同时形式化融合过程将会是一个十分有趣的问题。

在本章中,我们将通过刻画文化内部的要素来表征文化,我们将一个文化表征为一个抽象论辩框架。文化内部的一个要素为论辩框架的一个论证,要素与要素之间的关系被表征为论证与论证之间的关系。将文化表征为一个抽象论辩框架具有明显的优点。在不同的文化群体交流之前，他们持有不同的文化要素。交流之后，双方会逐渐了解对方的文化，同时慢慢修正自己的文化。在抽象论辩的语境下，在交流之前，跨文化的群体持有各自的论辩框架，这些论辩框架具有不同的论证与不同的攻击关系。通过交流后，他们将对方的文化要素纳入自己的论辩框架中，并对自己的论辩框架作相应的修改。

对跨文化群体的论辩框架进行修正近十几年来受到了学者们的广泛关注。其中比较著名的有论辩框架扩充理论 (Coste-Marquis et al., 2007)，认为扩充的目的是使得所有的论辩框架具有相同的论证集，同时逐渐缩小自己与对方的论辩框架的距离。存在着多种扩充的方式，对扩充方式的选择反映的是主体对其他文化论辩框架的态度。对跨文化群体论辩框架进行融合同样受到了学者们的关注。同时我们指出目前的研究主要关注于那些复杂的聚合函数，比如基于距离的函数。从公理化的角度看，这些函数违反了独立性，同时计算复杂性高，是计算方面不可追溯的。本章试图揭示简单的聚合函数在文化融合中的表现，这些聚合函数满足独立性。

通过在辩论过程中考察论辩框架的每对论证的一个论证是否会攻击另外一个论证，一个论辩框架可以通过高层次的抽象来模拟主体的论证态度。当我们希望模拟一群主体被介入到一场辩论这种情况时，我们可能希望能够聚合他们的个体论辩框架以求得到一个单一的能反映群体意见的框架。即使主体们在细节上持不同看法，他们仍然可能在更高层次上的语义性质上看法一致，比如一个给定论证的可接受性。通过使用来自社会选择的方法，我们分析在什么情况下这些被主体们认同的语义性质可以在聚合后保持下来。

在文化融合的语境下，我们的研究表明我们可以通过论辩框架模拟不同的文化。在跨文化交流中，当我们得到了修正后的文化并且希望模拟这些修正文化如何融合时，我们可能希望能够聚合它们以求得到一个单一的能反映不同文化群体共同意见的文化。即使不同的文化在某些要素上持不同看法，它们仍然可能有共同的特征，在某些更高层次上的看法可能一致，比如一个信念的可接受性。我们将在这个研究中分析在文化融合过程中哪些被不同文化认同的特征可以在聚合后保持下来。

形式论辩理论提供了论证与论证之间的关系 (Besnard and Hunter, 2008; Modgil et al., 2012; Rahwan and Simari, 2009)。抽象论证理论首先在 1995 年提出，之后得到了广泛的讨论与研究 (Dung, 1995)。在本章我们将抛开抽象论辩的内部论证结构，只考察一个论证是否会攻击另外一个论证。当我们希望能够从更高层次理解不同的论证之间如何关联的时候，这是一个非常有益的视角。但是当多个主体被介入到论辩的时候,他们对于论证的评价与论证之间的关系可能有不同的观点与看法。如何最好地模拟这种情况是一个非常值得关注的问题。在过去几十年中,众多的学者开始将关注的目光投入到这个问题的解决方案中(See Airiau et al., 2016; Bodanza et al., 2017; Caminada and Pigozzi, 2011; Coste-Marquis et al., 2007; Delobelle et al., 2015; Dunne et al., 2012; Rahwan and Tohmé, 2010; Tohmé et al., 2008)。

具体地,当主体之间对于哪个论证之间的攻击关系可以被辩护(justified)的时候,比如他们持有不同的攻击关系集,此时我们希望聚合主体们的这些信息以求获得一个全局的视角。我们将分析在什么情境下哪个给定的聚合函数可以保持相应的性质,这些性质与主体的攻击关系密切相关。一个例子是,如果所有的主体都同意 A 是可接受的,可接受的原因既可是它没有被攻击,或者它被一个没有被攻击的论证成功辩护,此时我们希望被聚合函数聚合后 A 同样是可被接受。因此,论证可接受性作为性质的一个例子,在最好的情况下,希望在聚合后它能够被保持下来。

本章的进路是使用来自社会选择理论的方法。社会选择方法是一门关于群体决策的理论 (Arrow et al., 2002; Gaertner, 2006),有多个学者提及到社会选择与论证聚合的关联性(其中最早提及的是 Tohmé et al., 2008)。特别的,我们将会运用图聚合的最新成果 (Endriss and Grandi, 2017)。在本章中,我们除了将构建一个清晰简单的模型用于公理化地学习论证聚合中的性质保持外,我们的贡献还包括系统性的学习聚合函数的公理性与其如何与聚合条件进行交互。我们的结论从刻画什么样的聚合函数满足什么样的组合要求,到不可能性结果,也就是只有那些从公理化角度看明显的不可接受的聚合函数(也就是独裁函数)可以保持最为苛刻的语义性质。

本章的结构如下。第 5.2 节将会简单地回顾抽象论辩理性的相关概念。第 5.3 节引入我们的模型。接下来第 5.4 节将会呈现我们的聚合下的语义性质保持的技术性结果。第 5.5 节,我们将讨论相关工作。在第 5.6 节我们会提出一些未来的研究方向。

5.2 抽象论辩

在本节中,我们将回顾一些抽象论辩的基本概念。抽象论辩首先由 Dung (1995) 提出。一个抽象论辩框架是一个二元组 $AF = \langle Arg, \rightarrow \rangle$,其中 Arg 是一个论证集，$\rightarrow$ 是一个在 Arg 上的非自返二元关系[①]。如果在两个论证 $A, B \in Arg$ 中有关系 $A \rightarrow B$，我们就说 A 攻击 B。一个攻击关系集（attack-relation）($\rightarrow$) $\subseteq Arg \times Arg$ 是由一个攻击关系 $att \in Arg \times Arg$ 组成的集合。给定一个论证集 $\Delta \subseteq Arg$ 与一个论证 $B \in Arg$，我们说 Δ 攻击 B，记作 $\Delta \rightarrow B$，当存在某个论证 $A \in \Delta$ 使得 $A \rightarrow B$。

给定一个论辩框架 AF，一个很自然的问题是哪些论证可以被接受。比如说，我们也许不希望接受两个互相攻击的论证。一个抽象论证的语义指定了哪些论证集是可被同时接受的。给定一个 AF 与一个语义，任何一个满足这个语义的条件的论证集都被称为是一个当前语义的外延（extension）。

对语义的具体定义与语义的选择如下，给定一个抽象论辩框架 $AF = \langle Arg, \rightarrow \rangle$ 和一个论证集 $\Delta \subseteq Arg$。我们说 Δ 是无冲突（conflict-free），当不存在两个论证 $A, B \in \Delta$ 使得 $A \rightarrow B$。更进一步的，我们说 Δ 辩护（defends）论证 $B \in Arg$，当对于所有的论证 $A \in Arg$ 如果有 $A \rightarrow B$ 都有 $\Delta \rightarrow A$。最后，Δ 被称作允可的（admissible）当它是无冲突并且辩护它每一个成员。

定义 5.1 论证集 Δ 被称作 AF 的稳定外延（stable extension）当它是无冲突的，同时它攻击每一个不属于它集合内的论证 $B \in Arg \setminus \Delta$。

定义 5.2 论证集 Δ 被称作 AF 的优先外延（preferred extension）当它是极大可接受（相对于集合包含而言）。

定义 5.3 论证集 Δ 被称作 AF 的完全外延（complete extension）当它是允可的，同时每一个它辩护的论证都是它其中的一个成员。

AF 的描述函数是这样一个函数 $f_{AF}: 2^{Arg} \rightarrow 2^{Arg}$，其中 $f_{AF}: \Delta \mapsto \{A \in Arg | \Delta \text{ defends } A\}$，它将一个给定的 Arg 内的论证集映射到它辩护的那个论证集。

定义 5.4 论证集 Δ 被称为 AF 的基外延（grounded extension）当它是 AF 的描述函数 f_{AF} 的最小不动点。

基外延 Δ 可以通过一个固定的计算程序获得，首先将 Δ 初始化为一个空集 $\varnothing$，然后重复执行程序 $\Delta := f_{AF}(\Delta)$，直到 Δ 不再改变。不同于其他三个语义，基语义总是只有一个外延。然而，这个外延可能为空。它为空当且仅当至少存在一个没有被攻击的论证。

这些语义之间是如何关联的呢？首先每一个稳定外延同时也是一个优先外延。稳定外延集可能为空，然后每个论辩框架至少存在一个优先外延。每一优先

[①] 有限性与非自返性对我们的结果来说是两个关键概念，但是它们只是为了使我们的结果更为清晰与自然。

外延同时是一个完全外延。最后，基外延同时也是一个完全外延。

一个有趣的问题是在什么情况下两个或者更多的语义会重合。可能最为简单与清晰的例子是关于反环（acyclic）的例子：如果一个 AF 的攻击关系不包含有环，那么它的基外延也是稳定外延、它唯一的优先外延、以及它唯一的完全外延。一个稍弱的条件是融贯性：一个 AF 被称作为融贯的（coherent），若它的每个优先外延也是稳定的，也就是优先外延和稳定外延重合。

5.3 模型

给定一个有穷论证集 Arg。记 $N = \{1, \cdots, n\}$ 为一个有 n 个主体的有穷主体集。假设每个主体都持有一个论辩框架 $AF_i = \langle Arg, \rightharpoonup_i \rangle$，作为它个人对于论证之间的攻击关系的观点。因此我们得到了一个关于攻击关系的组合（profile）$\rightharpoonup = (\rightharpoonup_1, \cdots, \rightharpoonup_n)$。① 什么样的聚合方法可以较好地聚合主体的论辩框架以达至一个能反映群体观点的单一的论辩框架呢？这是我们将在本章探讨的中心问题。一个聚合函数是一个将给定的攻击关系集组合映射到单一攻击关系集的函数 $F : (Arg \times Arg)^n \to Arg \times Arg$。

示例 5.5 我们首先考察一个关于多数决函数（majority rule）：一个攻击关系 $A \rightharpoonup B$ 出现在聚合后的结果中当且仅当（弱）多数的主体支持这个攻击关系。当我们应用这个函数到图 5-1 刻画的组合上时，我们获得一个论辩框架，其中 $A \rightharpoonup B$，$B \rightharpoonup C$，和 $C \rightharpoonup A$ 被多数决函数接受。

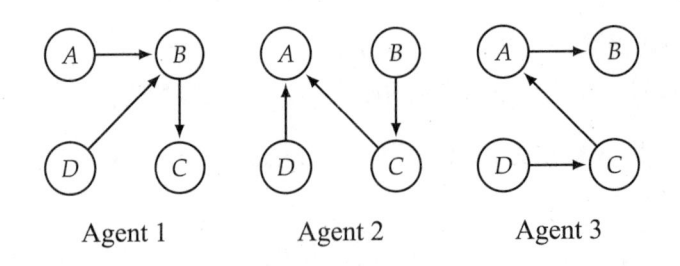

图 5-1 一个组合的例子，其中 $Arg = \{A, B, C, D\}$

在接下来的部分，我们首先定义一系列特定的聚合函数并考察它们的性质。我们将特别关注一些被众多社会选择理论特别是判断聚合理论 (Grossi and

---

① 注意到我们假设了所有的主体报告基于相同论证集 Arg 的不同攻击关系集。Coste-Marquis 等人 (2007) 曾经指出，不同的主体持有基于论证集 Arg 的不同子集将会是可能而且有趣的，但是为了能利用这个领域现在的成果我们将不会探讨这种情况。

Pigozzi, 2014) 和图聚合理论 (Endriss and Grandi, 2017) 采纳的简单聚合函数。我们接着会采纳几个标准聚合函数的性质，这些性质在这些文献中也被称作公理（axioms），接着我们将考察几个论辩框架的语义性质。最后我们将会问一个问题，即一个给定的聚合函数是否能保持一个性质。

5.3.1 聚合规则

回顾一下一个聚合函数是这样一个函数 F，它将一个攻击关系集的组合 $\rightarrow = (\rightarrow_1, \cdots, \rightarrow_n) \in (Arg \times Arg)^n$ 映射到一个单一的攻击关系集 $F(\rightarrow) \subseteq Arg \times Arg$。我们有时候会将 $(A \rightarrow B) \in F(\rightarrow)$ 记为 $(A, B) \in F(\rightarrow)$。我们使用 $N_{att}^{\rightarrow} := \{i \in N | att \in (\rightarrow_i)\}$ 指代攻击关系 att 在 $\rightarrow$ 上的支持者。

定义 5.6 设 $q \in \{1, \cdots, n\}$。具有配额 q 的配额函数（quota rule）F_q 接受所有支持者数量等于或者超过 q 的攻击关系：

$$F_q(\rightarrow) = \{att \in Arg \times Arg | \#N_{att}^{\rightarrow} \geq q\}$$

弱多数决函数（weak majority rule）是这样一个聚合函数 F_q，其中 $q = \lfloor \frac{n+1}{2} \rfloor$，严格多数决函数（strict majority rule）F_q 具有配额 $q = \lceil \frac{n+1}{2} \rceil$。另外两个配额函数对我们的考察也是至关重要。其中全体一致同意函数（unanimity rule）只接受那些被全体主体支持的攻击关系，也就是它的配额为 n。提名函数指那些配额为 $q = 1$ 的函数。在某些极端的条件下，提名函数也非常有意义，比如说在某些语境下我们必须慎重认真对待每一个被至少一个主体支持的攻击关系，此时提名函数非常直观。

定义 5.7 记 $C \in 2^N \setminus \{\emptyset\}$ 为一个非空的主体联盟（coalition）。寡头函数（oligarchic rule）F_C 支持那些被 C 里面所有成员支持的攻击关系：

$$F_C(\rightarrow) = \{att \in Arg \times Arg | C \subseteq N_{att}^{\rightarrow}\}$$

因此，任何寡头集团 C 内的成员都可以否决攻击关系，使得其不能被最终接受。注意到全体一致同意函数可以被刻画成一个寡头函数 F_C 其中所有的主体都属于寡头集团里的一个成员，也就是 $C = N$。寡头函数里有一个子集其被称为独裁函数。一个主体 $i \in N$ 为独裁者的独裁函数是一个寡头函数 F_C 其中 $C = \{i\}$。也就是如果我们想要获得一个独裁函数的聚合结果，我们只需要简单地复制独裁者的攻击关系即可获得。直觉上来说，寡头函数、独裁函数都是一些没有吸引力的函数，因为它们简单地排除任何一个不在 C 内的主体参与决策过程。

有一些聚合函数吸收了配额函数与寡头函数的特征。比如说，我们可能接受一个攻击关系当（1）（弱）多数主体接受这个攻击关系，同时（2）我们希望给一些特定的主体以否决权。这样一些聚合函数有时候也被称为合格的多数决函数（qualified majority rules）。相对于寡头函数，它们显然更具有吸引力，虽然它们仍然是不公平的聚合函数，因为它们给某些主体以更大的影响力。

定义 5.8 主体 $i \in N$ 在聚合函数 F 下具有否决权，当对每个组合 $\rightarrow$ 都有 $F(\rightarrow) \subseteq (\rightarrow_i)$。

也就是说，寡头函数 F_C 以及其集团 C 里面的主体，同时只有他们具有否决权。一个例外是全体一致函数，在这个函数中，一个配额函数不会给任何一个主体以否决权。

5.3.2 公理

接下来我们介绍一些基本的公理，这些公理刻画了聚合函数 F 一些非常直观非常好的性质。

定义 5.9 聚合函数 F 是匿名的，当对于所有组合 $\rightarrow$ 和置换 $\pi : N \rightarrow N$ 有 $F(\rightarrow) = F(\rightarrow_{\pi(1)}, \cdots, \rightarrow_{\pi(n)})$ 成立。

定义 5.10 聚合函数 F 是中立的，当对于所有组合 $\rightarrow$ 和所有的攻击关系 att, att' 有 $N_{att}^{\rightarrow} = N_{att'}^{\rightarrow}$ 蕴含 $att \in F(\rightarrow) \Leftrightarrow att' \in F(\rightarrow)$。

定义 5.11 聚合函数 F 是独立的，当对于所有组合 $\rightarrow, \rightarrow'$ 和所有的攻击关系 att 有 $N_{att}^{\rightarrow} = N_{att}^{\rightarrow'}$ 蕴含 $att \in F(\rightarrow) \Leftrightarrow att \in F(\rightarrow')$。

定义 5.12 聚合函数 F 是单调的，当对于所有组合 $\rightarrow, \rightarrow'$ 和所有的攻击关系 att 有 $N_{att}^{\rightarrow} \subseteq N_{att}^{\rightarrow'}$（同时满足对于所有的攻击关系 $att' \neq att$ 有 $N_{att'}^{\rightarrow} = N_{att'}^{\rightarrow'}$）蕴含 $att \in F(\rightarrow) \Rightarrow att \in F(\rightarrow')$。

定义 5.13 聚合函数 F 满足全体一致同意性，当对于所有组合 $\rightarrow = (\rightarrow_1, \cdots, \rightarrow_n)$ 有 $F(\rightarrow) \supseteq (\rightarrow_1) \cap \cdots \cap (\rightarrow_n)$ 均成立。

定义 5.14 聚合函数 F 是有根的，当对于所有组合 $\rightarrow = (\rightarrow_1, \cdots, \rightarrow_n)$ 有 $F(\rightarrow) \subseteq (\rightarrow_1) \cup \cdots \cup (\rightarrow_n)$。

匿名性要求主体间的对称性（当然还有公平性），中立性要求攻击关系的对称性。独立性表达了一个攻击关系是否最终被接受只取决于支持它的主体。单调性表达了一个最终被聚合函数支持的攻击关系如果一个主体从不支持它转变为支持它，那么这不会导致它在聚合结果中被拒绝。全体一致同意性表达了，如果一个攻击关系被全体主体接受，那么它在聚合结果也应被接受。与此同时，有根性要求聚合结果只接受那些至少被一个主体接受的攻击关系。①

我们观察到所有的配额聚合函数和所有的寡头函数都满足全体一致同意性、有根性、中立性、独立性以及单调性。配额聚合函数同时还满足匿名性。事实上，我们不难发现如果把判断聚合的结果放到我们这里 (Dietrich and List, 2007a)，配额函数是唯一满足这六条公理的聚合函数 (Endriss and Grandi, 2017)。

5.3.3 语义性质的保持性

一般而言，主体对于哪个条攻击关系能够被辩护上持有不同的看法。但是即便如此，他们也可能在更高层次上取得一致。比如说，他们可能会一致同意在某个特定的语义下，论证 A 是可接受的。

每当我们观察到这样一些在一个组合上的语义特征上的一致意见的时候，我们就希望这些特征能够被聚合过程保持下来。也就是说，在刚才那个例子中，在同样的语义下我们希望 A 在聚合后的论辩框架下同样是可接受的。换句话说，我们感兴趣的是论辩框架下的语义性质保持。

形式化的刻画，一个论辩框架的性质（AF-property）$P \subseteq 2^{Arg \times Arg}$ 是在 Arg 上的一个攻击关系集，这个攻击关系集满足 P。为了让我们的术语更加可读，我们记 $(\rightarrow) \in P$ 为 $P(\rightarrow)$。

定义 5.15 记 F 为一个聚合函数，P 为一个语义性质（AF-property）。我们说 F 保持 P，当对于任一组合 $\rightarrow$ 内的所有主体 $i \in N$ 有 $P(\rightarrow_i)$ 则 $P(F(\rightarrow))$。

保持性（preservation）这个概念在一些社会选择的文献下 (Arrow, 1963; Endriss and Grandi, 2017; List and Pettit, 2002) 被称为群体理性（collective rationality）。

我们现在回顾一下我们将在这篇文章中研究的语义性质。其中的两个我们已经在前面的导言部分提到过，也就是反环性和融贯性。它们之所以是有吸引力的语义性质是因为，如果它们在论辩框架下能被满足，那么它们将减轻我们在语义上的选择负担，减少我们选择的争议。

回顾一下，基外延可能为空，也就是说这个语义可能不建议接受任何的论证。因此，一个论辩框架满足基外延非空将可能会是非常有趣的。

---

① 为了在术语上让论辩理论与社会选择理论保持一致，在本章中 "grounded" 将以两种方式被使用：基外延（grounded extensions）vs. 有根的聚合函数（grounded aggregation rule）。

记 $A \in Arg$ 为我们正在考察的论证。此时任意给定一个论辩框架，A 或者属于或者不属于这个论辩框架的基外延的一个成员。此时，论证 $A \in Arg$ 定义了一个语义性质，也即是论证 A 的基外延成员资格，或者说 A 在基外延下的可接受性。

我们说聚合函数保持在基语义下的论证可接受性（acceptability under the grounded semantics），当对于所有的论证 $A \in Arg$，每当 A 是所有主体 $i \in N$ 的论辩框架 $\langle Arg, \rightarrowtail_i \rangle$ 的基外延的一个成员，那么 A 也属于聚合后的论辩框架 $\langle Arg, F(\rightarrowtail) \rangle$ 的基外延的成员。

对于稳定、优先和完全语义，我们需要更加精细的定义，因为这些语义存在多于一个外延。我们说 F 保持稳定语义下的论证可接受性，当对于所有的论证 $A \in Arg$，对于所有的主体 $i \in N$ 的论辩框架 $\langle Arg, \rightarrowtail_i \rangle$，$A$ 均是其中某个稳定外延的成员，那么 A 也是聚合后的论辩框架 $\langle Arg, F(\rightarrowtail) \rangle$ 的某个稳定外延的成员。

对于优先和完全语义，我们也有相应的定义。[①]

相对于仅仅考虑一个单一论证的可接受性，我们可能也对于整个外延的可接受性感兴趣。比如说，我们说聚合函数 F 保持稳定语义的外延，当对于所有的论证集 $\Delta \subseteq Arg$，如果 Δ 是所有主体 $i \in N$ 的论辩框架 $\langle Arg, \rightarrowtail_i \rangle$ 的一个稳定外延，则 Δ 也是聚合后的论辩框架的一个稳定外延。同样的，类似的定义可以扩展到其他的语义。类似地，我们说 F 保持无冲突性，当对于所有的 $\Delta \subseteq Arg$ 和对于所有的主体 $i \in N$，每当 Δ 在 $\langle Arg, \rightarrowtail_i \rangle$ 是无冲突的，则 Δ 在 $\langle Arg, F(\rightarrowtail) \rangle$ 也是无冲突的。最后允可性的保持也可以用类似的方法定义。

我们总结一下，我们已经确定了如下的语义性质，任给其中一个语义性质，如果每个主体的论辩框架这个性质都能得到满足，那么我们也希望这个性质在聚合后的论辩框架下得到满足：

(1) 反环性和融贯性（减少语义含糊性）；

(2) 基外延非空（谨慎的论证评价）；

(3) 不同语义下的论证的可接受性（即便不同意单个攻击关系的可接受性也可能认同论证的可接受性）；

(4) 作为某个语义的一个外延或者作为一个无冲突集或者允可集（允许攻击关系上的不同意见同时有语义上的一致认同）。

示例 5.16 考虑图 5-1 中的组合，同时回忆一下（弱和严格的）多数决函数将会

[①] 一个可行的区分是区分相对于某些外延的可接受性和相对于所有外延的可接受性。我们将这个留作未来的一个研究方向。

在聚合后的论辩框架中保持 $A \to B$, $B \to C$ 和 $C \to A$。因此，多数决函数不保持反环性质。①那么其他的性质呢？AF_1 的基外延是 $\{A,C,D\}$，AF_2 的基外延是 $\{B,D\}$，AF_3 的基外延是 $\{A,D\}$，同时多数决函数聚合后的论辩框架的基外延是 $\{D\}$。因此，基外延非空与基于基语义的论证可接受性在这个特定的例子下均没有被违反（当然，我们不能说它们在其他的例子中也不会被违反）。

5.4 聚合结果

在本章中，我们将呈现论辩框架聚合下的语义保持结果。我们首先开始研究语义的可接受性（argument acceptability），之后转到与论证集有关的性质，最后考察反环和融贯性质。

5.4.1 论证的可接受性

我们将呈现第一个聚合结果，当我们用一些被认为是"简单"的聚合函数去聚合论证可接受性时，结果被证明是不可能的，除了一些非常特别的聚合函数：独裁函数。这个结果对于四个语义中的任意一个都成立。为了证明这个结果，我们将借用在更为一般的图聚合中发展出来的技术 (Endriss and Grandi, 2017)，这个技术受到了偏好聚合 (Arrow, 1963) 的启发。总结起来就是，在一些特定的假设下，一个联盟的集合可以足够强大，强大到迫使最后的聚合结果必须接受某个攻击关系，这个联盟的集合组成一个超滤。

在我们当前的术语下，有专家 (Endriss and Grandi, 2017, 定理 18) 证明了，一个语义性质 P 属于 implicative 和 disjunctive 性质类的一个成员，在 $|Arg| \geq 3$ 的情况下，任何满足全体一致性、有根性、中立以及独立性的聚合函数 F 如果保持语义性质 P 必定是一个独裁函数。P 是 implicative 性质类的一个成员，当存在着一个攻击关系集合 $Att \subseteq Arg \times Arg$ 和三条攻击关系 $att_1, att_2, att_3 \in Arg \times Arg \setminus Att$ 使得对于任意的 $S \subseteq \{att_1, att_2, att_3\}$，我们有 $P(Att \cup S)$ 当且仅当 $S \neq \{att_1, att_2\}$。也就是性质 P 要求，在已经接受 Att 的情况下，接受 att_1 和 att_2 迫使必须接受 att_3（同时其他七种情况在当前这些要求下都是可能做到的）。P 是 disjunctive 性质类的一个成员当存在 $Att \subseteq Arg \times Arg$ 和 $att_1, att_2 \in Arg \times Arg \setminus Att$ 时，对于任意的 $S \subseteq \{att_1, att_2\}$，我们有 $P(Att \cup S)$ 当且仅当 $S \neq \emptyset$。也即是，性质 P 要求，给定 Att，我们必须接受 att_1 和 att_2 中的至少一个攻击关系（同时其他三种情况都

---

① 这个例子与偏好聚合 McLean and Urken (1995) 里的著名的孔多塞悖论很类似。

是可满足的）。[①]

我们将会证明，在任意给定的四个语义下同时 $|Arg| \geq 4$，论证可接受性这个性质同时属于 implicative 和 disjunctive 类。因此我们获得了一个不可能结果，它表明了不存在聚合函数同时满足我们所有的要求。

定理 5.17 记 P 为基于基语义、稳定语义、优先语义或者完全语义的论证可接受性质。当 $|Arg| \geq 4$ 时，任何符合全体一致、有根性、中立性与独立性并且保持性质 P 的聚合函数 F 一定是一个独裁函数。

证明：回忆一下，对于四个语义中的任何一个，我们要证明，对于 $|Arg| \geq 4$，论证可接受性作为一个语义性质既是 implicative 又是 disjunctive。我们可以对四个语义使用相同的构建。记 P 为基于基语义、稳定语义、优先语义或者完全语义的论证可接受性。记 $Arg = \{A, B, C, D, \cdots\}$ 为一个至少含有四个论证的论证集。

我们首先显示 P 是 implicative。记 C 为我们当前考虑的论证。记 $Att = \{D \rightarrow B\}$，$att_1 = B \rightarrow C$，$att_2 = C \rightarrow D$ 同时 $att_3 = A \rightarrow B$。这个情景被刻画在图 5-2 左边的图中。现在我们考虑论辩框架 $\langle Arg, Att \cup S \rangle$ 其中 $S \subseteq \{att_1, att_2, att_3\}$。如果 $S \subseteq \{att_2, att_3\}$，那么 C 不被任何论证攻击。如果 $S = \{att_1\}$ 或者 $S = \{att_1, att_3\}$，那么 C 被 D 辩护，同时 D 没有被作何论证攻击。如果 $S = \{att_1, att_2, att_3\}$，那么 C 被 A 辩护，同时 A 没有被任何论证攻击。因此，在所有七种情况中，或者 C 没有被任何论证攻击，或者它被一个没有被任何论证攻击的论证辩护，也就是在所有情况中，C 都是基语义、稳定语义、优先语义、完全语义下的可接受论证。另一方面，当 $S = \{att_1, att_2\}$，则 $\{B, C, D\}$ 将组成一个拥有奇数个（3个）论证的环。这意味着不论是基于基语义、稳定语义、优先语义还是完全语义 B、C 和 D 均不可接受。因此我们找到了一个攻击关系集 Att 以及三个攻击关系 att_1、att_2、att_3 使得 $P(Att \cup S)$ 当且仅当 $S \neq \{att_1, att_2\}$。因此 P 是一个 implicative 的语义性质。

接下来，我们证明 P 是一个 disjunctive 的性质。记 D 为当前考虑的论证。记 $Att = \{C \rightarrow D\}$，$att_1 = A \rightarrow C$，$att_2 = B \rightarrow C$。这个情况被图 5-2 右边的图描述。考虑论辩框架 $\langle Arg, Att \cup S \rangle$ 其中 $S \subseteq \{att_1, att_2\}$。如果 $S = \{att_1\}$，那么 D 被 A 辩护。如果 $S = \{att_2\}$，那么 D 被 B 辩护。如果 $S = \{att_1, att_2\}$，那么 D 被 A 和 B 同时辩护。在所有的三种情况中，D 均被至少一个没有被任何论证攻击的论证辩护。因此 D 是四个语义下的可接受论证。然而，如果 $S = \varnothing$，那么 D

[①] 我们对于 implicativeness 和 disjunctiveness 的定义是 Endriss and Grandi (2017) 的定义的特殊形式，他们的定义更为一般。我们此处的定义虽然更为精简，但是对于我们当前的目的而言已经足够了。

被 C 攻击同时没有被任何其他的论证辩护，这意味着 D 在四个语义均不可接受。总结如下，我们看到了 $P(Att \cup S)$ 当且仅当 $S \neq \varnothing$。因此 P 是一个 disjunctive 语义性质。

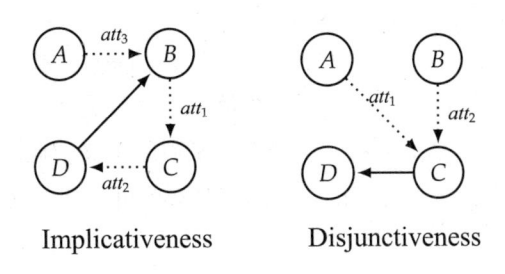

图 5-2　定理 5.17 使用的情景

这是一个不好的消息。对于 $|Arg| \leqslant 3$ 的情况，我们可以得到一个更加正面的结果，这个结果显示提名函数保持论证可接受性。因为文章篇幅原因，我们暂且省略这个证明的细节部分，也不会讨论这个定理（以及接下来的不可能定理）的正面结果与不可能结果的边界值。

5.4.2　无冲突性与允可性

论证可接受性是一个与单个证论有关的语义性质。接下来，我们将讨论与一个论证集有关的语义性质。我们最基本的与论证集有关的语义性质可以被所有合理的聚合函数保持：

定理 5.18　每个有根的聚合函数 F 都保持无冲突性。

证明：记 F 为一个满足有根性的聚合函数。考虑论证集 $\Delta \subseteq Arg$ 以及任意的攻击关系组合 $\rightarrow = (\rightarrow_1, \cdots, \rightarrow_n)$ 使得 Δ 对于任意主体 $i \in N$ 的论辩框架 $\langle Arg, \rightarrow_i \rangle$ 而言都是无冲突的。运用反证法，假设 Δ 在 $\langle Arg, F(\rightarrow) \rangle$ 上不是无冲突的，也即是存在着两个论证 $A, B \in \Delta$ 使得 $(A \rightarrow B) \in F(\rightarrow)$。基于 F 是有根的这个事实，一定存在至少一个主体 $i \in N$ 使得 $A \rightarrow_i B$ 成立，也即是 Δ 在论辩框架 $\langle Arg, \rightarrow_i \rangle$ 中不是无冲突，这与我们的假设矛盾。

对于允可性，我们获得一个正面但是意义相对没有那么重要的结果。它表明了存在着一个合理的聚合规则保持任意论证集的允可性

定理 5.19　给定 $|Arg| \geqslant 4$，唯一满足全体一致性、有根性、匿名性、中立性、独立性与单调性同时保持允可性的聚合函数 F 是提名函数。

证明：我们首先证明提名函数保持允可性。记 F 为一个提名函数。考虑任意论证集 $\Delta \subseteq Arg$ 和任意的攻击关系组合 $\rightharpoonup = (\rightharpoonup_1, \cdots, \rightharpoonup_n)$ 使得对于所有的主体 $i \in N$，Δ 在 $AF_i = \langle Arg, \rightharpoonup_i \rangle$ 上都是允可的。运用反证法，假设 Δ 在 $\langle Arg, F(\rightharpoonup) \rangle$ 不允可，也即是存在着一个论证 $A \in \Delta$ 使得在 $F(\rightharpoonup)$ 上，A 被论证 $B \in Arg \setminus \Delta$ 攻击，同时不存在一个论证 $C \in \Delta$ 使得 $(C \rightharpoonup B) \in F(\rightharpoonup)$。因为 $(B \rightharpoonup A) \in F(\rightharpoonup)$ 同时 F 是有根的，因此必定存在着一个主体 $i \in N$ 使得 $B \rightharpoonup_i A$。因为不存着论证 $C \in \Delta$ 使得 $(C \rightharpoonup A) \in F(\rightharpoonup)$。根据提名函数的定义，在同样的主体 i 上不存在论证 $C \in \Delta$ 使得 $C \rightharpoonup_i A$。因此 Δ 在 AF_i 上不允可，这与我们的假设矛盾，原命题成立。

我们仍然需要做的事情是表明不存着提名函数之外的其他聚合函数使得其满足定理 5.19 中的六个公理同时保持允可性。根据某些学者（Dietrich and List, 2007a）在判断聚合下的关于配额函数的描述结果（这个结果同时被 Endriss and Grandi, 2017 的图聚合的结果采纳），这个定理等同于说不存在配额函数其中配额 $q > 1$ 保持允可性。于是我们证明了这个结果。

考察一个在图 5-3 描述的组合（同时注意到 $q > 1$ 保证了 $q - 1 > 0$，也就是这里至少有一个这个类型的主体）。论证集 $\{A, B, C\}$ 在组合下的所有论辩框架都是允可的。但是当我们用 $q > 1$ 的聚合函数 F_q 聚合的时候，我们得到了一个只有一个攻击关系 $D \rightharpoonup A$ 的论辩框架，这意味着 A 不可能是任何允可集的一个成员，因此没有这样的聚合函数保持允可性。

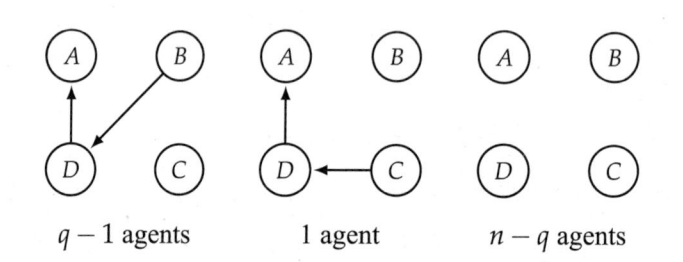

图 5-3　定理 5.19 证明使用的组合

5.4.3　外延作为一个性质

我们接下来转向与论证集有关的语义性质的聚合研究。下面的结果可以（再一次用 Endriss and Grandi, 2017 的研究结果）被证明：

定理 5.20　对于 $|Arg| \geqslant 5$，任何满足全体一致、有根性、中立和独立性同时保持基外延的聚合函数 F 一定是一个独裁函数。

证明：回忆一下我们需要证明对于 $|Arg| \geqslant 5$，基外延作为一个语义性质 P 即是 implicative 又是 disjunctive。事实上，我们将会看到，证明 P 是 disjunctive 只需要 $|Arg| \geqslant 4$。设 $Arg = \{A, B, C, D, E, \cdots\}$。对于这个证明的两部分，我们均假设 $\Delta = \{A, C, E\}$ 作为一个论证集的子集是否是基外延。

我们首先假设 P 是 implicative。记 $Att = \{A \rightharpoonup B, C \rightharpoonup D\}$，$att_1 = B \rightharpoonup C$，$att_2 = D \rightharpoonup A$ 和 $att_3 = E \rightharpoonup D$。这个情况被图 5-4 左边的图描绘。考虑所有拥有 $AF = \langle Arg, Att \cup S \rangle$ 其中 $S \subseteq \{att_1, att_2, att_3\}$ 形式的论辩框架，同时考虑的还有各自的描述函数 f_{AF}。假设 $S = \{att_1\}$，则 $f_{AF}(\emptyset) = \{A, E\}$、$f_{AF}^2(\emptyset) = \{A, C, E\} = \Delta$ 和 $f_{AF}^3(\emptyset) = f_{AF}^2(\emptyset)$。也即是在这个论辩框架中 Δ 是基外延。用同样的推理方式，很容易可以证明 Δ 是基外延当 $S \neq \{att_1, att_2\}$。另一方面，假如 $S = \{att_1, att_2\}$，则我们得到 $f_{AF}(\emptyset) = \{E\}$ 和 $f_{AF}^2(\emptyset) = f_{AF}(\emptyset)$，也即是当前情况下基外延是 $\{E\}$。因此，对于我们的论辩框架如果想要坚持 Δ 作为基外延，我们必须坚持，如果 att_1 和 att_2 同时被接受，那么 att_3 也要被接受。因此 P 是 implicative。

Implicativeness   Disjunctiveness

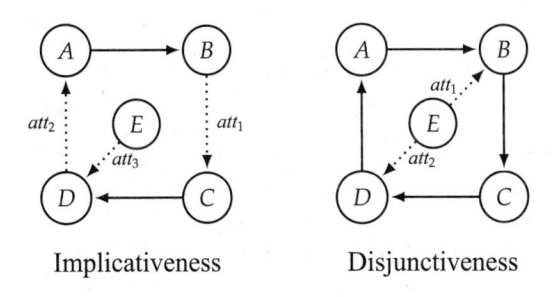

图 5-4   定理 5.20 使用的情景

接下来，我们证明 P 同时也是一个 disjunctive 的语义性质。记 $Att = \{A \rightharpoonup B, B \rightharpoonup C, C \rightharpoonup D, D \rightharpoonup A\}$，$att_1 = E \rightharpoonup B$ 同时 $att_2 = E \rightharpoonup D$。这个情况被图 5-4 右边的图描绘。考虑 $AF = \langle Arg, Att \cup S \rangle$ 其中 $S \subseteq \{att_1, att_2\}$。如果 $S = \{att_1\}$，则 $f_{AF}(\emptyset) = \{E\}$，$f_{AF}^2(\emptyset) = \{C, E\}$，$f_{AF}^3(\emptyset) = \{A, C, E\} = \Delta$ 同时 $f_{AF}^4(\emptyset) = f_{AF}^3(\emptyset)$，也就是 Δ 是 AF 的基外延。用同样的推理方式，Δ 是基外延当 $S = \{att_2\}$ 或者 $S = \{att_1, att_2\}$。然而，对于 $S = \emptyset$，我们得到 $f_{AF}(\emptyset) = \{E\}$ 和 $f_{AF}^2(\emptyset) = f_{AF}(\emptyset)$，也就是现在的基外延变成了 $\{E\}$。因此 Δ 是基外延当且仅当 $S \neq \emptyset$，这意味着只有 att_1 或者 att_2 能被接受。因此 P 是 disjunctive。

在这个证明中我们所需要表明的事实，也即是成为基外延作为一个语义性质是 implicative 和 disjunctive 的证明可以在本章中找到。我们猜想定理 5.20 的结果可以扩展到优先和完全语义。额外的困难是这两个语义允许超过多于一个合法外延。有趣的是，对于稳定外延我们获得了一个正面的结果。

命题 5.21 提名函数保持稳定外延。

证明：记 F 为提名函数。考虑一个论证集 $\Delta \subseteq Arg$ 以及任意的组合 $\rightharpoonup = (\rightharpoonup_1, \cdots, \rightharpoonup_n)$ 使得 Δ 在所有的主体 $i \in N$ 的论辩框架 $\langle Arg, \rightharpoonup_i \rangle$ 上都是稳定的。根据定理 5.18，给定一个有根的聚合函数，那么 F 保持无冲突性。因此，Δ 在 $\langle Arg, F(\rightharpoonup) \rangle$ 上是无冲突的。

剩下的工作是证明 Δ 攻击每一个论证 $B \in Arg \setminus \Delta$。如果 $\Delta = Arg$，命题显然为真。否则，考虑任意一个论证 $B \in Arg \setminus \Delta$。我们需要证明 B 在 $F(\rightharpoonup)$ 被 Δ 里面的某些论证攻击。取某个主体 $i \in N$ 的论辩框架 $AF_i = \langle Arg, \rightharpoonup_i \rangle$。根据假设，$\Delta$ 在 AF_i 上是稳定的，因此存在一个论证 $A \in \Delta$ 使得 $A \rightharpoonup_i B$。因为 F 是提名函数，我们得到 $(A \rightharpoonup B) \in F(\rightharpoonup)$，证毕。

5.4.4 基外延非空

我们已经看到了在理性的聚合函数下要想保持基外延是不可能的（见定理 5.20）。那么关于基外延非空这个看似没那么严苛的语义性质的表现如何呢？对于这个性质我们有一个好消息，正面的结果是可期的。比如，很容易可以看出全体一致同意聚合函数保持基外延非空性质。并且，我们将会看到，我们可以在这方面做得更好：只有那些给某些主体以否决权的聚合函数可以保持这个性质。

回忆一下，一个论辩框架满足基语义非空当且仅当在论辩框架中至少存在一个论证其没有被任何一个论证攻击。也就是这个性质是关于攻击关系的缺失性，而在定理 5.20（和定理 5.17）我们使用的技术是关于某些攻击关系的存在性。我们现在准备证明关于基外延非空的聚合结果，在此之前我们呈现一个与攻击关系缺失的更抽象性质的引理。记 $k \in \mathbb{N}$。我们称一个语义性质 P 为 k-exclusive，当存在 k 个不同的攻击关系 $att_1, \cdots, att_k \in Arg \times Arg$ 使得（1）$\{att_1, \cdots, att_k\} \subseteq (\rightharpoonup)$，即不存在攻击关系 $\rightharpoonup$ 满足 $P(\rightharpoonup)$，同时（2）对于每一个 $S \subsetneq \{att_1, \cdots, att_k\}$，存着一个攻击关系使得 $S \subseteq (\rightharpoonup)$ 和 $P(\rightharpoonup)$ 成立。也即是，你不能同时接受 k 个攻击关系，但是你可以接受它的任何一个真子集。基于以上，我们可以证明如下这个强大的定理（回忆一下 n 是主体的数量）。

定理 5.22 记 $k \geqslant n$，记 P 为一个满足 k-exclusive 的语义性质。任何一个满足中立性、独立性的聚合函数 F 如果同时保持 P，那么其中至少有一个主体有否决权。

证明：记 $k \geqslant n$，记 P 为一个满足 k-exclusive 的语义性质。记 F 为一个满足中立性、独立性的聚合函数。我们需要证明，如果 F 保持 P，那么 F 在聚合过程中一定会给某些主体以否决权以使某些攻击在聚合后不被接受。

首先，我们观察到，如果一个聚合函数 F 满足中立性以及独立性，那么我们可以通过列举所有的联盟 $C \subseteq N$ 去定义 F。每当在 C 上的主体一致同意接受一个攻击关系 att，这个攻击关系将会被聚合后的论辩框架接受。事实上，独立性要求一个攻击关系的接受与否只跟它的支持者有关，中立性要求这种依赖性对于所有的攻击关系而言是无差别的。更加形式化地来说，存在着一个必胜联盟 $\mathcal{W} \subseteq 2^N$ 的集合使得，对于所有组合 $\rightarrow$ 以及所有的潜在的攻击关系 $att \in Arg \times Arg$，下面的关系成立：

$$att \in F(\rightarrow) \text{ 当且仅当 } N_{att}^{\rightarrow} \in \mathcal{W}$$

回忆一下，主体 $i \in N$ 拥有否决权意味着对于所有组合 $\rightarrow$ 有 $F(\rightarrow) \subseteq (\rightarrow_i)$。我们现在证明主体 $i \in N$ 拥有否决权，当它是所有必胜联盟的成员：

$$i \in \bigcap_{C \in \mathcal{W}} C \text{ 蕴含对所有组合 } \rightarrow \text{ 有 } F(\rightarrow) \subseteq (\rightarrow_i)$$

假设 $\bigcap_{C \in \mathcal{W}} C = \emptyset$，那么上述命题显然为真。否则，取一个攻击关系 $att \in F(\rightarrow)$。因为 att 被接受了，$N_{att}^{\rightarrow}$ 一定是一个必胜联盟，也就是 $N_{att}^{\rightarrow} \in \mathcal{W}$，因此 $i \in N_{att}^{\rightarrow}$。但是这只是用另一种方式说 $att \in (\rightarrow_i)$，于是我们的目的达到了。

接下来我们证明聚合函数 F 如果保持一个 k-exclusive 的语义性质 P，那么任何 k 个必胜联盟的交集不为空。

$$\text{对于所有的 } C_1, \cdots, C_k \in \mathcal{W} \text{ 有 } C_1 \cap \cdots \cap C_k \neq \emptyset$$

运用反证法，假设不存在一个必胜联盟 $C_1, \cdots, C_k \in \mathcal{W}$ 使得 $C_1 \cap \cdots \cap C_k = \emptyset$。我们将构建一个组合 $\rightarrow = (\rightarrow_1, \cdots, \rightarrow_n)$ 其中对于所有的主体 $i \in N$ 有 $P(\rightarrow_i)$：对每个 $j \in \{1, \cdots, k\}$，仅仅在 C_j 内的主体支持 att_j（主体是否支持其他的攻击关系在此没有关系）。因为没有主体是所有 k 个必胜联盟的成员，因此没有主体支持 k 个攻击关系，因此构建这个组合是可能的。然后，因为 k 条攻击关系中的每条都被至少一个必胜联盟支持，因此这所有的攻击关系都被支持，也即是 $\{att_1, \cdots, att_k\} \subseteq F(\rightarrow)$，这意味着聚合后的结果不满足 P 性质，因此我们找到一个与我们的假设（F 保持性质 P）的矛盾。

我们再回顾一下现在到了哪里。我们知道 F 被一个必胜联盟集合 $\mathcal{W}$ 刻画。我们同时知道对于所有的必胜联盟 $C_1, \cdots, C_k \in \mathcal{W}$ 有 $C_1 \cap \cdots \cap C_k \neq \emptyset$。我们需要证明的是存在某些主体有否决权，并且我们知道如果我们能证明对于 $\mathcal{W}$ 里面的必胜联盟的枚举 $\{C^{(1)}, \cdots, C^{(\ell)}\}$ 有 $C^{(1)} \cap \cdots \cap C^{(\ell)} \neq \emptyset$，我们的目的就达到了。也就是如果我们能证明对所有的 $C_1, \cdots, C_k \in \mathcal{W}$ 有 $C_1 \cap \cdots \cap C_k \neq \emptyset$ 蕴

含了 $C^{(1)} \cap \cdots \cap C^{(\ell)} \neq \varnothing$，我们的目的就达到了。我们证明矛盾，也就是下面对于某些 $C_1, \cdots, C_k \in \mathcal{W}$ 成立：

$$C^{(1)} \cap \cdots \cap C^{(\ell)} = \varnothing \text{ 蕴含 } C_1 \cap \cdots \cap C_k = \varnothing$$

换句话说，我们需要证明的是如果所有的必胜联盟的交集为空，那么至少存在一个 k 个必胜联盟的交集也为空（这里很有问题）。

回忆一下我们已经假设了 $k \geqslant n$。我们将构建一个拥有 k 个必胜联盟 $\mathcal{W}' \subseteq \mathcal{W}$ 的集合，构建的方法如下：首先设集合 $\mathcal{W}' := \varnothing$。之后，对于任何从 1 到 ℓ 的 j，增加 $C^{(j)}$ 到 $\mathcal{W}'$ 上当且仅当下面的条件被满足[①]：

$$\left(C^{(j)} \cap \bigcap_{C \in \mathcal{W}'} C \right) \subsetneq \left(\bigcap_{C \in \mathcal{W}'} C \right)$$

也即是，任何增加的 $C^{(j)}$ 其被选中是因为它会引起至少一个主体从交集中移走。因为这里只有 n 个主体，所以我们需要选中 n 个必胜联盟即可。因此，我们获得了一个有 n 个或者更少成员——当然最多只有 k 个——的必胜联盟集 $\mathcal{W}'$，其交集为空。证明结束。

我们现在可以证明基外延非空是一个 $|Arg|$-exclusive 的语义性质，这可以让我们得到如下的结果。

定理 5.23 设 $|Arg| \geqslant n$，则任何一个满足中立性和独立性且保持基外延非空的聚合函数 F，基中至少有一个主体拥有否决权。

证明：为了获得类似于定理 5.22 的结果，我们需要证明基外延非空是一个 k-exclusive 语义性质其中 $k = |Arg|$。回忆一下基外延非空性质等同于说至少有一个论证没有被任何其他论证攻击。我们现在证明后者是一个 k-exclusive 性质其中 $k = |Arg|$。

现在我们记 $k = |Arg|$。取任意一个 Arg 的枚举 $\{A^{(1)}, \cdots, A^{(k)}\}$，同时考虑攻击关系集 $\{att_1, \cdots, att_k\}$，其中对于 $i < k$ 和 $att_k := A^{(k)} \rightharpoonup A^{(1)}$ 有 $att_i := A^{(i)} \rightharpoonup A^{(i+1)}$。明显的，这个攻击关系集符合我们的要求：(1) 当 $\{att_1, \cdots, att_k\} \subseteq (\rightharpoonup)$，也即是 $\rightharpoonup$，至少有一个论证没有被攻击，同时，(2) 对于每个 $S \subsetneq \{att_1, \cdots, att_k\}$ 均存在一个攻击关系 $\rightharpoonup$，其中 $S \subseteq (\rightharpoonup)$，也即是 S 本身，留下一个论证没有被攻击。

我们不难证明另一个方向也成立：任何一个聚合函数如果给予至少一个主体以否决权，那么其保持基外延非空性质。

[①] 根据约定，记 $\bigcap_{C \in \varnothing} C = N$，也就是，没有必胜联盟的交集为（$N$ 个）全体主体。

5.4.5 反环性与融贯性

最后,当我们把我们的技术应用到反环性和融贯性时,我们得到了如下的结果[①]:

定理 5.24 当 $|Arg| \geq n$,则任意符合中立性与独立性并且保持反环性质的聚合函数 F 一定有一个主体有否决权。

证明: 回忆一下,如果我们可以证明反环(acyclicity)是一个 $|Arg|$-exclusive 的语义性质,那么依定理 5.22 这个可以得到这个定理。事实上,对于 $k \in \{2, \cdots, |Arg|\}$ 证明反环是一个 k-exclusive 性质是很直接的。

考虑攻击关系 $\{att_1, \cdots, att_k\}$ 形成一个环,同时观察到最短的环是长度为 2 的环,同时最长的环遍历了每个论证,因此长度为 $|Arg|$。

定理 5.25 给定 $|Arg| \geq 4$,则作何符合全体一致、有根性、中立性与独立性并且保持融贯性的聚合函数 F 一定是独裁函数。

证明: 回忆一下我们需要证明,对于 $|Arg| \geq 4$,融贯(coherence)是一个同时是 implicative 和 disjunctive 的语义性质。记 P 为融贯性质同时记 $Arg = \{A, B, C, D, \cdots\}$。

我们首先考虑 P 是一个 implicative 语义性质。

记 $Att = \{D \rightarrow B\}$,$att_1 = B \rightarrow C$,$att_2 = C \rightarrow D$ 和 $att_3 = A \rightarrow B$。这个情况被图 5-5 左手边的图所描绘,它与定理 5.17 的证明所用的图一致。现在考虑论辩框架 $\langle Arg, Att \cup S \rangle$ 其中 $S \subseteq \{att_1, att_2, att_3\}$。如果 $S = \{att_1\}$,$S = \{att_3\}$,$S = \{att_1, att_3\}$ 或者 $S = \varnothing$,则唯一的优先外延 $\{A, C, D\}$ 是稳定的。如果 $S = \{att_2\}$,则唯一的优先外延是 $\{A, B, C\}$ 也是稳定的。如果 $S = \{att_2, att_3\}$ 或者 $S = \{att_1, att_2, att_3\}$,则唯一的优先外延 $\{A, C\}$ 再一次是一个稳定外延。因此,在上面七种情况中,AF 都是融贯的。然而,如果 $S = \{att_1, att_2\}$,此时唯一的优先外延 $\{A\}$ 不是稳定的,因为此时 B,C 和 D 没有被 A 攻击。因此我们找到了一个攻击关系集 Att 和三个攻击关系 att_1,att_2,att_3 使得 $P(Att \cup S)$ 当且仅当 $S \neq \{att_1, att_2\}$。换句话说 P 是一个 implicative 语义性质。

接下来,我们证明 P 同时也是一个 disjunctive 的语义性质。记 $Att = \{B \rightarrow C, C \rightarrow D, D \rightarrow B\}$,$att_1 = A \rightarrow B$ 和 $att_2 = A \rightarrow D$。这个情况被图 5-5 右边的

[①] 定理 5.24 被 Tohmé et al. (2008) 预测过,他们有一个类似的结果,但是没有应用中立性公理。我们强调失去了中立性,定理 5.24 不能被加强。实际上,存在着独立但是不中立的聚合规则保持反环性质,但是不给予作何主体以否决权。一个例子,给定 $N = \{1, 2\}$ 和 $Arg = \{A, B\}$,聚合函数接受 $A \rightarrow B$ 当至少一个主体接受它,接受 $B \rightarrow A$ 如果两个主体均接受它。

图所描绘。考虑论辩框架 $\langle Arg, Att \cup S \rangle$ 其中 $S \subseteq \{att_1, att_2\}$。如果 $S = \{att_1\}$ 或者 $S = \{att_1, att_2\}$，此时唯一的优先外延 $\{A, C\}$ 是稳定的。如果 $S = \{att_2\}$，此时唯一的优先外延 $\{A, B\}$ 也是稳定的。因此，在所有三种情况中每个优先外延都是稳定的，换句话说 AF 是融贯的。另一方面，如果 $S = \emptyset$，此时唯一的优先外延 $\{A\}$ 不是稳定的，因为此时 B，C 和 D 没有被 A 攻击。因此 $P(Att \cup S)$ 当且仅当 $S \neq \emptyset$。因此 P 是 disjunctive 的性质。

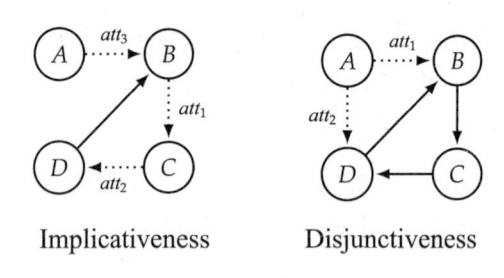

图 5-5　定理 5.25 证明使用的情景

因此，让人意外的是，虽然反环是一个比融贯更强的性质，但是却能在聚合过程中更容易被保持。

5.5　相关工作

在本节中，我们简要地回顾一下与论辩框架聚合相关的工作。有学者 (Coste-Marquis et al., 2007) 第一次注意到这个问题，但是没有明确地提到社会选择理论。他们关注的是那些能最小化论辩框架之间距离的聚合函数并试图通过这种方式得到聚合后的论辩框架。

Tohmé 等 (2008) 第一次明确提到用社会选择理论分析论辩框架的聚合。他们的关注点是反环性质的保持，他们表明了合格的多数决聚合函数（这种函数给予某些主体以否决权）总是能保持这个性质。

Dunne 等 (2012) 定义了几个聚合要求，这几个要求直接与我们关心的论辩框架相关。包括我们叫做外延保持（preservation of extensions）(σ-unanimity）与论证可接受性（credulous acceptance unanimity）的概念。但是他们主要的关注点是分析在决定一个聚合函数是否有给定性质问题的计算复杂性，而不是他们的公理化方法。在接下来的工作中，另有学者 (Delobelle et al., 2015) 建立了几个具体的规则，并且关注引入的要求在聚合过程中是否能得到满足 (Dunne et al., 2012)。

虽然有人非常明确地提到了抽象论辩框架作为他们的图聚合模型的一个可

能的应用领域，他们没有给出任何与论辩有关的技术性结果 (Endriss and Grandi, 2017)。

有人 (Airiau et al., 2016) 介绍了关于一个论辩框架组合理性化（rationalisability）概念。一个组合可以被理性化当不同论辩框架的不同观点可以（1）在一个被所有主体共享的事实性的论辩框架下，同时（2）每个主体的个人偏好这两个条件下被解释。因此他们的工作关注的是一个好的聚合函数应该能处理不同的组合，而不是关注聚合本身。

最后，社会选择理论同时被用于分析聚合一个论辩框架下的不同的外延（See Caminada and Pigozzi, 2011; Rahwan and Tohmé, 2010; Chen and Endriss, 2018）。我们注意到这个方法不同于 Bodanza et al. (2017) 在综述中提到的方法。

5.6　小结

通过使用多种技术，我们试图描绘一幅清晰的关于简单规则保持论辩框架语义性质的可能性与局限性。虽然关于这个工作的意义与社会选择方法的解决能力已经被多个学者 (Bodanza et al., 2017; Delobelle et al., 2015; Dunne et al., 2012; Tohmé et al., 2008) 提及及强调，本章第一次系统分析这个问题。我们的结果表明了只有那些最基本的性质，也就是无冲突性，是可以被所有那些基本的聚合函数保持。更严苛的性质，或者只能被提名函数保持，或者只能被那些给予了某些主体否决权的聚合函数保持，或者只有独裁函数保持。

在文化融合语境下，这些结果表明了有些文化特征可以在融合过程中保持下来，而有些特征则难以被保持。我们强调我们的聚合模型满足社会选择中的一些良好公理，特别的，是那些满足独立性的聚合函数。另一条进路 (Coste-Marquis et al., 2007)，试图使用基于距离的聚合函数（这些函数违反了独立性）。这些聚合函数可以被设计成确保某些性质能被保持，因此关于保持的问题无从谈起。另外，基于距离的函数是计算方面不可追溯 (Endriss et al., 2012; Hemaspaandra et al., 2005; Konieczny et al., 2004)。我们同时强调我们的结果是基于所有的主体报告基于同样论证的不同攻击关系这个假设。更加一般的模型应该学习主体具有不同的论证，这也是一个令人感兴趣的问题。

有几个可能的方向可以扩展这个工作。第一，我们猜想我们的论辩聚合可以扩展到优先与完全外延的保持。第二，更多的语义性质可以被研究。我们已经提到了一个可能性是区分关于某些外延的论证接受性（也就本章研究的性质）与关于所有外延的论证可接受性。第三，我们应该在 Dung 的四个经典语义之外去学习更多的语义，比如半稳定语义（semi-stable semantics）(Caminada, 2006) 和理想语义（ideal semantic）(Dung et al., 2007)。第四，我们可以研究聚合函数上的公理。最直接最可行的方向是研究中立性是否可以被其他的聚合要求替换，以求与图聚合 (Arrow, 1963; Endriss and Grandi, 2017) 与偏好聚合的结果保持一致。第五，研究主体为了让某个论证接受而在报告他们的论辩框架时的策略刺激。最后，本章所有证明都有相同的结构：他们都证明一个给定的我们感兴趣的语义性质是特定元性质的实例，这表明一个一般性的不可能结果是可能的。

第 3 编

文化修正：
跨文化交流的
宏观过程

第 6 章

跨文化交流的论辩过程

在跨文化交流的后期,参与主体都已在各自的信息库中加入对方的文化信息,但这些新增信息与原有信息之间往往并不一致。因而,双方常以论辩的方式抉择真假、解释(或辩护)命题,并藉此实现消除意见分歧的交流目的。为了考察不同文化背景下的主体如何通过论辩行为来修正并扩展原有信息,本章将从广义非形式逻辑的角度描述跨文化交流的论辩过程。

首先,我们将考虑最简单的情况,即特定文化内部的论辩过程。其次,讨论如何在论辩实践的刻画中嵌入社会文化因素,主要内容包括:一方面,揭示引入社会文化因素之后的主体特征和语境特征;另一方面,借助语言学的分析方法,指出如何在实际的跨文化交流文本中提取出论证性语篇。最后,基于中德学生之间跨文化交流的典型案例,我们还将直观呈现论辩步骤的使用、论证图式的习得以及信念修正的实现等关键问题。

6.1 文化内部的论辩刻画

为了简化分析,我们先考虑单一文化内部的论辩刻画问题。一方面,从描述实践活动的目标出发,我们需要关注参与主体、交流语境和互动步骤等因素。其中,互动步骤的展示又依赖于主体和语境因素。另一方面,我们处理实际互动数据的首要困难是,无法直接提取论证性语篇。原因在于,基于自然语言的论辩实践通常不会孤立地产生，而往往与其他辅助性（或导引性）语篇组成一个整体。例如，持有异见的丈夫会在溢美之辞中表明真实的立场并作出辩护。那么，如何在一个赞誉型文本中提取出具有论证性质的语篇，就成了一个关键的技术性问题。

因而，本节将首先从这三个方面进行方法论讨论：（1）明确论辩主体；（2）识别论辩语境；（3）提取论证性语篇。

6.1.1 明确论辩主体

一般而言，当代论证研究往往通过引入"主张者"和"反对者"这两种角色，以考察论辩过程中的主体性因素。从研究视角上看，这种处理方法是相对于传统的无主体范式而提出的。由于传统的无主体式研究通常把论证看作"与主体无关的抽象命题模式"，因而也就不考虑交际（communicative）或互动（interactional）角色，而仅仅采取一种独白的视角。据此，论证被看作由一个（或多个）前提和结论所构成的"结果"。

相形之下，藉由主体性因素的引入，采取非独白视角的对话逻辑舍弃了传统的"前提—结论"式框架。例如，形式论辩术（formal dialectics）主张以"表达的观点"取代结论，以反对者所表达的"让步（concessions）集"取代前提(Barth and Krabbe, 1982)。但在实际论辩中，反对者最初提出的命题往往会受到主张者的拒斥，因而并不能直接将其表达的让步集视为双方论辩的起点。

有鉴于此，我们倾向于采取一种更为中立的刻画视角，即把论证看作批判性讨论（critical discussion）过程的一部分。其中，"批判性讨论"指的是特定立场的主张者和反对者之间的讨论；讨论的目的则在于"构造主张者能否对反对者作出批判性反应，进而为自己的立场辩护"(van Eemeren, 2010)。换言之，通过确定论辩主体的不同角色，我们便得以将"前提—结论"式命题序列置于一个更为基本的对话式框架之下。

一方面，我们把论证视为用以检验某个立场的部分程序，进而将"论辩性程序"看作理性讨论者的行为规则。程序的合理性取决于两个条件：其一，问题的有效性（problem validity），即能否解决意见分歧；其二，惯例的有效性（conventional validity），即能否达成论辩主体的可接受性。另一方面，我们所采取的论辩性框架也区别于论证研究的修辞进路。简而言之，只有那些旨在解决意见分歧的批判性对话才能算作"讨论"，而修辞进路所处理的独白式语篇（仅关注论辩主体能否获得受众的认可）只能视为一种"准讨论"(van Eemeren and Grootendorst, 2004)。

6.1.2 识别论辩语境

在刻画主体间的论辩实践时，我们通常遇到的一种典型情况是：讨论者并没有将所有与立场（或立场的推论）相关的命题都予以清晰呈现，而往往采取某种省略的简化表达。为了直观展示论辩主体的信念推理过程，我们就需要先添加"未表达的（或省略的）前提"。对此，需要进一步澄清的两个基本问题就在于：

（1）为什么能够添加未表达前提？

（2）如何确定未表达前提？

概而言之，我们主要通过识别论辩语境来回答这两个问题。其中，根据不同的精确程度，我们又将分别讨论会话性（conversational）语境和制度性（institutional）语境。

6.1.2.1 会话性语境

首先，为了表明引入会话性语境的必要性，我们不妨先设想另一种有所区别的处理方案。例如，标准逻辑进路对问题（1）、（2）给出的一种回应：将带有未表达前提的论证看作一个省略三段论。其中，省略三段论指的是，添加一个或多个陈述（作为前提或结论）之后便可以成为三段论式的论证，它也可以被看作省略了一个构成性陈述的三段论 (Rescher, 1964)。

通过将未表达前提纳入三段论式框架，这种进路可以将一个看似无效的论证合理化。然而，一个新的疑问也会随之产生：我们既可以认为这个论证是无效的进而直接拒斥结论，也可以采取一种更为合作的态度，假定讨论者意指了明晰表达之外的更多内容（即含有未表达前提）。那么，究竟应该选择哪一种态度呢？

显然，一个理性的听话者会采取第二种态度。例如，Rescher (1964) 就认为，重构一个完整的三段论还需要诉诸宽容原则（principle of charity），即听话者应尽可能地使论证有效并使其前提为真。但问题在于，一方面，宽容原则自身也无法解释为什么听话者就应该对说话者的论证采取宽容态度。另一方面，并非所有的论证都可以被看作三段论。这也就意味着，当听话者试图去明晰一个未表达前提的时候，他将会直接面临这样的选择问题：在一系列逻辑系统（如命题逻辑、谓词逻辑、模态逻辑，等等）之间，他必须选择其中一种作为基本框架，从而将未表达前提纳入其中。进一步地，选择何种框架便就只能诉诸于听话者的直觉或偏好。由此可见，这种标准的逻辑进路难以解释自然语言的使用情况，因而也无法准确刻画主体间的论辩实践。

其次，我们再考虑基于会话性语境的解决方案。一种代表性观点是由语用论辩（pragma-dialectics）学派提出的 (van Eemeren and Grootendorst, 1984)。这些研究者先采取一种初步的简化分析，即把未表达前提仅视为语用层面上不确定的会话性问题，再结合确定的宏观语境，以此明晰应当添加什么前提。这种观点假定：希望通过批判性讨论来解决意见分歧的语言使用者会表现为"理性的讨论者"，因而至少遵守会话中的合作原则（co-operative principle）及其准则；藉由"会话蕴含"（conversational implicature）的确定，我们即可得到未表达前提。

然而，获取会话蕴含的困难在于：语言学家 (Grice, 1975) 只表明了"遵守合作原则的说话者不仅说出 p，而且蕴含了 q"，但并没有指出听话者如何得到 q，而不是 r，s，t，或其他命题。对此，不少研究者将其归结为四条会话准则的模糊性，并尝试通过精确化的策略来改进这种会话理论。虽然语用论辩理论并不否认这种改进的必要性，但也同时表明：会话理论本身已足以解决未表达前提的添加问题，因而只需将其稍作扩展，使之能够指出明晰未表达前提的相应条件即可。

根据语用论辩理论，未表达前提的添加必须至少使得说话者所表达的论证有效；否则，就会违反关联准则。但更重要的是，还应考虑说话者如何为其立场辩护以及听话者如何判定说话者所作的辩护。对此，如果从会话理论出发，就可以采取这样的回应：遵守合作原则的说话者一定也会遵守会话准则。这就意味着，未表达前提不仅能够使说话者的论证有效（符合关联准则），而且符合量的准则和质的准则。因此，语用论辩理论将明晰未表达前提的条件限定为 (van Eemeren and Grootendorst, 1984)：

(1) 所加入的未表达前提能够使说话者的论证有效（可避免违反关联准则）；
(2) 所加入的未表达前提是最富有信息量的（可避免违反量的准则）；
(3) 所加入的未表达前提符合说话者的论证承诺（可避免违反质的准则）。

进一步地，考虑到论辩主体往往会各自设想不同的会话性语境并对其赋予多种可能的特征解释，语用论辩理论主张先对会话性语境予以限制，以期达成主体间的一致意见。质而言之，听话者需要先假定其所处的会话性语境是不确定的，即先假定自己处于一个中立的会话性语境（尽管实际上并不可能）。这一出发点的设定，确保了参与论辩实践的各方达成主体间一致性的最大可能，从而避免了不必要的言语误解。结合上述三个条件，语用论辩理论由此扩充了明晰未表达前提的约束条件 (van Eemeren and Grootendorst, 1984)：

(1) 从不确定的中立语境（包括言语和非言语的会话性语境）出发，构造单个论证；
(2) 所加入的未表达前提能够使说话者的论证有效；
(3) 所加入的未表达前提是最富有信息量的；

(4) 所加入的未表达前提符合说话者的论证承诺。

再者，基于跨文化交流的过程刻画，我们可以进一步明确论辩主体在会话性语境中的嵌入方式。事实上，跨文化交流视角下的论证分析涉及两个层面：一个是语篇的语用会话层面（pragmatic conversational level），另一个是演绎的逻辑语义层面（logical semantic level）。其中，基于第一个层面的分析关注论辩实践中的复合言语行为及其解释，而基于第二个层面的分析则重在考察复合言语行为所表达的命题序列。仅当完成语用会话层面的行为解释，才能在逻辑语义层面上讨论形如"$p_1, p_2,, p_{n-1} \to p_n$"的论证。所以，我们可以根据这两个步骤在包含论辩主体的会话性语境中初步构造双方的信念推理：

(1) 根据"主张者"和"反对者"这两种论辩角色，标识一个对话式语篇；
(2) 在已标识的对话式语篇中，通过获取"会话蕴含"的途径来明晰论辩主体的未表达前提，进而初步构造形如"$p_1, p_2,, p_{n-1} \to p_n$"的命题序列；其中，当且仅当满足上述4个约束条件，才能获取相应的会话蕴含。

由此可见，根据论辩主体的不同角色，我们便可以将"前提—结论"式命题序列置于一个具有语境敏感性的对话式框架之下。需要指出的是，以上分析仅能实现主体因素和语境因素的初步整合。但由于会话性语境仍然是不确定的，所以需要将其拓展至确定的"制度性语境"。

6.1.2.2 制度性语境

在实际分析中，我们根据会话性语境而初步得到的会话蕴含往往不止一个。那么，我们究竟应如何在若干个会话蕴含中做出取舍，进而确定一个最符合论辩实践的命题呢？为此，我们需要进一步考察论辩主体所处的"制度性语境"(Henkemans and Wagemans, 2015)。根据识别制度性语境的常用标准，我们谨将其归纳为以下五个基本步骤 (van Eemeren, 2015)：

(1) 确定论辩实践所发生的交际领域。

交际领域主要包括法律领域、政治领域、医疗领域、学术领域、问题解决领域、外交领域、商业领域和人际领域等。

(2) 确定交际领域中的特定宏观语境。

例如，法律领域的宏观语境主要包括法庭诉讼、仲裁和传讯；政治领域的宏观语境主要包括议会辩论、总统大选辩论和首相质询环节；医疗领域的宏观语境主要包括医生的处方意见和健康专栏；学术领域的宏观语境主要包括专业书评、学术论文和会议演讲。关于论辩实践所涉及的交际领域、论辩类型及宏观语境的划分，详见表 6-1 (van Eemeren, 2010)。

表 6-1　论辩实践的交际领域、论辩类型和宏观语境

交际领域	论辩类型	宏观语境
法律	判决	（1）法庭诉讼，（2）仲裁，（3）传讯
政治	审议	（1）总统大选辩论，（2）议会中的一般辩论，（3）首相质询环节
问题解决	调解	（1）羁押调解，（2）商议，（3）非正式干预
外交	谈判	（1）和平谈判，（2）贸易条约，（3）外交备忘录
医疗	咨询	（1）医生的咨询（意见），（2）处方，（3）健康专栏
学术	争论	（1）书评，（2）科学论文，（3）会议演讲
商业	推广	（1）广告特辑，（2）商业谈判，（3）分类广告
人际	交往	（1）闲聊，（2）情书，（3）道歉信

（3）明晰宏观语境的制度性目标。

例如，议会辩论的制度性目标是针对某个提案作出合理的决策；政治访谈的制度性目标则是增进听众对受访者观点的了解与立场的认同。

（4）指出基于某种（或某些）制度性目标而形成的相关制度性惯例。[①]

例如，欧洲议会辩论的制度性惯例是，议会成员既要全力服务于整个欧洲的发展目标，又必须致力于保护各自所属国的国家利益并满足选民的要求。

（5）根据制度性目标和制度性惯例，确定"交际活动类型"。其中，实际的交际活动往往会包含多种交际类型。

例如，议会辩论的主要交际类型是"审议"（deliberation）；政治访谈的交际类型既包括审议，也会涉及信息传播。

需要强调的是，上述的"制度性目标"和"制度性惯例"共同构成了实施某个论辩步骤的"制度性先决条件"。因而，由此确定的"交际活动类型"也就构成了特定论辩步骤的外在约束。

以现实的政治论辩所涉及的论证分析为例，考察制度性语境的程序可包括：第一步，确定论辩性活动所发生的交际领域是政治领域；第二步，确定政治领域的宏观语境，含议会辩论、总统大选辩论和首相质询环节；第三步，针对议会论辩这种宏观语境，明确其制度性目标是针对某个提案作出合理的决策；第四步，针对欧陆议会辩论的制度性目标，指出其制度性惯例在于，议会成员既要全力服务于整个欧洲的发展目标，又必须致力于保护各自所属国的国家利益并满足选民的要求；第五步，根据欧洲议会辩论的制度性目标和惯例，确定其主要的交际类型是审议（见图 6-1、图 6-2）。

[①] 制度性惯例的表征方式往往会有所区别。例如，法庭判决的惯例表现为明确且高度形式化的建制性和调控性规则；而日常闲聊中的惯例则显得隐晦、含蓄而松散。

政治领域

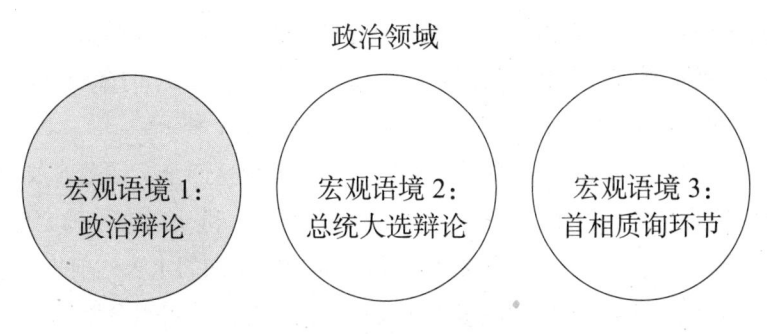

宏观语境 1：政治辩论　　宏观语境 2：总统大选辩论　　宏观语境 3：首相质询环节

图 6-1　考察制度性语境的第一、第二步

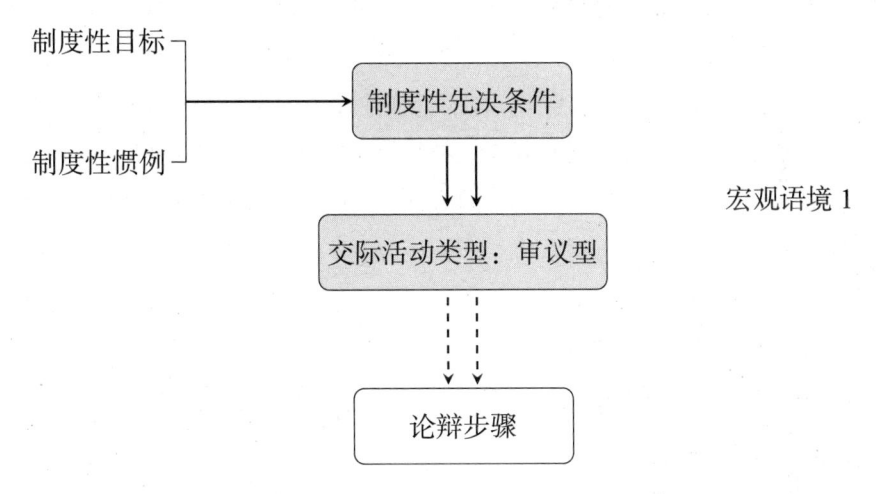

制度性目标
制度性惯例
→ 制度性先决条件
↓↓
交际活动类型：审议型
⇣⇣
论辩步骤

宏观语境 1

图 6-2　考察制度性语境的第三、第四、第五步

注：图中的虚线箭头表示该步骤可以省略。

根据"制度性先决条件"和"交际活动类型"，就可以对跨文化交流中的典型论辩步骤进行特征刻画。进一步地，当我们识别出特定制度性语境下的论辩步骤时，可以对其采取如下操作：先将该步骤视为语用会话层面上的某种言语行为，再根据言语行为的类型归属以确定逻辑语义层面上的对应命题。由此，基于制度性语境的典型论辩步骤，我们便可以得到一系列关于多种话题的命题表征；根据话题的相关性，可以再对这些命题进行分类。

这样一来，我们也就可以按照如下程序来确定待补充的未表达前提。首先，假设我们在一个中立的会话性语境中已初步得到两个会话蕴含 p_i 和 p_j。亦即，以 p_i 和 p_j 作为未表达前提，都能够使论辩主体的意见表达最富有信息量，据此所构造的单个论证也都是有效的且符合该主体的论证承诺。

其次，根据论辩实践发生的交际领域、交际领域中的特定宏观语境、该宏观语境下的制度性目标和制度性惯例，以及由制度性先决条件所确定的交际活动类型，我们识别出若干个典型论辩步骤。通过在语用会话层面和逻辑语义层面上分别对这些论辩步骤进行分析，我们相应地得到了关于话题 T_1 的命题 p_m 和 p_n，关于话题 T_2 的命题 p_j 和 p_k，以及关于话题 T_3 的命题 p_h 和 p_l。

最后，通过对 p_i 和 p_j 进行话题标识，我们发现这两个会话蕴含所涉及的话题与话题 T_2 是一致的。由关于 T_2 的典型命题包括 p_j 和 p_k，即可确定应保留 p_j，舍弃 p_i。那么，p_i 也就是我们通过识别语境而最终添加的未表达前提。

可见，藉由会话性语境和制度性语境的引入，我们便可以分别针对不同主体（如果存在一个以上的论辩主体）所实施的论辩步骤进行刻画，进而确定与之对应的命题。据此，我们也就能够呈现论辩主体所给出的单个"前提—结论"式论证。

但显然，具体的论辩实践所包含的论证往往也不止一个。更为常见的情形是，为了对自己的某个立场进行辩护，特定语境下的论辩主体给出了若干个"前提—结论"式论证，且这些论证之间具有相关性。我们可以考虑这样一个日常的亲子对话（见例1）：

例 1（亲子对话）：

妈妈：你上课为什么讲话？

小明：因为下课没有讲完，而且这个话题确实很有趣。

在上述日常的人际交往语境下，小明为了对自己上课讲话的行为合理性作出辩护，他提供了一个典型的"熊孩子式"论证组合。其中，这个论证组合又包含两个单独的论证（论证 1 和论证 2）：

论证 1：

如果下课没有讲完，那么上课就应该接着讲。（未表达前提）
上课没有讲完。
―――――――――――――――――――――――
所以，上课应该接着讲。

论证 2：

如果这个话题很有趣，那么我就应该谈论。（未表达前提）
这个话题很有趣。
―――――――――――――――――――――――
所以，我应该谈论这个话题。

在上述"反责备"语境下，现实生活中的"熊孩子们"通常会直接给出类似的论证组合（而不仅是其中的单个论证），且这些论证组合表征为某种典型模式。因而，我们可以将其称为"典型论证模式"（prototypical argumentative patterns）。

概而言之，典型论证模式主要包括特定论辩交际活动中典型的立场、论证结构和论证图式（见图 6-3）。

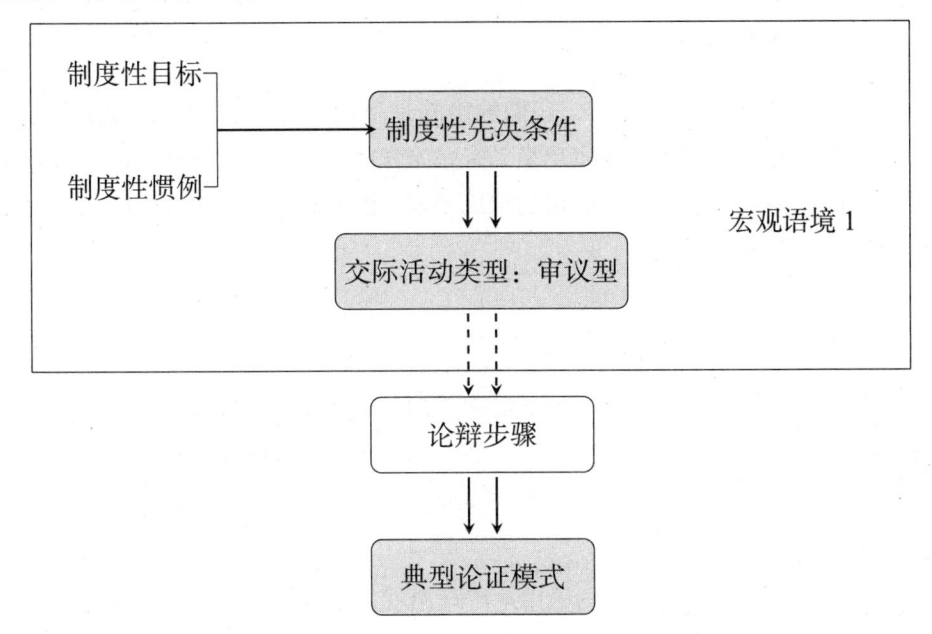

图 6-3　基于制度性语境的论辩步骤和典型论证模式分析

从质的角度看，可以从四个方面刻画典型论证模式：第一，刻画论辩双方的意见分歧种类，如单一/多重分歧，混合型/非混合型分歧；第二，刻画论辩双方的立场特性，如描述性/评价性/规范性（prescriptive）立场；第三，刻画单个论证的论证图式：如因果型/类比型/征兆型论证图式①；第四，刻画结构的复杂性特征，如单个/多重型/并列型/从属型论证。②

从量的角度看，某些典型论证模式会出现得更为频繁，甚至更具有支配性。因此，根据典型论证模式的出现频率，可以进一步确定更为稳固的"定型论证模

---

① 这三种常见图式的一般形式如下：
（1）征兆型论证图式：
y 对 x 是适用的，因为 z 对 x 是适用的且 z 是 y 的征兆；
（2）类比型论证图式：
y 对 x 是适用的，因为 y 对 z 是适用的且 z 与 x 是可类比的；
（3）因果型论证图式：
y 对 x 是适用的，因为 z 对 x 是适用的且 z 引起结果 y。

② 多重型论证包含若干个支持同一立场的单个论证，其中的每个论证都独立地支持立场（彼此之间并不互相依赖），且它们各自对立场的支持力度是等同的。在并列型论证中，所有单个论证合起来才能共同为一个立场做辩护，且并列型论证的各个组成部分在对立场的辩护上彼此互相依赖。从属型论证的主要特征是：对初始立场的辩护被逐层展开——即如果支持初始立场的论证无法自立，则须用另一个论证来支持它，且如果这一论证也仍须支持，那么又须加入一个更进一步的论证，如此以往，直至得到最后的辩护。

式"（stereotypical argumentative patterns）(van Eemeren, 2016, pp. 15–16)。

6.1.3 提取论证性语篇

在刻画论辩实践的过程中，我们给出的是呈现为自然语言的语篇载体。显然，从主体和语境的相关性角度出发，有必要先区隔出这个论证性语篇。为了澄清这个问题，我们将从论证性语篇的构成要素、语言标记以及非语言标记等三个方面略作讨论。

6.1.3.1 论证性语篇的构成要素

如前所述，在以步骤为核心的论辩实践刻画中，我们并不能直接得到确定的命题序列。显然，我们能够直接获得的最小单位就是构成特定论辩实践的某个单独的行为。因而，实施一种基于言语行为的论证性语篇刻画，似乎是一种较为直观的处理方式。

例如，关注日常语言使用的语用论辩理论就主张直接将命题与言语行为进行"一一对应"。其中，言语行为包含行事（illocutions）和取效（perlocutions）这两种性质。行事涉及言语行为的交际性方面，主要指说话者通过给出论证（arguing）而使听话者达成理解；取效则涉及言语行为的互动性方面，主要指说话者通过说服（convincing）而使听话者表明其接受或拒绝的态度 (陈彦瑾, 2012)。

基于 Searle (1969) 对言语行为的五种分类，该理论根据是否有利于解决意见分歧的标准，保留了其中的四种言语行为，即断言性（assertive）、指令性（directive）、表态性（comissive）及宣布性（declarative）言语行为[①]，而将表达性（expressive）言语行为[②]排除在外。从刻画论辩实践的角度出发，构成论证性语篇的最小单位也就得以确立。进一步地，由于日常的语言使用者还能够识别出比单个言语行为更大的交际单位，因而也需要对其进行刻画。区别于简单言语行为，这些由若干个命题组合而成的较大交际单位是一种"复合言语行为"，它与命题序列之间也存在一一对应的关系（见图6-4）。

由此可见，简单言语行为和复合言语行为的区别不仅仅在于所涉命题的数量差异。更为重要的是，前者是在句子层面上提出的，而后者是在语篇层面上确立

[①] 断言性言语行为（如声明、陈述、断言、假设和否认）：说话者可藉此陈述言语行为中的命题内容；指令性言语行为（如要求、禁止、命令、建议、挑战等）：说话者可藉此使听者去做/不做某事；表态性言语行为（如承诺、接受、赞同等）：说话者可藉此承诺其本身去做/不做某事；宣布性言语行为（如定义、规范、放大、解释等）：说话者可藉此创立某种特定的事态。

[②] 因为表达性言语行为仅仅表达了情绪，而不会直接影响意见分歧的解决，所以将其排除在批判性讨论之外。

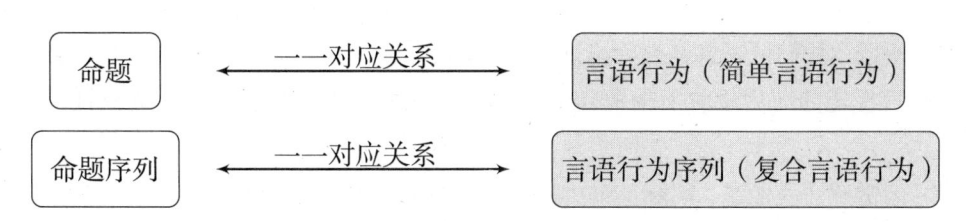

```
命题        ←—— 一一对应关系 ——→    言语行为（简单言语行为）

命题序列    ←—— 一一对应关系 ——→    言语行为序列（复合言语行为）
```

图 6-4 简单言语行为和复合言语行为

的。因而，基于句子层面的言语行为，在语篇层面上又会体现出不同的交际功能。

例如，对于分别以声明句、陈述句和断言句的形式表达的三个断言性言语行为"所有人都是会死的"、"苏格拉底是人"以及"苏格拉底是会死的"而言，前两个言语行为是针对第三个言语行为而提出的（见表6-2）。在语篇的层面上，第三个言语行为表明了论辩主体的立场，而前两个言语行为则是针对该立场而作的辩护性论证。从这个意义上看，这里的"所有人都是会死的""苏格拉底是人"又是作为一个整体而实施的复合言语行为。因而，"所有人都是会死的""苏格拉底是人"兼具两种交际功能：一方面，具有基于句子层面的断言性；另一方面，具有基于语篇层面的论证性。

表 6-2 基于语篇层面的复合言语行为

话段	简单言语行为（句子层面）	复合言语行为（语篇层面）
所有人都是会死的	言语行为1（声明）	论证
苏格拉底是人	言语行为2（陈述）	
苏格拉底是会死的	言语行为3（断言）	立场

从刻画论辩实践的角度出发，我们更需要在语篇层面上关注作为复合言语行为的论证，进而考察包含"论证"和"立场"的论证性语篇。据此，必须解决的两个实质问题就在于：应当根据何种标准来提取论证性语篇？跨文化交流中的哪些言语行为（或步骤）可以确定为某个论证性语篇的构成要素？

6.1.3.2 论证性语篇的语言标记

在日常论辩中，参与主体往往会以诸如"我认为……""在我看来，……""我的立场是……""我的观点是……"等清晰的语言表述申明立场。相应地，论辩主体也通常会以"我的理由是……""主要原因在于，……""因为，……""由于……""……，所以……""……，因此……""……，从而……"等言辞表明自己为相关立场所作的辩护。

直观而言，这些词语（或短语）都以一种较为外显的方式指示了某个论辩步骤。所以，我们可以将其视为论证性语篇的语言标记。一般来说，我们可以在这些语言标记的前后位置上提取句子，进而标识为关于某个意见分歧的论证性语篇。

但需要注意的是，实际论辩中语言标记的数量和出现频率通常还会受到以下几个因素的影响：

（1）论辩主体所使用的自然语言。

例如，在以英语为代表的"形合"语言中，能够标记论证性语篇的语言标记数量较多，出现频率较高。但在汉语这种"意合"语言中，相关标记的数量较少，出现频率也较低。

（2）论证性语篇的文体特征。

例如，中国古代的原、辨、说、论等议论文不仅与疏、表、策、谏等奏章具有不同的文体特征，而且与现代议论文/议论散文的文体形式也相去甚远。因而，这些论证性语篇所呈现的相关语言标记也会有所区别。

（3）论证性语篇的语体特征。

例如，与口头语体相比，书面语体中能够标记论证性语篇的语言表述就更为丰富。虽然同属于书面语体，但法律、政论语体所包含的论证性语言标记的数量就明显多于网络语体。

6.1.3.3 论证性语篇的非语言标记

除了上述具有显著指示特征的语言标记，论证性语篇中还包含了不少非语言标记，如体态动作、面部表情和停顿沉默，等等。囿于篇幅所限，我们将着重指出：如何根据会话中的"沉默"来识别论辩主体的立场或论证，进而标记所在的论证性语篇。

首先，作为一种非语言符号，沉默在日常会话中具有较为稳定的时长、位置和意向性特征。从语言学的视角看，沉默是一种无明显时间特征的空白序列（Levinson, 1983）。它的出现位置主要包括两种情况：一种是"话轮转换的关联位置"（transition relevance place，TRP），另一种是说话者所标示的"倾听反馈的关联时刻"（listening response relevant moments，LRRM）（Erickson and J.Schultz, 1998）。其中，话轮指的是特定说话者在会话中的一次连续言说（刘虹, 2004）。

需要指出的是，TRP 出现在某个话轮的结尾，而 LRRM 出现在某话轮中的部分语义完成处。说话者在 TRP 位置上实施沉默行为的意图在于"促使听话者接管话轮"，而在 LRRM 处却旨在获得对方的反馈，即希望藉此确认听话者的倾听状态，使之能够对自己所言说的内容表示支持或理解。

其次，基于 2012-2013 年期间中国德语专业的交换生和他们的德语语伴①进行互助学习的实际语料（朱谕，2017），我们将分别展示：根据 TRP 和 LRRM 位置上的沉默标记，如何提取相关的论证性语篇（见例 2、例 3）。

例 2（中德语伴互助学习）：

德国学生 G-T 向中国学生 C-X 解释"企业获益"等相关问题。

17 G-T: und sie haben dieses interesse nicht ERST,

18 他们并不是等人们能够购物时，

19 wenn die leute dann einkaufen können.   TRP

20 才获得的利益。

21 → C-X: 目光向下，噘嘴并鼓起腮帮子（0.2 秒的沉默）

22 G-T: verstehst DU?↑

23 你理解吗？↑

24 also, man hat das interesse schon vorher.

25 也就是说，人们在此之前就已经获益了。

在例 2 中，G-T 在表明立场②之后，希望在 TRP 位置上促使 C-X 也表达自己的立场。然而，C-X 却以沉默（见于第 21 行，伴有面部表情）作为回应，主动规避了正面的立场表达。当 G-T 重新取得话轮的时候，以复述的方式强调了自己的立场。所以，第 21 行之后的言语行为仍会直接列为主体 G-T（主张者）的论证性语篇。值得注意的是，这个位置本有可能开启主体 C-X（反对者）的论证性语篇，但他藉由沉默而予以延宕。那么，作为一个非语言标记，此处的沉默行为就实现了一种语篇归属的功能：将本有可能归属给反对者的论证性语篇重新指派给主张者。

例 3（中德语伴互助学习）：

中国学生 C-T 向德国学生 G-B 介绍家乡的一个地点。

19 C-T: enja

20 嗯，是啊

21 und wir haben ein bißchen darÜber gesprochen.

22 我们也说到这个问题。

---

① 语言互助（Sprachtandem）是德国大学生较常采用的语言学习方式，即两个或多个不同文化的语言互助伙伴（简称为"语伴"）定期会面，互相教授母语。

② G-T 已经表明的立场是：企业现在已经得到了利益，人们是有可能更多地消费的。

23 und in guangzhou taojin   LRRM

24 在广州淘金，

25 → G-B:（0.1 秒的沉默）

26 → C-T: taojin↓taojin ist eine u-bahnstelle.

27 淘金↓淘金是一个地铁站。

28 dort gibt es viele LAOwai.

29 那里有很多老外。

30 G-B: ohhh ok=

31 哦，是这样 =

32 C-T: =wir sagen, HIER wir sind alle laowai.

33 = 我们说，在这里我们全是老外。

在例 3 中，向 G-B 的讲述时，C-T 用中文提到"淘金"（第 23 行）并以短暂停顿标示 LRRM。然而，为了能在后续解释中找到进一步的提示，G-B 以沉默促使对方继续发言，主动规避了本可能发生的认同表达。见 G-B 示以沉默，C-T 意识到对方持有怀疑态度，因而立即（第 26 行）对自己的言说进行修正。换言之，此处的沉默行为直接标记了论辩双方的意见分歧。因而，通过补充 G-B 的立场，我们便可以就此开启一个反对者的论证性语篇。

6.2　社会文化背景的嵌入

第6.1 节已经给出在单一文化内部描述论辩实践的主要方法，接下来将探讨一种更为复杂的情况：通过嵌入社会文化背景，我们希望考察跨文化的论辩实践。基于中德学生之间跨文化交流的数据 (朱谕，2017)，本节将初步说明占据主导性地位的一方（即德国学生）在论辩活动中体现出的社会文化属性。

6.2.1　德国战后反思倾向

纳粹德国在"二战"中屠杀犹太人，也对周边国家造成了巨大的创伤。战后初期，英美对德国提出"集体罪责"的指控，即控诉全体德国人应对主动参战或默许战争爆发的行为集体负责。对此，以基督教教会和历史学界为代表的德国社会首先进行了集体无罪的申诉 (Friedmann and Später, 2002, pp. 53–90; 安尼，2011)。

然而，不同领域的知识分子却自此反思"集体"和"罪责"这两个概念。例如，以雅斯贝尔斯为代表的法学家将罪责区分为集体罪责与政治责任，认为"集体罪责"是英美督促德国承担政治责任的手段，其目的是推动德国走上民主道路。他还强调，承担罪责的个人并不是作为个人的个人，而是个人在群体中所承担的社会角色 (Jaspers, 1979, P. 45)。这一解释不仅减轻了德国社会对"集体罪责"的抵触情绪，推动了民众的自我反思，也在认知层面上将"集体"与"个人"相对立，将"个体角色"与"社会角色"相区隔。由此，"集体"便与罪责、黑暗的战争紧密联系，而"个人"、"进步"则催化了其他后续反思。

20 世纪 60 年代中期，联邦德国爆发了大规模的学生运动。参与学运的年轻人对彼时的社会格局及纳粹德国的遗留问题作出了激烈的挑战 (Smith, 2011, P. 647)。但哈贝马斯认为，革命是无法与纳粹主义完全决裂的，因为纳粹主义会在生活方式的延续中传承下去 (Habermas, 1987, P. 140)。进一步地，他对民族性及民主建设的不彻底性所作的批评引发了德国民众在性别意识、教育理念和机构改革等方面的深入思考 (Smith, 2011, P. 644)，德国社会也逐渐表现为具有深刻反思特征的个人主义社会。

6.2.2 个人主义价值观

个人主义思潮受到了德国社会的广泛肯定。这一价值观既提倡培养个人的自信心、独立的思维能力和积极的贯彻能力，又强调塑造"合作型个人主义"人格的重要性。因而，在家庭生活中，父权为尊的亲子关系逐渐瓦解，取而代之的是父母的单向抚养义务和孩子的平等公民权利。一般而言，孩子能够与家长就多种话题展开平等的讨论，这也逐渐形成了德国中上层社会的协商型家庭模式。相应地，孩子也在协商的过程中主动承担起表达观点的义务 (Bois-Reymond, 1994, pp. 140–145)。

在学校教育中，校方的管理体制和教学方式也顺应了这一思潮。与"二战"前的监督管理不同，战后的学校职责主要在于培养学生认清历史和独立思考的能力。在课堂教学上，教师不再偏于控制，而是重于引导：教师只负责组织课堂教学，而学生则主导个人的学习过程。在社会交往中，个体性活动也得到了更广泛的发展。例如，平等的朋辈互动逐渐替代了不平等的代际交流。同时，保持个体的独立性并学会在各种环境中与不同个体合作，扮演不同的社会角色也成为一种典型的德国式行为 (Zinnecker, 1987, pp. 171–306，pp. 311–324)。

需要指出的是，德国人际互动的首要准则是保持自我和维持距离。他们通常根据熟悉程度而将"熟人"明确地划分为：死党（dicker Freund）、好朋友（guter

Freund)、一般朋友（normaler Freund）、关系好的熟人（guter Bekanter）、泛泛之交（flüchtig bekannte Person）和陌生人（unbekannte Person）。对于不同程度的熟识者，他们所选择的交往方式、谈话主题也各不相同。德国人交往的最高准则是要维护适于双方关系的空间，即固守自己的交际半径而不愿侵犯他者的私人空间（Thomas, 1991, P. 62）。

总体而言，具有历史批判意识的个人主义造就了德国人的交际风格。大多数德国人仍旧背负沉重的历史包袱，同时也积极地对历史和现状作出批判性反思。高度维护个体空间则是德国人际交往的重要准则。据此，清晰划分工作（或学习）关系与私人关系，细致区隔不同的私人关系也成为德国学生展开交流活动的一种俗成惯例。

6.2.3 政治批判的舆论环境

中德学生之间的跨文化交流还深受两国关系的影响。作为中国在欧洲最大的经贸伙伴、最重要的战略性伙伴，德国不断扩大两国之间的合作领域。同时，德国媒体也更加频繁地报道中国事件。较之于日益增进的理解，德国民众对和平崛起的中国也增添了更多的怀疑与批评。

正如德国《世界报》一篇题为"德国人与中国人———一场纯粹的单相思"的文章中所报道的：根据中德两地所分别展开的认知调查数据，中国人对德国人的好感度高达76%，而德国人对中国人的好感度仅为51%。75%的德国受访者视中国为威胁，害怕中国将来会过于强大，63%的德国受访者承认对中国文化不甚了解，20%的德国受访者在谈及中国时想到的是低廉的产品、简陋的生产环境和恶劣的工作条件；而中国受访者对德国的工业产品和足球都充满好感，认为德国人亲切、可信赖，他们对于德国的了解主要集中于德国在挽救欧债危机中所起到的积极作用。①

---

① "德国人与中国人———一场纯粹的单相思", Deutsche-und-Chinesen-eine-sehr-einseitige-Liebe,《世界报》, 2014年12月3日, http://www.welt.de/wirtschaft/article111355574/Deutsche-und-Chinesen-eine-sehr-einseitige-Liebe.html.

6.3 中德学生之间的跨文化交流活动

结合人类学的调查数据 (朱谕, 2017), 本节将指出在跨文化交流背景下刻画论辩过程的一般方法。首先, 我们所获得的中德学生跨文化交流的田野数据表明: 虽然赴德访问学习, 这些中国学生却鲜有机会接触德国人。主要原因在于, 他们被安排在位于教学主楼之外的语言中心学习, 且和德国学生分住于不同区域的宿舍。其次, 德国文化中"个人主义"的行为方式也使师生之间的交流机会更为受限。语言中心的老师通常认为, 自己的职责仅限于课堂上的知识传授, 因而往往会将手机、邮箱和社交账户等视为"私人信息", 并不希望学生在课后以这种方式联系他们。最后, 大学对外事务办公室（以下简称"外办"）安排的辅导员不会额外设置交流任务, 学生助理也仅在接到正式求助信息的时候才会提供援助性服务。

所以, 语言伙伴项目就成为大多数初到德国的中国学生与当地社会建立联系与沟通交流的唯一渠道。这个冠之以"语言伙伴"之名的合作项目是由一中一德的两个学生助理于 2007 年发起的, 也是外办为中国留学生提供的一个保留的外事服务项目。根据外办官网的定义, "语言伙伴"（以下简称"语伴"）指的是"一种学习方式, 让不同语言的母语者能两两合作, 学习对方的语言, 增进对对方及其文化的了解以增长知识, 丰富经验。"按照相关指引, 双方应在初次见面时约定后续的见面频率和主题, 遵守彼此的约定、想法和文化。因而, 具有制度约束特征的语伴互动也为我们考察中德学生之间的跨文化交流提供了较为稳定的数据基础。

值得注意的是, 虽然大部分中国学生都与德国语伴建立了联系, 但他们在 6～12 个月中的实际见面次数却仅为 3～10 次。[①] 从这个意义上看, 我们从上述项目中得到的调查数据又是非常有限的。所以, 我们在处理中德学生跨文化交流的数据时, 需要注意以下几个方面:

第一, 根据语伴互助的活动规范, 明确中德学生之间实施跨文化交流的论辩主体特征。其中, 论辩双方的主体特征包括平等性、主动性和倾向性, 等等。

第二, 根据常见的交际活动类型, 指出中德学生之间开展跨文化交流的论辩语境特征。其中, 基于谈话主题即可确定主要的交际活动类型。

[①] 整体而言, 这与中国交换生对语伴学习的看法有关。一小部分交换生认为, 学习仅限于课堂, 课外交朋友会浪费学习时间, 甚至会辜负父母的期望; 另一部分中国学生对跨文化交流持有悲观情绪。此外, 还有学生将外国人士在国内所受到的特殊礼遇视为普遍现象, 对与当地人建立联系一事也充满信心, 认为"交流都是自然而然就会产生的, 所以无需努力争取", 因而无意于主动经营自己的社交生活。

第三，根据汉语和德语的语言使用特征，提供标识相关论证性语篇的主要方法（含语言标记和非语言标记）。

6.3.1 中德跨文化交流的论辩主体

根据一手的人类学数据(朱谕，2017)，赴德访问的中国学生共20名，其中18名女生，2名男生，平均年龄21岁。他们在国内都已接受两年的德语专业学习，德语水平从中上级到高级不等，均已满足与母语者沟通的基本需求。这些学生分别来自北京、上海、广州和兰州的六所高校：一所法律专业重点高校与五所综合性重点大学。因各校的交换项目不同，他们在科隆的学习时间为半年到一年不等。除了法律专业学生兼修语言中心的德语课程和大学的专业课程，上海某高校的两名学生必修日耳曼语言文学的专业课程之外，其他学生都仅需在语言中心修习德语课程。因而，语伴互助项目的参与者对德语具有较高的依赖性。

虽然大多数中国学生都是初到德国，但他们的交流动机却有所不同。第一，部分来自农村的学生对于"走出国门"往往表现得十分知足。但他们对赴德学习往往缺乏准备，因而倾向于停留在安全范围内（即仅限于专业学习或在较为狭窄的朋友圈里）活动，不会主动寻找跨文化交流的机会。第二，少数来自大城市的学生在上大学之前就已在德国（或美国）体验过交流学习，对西方社会的生活方式也有一定的了解。这次访学并不是他们唯一的出国经历，因而也不太重视与当地人交流。第三，大部分来自中小城市的学生往往抱持较为清晰的访学目标。他们希望在德国获取学术资源、体验异国文化并寻找理想的生活方式。也就是说，大部分中国学生都对德国语伴表现出较强的交流意图。

首先，从活动设置的角度看，德国学生通常会直接安排语伴互助学习的时间。但对于他们而言，这种互助学习活动又是一种具备较少约束力的人际会面。因为，会面对象是几乎不会影响其个人发展的外国留学生。所以，不同于日常学习中的严格守时，不少德国学生往往表现得十分随性，如经常迟到或在其他会面（或课程）取消时才临时约见。

如前所述，语伴互助学习的总时长也较为有限。主要原因在于，大多数德国学生在秋季学期伊始都忙于适应暑假之后的紧张节奏。随着白昼时长的缩短，他们也相应减少了户外活动的时间，因而往往首先放弃语伴互助学习。直至冬去春临，这些德国学生才会较为频繁地约见中国语伴。其后，随着夏季户外聚会（如草地、街边咖啡馆等地）的增多，他们又较少安排语伴互助活动。

其次，双方的亲密程度也制约着互助学习的频率和深度。关系亲密的学生通常会如期见面，不易受到天气、日程和身体状况等其他因素的影响，交流内容也不局限于德语学习。在面对面的交流之外，双方还会通过社交网络或私人聚会等方式进行互动。需要指出的是，双方的约见地点、落座的距离和私人生活的开放程度都可以表征其亲密程度（见图6-5）。例如，在刚认识的时候，德国学生通常会将会面地点定于自习室、食堂或邻近教学楼的咖啡馆。嘈杂的环境不易使人尴尬冷场，开阔的空间也能够让他们在话不投机的时候转移注意力（或借口告别）。在这种情形下，交流者一般会在落座时就与对方保持一定的距离，实际对话往往也比较局促。在双方熟络之后，德国学生就会把中国语伴约到自己喜爱的咖啡馆（或口碑较好的中餐馆）。这不仅有助于双方增进理解，也可以从地点的改变中获取新的话题，如饮食、装饰、风格和生活方式等。此时，德国学生更为关注德语学习的成效，也不需要从会面环境中刻意寻找话题。

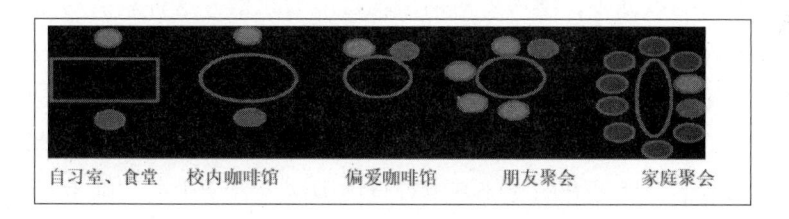

图 6-5　伴随互动关系的逐渐亲密而发生变化的语伴座次图

最后，大多数德国学生都不会向中国语伴开放自己的私人空间。因而，只有少数中国学生偶有机会受邀参加德国学生举办的聚会。在这些场合，中国学生不仅可以近距离地接触他们的德国语伴，也能够与聚会上的其他德国人展开更多的互动。

为了获得更具普遍性的分析结果，一方面，我们需要先对这些调查数据初做筛选。亦即，以下谨关注大多数中国学生与德国语伴的交流情况。基于上述讨论，我们不难发现：

（1）大多数中国学生都具有较强的跨文化交流意图；

（2）大多数中国学生与德国语伴之间的关系都表现为"一般熟识型"。

另一方面，我们再从质的角度考虑论辩主体的关系。虽然冠之以"互助"之名，但实际上中德学生之间的跨文化交流通常表现出明显的非对称性特征。在以德国学生为主导的德语互动中，中国学生往往受制于对方的时间安排、地点设置、会话发起和话题选择等多种因素。从论辩角色的角度看，具有较强交流意图的中国学生通常也不会主动承担反对者的角色。换言之，常被指派为反对者角色的德国学生才是主导性主体，中国学生则是论辩实践的从属性主体。

6.3.2 中德跨文化交流的论辩语境

虽然双方交流的话题不是固定不变的,但往往集中于三种较为稳定的交际活动类型:学习型、闲谈型和私人交往型。这三种类型常在一次会面中交替出现,由双方根据互动主题、谈话氛围、熟悉程度和见面需求等因素协商而成。

影响交际活动类型的最主要因素是双方的熟悉程度,它决定了论辩主体对关系的界定,进而约束了特定交际活动类型的比重和位置。当德国学生仅将中国语伴视为学习伙伴或熟人的时候,双方的交流通常以学习型对话为主,中间穿插闲聊型对话;当德国学生将中国语伴视为朋友的时候,双方的交流通常以私人交往型对话为主,中间穿插学习型对话和闲聊型对话。

(1)学习型对话。

在所搜集的数据中,学习型对话出现得最为频繁。这种对话的主要特征是,以知识互惠为目的,双方通常没有寒暄(或在极短的寒暄后)就直切主题,互相解释课文或是作业中的疑惑之处,对话也主要由简单词汇和常见语法所构成。

当双方关系仅维持在熟人层面时,德国学生往往以政治、社会和学习话题来发起并主导对话,所展开的交流基本符合中国课堂教学中的"师生互动"程序。因而,中国学生通常会根据以往习得的文体、语体知识,将自己熟知的中国师生关系直接应用于这种跨文化的语伴互动实践。[①]例如,中国学生 X 在采访中曾这样描述双方的交流:"我们在一起学习时,会一起读课文或是改作文。他读,我听;或是我读,他听。"

在对方说话的时候,中国学生 X 通常会采取安静聆听的方式作为回应。然而,这种回应方式却往往被理解为消极的"沉默"。语言学的研究结果(朱谕,2017)表明,中西方会话者对沉默行为的理解往往存在较大的分歧。此处中国学生 X 所采取的安静聆听行为就被对方解释为一种"拒绝接管话轮"的消极步骤。所以,在处理这类调查数据的时候,我们通常可以据此标识双方的意见分歧。

(2)闲谈型对话。

闲谈型对话的主要特征是:没有集中的交流主题,不涉及隐私性内容,对话流向多为个人的旅游经历。整体而言,中国学生通常会期待德国语伴针对双方的来源地、家庭情况和个人现状等话题发问。然而,除了来源地之外,其他细节问题都会被德国学生视为个人隐私而不愿讨论(Liang, 1992, 1996; Günthner, 1991)。例如,初次见面的德国学生通常会围绕中国学生的来源地以及德国媒体中常见的中国国情介绍或汉学系教师的个人观点来询问对方。其中,询问式对话一般遵循

[①] 由于和母语使用者存在客观的语言水平差距,因而中国学生通常把德国语伴看作"老师"。

"询问-回答"的话轮结构，内容主要涉及中德两国的国情差异。①相较而言，缺乏相应知识储备的中国学生没有预见到对方对政治议题感兴趣，因而往往表现得无所适从。

其次，语言的表达方式也会影响对话的进程。虽然话题较为分散，但双方仍会通过语气、语调、语码转换、句型转换等语言标记来表明自己对特定话题（尤其是敏感话题）的态度，进而呈现自己的论辩立场。其中，由于不少标记具有文化敏感性，讨论对方往往因不了解相关的使用惯例而产生误解（或无法给出适当的回应步骤）。例如，当德国学生用特指问句询问"你怎么看台湾（或西藏）问题"的时候，中国学生通常会本能地产生抵触情绪。此时，对话结构也从"询问—回答"序列转变为"询问—沉默"序列。由于感受到对方对自己国家政治情况的质疑，中国学生往往在初次接触时就觉得被对方冒犯，认为德国语伴无意了解自己，而只想"倾销"德国的政治观点。也有中国学生认为，"特定论辩主体"的相关表述代表了"整个德国社会"的观点，进而避免与其他社会成员谈论同类话题。较之于德国语伴，这些中国学生并不愿承担政治参与和独立思考的责任。事实上，他们通常会放弃观点表述或扩展性询问。所以，他们的德国语伴往往会认为其闭塞且不愿交往，进而产生跨文化交流的意见分歧。

再者，某些具备一定中国国情知识的德国学生（如曾在中国交换学习）在谈及特定话题的时候，通常使用调侃或讽刺的语气来表达观点。随着社会化的逐渐深入，不少中国学生对冲突的态度也发生了转变。他们不再将意见分歧停留在剑拔弩张的紧张气氛之中，而是主动构建沟通渠道并给出相应的辩护理由。例如，在交换的第二个学期，南方某大学的女学生 M 提到自己即将在语言班做一个关于中国国情的报告，她很自然地回应："F（社交软件）在中国。还能是什么？除了和语伴聊天，我们在课堂上和老师和其他国家同学都已经说过很多遍了。"

（3）私人交往型对话。

随着德语水平的提高和熟识程度的增进，个别中德学生之间的语伴会面也会逐渐增加关心、同情等情感性因素，这也使双方的交流也更加频繁而紧密。其中，少数中国学生能够与德国语伴发展为具有私人交往关系的朋友，话题也涉及家庭事务、个人感受和对彼此社会/国家的看法。在这种情形中，由于较为了解对方的交际方式和讨论规则，所以双方易于寻找并构建共同的起点，进而推进分歧的消解与共识的达成。但如前所述，大多数中国学生都无法进入德国语伴的私人空间。因而，所能收集到的私人交往型对话数据也就非常匮乏。

有鉴于此，我们主要考察中德学生之间的学习型对话和闲谈型对话。根据不

---

① 例如，德国学生常问道："你们那里真的上不了 F（社交软件）吗""你们真的只能生一个孩子吗"，等等。

同的制度性惯例，这两种混合发生的交际活动类型（即在学习型对话中穿插闲聊型对话）也具有显著的文化敏感性。注重个体反思的德国学生将语伴互助看作一种"学习+批判性特征"的活动。相较而言，具有较强交流意图的中国学生则将其视为"学习+交际性特征"的活动。显然，前者是以问题为导向的，而后者是以交往为导向的。

相应地，双方所采取的论辩策略也因此而不同。在"师生互动"的程序性（即学习程序）框架之下，经常承担反对者角色的德国学生倾向于主动提出批判性问题，而中国学生则较为被动地作出回应，即呈现为"询问–回答"的对话序列。仅当中国学生给出的理性回答能够解决这一批判性问题的时候，双方的意见分歧才最终得以消除。同时，在以德国学生为主导的德语对话中，中国学生往往是收回（或变更）初始立场的一方。

由此可见，双方观点的融合依赖于作为从属性主体的中国学生能否觉知并恰当使用德国学生的行事惯例。其中，德国学生的行事惯例具有两个基本特征：

（a）符合"询问—回答"的话轮结构；
（b）所讨论的内容通常涉及双方国情或公共政治。

6.3.3 中德跨文化交流的论证性语篇提取

如前所述，我们通常需要借助语言标记和非语言标记来提取交流中的论证性语篇。基于中德学生之间的互助学习数据(朱谕, 2017)，我们主要可以从字形、词义、叙事顺序等方面来获取相关的标记。[①]

（1）类型学的角度。

汉语和德语分属于不同的语言类型，其语法构成和语义形成都呈现出较为显著的差异。根据语言类型学的划分，汉语属于汉藏语系，是孤立语（又称词根语）的一种；它注重语义和功能的分析，主要根据语序和虚词来确认句子成分。相较而言，德语属于印欧语系，是屈折语；它注重结构规则分析，即通常先参照语法变化，再以语序作为线索来确认句子成分。如同其他屈折语，德语的名词有性、数、格的变化，动词具有人称表位和时态变化，介词支配着与其搭配的名词的格，组成介词词组（钱文彩，2001，第514~515页、第541页）。

例如，对于承担相同意义的命题而言，汉语和德语所采取的叙事方式往往具有显著的差异，因而我们也应采取不同的解读方法（见表6-3）。一方面，汉语句子是按照自然语序产生的：先通过第一个词"树"介绍了主题，再用第二词"死"

[①] 相关论证性语篇的非语言标记以"沉默"为主。可参见第6.1.3.3节、第6.2节，此处不再赘述。

对树的状态进行了说明，最后用虚词"了"解释事件发生的时间。另一方面，我们对德语句子的解读是通过语法分析而获得的：先用第一格的"树"标示其主语性质，再分析事件"死"和事件发生的时间（不仅发生而且已经完成），选用动词和相应的时态（完成时），最后确定其句中结构（助动词的单数形式在句中第二位，核心动词的第二分词在句末）。

表6-3　汉语与德语的叙事方式比较　Ⅰ

汉语：	树死了。	Ist	
德语：	Der Baum		eingegangen.
对译：	（那棵树		死了）
语法构成：	第一格	单数助动词	动词完成式

（2）叙事顺序的角度。

一般说来，德语在分析之后方能理解，而汉语在理解之后才能分析。这与两种语言不同的叙事顺序具有紧密的关系。在汉语中，主语和谓语之间的关系通常也体现为主题和叙题（说明）之间的关系，这一点与西方语言中"动作者—动作"之间的关系也具有显著差异。作为叙事的主题，主语是已知内容或是叙事的出发点。作为主题的叙述，谓语紧随其后，说明行为或事件特征，提出新的信息或推出叙述的核心 (赵元任，1979，第 45 页)。与此不同，德语通常表达的是动作者和动作之间的关系，叙事顺序也层层递进，严格按照语法规则展开。这导致了在两种语言的交际过程中，信息编码和信息解码的顺序也会有所不同。因而，这不仅需要说话者采取语言使用惯例的顺序，也要求听话者同样按照这一语用期待的顺序进行解码（见表6-4）。

表6-4　汉语与德语的叙事方式比较　Ⅱ

汉语：	广州很暖和。			
德语：	In	Guangzhou	Ist	Es	sehr warm.
对译：	（在	广州	是	它	很暖和。）
语法构成：	介词	地点说明语	动词	无人称主语	形容词补足语

在汉语中，"广州"是主语，形容词"很暖和"是谓语，对广州这一主题进行说明。而在德语中，这一句话的核心内容是"天气很暖和"这一事实，"广州"是地点说明语。即便强调广州这一地点而将其置于句首，也需要按照语法规则用介词对"广州"的语法功能进行标示和限定。可见，德语与汉语在叙事方式上存在显著的差异。在两种语言中，语法及语序特征决定了信息编码的位置与内容。汉

语"语法隐性"(桂乾元、肖培生，1998，第196~197页)、语序固定，因而句子中的叙事从已知信息开始，逐步推至未知信息。然而，德语"语法显性"、语序灵活，其语义表达的首要步骤是明确语法框架，再根据交际意图来确定各部分的具体位置。

此外，语法和语序特征也影响了信息解码的方式和顺序。由于汉语语法隐性，信息接收方在句子结束之前只了解叙事的起点而并不知道叙事的终点，所以只能等信息发送完成才能理解全文。德语则通过叙事、定性和编排方式使信息编码有条不紊，也让信息解码有据可循。因而，根据句首成分的语法标示和动词框架，我们就可以推测拟现成分的具体位置和内容范畴。

（3）内部序列的角度。

语言理解与分析之间的先后顺序，还源于汉语、德语内部的序列差异。在此，我们将内部序列看作句子成分之间的界限以及句子之间的联系。在汉语中，句子成分的内容和范畴都是无法预测的。汉语的字词没有语法性的形态变化，句子成分之间也缺乏近似于西方语言的严格界线 (钱文彩，2010，第203页)。相较而言，德语语法显性，句子各成分根据其变格或变位的语法性形态变化来标示语法功能。音界、词界和句界的区隔都十分明显。因而，我们不仅可以在对方叙述中对后继句子成分作出预测，还可以在成分间隙予以反馈。

另一方面，汉语会话篇章通常由短句构成，句子之间没有紧密的联系。语言学家吕叔湘曾提到过这一特点，"汉语口语里特多流水句，一个小句接着一个小句，很多地方可断可连"(吕叔湘，1979，第27页)。特别是在复句从句中，汉语句子多半依靠其内部的意思、逻辑和先后顺序等相互关联，而不一定借助连接词来标示彼此关系 (桂乾元、肖培生，1998，第196~197页)。然而，德语不仅以动词作为句子的核心，由动词配价决定相对应的补足语（主语、宾语、表语、介词等），而且主句与从句间也有用以标示的连接词。所以，德语语篇往往层次清晰、结构严密：小到音素，大到从句，我们都可以根据语法来分析解读 (钱文彩，2010，第202页)。

毋庸置疑，汉语复句也有连接词，如条件复句"既然……就"，"如果……就"，"除非……才"，"只要……就"，假设复句"假如……"，等等。然而，这些连接词都具有固定的语序 (Günthner, 1993, 第133页)。这与其叙事顺序是一致的，即都从已知信息推出未知信息。不仅如此，这也是互动语境的一种标记符号：以此提示对方，重要的信息将出现在后继表达中。然而，德语主从句的顺序通常更为灵活。例如，主句既可以在从句前，也可以在从句后。原因在于，德语中主句和从句的关系已通过连接词而确定，且从句的特殊语序也能够发挥语法标示的功能。

综上所述，德语的显性语法即可作为中德跨文化交流中的一种重要标记。语言使用者在叙事和倾听的过程中都需要对动词框架和各成分的位置、内容范畴进行同步分析，方能理解句子意义及表达意图。在认知层面上，德语使用者通过语法规则及显性的语法标示，为说话者和倾听者赋予了积极参与的权利和责任。而汉语语法隐性，叙事逻辑单向且顺序固定，在赋予说话者表达自由的同时，也为听话者指派了较为被动的倾听任务。根据这些标记的特征，我们不仅能够在句子层面上获知实践主体所表达的意义，而且可以在语篇层面上识别双方的意见分歧，进而提取相关的论证性语篇。

6.4 案例分析

基于一手的人类学数据(朱谕，2017)，我们将给出一组典型的案例分析。其中，这三个发生于中德学生之间的跨文化交流案例都涉及常见的论辩策略（或步骤）。

例 1：

1 → T: Und vielleicht du bist ein Ausländer↑

2 也许（因为）你是一个外国人↑

3 B: (0.1)

4 → B: Na und↑

5 那又怎样↑

6 T: [hihihihihihihihi]

7 [低声笑]

8 B: [hihihihihihihihi]

9 [低声笑]

10 → DU↑bist Ausländer↓

11 你：::↑才是外国人呢↓

12 → T: Ahhh ja::↑ja::↑ja::↑

13 啊:::是呀：:↑是呀：:↑是呀：:↑

14 Sehr interessant, weil gestern ehhhh oder vorgestern (•) am Donners-

15 am Dienstag ist unser Deutschlehrer hier gekommen, um uns zu besuchen↓

16 非常有意思的是，昨天哦不前天 (•) 周（四）- 周二我们这里的德

语老师来了，来看我们↓

17 B: Schön↓

18 不错呀↓

19 T: En ja

20 嗯，是啊

21 Und wir haben ein bißchen darÜber gesprochen.

22 我们也说到这个问题。

23 Und in Guangzhou Taojin

24 在广州淘金

25 （0.1）

26 Taojin↓ taojin ist eine U-Bahnstelle.

27 淘金↓淘金是一个地铁站。

28 → Dort gibt es viele Laowai.

29 那里有很多老外。

30 B: Ohhh ok=

31 哦，是这样=

32 → T: =Wir sagen, HIER wir sind alle Laowai.

33 = 我们说，在这：::里我们全是老外。

34 → Hihihi du bist EINheimischer hier.

35 呵呵，你在这里是本：地人。

36 B: Das Wusste ich nicht. Taojin↑

37 这个我以前不知道。淘金↑

38 Jetzt ist ALLES rum.

39 现在一切都反过来了。

40 T: Ja

41 是的

42 B: (0.1)

43 → B: Aber ich bin hier auch nicht-

44 但我在这里也不是-

45 → Ich bin ja (•) nicht Deutsche.

46 我不是 (•) 不是德国人。

47 → T: Ja, du hihihih bist ein bißchen komisch↓

48 呵呵，是啊，你有一点奇怪。

49 → B: Ja↓ [WAS]↑

50 是啊↓（你说）[什么]↑

51 → T: [kompliziert] hahaha

52 [情况复杂] 哈哈哈

53 B: Ja, ein bißchen kompliziert, aber

54 是啊，就是有点复杂，但是

55 → T: =Ja, ok, du kommst aus China.

56 = 好吧，你是中国来的

57 B: ↑GEnau.

58 ↑就::是！

59 T: Haha

60 哈哈

61 B: Ja, so nicht einfach. ABER ich komme ZUrecht.

62 是啊，这不太简单。但我能应付得了

63 Ich komme hier↑ zurecht, ich komme in China↓ zurecht. Obwohl↑ China

64 gefällt mir besser.

65 我也适应这里，我也适应中国。不过↑我更喜欢中国

在例 1 中，T 为中国学生，B 是德国学生。以下分别记为 C-T，G-B。首先，根据话轮 42 位置处的这个非语言标记（即沉默），我们可以将话轮 1-42 提取为包含一组意见分歧的论证性语篇。其次，根据主张者和反对者的不同论辩角色，可以将主动表明立场（见话轮 1）的 C-T 指派为主张者 P，对此表示质疑的 G-B（见话轮 10）指派为反对者 O。由此，我们便可以指出双方的第一组意见分歧（P-1）、（O-1）：

意见分歧 1：

(P-1) G-B 是外国人。（话轮 1）

(O-1) 质疑"G-B 是外国人"（话轮 10）

(P-1) G-B 是外国人。

    (P-1.1) 我们的德语老师认为，广州淘金有很多外国人。（话轮 14、15）

        (P-1.1.1) 在广州淘金，很多人的面容特征与本地人不同。（未表达前提）

(P-1.1.1')如果面容特征与本地人不同,那么我们的德语老师就会认为这些人是外国人。(未表达前提)

(P-1.2)G-B面容特征与我们的德语老师在广州所认定的外国人相似。(未表达前提)

不难看出,当C-T明晰自己所给出的这个论证之后,也马上意识到其中存在谬误。显然,未表达前提(P-1.2)的添加,会让这个中国学生的论证变得匪夷所思。因而,她迅速地将其初始立场修正为(P-2)(见话轮32、38、40),即C-T收回了在先立场(P-1)。换言之,C-T通过作出立场修正,将信念"G-B是外国人"修正为"G-B在广州是外国人",从而消除了双方的意见分歧。C-T修正后的论证也可以表示为:

(P-2)G-B在广州是外国人。(话轮32、38、40)

(P-1.1')在广州淘金,有很多外国人。(话轮14、15)

(P-1.1.1)在广州淘金,很多人的面容特征与本地人不同。(未表达前提)

(P-1.1.1")如果面容特征与本地人不同,那么这些人**在广州**是外国人。(未表达前提)

在这个闲谈型对话中,中国学生和德国学生似乎没有反映出显著的"制度性"语境特征。然而,基于上述论辩实践,G-B不仅体现了典型的德国式谨慎(质疑对方使用"外国人"一词的恰当性),而且在对话中引导中国语伴C-T通过自我反思,也逐渐发现并构建了一种更为合理的意义表达。据此,中国学生C-T不仅内省地承认,最初采用的诉诸权威论证(即"我们的德语老师认为……")并不能为其立场作出充分的辩护,而且意识到"外国人"是一个相对于当前地域的概念。可见,通过理性地回答德国学生G-B所提出的批判性问题,这个中国学生发现自己对"外国人"一词的曲解与误用,进而在其信念系统中修正了原来的词汇语义。

采取类似的分析方法,我们还能够得出第二组意见分歧:(P-3)和(O-3)。

意见分歧2:

(P-3)G-B在德国是本地人。(话轮34)

(O-3)并非"G-B在德国是本地人"。(话轮43、45)

(P-3)G-B在德国是本地人。(话轮34)

(P-3.1)G-B和以C-T为代表的人种的面容特征不一样。(未表达前提)

(P-3.1')如果 G-B 和以 C-T 为代表的人种的面容特征不一样,那么他在德国就是本地人。(未表达前提)

(O-3)并非"G-B 在德国是本地人"。(根据话轮 43、45)

(O-3.1)G-B 对德国的认同程度弱于对中国的认同程度。(根据话轮 64)

(O-3.1')如果 G-B 对德国的认同程度弱于对中国的认同程度,那么并非"G-B 在德国是本地人"。(未表达前提)

在后续的这部分论证性语篇中,我们可以发现:中国学生 C-T 和德国学生 G-B 对"本地人"的归属标准也是存在分歧的。对于 C-T 而言,判定"本地人"的标准在于其面孔的典型特征,尤其是面孔所表征出的典型人种特征。然而,对于 G-B 而言,这一概念的认定却取决于他所确定的身份认同感。所以,双方在这个问题上显然是无法达成一致的。也就是说,此处的第二组意见分歧并未消除。事实上,通过给出各自的辩护理由,双方仅将分歧暂作悬置,而并未改变自己原本相信的命题。

例 2:

1 X: Ja, zum Beispiel wie ich, ich finde hier auch alles

2 是啊,以我为例,我觉得这里也是什么都好↑

3 sehr super↑

4 B: 0.7

5 B: Du hast eben erwähnt

6 你刚才才提过

7 B: Die Wohnsituation ist auch angenehm↑

8 住宿条件还好吗↑

9 X: Ehm↑

10 嗯↑

11 B: Deine Wohnsituation

12 你的住宿条件

13 X: nee

14 不好

15 B: ist nicht angenehm↑

16 不舒适吗↑

17 X: na, doch doch doch

18 啊,好的,好的,好的

19 B: 2.0

20 X: Ich glaube

21 我相信

22 X: 1.4

23 X: ich wurde vielmals gefragt, "was findest du sehr"

24 我被问到很多次，"你觉得什么很不好"

25 "schlecht oder gefällt dir nicht".

26 "或是你不喜欢什么"。

27 B: Ja↑

28 就是↑

29 B: Was gefällt dir nicht

30 你不喜欢什么

31 X: Aber ich habe ein paarmal überlegt

32 但是我考虑过几次

33 X: NEIN, eigentlich nicht oder vielleicht doch

34 没有，原本没有（什么不喜欢）或者也有

35 X: Eh wo habe ich etwas nicht so Gutes ehh erlebt un

36 我经历到一些不愉快的事情。

37 vielleicht das bleibt nicht in meinem Kopf. Sehr schnell

38 也许它们没留在我的脑海里，

39 habe ich das vergessen. Hehe

40 它们很快就被我忘记了。低声笑

41 B: Hi

42 用鼻音笑

43 B: Nichts↑Dir fällt nichts ein↑

44 什么都没有吗？你什么都想不起来了吗↑

45 X: Hm↑Nein↑Bisher ich hab einen sehr guten Eindruck

46 嗯↑没有↑到现在为止我对我在这里

47 von meinem LEBEN hier

48 的生活都印象很好

49 B: Heng↓

50 哼↓

51 X: I war sehr positiv

52（印象）很积极

53 X: Doch nicht so schlimm

54 不严重

55 B: Heng↓ dann ist s sehr gut

56 哼↓那就好

57 X: Ja↑ Zum Beispiel ich kann auch diese Ludel oder

58 是啊，比如说我也可以接受这个面条或是

59 akzeptieren

60（其他）的

61 B: Willst du noch ein bisschen↑

62 你还想要点↑

63 X: Ne, ne, ne, ne, ne, ne

64 不用，不用，不用，不用，不用

65 X: Danke

66 谢谢

67 B: Ah che

68 哎

69 B: Ich kann die nicht akzeptieren

70 我不能接受这些

与例 1 的分析相似，例 2 中的意见分歧也产生于德国学生 G-B 对中国学生 C-X 所表达的质疑。据此，G-B 也相应地为立场（O-1）作出辩护。

意见分歧：

(P-1) C-X 觉得什么都好。（话轮 1）

(O-1) 质疑"C-X 觉得什么都好"。（话轮 5）

(O-1) 质疑"C-X 觉得什么都好"。（话轮 5）

(O-1.1) 并非 C-X 觉得什么都好。（未表达前提）

　　(O-1.1.1) 存在"C-X 觉得什么都好"的反例。（话轮 7）

　　(O-1.1.1') 如果存在"C-X 觉得什么都好"的反例，那么并非"C-X 觉得什么都好"。（未表达前提）

作为对 G-T 的回应，中国学生 C-X 表明了立场（P-1），并对命题"C-X 觉得什么都好"作出如下辩护：

(P-1) C-X 觉得什么都好。（话轮 1）

(P-1.1) C-X 忘记了所有不好的经历。（话轮 38、40）

(P-1.1') 如果 C-X 忘记了所有不好的经历, 那么 C-X 就觉得什么都好。（未表达前提）

然而, 德国学生 G-T 对中国语伴的这一回应并不满意。所以, 他又进一步对其中的前提（P-1.1）予以驳斥。

(O-1.1) 并非 C-X 觉得什么都好。

(O-1.2) 并非"C-X 忘记了所有不好的经历"。（话轮 43）

(O-1.2') 如果并非"C-X 忘记了所有不好的经历", 那么并非"C-X 觉得什么都好"。（未表达前提）

值得注意的是, 德国学生 G-T 对中国语伴的两次反驳/质疑都是针对全称命题的。显然, 他的驳斥（如列举反例）也引起了中国学生 C-X 的注意与警惕。所以, C-X 在后续的论辩中改变了策略, 即不再采取全称命题的表达方式。此时, 她给出了如下的两个征兆型论证。其中, "可以接受这个面条"是"积极的人"的典型特征; "积极的人"又是"觉得什么都好"的典型特征。

(P-1) C-X 觉得什么都好。（话轮 1）

(P-1.2) C-X 是一个积极的人。（话轮 51）

(P-1.2.1) C-X 可以接受这个面条。（话轮 57、59）

(P-1.2.1') 如果 C-X 可以接受这个面条, C-X 就是一个积极的人。（未表达前提）

(P-1.2') 如果 C-X 是一个积极的人, 那么 C-X 就觉得什么都好。（未表达前提）

最后, G-B 表达了出于同理心的挑战态度。就表面而言, 双方的交流似乎止于一个关于饮食偏好的日常表达。但更重要的是, 德国学生对这一区别性偏好的强调（类比型论证）主要凸显了他对在先前提（P-1.2.1）的拒斥, 进而表明了他对"C-X 就是一个积极的人"以及"C-X 觉得什么都好"的反驳。亦即, 这个德国学生在其信念库中舍弃了"C-X 就是一个积极的人"和"C-X 觉得什么都好"。

(O-1) 质疑"C-X 可以接受这个面条"。

(O-1.3) G-B 不能接受这个面条。（话轮 69）

(O-1.3') 如果 G-B 不能接受这个面条, 那么就有理由质疑"C-X 可以接受这个面条"。（未表达前提）

在例 2 中, 虽然两个语伴之间的交流显得十分平常, 并不涉及任何专业的学习问题，但这个德国学生 G-B 所扮演的角色却更像一个苏格拉底意义上的"助产"式对话者。他不仅对 C-X 的"无立场"/"无原则"态度感到不满，而且表达了一种批判的质疑。相较而言，虽然中国学生 C-X 似乎仍然倾向于采取征兆型论证（同例1），但也在这种备受质疑的交流中逐渐习得对方的论辩方式。

例 3：
1 S: 那你回中国以后还会有 F(社交平台) 吗 =？↑
2 E: =Ja↑
3 = 有啊↑
4 Aber řich kann nicht so häufig Ehh Zugang zu F haben.
5 但是ř我可能不能经常上 F 了ř。
6 S: Ennn
7 嗯
8 E: Also (…) besonderen Zugang kann man dort erreichen. (…) manche
9 Freunde von mir haben Internetzugang von Amerika.
10 真的，人们（还是能）找到一些特别的渠道的（…）我的有些朋友就用美国的服务器。
11 S: Ja↑, ja↓, ich weiSS, das ist VPN-Klient.
12 是啦↑，是啦↓，我知道的，那就是虚拟网络客户。
13 E: Ehm
14 嗯
15 → S: Ah, ja↓
16 啊，就是这个↓
17 E: Ja↓
18 是的↓
19 S: Die meisten Chinesen WISSEN das nicht.
20 大多数中国人不知道这个。
21 → E: Ha?↑
22 是吗？↑
23 S： Ahahahaha
24 啊哈哈哈哈
25 E: Ok↑
26 好吧↑
27 S: Hihihihi

28 呵呵呵

29 → E: Aber das- aber viele ↑ meiner Freunde benutzen das

30 但是那个- 但是我很多↑朋友都用那个

31 Sie haben mir empfohlen (…) benutzen.

32 他们推荐我用（…）。

33 Also wir [probieren]-

34 也就是说我们 [试着]-

35 S: [Aber meine FREUNDE] in Shanghai, DIE haben das GAR nicht.

36 [但是我的朋友们] 在上海，他们根本就没有这个。

37 E: Ach, ok↑

38 是这样吗，好吧↑

39 S： Hmm↑

40 E: Warum? ↑

41 为什么呢？

42（0.2）

43 S: WeiSS ich nicht.

44 我不知道。

45 E： Wahrscheinlich Angst vor der […]

46 也许是害怕 […]

47 S: [naja]

48 [哎]

49 E: Aber von Hongkong kann ich facebook erreichen.

50 但是在香港我可以上网。

51 Manchmal geht es in Hongkong

52 有时在香港可以。

53 S: Ach so

54 哦，这样。

55 E: Hmm

56 嗯。

57 Oder Macau. Macau oder Hongkong, beide.

58 或者澳门。澳门或者香港，两者都可以。

59 S: Ah, Macau. So schön so.

60 哦，澳门。太好了。

61 E: Hmm

62 嗯。

在例3中，中国学生C-E与德国学生G-S之间的意见分歧在于，C-E回中国后能否使用F。首先，藉由一个因果型论证，C-E表明自己回国后可以使用F。

（P-1）C-E回中国内地后可以使用F。（话轮2）

　　（P-1.1）人们在中国可以找到使用F的渠道。（话轮8）

　　（P-1.1'）如果人们在中国可以找到使用F的渠道，那么C-E回中国内地后可以使用F。（未表达前提）

然而，根据双方的会话性语境及德国人对中国网络认知的惯例，我们可以添加两个未表达前提（O-1.1）和（O-1.1'）。据此，德国学生G-S也提供了一个表达分歧立场的论证。值得注意的是，双方在这一阶段都采取了相同的论证图式。但显然，G-S对隐含前提（P-1.1'）的充分性是不认可的，因而他重新给出了一个因果型论证。

（O-1）C-E回中国内地后无法使用F。（话轮11）

　　（O-1.1）在中国没有F的服务。（未表达前提）

　　（O-1.1'）如果在中国没有F的服务，那么C-E回中国内地后就无法使用F。（未表达前提）

为了对其立场增加辩护强度，G-S又提供了如下的类比型论证。

（O-1）C-E回中国内地后无法使用F。（话轮11）

　　（O-1.2）大多数中国人不知道使用F的渠道。（话轮19）

　　（O-1.2'）如果大多数中国人不知道使用F的渠道，那么C-E回中国内地后就无法使用F。（未表达前提）

此时，C-E同样采取类比型论证，进而对G-S作出反驳。与他的德国语伴相比，C-E所隐含的前提（P-1.2'）具有更强的可接受性。

（P-1）C-E回中国内地后可以使用F。（话轮2）

　　（P-1.2）C-E的很多朋友在中国可以找到使用F的渠道。（话轮8）

　　（P-1.2'）如果C-E的很多朋友在中国可以找到使用F的渠道，那么C-E回中国内地后可以使用F。（未表达前提）

然而，G-S并未据此收回自己的立场，继而提供了一个征兆型论证。其中，"G-S在上海的朋友"具有相关的典型性特征。

(O-1) C-E 回中国内地后无法使用 F。（话轮 19）

(O-1.3) G-S 在上海的朋友不知道使用 F 的渠道。（话轮 35）

(O-1.3') 如果 G-S 在上海的朋友不知道使用 F 的渠道，那么 C-E 回中国内地后就无法使用 F。（未表达前提）

相似地，C-E 也使用了一个征兆型论证表示反驳。他在这里表达的隐含前提（P-1.3'）也比对方的（O-1.3'）更具有可接受性。

(P-1) C-E 回中国内地后可以使用 F。（话轮 2）

(P-1.3) C-E 在香港和澳门可以使用 F。（话轮 49、51）

(P-1.3') 如果 C-E 在香港和澳门可以使用 F，那么 C-E 回中国内地后就可以使用 F。（未表达前提）

最后，德国学生基于对上述论证的认可而修正了自己的初始立场（见话轮 59），从而消除了意见分歧。不难看出，在中德学生之间的跨文化交流中，例 3 提供了一个理性消除分歧并实现信念修正的良好范例：通过使用与对方**相同的论证图式**，双方不仅更为流畅地推动了语言行为的序列进程，而且更容易获得论证的取效性。

总体而言，中德大学生之间的跨文化交流呈现出"弱冲突性"特征。其主要原因包括：第一，中国学生往往表现出积极推动对话序列的强交流意图；第二，闲谈型对话的频繁出现有助于沟通双方的情感，调节论辩的氛围，进而缓解实质的意见冲突；第三，作为论辩实践的从属性主体，中国学生也常主动挖掘并使用对方的讨论规则和论证模式。

从主体关系的角度看，本节案例中的德国学生与中国学生呈现出较为显著的"攻—防"关系。例如，后者通常倾向于被动地解释自己的行为意图。这种非对称的主体关系也使得双方的观点融合依赖于从属性主体（即中国学生）能否觉知并恰当使用对方的行为惯例、讨论规则或论证模式。其次，从论证图式的角度看，中国学生倾向于使用征兆型论证，有时会无意识地辅以"诉诸权威论证"（如引述德语老师的观点）。再者，双方对全称命题的敏感性也表现出较为显著的差异。对此，德国学生往往较为敏感，因而也常以列举反例的方式反驳对方的观点。

6.5 小结

　　这一章提供了刻画跨文化交流的论辩过程的主要操作程序。首先，基于主体、语境和语篇这三个核心要素，我们澄清了在单一文化内部描述论辩实践的方法论问题。其次，根据中德学生之间的语伴互助数据，从语言学的角度展示了如何描述跨文化交流的论辩过程，并相应给出了具有文化敏感性的主体特征、语境特征及论证性语篇标记。最后，通过分析三个典型案例中的论辩策略，我们还揭示了参与主体如何在跨文化交流中觉知、习得并使用对方的论证图式，进而实现立场变更、信念修正与分歧消解。

第 7 章

跨文化交流的论证模式

根据第 6 章所给出的论辩过程刻画程序，我们已经能够初步呈现跨文化交流中的主体性、语境依赖性和社会文化性等重要特征。需要指出的是，这些描述方法的使用也是有条件的，即仅适用于描述现代文化中的论辩实践。① 例如，中德学生之间的跨文化交流所涉及的两种文化，都具有较为显著的现代文化特征。然而，人类学调查数据通常还涉及另一种情况：在跨文化交流的实践主体中，至少有一方并不属于现代文化群体。

有鉴于此，我们将采取"广义论证"这种更具有包容性的论辩刻画视角，使之既可以考察基于现代文化背景的跨文化交流，也能够表征涉及非现代文化的实践活动。更为重要的是，本章还将进一步揭示：在作为"过程"的论辩实践中，如何得出作为"结果"的典型论证模式。②

---

① 在使用这些描述方法的时候，我们已经假定：论辩主体希望通过"批判性讨论"来解决意见分歧，即表现为"理性的"讨论者。换言之，实践主体是"现代文化"意义上的理性行动者。相关讨论详见第 6.1.2 部分。

② 对于论证模式的研究体现了当前论证理论研究的最新进展。例如，*Argumentation* 2016 年第 1 期和 *Journal of Argumentation in Context* 2017 年第 1 期均为论证模式研究专辑；2017 年，Frans H. van Eemeren 在上述专辑的基础上主编出版了著作 *Prototypical Argumentative Patterns*（John Benjamins Publishing Company）。

7.1 广义论证理论

大量的人类学调查结果显示，跨文化交流不仅发生于诸如中德大学生之间的现代论辩场景之中，也往往出现于涉及非现代文化（如中国传统文化）的多种交际活动。为了恰当处理这部分实践数据，我们将采取广义论证 (鞠实儿, 2010b) 的研究视角。其中，"广义论证"指的是：

> 在给定的社会文化情境中，隶属于一个或多个文化群体的若干主体依据（社会）规范或规则使用符号给出理由，促使参与主体拒绝或接受某个观点。我们称这种借助符号进行的具有说理功能的社会互动或博弈为广义论证。其中，符号包括语言符号和非语言符号，后者包括肢体和图像符号等；而说理就是给出理由促使人们接受或拒绝某一观点或立场。（鞠实儿，2010，第 37 页；鞠实儿、何杨，2014，第 104 页）①

区别于大多数采取"证明"视角的论证研究，广义论证理论主张从"发现"的角度对论证作出功能性定义。因而，"具有说理功能"的社会互动或博弈都可以进入其研究视域。这也就意味着，该理论所能处理的调查数据并不限于现代文化，也能够覆盖非现代文化。其次，所考察的语境并不限于现有的法律、政治、医疗和学术等具有显著制度性特征的核心领域，也可以涉及人类学研究所关注的多种边缘性的亚文化场景。再者，所讨论的对象语言将不限于自然语言，还包括肢体语言、图像语言和其他符号。

基于研究对象与适用语境的发现与扩充，广义论证理论也相应地拓展了论证分析与评价的方法。例如，采用古典文献学、训诂学的方法，分析中国古代的赋诗论证及算学论证；借助民族志和历史学的方法，揭示"本土性惯例"并为论证的局部合理性作出辩护 (鞠实儿、何杨，2014; 鞠实儿、张一杰，2017)。更为重要的是，通过引入"功能分析"的方法，广义论证理论还为"功能性定义"提供了基本的实现机制 (鞠实儿，2019)。② 其中，功能分析的目标是探讨特定文化群体语

---

① "广义论证"的定义首先由 鞠实儿(2010b) 给出，其后的论述（鞠实儿、何杨，2014; 鞠实儿、张一杰，2017等）略有修改，此处引用 鞠实儿、何杨 (2014) 的论证。

② 陈心文 (2016) 据此对当代中美国家领导人的政治论证模式进行了研究，以下有关功能分析和语篇分析的论述，参考 陈心文 (2016, 第 54~62 页)。另外，鞠实儿、张一杰 (2017) 采用该方法对中国魏晋时人刘徽《九章算术注》中的圆田术注文本进行了分析，可资借鉴。其关键性研究步骤在于"描述文本所在的社会-文化语境"，进而"将文本置于它所在的社会-文化语境，根据当时语境解释文本：揭示支撑文本的概念框架和预设，阐明文本中结论所依据的理由，使得文本成为当时语境中一个可接受的社会事件"。

言中有关论证表达式、论证结构和该群体可能的论证理论。它主要从语言使用的功能角度来开展论证研究，注重考察简单语篇、子功能语篇的相关功能，以及使用此功能所要达到的目的、意图。

第一，由于功能分析方法主要通过分析话语/语篇中的数据，发现实现相关功能的语篇结构，并从话语和语篇中提取讨论规则、论证结构、论证模式等，所以其实质是描述性的。第二，功能分析本身既不提供评价论证合理性的方法，也不预设评价规则。事实上，它是在某种文化背景下从话语/语篇中提取讨论规则并将其置于自身文化背景中进行评价。仅当这些规则在相应文化中得以辩护，才会具有约束行为的规范性。第三，由于语境和内容的不同，论证的"功能结构"和语言表达也会有不同。因此，该方法可以从不同角度对论证进行分析、分类，而不必预设跨文化交流的语篇结构（如话轮式结构）。

进一步地，广义论证理论将论证看作一种"复合的功能性语篇"(鞠实儿，2019)。这些具有不同功能的语篇组成一个完整的说理语篇。首先，仅当我们综合、系统地考虑各个不同功能的语篇，才能实现语篇的整体说理功能。在整体语篇中，也需要区分出具有独立说理功能的子语篇；如果在一个具有独立功能的语篇或子语篇中无法再区分出具有独立功能的语篇，就把这个语篇称为"简单语篇"。其次，由于简单语篇是根据功能确定的，因此我们不能事先确定它是否还可以还原为一个简单语句。换句话说，简单语篇既可以是一个简单语句，也可以是一串语句[①]（甚至包含肢体语言和仪式性实践等）；其功能并不局限于陈述内容、发出指令、表明态度和宣布事态，也可能包括意图铺垫、递进呈现和权重比较等。再者，虽然语篇结构与它的功能不是一一对应的，我们仍然可以通过分析数据来发现实现相关功能的常用语篇结构。据此，我们也就能够处理非现代文化中的多种互动数据。

通过引入功能分析的方法，我们也扩充了论证性语篇的提取程序。回顾第 6.1.3 部分给出的语篇处理步骤：先把论证看作一种"复合的言语行为"，再分析包含"论证"和"立场"的论证性语篇。然而，根据特定说理活动的功能结构，我们现在可以先识别出作为"复合的功能性语篇"的论证，再采用言语行为、会话分析等方法考察其中的子语篇（或简单语篇）。从这个意义上看，广义论证理论提供了"寻找"论证性语篇的可靠方法。

综上所述，基于广义论证理论，我们将能够进一步拓展论辩实践的研究对象和适用语境[②]，充分发现并恰当描述多种社会文化（尤其是非现代文化）中的说

[①] 事实上，在日常对话中，说话者也经常通过连续说出几句话来实现预期的目标。

[②] 亦即，不仅适用于现代文化中的会话性语境和制度性语境，也适用于非现代文化中的相关说理语境。

理活动。① 接下来，通过分析另一组典型的人类学调查数据，我们将呈现现代文化群体与非现代（或准现代）文化群体之间跨文化交流的论辩过程，进而从论辩"过程"中提取出作为"结果"的典型论证模式。

7.2 城乡之间的跨文化交流

人类学的田野调查 (胡炳年, 2017) 提供了一个颇具本土特征的跨文化交流范例。其中，该文所涉及的"跨文化"事实就发生于当下的中国社会：在不断发展的城市化过程中，城乡人口之间的彼此不理解（甚至观念冲突）即可视为现代文化群体与非现代文化群体之间的跨文化交流。为了刻画这种跨文化交流中的论辩事实，我们可以采取如下的分析程序：

第一，从功能实现的角度出发，搜索相关的功能性语篇。需要指出的是，基于所得的人类学数据，我们无法直接得到话轮式的语篇。这也就意味着，我们并不能根据现代文化中的论证性语篇提取程序（见第 6.1 节）来分别标识城乡群体之间的意见分歧及相关的论证性语篇。事实上，大量的一手调查数据（主要是人类学文本和媒体报道）所呈现的都是城市群体（以人类学研究者和记者为代表）对农村群体所表达的不解或质疑。所以，不同于提取中德学生之间的直接对话，我们只能在一种近乎独白式的文本中搜索相关的"释疑型"语篇。从功能实现的角度看，我们需要找出能够表达调查者疑惑之处或为此提供解释（或说明）的所有语篇。

第二，在已找到的语篇中，根据构成部分的独立性特征，将其还原为若干个简单语篇。其中，根据不同的子功能标准，指出各个简单语篇中的句子（转写为断言句的形式）。

第三，将转写所得的断言句还原为相应的命题，并在句子层面上指出该命题所对应的言语行为。继而，按照第 6.1 节所给出的语篇提取方法，重构相关的论证性语篇。

由此，我们将能够得到关于农村群体的一系列特征表达。其中，主要特征包括四个方面：

（1）反映城乡群体之间跨文化交流的典型交际活动类型：农村女性（及其原

---

① 陈心文曾以基于广义论证理论的功能分析法和当代论证理论的重要流派用论辩理论的分析方法为对象，从研究领域、研究目标、研究规范、研究程序四个方面展开了初步的异同比较，并指出前者更注重考虑社会文化因素。因此，基于广义论证理论，将有助于揭示出中美各自文化传统对于中美跨文化交际活动（如政治会晤）的影响（参见 陈心文, 2016, 第 130~134 页）。

生家庭）关于索要彩礼而实施的说理活动，以下简称为"彩礼说理"；

（2）指出彩礼说理的制度性目标：为索要更高金额的彩礼提供符合其群体规范的理由；

（3）分析彩礼说理的制度性惯例：为了实现（2）中的制度性目标，相关社会群体所遵守的社会文化礼俗或规范；

（4）探讨涉婚的农村女性及其原生家庭所实施的说理策略：根据（2）、（3）中的制度性目标和制度性惯例，女方（及其原生家庭）所采取的主要说理步骤。

7.3 农村的社会文化特征

人类学的调查数据表明 (胡炳年, 2017)：在农村婚姻缔结习俗中，男方向女方支付彩礼是一项重要的礼仪内容。彩礼的多少往往直接影响了婚姻缔结的结果。由于作为彩礼支付方的男性和收受方的女性对彩礼具有不同的诉求，因而双方常常会围绕彩礼的金额展开一系列的说理活动。彩礼说理，即是男女双方从自身利益出发，借助社会文化资源，围绕各自的彩礼诉求而展开的"讨价还价"活动。通过作为婚姻缔结中介的媒人进行沟通协商，彩礼说理会最大程度地满足双方的彩礼期待，进而促成婚姻的成功缔结。

基于鲁西南 N 村落社区的田野调查，我们主要从六个方面讨论影响村民论辩活动的社会文化特征：（1）性别结构；（2）完婚标志；（3）面子表征；（4）成家目标；（5）婚居制度；（6）保障体系。

7.3.1 性别结构

在农村的婚姻"市场"中，适龄女性资源的紧缺为彩礼说理提供了最基本的论辩空间。20世纪90年代以来，随着农村社会改革的深入，消费市场和劳动力市场的城乡一体化推进，村民的日常生活水平和生活成本也在不断提升。因而，与传统农耕经济的凋敝相伴而生的是，为了满足生计、寻求现代生活而纷纷进城的打工大潮。尤其是城乡二元结构的强化和城乡经济社会发展的不平衡，更加剧了打工青年对这种城市化生活的憧憬与渴望。在进城打工的农村青年中，部分女性借助婚姻缔结的"快捷通道"留在大中城市或临近的城郊，部分未能如愿留在城市的农村女青年则游离于城镇与农村之间。所以，这在客观上导致了当前农村适婚青年的性别结构失调：男多女少的性别结构也提供了农村彩礼说理的社会性背景。

需要说明的是，有小部分（甚至极少数）通过"知识改变身份"的从农村走出去的女大学生，往往已经藉由城镇户籍制度变成了真正的"城镇人口"，因而也不再属于我们所讨论的"农村女青年"范畴。

> 那些上过大学的农村青年与大部分读完中学就外出打工的农村青年不同，他们有更多留在城里的机会和竞争力。大学毕业后，那些女青年一般都能在城里找到一份谋生的活，靠着自己的努力，也是为了面子的原因，她们不再会回农村，而在城里结婚成家。相当一部分的农村女青年虽然没有读过大学，在进城打工感受了城乡生活的巨大差异后，也都不想回到农村。（胡炳年，2017，第50~51页）

从社会制度的层面看，城镇的高房价和户籍制度也强化了农村地区男多女少的结构：

> 城乡二元结构背景下，城里的高房价和城市生活的高成本，阻挡住了绝大部分农村青年，主要是农村男青年的城市生活梦想。对于不少买不起房的农村青年来说，城镇化离开他们还相当遥远。他们在经历和见识了城市的热闹和繁华之后，又被高房价和户籍制度逐出城市，无奈地回到生他养他的村子里。

> 一家女百家求。女方家庭在嫁闺女之前，可以占据很多道义上的主动，可以通过媒人向男方提出各种结婚彩礼要求。随着城乡一体化的劳动力市场和婚姻市场的形成，在一个开放、竞争、流动的社会环境下，经济欠发达、生活条件差的农村现状，对城市现代化生活的追求，使得女方试图以结婚为跳板来追求更好生活。（胡炳年，2017，第49页）

基于这种性别结构，农村的适婚女性在关于彩礼的讨论中往往占据主动地位。相比之下，男方家庭为了早点给儿子娶上媳妇，也甘愿通过彩礼这种调节婚姻"市场"的途径来完成"做父母的任务"。因为在大多数村民看来，"男大当婚，女大当嫁"，婚姻是人生大事不能耽误；而这件大事的完成还是父母必须完成的一项"任务"。①换言之，婚姻作为一种社会文化行为，并不仅仅是当事人的事，

---

① 需要说明的是，传统的农村父母具有主婚权，"父母之命"是婚姻缔结的首要条件，严禁男女私下相亲相许。如果未取得父母的同意，就自行婚姻之事，则谓之"私奔"。"奔则为妾"，不仅自己不光彩，而且有损整个家族的面子，还会为村里人所讥笑。直到20世纪90年代，尼山嫁娶依旧讲究要遵循"父母之命"，嫁娶形式也分"大办"和"小办"。这种女方自己到男方家举行婚礼的形式，在当地就叫"小办"。可见，"父母做主"的婚俗观念在当时的村民意识里还是很深，不经过父母做主和明媒正娶的"自谈"被认为是不合礼俗。（胡炳年，2017，第62~63页）

它还直接涉及男女双方的原生家庭。

7.3.2 完婚标志

首先,"结婚"是一种成人的标志。人类学的田野数据表明,仅当一个农村青年已经结婚,才会被其所在的社会群体视为"具有独当一面的责任主体":

> 在民间观念中认为"不管多大,只要是没结婚,就不算是成人,就还只是个孩子。"这里的"成人",是指具有了一种礼教仪式规范下的人的概念。农村社会中的生产生活、社会交往以及社会关系的再生产,通常是以家庭为单位进行的,"家庭是村庄经济生活的基础,也是村庄社会生活交往的基础"。如果一个青年没有被认为"成人",就不具备代表家庭进行"随礼"等社会交往活动的资格,村落也不会将他作为具有独当一面的责任主体。

> 而只有经过了传统习俗所规定的结婚的公开仪式和程序,获得村落社会的认可,才能够"成人"并获得村落社会认可的能够代表家庭独当一面的主体身份和资格。受儒教"家本位"影响,"男大当婚,女大当嫁""早结婚早享福"以及"成家立业"等传统的婚嫁观念,将结婚成家放在建功立业的前位,这为民间的早婚习俗提供了文化依据。

> ……

> 村民个体,一旦结婚成了家,有了家庭,就有了维护家庭的责任和约束,尤其是有了孩子后,对家庭的担当就有了更真切的感受,也就有了奋斗的目标和动力。自从小孩出生的那一刻起,家庭就开始为子女操心,为其将来的娶媳妇做准备。同时,通过婚姻家庭,村民被编织进以家庭为中心的人情往来和关系网络中。从而也就在家庭和社会中获得了"做人"的意义。

> ……

> 结婚成家成人,通过结婚成家才能实现人在家庭和社会层面上的意义获得,并在此基础上实现人的自我完善和自我成就。而且由于给生命以意义是人类存在的主要目的和首要条件,因而对意义的获得比补偿经济代价更为重要。"成家成人"所蕴含的世俗意义和结

婚成家之间的张力，激发了村民的早婚行为，这也为其成婚前提的彩礼准备埋下伏笔。(胡炳年, 2017, 第 54~55 页)

其次，彩礼是一种正式完婚的"仪式标志"。根据人类学的研究成果(胡炳年, 2017, 第 66~67 页)：彩礼来源于聘娶婚制，由西周"六礼"（纳采、问名、纳吉、纳征、请期、亲迎）中的纳征演化而来，被作为是婚姻关系确立的标志。彩礼又被称为纳征、纳币、聘礼、聘财、财礼以及见面礼等，彩礼内容也几经变迁，但其作为婚姻信用的标识物的性质始终未变。《仪礼·士昏礼》中"纳征，玄纁束帛，俪皮"。纳征，即男方向女方送聘礼。"征，成也，纳此则昏礼成，故云'征'也"。唐代"婚礼先以聘财为信"及"虽无许婚之书，但受聘财亦是"。"程子曰：征，证也，成也，用皮帛以证成男女之礼也"。直至民国时期"定婚为成婚之前提，男女定婚写立婚书，以礼聘娶。虽无婚书，但曾受聘者财亦是，是婚约必备此要件之一"。

不过，"受制于经济条件的生活张力"，有时也会出现一种"变通"的婚俗(胡炳年, 2017, 第 67 页)：在民间社会中催生出"换亲"和"转亲"的婚俗。换亲，一般是在两家之间互相交换新娘，转亲则是在三家及三家以上之间依次轮流交换新娘。换亲或转亲，一般是由于男方家境贫寒家、年龄过大或者有生理缺陷，只好用姐妹交换的方式，解决成家问题。换亲的彩礼和嫁妆一般都比较简单。因而，换亲和转亲的流行也从间接表明了彩礼在成婚过程中所体现的"仪式标志"功能。

再者，作为一种"物质标志"，彩礼是男方家庭经济实力和谋生能力的象征，是确保女方婚后生活质量的保证。此外，作为一种"诚意"标志，彩礼的金额直接反映了男方对女方的珍视程度和诚意。正如人类学的调查结果所表明的："在传统意义上，男方家庭在婚姻缔结中的主动性使彩礼被认为是男方对女方和婚姻的一种态度，是对女方和婚姻的尊重和珍视。因此彩礼必须由男方主动给而且给得越多说明对女方和婚姻越满意、越有诚意"(胡炳年, 2017, 第 138 页)。

7.3.3 面子表征

彩礼是表征农村待嫁女青年及其原生家庭身价的重要符号。冠之以"身价"之名，这似乎也就与"买卖"有关。

> 在早期社会民族学界，林耀华 (1910–2000) 认为"聘礼带有买卖的性质，实际就是女子的身价"。宋兆麟（1936-）也说"这种婚姻关系，已失去了男女自愿结合的朴素性质，而是以经济条件为基础的

买卖婚姻了。……女子出嫁到男方,是男子聘金的交换物。"在民间"老婆本""娶来的媳妇,买来的马,任我骑来任我打"等俗语表明婚姻关系被认为是一种买卖交易。(胡炳年,2017,第7页)

在所调查的山东农村里,婚姻不仅是村民们最为重视的一项人生大事,也是具有公共意义的社群性事件,因而结婚也被俗称为"公事"。因而,在这种关于公事的讨论中,彩礼的金额也就成为村民热议的一个公共话题。例如,彩礼多不仅能够说明这个待嫁女青年"体面"、"身价高",被男方(及其家庭)"看得起",而且也会为其原生家庭挣得"面子"和声誉;相反,如果女方不要彩礼或少要彩礼,则往往被怀疑为"有问题"。

> 农村作为一个盘根错节的熟人社会,家庭家族的面子和声望也掺入进了结婚彩礼的竞争,婚礼庆典的排场、彩礼的数量和内容成为炫耀、跟风攀比和要面子的表现。强烈的攀比心理,男女双方都希望通过排场的婚礼赢得村民和亲朋的良好声誉,新娘也籍此证明自己的价值,并向亲友暗示今后的幸福,因而会拔高彩礼的数额。"女性嫁人要收相应的彩礼,倘若没有此项程序,则会被人说道,当事人将不得不面对村庄的强大舆论,同时这桩婚姻的合法性也将淹没在其中"。女方索要高额彩礼的目的之一是为了回应习俗和舆论、为了"不丢人"。(胡炳年,2017,第12~13页)

> 从女方当事人方面看,如果不要彩礼,很可能会被认为是其自身"有问题"自降身价;从村落社区方面看,在熟人社会中,面子是一种村落内部竞争和张力的体现,是一种稀缺的社会资本,而体面的结婚彩礼则是展示实力、获取面子的重大机遇。将彩礼与面子联系起来,并通过彩礼对面子的影响,为彩礼说理提供依据。(胡炳年,2017,第138页)

由此可见,由于男方给付的彩礼金额直接体现了他对女方的尊重程度,彩礼也由此表征了女方及其原生家庭的一种"身价"。所以,对其他村民而言,彩礼的金额也就成为他们对女方本人及其原生家庭(甚至家族)进行社会声誉评价的一种重要依据。

在村落社会中,"身价"和"面子"都是重要的社会资本。更准确地说,身价和面子指的是"广受重视的社会声誉,它是个人借由成就和夸耀所获得的名声,也是个人借由努力和刻意经营所累积起来的声誉"。由于村落生活的相对封闭性与家族之间/家族内部的竞争,身价、面子也成了体现村落内部关系的重要外化形式。因此，作为一种表征符号，彩礼也直接约束了农村个体之间的身份、地位与关系。

7.3.4 成家目标

随着工业化、城镇化和市场化的迅速发展，农村青年外出打工或从事各类商业营生，农村社会的生计方式和生活状况发生了巨大变化，农村家庭的经济收入有了显著提升。同时，伴随着城乡消费市场的一体化推进，农村居民的生活消费已由传统的自给自足模式转向依赖市场的商品消费模式。这也导致了村民在婚姻嫁娶等问题上变得更加"市场化"，结婚成本和彩礼金额不断上涨。尤其是对那些无法通过婚姻留在城里的农村女青年来说，通过婚姻的契机来实现都市化的生活（即在农村最大程度地复制都市化的生活方式），即是她们体验都市化想象的最佳途径。从这个意义上看，农村女青年也就把她们对都市化生活的追求转化为"婚姻改变生活"。

2010年以来，当地农村兴起了"一动一不动"的结婚风潮，即一座二层楼房和一辆小汽车成了女方要求的结婚前提。这种物质彩礼与"三家一起发"（31800元）等现金彩礼成了当地农村流行的新婚俗。在促成婚姻缔结的同时，诸如"一动一不动"的物质要求也加速了农村新婚家庭的"在地都市化"形态。

> "一动一不动"的房子和车子，是现在农村青年追求城市现代化生活方式的一种反映。村民买小汽车，"主要是逢年过节以及迎来送往时，用来开着出门，有面子，外场儿上好看"。而电动摩托车、壁挂式彩电、茶几、电脑、组合沙发、冰箱，甚至洗衣机已经成为年轻人结婚必置办的家用器物。
>
> 从新婚家庭的内部装修和摆设等硬件设施来看，农村和城镇居民，已无多大差别。农村家庭的现代化装饰，是农村年轻人对城市和现代化生活方式的追求。与城镇生活不同的是，这些家用电器大多时候只是用来装门面的摆设。
>
> 虽然女方会与男方通过事先协商，以嫁妆或者间接嫁妆的形式，资助新家庭置办一些家电物品，如彩礼、冰箱、床铺、沙发等，但是大部分主要还是由男方来承担。
>
> 随着市场化、商品化以及信息化等现代性元素在农村社会，尤其是在农村年轻人间的影响日益深入。在城乡一体化的市场消费平

台下，无论是"一动一不动"的车子、房子，还是一应俱全的家电家具，都是从市场上购买的商品。对现代性的都市生活方式的追求，使得农村新房的装修和家电家具也跟城市无大区别不大：楼房、冰箱空调、电视电脑、沙发茶几、洗衣机、双人床等都很齐全。住着跟城里人一样的楼房，开着跟城里人一样的小车，"一动一不动"成为农村青年结婚的面子和前提。农村青年渴望的都市里的"城里人的生活"方式，终于通过婚姻彩礼的途径而被快速"实现"着。

……

城乡消费市场的一体化，使农村村民和城市居民的生活和消费处于同一个市场平台上。在农村，农村男青年要想娶到媳妇，就要与城里人的结婚条件相匹配，就要满足女方"在地都市化"的彩礼要求。因此那些在城里买不起房的家庭就要在农村建跟城里一样的二层楼房，"在地都市化"成为当地农村流行的一种新婚俗。进城买房或"在地都市化"成为当地大部分农村青年实现婚姻的彩礼要求。(胡炳年，2017，第 46~47 页)

另外，随着个人收入和经济能力的提高，外出打工、经商农村青年也逐渐增强了个体的独立意识，其谋求独立生活的愿望也更加强烈。这主要表现在农村青年在订婚阶段就会达成分家协议或婚后迅速分家。在农村家庭分家提前的背景下，新婚家庭的独立打造也就需要更多的货币支持。因而，女方在订婚的时候往往就会先以彩礼的形式向男方提出要求。

7.3.5 婚居制度

农村地区仍旧延续传统的"从夫居"制度，即女方出嫁后到男方家生活，成为男方的家庭成员。在村民们看来，"嫁出去的闺女，泼出去的水"。也就是说，出嫁闺女与娘家在社会身份的建构上使之变为了娘家的"客人"(胡炳年，2017，第 71~72 页)。

中国农村家庭靠"养儿防老"，儿子是赡养老人的主要承担者。"嫁出去的女儿，泼出去的水。"在习俗上，出嫁闺女并不负责娘家父母的养老。为了在闺女出嫁之前，在生养抚育闺女长大以及报恩伦理的人情道义支持着女方父母的彩礼要求。(胡炳年，2017，第 78 页)

所以，从女方家庭的角度看，把女儿养育成人意味着他们先为"他人"投入了大量的物质成本和情感成本。由于女儿在出嫁之后就会"成为男方家的人"，所以会给他们直接造成"养女成本的损失"以及家庭劳动力的流失；同时，这种物理距离的增加也会造成女方家庭的情感失落。为了弥补这种物质损失和情感失落，女方的原生家庭往往诉诸于直接的经济补偿。那么，彩礼则提供了获取经济补偿的最佳渠道。

费孝通(1981,第142~148页)指出"高额彩礼是男家对女家转让劳动力的补偿"，民俗学者乌丙安也认为，彩礼是族外婚的遗俗，把嫁女看作劳动力转移，不管强调妇女是生育者还是生产者，男方家庭对女方家庭作出彩礼补偿是必须的。人类学所指的彩礼是新郎家向新娘家的财富转移，它是使婚姻契约以及从一个家庭转移到另一家庭中的对于妇女权利的生效，是女方家长把女儿的权利让渡给男方家庭，男方家则以物质或货币的形式向女方家偿付养育之恩，以获得权利让渡的合法性。(胡炳年，2017，第7页)

芬兰学者韦斯特马尔克（Edward A.Westermarck, 1862-1939）认为彩礼是一种"补偿"。"亲族并未以女子当作产物变卖。……在许多场合，新娘的价格系当作女子嫁出后蒙受损失的赔偿，或者在结婚以前为扶养彼女所费的经费的弥补。"范热内普也认为"婚姻总是有其经济层面，其经济行为的性质与礼仪特质交织在一起。由此而形成的社会群体更感兴趣于经济方面的协商与安排。如一家庭、一村落或一氏族将失去一位有益的成员，无论是男还是女，自然需要一定补偿。……总之，经济层面如此重要，以致婚礼的最后一步，只有在全部嫁妆或彩礼（卡林姆）给付之后才能举行，尽管此礼可能在几年后才能完成。"(胡炳年，2017，第8页)

莫里斯·弗里德曼（Maurice Freedman, 1920-1975）对彩礼偿付理论也有论述，他认为彩礼具有三种功能：一是感谢女方家的养育之恩，二是标志女性权利在群体(家庭)间的转换，三是意味着男方家庭比女方家庭优越。根据该论述，新娘本身是有价值的，她的嫁入将为新郎家庭带来人口繁衍和劳动力增加的收益，相应的，其娘家则付出了养育成本和劳动力减少的代价，为此，新郎须向新娘家作出一定的补偿，这种补偿就是彩礼又被称为"新娘价格"。在这种情况下，男方要想获得一个妻子，就必须补偿女方家庭失去一个主要劳动力的重大损失。这种从人力资本的角度解释彩礼的补偿作用，认为彩礼是

一种对新娘父母的养女补偿，以及新娘自身劳动力损失的补偿。(胡炳年，2017，第 9 页)

7.3.6 保障体系

彩礼也为女方的原生家庭提供了一种保障机制。正如人类学调查所指出的："在自我保障方面，女方家庭父母的养老需求，尤其是对于远嫁他乡的闺女造成代际互惠的不便甚至中断，因此需要一笔彩礼作为养老的费用"。(胡炳年，2017，第 166 页)

> 2014 年尼山社区的农村养老保障标准为，年满 60 周岁的老人每月的养老金为 60 元。现在城乡一体化的生活消费市场下，日常生活从消费所需都主要依靠市场购买，随着物价的不断上涨，生活成本不断提升，农村老年人靠国家养老费是杯水车薪，他们的生活是很艰难的，以至于出现像 LBY 那样被认为"手脚不干净"的人。

> 尤其是那些没有儿子的家庭，他们晚年的养老只能靠自己和出嫁闺女，但主要是靠自己。在这种情况下，女方父母会在闺女出嫁时就对自己的晚年养老有所考虑，就会向男方暗示或者通过媒人提出以备将来养老所需的额外的彩礼，基于亲情和孝道伦理，闺女也会为了父母养老生活的需要支持向男方多要彩礼。如上述中那个远嫁到 L 村的山西女孩，她的父母一开口就要 20 万彩礼，这其中就有包含着将来需要依靠彩礼钱来养老的因素，而这也成为了女方彩礼要求的理由。(胡炳年，2017，第 88~89 页)

基于传统农耕经济的社会背景，在汉人社会的"家本位"观念以及对婚姻家庭的重视下，社会要求婚姻缔结主体尤其是女方须恪守"从一而终"的婚姻之道。然而，与传统时代超稳定的婚姻家庭不同，在当前的农村社会中，离婚已不是"稀罕事"。传统观念认为，女方在婚姻家庭中处于弱势地位。如果女方在订婚或者出嫁后如果遭遇男方悔婚或者离婚，则会被民间视为一种丢脸的"丑事"。

对女方当事人及其家庭来说，悔婚和离婚不仅会使其蒙羞，而且会造成直接的家庭损害。为了维护婚姻家庭的稳定，女方及其原生家庭便将彩礼看作一种有效的保障和制约手段。例如，根据当地的退婚习俗：如果男方先提出退婚或悔婚，那么他所给付的彩礼将一分不退。换言之，这种情形下的离婚会直接使男方人财两空。所以，彩礼也就成为保障女方权益的一种生效手段。

针对妇女在传统经济活动和宗法制度中的弱势地位，弗里德曼还指出"彩礼在功能上主要是与妇女在整个父系等级继嗣群体中的权利和地位有关"，即通过彩礼来"发挥着约束婚约的功能"。

"在新郎方面的赠物所以表示好意或尊敬；所以证实自己有维持妻的能力；能保障旁人所加于妻的侮辱。"(胡炳年，2017，第14页)

传统宗法家庭制度下的男尊女卑将女性置于一种社会和文化上的弱者位置，彩礼是一种对作为弱者的女方的一种保障机制。彩礼对维护婚约的履行和婚姻家庭的稳定具有积极意义，但在某种意义上这也是对婚姻自由的束缚。女方从婚后家庭生活保障的考虑出发，会出现"男方越穷，女方越要"的情况，即经济越差的地方、男方越穷的家庭，女方的结婚彩礼要的就越多。(胡炳年，2017，第137页)

7.4 彩礼说理的策略

基于第7.3节中六个方面的社会文化特征，我们将进一步提取农村彩礼说理活动中的主要论辩步骤。囿于篇幅限制，本节谨讨论女方及其原生家庭的主要说理策略。

7.4.1 假设相反情形

女方在彩礼说理中，通常并没有正面为索要更多彩礼的立场作出辩护，而是采取了一种近似于"归谬"的论辩策略：先假设相反情形，再归纳由此产生的消极结果。

例1：不要彩礼，人家会说恁家的闺女怎么贱呀，连这点彩礼都舍不得啊？媳妇就在你眼里这么不值钱哩？

农村要是不要彩礼的话，人家会觉得这女的可能会有什么毛病，给彩礼，说明得到人家认可了。女的也并不是图这个钱，而是希望能够（被）重视……(胡炳年，2017，第125页)

例2：（3万1千8）基本都这个价了，其实女方不一定要，只是别人有的她没有，周围就有说三道四的；人家都有，咱也不能不要啊？俺嫂子那时候见面礼1万1，俺也只能随着1万1了。(胡炳年，2017，第131页)

在例 1 中，女方及其原生家庭并没有直接提供要彩礼的理由，而是以通过假设"不要彩礼"这种相反情形，表明身价损失的消极后果，如"贱"和"不值钱"。在例 2 中，女方通过假设"别人有的她没有"的相反情形，表明了"周围就有说三道四"的消极后果。换言之，正是由于"不要彩礼"会导致荒谬的消极结果，他们才会不得已地索要彩礼。可见，较之于正面辩护，采取这种策略的彩礼说理也间接表达了女方及其家庭的言不由衷。

> 例 3：某村民背着媳妇有了外遇，在外面找了个"第三者"。他还打老婆。现在他要认错，就交 20 万保证金存在岳母这里。不是钱的事，给我钱是给我个保障，你过个三年五年万一离婚了呢？（胡炳年，2017，第 126 页）

在例 3 中，女方家庭先通过援引其他村民的情况表明：某个农村妇女藉由彩礼保障和维护自己的婚姻。显然，这个主张者通过类比他人案例，进一步凸显其索要彩礼的目的："不是钱的事，给我钱是给我个保障，你过个三年五年万一离婚了呢？"

值得注意的是，针对打造"城市化"小家庭的"现代"目标，农村的青年女性及其家庭并没有诉诸于现代的保障体系，如《婚姻法》、婚前财产登记等。区别于这些现代的婚姻保障途径，她们使用的却是一种"非现代"（或"前现代"）的保障手段，即彩礼。从这个意义上看，彩礼的确又"不是钱的事"，它发挥了一种更为重要的婚姻保障与权益维护功能。

7.4.2 分列女方成本及男方收益

在不少农村地区，媒体所反映的"嫁女儿如卖女儿"现象似乎也不是空穴来风。例如，人类学调查所提供的数据中包含了不少这样的言论 (胡炳年，2017)：

> 例 4：把闺女养这么大了，男方给钱很正常，上学、从小养到二十多，花个 10 万、20 万很正常……你要跟大学生哩，研究生哩，30 万也不够啊……你想想得花老的多少钱？是这么个道理吧，都这么着；嫁过去还得做饭、生孩子、看孩子、照顾老人，还得干活挣钱，这 3 万多算什么，能工作几个月就挣出来了；把闺女嫁出去，要一部分养老钱完全可以。（胡炳年，2017，第 124 页）

在例 4 中，女方的原生家庭先列举了女儿的养育成本和教育成本，再列举了嫁出女儿后夫家可以从中获得的"收益"。这蕴含了一个基本假设：较之于女方家庭所付出的"成本",男方(及其家庭)所获得的收益是更为显著的。

其次,区别于列举女方成本及女方收益的情形,上述策略中还蕴含了两个未表达的前提:

(1)在不考虑彩礼的情况下,女方家庭进行的是一桩"有成本,无收益"的活动;

(2)在不考虑彩礼的情况下,男方家庭进行的是一桩"无成本,有收益"的活动。

显然,为了平衡两方家庭的成本和收益,女方家庭就需要获得相应的彩礼。从这个意义上看,彩礼是男方对女方家庭作出的一种价值补偿。

7.4.3 诉诸礼俗

在农村的彩礼说理中,女方及其家庭通常还会诉诸礼俗、俗语。如以下的例5、例6:

> 例5:房子得有,"嫁汉嫁汉,穿衣吃饭",人家嫁闺女可不想过苦日子。(胡炳年,2017,第129页)

在例5中,女方家庭通过援引"嫁汉嫁汉,穿衣吃饭"的本土俗语,来为"婚姻改变生活"的观点作辩护。这意味着,其关于彩礼的诉求表达是符合当地一以贯之的传统礼俗的,因而也就符合本土的规范性标准。

> 例6:彩礼是老一辈子上传下的规矩,你不那样做,别人就会笑话,好像闺女跟人私奔了似的。这个是礼节,有利于双方家庭间的交往联络。钱多钱少也是个诚意问题,太少了叫人家觉得一点儿诚意也没有。(胡炳年,2017,第132页)

一方面,例6使用了假设相反情形的论证,如"(如果)你不那样做,……""(如果)太少了叫人家觉得……"。另一方面,主张者又诉诸本土礼俗:根据当地的"礼节",对方应该给付彩礼。

7.5 彩礼说理的典型论证模式

基于以上研究,我们便可以刻画以女方为主导的彩礼说理活动。其中,为了实现促使双方缔结一种"城市化"婚姻的目标,女方、新婚家庭、男方家庭和女方家庭分别根据不同的主体性特征，限定相应的说理语境。继而，各方主体会采取一系列具有语境敏感性的说理策略，使之实现相关的说理功能。

例如，根据农村地区男多女少的性别结构和获取自己"身价"表征的主体性特征，女方首先限定了利于自己说理的语境。据此，女方主要采取假设相反情形、诉诸先例和诉诸礼俗的说理策略。相应地，这些策略具有表征身价或获取保障的说理功能（见表7-1）。

表7-1　鲁西南N村落社区的彩礼说理活动

说理目的	说理语境		说理策略	说理功能
促使双方缔结一种"城市化"婚姻	女方	男多女少的性别结构；获取女方"身价"的表征	假设相反情形；诉诸先例；诉诸礼俗	表征身价；获取保障
	新婚家庭	以打造"在地都市化"的独立小家庭为目标	列举物质条件	资助新婚家庭
	男方家庭	"聘则为妻"的完婚礼俗	假设相反情形	彰显实力；表达诚意；象征结婚
	女方家庭	"从夫居"的社会制度；依赖子女的养老体系	列举抚养成本；列举劳动力补偿形式；列举赡养费用	获取价值补偿；实现情感抚慰；争取赡养支持

在上述说理活动的刻画中，我们首先发现了一种共有的意向性特征。因为，人类学调查中所涉及的彩礼说理活动都共同指向了一个说理目的，即促使双方缔结一种"城市化"婚姻。从本质上看，这个说理目标也体现了活动参与者的一种"现代化"倾向：在当下农村的"城市化"转型过程中，农村青年将其对现代城市生活的认同与渴望外化为对"城市化"婚姻的打造。

根据这个共有的意向性目标，我们可以先得出农村彩礼说理活动中的基础论证模式（见表7-2）。

表7-2　农村彩礼说理的基础论证模式

基础论证模式：
1 男方应当提供更高金额的彩礼X，因为
1.1 提供更高金额的彩礼X能够促使双方缔结一种"城市化"的婚姻Y
1.1' 如果提供更高金额的彩礼X能够促使双方缔结一种"城市化"婚姻Y，那么男方就应该提供彩礼X

其次，根据基础论证模式中分别对前提 1.1 和前提 1.1' 所实施的支持性辩护，我们可以进一步得到两组扩展的论证模式。

为了支持前提 1.1，主张者实际上给出了一个具有功能性的理由：提供更高金额的彩礼 X 能够满足双方缔结一种"城市化"婚姻的必要条件。以下，我们将其记作"1.1.1"：

> 1.1.1 提供更高金额的彩礼 X 能够满足双方缔结一种"城市化"婚姻的必要条件

根据表 7-1 中所列举的四种语境，我们又可以得到用以支持 1.1.1 的四组理由。以下用断言句的形式分别表述为：

1.1.1 提供更高金额的彩礼 X 能够满足双方缔结一种"城市化"婚姻的必要条件

> 1.1.1.1 如果提供更高金额的彩礼 X，那么新婚家庭就能获得资助 A
>
> 1.1.1.2 如果提供更高金额的彩礼 X，那么就可以象征双方结婚 B
>
> 1.1.1.3 如果提供更高金额的彩礼 X，那么女方及女方家庭就获得保障 C
>
> 1.1.1.4 当且仅当提供更高金额的彩礼 X，才能体现双方的主体性 D

相似地，我们还可以进一步得到用以支持 1.1.1.3 和 1.1.1.4 的扩展性辩护：

1.1.1.3 如果提供更高金额的彩礼 X，那么女方及女方家庭就获得保障 C

> 1.1.1.3.1 提供更高金额的彩礼 X 能够使女方获得保障 M
>
> 1.1.1.3.2 提供更高金额的彩礼 X 能够使女方家庭获得价值补偿 N
>
> 1.1.1.3.3 提供更高金额的彩礼 X 能够使女方家庭实现情感抚慰 O

1.1.1.4 当且仅当提供更高金额的彩礼 X，才能体现双方的主体性 D

> 1.1.1.4.1 当且仅当提供更高金额的彩礼 X，才能够表征女方的身价 P
>
> 1.1.1.4.2 当且仅当提供更高金额的彩礼 X，才能够彰显男方的实力 Q
>
> 1.1.1.4.3 当且仅当提供更高金额的彩礼 X，才能够表达男方的诚意 R

由此，我们便可以提取出用以支持前提 1.1 的第一组论证模式，简记为"扩展论证模式（Ⅰ）"（见表 7-3）。

表 7-3　农村彩礼说理的扩展论证模式（Ⅰ）

扩展论证模式（I）：
1.1.1 提供更高金额的彩礼 X 能够满足双方缔结一种"城市化"婚姻的必要条件
1.1.1.1 如果提供更高金额的彩礼 X，那么新婚家庭就能获得资助 A
1.1.1.2 如果提供更高金额的彩礼 X，那么就可以象征双方结婚 B
1.1.1.3 如果提供更高金额的彩礼 X，那么女方及女方家庭就能获得保障 C
1.1.1.3.1 提供更高金额的彩礼 X 能够使女方获得保障 M
1.1.1.3.2 提供更高金额的彩礼 X 能够使女方家庭获得价值补偿 N
1.1.1.3.3 提供更高金额的彩礼 X 能够使女方家庭实现情感抚慰 O
1.1.1.4 当且仅当提供更高金额的彩礼 X，才能体现双方的主体性 D
1.1.1.4.1 当且仅当提供更高金额的彩礼 X，才能够表征女方的身价 P
1.1.1.4.2 当且仅当提供更高金额的彩礼 X，才能够彰显男方的实力 Q
1.1.1.4.3 当且仅当提供更高金额的彩礼 X，才能够表达男方的诚意 R

最后，我们再考虑前提 1.1' 的辩护问题。如前所述，在我们所处理的人类学数据中，只有极少数的农村女青年（甚至是极个别的农村女青年）通过接受高等教育而实现了"在城镇工作"的职业理想。对于这些个体而言，她们先取道于"知识改变身份"，进而实现了自己的"城市化"目标。但更准确地说，藉由当下的城镇户籍制度，这部分女青年已是名副其实的"城镇人口"，即不再属于我们所讨论的"农村女青年"范畴。

然而，对于那些"真正的"农村女青年而言，她们实现"城市化"目标的唯一途径只能是寄望于"打造一种'城市化'的新家庭"。吊诡的是，"城市化"家庭的建立却不是通过家庭主体的"城市化"举措来实现的——由于缺乏技能和学历，他们无法仅凭一己之力，以一种符合"现代"个体特征的方式来实现这一目标。事实上，这些新婚的农村女青年最终也仅诉诸于结婚的彩礼：她们藉此完成了"城市化"新婚家庭的物质积累。在这个意义上看，她们恰恰以一种"非现代"的途径，实现了一个看似"现代"的目标。

由此，我们可以得出 1.1' 的辩护性论证 1.1'.1：针对缔结一种"城市化"婚姻 Y 的目标，并不存在比提供彩礼 X 更好的其他候选方案。进一步地，我们就能够提取出用以支持前提 1.1' 的第二组论证模式，简记为"扩展论证模式（Ⅱ）"（见表 7-4）。

表 7-4 农村彩礼说理的扩展论证模式（Ⅱ）

扩展论证模式（Ⅱ）：
1.1'.1 针对缔结一种"城市化"婚姻 Y 的目标，并不存在比提供彩礼 X 更好的其他候选方案
1.1'.1.1 其他候选方案指的是家庭主体的"城市化"举措
1.1'.1.2 其他候选方案都难以实现缔结一种"城市化"婚姻 Y 的目标

所以，城乡个体之间的日常交流体现了"现代文化"群体与"非现代文化"群体之间的碰撞、误解与沟通。就表面而言，城乡人口似乎在一定程度上共享了相同的文化（主要是现代文化的成果）。但基于看似"现代"的目标（如缔结一种"城市化"的婚姻），这些农村青年却仍然诉诸于一种"非现代"的实现途径（如诉诸于索要彩礼的说理活动）。从这个角度看，农村青年与城市青年之间的交流实际上也就是一种具有"跨文化"特征的说理活动。

7.6　小结

为了描述非现代文化群体所参与的跨文化交流之论辩过程，本章引入了广义论证理论。通过采取功能分析的方法，我们相应地扩充了论证性语篇的提取程序。继而，根据鲁西南 N 村落社区彩礼说理的田野调查数据，重点讨论了农村女青年及其原生家庭的说理目标、说理语境、说理策略及其相关功能。最后，我们据此提取了农村彩礼说理的典型论证模式，即指出特定"非现代文化群体"在典型本土话题上使用的命题辩护方式。

第 8 章

跨文化交流的认知过程

由文化差异带来的文化冲突贯穿人类历史,如何从不同文化各自的合理性出发、在不预设文化差异被必然消除的基础上,寻求跨文化交流有效进行的方式,是当今跨文化交流研究的主要议题之一。一方面,不同的文化群体因所经历的日常生活实践不同,其所刻写成的关于自身与外部世界的知识网络存在差异,对同一事物和情境会赋予不同的意义,在互动过程中对外部事件也会存在差异的解释序列,引发不同的情绪与动机。因此,对于跨文化交际,我们首先需要了解不同文化群体中的个体在社会互动过程中利用的主要知识网络,即文化模型(cultural models)与文化图式(cultural schemes)。另一方面,我们需要了解在跨文化交流的过程中,交流双方的文化模型与文化图式动态变化及随后融合的过程。相对应的,在本章中,一方面,我们基于文化图式的理论,分析具体的藏汉跨文化交际案例中,双方互动过程中利用的一些主要文化图式,以及交际过程中人们对这些图式差异的知觉和利用;另一方面,我们在前人相关理论的基础上,提出多重融合理论来描述跨文化交流的动态过程,并且提供对其进行验证的心理学与人类学研究证据。该理论以文化本土性导致的文化差异不可彻底消除为前提,认为跨文化交流经验会使个体在获得其他文化知识的同时,有限度地修改原文化知识系统。跨文化交流的顺利进行,不仅依赖于个体对原文化图式的修改和调整,以及个体在原有和其他文化知识系统之间的转换,还依赖于不同跨文化交流情境下的文化群体间共享的"公共文化"的建构。此外,我们还将提供文化心理学的实验研究证据来验证多重融合理论中的一些主要假设。

8.1 文化图式理论

图式（schema）最早由康德（Kant）作为人类所具有的一种"纯形式"的认识能力而提出。现代心理学对认知功能的实证研究证实了图式这一心智结构的存在 (Bartlett, 1932, 1958; Piaget, 1952)。20 世纪 80 年代，认知心理学、脑神经科学和人工智能的迅速发展，使得图式及其工作机制的相关理论得以完备化。有学者 (Rumelhart, 1980) 详细阐释了图式及其机理，并把图式称作"认知的建筑模块"（building blocks of cognition）。根据其定义，图式是"记忆中储存的表征一般概念的数据结构"，其本质是知识的单元结构，可以表征不同抽象等级的知识。图式之间以"图式—子图式"嵌套的等级结构共存，并按抽象程度的高低可分成高级和相对低层级的图式；相应地，图式的基本工作机制包括自上而下的概念驱动和自下而上的数据驱动两种传导方式。20 世纪 90 年代以来，认知心理学家们进一步证实，人们大脑中知识的存储是领域依赖的，图式按不同经验领域储存在长时记忆中，并在自身限定知识域里与环境信息相互作用 (Hirschfeld and Susan, 1994)。图式十分频繁地被人们用在日常信息处理中，人们对新信息的解释编码、对旧信息的记忆以及信息缺失情景下的推理，都无时不受到图式的影响 (Fiske and Shelly, 1991, P. 121)。换言之，图式是人们日常大多数情况下无意识自动化思维所使用的工具。

在此背景下，社会心理学认识到：个体从社会文化生活中获取图式；反之，图式是文化对个体产生影响的重要途径；也就是说，文化通过图式构架起心理结构，这一结构影响个体理解和解读周遭世界的方式。因而，来自不同文化的人所拥有的关于自身和世界的图式具有实质不同，文化所教给人们的图式强烈地影响着人们对世界的理解和识记 (Aronson et al., 2015, pp. 70–71)。正是着眼于图式的文化性这一重要特征，认知人类学家们将图式理论发展成为文化图式（也称文化模型）理论。

认知人类学探索不同文化背景下人类思维的性质。人类学对认知的研究源于学科本身的主旨。从当地人的视角理解特定文化群体的生活、行动和意义，必然内含了对他们如何和为何所思的认识。博厄斯（Boas）、萨丕尔（Sapir）和沃尔夫（Whorf）对语言与思维的文化相对主义探查，普理查德（Pritchard）对阿赞德人巫术主导下的社会生活逻辑描述，都堪称人类学认知研究的先驱。而认知真正成为人类学的一个分支学科，则是从 20 世纪 50 年代开始的。认知人类学起源于对结构功能主义的反思。借助结构语言学，继而吸纳心理学、脑神经科学和人工智能研究进展，该学科的范式和主题不断沿革，学科的基本概念、基本理论和研究方法也相应地发展与完善；文化模型理论便是该过程的代表性产物。所谓文化模型是指特定文化群体基于共同的历史和生活经验而持有的认知图式及其集合。作为从某一文化背景中形成、为相应文化群体成员所共享的解释世界和理解行动的模式，它能够帮助我们把握该文化群体情境性认知和行动的机制。这对于我国目前一带一路和多民族文化和睦共处的发展战略，无疑具有重要的理论和现实意义。

文化图式具有重要的理论和应用价值。在理论方面，它提供了一个兼容个体心智和公共意义传递的文化概念，从而能够回应格尔茨（Geertz）对认知人类学的批评，为认知人类学的重新发展奠定了理论基础。在应用方面，它为解决基于文化和情境的认知问题建立了系统的可操作的研究方法。由于其广泛的可适用性，文化模型研究方法被运用于不同的社会生活领域，从不同角度展示了具体社会文化历史背景下人们如何理解环境、自我和自身的行为；也为人们如何改善行为从而更好地生活提供决策参考。

过去三十年来，文化图式研究方法越来越被应用到更为丰富的研究主题和更为宽阔的研究范围。从人的切身观念如自我和身份认同，到更为复杂的人与社会问题如疾病和卫生，自然和生态等领域；文化图式研究帮助人们探索多元化和变迁的文化中人的自身理解以及人与社会关系的理解，对于如何与自然相处，如何通过交流从观念层面改善社会问题，给出了应用建议。所有这一切表明，文化图式理论具有广泛的应用前景。

首先，对自我、个人、身份认同、面子等问题的研究值得关注。这些问题贯穿了文化图式的发展进程，然而随着在多种文化类型中研究的开展，获得了越来越多新的发现。这一方向上的研究极大地推动了关于自我及个人主义/集体主义倾向之间关系的认识：有学者 (Hollan, 1992) 对印尼塔拉加（Toraja）人与美国人的比较研究指出，印尼塔拉加人的自我概念在某些情境下体现出西方文化式的独立自主，而被公认为自我中心主义的美国人，在某些情境下则为体现出依赖的、关系型的自我。类似的研究还有：通过尴尬的隐喻分析研究美国人的自我 (Holland and Kipnis, 1994)；巴基斯坦文化与自我研究 (Ewing, 1990)；斯里兰卡文化的自我图式研究 (Munck, 1992)；研究结论都指向一种非二分式的立场：东方和西方文化中的自我建构并非绝对个人主义的或集体主义的，如何表现取决于具体情境。

其次，对面子的文化图式研究也展示了文化模型方法与主流语用学和社会心理学不同的观察视角：有学者 (Grainger et al., 2010) 对非洲人面子（face）概念的调查发现，非洲人的面子观总体接近于东方文化的而非西方式的，然而西非和非洲东部、南部面子表达又表现出地区间文化差异。陈小青(2015)对藏族面子的研究也发现，使用汉语"面子"一词的藏族青少年，其面子理解是藏文化中以道德为核心的"脸"。藏族面子是以和谐和认同为根本导向，以共情能力为重要特征，以维护相互的心理情感地位为标准的物质人情互惠和言行要求。显然，在这类主题上，认知人类学家得到了比相关心理学研究更为深刻细致的结论，更加能够揭示认知的情境复杂性。

再次，人类社会生活中的重大问题，如疾病和卫生、自然和生态等，也持续成为文化图式研究热点。在疾病和卫生方面，文化图式研究较多地在北美原住民和拉美社区进行，如对墨西哥村落居民疾病治疗决策的研究，建立或验证了适用于不同文化人群的疾病决策模型方法 (Young, 1980; Mathews and Hill, 1990)；对奥吉布瓦印第安人 (Garro, 1988)、对墨西哥瓜达拉哈拉人的高血压模型调查 (Garcia et al., 1998)，提供了不同患者人群对高血压成因和治疗的知识掌握及其群内分布差异的理解；对糖尿病人疾病成因模型的研究 (Daniulaityte, 2004)，指出了糖尿病成因认知的性别差异以及认知程度对疾病控制的作用，从而对相关的改善和防治计划提出了实用的建议。

最后，文化图式方法还越来越应用到自然和生态问题上，寻求人们对自然环境、人与自然关系的理解及其对行为的影响。如对大西洋中部居民的有害费氏藻文化模型调查 (Kempton and Falk, 2000)，指出了大众采取的许多不必要的抵触海产品和海岸活动的行径，原因并不在于媒体对专业人士意见宣传不够，而在于大众对有害藻类业已形成的稳定理解，因而建议官方加强相关知识教育和交流以改善大众的文化模型；对威斯康辛州美国人和梅诺米尼人的自然模型对比研究 (Medin et al., 2006)，揭示了原住民和一般美国人对自然界与自身关系的理解不同：前者视自身为自然界的一部分，而后者把自然理解为与人分立的世界；这一发现解释了两类人群对待自然的价值观差异，以及在渔猎等与自然交互的活动上的不同行为策略。

最为重要的是，作为不同文化群体理解世界和指导行动的框架，文化图式为人们的社会交往预设了"理所应当如何"的隐性前提，是特定文化习俗或信念得以维系的基础；文化模型是由层级不同的图式构成的复杂系统。它从文化经验中习得，为具有共同文化背景的人群所共享；在人们的社会活动中，它能自发地作为"前提"或预设而发挥作用。因此，它提供理解、解释和预测不同语境下人群社会行动的重要途径。可以说，把握了不同文化群体在某一知识域的文化图式，就是把握了开展跨文化交流的有效手段。因此，文化图式研究在消解文化冲突，达成多民族和谐共处方面具有重要的价值；在当今世界文化融合又冲突的新趋势下，文化图式研究具有实用价值，其与相关认知社会科学学科结合研究具有广阔前景。

8.2 基于文化图式的藏汉互动分析

文化通过图式构架能够影响我们解释和记忆社会生活和世界的方式，进而影响我们的行为方式。来自不同文化的人群因所经历的生活实践（尤其宗教信仰实践等）不同，其所刻写成的关于自身和世界的图式也不相同。在跨文化情境下，图式的关键作用体现在其文化默认值，以及它对主体进行解释活动时所需要的认知情境的影响。因双方社会交往图式的文化差异会得到不同的解释序列，同一事件和情境对于不同文化群体被赋予迥异的意义；由此会引发各自不同的情绪动机，甚至导致冲突的行动。这正是我国民族和谐共处的基本国情所亟须关注的问题，也是当前转型时期社会生活各领域许多矛盾冲突的实质。因此，文化图式与社会行动的研究具有重要的理论和实践价值。

基于此，本研究案例从图式理论和方法论层面上探索研究特定文化群体从认知到行动的解释模式，并应用于解释藏族大学生的跨文化互动问题。根据认知人类学文化图式理论和方法获取文化图式；根据文化图式的动机目的理论，以及社会心理学关于图式的激活使用原理，利用文化图式间的层级结构、连接和传递关系，得到一个大致刻画认知到行动的流程：从环境信息输入，到图式运作和相互间连接传递，最后达到具有动机功能的高层级图式，并促成长期行动趋向。

采用上述方法和流程，对藏族青少年的本土社会交往进行调查（基于2013年12月~2014年5月在拉萨的田野调查），得出三个重要图式：帮忙、面子和友谊等。进一步，基于获得的文化图式及其关联和传导关系，对广州高校藏汉交流的典型案例加以分析，描述出藏族学生对此类跨文化事件的认知解释程序。最后，给出了跨文化互动中交流困难的成因分析和解决途径。

8.2.1 "帮忙"

在田野参与观察的最初阶段，"帮忙"就引起了作者的注意。藏族学生们习惯于事无巨细的互相"帮忙"，比如出行和课间如厕，都相互帮忙陪伴前往。这种帮忙似乎带有自发的义务感，通常被请求帮忙一方不应也难以回绝。在校园之外，学生们在街头与陌生人也相互施以援手。事实上，藏族社会里，互助是一个基本道德行为。通过对某校中学生参与观察和反复访谈发现，无论是作为会话中的措辞或作为交互行为，"帮忙"在他们的日常实践中都行使着一个极其细微又确实蕴涵情感道德力量的社会交换功能。这使得藏族的"帮忙"成为一种独特的文化图式，区别于我们熟悉的汉文化或西方文化中的"帮忙"。

首先，对田野中诸多社会话语（语句的和行为序列的）的分析提示，"帮忙"是藏族社会生活中的一个关键词。如以下案例：

例1：
DW同学说："今天（寒假中的一天——笔者注）我好忙，早上六点不到就起来了，然后我们一家去了OEOE寺。回来我又睡了，到了中午起来就去了我的ཁྲོད་[①]家帮忙搭房顶，忙了一下午……然后回来又要帮自己家盖厨房……没办法，不帮不行，你不帮别人别人就不帮你。"（Dw，从拉萨M中学考入内地某大学的大一新生，2014年2月19日）

例2：
作者问："怎么你们下课去厕所都要一起去吗？"
SZ说："（微笑，微面红低头）嗯，一个人不习惯去。就说：你帮我一下，一起去厕所。"
作者问："会帮吗？"
SZ说："会，这次你帮我，下次我帮你。"
（SZ，拉萨M中学高三学生，2013年12月30日）

例3：
CR同学说："在我们那里，去劳动（的时候），（如果）我先做完我家的直接休息，旁边的他还在忙，我不帮，就觉得不给面子。"（CR，拉萨M中学高二学生，2014年4月19日）

其次，通过分析关于"帮忙"的访谈资料，发现其中隐含了被认为"理所当然"的共享前提，揭示"帮忙"图式在语境或行动序列中所担负的文化理解功能。结果可大致归为如下几类：

第一类，财物、劳动互惠。如："你帮我，我帮你。"

[①] 该藏语意为同甘共苦，是藏族社会里一种以个人或家庭为基础的稳定的互助互惠友好关系。这种关系可以是从家庭继承的，也可以是自己发展的新关系。

第二类，情感互惠。如："一般都会帮的，不帮人家不高兴。""你不帮别人，别人也不帮你。"

第三类，给予面子。如："你对别人说'帮我'，别人也帮你，就是给面子。反之就不给面子。""朋友有难不帮忙就是不给面子。"

第四类，负有责任。如："帮就帮到底，不帮就不帮。"

再次，通过归纳分析相关藏族隐喻性谚语，藏族社会内"帮忙"的理解与其集体主义、互助和谐的群体观念密切相关。如下所示：

> 一条线织不成氆氇，一个人建不成佛塔。(李双剑、曲尼，1989，第60页)
> 没有木杆支不起帐篷，没有邻居过不好日子。(同上，第76页)
> 独木盖不成房子，单树组不成森林。(同上，第54页)
> 一个村里的人，一个林中的树。(同上，第23页)
> 与其兄弟不睦双双出走，不如学鸟双飞相互帮忙。(同上，第73页)
> 独行的太阳遇天狗，群行的星星不陨落；独行的羊羔遇财狼，群行的羊儿繁衍多。(同上，第101页)
> 单线难织布，独木不成林。(佟锦华、庄晶、格桑顿珠，1980，第8页)
> 衣要合身，话要睦友。(同上，第29页)
> 有一百个朋友也嫌少，有一个敌人也嫌多。(同上，第31页)
> 你不向别人出右手，别人不会向你伸左手。(同上，第84页)
> 依靠大家就是能人，节制饮食就是医生。(同上，第102页)
> 世上的人要互助，山顶的鄂博要互夸。(宋兴富，2004，第102页)
> 要想帮助别人，必须舍得吃亏。(同上，第170页)
> 树成林，可防风；人聚众，事成功。(同上，第170页)

综上，藏族青少年的"帮忙"图式是一种集体和谐的传统理念支配下的，群体成员之间的情感和财物劳动的互惠交换；这种交换通常是无保留的，同时行使了面子的给予和接收功能。显然，帮忙在藏族社会生活中是一种十分习以为常的日常实践，是一种具有一定义务感的互惠；作为一种社会事实为人们所不断重构，并强化关于人与人之间的关系"应该是"怎样的理解。特别值得注意的是，这意味着帮忙图式与自我图式之间有比较直接的关联，从而也可能具有动机和情绪力量。

8.2.2 "面子"

田野数据和分析表明:"面子"也是一个具有鲜明文化特征的重要社会交往图式。正如在帮忙图式分析中已经见到的,"面子"常常与"帮忙"相互关联。如:

例 4:

藏族高中生 AY 表示:"朋友我们都一起出去玩,都要叫到,只要是一起的(朋友)……(作者插问:生病比如重感冒了也还要叫吗?)……肯定要叫,不然不给面子。"(AY,拉萨 M 中学高三学生,2014 年 1 月 12 日)。

其他被访藏族高中生如 LM(拉萨 M 中学高三学生,2014 年 1 月 8 日)、DZ(拉萨 M 中学高二学生,2014 年 1 月 14 日),以及从西藏考入广州就读大一的 DW(从拉萨 M 中学考入内地某大学的大一学生,2014 年 2 月 19 日)均就此问题给予了同样回答。

例 5:

S 老师说:"(学生)犯错误批评都要单独叫到办公室批评,当众会很刺激学生,他们会觉得很丢面子。如果当众说了学生的短,有的就会不说话,抬着眼睛瞪你。"(S,拉萨 M 中学资历较深的班主任,2014 年 2 月 24 日)

例 6:

YJ 同学说:"一般要借东西就会委婉一点去问,不会很直接的,除非很好的朋友。因为如果不借,阿莫(藏语口语中一个表示感叹的语气词)太没面子了。一般也不会不借,不然那,那太不给面子了。"(YJ,拉萨 M 中学高二学生,2014 年 2 月 13 日)

对藏族青少年面子图式分析结果显示,其重要的构成元素是:

第一,共情能力。目的是表达相互的社会认同,具体要求是行为和语气上十分注意对他人情感的影响。"最忌说话伤人心"是藏族青少年自幼被灌输的社会交往的重要规则。

第二,互惠。重在情感层面上心理地位的相互认可。

第三,给予帮忙。面子的实现通常以帮忙为前提,终极诉求是集体和谐。

第四,"脸"表征的荣誉/耻辱功能。脸表示在公众中以道德为评判标准的个人形象。

综上，藏族青少年的面子图式是以共情能力为重要特征，以维护相互的心理情感地位为基本要求，而贯彻始终的物质、人情互惠交换；维持和建构相互的社会认同是根本目的，理解和实践面子的要求正是一个规范的藏族社会成人应具备的基本道德和荣誉。

8.2.3 "友谊"

此外，田野数据和分析还显示："帮忙"和"面子"与"友谊"密不可分。后者常常包含前两者。除例4外，以下对话也是访谈中涉及友谊的典型情形：

例7：
ZG 同学在谈及藏族学生之间的友谊时说："你让一个藏族人一个人去吃饭是不可想象的事情。"（ZG，在内地接受高中和大学教育的大三学生，2013 年 10 月 18 日）

例8：
LB 同学说："如果是兄弟好朋友，不论理由都帮忙打。学校里如果见到不认识的打架，一律不管，就算是多个打一个。你管了就来找你麻烦。如果是认识的就会劝。如果是好朋友就一起打。"（LB，拉萨 M 中学高三学生，2014 年 1 月 19 日）

对藏族青少年面子图式分析结果显示，藏族青少年对友谊理解为：和谐；陪伴和依赖；用实际行动维系友情；帮忙；给予面子；低隐私度；义气，情大于理。

可见，藏族青少年对友谊的理解普遍包含一种和谐理念，体现藏传佛教对藏民认知和生活的深刻影响。在藏民家的客厅家居陈设里，藏式木柜是必不可少的，其外部通常装饰有"和气四瑞"（大象、猴子、兔子和鸟自下向上依次站立在前者的背上，寓意和谐）绘画。这是藏族传统文化里一个重要隐喻，意谓不可孤立，要和大众合作。总之，藏族青少年的友谊图式中：和谐观和友情维系是其特征性文化内涵，依赖性则显示出它与独立型文化以及汉文化友谊图式之间的差异，低隐私度表现了交往情感需求，而面子和帮忙则体现了友谊关系里人与人应该怎样相互对待。

8.2.4 三个图式及其关联的文化成因分析

从宗教信仰的角度看，以上三个文化图式体现了藏传佛教信仰对认知的影响。藏族人笃信行善积德之道，相信友爱他人帮助他人，自己死后灵魂能转世投好胎甚至升天。因而，他/她们日复一日的信仰实践里首先祈愿宇宙和平、父母健康、邻里平安，最后才是为自己叩拜。行善互惠使藏族人获得集体之爱，集体之爱给予个人的心理满足反过来又促进个人互助友爱的行为。

从自然生态和社会组织方式的角度看，严酷的自然生态决定的生产和生活方式强调集体互助、合作的生存模式代代传承，这就使得相互帮忙以类似于集体意识的"惯习"沉淀在人们日常行为模式中。集体和谐、互助友爱理念指导下的行为方式使得三个文化图式被生活经验刻写进日常思维。如奎恩（Quinn, 1992）所指出：组织人们稳定的自我理解和自我与世界，包括自我与他人的关系的图式，形成了一类特殊的图式，这些图式在生活经验中作为"需要"和"义务"的方式为人们所感知。

总之，正是在宗教文化、自然生态和社会组织的相互作用下，"帮忙"、"面子"和"友谊"在藏族社会成为经常性的、共享的、理解社会关系和知道社会互动的框架，并具身化（embodied）为一种日常认知方式，最终形成文化成员共享的、稳定的、有别于其他文化的解释社会世界的框架。

对上述三个重要社会交往图式的相互关联和传递关系进行分析，能够帮助我们获得对藏族群体在跨文化社会行动中认知解释程序进行描述的框架。首先，在已获得的三个社会交往图式中，相互帮忙作为能够引发面子和友谊解释的共同组块，显示出其在藏族日常社会认知中的基础性地位。从图式的层级性和工作机制层面理解，帮忙图式的基础性是由其低层级性和高关联度决定的。其次，友谊和面子都是与自我理解相关的图式，因而都是相对高层级的图式。自我理解提供人们对人与人应该如何相互对待的理解模式，其往往作为目标而对社会行动具有指向力（Quinn, 1992）。再次，由于藏族对社会世界的理解和建构十分依赖于人与人之间的相互关系，而面子图式的分析也显示了其维系关系的核心特征，因此，友谊作为青少年最重要的社会关系，在三个图式中处于最高的层级，也具有了部分的目的动机力量。这样，通过三个社会交往图式之间的连接和传递结构，形成层级间传导机制，并直接导向具有动机情绪功能的自我图式，从而促成长期的行动意图和近期的社会行动。

研究的问题和结论从群体层面回应了一个具有普遍性的社会互动问题：为何看起来相同的情境对于不同解释（行动）主体而言可能截然不同。事实上，对于不同文化群体,由于其不同的文化图式和图式构成的解释体系,会给予同一事件和情境以迥异的理解,关联到偏差甚至相悖的动机目的,赋予不同的意义。在经验科学层面,研究结果为藏族认知和跨文化互动提供了一个经验模式;从藏族认知研究的角度,则补充了文化图式及跨文化视角的研究;在应用层面,我们的研究方法也可期望为理解少数民族、亚文化群体、不同社会阶层,为理解特定文化群体认知及行为模式提供可借鉴的途径。

当然,文化图式的实际激活使用(尤其在跨文化情境下)是很复杂的,本研究案例主要着眼于群体层面的长期倾向性社会行动的图式解释机制,它是以图式在社会认知中的普遍使用规则和跨文化特性的分析为基础的,倾向于把图式看作相对稳定的、不易修改的、不易与另一种文化图式系统兼容的知识结构;同时,本研究案例选取的对象、文化图式及其形成背景经验具有典型性,对象在新环境中的跨文化交流范围较为局限;这保证了研究主题、方法和范围的适应性。

社会行动和图式相关研究有多样化的主题和视角,目前的研究只是一个初步的尝试。进一步结合实验进行跨文化心理学研具有必要性和学术价值。对于双文化个体的知识激活等更多样化情境下的图式使用问题,值得进一步探讨,以应对不同现实问题。更进一步,在社会认知心理学、社会学、认知人类学、跨文化交流学、语用学、逻辑学等交叉的认知社会科学领域,还有许多极具理论和现实意义的研究有待开展。

在这个研究案例中,我们选取广州地区藏族大学生与汉族大学生交际中的典型事例进行基于文化图式的跨文化互动分析。这些藏族大学生均在西藏本地完成九年义务教育,多数是在完成高中教育后考入广州高校,从而保证其目标文化图式是基于本土生活经验的(基于2013年9月~2014年6月在广州进行的田野调查和访谈)。

调查结果表明,由于佛教信仰在文化体系中的深远影响,灵魂净化作为藏族人在世的终极目标也是最普遍的生活实践,让一代一代藏族人安稳地享有精神充裕的人生;同时也使得集体和谐和相互认同意识渗透到人们的生活方式,社会交往具有高度人情化特征。这样的集体意识深深地影响藏族社会并为其教养方式传承着。虽然现代教育制度已经较为普及,藏族传统教养方式仍然在与人们生活最贴近的方方面面影响着年轻一代的成长,依然对青少年的观念习得、知识获取和社会行为起到直接的重要的形塑作用。因而,本土藏族青少年虽然在语言、行为方式和流行文化等方面受到现代教育制度和外来文化的影响,然而,内在的生命观、价值观、集体意识等仍然体现了藏文化传统下的认知特征。对于年青一代的学生们,人生目标仍然是孝顺父母、家庭完满、行善积德,而非追求个人成功。

他们在渗透上述观念的日常教养和社会交往生活中获得藏族人关于自我、人与人、人与集体的关系的理解，并用来解释社会生活中的事件，获得意义和确立身份认同。对藏族本土青少年的社会交往图式进行探查发现："帮忙"、"面子"和"友谊"这三个关键词表述了其中三个重要的文化图式，由此出发可以解释藏族青少年的许多日常交往行为。

  藏族学生和汉族学生在重要图式上具有文化上的差异。首先，藏族帮忙图式具有的集体和谐、情感互惠、面子关联和彻底性，显然表明其不同于我们熟悉的汉族社会中；后者如我们早已所知所感，"帮忙"并不蕴涵着集体诉求和义务感。其次，类似地，对内地尤其是地处沿海长期对外开放的一线城市广州的年轻人，经济理性和独立自主精神渗透他们的社会生活，校园里竞争意识浓烈，追求事业和经济上的成功无疑是最重要的人生目标和价值。友谊与个人实现自我价值是两回事，朋友相互独立各自有人生轨迹，私人时间和个人利益是重要的。对比起来，藏族同学的友谊是陪伴依赖，时常浇灌，循环延续的，个人价值就在于维系好集体关系，相比汉族同学不那么"自我"。再次，相比藏族面子图式强调道德为个人代言，汉族的面子图式被已有的许多研究（Hu, 1944; Mao, 1994; 翟学伟，1995）公认为是"脸"和"面"二分的。藏族面子以情感互惠为言行要求，相互心理认同为目的，终极诉求是集体友爱；而汉族的面子更多表现为一种社会序列中的资源交换。最后，对上述藏汉图式差异的深入理解仍需回到其文化生活经验基础中。同样从文化传统和社会组织因素来简要分析：儒家文化和岭南文化的共同作用，使得以经济为标志的个人成功内化为人们的人生目标。工业社会的低人情化社会结构，使得人际倚赖大大减少，人们更专注自我追求效率。如此，对于藏族学生而言具有日常重要意义的帮忙、面子和友谊，在广州的校园跨文化交际里必然遭遇跨文化解释冲突。下面案例将清楚地表明这一点。

  例9：

  QZ同学在谈及与内地同学的关系时表示："内地呀，不太想去。……觉得会不习惯吧。听（同校考到内地大学的）学长学姐们说，同学都好<u>独立</u>，好不习惯。……我姐姐也在内地读。她说，问个问题都不好意思。……（作者插问：为什么呢？）……说你去问就给简单讲一下，又不好意思再问。……（作者插问：为什么不继续问呢？）……我们<u>脸皮薄</u>，一般都不会再问的。问了也是点一下，不会注意问你会不会了。反正，<u>帮忙</u>都不热心。"（QZ，拉萨市下辖区县人，访谈时间2014年1月3日）

对以上语料所述情节按结构和功能加以层层分解，不难看出这个案例中至少涉及三个社会交往图式："友谊"、"面子"和"帮忙"，它们分别相关于案例中所指涉的"独立"、"脸皮"和"帮忙"。不仅如此，被访者用"不习惯"一词，将自己归为与对方（内地汉族学生）不同的另一类人；从而通过自我归类策略的使用，自我这一文化图式在高层级上对这一情节进行解释。事件中还同时涉及其他图式，如解题。在藏族同学的经验习惯，讲解题目的流程是步步循次渐进的讲解。由于我们的分析和操作范围在于社会交往图式，因而对其他类型图式不予专门讨论。总之，由于帮忙实践在藏族社会生活中的绝对基础性和道德义务性，帮忙图式具有相对较高的可提取性。该例子所述的是十分日常的事件，因而极其容易在藏族学生的解释体系里激活帮忙、面子、友谊等图式。

进一步对事件进行分解，可以找出相应的因果关系序列，据以识别图式的联结和传递。首先，语料的核心事件是"帮忙解题"。叙述的开头和结尾分别给出了两个结论，即行动结果或趋向：其一，长期结果；"不想去内地"的想法在藏族青少年中得到扩散。其二，短期结果；在内地求学的藏族学生在与其他民族文化群体的交往中，减少或不再向对方寻求帮忙，这也意味着与外群体成员交朋友的可能性降低。其次，对于上述两个行动结果或趋向，从语段中可分别找到相应表述原因的两个语句。对于长期结果，不想去内地的原因（动机）在于"不习惯"，即自我归类判断。不习惯的进一步理由是觉得内地同学太独立，意谓难以建立友谊。对于短期结果，寻求帮忙意愿降低的前因（动机）有二：一是"脸皮薄"，不好意思再问。二是"帮忙不热心"。显然，以上两个层面的四个原因，分别涉及四个图式：自我，友谊；面子，帮忙。进一步，"帮忙不热心"这一带有情感体验的判断的做出，是藏族同学对帮忙过程的解释结果。而"脸皮薄，不好意思再问"是伴随帮忙结果的"面子"体验和判断。

针对上述跨文化社会交往过程，可进一步根据前文已知的文化图式及其应有关联进行分析，从藏族同学的角度出发重构整个事件：在"帮忙解题"这一典型事件中，首先，藏族同学发出帮忙请求，并且自身的帮忙图式被激活，开始对包括双方应答在内的环境信息进行加工。继而，当接收请求的内地汉族同学给出反馈，藏族同学即对信息按照自己的解释体系进行理解，得到关于帮忙结果的判断和帮忙态度的感受。大多数情况下藏族同学获得的都是笼统的反馈，结果是蜻蜓点水式的帮助；根据藏族同学的帮忙图式，帮忙应是热心和彻底负责的；因而藏族同学的图式无意识地对对方的帮忙做出负性的解释，同时激发相关面子和友谊图式得到复兴面子理解。进一步，根据作者访谈经验可设想两种情形：一是继续请求帮助，正如初到内地学习或最初经历此类情形的同学会做的那样。此时不难预见，多数继续帮助的请求得到的反馈仍然是笼统的、给人感觉不热心的，藏族同学往往得到这样的印象：汉族同学担心耽误自己的学习时间而态度冷淡。二是不再追问，原因是藏族同学"不好意思"、"脸皮薄"。于是，两种情形下，藏族同学都得到负性的"面子"体认；进而在行动上减少或不再寻求帮忙。同时，他们心理体验觉得汉族同学太独立，不容易相互照顾情感，长期下去也难以建立友谊关系；而藏族同学对友谊的理解是长相互依赖陪伴，定期浇灌延续的。因此，最终内心判断作出自我归类（藏族人爱集体爱和谐重感情），并作出疏远的行动；在语言层面就表述为"不习惯"、"不想去（内地）"。以藏族青少年社会交往的文化图式传导关系表示为如下图式化程序，见图 8-1。

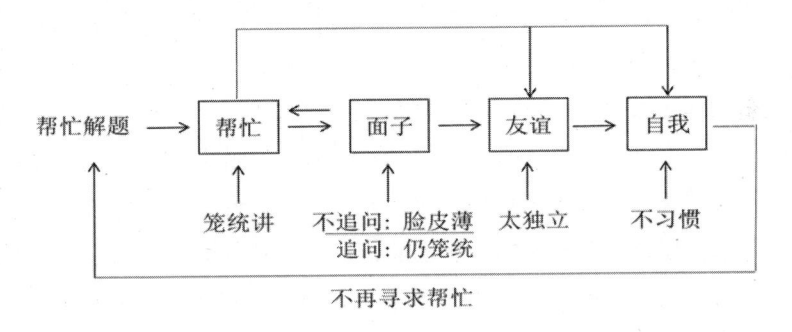

图 8-1 不再寻求"帮忙"之图式化程序

图 8-1 所示图式传导模式显示，环境信息"帮忙解题"作为线索，启动了社会交往图式"帮忙"。藏文化和汉文化各自图式所作出的解释不同，帮助解题的初步结果没有达到。追问发出后，"面子"图式被启动，"友谊"图式也会启动，继发的反馈启动或触发"自我"图式。由于帮忙图式的基础性和多关联性，在程序图中可见其与多个图式的传递关系。

再来看一段典型的藏汉交往感受描述：

例 10：
LS 同学在谈及与内地同学交往的经验时说："自己做事很顾别人的看法，常常遇到自己吃亏。他们都不会这样。他们也不理解我（为什么这样）。时间久了我也不敢交心。"（LS，内地大二学生，西藏本土接受九年义务教育，访谈时间 2014 年 6 月 12 日）

该例呈现了很具有代表性的藏汉交往过程评价。在许多各种类型的日常跨文化交往事件中，藏族同学和汉族同学因各自文化生活经验而常常互相不能理解。比如，同学一起吃饭，藏族同学按照集体公平思维总是愿意公平分账，而汉族同学则更可能主张经济公平原则各点各付。再如，藏族同学更愿意在时间上照顾他人和集体，汉族同学相对更少牺牲自己的时间。这类事件的积累就让藏族同学形成该例中的判断。通常，如 LS 的叙述，此类跨文化互动涉及藏族同学的面子图式和友谊图式，也隐含了自我归类，还涉及了帮忙图式。"照顾别人的看法"是藏族青少年的面子体认之行为要求；"交心"是友谊的心理需求，也是推动友谊延续的动机；"吃亏"则往往是情感方面的也有物质方面的，与面子图式和帮忙图式都有关联。通常，表情、语气等细微而容易被感知的线索都容易成为激活面子图式和帮忙图式的信息。对事件进行行动和动机的序列分解现实："不敢交心"是行动结果，其前因（动机）是"自己吃亏"且不被理解（"不理解我"）。而"自己吃亏"的前提条件是"自己做事很顾别人的看法"的行为习惯，以及"别人不顾自己"的实际回馈。

根据上述重要文化图式的连接传递关系，藏族同学对此类事件的解释流程可重构为：在许多日常交往细节中，藏族同学的面子图式和帮忙图式都极易被启动，指导其习惯性、无意识地执行"顾别人看法"的行为；同时，面对对方（汉族同学）的行为反馈，藏族同学被启动的帮忙图式对其解释为"不对等"和"不照顾自己"；这些信息进一步启动友谊图式进行解释和判断。藏族同学体会到自身情感受到伤害，或者实际利益（时间、具体事件相关利益等）受到损失；并且由于图式的相对稳定性，藏族同学对环境事件作出的理解和判断也是具有相对稳定性的，因而对于一段时期内许多类似的日常细微交互行为，藏族同学都容易得到同类的负性情感结果，也强化对汉族同学交往中不顾别人的体验和判断。反之，汉族同学的相应图式也是稳定的，并不会持续且有效地针对藏族同学有所调整。因而，双方处于互相不理解的状态。最终，藏族同学觉得"对方不是一样的人"，"不敢交心"。以图式化程序表示为图 8-2。

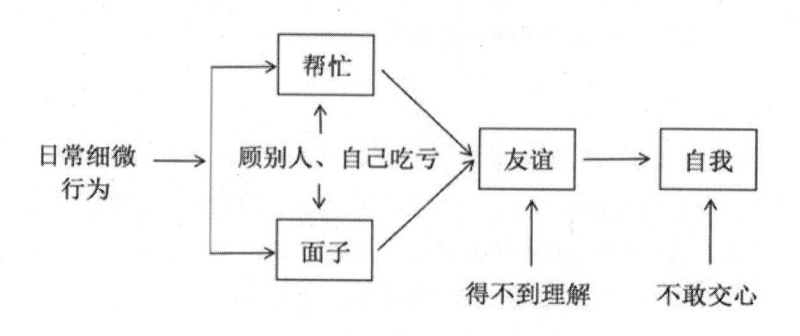

图 8-2　"不敢交心"之图式化程序

图 8-2 所示图式化程序能够解释该例子讲述的这类典型现象：藏汉青少年跨

文化交往中，往往日久而生距离，"时间久了不敢交心"。事实上，日常生活中许多交互行为，都是建筑在人们在何种类型情境下、处于何种人际关系时应该如何相互对待的预设和期望之上的；这种预设和期望是文化图式的产物，构成了潜意识中相对稳定而不易改变的解释框架。由此我们更应该意识到：特定文化中的某一认知图式，都是在为群体共享的实践经历中生成的，可视为一个群体共享的具有历史深度的一种交流（作为理解他人的行动和指导引发个体的行动的）中介（Munck, 2013）。来自不同文化的成员相互交流时，在理解和解释行为方面必然存在由于文化图式差异而导致的误解和冲突。关键问题是如何解决这些误解和冲突。

从上述两个图式化程序的分析可反思：知识和态度两方面的原因，造成跨文化互动双方交流的困难。其一，双方各自对对方的文化图式及其关联信息缺乏了解，以至于不能对对方形成恰当的交流期望，从而易于陷入失望和交流失败的困境；不及时解决这类困境，有可能引发进一步的误解和冲突。其二，内地学生从自己日常处理与内地学生关系的经验出发，用相同的态度和方式处理藏族学生面临的问题，忽略了对方的文化图式以及由此引起的文化差异。从文化图式理论的角度来看，解决这类问题的根本途径有二：其一，在进行藏汉跨文化交流时，要从民族和谐的角度出发，深入了解对方的文化图式，高度尊重对方的信仰和核心价值观。其二，从相互尊重和相互学习出发，在跨文化互动的情境下，构建一种双方都能接受的公共文化，其核心就是要在公共文化中构建一系列稳定的、经过跨文化交际双方相互修正的，具有合理性和宽容性的文化图式和结构。这是一个需要进一步深入研究的课题。

8.3　跨文化交流的多重融合理论

在前人相关理论（如文化图式理论、文化框架转换理论）的基础上，我们进一步提出多重融合理论来描述跨文化交流的动态过程。该理论首先假定本土性的文化差异不可彻底消除，认为跨文化交流经验会使个体在获得其他文化知识的同时，在跨文化交流的过程中有限度地修改原文化知识系统。跨文化交流能够顺利进行，不仅依赖于个体对原文化图式的修改和调整，以及个体在原有和其他文化知识系统之间的转换，还依赖于不同跨文化交流情境下的文化群体间共享的"公共文化"的建构。"公共文化"是原文化通过融合、修改而创造的一种新文化，该公共文化中的元素被跨文化交流中所有个体接受。简言之，假设两个个体或群体分别属于文化 A 和 B，跨文化交流将使其修改各自的原文化、成为文化 A' 和

B'，并进一步形成被该交流活动中所有成员均接受的、关于文化 A 和 B 之间跨文化交流的新规则集合——公共文化 C。

具体来说，多重融合理论具有以下四个主要预设：

预设 1：其他文化知识系统的可获得性和原文化知识系统的可修改性文化相对性（cultural relativity）指"不同的文化具有各自独特的元素，如价值、信仰、逻辑、关于世界的知识等，均在其各自的文化背景下具有本地化的合理性"（鞠实儿，2012; 2013），即，只有在承认文化相对性基础上，说明不同文化之间的交流如何可能才有意义。如果接受文化相对论的假设，那么，来自不同文化的个体之间如何可能交流、并能解决文化差异甚至冲突、和谐共处？多重融合理论认为，首先，在跨文化交流中，"人们可以至少部分地获得一种不同于其原文化的其他文化知识"，即其他文化知识系统具有可得性；其次，在跨文化交流中，"当人们获得一种不同于其原文化的其他文化知识时，其原文化知识系统会被修改，这一修改发生在跨文化交流活动中"，即原文化知识系统具有可修改性(鞠实儿，2012)。其他文化知识系统的可得性和原文化知识系统的可修改性是多重融合理论的两大基本前提。

内隐知识及其激活论的相关理论和经验研究，在一定程度上为原文化知识系统的可修改性以及其他文化知识系统的可得性假设提供了理论与经验的依据。文化的建构主义观和当代社会心理学研究的内隐知识及其激活论观点为原文化知识系统的可修改性和记忆性假设以及其他文化知识系统的可得性假设提供了依据：文化不是一个集成的高度一般结构，比如一种总体思路、世界观或价值取向的形式内化，更确切地说，文化的内化形式是松散的、特定领域的知识结构网络，例如类别和内隐知识理论 (Bruner, 1990; Shore, 1996)。

个体在认知过程中有两种不同的加工模式，一种是无意识的、快速的、自动化的、大容量的，使用内隐知识；另一种是有意识的、缓慢的、慎思的，使用外显知识。这一双重加工理论（dual-process theory）在推理、决策、社会认知等领域得到了广泛的验证（Evans and Over, 2008; Neys, 2006; Rolison et al., 2012）。

而社会认知的内隐知识，指个体在社会认知的过程中"不能通过自我报告或内省回忆一些过去的经验，但这些经验能够影响个体的行为和判断"（Greenwald and Banaji, 1995）。内隐知识具有域特征的网络结构，即对特定域中某个知识的激活能够引起该域中其他相关知识的激活。在内隐知识的激活论观点中，一方面，个体可以取得两个或以上文化知识系统，即使这些系统包含相互矛盾的知识。即，矛盾或冲突的文化知识可以由同一个体同时拥有；不同的情境线索激活相应的知识域，个体不需要同时使用多个知识域来作出行为或判断便成为可能。另一方面，如果文化不是一个集成的高度统一的一般化结构，那么，个体在具体的社会活动中修改相应的知识域也成为可能。这种动态建构主义，其文化观不同于传统跨文化研究的静态文化观，然而它是一个补充而不是竞争的进路，它关于新的研究问题和新的现象解释，是建立在传统研究结果之上的（Hong et al., 2000）。基于动态建构主义的研究则可以补充传统研究方法的成果，关注跨文化交流中的动态过程，如文化框架转换现象。特定的文化内隐知识能够在特定情境线索中被诱导性激活，其中，在社会生活中被频繁激活的那些知识将增加其长时通达性，进而持续影响个体的认知、判断和行为。以此，如果其他文化的情境线索下能够激活相应的文化知识系统，并能产生可观察的认知特点或行为表现，那么，研究者就能以此推断个体除了原有文化知识系统外、还具有其他文化的知识系统（Hong et al., 2000; Hong, 2009）。

预设 2：原文化知识系统的可记忆性

任何文化系统中都存在某些长期不能被同化或融合的元素。在旅居人士的文化适应研究中，既有期望能够迅速融入主流文化的个体，也有期望维持原有文化状态的个体（Berry, 1990; Berry et al., 1989）；在人类历史乃至当前社会格局中，亦不乏不同文化族群长期共同生活，出现文化间的融合、同化、对立等不同现象。因此，不但需要假设原文化知识系统的可修改性和其他文化知识系统的可得性，还要假设原文化知识系统的记忆性，才能较好地理解跨文化交流的动态过程，才有可能寻求促进跨文化的和平交流。持续的跨文化交流正如持续的博弈，"不是以赢为目的，而是为了无止息地进行下去"（Carse, 1986）。

预设 3：公共文化的本地性及跨文化交流的公共空间

只有在承认文化相对性基础上，说明不同文化之间的交流如何可能才有意义。如果接受文化相对论的假设，那么，"根据文化相对性的假设，三种文化（修改文化 A'和 B'，公共文化 C）中的元素（如信念、知识、逻辑等），相对于其所属文化而言都具有合理性。在不同文化中的这些元素，其合理性是相当的，因而这三种文化的本地性是相当的"（鞠实儿，2012）。文化的共享性特征，是从经验研究角度探索和理解本地性的基础。

文化的共享性特征最早由人类学学者提出、并被完善。1987 年，人类学研究者（Holland and Quinn et al.）提出"文化图式"概念时明确定义：文化图式是预设的、理所当然的关于世界的模型，被一个社会中的成员广泛共享，在他们对世界的认识和行为中发挥重要作用（Holland and Quinn, 1987, pp. 4–6）。

所言文化图式的"预设"和"理所当然"，不是指哲学意义上的先验知识，而是指"指个体身处熟悉的文化环境中所表现出的熟悉的、事先获得的知识"；从个体角度而言，文化图式"是一些来源于文化环境并内化于个人的认知结构，或者说是一种路径或规则……是一种对过去经验普遍化的收集和总结，并组织形成相关的知识群，用于在相似的情形中指导行动者当前的行动"（Nishida, 2005）。即所言文化图式的"预设"和"理所当然"，指由于被该文化所属成员的广泛共享所带来的群体层面的观念或规则，对其中所属成员以及进入其中的其他文化成员带来的自上而下的规范性约束。

所言文化图式的"共享"，一方面，如上文指出的自上而下的规范性约束，指"当我们处于某一个文化环境中并与其内部成员产生过多次互动，此文化图式便会产生并储存在我们的大脑中"（Nishida, 2005）。另一方面，指跨文化交流活动中自下而上的新规则构建和推广。"个体是文化群体的基本元素，个体参加跨文化交流而与其他个体发生联系，作为群体的一员出现在群体互动中。因此，一方面他服从群体互动的规则或规范，另一方面他与互动中其他个体一起维系或创造这些规则或规范。换句话说，在群体互动中个体实现其社会功能。因此，当我们研究群体互动中的个体时，可以描述他所遵循的社会规范和他试图推行的社会规范。最后，群体互动中个体的活动有两个子层面：行为的和心理的。在这两个层面上，行为和心理形式上是个体的，但它们的意义或内容却是社会的"（鞠实儿, 2017）。

文化的共享性概念是经验研究中理解公共文化的本地性的基础。大量的经验研究结果表明，在某些标准下似乎可以一概而论的跨文化交流活动，并不具有相同的交流形式和内容，乃至于可能有不同的交流结果；在不同的跨文化交流活动中，公共文化作为所属群体共享的跨文化交流知识或规则具有本地性特征，具体的知识规则相对于其文化背景而言具有合理性。如藏汉交流，藏族聚居为主的拉萨地区（陈小青, 2014）和藏汉等多民族杂居的甘南地区（敏俊卿, 2006）有着不同的交流方式和族际关系；如藏回交流，卡力岗地区（刘夏蓓, 2004）和甘南地区（马仲荣, 2012）的长期共同生活结果亦截然不同。因此，公共文化具有以下特征："首先，公共文化是来自不同文化的人们在日常生活的交流中所构建的；其次，公共文化不是哲学家们所提出的先验理念，也不是其他四种文化的上位者；最后，公共文化不是闭合的，而是在发展中具有开放性"（鞠实儿, 2012）。

从公共文化的本地性及其特征，鞠实儿提出了关于公共文化的公共空间理论："两个文化之间的长期跨文化交流，通常频繁甚至固定地出现在一些实体化或场景化的场所或区域，公共文化在这一场所或区域的通达性最高，是人们赖以交流的主要规则体系。这样的场所或区域称为跨文化交流中的公共空间"（鞠实儿, 2017）。哈布瓦赫在关于集体记忆的研究，就强调了场所对记忆的影响；他认为，记忆是立足于现在而对过去的重构，我们所记忆的事物必需曾经发生于某地(莫里斯·哈布瓦赫，2002)。他所研究的关于宗教的群体记忆，与任何一种群体记忆一样，直接影响着所属群体成员对自身身份或文化的认同。在不同文化群体之间较为长期的跨文化交流，必然与其各自居住空间的交集地区有较高相关性。如对云南峨山县塔甸彝汉两村的田野调查(黄龙光，2011)显示，"不论彝族、汉族都要通过街市才能获得自己生产生活所需，这样街子作为族群边界又变得模糊和模棱，两个不同的族群甚至跨越了该族群边界，打破了其各自文化互相进行闭锁的限止和制约。"可见，对不同文化之间跨文化交流中的公共空间的研究，是理解和把握公共文化的切入点之一。

预设4：跨文化交流的动态过程

假设两个个体（或群体）分别属于 A 和 B 文化，双方持续的跨文化交流将使其修改、调整各自的原文化知识系统、成为 A' 和 B'，并形成关于 A 和 B 跨文化交流的新文化，公共文化 C。跨文化交流的动态过程即是指在跨文化交流中所产生的 A、B、A'、B' 和 C 五种文化变化或产生、发展的过程。它包括以下几个基本观点：(1)文化是由一群人共享的，价值、信仰和关于世界的知识等元素的集合 (Haviland et al., 2004, P. 33)。(2)个体的原文化知识系统具有可修改性和记忆性。在跨文化交流中，原文化的某些元素会被修改和调整，从而使原文化以及个体相应的文化知识系统发生改变（如原文化 A 被修改和调整为 A'）；但是任何文化都有其"最具本土性的部分"，这些元素一般不会被轻易修改。(3)对于跨文化交流中的个体而言，其他文化知识系统具有可得性。在跨文化交流中，个体最少能够部分地获得其他文化的知识，形成与该文化相应的文化知识系统（如原文化 A 所属成员最少能获得修改文化 B' 中的某些元素）。(4)公共文化是不同文化群体成员之间跨文化交流的通用规则。在跨文化交流中，属于不同原文化的个体之间会产生新的公共文化，该跨文化交流活动所涉及的成员均共享这一文化。

8.4 对多重融合理论的实验验证

目前，多重融合理论的困难主要在于缺乏对其主要预设的直接经验证据支持。对其主要验证的思路包含以下四个方面：

（1）其他文化知识系统的可获得性——个体是否能够获得不同于原文化的其他知识系统？包括：（a）相对于原文化而言的其他文化知识系统的可获得性；（b）公共文化知识系统的可获得性。

（2）原文化知识系统的可修改性——当人们在跨文化交流活动中获得一种不同于其原文化的其他文化知识时，其原文化知识系统是否会被修改？

（3）公共文化的存在——在跨文化交流中，是否的确会产生该交流活动中所有成员均接受的、关于文化A和B之间跨文化交流的新规则集合，即，是否会产生保证跨文化交流顺利进行的公共文化？

（4）多重融合理论的跨文化交流图景。从个体层面而言，包括：

（a）转换方式一：个体通过修改后的原文化知识系统和相对于原文化的其他文化知识系统之间的转换来实现跨文化交流活动。已有的民族志研究和认知实验研究中关于文化知识系统转换的现象，均被视为原文化知识系统和相对于原文化的其他文化知识系统之间的转换，这些结论是否合理？

（b）转换方式二：个体通过修改后的原文化知识系统和作为公共文化的其他知识系统之间的转换来实现跨文化交流活动。关于修改后的原文化知识系统和公共文化的转换现象的经验证据何在？换言之，当个体持有三种文化知识系统时（修改后的原文化、其他修改文化和公共文化的知识系统），个体是如何使用它们的？同时，个体内部如何能够获得较少的文化冲突感和较好的文化适应？

（c）跨文化交流情境的不同特征对跨文化交流活动有不同的影响。包括但不限于，个体对原文化知识系统的不同修改方式、个体采取的不同跨文化交流方式等方面。

因此，我们接下来在实证研究中考察具有不同文化经验的个体的跨文化互动的过程，以检验多重融合理论的上述主要假设：

（1）比较拥有单文化经验的个体和具有双文化经验的个体的文化图式和文化知识网络的差异，以考察原文化知识系统的可修改性和其他文化知识系统的可获得性。比如：考察在汉、藏区学习或生活的藏、汉族成人个体在与其他族群个体接触过程中的文化知识网络的变化。

（2）比较两类拥有不同双文化经验的个体在不同文化交流线索下的文化知识网络的使用差异：旅居双文化个体（旅居到第二文化为主的区域学习、生活多年）与共生双文化个体（在多民族聚居区域生活的个体），以考察跨文化交流过程中公共空间的作用和公共文化的出现。

我们的实证研究使用问卷、实验等量化研究方法考察个体进行跨文化互动的过程；辅以田野调查的质性研究方法考察共生文化群体中公共文化的表现，作为量化研究结果的进一步验证和补充。

在以下的研究中，我们主要的田野调查和实验的田野点在位于甘肃省黄南州的夏河县拉卜楞地区，是一个以藏族为主的多民族聚居地。

我们的实证研究结果支持多重融合理论的几个主要预测 (李炳, 2018)。

(1) 原文化知识系统具有可修改性和可记忆性。

可修改性指,长期接触第二文化的经验会使个体的原文化知识系统发生改变;如,当面对相同原文化知识网络线索,单文化个体与双文化个体的认知与行为模式存在差异。可记忆性指,尽管个体在跨文化交流中会修改、调整原文化知识系统,但始终会部分保持其原文化,并且不同文化的群体保留的内容和方式并不相同;如长期的跨文化交流使不同文化族群之间在某些认知与行为模式上仍然存在显著差异。

在研究中,我们选取单文化与双文化个体:其中旅居双文化个体,选取生长于藏族聚居地或藏汉杂居地、自我评价汉语水平为 3~5 分(Likert 5 点计分)、在汉族聚居地生活 3 年或以上的藏族,以及生长于汉族聚居地或藏汉杂居地、自我评价藏语水平为 3~5 分(一般、基本流利或非常流利)、在藏族聚居地生活 3 年或以上的汉族为被试。共生文化个体,选取一直生活在藏汉杂居地、自我评价第二语言水平为 3~5 分的藏族和汉族为被试。而单文化个体,选取生长于藏族聚居地、自我评价不会汉语、未曾在汉族聚居地长期生活的藏族,以及生长于汉族聚居地、自我评价不会藏语、未曾在藏族聚居地长期生活的汉族为被试。总被试人数为 468 人,旅居双文化藏族被试主要来自拉萨、海南和林芝,旅居双文化汉族被试主要来自岳阳、长沙、成都、北京,共生文化被试主要来自夏河县,单文化藏族被试主要来自日喀则、色达和扎尕那,单文化汉族被试主要来自重庆、成都、广州、阳春和长沙。

所有任务采用纸笔形式,部分无书面语言能力的被试使用访谈的方式完成测试;采用匿名调查方式,告知被试该调查仅用于学术研究。两种单文化被试(藏族、汉族)接受除双文化认同整合量表以外的所有项目;两种旅居双文化被试(藏族、汉族)、两种共生文化被试(藏族、汉族)接受所有项目。六种被试中,每种被试里的一半先完成 3 个认知任务再完成 2 份(单文化被试为 1 份)量表,另一半的顺序反之。在所有的被试中,藏族被试使用藏语的材料,汉族被试使用汉语的材料单文化中,藏族被试的主试为藏族,使用藏语,汉族被试的主试为汉族,使用汉语;旅居双文化中,藏族和汉族被试的主试部分为藏族、部分为汉族,分别使用藏语、汉语;共生文化中,藏族和汉族被试的主试均为汉族,使用汉语。

(a)双文化认同整合量表:双文化认知整合。

双文化认同整合(bicultural identity integration, BII),是双文化个体如何管理其双文化经验的主观知觉量;双文化认同整合量表(bicultural identity integration scale, BIIS)分为,反映对两种文化的区别性和重叠性知觉的文化分离—混合

（cultural distance–blend），和反映对两种文化之间的主观情绪的文化冲突—和谐（cultural conflict–harmony）两个维度。

双文化认同整合作为双文化个体对其双文化经验的一个主观知觉度量，与其文化适应程度相关。鉴于原文化在形成双文化身份环境中的地位不同，使用该量表旨在明晰：旅居双文化个体与共生文化个体在双文化认同整合水平上是否有差异，量表得分越高表示个体的第二文化经验组织越好，以及两种个体在文化混合和文化和谐维度上的特点。

以往的研究中 (Benet-Martínez and Haritatos, 2005; Benet-Martínez et al., 2002; Huynh et al., 2011) 双文化认同整合量表都只是用于研究亚裔美国人、拉丁美洲人等原文化为非西方文化、第二文化为西方文化的人群；若要应用于原文化和第二文化均非西方文化的人群，则需要修订和校验。虽然 BIIS-2 较之 BIIS-1 具有更好的信效度，但考虑到 BIIS-1 项目数量（8个）比 BIIS-2（20个）少，对于它的项目数量来说其内部一致性是足够的（α系数分别是。62～.72，.71～.82）。由于部分被试的问卷施测需要与访谈结合完成，项目数量较少利于顺利施测，因此，本研究对 BIIS-1 进行了语言适应性的修订，并将评分方式由 Likert 5 点计分改为 6 点。

（b）常人民族观量表：民族本质论。

学者 (No et al., 2008) 编制的常人种族观量表（the Lay Theory of Race Scale, LTRS），用于测量常人种族观（Lay Theory of Race）。常人种族观，指人们对种族的常识性观点，即个体用以理解和解释关于种族问题的内隐知识，包括以下两种：本质主义观（essentialist theory of race），指个体认为种族赋予个体天生的、不可改变的特性，这是一种内在的本质特征；社会建构主义观（social constructionist theory of race），指个体认为种族是社会建构的、动态性的，在不同社会情境中具有不同的含义。常人种族观在不同文化经验的组织中起调节作用，个体的种族本质主义观越强，越不容易组织其双文化经验，实现两种文化之间的转换需要付出较多的认知代价。

在我国内部的双（多）文化个体中，常人种族观体现为常人民族观。一项关于我国藏族大学生的研究 (杨晓莉、刘力、赵显、史佳鑫, 2014) 显示，其民族本质论水平非常高，且与跨民族交往中的接触数量和接触质量呈显著负相关，与社会距离呈显著正相关。该研究虽然显示来自藏族聚居地和藏汉杂居地的被试在民族本质论水平上无差异，但所有被试在汉文化区域生活年限为 3～4 年，对于藏汉杂居地的共生文化个体而言，原文化在文化环境中的地位已然发生改变，由此难以说明旅居双文化个体和共生文化个体的民族本质论水平区别。因此，使用常人民族观量表旨在明晰单文化个体、旅居双文化个体、共生文化个体以及藏汉两民族在民族本质论水平上的差异如何，量表得分越高表示个体的民族本质论水平越高。

常人种族观量表在以往研究中用于以人种划分的群体，而非以民族或族群划分的群体，因此，需要以该量表为范本，修订和校验常人民族观量表（the Lay Theory of Nation Scale, LTNS）。

常人民族观量表有 8 个项目，包含 4 个民族本质论的项目，如"一个人属于哪一民族，对他/她来说是非常基本的事情，它几乎不能被改变"，和 4 个社会建构论的项目，如"民族只是一些随意的分类，有必要的话可以更改"，使用 Likert 6 点计分，从 1 表示"非常不同意"，到 6 表示"非常同意"，其中社会建构论的项目反向计分，最后加总为民族本质论分数。

（c）归因任务：内部归因与外部归因。

考察藏族文化和汉族文化在一般归因方式上是否存在差异。采用文化框架转换研究中普遍使用的鱼和鱼群的归因任务形式。已有的研究表明，在归因时给予个体各种与群体特征的权重，存在文化差异。中国被试倾向于外部归因，美国被试倾向于内部归因。通过这些研究的被试取样可推测，汉族人更多地使用外部归因。国内关于藏族文化的一般归因特征的研究很少，研究者更多关注的是认知风格、归因方式与自我效能、自尊等主观知觉变量的关系。

给被试呈现一个静态的图片，一条鱼游在一群鱼前面，请被试观察 1 分钟后用 12 点评分表明，为什么那条鱼游在那群鱼前面：1 表示"非常确信，因为这条鱼在带领其他鱼"（内部归因）；12 表示"非常确信，因为这条鱼在被其他鱼追赶"（外部归因）。实验材料分为藏语与汉语两个版本。

（d）图片分类任务：共同特征策略与家族相似性策略。

考察藏汉文化在共同特征或家族相似性的归类策略上是否有差异。已有的研究表明（Norenzayan et al., 2002），欧裔美国人倾向于以共同特征的规则、东亚人倾向于以家族相似性来看待相似性（如目标与哪一组更相似？），欧裔美国人和东亚人均倾向于以共同特征的规则归类（如目标属于哪一组？）。国内暂未见关于这一分类任务的藏族或汉族研究。

实验材料共 5 题，每题给被试呈现两个分别包含 4 个项目的群组和 1 个目标项目，请被试判断目标项目应归类于哪一个群组。实验材料分为藏语与汉语两个版本，记录被试选择家族相似性策略的次数。

每个项目都有 4 个属性，每个属性都有 2 种特征，如黑或白鼻子，花或白耳朵，花或白身体，长或短尾巴。其中，一个群组中，每个项目均有相同的一个属性、并跟目标项目相同，但每个项目与目标项目只有 1 到 2 个属性相同，选择这个群组意味着被试使用分析性、共同特征的规则方式来归类。另一个群组中，每个项目均有 2 到 3 个属性与目标项目相同，但没有一个属性是四个项目都与目标项目相同，选择这个群组意味着被试使用家族相似性的方式来看待相似性。

（e）词语归类任务：分析性策略与整体性策略。

考察藏族文化和汉族文化在归类策略上是否存在差异。已有的研究表明 (Ji et al., 2004; Talhelm et al., 2014)，来自西方和个人主义文化的被试选择更抽象的、分析的配对方式，而东亚等集体主义文化的被试则选择更多相关的、整体性的配对方式。通过这些研究的被试取样推测，汉族人更多的使用整体性的分类。

让被试依次判断 20 组项目，其中 10 组是目标项目，10 组是填充项目，15 组项目的顺序随机分配。每组包含 3 个项目（每组的 3 个项目的顺序随机分配），让被试圈出每组中哪两个项目应该放在一起。在每组目标项目中，包含 3 种分类方式，如猴子，熊猫，竹子：按照对象的共同特征分类，使用分析性策略，则猴子和熊猫都是动物；按照对象的关系分类，使用整体性策略，则熊猫吃竹子；不属于以上两种之一的分类，则猴子和竹子放在一起。每组目标项目只有两种合理的分类方式。在每组填充项目中，3 个项目可以任意配对，如星期一，星期三，星期五。实验材料分为藏语与汉语两个版本。记录被试选择家族相似性策略的次数（见图 8-3）。

我们的研究结果表明：

首先，单文化个体与双文化个体的认知特点存在差异，表明长期接触第二文化的经验会使个体原有的文化知识系统发生改变。在图片归类任务和常人民族观量表中，单双文化个体则出现了差异，由此，可认为，长期接触第二文化的经验会使个体的原文化知识系统发生改变；单双文化个体与民族的交互作用，显示了第二文化经验对两个民族的认知特点的不同影响。藏族的单文化被试比双文化被试更多地使用了家族相似性策略在本质主义论分量表上，单文化被试的民族本质主义观念显著强于双文化被试，可视为接触第二文化知识系统，通常将弱化其文化中原有的民族本质主义观念。具体来看，在藏族中，双文化被试在本质主义论分量表、民族本质论总量表上均显著低于单文化被试，而在社会建构论分量表上显著高于单文化被试，出现族际边界弱化的变化趋势；在汉族中，双文化被试在本质主义论分量表上与单文化被试相差无几，在社会建构论分量表上显著低于单文化被试，在民族本质论总量表上显著高于单文化被试；这一与藏族相反的变化趋势——藏族人群的族际边界知觉相对地降低，而汉族人群产生较高的族际边界知觉，汉族被试中则无此差异，显示了两个民族受到第二文化经验的影响有所不同。

	项目的属性结构							
属性编号	群组1（共同特征）				群组2（家族相似）			目标项目
	1	0	0	0	0	1	1	1	0
特征赋值	2	0	1	0	0	1	0	1	1
	3	0	0	1	0	1	1	0	1
	4	0	0	0	1	1	1	1	0	1

图 8-3　图片归类任务示例

其次，在不同民族的双文化个体中，某些认知特征的民族间差异依然存在，可认为，即使跨文化交流在某些方面影响个体原文化知识系统，但同时，个体仍会保留某些本民族的认知特征。藏族和汉族在归因、家族相似性策略、本质主义论分量表、社会建构论分量表、民族本质论总量表上均有民族间差异。如在上文提到的族际边界知觉变化中，双文化汉族被试所升高的族际边界知觉水平仍远低于该知觉水平降低了的双文化藏族被试的高度，这从侧面说明对原文化知识系统的修改和调整具有一定限度。又如，在归因任务中，藏汉民族尽管分别在单文化和双文化被试之间有描述性差异，但未达到统计意义差异，并且民族间差异依然显著。

综上所述，个体在长期的跨文化交流活动中，通过修改原文化知识系统以适应跨文化交流，同时，部分保留其原文化知识系统的内容，以此在跨文化交流中保持其文化自我认知的一致性。但这种文化自我认知一致性，既可能定位于原文化，也可能定位于第二文化。在本研究中，未能发现将文化自我的一致性认知保持在第二文化中的现象，因而无法完整分析此点。

（2）其他文化知识系统具有可获得性，个体能够在不同的文化情境线索下实现 A' 与 B'、A'（或 B'）与 C 的转换，这也是多重融合理论的基本跨文化交流图景。

个体可以持有两种或以上相互矛盾的知识——不但能够持有相对于原文化的其他文化知识，还能持有作为公共文化的其他文化知识。我们的研究表明旅居双文化个体可以在不同的文化线索下、共生文化个体可以在不同的交流情境线索下表现出不同的认知与行为模式。

(a) 文化线索启动与文化知识系统转换的经典范式。

在这个研究中，总被试人数为 381 人，旅居双文化藏族被试主要来自拉萨、海南、日喀则和林芝，旅居双文化汉族被试主要来自长沙、成都、北京、贵阳，共生文化被试主要来自夏河县。将被试随机分配到 3 个启动条件（藏族文化图片、汉族文化图片、中性图片）下，均使用归因任务作为目标任务。在藏族文化启动条件中，主试为藏族、使用藏语，实验材料使用藏语材料；在汉族文化启动条件中，主试为汉族，使用汉语，实验材料使用汉语材料；在中性启动条件下，藏族被试的主试为藏族，使用藏语，实验材料使用藏语材料，汉族被试的主试为汉族，使用汉语，实验材料使用汉语材料。采用匿名形式，先请被试填写个人信息。给被试看 5 张图片，每张图片都请被试说明图片内容并用 3 个词语形容图片，再请被试回答一些与图片有关的小问题，如"这种活动一般在什么时候？"接着请被试看一个 GIF 图片，图片显示的是一条鱼在一群鱼前面，从画面的右边游到左边。图片中，鱼与鱼群的距离不变，只匀速改变其在画面中的位置。然后请被试用 10 点评分表明，为什么那条鱼游在那群鱼前面：1 表示"非常确信，因为这条鱼在带领其他鱼"（内部归因）；10 表示"非常确信，因为这条鱼在被其他鱼追赶"（外部归因）。

我们的研究结果表明：首先，由旅居双文化被试中有显著民族间差异的研究结果，该结果与过往研究 (Hong et al., 2000) 一致，证实了个体可以同时具有两种文化构念网络的观点，也显示在不同文化线索下的确会发生文化框架转换效应。可推测，旅居双文化被试会出现转换效应，是因为在原文化并非主流文化、且与主流文化有较大差异的文化环境中，双文化者通过自身的文化知识系统转换以适应跨文化交流、确保互动有序。其次，研究结果显示，在共生文化被试中无显著民族间差异，并且，没有出现转换效应。此点与笔者的设想不符。笔者认为，共生文化作为一种公共文化不会消除共生方文化，而是形成一个为确保跨文化交流的、与共生方文化不同的文化图式；共生文化个体应该会根据不同的情境线索在原文化与共生文化之间出现转换。分析实验过程，笔者猜测，问题可能在于较为陌生的主试（对于大多数被试而言）和陌生的助手（对于藏族被试而言）在场，提高了共生文化的通达性，使得实验中无论汉族还是藏族，都没有出现转换效应。但是，在中性控制条件下也没有民族间差异。就此而言，更大的可能反而是由于接触第二文化（无论其是不是共生文化），都会对个体的原文化知识系统产生影响，使之被修改。只是在共生文化中，这种修改可能不像旅居双文化个体那样、是个体内部的认知调整，而可能是群体性的、在长期共同生活的经验中慢慢实现的。因而较之旅居双文化个体，可能较难以用同样的研究方法来得到。

(b) 交流情境线索启动与文化知识系统转换的范式。

在这个研究中，总被试人数为 72 人，均为共生文化个体，主要来自夏河县。被试被随机分配到 3 个启动条件（同族交流情境、对等的异族交流情境、不对等的异族交流情境）下，均使用归因任务和时间任务作为目标任务。

使用有交流情境特征构成的启动线索，将交流场景中均为同族、均为异族、同族异族各半三种交流情境特征作为两种共生方文化和共生文化的情境启动方式。在同族交流情境的启动条件中，主试为藏族、使用安多藏语，实验材料使用藏语材料；在对等异族交流情境的启动条件中，一半被试的主试为汉族，使用汉语方言，实验材料使用汉语材料，一半被试的主试为藏族，使用安多藏语，实验材料使用藏语材料；在不对等异族交流情境的启动条件下，藏族被试的主试为汉族，使用汉语方言，实验材料使用汉语材料，汉族被试的主试为藏族，使用安多藏语，实验材料使用藏语材料。每次邀请 4 名被试同时参与实验，每名被试分别由所分配组的主试提前一日告知于第二日早上 11 点在特定地点参加调查。实验当日，主试记录每个被试的到达时间，并请被试签到（签到纸上列有本组 4 名被试的姓名和民族），待 4 名被试均签到后，再分别简要介绍各个被试的姓名和民族，分发问卷给被试，要求被试当场完成。问卷采用匿名形式，包括：(1) 个人信息；(2) 图片问答，共 5 张无关文化内容的风景图片，每张图片都请被试说明图片内容并用 3 个词语形容图片；(3) 鱼与鱼群的归因任务，采用 12 点评分。待 4 名被试均完成问卷后，告知被试由于现有小礼品已赠送完毕，请全组 4 名被试于当日下午 2 点回来领取小礼品并一起参加另一项调查（实际上不存在这项调查，被试到达后告知被试调查取消并表示歉意）。主试记录被试第二次的到达时间。

我们的研究结果表明：首先，在归因任务中，在不对等异族情境启动下的藏汉差异显著，而在同族和对等异族情境启动下的藏汉差异不显著，表现为藏族被试向汉族文化知识系统、汉族被试向藏族文化知识系统的对称转换。即，共生文化被试的文化知识系统转换现象，更多地与各个族群在跨文化交流中的关系对等与否有关；在不对等异族交流情境下，共生文化个体便可能会出现类似旅居双文化个体的文化知识系统转换效应。

其次，如果将不同主试的通知视为一种文化线索启动，那么，两个民族在第二文化线索启动下（即不对等异族情境启动前的第一次到达时间）无显著差异；而在不对等异族情境启动后，出现了显著的民族差异，汉族被试的到达时间延长而藏族被试的到达时间缩短。在到达时间中获得的这一结果与归因任务获得的结果一致。由此，可推测特定文化象征形式的第二文化线索实际上启动的是在日常社会生活中具有更高通达性的公共文化 C 而非第二文化 B'，因此，在前一研究中共生文化被试没有出现经典的转换效应；而在强调特定跨文化交流活动中的第二文化群体数量远大于原文化群体数量后，第二文化 B' 才具有了更高的通达性。

可见，个体在跨文化交流中能够获取其他文化知识，个体能够在不同的文化情境线索下使用不同的文化知识系统。文化知识系统的转换效应，在旅居双文化个体与共生文化个体之间不相同，在旅居双文化个体中能产生转换现象的典型文化象征形式的第二文化线索，在共生文化个体中无作用，而交流情境中各个族群的数量不对等（同族少、异族多）却能使其出现转换现象。换言之，较之特定文化象征形式的第二文化线索，对于共生文化个体而言，对等或不对等的跨文化交流情境线索才是其出现类似旅居双文化个体的原文化 A' 与第二文化 B' 之间转换现象的要素。

对于旅居双文化个体而言，其原文化处于非主流文化地位的文化环境，各个族群在跨文化交流中的关系不对等，使得个体自身成为保证跨文化交流有序进行的主体。在大部分人共享的是个体的第二文化、并且其原文化与第二文化在社会互动和身份认同等方面重叠性较高的情况下，旅居双文化个体为了实现有效的跨文化交流，将动用更多的认知资源，因而容易出现文化适应困难或认知调整失败。而对于共生文化个体而言，其原文化与其他共生方文化在文化环境中地位大致相当，各个族群在跨文化交流中的关系较为对等，以保证跨文化交流有序进行来消解共生方文化之间冲突而产生和发展的共生文化所具有的群体性特征，使得文化共生首先是群体的共生，其次才是个体内部的共生。作为公共文化的共生文化保证跨文化交流有序进行的目的使其与具有身份认同导向的共生方文化在导向上相分离，因而在该文化背景中长期生活的共生文化个体不容易出现文化适应困难。这意味着不同文化群体之间公共文化的建立可能是保证跨文化交流和平进行的方式之一，而较为对等的跨文化交流情境有利于公共文化的建立。

（3）在跨文化交流活动中，公共文化能够得以产生和运行。

文化共生作为一个两种或两种以上不同文化群体长期共同生活形成的跨文化交流现象，可产生各共生方群体所共享的、用于跨文化交流的公共文化，即其特有的共生文化。在文化共生中，文化A'、文化B'与公共文化C的表现差异一般小于其他跨文化交流情境，较难以量化方式来体现，但能够用质性研究的方式来研究。相关田野调查研究总结了在拉卜楞地区的简化、转换、附加、共存、区分、融合、异化等七种共生文化运行的规则：

（a）简化。

较之需要更多推论的解释或行动规则，指向性明确的简化规则具有更高通达性，即其使用频率更高；这一点也是共生文化的跨文化交流导向的直接表现。比如：当夏河地区的汉族人去市场买猪肉时，通达性较高的不是"因为他们视猪为不洁之物，他们不吃猪肉，所以不在回族人的肉铺里问猪肉"，而可能是简单的"回族人的肉铺没有猪肉"，甚至是"汉族人的肉铺有猪肉"。对于旅居双文化个体，需要使用更多的信息来理解和行动；对于共生文化个体来说，一种简单化了的快捷认知反应就足够了。

> 2013年9月13日，我和J（旅馆员工，女，30岁左右，藏族）去买菜。出门前已商量好今晚我炖猪肉、炒青菜。出去后发现平日买猪肉的店子关门了。
> 我：怎么办？
> J：我们到下面(文化广场)[①]去看。
> 我：顺路就这边(扎希奇主街)问问有没有吧。
> J：去下面，那边没有。
> 我：那边没有吗？
> J：没有。
> 我：那边有卖肉的呀。
> J：那边是回店。
> 我：文化广场那边有？
> J：我记得好像有，那边有汉人的，去看看。

在该例子中，与J遇到这种常买的店铺没开门的意外情况，笔者后来分别与W（在家，女，35岁左右，藏族）、Z（旅馆员工，女，36岁，汉族）和G（司机，男，25岁左右，藏族）遇到过不止一次，对于下一步怎么办，他们都给出了

[①] 扎希奇街上的肉铺都是回族的；文化广场附近则是回汉都有。

相似的回答，有时也会直接不买猪肉、改而去买牛羊肉；他们的第一反应都不包含"回族人不吃猪肉"甚至"清真店里没有猪肉"这样的信息，而是"到汉族店里去"或"到有猪肉的店铺去"。这意味着在共生文化中，指向性明确的解释或行动规则比需要更多推论的规则具有更高通达性（见图8-4）。

旅居双文化个体的规则应用过程

```
回族信仰伊斯兰教 ┐
                 ├─→ 回族店铺不出售猪肉 ──→ 找别的店铺买猪肉
伊斯兰教徒不食猪肉 ┘
```

共生文化个体的规则应用过程

```
找汉族店铺 / 有猪肉的店铺买猪肉
```

图8-4　简化示例

（b）转换。
在不同情境或不同对象时使用不同的文化知识系统以解释或行为；包括：
（i）在不同族群对象之间的转换，比如：

2013年10月5日，W（在家，女，35岁左右，藏族）的感冒持续了三天、越来越严重，我中午上街买感冒药回来。
我：你多喝水多休息，我们下午就不去转经了。
W：没什么，我去睡一下，等会儿我们去转经。
当天转经回来后W发烧，好在第二天就开始很快地好转起来。
W：可能就是太久没好好去转经了才生病的。

2015年8月27日。
我：今天喉咙有点痛，有点要感冒的样子。这时候不能感冒啊，调研还没做完。拖一拖的话，大头就可能也不够时间磕完了。
W：今天就不要做了，大头你天天都在磕，今天少磕点，多休息下。
我：上次来你生病的时候不还是一样去转经了。
W：那不一样的，你要多休息。
我（开玩笑地）：是不是我要弱点啊？
W：不是，你不休息就不好了，我们休息不休息都一样。

我：我还是去磕头，会好得快点啊？

W：那是的，但是你休息不好就不好了。

转换示例见图8-5。

藏族原有的推理过程

拜佛有利于恢复健康
生病不需要静养
⟶ 生病时转经

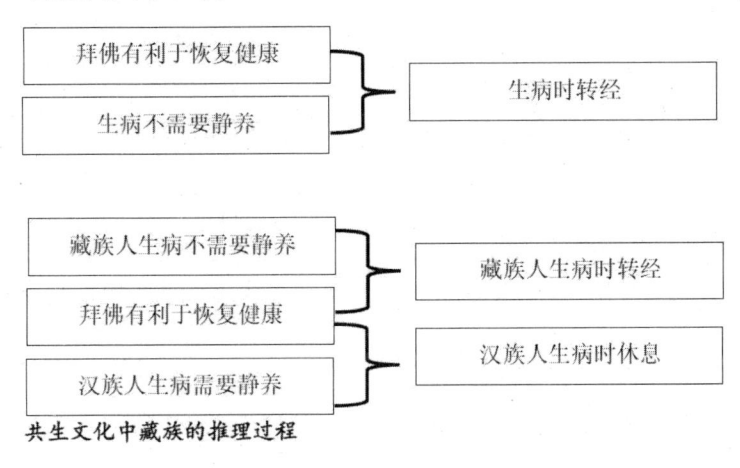

共生文化中藏族的推理过程

藏族人生病不需要静养
拜佛有利于恢复健康
⟶ 藏族人生病时转经

汉族人生病需要静养
⟶ 汉族人生病时休息

图 8-5　转换示例

（ii）在共生方空间和公共空间之间的转换，如在族际交流更多的公共场所用"这样做是对自己不好"代替"这样做是不尊重我们的信仰"，是一种缓和度较高的解释规则。

前人研究中提到，藏族对生病的看法与汉族不同，他们没有生病必须静养的观念，并且认为去寺院转经拜佛有助于恢复健康。笔者在 2013 年的经历说明拉卜楞镇的藏族人也有这样的观念，但是在 2015 年的对话中，W 却表现出生病需要静养的看法。笔者认为，这是因为生病的对象不同——如果生病的是藏族，她认为不需要休息；如果生病的是汉族，她认为需要休息——所以 W 采用了不同的观念，而且即使采用了不同的观念，她都认为拜佛有助于恢复健康。一方面，她没有意识到她在采用两种相互矛盾的观念，只是简单认为不一样；另一方面，她也没有意识到生病需要休息和拜佛有利于恢复健康在语境中是矛盾的。

（c）附加。

通过附加规则，在不对原有认知方式作出根本性改变的基础上，

（i）实现在不同族群对象之间的规则转换；

（ii）实现观念或习俗等方面的缓和。

我：过几天就要走了，走之前一定要把大头磕完，不然回去了就没法

继续了。

H（小卖铺老板娘，女，37岁，汉族）：那不要紧的，回去接着磕也可以的，不一定要在寺里。

S（保安，男，30岁左右，藏族）：你去请一副唐卡，小小的，回去对着接着磕就可以了。没有也一样的，我们没条件的时候在外面都可以磕。

我：不是要连续地磕完吗？

S：那不一样的。不够可以以后接着。

H：有心的话就可以了。

9月2日，护法殿外停车场。

我说：这几天每天多都多磕了点，赶在明天走之前终于磕完一万了。

H：太好了！

S：这样就圆满了。

我：其实还是连续地磕完更好吧？

H：那肯定是的。

S：每天还要做别的事情，能磕完就当然好，没磕到也没什么的。

示例见图8-6。

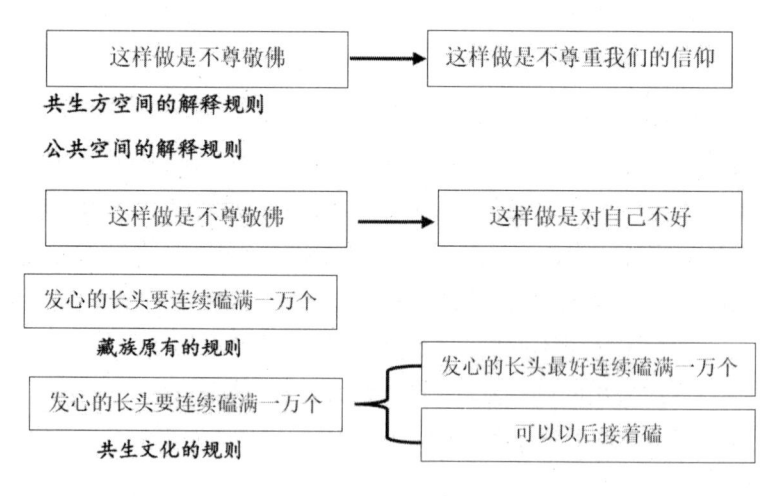

共生方空间的解释规则
这样做是不尊敬佛 → 这样做是不尊重我们的信仰

公共空间的解释规则
这样做是不尊敬佛 → 这样做是对自己不好

藏族原有的规则
发心的长头要连续磕满一万个

共生文化的规则
发心的长头要连续磕满一万个 → 发心的长头最好连续磕满一万个 / 可以以后接着磕

2015年8月30日，护法殿外停车场。

图 8-6　附加示例

依笔者2006年和2008年在拉萨、日喀则的经验，发心的长头要连续地磕满一万个。而在拉卜楞镇上所遇到的情况却是，藏族人和汉族人都认为连续磕满最好，但没能磕完也不要紧。在宗教信仰仪式上的态度偏差侧面显示出包容性的区别。

（d）共存。

在共同需求的基础上默许双方不同的习俗共存。如关帝庙作为一个两种宗教信仰的公共空间，两种信仰通过共通的信仰需求而共存，表现了藏汉两族和而不同的良好关系。

夏河县关帝庙位于大夏河南岸，对面是夏河县文化广场，占地3200平方米，该庙始建于清朝末期。1936年，第五世嘉木样活佛批准了回族群众扩建清真寺的请求、汉族群众扩建道教关帝庙的请求（扎扎，1998，第41页）。1988年，由当地藏汉民众拉锐、徐少光等人发起重建关帝庙，得到当地百姓热烈响应，第六世嘉木样活佛、贡唐仓活佛等也均有捐助，重新修建大殿、两廊、过殿、山门等建筑，供塑了原供的关圣帝君、二郎神、阿米年钦山神等九尊神像。1990年8月15日落成，当地藏汉各民众六万多人参加了开光大典，敬献哈达（刘波、王川，2009）。

关帝庙山门的"关帝庙"牌匾由藏汉两种文字书写，大殿内中央供奉关公，左侧为二郎神，右侧为阿米年钦山神。阿米年钦山，汉称太子山。位于拉卜楞与临夏州的相交地带，属西倾山脉，在大夏河流域远近闻名，受到众多村庄、部落的祭祀供养；阿米年钦山在藏传佛教和祭祀文献中有多种称呼，如"大首领念神王俄拉玉则"、"一切八部众之王"和"念告破瓦热波"等；对阿米年钦山神的祭祀历来是拉卜楞寺、藏族百姓重视的仪式；拉卜楞地区山神祭祀的主要形式是在山顶上建立"拉则"，插箭、煨桑和放飞"朗达"（即风马）（华锐·东智，2010，第7页）。大殿外正前方有一座约3米高的青砖汉式祭祀台，东侧有一座约1米高的白色藏式煨桑台。在每年的关帝庙祭祀中都有藏传佛教僧侣与道教道士同时祭祀的传统：来自拉卜楞寺的僧人在阿米年钦山神神像前捏酥油花和朵玛，点酥油灯，念经祈福，道士则在关帝像前诵经。郑恺等人2013的研究指出，关帝庙的祭祀活动历来皆由男性神职人员担当，但在2013年的祭祀活动中有女性道士的参与，拉卜楞寺的僧侣对此也没有特殊看法。

尽管在关帝庙内的山神祭祀不是唯一的山神祭祀活动，在藏族传统祭祀中，建"拉则"和插箭是更为重要的，并且有许多习俗讲究，如主箭立起以前严禁妇女在附近活动（华锐·东智，2010，第12~14页），因而插箭仪式一般只有男性参与。而关帝庙中与汉族道士同台祭祀，亦容许女道士的参与，是当地藏汉宗教信仰互相尊重和包容的结果。这种传统可追溯至当年第五世嘉木样活佛批准关帝庙扩建，汉族人应藏族人之请供塑阿米年钦山神像。据笔者所见，平日里不光汉族人前往祈福，也有相当数量的藏族人，双方在对方神像的祭祀台或煨桑台处均有供奉，汉族百姓供奉阿米年钦山神以求保护，关帝代表的财富、二郎神所代表的平安也是藏族百姓所祈求的，与刘波（2009）、郑恺（2013）等人的研究所述一致；尽管无论藏汉，相较于前往拉卜楞寺的人数而言，前往关帝庙的人要少得多，但是关帝庙作为一个两种宗教信仰的公共空间，两种信仰通过共通的信仰需求而共存，仍然表现了藏汉两族和而不同的良好关系。

(e) 区分。

在发生冲突的可能性较高的场景，通过加强族际边界认知以减少冲突的发生。一方面，越是清晰的族际边界可能越有利于特定文化内部的稳定；另一方面，越是清晰的族际边界可能越有利于跨文化交流中的规则运行。在日常生活的公共空间中使用一定的族际边界区分，同样也是一种调和族际冲突的方法。

(f) 融合。

文化共生中双方均积极参与非本族群活动而形成的融合规则。从对方民族节日的参与度这一点而言，两个族群群体有融合的趋势，并且在带有宗教性质的节日中，参与度仍然较高。这一民族节日的融合现象，是双方在各自民族节日上形成了较为稳定的公共空间的表现，也与双方在宗教信仰上的共存关系有关。该融合现象建立在两个民族的习俗差异基础上，融合于双方对对方民俗的了解与尊重。

在夏河县，汉族的节日与一般汉族地区基本相同，如春节、元宵、清明、端午、中秋等。藏族的节日以七大法会为核心：（1）正月毛兰姆法会（初三至十七），包括放生（初八）、晒佛（十三）、法舞会（十四）、酥油花灯展（十五）、转弥勒（十六）等；（2）二月法会（初三至初八），包括第一世嘉木样活佛圆寂日（初五）、亮宝会（初八）；（3）四月转经轮（初一至十五），包括在释迦牟尼降生、成道、圆寂日的娘乃节（十四至十五）；（4）六月转法轮，包括僧人香浪（初七至十一）、百姓香浪（整个六月）；（5）七月说法会（初一至十五），包括米拉劝法会（初八）；（6）九月禳灾法会（二十九）；（7）宗喀巴圆寂日（二十五）；还有第二世嘉木样活佛圆寂日（十月二十七日）；第三世圆寂日（九月六日）；第四世圆寂日（二月二十二日）；第五世圆寂日（二月二十三日）。回族的节日也以宗教节日为主，如开斋、古尔邦等。

笔者在夏河调研期间，经历了2013年的中秋节、2015年的香浪节和米拉劝法会。中秋节前，笔者结识的几个藏族朋友都会购买月饼，大部分是赠送给自己的汉族朋友，小部分留给自己家里吃。在点心店，笔者看到购买月饼的既有藏族人也有汉族人。据了解，藏族人对中秋节并没有什么特别的感情，大多因为知道这是汉族的重要节日，认为应当表示祝贺；加之月饼作为应节点心，平日里不售卖，也会买一些自己家里吃。在较大旅馆或客栈，藏族老板或老板娘一般都会和当日住店的汉族游客一起准备丰盛的饭菜，并一起聚餐。普通百姓过香浪节，一般会根据自己家、亲戚家或朋友家的时间安排，选择六月中的某些日子一起在草原搭帐篷，一起聚会、野餐、玩耍。笔者结识的藏族朋友都邀请了笔者参加他们家的聚会，据了解，香浪节聚会一般都会邀请朋友参加。七月米拉劝法会是每年除了正月毛兰姆法会以外最大型的法会，除了本地信众，还有大量外地信众前来参加。法会前已有汉族和藏族的朋友邀请笔者一起参加法会。据笔者观察，初八早晨，前往护法殿煨桑祈福的大量人群中，不乏汉族人。在与旁边小卖铺的老板交流之中，她也说到，当地汉族人虽然不像藏族人来得频繁，但一般都会在每个月的初八来煨桑祈福，法会期间前来的汉族人更多。

在夏河县的藏族和汉族之间，对对方民族节日都较为了解。尽管就像当地藏族人对中秋并不会有太特殊的感情，汉族人在香浪节期间也不会像藏族人一样到草原上去搭帐篷，但双方对对方节日的参与度都较高，均会向对方表达节日的祝福，也乐于邀请对方参加自己的节日活动。从对方民族节日的参与度这一点而言，两个族群群体有融合的趋势。并且在带有宗教性质的节日中，参与度仍然较高，如汉族人会参加米拉劝法会，藏族人会参加关帝庙庙会。这一民族节日的融合现象，是双方在各自民族节日上形成了较为稳定的公共空间的表现，也与双方在宗教信仰上的共存关系有关。该融合现象建立在两个民族的习俗差异基础上，融合于双方对对方民俗习惯的了解与尊重。值得注意的是，拉卜楞地区的藏族使用的并非卫藏地区使用的藏历，而是汉族的农历。如2017年的正月十三晒佛节，是农历正月十三对应的公历二月九日。这一年历使用的习俗，笔者并未查到相关历史资料的说明，但是由此也能看到，在拉卜楞地区，藏族与汉族的关系是极为密切的。

（g）异化。

通过公共语言的异化维护本地族际关系，以应对外来群体对本地族际关系的冲击。在拉卜楞镇上，公共语言变成广义上的族内群体（本地）和族外群体（游客）的划分方式之一。公共语言作为族群双方长期共同生活的公共空间的产物，其异化是对本地族际关系的维护。

具有本地性的公共语言，是各个共生方群体长期共同生活的产物；公共语言本身就是各个群体在语言使用中的公共空间。敏俊卿(2006，第66～67页)在甘南州的调研显示，汉族中40%、回族中38%的人会说藏语，藏族中86.1%、回族中96%的人会说汉语。据笔者见闻，在拉卜楞地区，较之标准的普通话，较多藏族人会说的是一种带有临夏口音的汉语方言，尤其是中年藏族人。近年来，游客的持续增长，越来越多藏族人经商，已不似以前商人主要是回汉两族，以及越来越多受过良好汉语教育的藏族学生，使得原本普遍使用的汉语方言有向普通话转变的趋势。虽然一方面，汉语方言作为原本的公共语言有逐渐被适用性更高的普通话所代替的趋势；但另一方面，当地人将汉语方言作为一种区分本地人与游客的重要方式，从某个角度来说，意味着他们认为区分本地人与游客比区分藏族和汉族更重要。

2013年9月15日，Z（夏河小学三年级，女，9岁，藏族）和她叔叔G在用藏语交谈，期间夹杂一些汉语词汇。过后，我与Z聊天。
我：方便面的藏语怎么说？
Z：这个，我不知道。
我：平时用藏族说话时会用很多汉语的词吗？
Z：是啊，有的不知道怎么说。

18日，L1（小吃店老板，男，33岁，汉族）。
我：不大懂藏语会不会影响做生意？
L1：影响当然有，但是不懂就不懂了，会说点基本的就可以。他们基本也会说汉话。……（藏族）朋友带过来吃的，我不会说不要紧。

2015年8月26日，L2（夏河中学教师，男，29岁，汉族）
我：藏语和汉语在拉卜楞哪个用得更多？
L2：都用的，藏族人多的时候讲藏语，汉族人多的时候讲汉语，一般都用汉语，有时开玩笑也会说藏语咯。普通话也用，临夏话也用，都可以。现在是说普通话更多了。

总体而言，在拉卜楞镇上，藏汉两族人群在对待语言的态度相似性颇高，认为能够交流比用什么语言重要，能用汉语就用汉语，能用藏语就用藏语；不抵制借用其他族群语言的词汇。

2009年，夏河县接待游客26万人（次），实现旅游综合收入3697万元（甘南州地方史志办公室，2010，第425页）；2011年，接待游客45.6万人（次），旅游综合收入1.8亿元（甘南州地方史志办公室，2012，第460页）；2013年，接待游客90万人（次），旅游综合收入4亿元（甘南州地方史志办公室，2014，第425、460、465页）；2015年，截至8月份，接待游客122.4万人次，旅游总收入5.04亿元（夏河信息办公室，a）。对旅游业的重视和发展，使前往夏河县的游客人数迅速增长，基本集中在7~10月。7~8月草原花开、暑假时期，9月中秋节，10月国庆节，是游客最多的时候，经常可见全县床位全满、街上仍有到处打听床位的游客，一些餐厅也因此在晚上打烊后出租沙发作为床位供游客落脚。在拉卜楞寺游客接待中心，每日络绎不绝的旅游大巴满载游客前往拉卜楞寺参观。

前往拉卜楞镇旅游的人群，大部分是内地游客，小部分是国外游客，其中也有部分是藏传佛教的信众前来朝拜。对于本地藏族人而言，游客大多是外地的汉族人，游客中一些人不尊重藏族文化习俗，尤其是宗教禁忌；外地藏族人、外地汉族的信徒则都不算游客。对于本地汉族人而言，同样如此。因而，游客专指不是出于信仰而来的外地汉族人。在藏区常见的游客刻板印象在拉卜楞镇也存在，并且同样是将这一印象与汉族相联系。由于要判断一个外地汉族是不是信仰藏传佛教需要更多信息，常常不能通过第一印象得出，因而，他们一般将汉族人分为本地和游客两类；事实上，由于本地汉族和游客汉族毕竟都是汉族人，游客素质的良莠不齐或多或少仍然对本地的族群间关系造成了影响。于是本来是两个族群间的语言公共空间的汉语方言，成为相对快捷的区分本地汉族人和游客汉族人的方式。

8.5　小结

在本章中，我们探讨了跨文化互动认知过程的理论及具体的案例研究。

第一，我们认为探究跨文化交流的认知过程，首先应分析不同文化群体社会交际过程中呈现的主要文化图式。相应的，在分析具体的跨文化互动的案例中，应该首先利用文化图式作为重要的视角和分析工具，来获取不同的文化群体在社会互动中的主要文化图式。在我们藏汉青少年学生跨文化交际的案例中，我们提取出"帮忙"、"面子"和"友谊"这三个藏汉群体人际互动中出现的重要文化图式，并运用三个文化图式分析在其跨文化人际互动中图式之间的连接和传递关系，以及互动双方对双方图式差异的知觉和利用。

第二，我们在前人相关理论的基础上，使用多重融合理论来描述跨文化交流的动态过程。多重融合理论假设跨文化交流过程中个体不仅仅对原文化图式的修改和调整，文化知识系统之间的切换，还会构建不同跨文化交流情境下的文化群体间共享的"公共文化"。文化心理学的实验研究验证了多重融合理论中的一些主要假设。并通过田野调查研究总结了简化、转换、附加、共存、区分、融合、异化等七种公共文化运行的可能规则。

第 4 编

信念修正：
跨文化交流的
微观机制

第 9 章

基于核心信念的修正 I

9.1 研究动机

在开始考察基于核心信念的非优先复合信念修正之前,有必要交代一下本章的缘起和信念修正领域的理论背景,以便于让读者更好地理解本章和本章的理论意义及其应用价值。本章及下一章缘起于两个方面,一方面是对跨文化交流中信念改变现象的哲学思考,另一方面是基于对人工智能逻辑领域中信念修正理论的技术考虑。先来看第一方面。

9.1.1 跨文化交流的例子

跨文化交流活动是一类多个文化社群之间的复杂的交往互动行为,这些行为背后有其特定的交互模式。由于这种交互模式非常复杂,我们不可能对其每个细节进行考察,所以需要将所考察的主题进一步限定。跨文化交流中经常出现的典型场景是,带有不同文化背景的不同主体在交流过程中不断认识对方,同时也不断地修正自己的信念,但在这种动态的信念改变过程中,他们并没有完全成为对方,而是在相互趋同的同时保持文化差异性。他们的文化背景根植于深层认知结构中,难以甚至无法被改变。比如,信仰坚定的传教士进入异文化社群中,虽然也会被异文化所影响进而改变一些外围的(非核心的)、并不坚信的信念,但他们仍然坚持他们对核心教义的根深蒂固的信仰。从中可以看出，对某些核心信念的坚持会导致文化差异性，从而使人类各个社群保留独特的"个性"、样态，文化生活也保持多姿多彩，时时会迸发出思想的火花，而不会变成或同化成统一的、单调的单一文化。

那么，这些被坚持的根深蒂固的、导致不同个体具有不同"个性"的文化背景的核心是什么呢？它们就是文化主体在对文化传统的核心部分的耳濡目染中形成的核心信念，它们是一个文化的核心和灵魂。那么它们为何能影响主体的认知过程使得文化主体在跨文化交流中既增加相互理解相互认识又保持独特"个性"？原因就在于这些核心信念在认知过程中的三个关键机制：一是主体有意地坚持这些对于他们而言可靠无疑的核心信念，二是核心信念被用于评价在跨文化交流中获得的新信息，三是它们对来自异文化的冲突信息具有排斥作用。

下面通过两个跨文化交流的具体例子来进一步分析这种信念改变现象。

示例 9.1 (1) 某企业高管郝凡最近因公司事情繁杂心情烦琐导致工作效率低下，于是上山找五明禅寺的无明禅师开解。闲聊间，随缘居士拎着一个装着龟的笼子来找无明禅师放生并问禅师是什么龟，禅师答不清楚。接着无明禅师便对郝凡说："郝凡啊，我们一起把龟放进后山的净湖中，以减轻你的无明业障，等我们放生回来，你就会心情大好了，也有助于你早日从生死轮回中解脱。"

郝凡阻止道："这是四爪陆龟，不是水栖的龟类，不能放进湖水里啊。"紧接着郝凡又好奇地问道："禅师，真的有投胎轮回这回事吗？我怎么想都觉得不可思议。这怎么可能呢？尸体从死亡到腐烂再到消失，大家都没看到过任何灵魂。怎么可能有灵魂飘到其他地方去投胎呢？"

无明禅师"哦"一声答应了一句，然后悠悠地答道："你怎么知道不可能？你经历过死亡吗？你只是看到外在的躯体的腐烂或用仪器监测到躯体物理方面的变化，而没亲身经历过死亡，也就不知道在死亡的瞬间意识到底是怎么变化的。现在我问你，你是如何知道轮回投胎是不可能的呢？"

郝凡犹疑了下，回复道："照你这么说，经历了死亡就能知道？死都死了，连意识都没有了，怎么可能知道？说死了或者失去意识却还能知道某事，这是逻辑矛盾。"

禅师道："你怎么知道死亡后就没有意识？你死过吗？你只是看到身体腐烂消失而已。意识是内在的，身体死亡后它跳动不跳动只有它自己知道，只观察外在是无法知道的。完全有可能人死后有意识而无法告诉你。利用对外在的观察经验只能猜测意识可能同时也消失了。但这只是猜测而已。你从一个亲身经历的外在感知向一个你没有亲身经历的,且只能由亲身经历才可能得出正确描述的事情进行推导,这是扩张性的推理,是不合逻辑的推理。"

郝凡无言以对。

(2) Sophia 是个非常善良的女孩,她认为:凡是故意给无辜者带来痛苦的人都是罪恶的。同时她也是个很好奇的求知者。她对宇宙的起源、人类的诞生和死亡现象都非常好奇。有一次,她的一个信基督教的同学给她推荐了一本宗教典籍,在这本宗教典籍中她看到下面这些观点:

(β)上帝是全知全能的,他创造了世界和人类,从而是有意为之的。

(χ)上帝播撒慈爱,是至善的主。

这些观点对她冲击较大,而且书中的修辞很有说服力,所以她觉得这些观点都很合理,于是就相信了这样的言论,但并没有受洗成基督徒。带着这样的好奇与信仰,她考入了哲学系接受更严谨的哲学训练。后来,她受伦理学方面关于自由意志的课程的启发,又深入思考了上帝创世论的伦理学维度。她设想出一个叫维特的悲惨的人跟自己辩论,辩论过程如下:

维特:假设上帝创造了我,那他为何还给我带来了各种苦难?

Sophia:上帝爱你,你的苦难是由于自己的贪婪和无知造成的。开心点吧,受他的庇佑,你不是也获得了很多快乐吗?知足吧。歌颂上帝给人类带来快乐的美德吧。

维特:我不要他给我的快乐,更不要痛苦。这些痛苦就是他带来的。因为存在先于快乐与痛苦,是快乐和痛苦得以可能的前提。他凭什么把我造出来?经过我同意吗?经过我批准了吗?凭我的记忆,他从没有征求过我的意见!

维特:如果他不把我创造出来,放在这个笼子一样的世界里,我还会有这些痛苦和快乐吗?还会在这个笼子里操心这个操心那个吗?我不想操心这个世界,我不想存在着。他不是赋予我存在,给予我生命,而是强迫我存在。这种存在是被迫的,无法选择的。

Sophia:这个……被创造出来之前你都尚未存在,他如何征求你的意见呢?再说也可能他造出你之后征求过你的意见,而由于被创造者的有限性,你记不住曾经的事情。

维特:那他为什么听到我那么多次召唤,还不来再次征求我的意见。没听见?他不是全知的么?难道他死了?他不是永恒的么?如果听到了我的召唤,慈爱的他就应该立即毁灭我,令我从此不再存在,不再操心快乐与痛苦的各种杂事。可是他没有,一声不吭……如果他听到我的呼唤却不理不睬,那么仍旧可以说明他是罪恶的。

维特：他根本就没有合理的理由以辩护他在未经我准许的前提下把我创造出来的行为。凡是故意给无辜者带来苦难的人都是罪恶的。所以如果他创造了我，那么他是罪恶的，而不是至善的；如果他是至善的，那么他不应该把我创造出来。他还叫我歌颂他，凭什么？

维特：还有一种可能，就是上帝就是宇宙本身，否则他应该勇敢地接受我对他的道德审判。但如果是这样的话，说宇宙是慈爱的或至善的就跟说宇宙是罪恶的一样，是一种语无伦次和荒唐的行为。

Sophia：也许你的道德审判的原则是不公正的，对他是不合适的。或者他本来就不是人而是神啊，所以不受这种道德原则的约束。

维特：你这是咬文嚼字，这里的人代指一切有自由意志的主体。难道上帝没有自由意志，是个死物，或是个没有自由意志的机器？凡是故意给无辜者带来痛苦的人都是罪恶的。这伦理学原则难道不公正吗？如果故意给无辜者带来痛苦都不算罪恶的话，那这世界上还有罪恶可言？上帝造人难道不是故意的？难道他是在无知无觉的情况下把人类创造出来？如果是这样，那不是跟他的全知全觉自相矛盾么？难道上帝造人是被迫的？在被迫的情况下犯罪也是罪啊！再说，谁能强迫全知全能的上帝呢？我被创造出来时，难道不是无辜的？如果我是自愿被创造，那可以说不是无辜的，但关键是我的被创造和被存在并不是我所希望的，而是被强迫的。如果我伤害了他人或者说犯了罪，那也可以说我不是无辜的，但被创造之前，我可能伤害过他人吗？他好端端的干嘛把我造出来啊，闲着没事情干吗？我所经历的痛苦难道是虚假的？痛可能虚假么？苦可能虚幻么？综上所述，这个伦理学原则是非常公正的，即使上帝也不能违背！

Sophia 无言以对，从此不再相信上帝创世论，更不相信上帝至善论。但她仍然坚信她的伦理学原则，即凡是故意给无辜者带来痛苦的人都是罪恶的。

从示例 9.1 (1) 中可看出无明禅师持有下面两个信念：

（φ）那只龟是水龟，可以在水里放生；

（α）投胎轮回是真实的生命现象。

并且接收到下面两条信息：

（ψ）那只龟是四爪陆龟，不能在水里放生；

（τ）生命死亡后是不可能投胎轮回的。

无明禅师开始时相信 φ 而不相信 ψ，接收到新信息 ψ 和 τ 后开始评价新信息，评价过后信念发生了改变，不再相信 φ 而相信 ψ。这说明他在这次跨文化交流中认识了对方，学习到了以往不曾有的经验知识。但另一方面他并没有相信郝凡的言论 τ，因为他对此有与 τ 相矛盾的坚定信念 α，这是根深蒂固的核心信念之一，这种信念在信念改变过程中不会发生改变。企业高管郝凡则持有 ψ 和 τ 这两个信念，而不相信接收到的新信息 φ 和 α。但到后来他也发生了信念改变，不再相信 τ，而发现自己对死亡过程中的第一人称视角的意识的变化一无所知，投胎轮回在这种未知的意义上是可能的。但他相信的 ψ 在此交流过程中没有发生改变。也就是说郝凡也在这次跨文化交流中认识了对方，并且发现了自己的信念 τ 是没有足够彻底的理由的。

从示例 9.1 (2) 中可看出 Sophia 一开始只相信自己伦理学原则，即凡是故意给无辜者带来痛苦的人都是罪恶的（记为 θ）。后来在接触基督教典籍中获得新信息 β 和 χ。由于她当时并没有发现 θ、β 和 χ 这三者之间的潜在矛盾，因此暂时相信了后两个命题。但在后来的哲学思考中，发现这三者之间存在不可避免的逻辑矛盾。因此不再相信 β 和 χ，但依然坚信她自始至终坚持的伦理学原则 θ。细心的读者可能也会发现，Sophia 并非只获得新信息 β 和 χ，她还获得一个至关重要的新信息，即：

(π) 如果上帝造人是真实的，那么上帝造人前是没有经过人允许的，从而人是无辜者。

这个信息是典籍的说辞中所暗含的预设。上帝造人还需要被造者允许？被造者在未被创造出来之前根本就不存在，怎么经过被造者允许，怎么征求被造者意见，这怎么可能？Sophia 在阅读该宗教典籍时默认地接受了这个信息 π，这一点可以在 Sophia 和维特之间的辩论中发现。因此新信息包含 β、χ 和 π。综上所述，在这次与她那信基督教的同学的跨文化交流中，她由不信基督教到转变为相信基督教，再到重新回转为不相信基督教；在此过程中她经历了两次信念改变，也认识了对方并从宗教典籍中了解到一些信息。

从这两个例子我们可以发现，在这两次跨文化交流中无明禅师和 Sophia 都发生了信念改变，而且在信念改变过程中都有坚持不变的信念，前者为佛学中关于投胎轮回的坚定信念 α，后者则为伦理学原则 θ。并且 α 在无明禅师的信念改变中起到了一定的评价作用，把他认为与此信念冲突的 τ 评价为不可信，而把与其相一致的新信息 ψ 评价为可信；而 θ 则在 Sophia 相信 π，β 和 χ 之后的认知实践中起到避免矛盾、排斥异己信息的作用。这两者就是前面提到的根深蒂固的核心信念。而且与此同时它们都受到他们的有意保护。

据此可知，文化主体的信念主要分为核心信念和外围信念：核心信念是根深蒂固而不可改变的，如无明禅师的 α，它们在信念改变过程中往往起到评价决策和排斥不利因素的作用；而外围信念则既可以因被反驳成功而放弃，也可以因交互主体的相互认识而得到增加，如 Sophia 在第一次信念改变后的信念 β 和 χ。这是从跨文化交流的微观角度看。从宏观上看，文化可以分为核心文化和边缘文化，在跨文化交流的文化修正中，核心部分是无法改变的，而只有边缘部分会发生改变，从而促进多个文化群体间的相互认识和了解。

这类例子是不胜枚举的。因为在现代计算机科学、信息网络技术和交通工具方面的迅猛发展，导致了全球各个文化间的充分接触，整个世界就好像一个跨文化交流的"大熔炉"。单就目前中国的文化思想方面看，就包括中医、西医、唯物主义、物理主义世界观、儒释道各家的世界观、基督教世界观等，它们之间时常会在交流与碰撞中相互理解和认识，但依然保持各自的独立性。（更多关于宗教世界观与跨文化交流的内容可参阅 Samovar et al., 2010，尤其是第一章至第四章，这里不再细述）

9.1.2 信念修正理论简介

在人工智能领域，计算机科学家需要模拟人类的认知和决策，设计出智能的机器人或软件。而在认知过程中主要是如何处理新信息和修改数据库的问题。要想使得这些认知主体具有智能的认知行为，不可避免地需要设计一些自治的机制，让它们能自己评价新信息并对数据库进行修改。而这种自主的评价和修改需要内在的标准来实现，起这种作用的是一些稳定可靠的根据或原理，即核心信息。又由于这些核心信息被用于作为信息评价和数据改变的标准或根据，故它们必须是稳定的、被保护的、不被放弃的特殊信息。

因此，基于这两个方面的思考，本章及下一章将要探讨基于核心信念的非优先信念修正过程。信念修正理论①是一个比较成熟的研究领域 (Ferméand Hansson, 2011; Peppas, 2008)，这里将利用这个领域丰富的形式化理论来考察这一课题。在此之前，先在本节剩下的部分简单介绍信念修正的理论背景，以便于读者理解后面章节（熟悉此领域的读者可跳过）。

下面首先通过例子向读者介绍信念修正理论的主要研究对象和研究范式，然后介绍这个领域的发展模式给读者呈现一幅关于这个领域的研究对象、研究范式及其发展模式的清晰画面，同时也方便于后面章节的讨论。

---

① 此处采用广义的信念修正概念，即除了把 AGM 传统的信念修正理论，也把信念更新（belief update）和聚合（merge）等理论归入这一领域。

9.1.2.1 信念修正的例子

信念修正（belief revision），是利用形式逻辑的工具研究认知主体的信念状态的理性改变的理论领域，它是一个横跨哲学、逻辑学和人工智能的交叉学科，具有重要的理论意义和广泛的应用价值。当然在这个理论的初期使用的是另一个术语"理论改变"（theory change）（Alchourrón et al., 1985; Alchourrón and Makinson, 1985）。这一研究领域的公认确立标志是 Alchourrón、Gärdenfors 和 Makinson 三人1985年的文章（Alchourrón et al., 1985），因此信念修正理论又常被后人称为 AGM（他们三人名字的首字母组合）信念修正理论。信念修正的例子在日常学习、工作和生活中是非常常见的。我们来看下面这些例子：

示例 9.2 (1) a 和 b 大学毕业三年一直没有联系过，a 也没有听说过关于 b 的任何消息，后来 a 在一次出差中遇到 b，在闲聊中 a 知道了 b 已经结婚生子的事情。

(2) 学生 c 在课堂讨论中认识到曾经所持有的信念 φ 原来是错误的，因此放弃这个信念，不再相信 φ。

(3) 物理学家 d 一直相信命题 φ 和 $\varphi \rightarrow \psi$，从而也相信它们的结论 ψ，其中 ψ 的意思是说光走直线，而不会因大质量天体的引力影响而弯曲，但最新观测表明并非如此，因此 d 不再相信 ψ，而且曾经的信念 φ 和 $\varphi \rightarrow \psi$ 也必舍其一。

(4) 因战乱失散多年的 e 和 f 两兄弟再次重逢，相互聊起过去十几年的事情，从中 e 和 f 都知道了对方的很多事情，并且都改变了过去对彼此遭遇的种种猜测，而且逐渐理清楚对方的这十多年经历的历史线索。

(5) 周先生的妻子中午告诉他："我下午要去市区办事，到晚上才能到家，你下午早点回来陪女儿。"下午周先生提前下班回到家，刚进门他女儿就兴奋地跑过来说："爸爸，爸爸，我下午和妈妈去街上买东西了。我们在街上看到恐龙了！恐龙真的好可爱呀！"由于周先生持有"恐龙已灭亡"这样的核心信念，因此他并不完全相信他女儿的话。但他却相信女儿和她妈妈下午去过街上，并且看到过一个穿着打扮成恐龙模样的人。

(6) 外出多年的 g 回到老家，故乡不再是离开时的旧模样，人事也变动非常大，从而更新了很多家乡的信息。

(7) 物理学家 h 想要将光的波动假说和粒子假说聚合成一个融贯一致的理论。

(8) 数据库工程师 i 在项目研发期间碰到一个棘手的任务，需要将几个数据库聚合成一个一致的数据库，否则数据库的不一致性将导致系统错误，引发不可估量的损失。

(9) 从小生活在基督教文化圈的基督徒 j 去异国他乡传教，刚开始的时间里 j 在日常生活的各个方面都受到异地宗教文化的冲击，但由于 j 具有坚定的信仰，因此在受到异地文化冲击时，他有意地保护自己的信仰，对自己信念状态的丝毫变动保持警觉、警惕。但他并不是一成不变的保守分子，他对自己的信念做了非常清晰的区分，对核心教义保持坚定不变的信仰，只对其他信念进行理性的、与核心信念相一致的改变，以在一定程度上适应当地的文化生活并从中进行传教活动。

在上述这类情形中，一个理性的认知主体是如何理性地改变信念状态的呢？信念修正理论就是要用形式逻辑的工具刻画认知主体理性的信念修正过程。上面这些例子可以粗略对应相关已被形式刻画的算子。其中示例 9.2 (1) 的大学生 a 只需要将新信念添加进信念库即可，不需要删除任何原有的信念，这是一种非常简单的信念改变即膨胀性改变，对应 AGM 三种经典算子之一膨胀算子（expansion）(Alchourrón et al., 1985)。示例 9.2 (2) 的 c 需要做的是放弃那个错误的信念，这种放弃操作对应 AGM 另一种算子，即收缩算子（contraction）(Alchourrón et al., 1985; Alchourrón and Makinson, 1985)。示例 9.2 (3) 中物理学家 d 获得了一个新信念 $\neg\psi$，这个信念与他原来的旧信念 ψ 相冲突，因此他不能像示例 9.2 (1) 中的 a 那样简单地把新信念添加进来，否则将导致新信念状态的不一致。这是典型的信念修正的例子，对应 AGM 的第三种算子：修正算子（revision）(Gärdenfors, 1984)。示例 9.2 (4) 中 e 和 f 在久别重逢的一次交谈中交流了大量的信息，这些信息本身就充满时空上错综复杂的联系，而且与彼此对对方曾有的种种猜测纠缠在一起，因此这种复杂的新信息所引发的信念修正与前三个例子中单个命题所引发的信念改变是不同的，这些新信息作为一个整体被认知主体接收和整理，也是作为一个整体而参与信念修正的，这种信念修正对应复合修正（multiple revision）(Fuhrmann, 1988; Zhang and Foo, 2001)。与此类似，我们可以称前三个例子中基于单个命题的信念修正为句子修正（sentence revision）。示例 9.2 (5) 中周先生的这种信念修正是一种选择性的信念修正，周先生并不完全相信他女儿的话，而是作为理性的主体自主地决定接受哪些信息和拒绝哪些信息，也就是说新信息与旧信念相比并不具有特殊的地位或者说优先性。而前面示例 9.2 (1) 和示例 9.2 (4) 中新信息都是具有优先性的，也就是说认知主体都相信新信息，如果要保持新信念状态的一致性而必须在新信息和旧信念之间进行抉择的话，他们都是删除旧信念而非放弃新信息。从这里我们可以看出，信念修正可根据新信息是否具有优先性而区分为优先信念修正（prioritized belief revision）和非优先信念修正（non-prioritized belief revision）(Hansson, 1999a)这两种。示例 9.2 (6) 也是一种经常发生的信念改变过程，但它不是信念膨胀、收缩和修正算子三者之一，它对应的是信念更新（belief update）(Katsuno and Mendelzon, 1992)，下文将详细介绍。示例 9.2 (7) 和9.2(8) 对应的是聚合算子（merge）(Fuhrmann, 1997)，主要探讨如何将多个信息源一致地聚合成一个信息库。因此，讨论的不再是信念状态的改变，但却与信念修正密切相关。因为对聚合算子的研究所采用的范式与信念修正理论所采用的范式几乎是一样的。示例 9.2 (9) 所描述的信念修正与其他信念修正不同的关键之处在于：这种信念修正在认知过程中有意地保护部分核心信念，这种信念改变可能被误解地认为是不理性的，但这种保护型的信念修正是非常普遍的，不仅传教士具有这种坚信的核心信念，而且每个人都有类似的核心信念，这些信念即使不是重言式的，也是被认知主体坚信的，比如：太阳东升西落。这种类型的信念修正算子有保护型修正（screened revision）(Makinson, 1997)、基于可信度的受限修正（credibility-limited revision）(Hansson and Falappa, 2001) 等。

9.1.2.2　研究对象、指导原则与研究范式

在上一小节中我们已初步了解了信念修正理论的目的及其直观例子。从这些示例可以发现，一般而言信念修正理论的研究对象无非三个：一个改变算子和两个输入参数，其中这两个输入参数在狭义的信念修正算子中分别表示认知主体的信念状态和接收到的新信息，而在聚合算子中则分别表示两个待聚合的理论或信息库，而改变算子则是指从这两个输入参数中得到符合某种理性要求的输出结果的函子。在传统信念修正中，新信息往往被表征为一个命题或命题集，而认知主体的认知状态则一般包含信念状态和选择机制两大因素，前者往往被表征为后承封闭的信念集（belief set）或不要求后承封闭的信念库（belief base），后者则包含在算子的功能之中，是一种从两个输入参数中挑选出合适的信息作为输出结果的理性选择机制，在 AGM 理论中一般被构造为选择函数（selection function）或剪切函数（incision function）等。

那么什么样的算子才算是满足某种理性要求的算子呢？或者说什么样的信念修正才是理性的信念修正？这个问题没有明确答案，但一般有两个主要的指导原则，即最小改变原则和一致性原则。前者是说信念修正过程中尽量作最少改变，不要画蛇添足增加过多的信息，也不要随便删除不是必需删除的信息；后者是说改变需要理由，对信念的放弃必须具有基本的理由，即直接参与导致了不一致现象的发生，这些信念应该被放弃以恢复一致性。也就是说，前者将改变控制在尽量小的范围内，后者要求改变后的信念状态应该保持一致性（当然优先的 AGM 修正算子的一致性是弱一致性，即改变后的信念状态可能在某些极端情况下出现

不一致的现象）。这两个要求都是最基本的要求，因为对这两者之一的违背都将导致明显的不理性。

在这两条原则的指导下，研究者往往从公理性刻画和函数式构造这两条进路对所研究的信念修正算子进行研究，这种研究范式是 Alchourrón、Gärdenfors 和 Makinson 三人在 1985 年开创的，并一直沿用至今。在公理性刻画过程中，研究者把信念修正算子当作黑盒子看待，只探讨修正前后应当满足的逻辑性质，然后给出一系列理性假定（postulates），这种假定类似于形式逻辑系统的公理。而在函数式构造中，研究者则通过构造选择机制从信念状态和新信息中选择出一部分信息作为新的信念状态，这种选择需要满足一定的要求，从而与公理性刻画之间满足一种等价关系，这种关系定理就是表达定理（representation theorem）。相应的，这种函数式构造类似于形式系统的模型，而表达定理则类似于完全性定理。

9.1.2.3 理论变种的演化模式

在生物演化中生物学家发现了物种演化的规律，在地球板块运动中地理学家发现了板块运动的规律，那么在信念修正理论领域，从 AGM 三人 1985 年发表的里程碑式的文章 (Alchourrón et al., 1985) 开始发展到现在，所有的信念修正理论及其变种是否具有某种演化模式？答案是肯定的。粗略地说，它们的演化模式主要分三种：第一种是信息结构的表征方面的改变，比如信念状态由信念集演化到信念库，新信息由单一命题演化到一个命题集合等；第二种是新信息的优先性方面的改变，比如从优先的信念修正到非优先的信念修正，这是一种从新信息具有预定的绝对优先性到不再具有绝对优先性的改变，认知主体具有一定意义上的自主性，对新信息进行有选择的接受或拒绝；第三种是信念修正算子的逻辑性质的改变，比如从修正结果的有条件的弱成功性（weak success）到无条件的强成功性（strong success）的改变，从具有恢复假定（即 recovery postulate）的 AGM 信念修正算子到不再具有恢复假定的修正算子的改变等，从一种选择机制（如选择函数）到另一种选择机制（剪切函数）的改变等。其中第一种和第二种演化模式是宏观的演化模式，引起较大的研究方向的转变，是演化的主线；第三种改变模式是相对微观的演化模式，是在宏观模式的特定阶段中的变化模式，引起的研究方向的转变也是相对较小的，是演化的次线。

9.1.3 小结与本章结构

在跨文化交流中传教士或者带有特定文化背景的人进入异文化社群中传教、交流或生活，他们的信念改变过程会有以下这些特点：

(1) 他们都持有特殊的受他们自己有意保护的核心信念，这些信念是带有浓重的文化标记的；

(2) 他们从一个文化社群到另一个文化社群，常常短时间遭受到异文化冲击，大量的带有文化内涵的新信息涌入他们的视野；

(3) 核心信念在他们的传教、交流或生活中起到评价标准或根据的作用，对于他们认为错误的或者不可信的信息，他们采取不接受的态度，对于可信的信息则进行适当的信念改变；

(4) 对于暂时认为可信的信息，他们会把这些信息添加进信念库当中，但如果在后续认知实践中他们发现这些信息与核心信念冲突，他们也会将这些貌似可信实为不可信的信息排斥出信念库；

本章首先将在第 9.2 节和第 9.3 节考察与上面特点（1）（2）（3）相关的非优先复合修正的决策 + 修正模式，其中第 9.2 节专门考察决策子模块，提出评价算子并构造出它的两种函数式构造：核心评价算子和部分交评价算子。第 9.3 节则考察修正子模块，提出评价复合修正算子并构造出它的两种函数式构造：核心评价复合修正算子和部分交评价复合修正算子。然后在下一章考察与上面特点（1）（2）（4）相关的非优先复合修正的膨胀 + 巩固模式，提出代谢修正算子，它先把所有新信息都添加进信念库当中，然后利用巩固算子和核心信念对新信念状态进行整理和巩固以恢复一致性。接着我们将考察采用决策 + 修正模式的评价算子和评价复合修正算子与采用膨胀 + 巩固模式的代谢修正算子之间的内在关系，并且利用跨文化交流的示例 9.1 对这三种算子进行案例分析。最后对所做工作进行总结，并提出一些对未来工作方向的展望。

9.2 评价算子

9.2.1 动机

在日常认知实践中，认知主体在接收到新信息时首先会对新信息进行评价以决定是否相信新信息或者相信新信息中哪些内容，然后才进行信念修正过程。这正是非优先复合修正的决策+修正模式,其中前者为决策子模块,后者为修正子模块。决策子模块是一种选择机制,它从新信息中挑选部分信息进行信念修正。这种选择机制的实质就是评价机制,通过评价机制判断信息是否可信:对可信的信息通过修正算子将它们添加进来,对于不可信的信息则拒斥而不作信念改变。本节考察的正是这种评价性决策过程,但与非优先句子修正不同,这里将评价性决策扩展为对命题集的决策。

这种评价性决策行为是非常常见的,它们往往发生在认知主体接收到信息之后和信念状态改变之前的过渡时期,这个时期也是信念状态的不稳定时期,但这个时期却对后续信念动态的改变方向起着关键作用。下面是几个常见的信息评价的例子。

示例 9.3 (1) 周先生下班回到家刚进门,他女儿就兴奋地跑过来告诉他今天在街上看到恐龙并和恐龙玩得很开心的事情。由于周先生持有"恐龙已灭亡"这样核心信念,因此他并不完全相信她女儿的话,而是有选择地对自己的信念库进行改变。他至少相信他女儿今天去过街上,看到过一个穿着打扮成恐龙模样的人,并且玩得很开心。

(2) 基督徒汤姆斯在大学生物学课堂上接收到很多信息,其中包括动植物的知识和生物进化论。由于汤姆斯坚信生命是上帝创造的,因此他认为生物进化论是错误的,他拒绝相信这样的言论,但他仍接受那些关于动植物的知识。

(3) 无神论科学家艾因斯钽在校园小道上一边散步一边思考关于弦论的前沿理论问题,突然被一个基督徒爱丽丝打断。爱丽丝并不知道艾因斯钽是个理论物理学家,她向他兜售《圣经》的故事。但艾因斯钽耐心听完却不以为然,他坚信上帝是不存在的,因此他并不相信爱丽丝讲的大部分故事,但他至少相信曾经某人为了某种目的写下了《圣经》。

(4) 法庭上法官接收到原告被告双方的各种信息,这些信息可能相互冲突,也可能与现有可靠证据相矛盾,而法官必须根据现有可靠证据对这些信息进行甄别评价,以确定被告罪名是否成立。

(5) 敌方间谍 a 与军方高官 b 熟识,a 想从 b 中获得重要情报 D,却不料身份泄露,b 知道 a 是敌方间谍而 a 并不知道自己身份已泄露。b 将计就计将假情报 D' "不小心地""泄露"给 a,a 自信满满的将 D' 汇报给上级 c,但老练细心的 c 根据现有最新情报,发现了 D' 包含有悖常理的信息,并据此断定 D' 是假情报且 a 的身份可能已暴露,因此不再相信假情报 D' 里的任何信息。

这五个例子都表明当认知主体接收到复杂信息时,并不是全盘接受或者全盘拒绝，而是作为自治的主体有选择地接受一些信息，拒绝另外一些信息。而影响选择的关键因素就是认知主体的知识或者说核心信念，这些信念使得认知主体可以判断哪些信息是不可能的，哪些信息是不可信的，哪些信息在一定程度上是可信的。

本章将利用 AGM 信念改变的研究范式来刻画这种理性的信息评价过程。那么怎样的评价才是理性的评价呢？我们应当像信念修正理论一样给出理性评价的原则，这里提出与信念修正理论的最小改变原则类似的最少放弃原则，也就是说信息是宝贵的，理性的认知主体在认知的时候会尽力获得有用的信息，从而新信息在评价过程中被放弃得越少越好。另外，任何被放弃的信息都必须有被放弃的充足理由，而最一般的理由就是避免矛盾冲突，这就是一致性原则。这两个原则是形式刻画理性评价的主要指导原则。

9.2.2 公理性刻画

从上面示例 9.3 可看出评价发生时主要包含两个关键因素：认知主体的认知状态和新信息，而认知状态又主要可分为信念状态和选择机制，其中这里所说的选择机制是类似于信念修正理论中剪切函数或选择函数的机制，而信念状态中包含认知主体评价新信息时所依赖的评价标准或者说评价依据，比如示例 9.3 中周先生的知识"恐龙已灭亡"，汤姆斯的《圣经》，艾因斯坦的科学知识，法官的可靠证据和上级 c 的最新可靠情报。

那么这些评价依据是什么呢？它们有什么特点呢？下面先简单回答这两个问题。首先，评价依据必须是认知主体所相信的信念。但认知主体的信念数量往往很庞大，哪些信念可以作为评价依据呢？我们认为理性认知主体对新信息的评价行为是一种试图为新信息寻找辩护的行为。如果能够为新信息 φ 找到合理的辩护，那么认知主体就会认为 φ 是可信的；否则就是不可信的。而寻找辩护的过程所依赖的东西即评价依据必须本身已然具有足够的辩护，否则无法为新信息提供合理的辩护。因此，认知主体的所有信念中作为可辩护真信念的知识是首选的评价依据，但一般而言，由于认知主体的有限理性，可辩护和真这两个方面都不能达到理想的要求。因此，作为认知主体自认为可辩护且自认为真的核心信念是评价依据的合适候选方案。比如示例 9.3 (2) 中汤姆斯对《圣经》的信念就可以作为评价依据，虽然这些信念（在严格的意义上）并不能作为汤姆斯的知识。

那么作为评价依据的核心信念的集合是否是一致的？如果评价依据是不一致的话，那么根据命题逻辑，所有的新信息都是这些评价依据的逻辑后承，也就是说所有的新信息都将获得辩护，这将导致认知主体认为所有的信息都是可信的。这是不理性的评价，从而理性的评价应当依赖于一致的评价依据。因此，核心信念集应当是一致的。

从上述分析知，核心信念是认知主体信念状态中的部分信念，这部分信念是一致的并且具有一定的可辩护性，它们的牢固程度较其他信念要高，从而习惯地被认知主体当作评价新信息的依据。因此，我们可以得出评价行为的三个关键因素：选择机制、核心信念集和新信息。类似于 AGM 理论模式，下面在公理性刻画时只把评价算子当作黑盒子来刻画它的逻辑性质。因此这一节只考虑两个关键因素，即核心信念集和新信息；后面两节将重点考察两种选择机制，即基于不一致核心集的选择机制和基于一致保留集的选择机制。

给定核心信念集 A 和新信息 D 是 $\mathcal{L}$ 语言的子集，即 $A \subseteq \mathcal{L}$ 且 $D \subseteq \mathcal{L}$，并且 A 是一致的[①]。二元评价算子用 $\triangleleft$ 表示，故评价结果集可用 $D \triangleleft A$ 表示，读作 D 被 A 评价，$D \triangleleft A$ 作为评价结果集又叫信集，$D \backslash D \triangleleft A$ 则称作斥集。这里提出下面这些性质作为评价算子的合理的公理性刻画。

（$\triangleleft 1$）$D \triangleleft A \subseteq D$。（E-Inclusion）

（$\triangleleft 2$）$A \cup D \triangleleft A$ 是一致的。（E-Compatibility）

（$\triangleleft 3$）如果 $A \vdash \varphi$ 且 $\varphi \in D$，那么 $\varphi \in D \triangleleft A$。（E-Concurrence）

（$\triangleleft 4$）如果 $D \vdash \varphi$ 且 $A \vdash \neg \varphi$，那么 $D \triangleleft A \nvdash \varphi$。（E-Exclusion）

（$\triangleleft 5$）$Cn(A \cup D \triangleleft A) \cap D \subseteq D \triangleleft A$。（E-Closure）

（$\triangleleft 6$）如果 $A \cup D$ 是一致的，那么 $D \triangleleft A = D$。（E-Vacuity）

（$\triangleleft 7$）如果 $A \vdash \varphi \leftrightarrow \psi$ 且 $\{\varphi, \psi\} \subseteq D$，那么 $\varphi \in D \triangleleft A \Longleftrightarrow \psi \in D \triangleleft A$。（E-Extensionality）

（$\triangleleft 8$）如果 $\forall \varphi \in (D_1 \cup D_2) \backslash (D_1 \cap D_2)$ 都有 $\{\varphi\} \cup A \vdash \bot$，那么 $D_1 \triangleleft A = D_2 \triangleleft A$。（E-Irrelevance）

（$\triangleleft 9$）如果 D_1 和 D_2 的与 A 不一致的极小子集相同，那么 $D_1 \backslash D_1 \triangleleft A = D_2 \backslash D_2 \triangleleft A$。（E-Uniformity）

（$\triangleleft 10$）如果 $D \triangleleft A \subseteq C \subseteq D$ 且 $A \cup C \nvdash \bot$，那么 $C \subseteq D \triangleleft A$。（E-Maximality）

（$\triangleleft 11$）如果 $\varphi \in D \backslash D \triangleleft A$，那么存在 $C \subseteq D$ 使得 $C \cup A \nvdash \bot$，但 $C \cup A \cup \{\varphi\} \vdash \bot$。（E-Retainment）

（$\triangleleft 12$）如果 $\varphi \in D \backslash D \triangleleft A$，那么存在 $C \subseteq D$ 使得 $D \triangleleft A \subseteq C$ 且 $C \cup A \nvdash \bot$，但 $C \cup A \cup \{\varphi\} \vdash \bot$。（E-Relevance）

[①] 一般地，我们用 A 表示一致的核心信念集。

E-Inclusion 是说新信息中被评价为相信的那些信念必须包含在新信息中，不能在评价过程中添加其他信息。E-Compatibility 说明被评价为相信的部分信念与评价标准即核心信念集 A 是相容的。E-Concurrence 的直观意思是说新信息中被认知主体认同的那部分都是可信的信息。E-Exclusion 的直观意思是说如果认知主体能够反驳新信息 D 中所蕴含的某些信息，那么评价结果集不能蕴含它们。E-Closure 从 Hansson (1994, P. 850) 的 Relative Closure 扩展而来，其直观意思是说新信息的可信部分包含了所有赞同的信息，也就是说新信息 D 中所有 $A \cup D \triangleleft A$ 的逻辑后承都包含在 $D \triangleleft A$ 中。E-Vacuity 是说如果新信息与评价依据相互一致，那么认知主体在没有足够的反驳理由的情况下暂时地把所有新信息接纳为可信信息。E-Extensionality 则表明新信息中认知主体认为等价的信息应该得到认知主体平等的对待：同为可信或者同为不可信。E-Irrelevance 是说如果两个待评价信息源的交集外信息都是被认知主体反驳的，那么对这两个信息源的评价结果集是相等的。因为那些交集外信息都会被排斥在外，从而可信部分只与两者的交集相关。而 E-Uniformity 是说如果两个待评价信息源的、实质上与核心信念 A 相冲突的极小子集相同，那么理性认知主体在评价过程中评价为不可信的信息应当相同。E-Uniformity 是从 (Falappa and Simari, 2012) 中的聚合算子的 Reversion 修改而得。E-Maximality 是说新信息的可信部分应当是极大的，其真扩集都是与核心信念集 A 不一致的。E-Retainment 直观意思是说信息的不可信是有理由、有根据的，这些信息至少具有某种特殊的性质使得认知主体不相信它们，而最常见的此种性质就是不一致性，也就是说在评价过程中被评价为不可信的信息应当在某种意义上参与导致了与核心信念 A 的不一致现象。E-Relevance 是 E-Retainment 的加强版本，两者分别从 Hansson (1999b) 中复合修正算子的 Relevance 和 Core-Retainment 修改而得。

下面的结论是上述这些性质间主要的相互关系。

命题 9.4　　(1) 如果 $\triangleleft$ 满足 E-Retainment，那么它也满足 E-Concurrence。

(2) 如果 $\triangleleft$ 满足 E-Compatibility，那么它也满足 E-Exclusion。

(3) 如果 $\triangleleft$ 满足 E-Inclusion、E-Compatibility 和 E-Maximality，那么它也满足 E-Relevance。

(4) 如果 $\triangleleft$ 满足 E-Closure，那么它也满足 E-Extensionality。

(5) 如果 $\triangleleft$ 满足 E-Inclusion 和 E-Retainment，那么它也满足 E-Vacuity。

(6) 如果 $\triangleleft$ 满足 E-Relevance，那么它也满足 E-Closure。

证明：　　(1) 令 $\triangleleft$ 满足 E-Retainment，再令 $A \vdash \varphi$ 且 $\varphi \in D$。假设 $\varphi \notin D \triangleleft A$。

由 E-Retainment 知存在 $C \subseteq D$ 使得 $C \cup A \nvdash \bot$，但 $C \cup A \cup \{\varphi\} \vdash \bot$。故 $A \nvdash \varphi$，产生矛盾，故假设错误，$\varphi \in D \triangleleft A$ 成立。

(2) 用反证法易证，略。

(3) 令 $\triangleleft$ 满足 E-Inclusion、E-Compatibility 和 E-Maximality，再令 $\varphi \in D \backslash D \triangleleft A$ 和 $C = D \triangleleft A$。显然 $C \cup \{\varphi\} \nsubseteq D \triangleleft A$。由 E-Inclusion 得 $C = D \triangleleft A \subseteq D$，故 $D \triangleleft A \subseteq C \cup \{\varphi\} \subseteq D$，再由 $C \cup \{\varphi\} \nsubseteq D \triangleleft A$ 和 E-Maximality 得 $A \cup C \cup \{\varphi\} \vdash \bot$。又由 E-Compatibility 得 $A \cup C = A \cup D \triangleleft A \nvdash \bot$。故 E-Relevance 后件成立。

(4) 令 $\triangleleft$ 满足 E-Closure，再令 $A \vdash \varphi \leftrightarrow \psi$ 且 $\{\varphi, \psi\} \subseteq D$。分 $\Longrightarrow$ 和 $\Longleftarrow$ 两种情况，这里只证明 $\Longrightarrow$，另一方向类似可证。令 $\varphi \in D \triangleleft A$。由 $\varphi \in D \triangleleft A$ 和 $A \vdash \varphi \leftrightarrow \psi$ 得 $\psi \in Cn(A \cup D \triangleleft A)$，又 $\psi \in D$，故由 E-Closure 得 $\psi \in D \triangleleft A$。故 $\Longrightarrow$ 方向成立。故 E-Extensionality 成立。

(5) 令 $\triangleleft$ 满足 E-Inclusion 和 E-Retainment 且 $A \cup D \nvdash \bot$。用反证法，假设 $D \triangleleft A \neq D$，由于 E-Inclusion 成立，故 $D \triangleleft A \subseteq D$，从而 $D \nsubseteq D \triangleleft A$。故存在 $\tau \in D \backslash D \triangleleft A$，由 E-Retainment 知存在 $C \subseteq D$ 使得 $C \cup A \nvdash \bot$，但 $C \cup A \cup \{\tau\} \vdash \bot$。由 $\tau \in D \backslash D \triangleleft A$ 和 $C \subseteq D$ 得 $C \cup A \cup \{\tau\} \subseteq A \cup D$，因此 $A \cup D \vdash \bot$，产生矛盾，故假设错误，$D \triangleleft A = D$ 成立，故 E-Vacuity 成立。

(6) 令 $\triangleleft$ 满足 E-Relevance。用反证法，假设 $Cn(A \cup D \triangleleft A) \cap D \nsubseteq D \triangleleft A$，故存在 $\tau \in D \backslash D \triangleleft A$ 且 $A \cup D \triangleleft A \vdash \tau$。由 $\tau \in D \backslash D \triangleleft A$ 和 E-Relevance 知：存在 $C \subseteq D$ 使得 $D \triangleleft A \subseteq C$ 且 $C \cup A \nvdash \bot$，但 $C \cup A \cup \{\tau\} \vdash \bot$。由 $D \triangleleft A \subseteq C$、$C \cup A \nvdash \bot$ 和 $C \cup A \cup \{\tau\} \vdash \bot$ 易证 $A \cup D \triangleleft A \nvdash \tau$，产生矛盾，故假设错误，$Cn(A \cup D \triangleleft A) \cap D \subseteq D \triangleleft A$ 成立。

9.2.3 函数式构造：不一致核心集方案

这一小节将构造第一种评价算子：核心评价算子。虽然评价算子跟收缩算子一样也是对一个命题集合的收缩，但评价算子与句子收缩不同，它并没有确定或指定放弃哪些信息，因此不能采用 Hansson (1994) 提出的核心集来构造。这里需要采用由 Falappa 等人 (2012) 中提出的不一致核心集（inconsistent kernel）来构造，下面是它的形式定义：

定义 9.5 (Falappa et al., 2012) 令 $A, D \subseteq \mathcal{L}$，$A$ 是一致的。所有 D 的 A-不一致核心的集合，记为 $D \triangle_\bot A$，是满足下列条件的 X 的集合：

（1）$X \subseteq D$；

（2）$X \cup A$ 是不一致的；

（3）对每个 $Y \subset X$，都有 $Y \cup A$ 是一致的。

从上面定义可以看出不一致核心集 $D \triangle_\perp A$ 是新信息 D 中与核心信念集 A 不一致的极小 D-子集的集合。从直观上说，$D \triangle_\perp A$ 的所有元素都包含了与核心信念集 A 相冲突的信息，也就是说这些元素中包含了不可信的信息。通过下面两个例子，我们能更形象地理解这一点。

示例 9.6 (1) 令 φ, ψ, τ 为三个不相关的原子命题，新信息 $D = \{\varphi, \psi\}$，核心信念集 $A = \{\tau, \tau \to \neg \psi\}$。故 $D \triangle_\perp A = \{\{\psi\}\}$，在 A 的评价作用下，ψ 会被评价为不可信的信息。但由于 φ 与 A 一致，因此认知主体没有非常合理的理由不相信 φ。

(2) 令 φ, ψ, τ 为三个不相关的原子命题，新信息 $D = \{\varphi, \varphi \to \psi, \neg \psi, \tau, \neg \varphi \vee \tau\}$，核心信念集为 $A = \{\varphi, \neg \tau\}$。那么根据定义 9.5 易得 $D \triangle_\perp A = \{\{\tau\}, \{\neg \varphi \vee \tau\}, \{\varphi \to \psi, \neg \psi\}\}$。

在构造剪切函数之前，我们先来考察不一致核心集的性质。下面这个引理表明不一致核心集有下界性（Lower Bound Property），后面的证明要用到这个性质。

引理 9.7 令 $B, D \subseteq \mathcal{L}$，$D$ 是一致的。如果 $Z \subseteq B$ 且 $Z \cup D \vdash \perp$，那么存在 Y 使得 $Y \subseteq Z$ 且 $Y \in B \triangle_\perp D$。

证明：由前提有 $D \nvdash \perp$。令 $Z \subseteq B$ 且 $Z \cup D \vdash \perp$。用反证法，假设所有的 $Y \subseteq Z$ 都有 $Y \notin B \triangle_\perp D$，记为条件（*）。由紧致性、$Z \cup D \vdash \perp$ 和 $D \nvdash \perp$ 知存在有穷非空集 $X \subseteq Z$ 使得 $X \cup D \vdash \perp$。由条件（*）得 $X \notin B \triangle_\perp D$。又由于 $X \subseteq B$ 且 $X \cup D \vdash \perp$，故根据定义 9.5 易知 X 的基数为 $|X| - 1$ 的子集中至少存在一个 X_0 使得 $X_0 \cup D \vdash \perp$，否则易得 $X \in B \triangle_\perp D$，从而导致矛盾。由条件（*）得 $X_0 \notin B \triangle_\perp D$。又由于 $X_0 \subseteq B$ 且 $X_0 \cup D \vdash \perp$，故类似的，如果 $|X_0| \geqslant 1$，那么 X_0 的基数为 $|X_0| - 1$ 的子集中至少存在一个 X_1 使得 $X_1 \cup D \vdash \perp$。如此类推，有穷步内到达 X 的子集 $\varnothing$，由于 $\varnothing$ 是基数为 1 的所有 X 子集的唯一真子集，因此 $\varnothing \cup D \vdash \perp$，与 $D \nvdash \perp$ 矛盾，故假设错误，存在 $Y \subseteq Z$ 使得 $Y \in B \triangle_\perp D$。证毕。

除了下界性，不一致核心集还具有下面这些边界性质。

命题 9.8 令 $A, D \subseteq \mathcal{L}$，$A$ 是一致的。

（1）$D \triangle_\perp A = \varnothing$ 当且仅当 $D \cup A$ 是一致的。

（2）$\varnothing \notin D \triangle_\perp A$。

(3) 如果 $A = \varnothing$，那么 $D\triangle_\perp A = D\triangle\perp$。

(4) $D\triangle_\perp A = \{D\}$ 当且仅当 $D \in D\triangle_\perp A$ 当且仅当 $D \cup A$ 不一致且 D 的所有真子集和 A 都是一致的。

(5) 如果 $X \in D\triangle_\perp A$，那么 $X \cap Cn(A) = \varnothing$。

证明：(1) $\Longleftarrow$：令 $D \cup A$ 是一致的，那么 D 的所有子集与 A 都是一致的，因此 D 的所有子集都不满足定义 9.5 (2)，故 $D\triangle_\perp A = \varnothing$。$\Longrightarrow$：令 $D\triangle_\perp A = \varnothing$。假设 $D \cup A$ 是不一致的。由 $D \subseteq D$、$D \cup A \vdash \perp$ 和下界性引理 9.7 知存在 Y 使得 $Y \subseteq D$ 且 $Y \in D\triangle_\perp A$。故 $D\triangle_\perp A \neq \varnothing$，产生矛盾，故假设错误，$D \cup A$ 是一致的。

(2) 由于 A 是一致的，因此 $\varnothing \cup A \nvdash \perp$，故 $\varnothing$ 不满足 $D\triangle_\perp A$ 的定义 9.5 (2)，故 $\varnothing \notin D\triangle_\perp A$。

(3) 根据定义 9.5 显然成立，证略。

(4) 是显然的，略。

(5) 令 $X \in D\triangle_\perp A$，用反证法，假设 $X \cap Cn(A) \neq \varnothing$，故存在 $\tau \in X \cap Cn(A)$，故 $X \backslash \{\tau\} \subset X$，由定义 9.5 (3) 得 $X \backslash \{\tau\} \cup A \nvdash \perp$。而由 $\tau \in X \cap Cn(A)$ 得 $Cn(X \backslash \{\tau\} \cup A) = Cn(X \cup A)$，又由 $X \in D\triangle_\perp A$ 得 $X \cup A \vdash \perp$，故 $X \backslash \{\tau\} \cup A \vdash \perp$。产生矛盾，故假设错误，$X \cap Cn(A) = \varnothing$。

由命题 9.8 (2) 知所有 $D\triangle_\perp A$ 元素都是非空的，只要破坏这些元素即从这些元素中删除至少一个命题，那么剩下的命题与核心信念是一致的。并且按照最小放弃原则，只有放弃这些不一致核心内部的命题才是有足够理由的。因此，我们有下面的分离巩固剪切函数[①]。

定义 9.9 令 A 为 $\mathcal{L}$ 上的一致集。函数 $\sigma(D\triangle_\perp A)$ 是基于 A 的分离巩固剪切函数当且仅当对任何的 $D \subseteq \mathcal{L}$，下列条件都成立：

(1) $\sigma(D\triangle_\perp A) \subseteq \bigcup(D\triangle_\perp A)$；

(2) 如果 $X \in D\triangle_\perp A$，那么 $\sigma(D\triangle_\perp A) \cap X \neq \varnothing$；

(3) 如果 $\tau \in \sigma(D\triangle_\perp A)$，那么 $A \cup D \backslash \sigma(D\triangle_\perp A) \nvdash \tau$。

上述定义中条件 (3) 的直观意思是说，如果持有核心信念集 A 的认知主体将 τ 评价为不可信，那么 τ 就不能是 D 中的可信部分和核心信念集 A 的并集的逻辑后承。因为这个并集的逻辑后承仍然是理性认知主体所相信的。另一点值得注意的是，由命题 9.8 (5) 知所有的不一致核心都不包含核心信念集 A 的逻辑

[①] 巩固剪切函数（consolidated incision function）的概念扩展自 Falappa et al., (2012)。

后承，因此由定义 9.9（1）知在剪切过程中不会将 D 中 A 所赞同的新信息（即 A 的逻辑后承）剪切掉。由此也可以看出，剪切函数 σ 保护核心信念集 A 所赞同的那些新信息，而只剪切 $D\backslash Cn(A)$ 中的元素使得 D 中剩余的新信息与核心信念集 A 保持一致。此外，还要注意的是这三个条件的一致性问题，我们只需考虑 $\forall D \subseteq \mathcal{L}(\sigma(D\triangle_{\perp}A) = \bigcup(D\triangle_{\perp}A))$ 的极端情况是否满足这三个条件即可。下面这个命题说明答案是肯定的。

命题 9.10 令 $A \subseteq \mathcal{L}$ 为一致集。如果剪切函数 σ 定义为 $\forall D \subseteq \mathcal{L}(\sigma(D\triangle_{\perp}A) = \bigcup(D\triangle_{\perp}A))$，那么 σ 是分离巩固剪切函数。

证明：只需证明：任取 $D \subseteq \mathcal{L}$ 都有 $\sigma(D\triangle_{\perp}A)$ 满足定义 9.9 的条件（1）（2）（3）即可。

条件（1）：根据 σ 的定义，显然满足 $\sigma(D\triangle_{\perp}A) \subseteq \bigcup(D\triangle_{\perp}A)$；

条件（2）：令 $X \in D\triangle_{\perp}A$。由命题 9.8（2）知 $\emptyset \notin D\triangle_{\perp}A$，故 $X \neq \emptyset$。再由 σ 的定义知 $X \subseteq \bigcup(D\triangle_{\perp}A) = \sigma(D\triangle_{\perp}A)$，故 $\sigma(D\triangle_{\perp}A) \cap X = X \neq \emptyset$。故条件（2）成立。

条件（3）：令 $\tau \in \sigma(D\triangle_{\perp}A)$。用反证法，假设 $A \cup D\backslash\sigma(D\triangle_{\perp}A) \vdash \tau$。由 $\tau \in \sigma(D\triangle_{\perp}A)$ 知存在 $X \in D\triangle_{\perp}A$ 使得 $\tau \in X$。由 $A \cup D\backslash\sigma(D\triangle_{\perp}A) \vdash \tau$ 得 $Cn(X \cup A) \subseteq Cn(A \cup D\backslash\sigma(D\triangle_{\perp}A) \cup X\backslash\{\tau\})$。又由 $X \in D\triangle_{\perp}A$ 得 $X \cup A \vdash \perp$。故 $A \cup D\backslash\sigma(D\triangle_{\perp}A) \cup X\backslash\{\tau\} \vdash \perp$，又显然有 $D\backslash\sigma(D\triangle_{\perp}A) \cup X\backslash\{\tau\} \subseteq D$。故由引理 9.7 下界性知存在 $Y \subseteq D\backslash\sigma(D\triangle_{\perp}A) \cup X\backslash\{\tau\}$ 且 $Y \in D\triangle_{\perp}A$。由 σ 的定义知 $Y \subseteq \sigma(D\triangle_{\perp}A)$，故 $Y \cap (D\backslash\sigma(D\triangle_{\perp}A)) = \emptyset$，故由 $Y \subseteq D\backslash\sigma(D\triangle_{\perp}A) \cup X\backslash\{\tau\}$ 得 $Y \subseteq X\backslash\{\tau\}$，故 $\tau \notin Y$。再加上 $\tau \in X$ 易得 $Y \subset X$，再由 $X \in D\triangle_{\perp}A$ 和定义 9.5（3）得 $Y \cup A \not\vdash \perp$，这与 $Y \in D\triangle_{\perp}A$ 相矛盾，故假设错误，$A \cup D\backslash\sigma(D\triangle_{\perp}A) \not\vdash \tau$ 成立。故条件（3）得到满足。

示例 9.11（1）继续示例 9.6（1），由于新信息为 $D = \{\varphi, \psi\}$，核心信念集 $A = \{\tau, \tau \to \neg\psi\}$，$D\triangle_{\perp}A = \{\{\psi\}\}$，根据定义 9.9 易知满足条件（1）（2）（3）的剪切方案只有一个即 $\sigma(D\triangle_{\perp}A) = \{\psi\}$。

（2）继续示例 9.6（2），由于新信息 $D = \{\varphi, \varphi \to \psi, \neg\psi, \tau, \neg\varphi \vee \tau\}$，核心信念为 $A = \{\varphi, \neg\tau\}$，$D\triangle_{\perp}A = \{\{\tau\}, \{\neg\varphi \vee \tau\}, \{\varphi \to \psi, \neg\psi\}\}$。根据定义 9.9 容易验证满足条件（1）（2）（3）的剪切方案包含下面两个：$\sigma_1(D\triangle_{\perp}A) = \{\tau, \neg\varphi \vee \tau, \varphi \to \psi\}$，$\sigma_2(D\triangle_{\perp}A) = \{\tau, \neg\varphi \vee \tau, \neg\psi\}$。

（3）令 $\varphi, \psi, \alpha, \tau$ 为互不相关的原子命题，新信息 $D = \{\neg\varphi, \neg\varphi \to \psi, \neg\alpha, \neg\alpha \to \psi, \alpha \to \neg\tau\}$，核心信念集 $A = \{\neg\psi, \tau\}$。根据定义 9.5 易得 $D\triangle_{\perp}A =$

$\{\{\neg\varphi, \neg\varphi \to \psi\}, \{\neg\alpha, \neg\alpha \to \psi\}, \{\neg\alpha \to \psi, \alpha \to \neg\tau\}\}$。根据定义 9.9 容易验证满足条件（1）（2）的剪切方案包含下面八个：

$\sigma_1(D\triangle_\perp A) = \{\neg\varphi, \neg\alpha, \neg\alpha \to \psi\}$；

$\sigma_2(D\triangle_\perp A) = \{\neg\varphi, \neg\alpha, \alpha \to \neg\tau\}$；

$\sigma_3(D\triangle_\perp A) = \{\neg\varphi, \neg\alpha \to \psi\}$；

$\sigma_4(D\triangle_\perp A) = \{\neg\varphi, \neg\alpha \to \psi, \alpha \to \neg\tau\}$；

$\sigma_5(D\triangle_\perp A) = \{\neg\varphi \to \psi, \neg\alpha, \neg\alpha \to \psi\}$；

$\sigma_6(D\triangle_\perp A) = \{\neg\varphi \to \psi, \neg\alpha, \alpha \to \neg\tau\}$；

$\sigma_7(D\triangle_\perp A) = \{\neg\varphi \to \psi, \neg\alpha \to \psi\}$；

$\sigma_8(D\triangle_\perp A) = \{\neg\varphi \to \psi, \neg\alpha \to \psi, \alpha \to \neg\tau\}$。

由于 $\neg\alpha \in \sigma_1$ 且 $A \cup D\backslash\sigma_1 \vdash \neg\alpha$，故 σ_1 不满足条件（3）；

由于 $\alpha \to \neg\tau \in \sigma_4$ 且 $A \cup D\backslash\sigma_4 \vdash \alpha \to \neg\tau$，故 σ_4 不满足条件（3）；

由于 $\neg\alpha \in \sigma_5$ 且 $A \cup D\backslash\sigma_5 \vdash \neg\alpha$，故 σ_5 也不满足条件（3）；

由于 $\alpha \to \neg\tau \in \sigma_8$ 且 $A \cup D\backslash\sigma_8 \vdash \alpha \to \neg\tau$，故 σ_8 不满足条件（3）。

容易验证其余的剪切方案都满足条件（3），从而它们都是基于 A 的分离巩固剪切函数。

有了分离巩固剪切函数，我们可以来定义核心评价算子。

定义 9.12 令一致集 $A \subseteq \mathcal{L}$，σ 为基于 A 的分离巩固剪切函数。

（1）由 σ 构造的基于 A 的核心评价算子 $\triangleleft_\sigma$ 是这样定义的：对所有的 $D \subseteq \mathcal{L}$，$D \triangleleft_\sigma A = D\backslash\sigma(D\triangle_\perp A)$。

（2）一个算子 $\triangleleft$ 是基于 A 的核心评价算子当且仅当存在基于 A 的分离巩固剪切函数 σ 使得对所有的 $D \subseteq \mathcal{L}$ 都有：$D \triangleleft A = D \triangleleft_\sigma A$。

示例 9.13 (1) 继续示例 9.11 (1)，满足条件的分离巩固剪切函数为 $\sigma(D\triangle_\perp A) = \{\psi\}$，对应的核心评价算子的评价结果为 $D \triangleleft_\sigma A = \{\varphi\}$，也就是说认知主体相信 φ，但不相信 ψ。

(2) 继续示例 9.11 (2)，满足条件的分离巩固剪切函数 $\sigma_1(D\triangle_\perp A) = \{\tau, \neg\varphi \lor \tau, \varphi \to \psi\}$，$\sigma_2(D\triangle_\perp A) = \{\tau, \neg\varphi \lor \tau, \neg\psi\}$。根据定义 9.12 易知它们对应的核心评价算子的评价结果分别为：$D \triangleleft_{\sigma_1} A = \{\varphi, \neg\psi\}$，$D \triangleleft_{\sigma_2} A = \{\varphi, \varphi \to \psi\}$。

(3) 继续示例 9.11 (3)，满足条件的分离巩固剪切函数有 σ_2、σ_3、σ_6 和 σ_7，根据定义 9.12 知它们对应的核心评价算子的评价结果分别为：$D \triangleleft_{\sigma_2} A = \{\neg\varphi \to \psi, \neg\alpha \to \psi\}$，$D \triangleleft_{\sigma_3} A = \{\neg\varphi \to \psi, \neg\alpha, \alpha \to \neg\tau\}$，$D \triangleleft_{\sigma_6} A = \{\neg\varphi, \neg\alpha \to \psi\}$，

$D \triangleleft_{\sigma_7} A = \{\neg\varphi, \neg\alpha, \alpha \to \neg\tau\}$。

定理 9.14 令一致集 $A \subseteq \mathcal{L}$。算子 $\triangleleft$ 是基于 A 的核心评价算子当且仅当它满足：E-Inclusion，E-Compatibility，E-Closure，E-Uniformity 和 E-Retainment。

证明：（I）Construction $\Longrightarrow$ Postulates：令算子 $\triangleleft$ 是基于 A 的核心评价算子，下面证明它满足这些性质。

E-Inclusion：根据定义 9.12，显然有 $D \triangleleft A = D \backslash \sigma(D \triangle_\perp A) \subseteq D$。

E-Compatibility：用反证法，假设 $A \cup D \triangleleft A \vdash \perp$，即 $A \cup (D \backslash \sigma(D \triangle_\perp A)) \vdash \perp$。再由 $D \backslash \sigma(D \triangle_\perp A) \subseteq D$ 和引理 9.7 下界性知存在 $Y \subseteq D \backslash \sigma(D \triangle_\perp A)$ 使得 $Y \in D \triangle_\perp A$。而由定义 9.9（2）知 $\sigma(D \triangle_\perp A) \cap Y \neq \emptyset$，从而 $Y \nsubseteq D \backslash \sigma(D \triangle_\perp A)$。产生矛盾，故假设错误，$A \cup D \triangleleft A$ 是一致的。

E-Closure：令 $\tau \in Cn(A \cup D \triangleleft A) \cap D$，即 $\tau \in Cn(A \cup (D \backslash \sigma(D \triangle_\perp A))) \cap D$，故 $A \cup (D \backslash \sigma(D \triangle_\perp A)) \vdash \tau$。由定义 9.9（3）得 $\tau \notin \sigma(D \triangle_\perp A)$。再由 $\tau \in D$ 得 $\tau \in D \backslash \sigma(D \triangle_\perp A) = D \triangleleft A$。故 $Cn(A \cup D \triangleleft A) \cap D \subseteq D \triangleleft A$。

E-Uniformity：令 D_1 和 D_2 具有相同的与 A 不一致的极小子集，即 $D_1 \triangle_\perp A = D_2 \triangle_\perp A$。由定义 9.9 知 $\sigma(D_1 \triangle_\perp A) = \sigma(D_2 \triangle_\perp A)$。故由 σ 的定义和定义 9.12 得 $D_1 \backslash D_1 \triangleleft A = D_1 \backslash (D_1 \backslash \sigma(D_1 \triangle_\perp A)) = \sigma(D_1 \triangle_\perp A) = \sigma(D_2 \triangle_\perp A) = D_2 \backslash (D_2 \backslash \sigma(D_2 \triangle_\perp A)) = D_2 \backslash D_2 \triangleleft A$。故 E-Uniformity 成立。

E-Retainment：令 $\tau \in D \backslash D \triangleleft A$，即 $\tau \in D \backslash (D \backslash \sigma(D \triangle_\perp A))$，故 $\tau \in \sigma(D \triangle_\perp A)$，故存在 $X \in D \triangle_\perp A$ 使得 $\tau \in X$。令 $C = X \backslash \{\tau\}$。由 $C \subset X \in D \triangle_\perp A$ 和定义 9.5 得 $C \cup A \nvdash \perp$。而 $C \cup A \cup \{\tau\} = X \cup A \vdash \perp$。因此，E-Retainment 后件也成立。

（II）Postulates $\Longrightarrow$ Construction：令 $\triangleleft$ 为满足这些性质的算子，下面证明它也是一个基于 A 的核心评价算子。

令 σ 为基于 A 的映射使得对任意的 $D \subseteq \mathcal{L}$，都有 $\sigma(D \triangle_\perp A) = D \backslash D \triangleleft A$。下面需要证明：（a）$\sigma$ 是一个良定义的函数；（b）σ 是一个基于 A 的分离巩固剪切函数；（c）对任意的 D，都有 $D \triangleleft A = D \backslash \sigma(D \triangle_\perp A)$。

（a）σ 是一个良定义的函数：即证如果 $D_1 \triangle_\perp A = D_2 \triangle_\perp A$，那么 $\sigma(D_1 \triangle_\perp A) = \sigma(D_2 \triangle_\perp A)$。令 $D_1 \triangle_\perp A = D_2 \triangle_\perp A$，由 E-Uniformity 显然可得 $D_1 \backslash D_1 \triangleleft A = D_2 \backslash D_2 \triangleleft A$，即 $\sigma(D_1 \triangle_\perp A) = \sigma(D_2 \triangle_\perp A)$。

（b）σ 是一个基于 A 的分离巩固剪切函数：条件（1）：任取 $\tau \in \sigma(D \triangle_\perp A)$，即 $\tau \in D \backslash D \triangleleft A$。由 E-Retainment 知：存在 $C \subseteq D$ 使得 $C \cup A \nvdash \perp$ 而 $C \cup A \cup \{\tau\} \vdash \perp$。由 $C \cup \{\tau\} \subseteq D$、$C \cup A \cup \{\tau\} \vdash \perp$ 和引理 9.7 下界性知：存在 $Y \subseteq C \cup \{\tau\}$

使得 $Y \in D\triangle_\perp A$。故 $Y \cup A \vdash \perp$。假设 $\tau \notin Y$，那么由 $Y \subseteq C$ 得 $C \cup A \vdash \perp$，产生矛盾，故假设错误，$\tau \in Y$ 成立。从而由 $\tau \in Y \in D\triangle_\perp A$ 得 $\tau \in \bigcup(D\triangle_\perp A)$。故条件（1）成立。

条件（2）：令 $X \in D\triangle_\perp A$，故 $X \cup A \vdash \perp$。假设 $\sigma(D\triangle_\perp A) \cap X = \varnothing$，即 $(D \setminus D \triangleleft A) \cap X = \varnothing$。又由于 $X \subseteq D$，故 $X \subseteq D \triangleleft A$，再由 $X \cup A \vdash \perp$ 得 $D \triangleleft A \cup A \vdash \perp$。这与 E-Compatibility 相矛盾，故假设错误，$\sigma(D\triangle_\perp A) \cap X \neq \varnothing$。故条件（2）成立。

条件（3）：令 $\tau \in \sigma(D\triangle_\perp A)$，即 $\tau \in D \setminus D \triangleleft A$。由 $\tau \notin D \triangleleft A$ 和 E-Closure 得 $\tau \notin Cn(A \cup D \triangleleft A) \cap D$，再由 $\tau \in D$ 得 $A \cup D \triangleleft A \nvdash \tau$。由 E-Inclusion 和 σ 的定义得 $D \triangleleft A = D \setminus (D \setminus D \triangleleft A) = D \setminus \sigma(D\triangle_\perp A)$，故 $A \cup D \setminus \sigma(D\triangle_\perp A) \nvdash \tau$。故条件（3）成立。因此由这三个条件知 σ 是基于 A 的分离巩固剪切函数。

（c）对任意的 D，都有 $D \triangleleft A = D \setminus \sigma(D\triangle_\perp A)$：根据 σ 的定义知 $D \setminus \sigma(D\triangle_\perp A) = D \setminus (D \setminus D \triangleleft A)$，再由 E-Inclusion 即 $D \triangleleft A \subseteq D$ 得 $D \setminus \sigma(D\triangle_\perp A) = D \triangleleft A$。证毕。

推论 9.15 如果算子 $\triangleleft$ 是基于 A 的核心评价算子，那么它满足 E-Concurrence，E-Exclusion，E-Extensionality 和 E-Vacuity。

证明：由命题 9.4 与定理 9.14 易证，略。

命题 9.16 令 σ 为基于 A 的分离巩固剪切函数。如果 σ 满足：$\forall \tau \in \sigma(D\triangle_\perp A)(A \cup D \setminus \sigma(D\triangle_\perp A) \cup \{\tau\} \vdash \perp)$，那么 $\triangleleft_\sigma$ 满足 E-Maximality。

证明：令 σ 满足：$\forall \tau \in \sigma(D\triangle_\perp A)(A \cup D \setminus \sigma(D\triangle_\perp A) \cup \{\tau\} \vdash \perp)$。用反证法，假设 $\triangleleft_\sigma$ 不满足 E-Maximality，即存在 C 使得 $D \triangleleft_\sigma A \subseteq C \subseteq D$、$A \cup C \nvdash \perp$ 且 $C \nsubseteq D \triangleleft_\sigma A$。由 $C \nsubseteq D \triangleleft_\sigma A$ 知存在 $\varphi \in C \setminus D \triangleleft_\sigma A$。由 $\varphi \in C \subseteq D$ 和 $\varphi \notin D \triangleleft_\sigma A = D \setminus \sigma(D\triangle_\perp A)$ 得 $\varphi \in \sigma(D\triangle_\perp A)$，由 $\forall \tau \in \sigma(D\triangle_\perp A)(A \cup D \setminus \sigma(D\triangle_\perp A) \cup \{\tau\} \vdash \perp)$ 得 $A \cup D \setminus \sigma(D\triangle_\perp A) \cup \{\varphi\} \vdash \perp$。又 $D \setminus \sigma(D\triangle_\perp A) = D \triangleleft_\sigma A \subseteq C$ 且 $\varphi \in C$，故 $D \setminus \sigma(D\triangle_\perp A) \cup \{\varphi\} \subseteq C$，故 $A \cup C \vdash \perp$，这与 $A \cup C \nvdash \perp$ 矛盾，故假设错误，不存在 C 使得 $D \triangleleft_\sigma A \subseteq C \subseteq D$、$A \cup C \nvdash \perp$ 且 $C \nsubseteq D \triangleleft_\sigma A$。因此，如果 $D \triangleleft_\sigma A \subseteq C \subseteq D$ 且 $A \cup C \nvdash \perp$，那么 $C \subseteq D \triangleleft_\sigma A$。即 E-Maximality 成立。

从定理 9.14 可以看出核心评价算子并不要求 E-Irrelevance 成立，甚至存在核心评价算子不满足 E-Irrelevance。通过下面示例可以形象地说明这一点。

示例 9.17 令 φ, ψ, τ 为三个不相关的原子命题，待评价信息 $D_1 = \{\neg\tau, \varphi, \varphi \to$

$\neg \tau\}$，$D_2 = \{\neg \tau \wedge \psi, \varphi, \varphi \rightarrow \neg \tau\}$，核心信念集 $A = \{\tau\}$。根据定义 9.5 得 $D_1 \triangle_\perp A = \{\{\neg \tau\}, \{\varphi, \varphi \rightarrow \neg \tau\}\}$，$D_2 \triangle_\perp A = \{\{\neg \tau \wedge \psi\}, \{\varphi, \varphi \rightarrow \neg \tau\}\}$，再令 σ 满足 $\sigma(D_1 \triangle_\perp A) = \{\neg \tau, \varphi \rightarrow \neg \tau\}$ 和 $\sigma(D_2 \triangle_\perp A) = \{\neg \tau \wedge \psi, \varphi\}$。根据定义 9.9 容易验证 σ 满足条件（1）（2）（3），故 σ 是一个基于 A 的分离巩固剪切函数。由定义 9.12 知由 σ 构造的基于 A 的核心评价算子为 $\triangleleft_\sigma$ 使得 $D_1 \triangleleft_\sigma A = \{\varphi\}$ 且 $D_2 \triangleleft_\sigma A = \{\varphi \rightarrow \neg \tau\}$。下面验证 $D \triangleleft_\sigma A$ 在 D_1 和 D_2 处不满足 E-Irrelevance。显然 $(D_1 \cup D_2) \backslash (D_1 \cap D_2) = \{\neg \tau, \neg \tau \wedge \psi\}$，由于 $A = \{\tau\}$，故 $\{\neg \tau\} \cup A \vdash \perp$ 且 $\{\neg \tau \wedge \psi\} \cup A \vdash \perp$，故 E-Irrelevance 的前件成立，但由 $D_1 \triangleleft_\sigma A = \{\varphi\}$ 且 $D_2 \triangleleft_\sigma A = \{\varphi \rightarrow \neg \tau\}$ 知 $D_1 \triangleleft_\sigma A \neq D_2 \triangleleft_\sigma A$。因此这是 E-Irrelevance 的一个反例。

那么什么样的核心评价算子满足 E-Irrelevance 呢？能否对分离巩固剪切函数 σ 添加特定条件使得由其构造的核心评价算子满足 E-Irrelvance 呢？如果可以的话，那么在新的剪切函数下重新定义的核心评价算子是否具有表达定理呢？本节剩余的部分表明答案是肯定的。

定义 9.18 令 A 为 $\mathcal{L}$ 上的一致集，函数 σ 是基于 A 的分离巩固剪切函数。σ 是合理的当且仅当对任何 $X_1, X_2 \subseteq \mathcal{L}$，若 $\forall \varphi \in (X_1 \cup X_2) \backslash (X_1 \cap X_2)(\{\varphi\} \cup A \vdash \perp)$，则 $X_1 \backslash \sigma(X_1 \triangle_\perp A) = X_2 \backslash \sigma(X_2 \triangle_\perp A)$。

此定义的直观涵义是，如果两个待评价信息的交集以外的信息都是核心信念集 A 所反驳、排斥的，那么这些交集外的信息都是应该被放弃的，保留的信息只取决于交集以内的公共信息，从而最终保留下来的信息应该是相等的。

定义 9.19 一个算子 $\triangleleft$ 是基于 A 的合理的核心评价算子当且仅当存在基于 A 的合理的分离巩固剪切函数 σ 使得对所有的 $D \subseteq \mathcal{L}$ 都有：$D \triangleleft A = D \triangleleft_\sigma A$。

定理 9.20 令一致集 $A \subseteq \mathcal{L}$。算子 $\triangleleft$ 是基于 A 的合理的核心评价算子当且仅当它满足：E-Inclusion, E-Compatibility, E-Closure, E-Irrelevance, E-Uniformity 和 E-Retainment。

证明：（I）Construction $\Longrightarrow$ Postulates：令算子 $\triangleleft$ 是基于 A 的合理的核心评价算子，下面证明它满足这些性质。

E-Inclusion, E-Compatibility, E-Closure, E-Uniformity 和 E-Retainment 的证明如定理 9.14（I）的证明。下面只证明 E-Irrelevance。令 $\forall \varphi \in (D_1 \cup D_2) \backslash (D_1 \cap D_2)(\{\varphi\} \cup A \vdash \perp)$，此条件记为（*）。由定义 9.19 知：存在基于 A 的合理的分离巩固剪切函数 σ 使得 $D_1 \triangleleft A = D_1 \backslash \sigma(D_1 \triangle_\perp A)$ 且 $D_2 \triangleleft A = D_2 \backslash \sigma(D_2 \triangle_\perp A)$。

再由（*）、定义 9.18 和 σ 是合理的易得 $D_1 \setminus \sigma(D_1 \triangle_\perp A) = D_2 \setminus \sigma(D_2 \triangle_\perp A)$。故 $D_1 \triangleleft A = D_2 \triangleleft A$。故 E-Irrelevance 成立。

（Ⅱ）Postulates $\Longrightarrow$ Construction：令 $\triangleleft$ 为满足这些性质的算子，下面证明它也是一个基于 A 的合理的核心评价算子。σ 的定义如定理 9.14 的证明（Ⅱ），这里只需补充证明 σ 是合理的即可。

任取 $X_1, X_2 \subseteq \mathcal{L}$ 满足 $\forall \varphi \in (X_1 \cup X_2) \setminus (X_1 \cap X_2)(\{\varphi\} \cup A \vdash \perp)$。由 E-Irrelevance 得 $X_1 \triangleleft A = X_2 \triangleleft A$。再由 E-Inclusion 易得 $X_1 \setminus (X_1 \setminus X_1 \triangleleft A) = X_2 \setminus (X_2 \setminus X_2 \triangleleft A)$，再由 σ 的定义即得 $X_1 \setminus \sigma(X_1 \triangle_\perp A) = X_2 \setminus \sigma(X_2 \triangle_\perp A)$。因此 σ 是合理的。证毕。

9.2.4 函数式构造：一致保留集方案

这一节将构造另一种评价算子：部分交评价算子。类似于上一节，由于评价算子并没有指定放弃新信息中的哪些信息，因此不能采用 Alchourrón 和 Makinson 等人（1981; 1982）提出的保留集 $B \triangledown \alpha$ 来构造。这里采用一致保留集来构造部分交评价算子。"一致保留集"这一术语的正式使用是在 Falappa 等人在 2012 年的文章中，该文的定义 3 中提出一种基于信念库的优先复合部分交修正方案，这种方案所采用的一致保留集 $D \triangledown_\top A$ 与 Zhang 等人（2001）提出的保留集 $K \| F$ 类似，区别在于：保留集 $K \| F$ 定义在后承封闭的信念集 K 上并且不要求 F 是一致的；而一致保留集是基于信念库而非信念集的，并且它要求 A 是一致的。它的形式定义如下：

定义 9.21 (Falappa and Simari, 2012) 令 $A, D \subseteq \mathcal{L}$，$A$ 为一致集。D 的 A-一致保留集 $D \triangledown_\top A$ 是满足下列条件的 X 的集合：

（1）$X \subseteq D$；

（2）$X \cup A$ 是一致的；

（3）对任何满足 $X \subset Y \subseteq D$ 的 Y，都有 $Y \cup A \vdash \perp$。

由定义可知 $D \triangledown_\top A$ 直观涵义是所有那些与核心信念 A 一致的 D-极大子集的集合。在构造选择函数之前，我们先来考察一致保留集的性质。下面这个引理表明了一致保留集具有上界性（upper bound property），下文的证明过程会经常用到它。

引理 9.22 令 $B, D \subseteq \mathcal{L}$。如果 $Y \subseteq B$ 且 $Y \cup D$ 是一致的，那么存在 X 使得 $Y \subseteq X \in B \triangledown_\top D$。

证明：令 $Y \subseteq B$ 且 $Y \cup D$ 是一致的。故 $Y \backslash D \cup D \subseteq B \backslash D \cup D$ 且 $Cn(Y \backslash D \cup D) \cap \{\bot\} = \emptyset$，由保留集的上界性（Hansson, 1999b, P. 38）知存在 X 使得 $Y \backslash D \cup D \subseteq X \in (B \backslash D \cup D) \triangledown \{\bot\}$。由于 $X \subseteq B \backslash D \cup D$，故 $X \backslash D \subseteq B \backslash D$，记为（a）。由 $X \in (B \backslash D \cup D) \triangledown \{\bot\}$ 得 $X \nvdash \bot$，由 $D \subseteq X$ 得 $X = X \backslash D \cup D$，故 $X \backslash D \cup D \nvdash \bot$，记为（b）。假设存在 W 使得 $X \backslash D \subset W \subseteq B \backslash D$ 且 $W \cup D \nvdash \bot$。故存在 $\tau \in W$ 但 $\tau \notin X \backslash D$。由 $\tau \in W$ 和 $W \subseteq B \backslash D$ 得 $\tau \notin D$。由 $\tau \notin D$ 和 $\tau \notin X \backslash D$ 得 $\tau \notin X \backslash D \cup D$。由 $X \backslash D \subset W$ 得 $X \backslash D \cup D \subseteq W \cup D$。由 $\tau \notin X \backslash D \cup D$、$\tau \in W \cup D$ 和 $X \backslash D \cup D \subseteq W \cup D$ 得 $X \backslash D \cup D \subset W \cup D$，即 $X \subset W \cup D$。由 $X \subset W \cup D \subseteq B \backslash D \cup D$ 和 $X \in (B \backslash D \cup D) \triangledown \{\bot\}$ 得 $W \cup D \vdash \bot$，与假设相矛盾，故假设错误，不存在 W 使得 $X \backslash D \subset W \subseteq B \backslash D$ 且 $W \cup D \nvdash \bot$，故（c）：对任何满足 $X \backslash D \subset W \subseteq B \backslash D$ 的 W，都有 $W \cup D \vdash \bot$。从而由（a）（b）（c）和定义 9.21 得 $X \backslash D \in (B \backslash D) \triangledown_\top D$。下面证明 $Y \subseteq (X \backslash D) \cup (B \cap D) \in B \triangledown_\top D$。

用反证法，假设 $(X \backslash D) \cup (B \cap D) \notin B \triangledown_\top D$。由 $X \backslash D \in (B \backslash D) \triangledown_\top D$ 易得 $(X \backslash D) \cup (B \cap D) \subseteq B$ 且 $(X \backslash D) \cup (B \cap D) \cup D = X \backslash D \cup D \nvdash \bot$，故由假设和定义 9.21 知：存在 Z 使得 $(X \backslash D) \cup (B \cap D) \subset Z \subseteq B$ 且 $Z \cup D \nvdash \bot$。故存在 $\psi \in Z$ 但 $\psi \notin (X \backslash D) \cup (B \cap D)$，故 $\psi \notin X \backslash D$ 且 $\psi \notin B \cap D$，又 $\psi \in Z \subseteq B$，故 $\psi \notin D$，故 $\psi \notin X \cup D$。由 $(X \backslash D) \cup (B \cap D) \subset Z$ 得 $X \backslash D \cup D \subseteq Z \cup D$。再由 $\psi \in Z \cup D$ 和 $\psi \notin X \backslash D \cup D$ 得 $X \backslash D \cup D \subset Z \cup D$，故 $X \subset Z \cup D \subseteq B \backslash D \cup D$，由 $X \in (B \backslash D \cup D) \triangledown \{\bot\}$ 得 $Z \cup D \vdash \bot$，产生矛盾，故假设错误，$(X \backslash D) \cup (B \cap D) \in B \triangledown_\top D$。

令 $\varphi \in Y$，分两种情况：当 $\varphi \in D$ 时，再由 $Y \subseteq B$ 得 $\varphi \in B \cap D \subseteq (X \backslash D) \cup (B \cap D)$ 显然成立；当 $\varphi \notin D$ 时，由 $Y \subseteq Y \backslash D \cup D \subseteq X$ 得 $\varphi \in X$，又 $\varphi \notin D$，故 $\varphi \in X \backslash D \subseteq (X \backslash D) \cup (B \cap D)$。由于两种情况下都有 $\varphi \in (X \backslash D) \cup (B \cap D)$，故 $Y \subseteq (X \backslash D) \cup (B \cap D)$。由 $Y \subseteq (X \backslash D) \cup (B \cap D)$ 和 $(X \backslash D) \cup (B \cap D) \in B \triangledown_\top D$ 知命题后件成立。证毕。

除了上界性，一致保留集还具有下列边界性质。

命题 9.23 令 $A, D \subseteq \mathcal{L}$，$A$ 为一致集。

（1）$D \triangledown_\top A \neq \emptyset$。

（2）$D \triangledown_\top A = \{\emptyset\}$ 当且仅当 $\emptyset \in D \triangledown_\top A$ 当且仅当如果 $D \neq \emptyset$，那么对每个 $\varphi \in D$ 都有 $A \vdash \neg \varphi$。

（3）如果 $A = \emptyset$，那么 $D \triangledown_\top A = D \triangledown \{\bot\}$。

（4）$D \triangledown_\top A = \{D\}$ 当且仅当 $D \in D \triangledown_\top A$ 当且仅当 $D \cup A$ 是一致的。

（5）如果 $X \in D \triangledown_T A$，那么 $Cn(A) \cap D \subseteq X$。

证明：（1）由于 A 是一致的，故由 $\emptyset \subseteq D$、$\emptyset \cup A \nvdash \bot$ 和上界性引理 9.22 知存在 X 使得 $\emptyset \subseteq X \in D \triangledown_T A$。故 $D \triangledown_T A \neq \emptyset$。

（2）前二者的等价性是显然的。下面只需证：$\emptyset \in D \triangledown_T A$ 当且仅当如果 $D \neq \emptyset$，那么对每个 $\varphi \in D$ 都有 $A \vdash \neg \varphi$。左到右：令 $\emptyset \in D \triangledown_T A$ 且 $D \neq \emptyset$，任取 $\varphi \in D$，由 $\emptyset \subset \{\varphi\} \subseteq D$ 和 $\emptyset \in D \triangledown_T A$ 得 $\{\varphi\} \cup A \vdash \bot$，故 $A \vdash \neg \varphi$。右到左：令右边成立，假设 $\emptyset \notin D \triangledown_T A$。由于 $\emptyset \subseteq D$ 且 $\emptyset \cup A \nvdash \bot$，故由定义 9.21 知存在 X 使得 $\emptyset \subset X \subseteq D$ 且 $X \cup A \nvdash \bot$。由 $\emptyset \subset X \subseteq D$ 知 $D \neq \emptyset$，由右边知对每个 $\varphi \in D$ 都有 $A \vdash \neg \varphi$。故任取 $\tau \in X$，都有 $A \vdash \neg \tau$，故 $\{\tau\} \cup A \vdash \bot$，故 $X \cup A \vdash \bot$。产生矛盾，故假设错误 $\emptyset \in D \triangledown_T A$。因此后两者的等价性也成立。

（3）令 $A = \emptyset$，易证 $D \triangledown_T A = D \triangledown \{\bot\}$，略。

（4）三者的等价性是显然的，略。

（5）令 $X \in D \triangledown_T A$。用反证法，假设 $Cn(A) \cap D \nsubseteq X$，故存在 $\tau \in Cn(A) \cap D$ 但 $\tau \notin X$，故 $X \subset X \cup \{\tau\} \subseteq D$，由 $X \in D \triangledown_T A$ 和定义 9.21 知 $X \cup \{\tau\} \cup A \vdash \bot$。然而由 $\tau \in Cn(A)$ 得 $Cn(X \cup \{\tau\} \cup A) = Cn(X \cup A)$，又 $X \in D \triangledown_T A$，故 $X \cup A \nvdash \bot$，故 $X \cup \{\tau\} \cup A \nvdash \bot$，产生矛盾，故假设错误，$Cn(A) \cap D \subseteq X$ 成立。

除了上述这些性质外，一致保留集还有下面这种等价性质，这种性质可用于表达定理的证明。

引理 9.24 令 $A, D_1, D_2 \subseteq \mathcal{L}$ 且 A 是一致集，下列条件等价：

（1）$D_1 \triangledown_T A = D_2 \triangledown_T A$；

（2）$\forall \varphi \in (D_1 \cup D_2) \setminus (D_1 \cap D_2) (\{\varphi\} \cup A \vdash \bot)$。

证明：（1）$\Longrightarrow$（2）：令（1）成立。用反证法，假设 $\exists \varphi \in (D_1 \cup D_2) \setminus (D_1 \cap D_2)$ 使得 $\{\varphi\} \cup A \nvdash \bot$。由于 $\varphi \in (D_1 \cup D_2) \setminus (D_1 \cap D_2)$，故分两种情况导出矛盾：（a）$\varphi \in D_1 \setminus D_2$ 时，由 $\{\varphi\} \subseteq D_1$、$\{\varphi\} \cup A \nvdash \bot$ 和一致保留集的上界性引理 9.22 知存在 X 使得 $\{\varphi\} \subseteq X \in D_1 \triangledown_T A$。由（1）得 $\{\varphi\} \subseteq X \in D_2 \triangledown_T A$，故 $\varphi \in D_2$，产生矛盾。（b）$\varphi \in D_2 \setminus D_1$ 时，由对称性知可与（a）类似地导出矛盾。由于这两种情况都导出矛盾，故假设错误，（2）成立。

（2）$\Longrightarrow$（1）：令（2）成立。$D_1 \triangledown_T A \subseteq D_2 \triangledown_T A$ 方向：令 $X \in D_1 \triangledown_T A$。故 $X \subseteq D_1$ 且 $X \cup A \nvdash \bot$。假设 $X \nsubseteq D_1 \cap D_2$，那么 $X \nsubseteq D_2$，故存在 $\tau \in X \setminus D_2$，故 $\tau \in (D_1 \cup D_2) \setminus (D_1 \cap D_2)$，故由（2）得 $\{\tau\} \cup A \vdash \bot$，故 $X \cup A \vdash \bot$。产

生矛盾，故假设错误，从而 $X \subseteq D_1 \cap D_2 \subseteq D_2$。下证 $X \in D_2 \triangledown_T A$。用反证法，假设 $X \notin D_2 \triangledown_T A$，由于已证 $X \subseteq D_2$ 和 $X \cup A \nvdash \bot$ 成立，故存在 $Y \supset X$ 使得 $Y \subseteq D_2$ 且 $Y \cup A \nvdash \bot$。类似地，假设 $Y \nsubseteq D_1 \cap D_2$，那么 $Y \nsubseteq D_1$，故存在 $\tau \in Y \setminus D_1$，故 $\tau \in (D_1 \cup D_2) \setminus (D_1 \cap D_2)$，故由（2）得 $\{\tau\} \cup A \vdash \bot$，故 $Y \cup A \vdash \bot$，产生矛盾，故假设 $Y \nsubseteq D_1 \cap D_2$ 错误，从而 $Y \subseteq D_1 \cap D_2 \subseteq D_1$。故由 $X \subset Y \subseteq D_1$ 和 $Y \cup A \nvdash \bot$ 知 $X \notin D_1 \triangledown_T A$，产生矛盾，故假设 $X \notin D_2 \triangledown_T A$ 错误，$X \in D_2 \triangledown_T A$ 成立。从而 $D_1 \triangledown_T A \subseteq D_2 \triangledown_T A$ 成立。

$D_1 \triangledown_T A \supseteq D_2 \triangledown_T A$ 方向：由对称性易证这个方向亦成立，证略。因此 $D_1 \triangledown_T A = D_2 \triangledown_T A$，即（1）成立。

定义 9.25 令 A 为 $\mathcal{L}$ 上的一致集。函数 $\gamma(D \triangledown_T A)$ 是基于 A 的分离巩固选择函数[①]当且仅当对任何的 $D \subseteq \mathcal{L}$，下列条件成立：

（1）$\gamma(D \triangledown_T A) \subseteq D \triangledown_T A$；

（2）$\gamma(D \triangledown_T A) \neq \varnothing$。

对于条件（2），这里值得注意的有两点：

（a）由命题 9.23（1）知 $D \triangledown_T A \neq \varnothing$，因此上述定义的条件（2）"$\gamma(D \triangledown_T A) \neq \varnothing$"是可行的。

（b）$Cn(A) \cap D$ 是新信息 D 中 A 后承的部分，换句话说这一部分是被 A 所认同的新信息，这些信息应当被保留下来。由命题 9.23（5）知：如果 $X \in D \triangledown_T A$，那么 $Cn(A) \cap D \subseteq X$。这表明非空集 $\gamma(D \triangledown_T A)$ 中的所有元素都包含了 $Cn(A) \cap D$，由此可见这些被认同的信息的确会被保留下来。

示例 9.26 令 $\varphi, \psi, \alpha, \tau$ 为互不相关的原子命题，待评价信息 $D = \{\neg\varphi, \neg\varphi \to \psi, \neg\alpha, \neg\alpha \to \psi, \alpha \to \neg\tau\}$，核心信念集 $A = \{\neg\psi, \tau\}$。根据定义 9.21 容易得到 $D \triangledown_T A = \{\{\neg\varphi \to \psi, \neg\alpha \to \psi\}, \{\neg\varphi \to \psi, \neg\alpha, \alpha \to \neg\tau\}, \{\neg\varphi, \neg\alpha \to \psi\}, \{\neg\varphi, \neg\alpha, \alpha \to \neg\tau\}\}$。这里举三个满足定义 9.25 条件（1）（2）的选择方案：$\gamma_1(D \triangledown_T A) = \{\{\neg\varphi \to \psi, \neg\alpha \to \psi\}, \{\neg\varphi \to \psi, \neg\alpha, \alpha \to \neg\tau\}\}$，$\gamma_2(D \triangledown_T A) = \{\{\neg\varphi \to \psi, \neg\alpha, \alpha \to \neg\tau\}, \{\neg\varphi, \neg\alpha, \alpha \to \neg\tau\}\}$，$\gamma_3(D \triangledown_T A) = \{\{\neg\varphi \to \psi, \neg\alpha, \alpha \to \neg\tau\}\}$。

有了基于 A 的分离巩固选择函数，下面来定义部分交评价算子的形式构造。

定义 9.27 令一致集 $A \subseteq \mathcal{L}$，γ 为基于 A 的分离巩固选择函数。

（1）由 γ 构造的基于 A 的部分交评价算子 $\triangleleft_\gamma$ 是这样定义的：对所有的

[①] 巩固选择函数（consolidated selection function）的概念扩展自 (Falappa et al., 2012)。

$D \subseteq \mathcal{L}$，$D \triangleleft_\gamma A = \bigcap \gamma(D \triangledown_\top A)$。

（2）一个算子 $\triangleleft$ 是基于 A 的部分交评价算子当且仅当存在基于 A 的分离巩固选择函数 γ 使得对所有的 $D \subseteq \mathcal{L}$ 都有：$D \triangleleft A = D \triangleleft_\gamma A$。

示例 9.28 示例 9.26 中给出了满足定义 9.25 的三个分离巩固选择函数 γ_1，γ_2 和 γ_3，它们对应的部分交评价算子满足：$D \triangleleft_{\gamma_1} A = \bigcap \gamma_1(D \triangledown_\top A) = \{\neg\varphi \to \psi\}$，$D \triangleleft_{\gamma_2} A = \bigcap \gamma_2(D \triangledown_\top A) = \{\neg\alpha, \alpha \to \neg\tau\}$，$D \triangleleft_{\gamma_3} A = \bigcap \gamma_3(D \triangledown_\top A) = \{\neg\varphi \to \psi, \neg\alpha, \alpha \to \neg\tau\}$。

定理 9.29 令一致集 $A \subseteq \mathcal{L}$。算子 $\triangleleft$ 是基于 A 的部分交评价算子当且仅当它满足性质 E-Inclusion，E-Compatibility，E-Irrelevance 和 E-Relevance。

证明：（I）Construction $\Longrightarrow$ Postulates：令算子 $\triangleleft$ 是基于 A 的部分交评价算子，下面证明它满足这些性质。

E-Inclusion：根据定义 9.21、定义 9.25 和定义 9.27，显然有 $D \triangleleft A = \bigcap \gamma(D \triangledown_\top A) \subseteq D$。

E-Compatibility：由定义 9.25（2）知 $\gamma(D \triangledown_\top A) \neq \varnothing$。由于任取 $X \in \gamma(D \triangledown_\top A)$ 都有 $X \cup A \nvdash \bot$ 并且 $\bigcap \gamma(D \triangledown_\top A) \subseteq X$，故 $A \cup \bigcap \gamma(D \triangledown_\top A) \nvdash \bot$，即 $A \cup D \triangleleft A \nvdash \bot$ 成立。

E-Irrelevance：令 $\forall \varphi \in (D_1 \cup D_2) \setminus (D_1 \cap D_2) (\{\varphi\} \cup A \vdash \bot)$。由引理 9.24 得 $D_1 \triangledown_\top A = D_2 \triangledown_\top A$，故由 $D \triangleleft A = \bigcap \gamma(D \triangledown_\top A)$ 得 $D_1 \triangleleft A = \bigcap \gamma(D_1 \triangledown_\top A) = \bigcap \gamma(D_2 \triangledown_\top A) = D_2 \triangleleft A$，故 E-Irrelevance 成立。

E-Relevance：令前件 $\varphi \in D \setminus D \triangleleft A$ 成立，即 $\varphi \in D \setminus \bigcap \gamma(D \triangledown_\top A)$。由 $\varphi \notin \bigcap \gamma(D \triangledown_\top A)$ 和 $\gamma(D \triangledown_\top A) \neq \varnothing$ 知存在 $X \in \gamma(D \triangledown_\top A)$ 使得 $\varphi \notin X$。显然由 $X \in \gamma(D \triangledown_\top A)$ 得 $X \subseteq D$、$X \cup A \nvdash \bot$ 且 $D \triangleleft A = \bigcap \gamma(D \triangledown_\top A) \subseteq X$。由 $X \subseteq D$、$\varphi \in D$ 且 $\varphi \notin X$ 得 $X \subset X \cup \{\varphi\} \subseteq D$，故由 $X \in \gamma(D \triangledown_\top A)$ 得 $X \cup \{\varphi\} \cup A \vdash \bot$。由于 $D \triangleleft A \subseteq X \subseteq D$、$X \cup A \nvdash \bot$ 且 $X \cup \{\varphi\} \cup A \vdash \bot$，故 E-Relevance 后件也成立，从而 E-Relevance 成立。

（II）Postulates $\Longrightarrow$ Construction：令算子 $\triangleleft$ 满足上述这些性质，下面证明它是一个基于 A 的部分交评价算子。

令 γ 为基于 A 的映射使得对任意的 $D \subseteq \mathcal{L}$，都有 $\gamma(D \triangledown_\top A) = \{X \in D \triangledown_\top A | D \triangleleft A \subseteq X\}$，定义 $D \triangleleft | A = \bigcap \gamma(D \triangledown_\top A)$。下面需要证明：（a）$\gamma(D \triangledown_\top A)$ 是一个良定义的函数；（b）$\gamma(D \triangledown_\top A)$ 是一个基于 A 的分离巩固选择函数；（c）对任意的 $D \subseteq \mathcal{L}$，都有 $D \triangleleft A = D \triangleleft | A$。

（a）$\gamma(D \triangledown_\top A)$ 是一个良定义的函数：即证对任何 $D_1, D_2 \subseteq \mathcal{L}$，如果 $D_1 \triangledown_\top$

$A = D_2 \triangledown_\top A$，那么 $\gamma(D_1 \triangledown_\top A) = \gamma(D_2 \triangledown_\top A)$。令 $D_1 \triangledown_\top A = D_2 \triangledown_\top A$。由引理 9.24 得 $\forall \varphi \in (D_1 \cup D_2) \setminus (D_1 \cap D_2)(\{\varphi\} \cup A \vdash \bot)$。再由 E-Irrelevance 得 $D_1 \triangleleft A = D_2 \triangleleft A$。由 $D_1 \triangledown_\top A = D_2 \triangledown_\top A$、$D_1 \triangleleft A = D_2 \triangleleft A$ 和 $\gamma(D \triangledown_\top A)$ 的定义知 $\gamma(D_1 \triangledown_\top A) = \gamma(D_2 \triangledown_\top A)$。因此（a）成立。

（b）$\gamma(D \triangledown_\top A)$ 是一个基于 A 的分离的巩固选择函数：

条件（1）：由 $\gamma(D \triangledown_\top A)$ 的定义知显然有 $\gamma(D \triangledown_\top A) = \{X \in D \triangledown_\top A | D \triangleleft A \subseteq X\} \subseteq D \triangledown_\top A$。

条件（2）：由 E-Inclusion 得 $D \triangleleft A \subseteq D$，由 E-Compatibility 得 $D \triangleleft A \cup A \nvdash \bot$。由 $D \triangleleft A \subseteq D$、$D \triangleleft A \cup A \nvdash \bot$ 和一致保留集的上界性引理 9.22 知：存在 X 使得 $D \triangleleft A \subseteq X \in D \triangledown_\top A$。由 $\gamma(D \triangledown_\top A)$ 的定义知 $X \in \gamma(D \triangledown_\top A)$，故 $\gamma(D \triangledown_\top A) \neq \emptyset$，故条件（2）成立。因此，由这两个条件和定义 9.25 知（b）成立。

（c）对任意的 $D \subseteq \mathcal{L}$，都有 $D \triangleleft A = D \triangleleft |A$：

$D \triangleleft A \subseteq D \triangleleft |A$ 方向：由 E-Inclusion 得 $D \triangleleft A \subseteq D$，由 E-Compatibility 得 $D \triangleleft A \cup A \nvdash \bot$，故由引理 9.22 的上界性知存在 $X \supseteq D \triangleleft A$ 使得 $X \in D \triangledown_\top A$，故 $\gamma(D \triangledown_\top A) \neq \emptyset$。由 $\gamma(D \triangledown_\top A)$ 的定义知每个 $X \in \gamma(D \triangledown_\top A)$ 都有 $X \supseteq D \triangleleft A$，故 $D \triangleleft A \subseteq \bigcap \gamma(D \triangledown_\top A) = D \triangleleft |A$。

$D \triangleleft A \supseteq D \triangleleft |A$ 方向：用反证法，假设 $D \triangleleft A \nsupseteq D \triangleleft |A$，故存在 $\varphi \in D \triangleleft |A = \bigcap \gamma(D \triangledown_\top A)$ 但 $\varphi \notin D \triangleleft A$。由 $\varphi \in \bigcap \gamma(D \triangledown_\top A)$ 知（*）：每个 $X \in \gamma(D \triangledown_\top A)$ 都有 $\varphi \in X$。由 $\varphi \in X \in D \triangledown_\top A$ 得 $\varphi \in D$。由 $\varphi \in D$、$\varphi \notin D \triangleleft A$ 和 E-Relevance 知：存在 $C \subseteq D$ 使得 $D \triangleleft A \subseteq C$ 且 $C \cup A \nvdash \bot$，但 $C \cup A \cup \{\varphi\} \vdash \bot$。由 $C \subseteq D$、$C \cup A \nvdash \bot$ 和引理 9.22 的上界性知：存在 $Y \supseteq C$ 使得 $Y \in D \triangledown_\top A$。由 $D \triangleleft A \subseteq C \subseteq Y \in D \triangledown_\top A$ 和 $\gamma(D \triangledown_\top A)$ 的定义知 $Y \in \gamma(D \triangledown_\top A)$。由 $C \subseteq Y$、$Y \cup A \nvdash \bot$ 和 $C \cup A \cup \{\varphi\} \vdash \bot$ 易知 $\varphi \notin Y$。从而 $\varphi \notin Y \in \gamma(D \triangledown_\top A)$ 和（*）相矛盾，故假设错误，$D \triangleleft A \supseteq D \triangleleft |A$ 成立。由这两个方向知（c）成立。证毕。

推论 9.30 如果算子 $\triangleleft$ 是部分交评价算子，那么它满足 E-Closure，E-Concurrence，E-Exclusion，E-Extensionality 和 E-Vacuity。

证明：由命题 9.4 与定理 9.29 易证，略。

定义 9.31 令一致集 $A \subseteq \mathcal{L}$，γ 为基于 A 的分离巩固选择函数。

（1）γ 是极大的当且仅当 $|\gamma(D \triangledown_\top A)| = 1$，记为 γ_m。

（2）由 γ_m 构造的基于 A 的极大评价算子 $\triangleleft_{\gamma_m}$ 是这样定义的：对所有的

$D \subseteq \mathcal{L}$，$D \triangleleft_{\gamma_m} A = \bigcap \gamma_m(D \triangledown_\top A)$。

（3）一个算子 $\triangleleft$ 是基于 A 的极大评价算子当且仅当存在基于 A 的极大分离巩固选择函数 γ_m 使得对所有的 $D \subseteq \mathcal{L}$ 都有：$D \triangleleft A = D \triangleleft_{\gamma_m} A$。

示例 9.32 示例 9.26 中 $\gamma_3(D \triangledown_\top A) = \{\{\neg\varphi \to \psi, \neg\alpha, \alpha \to \neg\tau\}\}$ 就是极大的，由 γ_3 构造的基于 A 的极大评价算子 $\triangleleft_{\gamma_m}$ 满足 $D \triangleleft_{\gamma_m} A = \bigcap \gamma_m(D \triangledown_\top A) = \{\neg\varphi \to \psi, \neg\alpha, \alpha \to \neg\tau\}$。

命题 9.33 如果算子 $\triangleleft$ 是基于 A 的极大评价算子，那么它满足 E-Maximality。

证明：令算子 $\triangleleft$ 是基于 A 的极大评价算子。用反证法，假设存在 C 使得 $D \triangleleft A \subseteq C \subseteq D$ 且 $A \cup C \nvdash \bot$ 但 $C \nsubseteq D \triangleleft A$。由定义 9.31 知存在基于 A 的极大分离巩固选择函数 γ_m 使得对所有的 $D \subseteq \mathcal{L}$ 都有：$D \triangleleft A = D \triangleleft_{\gamma_m} A = \bigcap \gamma_m(D \triangledown_\top A)$。故存在 $X \in D \triangledown_\top A$ 使得 $D \triangleleft A = X$。由 $C \nsubseteq D \triangleleft A$ 知存在 $\tau \in C \backslash D \triangleleft A$，再由 $D \triangleleft A \subseteq C \subseteq D$ 得 $D \triangleleft A \subset C \subseteq D$，即 $X \subset C \subseteq D$。由 $X \in D \triangledown_\top A$、$X \subset C \subseteq D$ 和定义 9.21（3）得 $C \cup A \vdash \bot$，这与假设的 $A \cup C \nvdash \bot$ 相矛盾，故假设错误，E-Maximality 成立。

从表达定理 9.29 可以看出部分交评价算子并不要求 E-Uniformity 成立，甚至存在部分交评价算子不满足 E-Uniformity。下面例子就是这样一个反例。

示例 9.34 令 $\varphi, \psi, \tau, \alpha$ 为互不相关的原子命题，待评价信息 $D_1 = \{\varphi, \psi, \psi \to \neg\tau\}$，$D_2 = \{\alpha, \psi, \psi \to \neg\tau\}$，核心信念集 $A = \{\tau\}$。根据定义 9.5 得 $D_1 \triangle_\bot A = \{\{\psi, \psi \to \neg\tau\}\} = D_2 \triangle_\bot A$。根据定义 9.21 得 $D_1 \triangledown_\top A = \{\{\varphi, \psi\}, \{\varphi, \psi \to \neg\tau\}\}$，$D_2 \triangledown_\top A = \{\{\alpha, \psi\}, \{\alpha, \psi \to \neg\tau\}\}$。再令 γ 满足 $\gamma(D_1 \triangledown_\top A) = \{\{\varphi, \psi\}\}$，$\gamma(D_2 \triangledown_\top A) = \{\{\alpha, \psi \to \neg\tau\}\}$。根据定义 9.25 容易验证 γ 满足条件（1）（2），故 γ 为基于 A 的分离巩固选择函数。由定义 9.27 知由 γ 构造的基于 A 的部分交评价算子为 $\triangleleft_\gamma$ 使得 $D_1 \triangleleft_\gamma A = \{\varphi, \psi\}$ 且 $D_2 \triangleleft_\gamma A = \{\alpha, \psi \to \neg\tau\}$。故 $D_1 \backslash D_1 \triangleleft_\gamma A = \{\psi \to \neg\tau\}$ 且 $D_2 \backslash D_2 \triangleleft_\gamma A = \{\psi\}$，故 $D_1 \backslash D_1 \triangleleft_\gamma A \neq D_2 \backslash D_2 \triangleleft_\gamma A$。再加上已证的 $D_1 \triangle_\bot A = D_2 \triangle_\bot A$ 显然可知 E-Uniformity 不成立。

那么什么样的部分交评价算子满足 E-Uniformity 呢？能否对分离巩固选择函数 γ 添加特定条件使得由其构造的部分交评价算子满足 E-Uniformity 呢？如果可以的话，那么在新的选择函数下重新定义的部分交评价算子是否具有表达定理呢？本节剩余的部分表明答案是肯定的。

定义 9.35 令 A 为 $\mathcal{L}$ 上的一致集，函数 γ 是基于 A 的分离巩固选择函数。γ 是平等的当且仅当对任何 $X_1, X_2 \subseteq \mathcal{L}$，若 $X_1 \triangle_\bot A = X_2 \triangle_\bot A$，则 $X_1 \backslash \bigcap \gamma(X_1 \triangledown_\top A) =$

$X_2 \setminus \bigcap \gamma(X_2 \triangledown_\top A)$。

此定义从 Falappa 等人（2012）提出的平等选择函数（equitable selection function）扩展而来，其直观涵义是：如果两个待评价信息的 A-不一致核心集相等，那么评价过程中通过分离巩固选择函数而被放弃的信息也相同。

定义 9.36 令一致集 $A \subseteq \mathcal{L}$。一个算子 $\triangleleft$ 是基于 A 的平等的部分交评价算子当且仅当存在基于 A 的平等的分离巩固选择函数 γ 使得对所有的 $D \subseteq \mathcal{L}$ 都有：$D \triangleleft A = D \triangleleft_\gamma A$。

定理 9.37 令一致集 $A \subseteq \mathcal{L}$。算子 $\triangleleft$ 是基于 A 的平等的部分交评价算子当且仅当它满足：E-Inclusion，E-Compatibility，E-Irrelevance，E-Uniformity 和 E-Relevance。

证明：（I）Construction $\Longrightarrow$ Postulates：令算子 $\triangleleft$ 是基于 A 的平等的部分交评价算子，下面证明它满足这些性质。

E-Inclusion，E-Compatibility，E-Irrelevance 和 E-Relevance 的证明如定理 9.29（I）的证明。下面只证明 E-Uniformity。令 $D_1 \triangle_\bot A = D_2 \triangle_\bot A$。由定义 9.27 和定义 9.36 知：存在基于 A 的平等的分离巩固选择函数 γ 使得 $D_1 \triangleleft A = \bigcap \gamma(D_1 \triangledown_\top A)$ 且 $D_2 \triangleleft A = \bigcap \gamma(D_2 \triangledown_\top A)$。再由 $D_1 \triangle_\bot A = D_2 \triangle_\bot A$、定义 9.35 和 γ 是平等的易得 $D_1 \setminus \bigcap \gamma(D_1 \triangledown_\top A) = D_2 \setminus \bigcap \gamma(D_2 \triangledown_\top A)$。故 $D_1 \setminus D_1 \triangleleft A = D_2 \setminus D_2 \triangleleft A$。故 E-Uniformity 成立。

（II）Postulates $\Longrightarrow$ Construction：令 $\triangleleft$ 为满足这些性质的算子，下面证明它也是一个基于 A 的平等的部分交评价算子。γ 的定义如定理 9.29 的证明（II）中的定义，这里只需补充证明 γ 是平等的即可。

任取 $X_1, X_2 \subseteq \mathcal{L}$ 满足 $X_1 \triangle_\bot A = X_2 \triangle_\bot A$。由 E-Uniformity 得 $X_1 \setminus X_1 \triangleleft A = X_2 \setminus X_2 \triangleleft A$。再由定理 9.29（II-c）易得 $X_1 \triangleleft A = \bigcap \gamma(X_1 \triangledown_\top A)$ 且 $X_2 \triangleleft A = \bigcap \gamma(X_2 \triangledown_\top A)$。因此，$X_1 \setminus \bigcap \gamma(X_1 \triangledown_\top A) = X_2 \setminus \bigcap \gamma(X_2 \triangledown_\top A)$。因此 γ 是平等的。证毕。

那么部分交评价算子与核心评价算子有什么关系呢？我们有下面这个推论。

推论 9.38 如果算子 $\triangleleft$ 是基于 A 的平等的部分交评价算子，那么它也是基于 A 的核心评价算子，同时也是基于 A 的合理的核心评价算子。

证明：由命题 9.4、定理 9.14、定理 9.20 和定理 9.37 易证，略。

9.2.5 与相关工作的比较

9.2.5.1 评价算子与收缩算子

收缩算子分句子收缩算子和复合收缩算子两种，评价算子和这两种收缩算子都有一些共同之处，比如：

（1）两者刻画的都是收缩过程，或者说放弃信息的过程；

（2）句子收缩和复合收缩的方法原则都是最小改变，这与评价算子的最少放弃原则类似；

（3）两者都要求在放弃信息时具有一定的放弃的理由；

（4）评价算子和复合收缩算子的两个输入参数都是命题集合。

但它们也有一些本质上的不同之处，比如：

（1）两者的直观涵义不同。收缩算子考察的是从信念状态中放弃信念的理性收缩机制，而评价算子研究的是依赖评价依据即核心信念集 A 对新信息 D 进行评价的理性评价机制。

（2）收缩算子以信念库或信念集和需放弃的信息两者为输入参数，以新的信念库或信念集为输出结果，而评价算子以新信息 D 和核心信念集 A 为输入，以 D 中可信的信息 $D \triangleleft A$ 为输出，认知主体在评价完成后会在接纳可信信息 $D \triangleleft A$ 的同时放弃不可信的信息 $D \backslash D \triangleleft A$。

（3）收缩算子指定了需要被放弃的信息（包括巩固算子[①]），而评价算子并未指定需被放弃的信息，反而它是一种确定需保留信息和需放弃信息的算子。

（4）评价算子的右参数 A 作为评价依据必须具有一致性，而收缩算子并不作此要求；由于收缩算子右参数是指定要放弃的，因此会有弱成功性或失败性 (Fuhrmann and Hansson, 1994)，评价算子中与收缩算子的成功性类似的是性质 E-Compatibility，但这不是一种弱成功性，评价结果是无条件与评价依据 A 相互一致。

（5）收缩算子和评价算子是不同性质的算子。前者是传统意义上的 AGM 信念改变算子，后者并不是这种意义上的信念改变算子，而是与信念改变密切相关的决策算子，正是这种决策算子引发上述传统意义上的信念改变，进而可能引发收缩过程。因此，信念改变分两个阶段：评价阶段和修正阶段，两个阶段都会发生信念改变。评价完成的瞬间认知主体就已经确定了对新信息的相信与否，但并没有对信念状态进行进一步整理，对信念状态的整理工作是由传统的 AGM 信念

[①] 巩固算子（consolidation）(Hansson, 1991) 作为恢复一致性的收缩算子也指定了矛盾式 $\bot$ 作为被放弃信息。

改变算子（膨胀算子或收缩算子）和信念更新算子来完成的。进一步可以说，收缩算子、膨胀算子、更新算子和评价算子是相互区别的基本算子，各自刻画的是不同的基本信念改变过程。

综上所述，这二者是不同的信念改变机制。

9.2.5.2 评价算子与集合收缩

本小节简单地考察一种特殊的复合收缩算子与评价算子的异同，这种复合收缩算子就是集合收缩（set contraction）算子。这种复合收缩算子与一般收缩算子不同的特殊之处在于它也是不指定所放弃信息的，这一点是与评价算子类似的。

严格地从 Zhang 和 Foo(2001) 的论文中的动机来看，集合收缩算子并不是传统 AGM 意义上的收缩算子，因为 $K \ominus F$ 的右参数 F 并不是要放弃的旧信念，而是认知主体要添加进信念状态的新信息，也就是说 F 是被接纳的信息。只是为了接纳 F，应当对信念集 K 作一些修改，使得结果集 $K \ominus F$ 与新信息 F 保持一致（在 F 一致的情况下），而这种修改工作正是由算子 $\ominus$ 承担的。

这种集合收缩算子与评价算子有类似的地方，也有很多不同之处。首先来看相似的地方：

（1）两者都是二元算子，左右参数都是命题集合，都是从左参数中放弃新信息，因此都是一种宽泛意义上的收缩算子。这里的宽泛意义是相对于上述传统 AGM 收缩算子而言的。

（2）两者都是改变算子左边的参数使其与右边参数相一致。在评价算子 $\triangleleft$ 方面，$D \triangleleft A$ 删除 D 的部分元素使得输出结果 $D \triangleleft A$ 与核心信念集 A 是一致的；在集合收缩方面，$K \ominus F$ 删除 K 中部分元素使得结果集 $K \ominus F$ 与 F 一致（在 F 一致的前提下）。

（3）集合收缩的指导原则是最小改变，这与评价算子的最少放弃原则类似。

（4）评价算子 $\triangleleft$ 满足 E-Closure 即 $Cn(A \cup D \triangleleft A) \cap D \subseteq D \triangleleft A$；集合收缩 $K \ominus F$ 也类似地满足 $Cn(F \cup K \ominus F) \cap K \subseteq K \ominus F$。

证明思路：只需证明基本假定（basic postulates）下满足此性质即可，又由 Zhang 和 Foo (2001) 中定理 3.13——基本假定与部分交收缩之间的表达定理——知只需证明部分交收缩满足此性质即可。根据 (Zhang and Foo, 2001) 定义 3.12 知在 F 不一致的情况下是显然的；F 一致的情况下用反证法，假设存在 $\varphi \in K$ 使得 $F \cup K \ominus F \vdash \varphi$ 但 $\varphi \notin K \ominus F$。由 $\varphi \notin K \ominus F = \bigcap S(K \| F)$ 易知存在 $X \in S(K \| F)$ 使得 $\varphi \notin X$，故 $X \cup \{\varphi\} \cup F \vdash \bot$，又由 $F \cup K \ominus F \vdash \varphi$ 易证 $X \cup F \vdash \varphi$，故

$X \cup F \vdash \bot$，与 $X \in K \| F$ 矛盾，故假设错误，$Cn(F \cup K \ominus F) \cap K \subseteq K \ominus F$ 成立。

下面比较它们之间主要的差异：

（1）直观意义是决然不同的。评价算子 $D \triangleleft A$ 是依据评价原则即核心信念集 A 中的信息对新信息 D 进行评价，从而获得 D 中可信的部分；而 $K \ominus F$ 是在新信息 F 所引发的信念修正 $K \otimes F$ 过程中对信念集 K 进行调整的收缩模块，其目的是使得收缩后的结果集 $K \ominus F$ 与新信息 F 一致，从而可以将 F 一致地添加进 $K \ominus F$，进而形成新的一致信念集。

（2）待评价新信息 D 和评价结果集 $D \triangleleft A$ 都是信念库，并不要求封闭性，而信念集 K 和集合收缩的结果集 $K \ominus F$ 都是后承封闭的信念集。

（3）评价的根据 A 必须是一致的，并且通常情况下 A 的元素是认知主体的核心信念；F 是任意的新信息，且并不被要求为一致集。

（4）评价算子 $\triangleleft$ 满足 E-Compatibility 即 $A \cup D \triangleleft A$ 是一致的，是一种强一致性；而 $F \cup K \ominus F$ 不一定是一致的。也就是说作为评价算子，评价中可信的信息 $D \triangleleft A$ 与评价的根据 A 是相容的而非相互矛盾的；但由（$\ominus$4）知 $K \ominus F$ 在 F 不一致时并不一定有此性质。

从上面对评价算子与收缩算子和集合收缩算子的比较可以看出，评价算子与后两者虽然有其共同的地方，但它们不管是在直观涵义上还是在具体技术细节上都是不同的。因此，虽然可以把它们共同归属于广义的收缩算子这一概念，但它们确实是不同的收缩算子。

9.2.5.3 与基于信念库的优先复合修正

上面已经说明评价算子是一种特殊的收缩算子，它从新信息中放弃信息使其结果与核心信念集 A 保持一致。那么这样一种收缩算子与 Falappa 和 Simari (2012) 提出的基于信念库的优先复合修正算子 $\otimes$ 有什么关系呢？它们之间是否具有某种类似于基于信念集的复合修正算子的 Harper-Identity (Zhang and Foo, 2001) 这样的可互定义性质？初看上去，我们似乎可以利用优先复合修正算子 $\otimes$ 将评价算子定义为：$D \triangleleft_\otimes A = D \otimes A \cap D$，但后面将表明事实上并非如此。

有学者 (Falappa and Simari, 2012) 证明了下面表达定理。

定理 9.39 （1）算子 $\otimes$ 是基于 B 的优先复合核心修正算子当且仅当它满足 PB-Inclusion，PB-Consistency，PB-Weak-Success，PB-Vacuity1，PB-Uniformity1 和 PB-Core-Retainment。

（2）算子 $\otimes$ 是基于 B 的优先复合部分交修正算子当且仅当它满足 PB-Inclusion，

PB-Consistency，PB-Weak-Success，PB-Vacuity1，PB-Uniformity2 和 PB-Relevance。

（3）如果算子 $\otimes$ 是基于 B 的优先复合部分交修正算子，那么 $\otimes$ 也是基于 B 的优先复合核心修正算子。

下面通过优先复合修正算子来构造评价算子。

定义 9.40 令 $A, D \subseteq \mathcal{L}$，$A$ 为一致集且 $\otimes$ 是基于 D 的优先复合修正算子。由 $\otimes$ 构造的生成算子 $\triangleleft_\otimes$ 定义为：$D \triangleleft_\otimes A = D \otimes A \cap D$。

那么这个生成算子是否满足上面第 9.2.3 节和第 9.2.4 节的两种评价算子的性质呢？这里证明了下面命题：

命题 9.41 令 $A, D \subseteq \mathcal{L}$，$A$ 为一致集。如果算子 $\otimes$ 是基于 D 的优先复合部分交修正算子，那么基于 $\otimes$ 的生成算子 $\triangleleft_\otimes$ 满足 E-Inclusion，E-Compatibility，E-Closure，E-Retainment 和 E-Relevance。

证明：令算子 $\otimes$ 是基于 D 的优先复合部分交修正算子，下面证明 $\triangleleft_\otimes$ 满足这些性质。

E-Inclusion：由定义 9.40 显然可得 $D \triangleleft_\otimes A = D \otimes A \cap D \subseteq D$。

E-Compatibility：即证 $A \cup (D \otimes A \cap D) \nvdash \bot$。由 $A \nvdash \bot$ 和 $\otimes$ 的 PB-Weak-Success 得 $A \subseteq D \otimes A$，故 $A \cup (D \otimes A \cap D) \subseteq D \otimes A$，又由 $A \nvdash \bot$ 和 $\otimes$ 的 PB-Consistency 得 $D \otimes A \nvdash \bot$，故 $A \cup (D \otimes A \cap D) \nvdash \bot$。

E-Closure：即证 $Cn(A \cup D \triangleleft_\otimes A) \cap D \subseteq D \triangleleft_\otimes A$。用反证法，假设 $Cn(A \cup D \triangleleft_\otimes A) \cap D \nsubseteq D \triangleleft_\otimes A$，故存在 $\tau \in D \backslash D \triangleleft_\otimes A$ 使得 $A \cup D \triangleleft_\otimes A \vdash \tau$。由 $\tau \in D \backslash D \triangleleft_\otimes A = D \backslash (D \otimes A \cap D)$ 得 $\tau \in D \backslash D \otimes A$，再由 $\otimes$ 的 PB-Relevance 知存在 $C \subseteq D \cup A$ 使得 $D \otimes A \subseteq C$ 且 $C \cup A \nvdash \bot$，但 $C \cup A \cup \{\tau\} \vdash \bot$。由 $A \subseteq D \otimes A$ 和 $A \cup D \triangleleft_\otimes A \vdash \tau$ 得 $D \otimes A \vdash \tau$，再由 $D \otimes A \subseteq C$ 得 $C \vdash \tau$，故 $Cn(C \cup A) = Cn(C \cup A \cup \{\tau\})$，这与 $C \cup A \nvdash \bot$ 且 $C \cup A \cup \{\tau\} \vdash \bot$ 相矛盾，故假设错误，故 E-Closure 成立。

E-Retainment：令 $\tau \in D \backslash D \triangleleft_\otimes A$。故 $\tau \in D \backslash D \otimes A$，由 $\otimes$ 的 PB-Relevance 知存在 $C \subseteq D \cup A$ 使得 $D \otimes A \subseteq C$ 且 $C \cup A \nvdash \bot$，但 $C \cup A \cup \{\tau\} \vdash \bot$。令 $C' = C \backslash A$。显然由 $C \subseteq D \cup A$ 得 $C' \subseteq D$，再由 $C \cup A \nvdash \bot$ 和 $C \cup A \cup \{\tau\} \vdash \bot$ 得 $C' \cup A \nvdash \bot$ 且 $C' \cup A \cup \{\tau\} \vdash \bot$。故 E-Retainment 成立。

E-Relevance：令 $\tau \in D \backslash D \triangleleft_\otimes A$。故 $\tau \in D \backslash D \otimes A$，由 $\otimes$ 的 PB-Relevance 知存在 $C \subseteq D \cup A$ 使得 $D \otimes A \subseteq C$ 且 $C \cup A \nvdash \bot$，但 $C \cup A \cup \{\tau\} \vdash \bot$。令 $C' = C \cap D$。显然 $C' \subseteq D$。由 $D \otimes A \subseteq C$ 得 $D \triangleleft_\otimes A = D \otimes A \cap D \subseteq C \cap D = C'$，

即 $D \triangleleft_\otimes A \subseteq C'$。由 $C \cup A \not\vdash \bot$ 得 $C' \cup A = (C \cap D) \cup A \not\vdash \bot$。又由 $C \subseteq D \cup A$ 得 $C \setminus A \subseteq D$, 故 $C \setminus A \subseteq C \cap D = C'$, 故 $C \cup A \cup \{\tau\} = C \setminus A \cup A \cup \{\tau\} \subseteq C' \cup A \cup \{\tau\}$, 再由 $C \cup A \cup \{\tau\} \vdash \bot$ 得 $C' \cup A \cup \{\tau\} \vdash \bot$。故存在 $C' \subseteq D$ 使得 $D \triangleleft_\otimes A \subseteq C'$ 且 $C' \cup A \not\vdash \bot$ 但 $C' \cup A \cup \{\tau\} \vdash \bot$。因此, E-Relevance 成立。

那么这个基于 $\otimes$ 的生成算子 $\triangleleft_\otimes$ 是否满足 E-Irrelevance 或 E-Uniformity 呢? 由定义 9.40 知 $D \triangleleft_\otimes A = D \otimes A \cap D$, 故 E-Irrelevance 和 E-Uniformity 变成:

E-Irrelevance: 如果 $\forall \varphi \in (D_1 \cup D_2) \setminus (D_1 \cap D_2)$ 都有 $\{\varphi\} \cup A \vdash \bot$, 那么 $D_1 \otimes A \cap D_1 = D_2 \otimes A \cap D_2$。

E-Uniformity: 如果 D_1 和 D_2 的与 A 不一致的极小子集相同, 那么 $D_1 \setminus (D_1 \otimes A \cap D_1) = D_2 \setminus (D_2 \otimes A \cap D_2)$。

这两个性质是对不同信念库 D_1 和 D_2 基于固定的 A 的修正所作的要求, 然而上述优先复合修正算子是基于信念库的, 也就是说信念库(左参数)是固定的, 新信息(右参数)才是变化的, 它只是对给定信念库作出要求, 它的所有公理性假定中没有一个是对基于不同信念库的修正的要求。因此, 上面这两个性质对优先复合修正算子 $\otimes$ 是没有意义的。这也说明评价算子是基于右参数即核心信念集 A 的非对称算子, 而优先复合修正算子 $\otimes$ 是基于左参数即信念库的非对称算子。这也表明由定义 9.40 构造的生成算子 $\triangleleft_\otimes$ 并不就是上面提出的核心评价算子或者部分交评价算子。

9.3 评价复合修正算子

9.3.1 动机

上一节考察了基于核心信念的非优先复合修正的决策+修正模式的决策子模块, 提出了从新信息中选择出信集 $D \triangleleft A$ 和斥集 $D \setminus D \triangleleft A$ 的评价算子。这一节将研究决策+修正模式的另一个模块: 修正子模块。由于决策子模块的评价结果是可信的信集和不可信的斥集, 而且认知主体是同时面对这两个信息集合。因此, 修正子模块的新信息不再像一般的复合修正(Falappa et al., 2012)那样是单一的命题集合, 而是具有二元结构的新信息类型: 评价[①]。也就是说, 一个评价是认知主体对复杂的新信息进行评价决策后产生的二元组, 其中一个参数表征可信的新信息, 另一个参数表征被认知主体放弃的新信息。此外, 这两个参数之间还应该满足一定的条件。因此, 本节将主要研究理性认知主体在面对这种类型的评

[①] 评价是动词, 但这里用作名词, 表示由信集和斥集构成的评价结果, 下文将给出形式定义。

价信息时是如何理性地修改信念状态的。

这种评价复合修正（以此命名此类算子）行为是非常常见的，它们往往发生在认知主体接收并且评价完信息之后的信念整理时期。下面是几个常见的评价复合修正的例子。

示例 9.42 (1) 周先生的妻子中午告诉他："我下午要去市区办事一下午，到晚上才能到家，你下午早点回来陪女儿。"下午周先生提前下班回到家，刚进门他女儿就兴奋地跑过来说："爸爸，爸爸，我下午和妈妈去街上买东西了。我们在街上看到恐龙了。恐龙真的好可爱呀。"由于周先生持有"恐龙已灭亡"这样核心信念，因此他并不完全相信他女儿的话。但他却可以相信他女儿和她妈妈下午去过街上，并且看到过一个穿着打扮成恐龙模样的人。

(2) 在国际学术会议中，与会人员之间就学术问题展开激烈讨论，产生一个复杂的论辩框架，论辩框架里有各个参与者提出的论证以及这些论证之间的攻击关系等。这个论辩框架包含了大量信息，参与者在会议休息期间或者会议结束之后对这些复杂信息进行整理和评价，评价完毕后区分出哪些信息可信，哪些信息不可信，然后统一修改自己的信念状态。

这两个例子都直观地表明当认知主体接收到复杂信息时，并不是全盘接受或者全盘拒绝，而是作为自治的认知主体有选择地接受一些信息，拒绝另外一些信息。而影响选择的关键因素就是认知主体的知识或者说核心信念，这些信念使得认知主体可以判断哪些信息是不可能的，哪些信息是不可信的，哪些信息在一定程度上是可信的。然后认知主体根据评价结果进行信念改变，这个过程既放弃不可信的信息，同时又接纳可信的信息。这里值得再次强调的是，影响评价决策的核心信念在修正过程中是不会被放弃的。

本节将利用 AGM 信念改变的研究范式来刻画这种理性的评价复合修正过程。那么怎样的评价复合修正才是理性的评价复合修正呢？同样，我们应当像传统信念修正理论一样给出理性的评价复合修正的原则。和传统的复合修正理论一样，评价复合修正应当满足最小改变原则，也就是说信息是宝贵的，理性的认知主体在认知实践中会尽量保留有用的信息，从而在修正过程中如无必要则不删除旧信念，也就是说放弃得越少越好。同样，评价复合修正还应当满足一致性原则，任何被放弃的信息都必须具有被放弃的理由，而其中一个非常基本的理由就是避免由新信息的添加所引起的信念间的矛盾冲突。另外，评价复合修正还应当满足保护性原则，即充当评价依据的核心信念在信念改变过程中应当受到保护，即不被认知主体放弃。这三个原则是理性的评价复合修正的主要指导原则。

9.3.2 公理性刻画

对评价复合修正算子进行公理性刻画之前,需要再次强调的是信念动态改变过程一般分为两个阶段:第一个阶段是信息评价阶段,这个阶段是从接收到新信息之后到整理信念状态之前的过渡时期,主要考察如何通过理性评价获得合理的信念。这个时期的信念库可能是不一致的、相互矛盾冲突的,从而信念状态可能是不稳定的,要想恢复一致性,则需要进行信念动态的第二阶段。第二个阶段是信念状态的整理阶段,这个阶段是传统 AGM 信念修正理论着重考察的阶段,主要考察如何整合这些新旧信念,其中就包含为消除不一致现象而引发的收缩操作。从而第一阶段是信念形成阶段,而第二阶段是信念状态整理阶段。所以评价算子考察的是第一阶段,而本节要考察的评价复合修正算子属于第一阶段评价完成之后的第二阶段。

从上面示例 9.42 可看出评价复合修正行为发生时主要包含两个关键因素:认知主体的认知状态和新信息,而认知状态又主要可分为信念状态和选择机制,其中选择机制就是类似于传统 AGM 信念修正理论中剪切函数或选择函数这样的机制,而信念状态中包含认知主体的核心信念,比如示例 9.42 中周先生的知识"恐龙已灭亡",与会学者的知识等。上一节的分析表明核心信念是在一定程度上可辩护的并且认知主体认为真的信念,它们比认知主体的其他一般信念的牢固程度更高。因此,这些信念在动态信念改变中受到认知主体的保护,就如示例 9.3 -(2) 中基督徒汤姆斯保护对《圣经》的信念一样。上一节的分析还表明,核心信念集合是一致的,否则认知主体会把所有的命题都当成是可辩护的真信念。

因此,我们可以得出评价复合修正算子的三个关键因素:选择机制、信念状态和新信息。其中后两者是评价复合修正算子的两个输入参数,信念状态可以表征为包含核心信念的信念库,而新信息由可信的信息和拒斥的信息这二者组成。类似于 AGM 理论模式,下面公理性刻画时只把评价复合修正算子当作黑盒子来刻画它的性质。因此,这一节只考虑信念状态和新信息这两个关键因素;后面两节将重点考察两种选择机制,即基于评价核心集的选择机制和基于评价保留集的选择机制。

由于需要考虑核心信念,故我们不能像传统 AGM 理论模式那样把信念状态简单地表征为后承封闭的信念集 (Alchourrón et al., 1985; Grove, 1988) 或不要求封闭的信念库 (Hansson, 1991, 1992)。下面将重新定义信念状态:

定义 9.43 令 $B, A \subseteq \mathcal{L}$。一个二元组 $S = (B, A)$ 是一个信念状态当且仅当它满足:

（1）A 是一致的；

（2）$A \subseteq B$；

（3）A 是关于 B 相对封闭的，即 $Cn(A) \cap B \subseteq A$。

一般地，我们中用 B 表示信念库，A 表示一致的核心信念集，(B, A) 表示信念状态。由上面定义易知，(B, A) 是一个信念状态当且仅当 $Cn(A) \cap B = A$，故如无特别说明，下文将这两个条件等价使用。这里将所有信念状态的集合记为 $\mathcal{B} = \{(B, A) | (B, A \subseteq \mathcal{L}) \wedge (Cn(A) \cap B = A) \wedge (A \nvdash \bot)\}$。信念状态间的等于关系用符号 "$\stackrel{\circ}{=}$" 来表示，意思是说两个信念状态的两个参数各自相等，即 $(B, A) \stackrel{\circ}{=} (B', A')$ 当且仅当 $(B = B') \wedge (A = A')$ 并且 $\{(B, A), (B', A')\} \subseteq \mathcal{B}$。

类似的，作为评价的新信息由于包含可信信息和拒斥信息，故我们不能像句子修正 (Alchourrón et al., 1985; Alchourrón and Makinson, 1985) 或复合修正 (Falappa et al., 2012) 那样把新信息简单地表征为单一命题或命题集合。下面是评价信息的形式定义。

定义 9.44 令 $(B, A) \in \mathcal{B}$，$C, D \subseteq \mathcal{L}$。$C|D$ 是一个 A-评价当且仅当 $C \cup D \neq \emptyset$ 且 $Cn(A \cup D) \cap (C \cup \{\bot\}) = \emptyset$。这里把 C 称为斥集，把 D 称为信集。

其中，$C \cup D \neq \emptyset$ 是说新信息作为一个评价必须是非空的，$Cn(A \cup D) \cap (C \cup \{\bot\}) = \emptyset$ 的直观涵义分为两个方面：第一个方面要求核心信念集和信集的并集必须是一致的，这一点类似于评价算子的性质 E-Compatibility；第二个方面要求这二者不能蕴含斥集里面的信息。第二个要求的原因有两个，其一是因为核心信念集 A 和信集 D 的并集的逻辑后承直观上还是可信的，不应该是斥集里的信息；其二，如果斥集 C 里包含 $A \cup D$ 的逻辑后承，那么会导致这样一种情况，即存在斥集里的信息 τ 在收缩过程中被放弃，但在修正过程中 τ 却成为包含核心信念集 A 和信集 D 的新信念状态中的一个信念。这也就是说，实际上斥集里的信息 τ 并没有被成功放弃，这样是达不到同时放弃斥集和添加信集的信念改变要求的。这个要求的直观涵义类似于评价算子的性质 E-Closure。

一般地，我们将所有的 A-评价的集合记为 $\mathcal{A} = \{C|D : (C, D \subseteq \mathcal{L}) \wedge (C \cup D \neq \emptyset) \wedge (Cn(A \cup D) \cap (C \cup \{\bot\}) = \emptyset)\}$。如果 $C|D = \{\varphi\}|\{\psi\}$，那么简记为 $\varphi|\psi$。

评价复合修正算子用 $\triangleright$ 表示，故评价复合修正可记为：$(B, A) \triangleright (C|D)$。但为方便起见，这里一般将它简记为 $B \triangleright_A (C|D)$。它的定义域为 $\mathcal{EV} = \{(A, B, C, D) | ((B, A) \in \mathcal{B}) \wedge (C|D \in \mathcal{A})\}$，值域为信念状态集合 $\mathcal{B}$，即 $B \triangleright_A (C|D): \mathcal{EV} \longmapsto \mathcal{B}$。

需要特别注意的是，由于评价复合修正的输出结果 $B \triangleright_A (C|D)$ 作为信念状态是

个二元组，故为方便起见，本章在关系表达式和集合运算中，如无特别说明，一般用 $B \triangleright_A (C|D)$ 表示评价复合修正后的新信念状态的第一个参数：信念库。用 $(B \triangleright_A (C|D))_2$ 表示评价复合修正后的新信念状态的第二个参数：核心信念集。

这里提出下面这些性质作为评价复合修正算子的合理的公理性刻画。

（$\triangleright 1$）$B \triangleright_A (C|D)$ 是一个信念状态。（EV-BelState）

（$\triangleright 2$）$(B \triangleright_A (C|D))_2 = Cn(A) \cap (B \cup D)$（EV-CoreInvariance）

（$\triangleright 3$）$B \triangleright_A (C|D) \subseteq B \cup D$（EV-Inclusion）

（$\triangleright 4$）$Cn(B \triangleright_A (C|D)) \cap C = \varnothing$（EV-OutSuccess）

（$\triangleright 5$）$D \subseteq B \triangleright_A (C|D)$（EV-InSuccess）

（$\triangleright 6$）$A \subseteq B \triangleright_A (C|D)$（EV-Protection）

（$\triangleright 7$）$Cn(B \triangleright_A (C|D)) \cap B \subseteq B \triangleright_A (C|D)$（EV-Closure）

（$\triangleright 8$）$B \triangleright_A (C|D)$ 是一致的。（EV-Consistency）

（$\triangleright 9$）如果 $Cn(B \cup D) \cap (C \cup \{\bot\}) = \varnothing$，那么 $B \cup D \subseteq B \triangleright_A (C|D)$。（EV-Vacuity）

（$\triangleright 10$）如果 $\forall X \subseteq B, Cn(X \cup A \cup D_1) \cap (C_1 \cup \{\bot\}) \neq \varnothing \iff Cn(X \cup A \cup D_2) \cap (C_2 \cup \{\bot\}) \neq \varnothing$，那么 $B \setminus (B \triangleright_A (C_1|D_1)) = B \setminus (B \triangleright_A (C_2|D_2))$。（EV-Uniformity）

（$\triangleright 11$）如果 $\psi \in B \setminus B \triangleright_A (C|D)$，那么存在 $X \subseteq B$ 使得 $Cn(X \cup A \cup D) \cap (C \cup \{\bot\}) = \varnothing$，但 $Cn(X \cup \{\psi\} \cup A \cup D) \cap (C \cup \{\bot\}) \neq \varnothing$。（EV-Retainment）

（$\triangleright 12$）如果 $\psi \in B \setminus B \triangleright_A (C|D)$，那么存在 $X \subseteq B$ 使得 $B \triangleright_A (C|D) \cap B \subseteq X$ 且 $Cn(X \cup A \cup D) \cap (C \cup \{\bot\}) = \varnothing$，但 $Cn(X \cup \{\psi\} \cup A \cup D) \cap (C \cup \{\bot\}) \neq \varnothing$。（EV-Relevance）

EV-BelState 是说修正结果仍然是一个信念状态。EV-CoreInvariance 是说评价复合修正后信念状态的第二个参数核心信念集 $(B \triangleright_A (C|D))_2$ 应当保持某种核心不变性，但信集 D 中可能包含 A 的逻辑后承，故修正结果的核心信念集除了 A 中元素外还应当包含这些逻辑后承；由 $(B, A) \in \mathcal{B}$ 和 EV-CoreInvariance 容易证明 $Cn((B \triangleright_A (C|D))_2) = Cn(A)$，即修正前后的核心信念集相互逻辑等价。EV-Inclusion 是指修正过程中不能画蛇添足地增加其他信息，修正结果集应当包含在信念库和信集的并集之中。EV-OutSuccess 是说斥集里的所有信息在修正过程中都要被放弃，即这些信息不是修正结果集的逻辑后承。EV-InSuccess 表明信集里的所有信息都被接纳，即这些信息应当包含在修正结果集中。EV-OutSuccess 和 EV-InSuccess 都是成功性，只有这两者都成功，评价复合修正才是成功的，这

样才符合同时放弃斥集和添加信集的要求。EV-Protection 要求核心信念在修正过程中应当受到保护而不被放弃。EV-Closure 的直观意思是说：修正结果的信念库 $B \triangleright_A (C|D)$ 中的信息都是可信的，如果它的逻辑后承已然在 B 中，那么这些后承应当在修正过程中保留下来，即应当包含在新信念库 $B \triangleright_A (C|D)$ 中，否则是不理性的。EV-Consistency 说明修正结果集是强一致的，因为新信息 $C \cup D \neq \varnothing$，不论是放弃斥集 C 还是添加一致的信集 D，信念状态都会发生改变，这两种改变都要恢复一致性。EV-Vacuity 表明：如果信念库 B 和信集 D 的并集是一致的并且并不蕴含斥集 C 的信息，那么只需要把信集 D 的所有信息直接添加进信念库 B 中即可，不需放弃任何旧信念，而且其结果依然是一致的。EV-Uniformity 是 (Falappa et al., 2012) 中优先复合改变算子的 Uniformity1 性质的扩展。它的直观意思是说：在评价复合修正过程中对信念的删除只与那些阻碍评价复合修正的 B-子集相关，也就是说，如果阻碍对两个评价引发的评价复合修正的 B-子集相同，那么在对这两个评价的修正过程中所删除的信念也是相同的。EV-Retainment 要求放弃旧信念需要一定的理由，也就是说，被删除的旧信念要么在一致性方面上阻碍了信集的添加，要么为推出斥集中的信息作出了贡献，这个要求是 Falappa 等 (2012) 研究中性质 Core Retainment 的扩展。EV-Relevance 是 EV-Retainment 的加强版本，其增加的条件 $B \triangleright_A (C|D) \cap B \subseteq X$ 与 EV-Inclusion、EV-InSuccess 和 EV-Relevance 的后件的其它部分一起可以证明下面这个与 EV-Closure 等价的结论：如果 $\psi \in B \setminus B \triangleright_A (C|D)$，那么 $B \triangleright_A (C|D) \not\vdash \psi$。但 EV-Retainment 则不行。

命题 9.45 令 $(B, A) \in \mathcal{B}$，那么下列命题成立。

(1) 如果 $\triangleright$ 满足 EV-Retainment，那么它也满足 EV-Protection。

(2) 如果 $\triangleright$ 满足 EV-InSuccess 和 EV-Retainment，那么它也满足 EV-Vacuity。

(3) 如果 $\triangleright$ 满足 EV-Inclusion、EV-InSuccess 和 EV-Relevance，那么它也满足 EV-Closure。

证明：(1) 令 $\triangleright$ 满足 EV-Retainment。用反证法，假设 $A \not\subseteq B \triangleright_A (C|D)$，那么存在 $\tau \in A$ 且 $\tau \notin B \triangleright_A (C|D)$，由于 $(B, A) \in \mathcal{B}$，故 $A \subseteq B$，故 $\tau \in B \setminus B \triangleright_A (C|D)$，由 EV-Retainment 知存在 $X \subseteq B$ 使得 $Cn(X \cup A \cup D) \cap (C \cup \{\bot\}) = \varnothing$，但 $Cn(X \cup \{\tau\} \cup A \cup D) \cap (C \cup \{\bot\}) \neq \varnothing$。故 $A \cup D \not\vdash \tau$，这与 $\tau \in A$ 相矛盾，故假设错误，$\triangleright$ 满足 EV-Protection。

(2) 令 $\triangleright$ 满足 EV-InSuccess 和 EV-Retainment。用反证法，假设 $Cn(B \cup D) \cap (C \cup \{\bot\}) = \varnothing$ 且 $B \cup D \not\subseteq B \triangleright_A (C|D)$。由 $B \cup D \not\subseteq B \triangleright_A (C|D)$ 和 EV-InSuccess 知存在 $\tau \in B \setminus B \triangleright_A (C|D)$。再由 EV-Retainment 知存在 $X \subseteq B$ 使得 $Cn(X \cup A \cup$

$D) \cap (C \cup \{\bot\}) = \emptyset$,但 $Cn(X \cup \{\tau\} \cup A \cup D) \cap (C \cup \{\bot\}) \neq \emptyset$。由 $\tau \in B$ 和 $X \subseteq B$ 得 $X \cup \{\tau\} \cup A \cup D \subseteq B \cup D$。故 $Cn(X \cup \{\tau\} \cup A \cup D) \cap (C \cup \{\bot\}) \subseteq Cn(B \cup D) \cap (C \cup \{\bot\}) = \emptyset$,故 $Cn(X \cup \{\tau\} \cup A \cup D) \cap (C \cup \{\bot\}) = \emptyset$。产生矛盾,故假设错误,EV-Vacuity 成立。

(3)令 $\triangleright$ 满足 EV-Inclusion、EV-InSuccess 和 EV-Relevance。用反证法,假设 $Cn(B \triangleright_A (C|D)) \cap B \nsubseteq B \triangleright_A (C|D)$。故存在 $\psi \in B \setminus B \triangleright_A (C|D)$ 使得 $B \triangleright_A (C|D) \vdash \psi$。由 $\psi \in B \setminus B \triangleright_A (C|D)$ 和 EV-Relevance 知存在 $X \subseteq B$ 使得 $B \triangleright_A (C|D) \cap B \subseteq X$ 且 $Cn(X \cup A \cup D) \cap (C \cup \{\bot\}) = \emptyset$,但 $Cn(X \cup \{\psi\} \cup A \cup D) \cap (C \cup \{\bot\}) \neq \emptyset$。故易得 $(B \triangleright_A (C|D) \cap B) \cup A \cup D \nvdash \psi$。再由 EV-Relevance 知 EV-Retainment 成立,故由(1)得 EV-Protection 成立。再加上 EV-Inclusion 和 EV-InSuccess 易证 $(B \triangleright_A (C|D) \cap B) \cup A \cup D = B \triangleright_A (C|D)$。故 $B \triangleright_A (C|D) \nvdash \psi$。产生矛盾,故假设错误,EV-Closure 成立。

9.3.3 函数式构造:评价核心集方案

这一节将构造第一种评价复合修正算子:核心评价复合修正算子。虽然此算子与核心包收缩算子(Fermé and Sanz, 2003)类似都有复合收缩成分,但此算子还要求同时添加信集里的信息,因此这里不能采用该文中提出的包核心集($B \triangle_P D$)来构造。类似的,虽然此算子与某些学者(Falappa and Simari, 2012)提出的优先复合核修正算子类似,都有将新信息添加进信念库的复合修正成分,但此算子还要求同时放弃斥集里的信息,因此不能采用他们(Falappa and Simari, 2012)提出的不一致核心集($B \triangle_\bot D$)来构造。这里提出一种新的核心集概念,即评价核心集 $B \blacktriangle_\bot^A (C|D)$,它的形式定义如下。

定义 9.46 令 $(B, A) \in \mathcal{B}$,$C|D \in \mathcal{A}$。那么 $X \in B \blacktriangle_\bot^A (C|D)$ 当且仅当 X 满足下列条件:

(1) $X \subseteq B$;

(2) $Cn(X \cup A \cup D) \cap (C \cup \{\bot\}) \neq \emptyset$;

(3) 如果 $Y \subset X$,那么 $Cn(Y \cup A \cup D) \cap (C \cup \{\bot\}) = \emptyset$。

这里把 $B \blacktriangle_\bot^A (C|D)$ 的元素称作 $C|D$-评价核心。从上述定义看,评价核心集 $B \blacktriangle_\bot^A (C|D)$ 是所有那些与 $A \cup D$ 不一致或并上 $A \cup D$ 可证弃集 C 中元素的极小 B-子集的集合。这些 $C|D$-评价核心要么在一致性方面阻碍了信集 D 的添加,要么和 $A \cup D$ 一起阻碍了对斥集 C 的放弃。因此,要想成功进行评价复合修正,这些评价核心都应当被破坏掉。

示例 9.47 （1）令 α，τ，ψ 和 φ 为相互无关的原子命题，信念库 $B = \{\alpha, \alpha \to \neg\varphi, \tau, \tau \to \neg\psi\}$，核心信念集 $A = \{\alpha \to \neg\varphi, \tau, \tau \to \neg\psi\}$，评价 $C|D = \psi|\varphi$。易证 $(B, A) \in \mathcal{B}$ 且 $C|D \in \mathcal{A}$。根据定义 9.46 易得 $B \blacktriangle_{\perp}^{A}(C|D) = \{\{\alpha\}\}$。

（2）令 α，τ，ψ 和 φ 为相互无关的原子命题，信念库 $B = \{\alpha, \tau, \tau \to \neg\psi, \neg\varphi \to \neg\alpha\}$，核心信念集 $A = \{\tau, \neg\varphi \to \neg\alpha\}$，评价 $C|D = \varphi|\psi$。易证 $(B, A) \in \mathcal{B}$ 且 $C|D \in \mathcal{A}$。根据定义 9.46 易得 $B \blacktriangle_{\perp}^{A}(C|D) = \{\{\alpha\}, \{\tau \to \neg\psi\}\}$。

在定义剪切函数之前，先来考察评价核心集的性质。首先是评价核心集的下界性，这个性质在表达定理的证明中非常有用。

引理 9.48 令 $(B, A) \in \mathcal{B}$，$C|D \in \mathcal{A}$。如果 $X \subseteq B$ 且 $Cn(X \cup A \cup D) \cap (C \cup \{\perp\}) \neq \emptyset$，那么存在 $Y \subseteq X$ 使得 $Y \in B \blacktriangle_{\perp}^{A}(C|D)$。

证明：令 $X \subseteq B$ 且 $Cn(X \cup A \cup D) \cap (C \cup \{\perp\}) \neq \emptyset$。由于 $C|D \in \mathcal{A}$，故 $A \cup D \nvdash \perp$ 且 $Cn(A \cup D) \cap C = \emptyset$。用反证法，假设所有 $Y \subseteq X$ 都有 $Y \notin B \blacktriangle_{\perp}^{A}(C|D)$，记为条件（*）。由于 $Cn(X \cup A \cup D) \cap (C \cup \{\perp\}) \neq \emptyset$，可任取 $\tau \in Cn(X \cup A \cup D) \cap (C \cup \{\perp\})$，由紧致性知存在有穷集合 $Z \subseteq X$ 使得 $Z \cup A \cup D \vdash \tau$。在此基础上在假设 $Z = \emptyset$，那么 $A \cup D \vdash \tau$。由于 $\tau \in C \cup \{\perp\}$ 且 $Cn(A \cup D) \cap C = \emptyset$，故 $\tau \notin C$，故 τ 就是 $\perp$，故 $A \cup D \vdash \perp$，产生矛盾，故假设 $Z = \emptyset$ 错误，$Z \neq \emptyset$ 成立。故存在非空有穷集合 $Z \subseteq X$ 使得 $Z \cup A \cup D \vdash \tau$。由条件（*）知 $Z \notin B \blacktriangle_{\perp}^{A}(C|D)$。由于 $Z \subseteq B$ 和 $\tau \in Cn(Z \cup A \cup D) \cap (C \cup \{\perp\}) \neq \emptyset$，故 Z 的基数为 $|Z| - 1$ 的真子集中至少存在一个 Z_0 使得 $Cn(Z_0 \cup A \cup D) \cap (C \cup \{\perp\}) \neq \emptyset$，否则 $Z \in B \blacktriangle_{\perp}^{A}(C|D)$ 导致矛盾。再由条件（*）得 $Z_0 \notin B \blacktriangle_{\perp}^{A}(C|D)$。又由于 $Z_0 \subseteq B$ 和 $Cn(Z_0 \cup A \cup D) \cap (C \cup \{\perp\}) \neq \emptyset$，故类似的，如果 $|Z_0| \geq 1$，那么 Z_0 的基数为 $|Z_0| - 1$ 的真子集中至少存在一个 Z_1 使得 $Cn(Z_1 \cup A \cup D) \cap (C \cup \{\perp\}) \neq \emptyset$，否则 $Z_0 \in B \blacktriangle_{\perp}^{A}(C|D)$ 导致矛盾。如此类推，有穷步内到达 Z 的子集 $\emptyset$，由于 $\emptyset$ 是基数为 1 的所有 Z 子集的唯一真子集，故 $Cn(A \cup D) \cap (C \cup \{\perp\}) \neq \emptyset$。这与 $C|D \in \mathcal{A}$ 相矛盾，故假设错误，存在 $Y \subseteq X$ 使得 $Y \in B \blacktriangle_{\perp}^{A}(C|D)$。证毕。

除了下界性，评价核心集还具有下面这些边界性质。

命题 9.49 令 $(B, A) \in \mathcal{B}$，$C|D \in \mathcal{A}$。下列边界命题成立：

（1）$\emptyset \notin B \blacktriangle_{\perp}^{A}(C|D)$。

（2）$B \blacktriangle_{\perp}^{A}(C|D) = \emptyset$ 当且仅当 $Cn(B \cup D) \cap (C \cup \{\perp\}) = \emptyset$。

（3）如果 $X \in B \blacktriangle_{\perp}^{A}(C|D)$，那么 $X \cap Cn(A \cup D) = \emptyset$。

证明：（1）用反证法，假设 $\emptyset \in B \blacktriangle_{\perp}^{A}(C|D)$ 成立。根据 $B \blacktriangle_{\perp}^{A}(C|D)$ 定义得 $Cn(A \cup$

$D) \cap (C \cup \{\bot\}) \neq \emptyset$，与 $C|D \in \mathcal{A}$ 相矛盾，故假设错误，$\emptyset \notin B\blacktriangle_{\bot}^{A}(C|D)$ 成立。

（2）右到左方向，令 $Cn(B \cup D) \cap (C \cup \{\bot\}) = \emptyset$。由于 $(B, A) \in \mathcal{B}$，故 $A \subseteq B$。故对所有的 $X \subseteq B$ 都有 $Cn(X \cup A \cup D) \cap (C \cup \{\bot\}) = \emptyset$，故根据定义9.46知：对所有的 $X \subseteq B$ 都有 $X \notin B\blacktriangle_{\bot}^{A}(C|D)$，从而 $B\blacktriangle_{\bot}^{A}(C|D) = \emptyset$。左到右方向，令 $B\blacktriangle_{\bot}^{A}(C|D) = \emptyset$，用反证法，假设 $Cn(B \cup D) \cap (C \cup \{\bot\}) \neq \emptyset$，故 $Cn(B \cup A \cup D) \cap (C \cup \{\bot\}) \neq \emptyset$，又由于 $B \subseteq B$，故由引理9.48的下界性知：存在 $Y \subseteq B$ 使得 $Y \in B\blacktriangle_{\bot}^{A}(C|D)$。故 $B\blacktriangle_{\bot}^{A}(C|D) \neq \emptyset$，产生矛盾，故假设错误，右边 $Cn(B \cup D) \cap (C \cup \{\bot\}) = \emptyset$ 成立。

（3）用反证法。假设存在 $X \in B\blacktriangle_{\bot}^{A}(C|D)$ 使得 $X \cap Cn(A \cup D) \neq \emptyset$。故存在 $\psi \in X \cap Cn(A \cup D)$。由 $X \in B\blacktriangle_{\bot}^{A}(C|D)$ 和 $\psi \in X$ 知 $Cn(X \cup A \cup D) \cap (C \cup \{\bot\}) \neq \emptyset$ 且 $Cn(X\backslash\{\psi\} \cup A \cup D) \cap (C \cup \{\bot\}) = \emptyset$。但由 $\psi \in X \cap Cn(A \cup D)$ 得 $Cn(X\backslash\{\psi\} \cup A \cup D) \cap (C \cup \{\bot\}) = Cn(X \cup A \cup D) \cap (C \cup \{\bot\}) \neq \emptyset$，产生矛盾，故假设错误。因此，如果 $X \in B\blacktriangle_{\bot}^{A}(C|D)$，那么 $X \cap Cn(A \cup D) = \emptyset$。

除了上述这些性质外，评价核心集还有下面这种等价性质，这种性质可用于表达定理的证明。

引理9.50 令 $(B, A) \in \mathcal{B}$，$\{C_1|D_1, C_2|D_2\} \subseteq \mathcal{A}$。下列条件等价：

（1）$B\blacktriangle_{\bot}^{A}(C_1|D_1) = B\blacktriangle_{\bot}^{A}(C_2|D_2)$；

（2）$\forall X \subseteq B, Cn(X \cup A \cup D_1) \cap (C_1 \cup \{\bot\}) \neq \emptyset \iff Cn(X \cup A \cup D_2) \cap (C_2 \cup \{\bot\}) \neq \emptyset$。

证明：（1）$\implies$（2）：令（1）成立。用反证法，假设存在 $X \subseteq B$ 使得 $Cn(X \cup A \cup D_1) \cap (C_1 \cup \{\bot\}) \neq \emptyset \not\Leftrightarrow Cn(X \cup A \cup D_2) \cap (C_2 \cup \{\bot\}) \neq \emptyset$。分下面两种情况导出矛盾。

情况（a）：$Cn(X \cup A \cup D_1) \cap (C_1 \cup \{\bot\}) \neq \emptyset$ 而 $Cn(X \cup A \cup D_2) \cap (C_2 \cup \{\bot\}) = \emptyset$。由 $X \subseteq B$，$Cn(X \cup A \cup D_1) \cap (C_1 \cup \{\bot\}) \neq \emptyset$ 和引理9.48下界性知存在 $Y \subseteq X$ 使得 $Y \in B\blacktriangle_{\bot}^{A}(C_1|D_1)$。由（1）得 $Y \in B\blacktriangle_{\bot}^{A}(C_2|D_2)$，故 $Cn(Y \cup A \cup D_2) \cap (C_2 \cup \{\bot\}) \neq \emptyset$。进一步由 $Y \subseteq X$ 得 $Cn(X \cup A \cup D_2) \cap (C_2 \cup \{\bot\}) \neq \emptyset$，产生矛盾。

情况（b）：$Cn(X \cup A \cup D_1) \cap (C_1 \cup \{\bot\}) = \emptyset$ 而 $Cn(X \cup A \cup D_2) \cap (C_2 \cup \{\bot\}) \neq \emptyset$。由对称性知可根据情况（a）类似地导出矛盾。

由于这两种情况下都导出矛盾，故假设错误，因此（2）成立。

（2）$\implies$（1）：令（2）成立。方向（a）$B\blacktriangle_{\bot}^{A}(C_1|D_1) \subseteq B\blacktriangle_{\bot}^{A}(C_2|D_2)$：令 $X \in B\blacktriangle_{\bot}^{A}(C_1|D_1)$。由于 $X \subseteq B$ 且 $Cn(X \cup A \cup D_1) \cap (C_1 \cup \{\bot\}) \neq \emptyset$，故由

（2）得 $Cn(X \cup A \cup D_2) \cap (C_2 \cup \{\bot\}) \neq \varnothing$。假设存在 $Y \subset X$ 使得 $Cn(Y \cup A \cup D_2) \cap (C_2 \cup \{\bot\}) \neq \varnothing$，那么由（2）得 $Cn(Y \cup A \cup D_1) \cap (C_1 \cup \{\bot\}) \neq \varnothing$，故 $X \notin B\blacktriangle_\bot^A(C_1|D_1)$，产生矛盾，故假设错误，不存在 $Y \subset X$ 使得 $Cn(Y \cup A \cup D_2) \cap (C_2 \cup \{\bot\}) \neq \varnothing$，因此，如果 $Y \subset X$，那么 $Cn(Y \cup A \cup D_2) \cap (C_2 \cup \{\bot\}) = \varnothing$。故 $X \in B\blacktriangle_\bot^A(C_2|D_2)$ 成立。故 $B\blacktriangle_\bot^A(C_1|D_1) \subseteq B\blacktriangle_\bot^A(C_2|D_2)$。

方向（b）$B\blacktriangle_\bot^A(C_1|D_1) \supseteq B\blacktriangle_\bot^A(C_2|D_2)$：由对称性知可仿照方向（a）类似地进行证明，略。因此由这两个方向知（1）成立。

由命题 9.49（1）知所有 $B\blacktriangle_\bot^A(C|D)$ 元素都是非空的，只要破坏这些元素，即从这些元素中删除至少一个命题，就能既放弃斥集 C 又同时修改信念库 B 使其与信集 D 一致，从而信集 D 可以一致地添加进来。并且按照最小改变原则，只有放弃这些评价核心内部的命题才是有足够理由的。因此，下面定义了评价剪切函数：

定义 9.51 令 $(B, A) \in \mathcal{B}$，$C|D \in \mathcal{A}$。函数 $\rho(B\blacktriangle_\bot^A(C|D))$ 是基于 (B, A) 的评价剪切函数当且仅当对所有的 $C|D \in \mathcal{A}$，ρ 满足：

（1）$\rho(B\blacktriangle_\bot^A(C|D)) \subseteq \bigcup(B\blacktriangle_\bot^A(C|D))$；

（2）如果 $X \in B\blacktriangle_\bot^A(C|D)$，那么 $\rho(B\blacktriangle_\bot^A(C|D)) \cap X \neq \varnothing$；

（3）如果 $\psi \in \rho(B\blacktriangle_\bot^A(C|D))$，那么 $B \backslash \rho(B\blacktriangle_\bot^A(C|D)) \cup D \nvdash \psi$。

这里主要有三点值得注意：（a）由命题 9.49（1）知 $B\blacktriangle_\bot^A(C|D)$ 里的评价核心都是都是非空的，故 "$\rho(B\blacktriangle_\bot^A(C|D)) \cap X \neq \varnothing$" 是可行的。（b）由命题 9.49（3）知 $B\blacktriangle_\bot^A(C|D)$ 里的所有评价核心都不包含 $A \cup D$ 的逻辑后承，因此，评价剪切函数不会删除这些可信的信息。也就是说下面命题成立。

命题 9.52 令 $(B, A) \in \mathcal{B}$，$\rho(B\blacktriangle_\bot^A(C|D))$ 为基于 (B, A) 的评价剪切函数。那么 $\rho(B\blacktriangle_\bot^A(C|D)) \cap Cn(A \cup D) = \varnothing$。

（c）还要注意条件（1）（2）和（3）的一致性问题。这里只需考虑 $\forall C|D \in \mathcal{A} (\rho(B\blacktriangle_\bot^A(C|D)) = \bigcup(B\blacktriangle_\bot^A(C|D)))$ 的极端情况是否满足这三个条件即可。下面这个命题表明答案是肯定的。

命题 9.53 令 $(B, A) \in \mathcal{B}$。如果评价剪切函数定义为 $\forall C|D \in \mathcal{A}(\rho(B\blacktriangle_\bot^A(C|D)) = \bigcup(B\blacktriangle_\bot^A(C|D)))$，那么 ρ 是评价剪切函数。

证明：只需证明：任取 $C|D \in \mathcal{A}$ 都有 $\rho(B\blacktriangle_\bot^A(C|D))$ 满足定义 9.51 的条件（1）（2）（3）即可。

条件（1）：由 ρ 的定义知显然满足条件（1）。

条件（2）：令 $X \in B\blacktriangle_\bot^A(C|D)$，由命题 9.49（1）知 $X \neq \varnothing$。再由 ρ 的定义知 $\rho(B\blacktriangle_\bot^A(C|D)) \cap X = X \neq \varnothing$。故条件（2）也满足。

条件（3）：令 $\psi \in \rho(B\blacktriangle_\bot^A(C|D))$。故存在 $X \in B\blacktriangle_\bot^A(C|D)$ 使得 $\psi \in X$。故 $Cn(X \cup A \cup D) \cap (C \cup \{\bot\}) \neq \varnothing$ 且 $Cn(X \backslash \{\psi\} \cup A \cup D) \cap (C \cup \{\bot\}) = \varnothing$。用反证法，假设 $B \backslash \rho(B\blacktriangle_\bot^A(C|D)) \cup D \vdash \psi$。故 $Cn((B \backslash \rho(B\blacktriangle_\bot^A(C|D))) \cup (X \backslash \{\psi\}) \cup A \cup D) \cap (C \cup \{\bot\}) \neq \varnothing$。再由 $(B \backslash \rho(B\blacktriangle_\bot^A(C|D))) \cup (X \backslash \{\psi\}) \subseteq B$ 和引理 9.48 的下界性知：存在 $Y \subseteq (B \backslash \rho(B\blacktriangle_\bot^A(C|D))) \cup (X \backslash \{\psi\})$ 使得 $Y \in B\blacktriangle_\bot^A(C|D)$。由 ρ 的定义知 $Y \subseteq \rho(B\blacktriangle_\bot^A(C|D))$，故 $Y \cap (B \backslash \rho(B\blacktriangle_\bot^A(C|D))) = \varnothing$，故 $Y \subseteq X \backslash \{\psi\}$。故由 $Cn(X \backslash \{\psi\} \cup A \cup D) \cap (C \cup \{\bot\}) = \varnothing$ 得 $Cn(Y \cup A \cup D) \cap (C \cup \{\bot\}) = \varnothing$。这与 $Y \in B\blacktriangle_\bot^A(C|D)$ 矛盾，故假设错误，$B \backslash \rho(B\blacktriangle_\bot^A(C|D)) \cup D \nvdash \psi$。故条件（3）也满足。

示例 9.54 (1) 考察示例 9.47(1)，由于 $B\blacktriangle_\bot^A(C|D) = \{\{\alpha\}\}$，故由定义 9.51 知满足条件（1）（2）（3）的评价剪切函数为 $\rho(B\blacktriangle_\bot^A(C|D)) = \{\alpha\}$。

(2) 考察示例 9.47(2)，由于 $B\blacktriangle_\bot^A(C|D) = \{\{\alpha\}, \{\tau \to \neg\psi\}\}$，故由定义 9.51 知满足条件（1）（2）（3）的评价剪切函数为 $\rho(B\blacktriangle_\bot^A(C|D)) = \{\alpha, \tau \to \neg\psi\}$。

有了评价剪切函数，下面来定义核心评价复合修正算子的函数式构造：

定义 9.55 令 $(B, A) \in \mathcal{B}$，ρ 是基于 (B, A) 的评价剪切函数。

（1）由 ρ 构造的基于 (B, A) 的核心评价复合修正算子 $\triangleright^\rho$ 是这样定义的：对所有的 $C|D \in \mathcal{A}$，$B \triangleright_A^\rho (C|D) \stackrel{\frown}{=} (B', A')$，其中 $B' = B \backslash \rho(B\blacktriangle_\bot^A(C|D)) \cup D$，$A' = Cn(A) \cap B'$。

（2）算子 $\triangleright$ 是基于 (B, A) 的核心评价复合修正算子当且仅当存在评价剪切函数 ρ 使得对所有的 $C|D \in \mathcal{A}$ 都有 $B \triangleright_A (C|D) \stackrel{\frown}{=} B \triangleright_A^\rho (C|D)$。

示例 9.56 (1) 继续示例 9.54(1)。由于 $\rho(B\blacktriangle_\bot^A(C|D)) = \{\alpha\}$，故根据定义 9.55 知由 ρ 构造的 $B \triangleright_A^\rho (C|D) \stackrel{\frown}{=} (B', A')$，其中 $B' = B \backslash \rho(B\blacktriangle_\bot^A(C|D)) \cup D = \{\varphi, \alpha \to \neg\varphi, \tau, \tau \to \neg\psi\}$，$A' = Cn(A) \cap B' = \{\alpha \to \neg\varphi, \tau, \tau \to \neg\psi\}$。

(2) 继续示例 9.54(2)。由于 $\rho(B\blacktriangle_\bot^A(C|D)) = \{\alpha, \tau \to \neg\psi\}$，故根据定义 9.55 知由 ρ 构造的 $B \triangleright_A^\rho (C|D) \stackrel{\frown}{=} (B', A')$，其中 $B' = B \backslash \rho(B\blacktriangle_\bot^A(C|D)) \cup D = \{\psi, \tau, \neg\varphi \to \neg\alpha\}$，$A' = Cn(A) \cap B' = \{\tau, \neg\varphi \to \neg\alpha\}$。

定理 9.57 令 $(B, A) \in \mathcal{B}$。算子 $\triangleright$ 是基于 (B, A) 的核心评价复合修正算子当且仅当它满足性质：EV-BelState，EV-CoreInvariance，EV-Inclusion，EV-InSuccess，EV-OutSuccess，EV-Closure，EV-Consistency，EV-Uniformity 和 EV-Retainment。

证明：（I） Construction $\Longrightarrow$ Postulates：令算子 $\triangleright$ 是一个核心评价复合修正算子，下面证它满足这些性质。

EV-BelState：根据定义 9.43 和定义 9.55 易知即证 $Cn(A') \cap B' = A'$，即证 $Cn\,(Cn(A) \cap B') \cap B' = Cn(A) \cap B'$。$\supseteq$ 方向是显然的，$\subseteq$ 方向也易证，略。

EV-CoreInvariance：根据定义 9.55 知即证 $A' = Cn(A) \cap B' = Cn(A) \cap (B \cup D)$，$\subseteq$ 方向是显然的。假设 $Cn(A) \cap B' \not\supseteq Cn(A) \cap (B \cup D)$，故存在 $\tau \in Cn(A) \cap (B \cup D)$ 使得 $\tau \notin B' = B \backslash \rho(B\blacktriangle_\bot^A(C|D)) \cup D$，故 $\tau \in \rho(B\blacktriangle_\bot^A(C|D))$，故存在 $X \in B\blacktriangle_\bot^A(C|D)$ 使得 $\tau \in X$。故 $\tau \in X \cap Cn(A \cup D) \neq \emptyset$。然而由 $X \in B\blacktriangle_\bot^A(C|D)$ 和命题 9.49（3）得 $X \cap Cn(A \cup D) = \emptyset$。产生矛盾，故假设错误，$\supseteq$ 方向也成立。因此，EV-CoreInvariance 成立。

EV-Inclusion：由 $B \triangleright_A (C|D)$ 的定义知 $B \triangleright_A (C|D) = B \backslash \rho(B\blacktriangle_\bot^A(C|D)) \cup D \subseteq B \cup D$ 显然成立。

EV-InSuccess：由 $B \triangleright_A (C|D)$ 的定义知 $D \subseteq B \backslash \rho(B\blacktriangle_\bot^A(C|D)) \cup D = B \triangleright_A (C|D)$ 显然成立。

EV-OutSuccess：用反证法，假设 $Cn(B \triangleright_A (C|D)) \cap C \neq \emptyset$，令 $\tau \in Cn(B \triangleright_A (C|D)) \cap C$，即 $B \backslash \rho(B\blacktriangle_\bot^A(C|D)) \cup D \vdash \tau \in C$。故 $Cn(B \backslash \rho(B\blacktriangle_\bot^A(C|D)) \cup D) \cap (C \cup \{\bot\}) \neq \emptyset$。故 $Cn(B \backslash \rho(B\blacktriangle_\bot^A(C|D)) \cup A \cup D) \cap (C \cup \{\bot\}) \neq \emptyset$。又 $B \backslash \rho(B\blacktriangle_\bot^A(C|D)) \subseteq B$，由引理 9.48 的下界性知存在 $Y \subseteq B \backslash \rho(B\blacktriangle_\bot^A(C|D))$ 使得 $Y \in B\blacktriangle_\bot^A(C|D)$。由 $Y \subseteq B \backslash \rho(B\blacktriangle_\bot^A(C|D))$ 得 $Y \cap \rho(B\blacktriangle_\bot^A(C|D)) = \emptyset$。然而由 $Y \in B\blacktriangle_\bot^A(C|D)$ 和定义 9.51（2）得 $Y \cap \rho(B\blacktriangle_\bot^A(C|D)) \neq \emptyset$，产生矛盾，故假设错误，$Cn(B \triangleright_A (C|D)) \cap C = \emptyset$，即 EV-OutSuccess 成立。

EV-Closure：用反证法，假设 $Cn(B \triangleright_A (C|D)) \cap B \not\subseteq B \triangleright_A (C|D)$。故存在 $\psi \in B \backslash B \triangleright_A (C|D)$ 使得 $B \triangleright_A (C|D) \vdash \psi$。由 $\psi \in B \backslash B \triangleright_A (C|D)$ 得 $\psi \in B \backslash (B \backslash \rho(B\blacktriangle_\bot^A(C|D)) \cup D)$。再假设 $\psi \notin \rho(B\blacktriangle_\bot^A(C|D))$，故 $\psi \in B \backslash \rho(B\blacktriangle_\bot^A(C|D)) \subseteq B \backslash \rho(B\blacktriangle_\bot^A(C|D)) \cup D$，产生矛盾，故假设 $\psi \notin \rho(B\blacktriangle_\bot^A(C|D))$ 错误，故 $\psi \in \rho(B\blacktriangle_\bot^A(C|D))$。由定义 9.51 的条件（3）得 $B \backslash \rho(B\blacktriangle_\bot^A(C|D)) \cup D \not\vdash \psi$，即 $B \triangleright_A (C|D) \not\vdash \psi$，产生矛盾，故假设错误，故 EV-Closure 成立。

EV-Consistency：用反证法，假设 $B \triangleright_A (C|D) \vdash \bot$，即 $B \backslash \rho(B\blacktriangle_\bot^A(C|D)) \cup D \vdash \bot$，故 $Cn(B \backslash \rho(B\blacktriangle_\bot^A(C|D)) \cup D) \cap (C \cup \{\bot\}) \neq \emptyset$，故 $Cn(B \backslash \rho(B\blacktriangle_\bot^A(C|D)) \cup A \cup D) \cap (C \cup \{\bot\}) \neq \emptyset$，又 $B \backslash \rho(B\blacktriangle_\bot^A(C|D)) \subseteq B$，由引理 9.48 的下界性知存在 $Y \subseteq B \backslash \rho(B\blacktriangle_\bot^A(C|D))$ 使得 $Y \in B\blacktriangle_\bot^A(C|D)$。由 $Y \in B\blacktriangle_\bot^A(C|D)$ 和定义 9.51（2）得 $Y \cap \rho(B\blacktriangle_\bot^A(C|D)) \neq \emptyset$，故 $Y \not\subseteq B \backslash \rho(B\blacktriangle_\bot^A(C|D))$，产生矛盾，故假设错误，因此 $B \triangleright_A (C|D)$ 是一致的。

EV-Uniformity：令 $C_1|D_1$ 和 $C_2|D_2$ 都是 $\mathcal{A}$-评价并且 $\forall X \subseteq B, Cn(X \cup A \cup D_1) \cap (C_1 \cup \{\bot\}) \neq \emptyset \iff Cn(X \cup A \cup D_2) \cap (C_2 \cup \{\bot\}) \neq \emptyset$。由引理 9.50 得 $B\blacktriangle_\bot^A(C_1|D_1) = B\blacktriangle_\bot^A(C_2|D_2)$。又由定义 9.51 知 ρ 是函数，故有 $\rho(B\blacktriangle_\bot^A(C_1|D_1)) = \rho(B\blacktriangle_\bot^A(C_2|D_2))$。下面先证结论（*）：

（*）对每个 $\mathcal{A}$-评价 $C|D$，都有 $(B \triangleright_A (C|D)) \cap B = B \backslash \rho(B\blacktriangle_\bot^A(C|D))$。

根据定义 9.51 和定义 9.55 易得 $(B \triangleright_A (C|D)) \cap B = B \backslash \rho(B\blacktriangle_\bot^A(C|D)) \cup (D \cap B)$，故要证（*）只需证明 $D \cap B \subseteq B \backslash \rho(B\blacktriangle_\bot^A(C|D))$ 即可。令 $\tau \in D \cap B$。用反证法，假设 $\tau \notin B \backslash \rho(B\blacktriangle_\bot^A(C|D))$，由 $\tau \in B$ 得 $\tau \in \rho(B\blacktriangle_\bot^A(C|D))$，故 $\tau \in \rho(B\blacktriangle_\bot^A(C|D)) \cap D \neq \emptyset$，这与命题 9.52 的结论 $\rho(B\blacktriangle_\bot^A(C|D)) \cap Cn(A \cup D) = \emptyset$ 相矛盾，故假设错误，从而 $D \cap B \subseteq B \backslash \rho(B\blacktriangle_\bot^A(C|D))$ 成立，故（*）成立。

因此，由 (*)，定义 9.51 和 $\rho(B\blacktriangle_\bot^A(C_1|D_1)) = \rho(B\blacktriangle_\bot^A(C_2|D_2))$ 得 $B \backslash (B \triangleright_A (C_1|D_1)) = B \backslash (B \triangleright_A (C_1|D_1) \cap B) = B \backslash (B \backslash \rho(B\blacktriangle_\bot^A(C_1|D_1))) = \rho(B\blacktriangle_\bot^A(C_1|D_1)) = \rho(B\blacktriangle_\bot^A(C_2|D_2)) = B \backslash (B \backslash \rho(B\blacktriangle_\bot^A(C_2|D_2))) = B \backslash (B \triangleright_A (C_2|D_2) \cap B) = B \backslash (B \triangleright_A (C_2|D_2))$，即 $B \backslash (B \triangleright_A (C_1|D_1)) = B \backslash (B \triangleright_A (C_2|D_2))$。因此 EV-Uniformity 成立。

EV-Retainment：令 $\psi \in B \backslash B \triangleright_A (C|D)$，即 $\psi \in B$ 且 $\psi \notin B \backslash \rho(B\blacktriangle_\bot^A(C|D)) \cup D$。故 $\psi \in \rho(B\blacktriangle_\bot^A(C|D))$，根据定义 9.51（1）知存在 $Y \in B\blacktriangle_\bot^A(C|D)$ 使得 $\psi \in Y$。令 $X = Y \backslash \{\psi\}$。由 $\psi \in Y$ 知 $X \subset Y$，由 $X \subset Y$ 和 $Y \in B\blacktriangle_\bot^A(C|D)$ 得 $Cn(X \cup A \cup D) \cap (C \cup \{\bot\}) = \emptyset$。再由 $X \cup \{\psi\} = Y \in B\blacktriangle_\bot^A(C|D)$ 知 $Cn(X \cup \{\psi\} \cup A \cup D) \cap (C \cup \{\bot\}) \neq \emptyset$。也就是说，存在 $X \subseteq B$ 使得 $Cn(X \cup A \cup D) \cap (C \cup \{\bot\}) = \emptyset$，但 $Cn(X \cup \{\psi\} \cup A \cup D) \cap (C \cup \{\bot\}) \neq \emptyset$。因此，EV-Retainment 成立。

（Ⅱ）Postulates $\Longrightarrow$ Construction：令算子 $\triangleright$ 满足上述这些性质，下面证明它是一个核心评价复合修正算子。

定义基于 (B, A) 的映射 ρ 使其满足：对所有 $C|D \in \mathcal{A}$, $\rho(B\blacktriangle_\bot^A(C|D)) = B \backslash (B \triangleright_A (C|D))$，定义基于 (B, A) 的算子 $\uplus$ 使其满足：对所有 $C|D \in \mathcal{A}$, $B \uplus_A (C|D) \doteq (B', A')$，其中 $B' = B \backslash \rho(B\blacktriangle_\bot^A(C|D)) \cup D$, $A' = Cn(A) \cap B'$。下面需要证明：(a) ρ 是良定义的函数；(b) ρ 是一个评价剪切函数；(c) 对所有的 $C|D \in \mathcal{A}$, $B \triangleright_A (C|D) \doteq B \uplus_A (C|D)$。

(a) ρ 是良定义的函数：即证如果 $B\blacktriangle_\bot^A(C_1|D_1) = B\blacktriangle_\bot^A(C_2|D_2)$，那么 $\rho(B\blacktriangle_\bot^A(C_1|D_1)) = \rho(B\blacktriangle_\bot^A(C_2|D_2))$。令 $B\blacktriangle_\bot^A(C_1|D_1) = B\blacktriangle_\bot^A(C_2|D_2)$。由引理 9.50 得 $\forall X \subseteq B, Cn(X \cup A \cup D_1) \cap (C_1 \cup \{\bot\}) \neq \emptyset \iff Cn(X \cup A \cup D_2) \cap (C_2 \cup \{\bot\}) \neq \emptyset$。故由 $\triangleright$ 的 EV-Uniformity 得 $B \backslash (B \triangleright_A (C_1|D_1)) = B \backslash (B \triangleright_A (C_2|D_2))$，即 $\rho(B\blacktriangle_\bot^A(C_1|D_1)) = \rho(B\blacktriangle_\bot^A(C_2|D_2))$ 成立。故（a）成立。

（b）ρ 是一个评价剪切函数：条件（1）：令 $\tau \in \rho(B\blacktriangle_\bot^A(C|D))$，即 $\tau \in B\backslash(B\triangleright_A(C|D))$。由 EV-Retainment 知：存在 $X \subseteq B$ 使得 $Cn(X \cup A \cup D) \cap (C \cup \{\bot\}) = \emptyset$，但 $Cn(X \cup \{\tau\} \cup A \cup D) \cap (C \cup \{\bot\}) \neq \emptyset$。由 $X \cup \{\tau\} \subseteq B$、$Cn(X \cup \{\tau\} \cup A \cup D) \cap (C \cup \{\bot\}) \neq \emptyset$ 和引理 9.48 的下界性知存在 $Y \subseteq X \cup \{\tau\}$ 使得 $Y \in B\blacktriangle_\bot^A(C|D)$。由于 $Y \subseteq X \cup \{\tau\}$、$Cn(X \cup A \cup D) \cap (C \cup \{\bot\}) = \emptyset$ 且 $Cn(Y \cup A \cup D) \cap (C \cup \{\bot\}) \neq \emptyset$，故 $\tau \in Y$。由 $\tau \in Y \in B\blacktriangle_\bot^A(C|D)$ 得 $\tau \in \bigcup(B\blacktriangle_\bot^A(C|D))$。因此条件（1）得到满足。

条件（2）：令 $X \in B\blacktriangle_\bot^A(C|D)$。假设 $\rho(B\blacktriangle_\bot^A(C|D)) \cap X = \emptyset$，即 $(B\backslash(B\triangleright_A(C|D))) \cap X = \emptyset$，又 $X \subseteq B$，故 $X \subseteq B\triangleright_A(C|D)$。由 $X \in B\blacktriangle_\bot^A(C|D)$ 得 $Cn(X \cup A \cup D) \cap (C \cup \{\bot\}) \neq \emptyset$，又 $X \subseteq B\triangleright_A(C|D)$，故 $Cn(B\triangleright_A(C|D) \cup A \cup D) \cap (C \cup \{\bot\}) \neq \emptyset$。由 EV-Retainment 和命题 9.45（1）知 EV-Protection，即 $A \subseteq B\triangleright_A(C|D)$ 成立。再加上 EV-InSuccess 得 $Cn(B\triangleright_A(C|D)) \cap (C \cup \{\bot\}) \neq \emptyset$，从而 $B\triangleright_A(C|D) \vdash \bot$ 或 $Cn(B\triangleright_A(C|D)) \cap C \neq \emptyset$。然而由 EV-OutSuccess 得 $Cn(B\triangleright_A(C|D)) \cap C = \emptyset$，由 EV-Consistency 得 $B\triangleright_A(C|D) \not\vdash \bot$，产生矛盾，故假设错误，$\rho(B\blacktriangle_\bot^A(C|D)) \cap X \neq \emptyset$ 成立，条件（2）得到满足。

条件（3）：令 $\psi \in \rho(B\blacktriangle_\bot^A(C|D))$，即 $\psi \in B\backslash B\triangleright_A(C|D)$。用反证法，假设 $B\backslash\rho(B\blacktriangle_\bot^A(C|D)) \cup D \vdash \psi$，即 $B\backslash(B\backslash B\triangleright_A(C|D)) \cup D \vdash \psi$，再由 $B\backslash B\triangleright_A(C|D) = B\backslash(B\triangleright_A(C|D) \cap B)$ 得 $(B\triangleright_A(C|D) \cap B) \cup D \vdash \psi$。又由 EV-Inclusion 和 EV-InSuccess 得 $(B\triangleright_A(C|D) \cap B) \cup D = B\triangleright_A(C|D)$，故 $B\triangleright_A(C|D) \vdash \psi$。又由 EV-Closure 和 $\psi \in B\backslash B\triangleright_A(C|D)$ 得 $\psi \notin Cn(B\triangleright_A(C|D))$。产生矛盾，故假设错误，$B\backslash\rho(B\blacktriangle_\bot^A(C|D)) \cup D \not\vdash \psi$ 成立，故条件（3）成立。

因此，由条件（1）（2）（3）知 ρ 是一个评价剪切函数。

（c）对每个 $C|D \in \mathcal{A}$ 都有 $B\triangleright_A(C|D) \triangleq B\uplus_A(C|D)$：即证 $B\triangleright_A(C|D) = B'$、$(B\triangleright_A(C|D))_2 = A'$ 且 $B\uplus_A(C|D) \in \mathcal{B}$。

$B\triangleright_A(C|D) = B'$：根据 B' 的定义得 $B' = B\backslash\rho(B\blacktriangle_\bot^A(C|D)) \cup D = B\backslash(B\backslash(B\triangleright_A(C|D))) \cup D = B\backslash(B\backslash(B\triangleright_A(C|D) \cap B)) \cup D = (B\triangleright_A(C|D) \cap B) \cup D$。因此，只需证明 $B\triangleright_A(C|D) = (B\triangleright_A(C|D) \cap B) \cup D$ 即可。$\supseteq$ 方向：由 EV-InSuccess 得 $D \subseteq B\triangleright_A(C|D)$，故 $B\triangleright_A(C|D) \supseteq (B\triangleright_A(C|D) \cap B) \cup D$。$\subseteq$ 方向：令 $\tau \in B\triangleright_A(C|D)$，由 EV-Inclusion 得 $B\triangleright_A(C|D) \subseteq B \cup D$，故 $\tau \in B \cup D$。分 $\tau \in B$ 和 $\tau \in D$ 这两种情况。当 $\tau \in B$ 时，由 $\tau \in B$ 和 $\tau \in B\triangleright_A(C|D)$ 得 $\tau \in (B\triangleright_A(C|D) \cap B) \cup D$；当 $\tau \in D$ 时，显然 $\tau \in (B\triangleright_A(C|D) \cap B) \cup D$。由于这两种情况下都有 $\tau \in (B\triangleright_A(C|D) \cap B) \cup D$，从而 $B\triangleright_A(C|D) \subseteq (B\triangleright_A(C|D) \cap B) \cup D$。因此，由这两个方向可知 $B\triangleright_A(C|D) = (B\triangleright_A(C|D) \cap B) \cup D$，从而 $B\triangleright_A(C|D) = B'$

成立。

$(B \triangleright_A (C|D))_2 = A'$：由 EV-CoreInvariance 和 A' 的定义知即证 $Cn(A) \cap (B \cup D) = Cn(A) \cap B'$。由 B' 的定义知 $\supseteq$ 方向显然成立。假设 $Cn(A) \cap (B \cup D) \nsubseteq Cn(A) \cap B'$，故存在 $\tau \in Cn(A) \cap (B \cup D)$ 使得 $\tau \notin B' = B \backslash \rho(B \blacktriangle_\bot^A (C|D)) \cup D$，故 $\tau \in B$ 且 $\tau \in \rho(B \blacktriangle_\bot^A (C|D)) = B \backslash (B \triangleright_A (C|D))$，由 EV-Retainment 易知 $A \cup D \nvdash \tau$，这与 $\tau \in Cn(A)$ 相矛盾，故假设错误，$Cn(A) \cap (B \cup D) \subseteq Cn(A) \cap B'$。由这两个方向可知 $Cn(A) \cap (B \cup D) = Cn(A) \cap B'$ 成立，即 $(B \triangleright_A (C|D))_2 = A'$ 成立。

$B \uplus_A (C|D) \in \mathcal{B}$：由 $B \triangleright_A (C|D) = B'$、$(B \triangleright_A (C|D))_2 = A'$ 和 EV-BelState 即得。证毕。

推论 9.58 令 $(B, A) \in \mathcal{B}$。如果算子 $\triangleright$ 是基于 (B, A) 的核心评价复合修正算子，那么它满足 EV-Protection 和 EV-Vacuity。

证明：由命题 9.45 和定理 9.57 易证，略。

9.3.4 函数式构造：评价保留集方案

这一节将构造另一种评价复合修正算子：部分交评价复合修正算子。虽然此算子与 Fuhrmann and Hansson (1994) 提出的部分交包收缩（partial meet package contraction）算子类似包含包收缩的成分，但评价复合修正算子同时还包括添加信集内信息，即优先复合修正的部分，因此不能采用该文所采用的由 Alchourrón 和 Makinson (1981) 提出的保留集概念来构造。类似的，虽然此算子与 Falappa 等 (2012) 提出的基于信念库的优先复合部分交修正算子类似，都有复合修正成分，但此算子还要求同时放弃斥集里的信息，因此这里不能采用后者 (Falappa et al., 2012) 提出的一致保留集（$B \triangledown_\top D$，定义 9.21）来构造。这里提出一种新的保留集概念，即评价保留集 $B \blacktriangledown_\bot^A (C|D)$，它的形式定义如下。

定义 9.59 令 $(B, A) \in \mathcal{B}$，$C|D \in \mathcal{A}$。$X \in B \blacktriangledown_\bot^A (C|D)$ 当且仅当 X 满足：

(1) $X \subseteq B$；

(2) $Cn(X \cup A \cup D) \cap (C \cup \{\bot\}) = \emptyset$；

(3) 如果 $X \subset Y \subseteq B$，那么 $Cn(Y \cup A \cup D) \cap (C \cup \{\bot\}) \neq \emptyset$。

从上述定义看，评价保留集 $B \blacktriangledown_\bot^A (C|D)$ 是所有那些与 $A \cup D$ 一致且与 $A \cup D$ 一起不可证斥集 C 中元素的极大 B-子集的集合。这些子集既不阻碍对信集 D 的添加，也不阻碍对斥集 C 的删除。故 $B \blacktriangledown_\bot^A (C|D)$ 里的元素或者部分这些元素的

交运算结果可作为评价复合修正结果集的候选方案。

示例 9.60 (1) 继续示例 9.47(1)。由于信念库 $B = \{\alpha, \alpha \to \neg\varphi, \tau, \tau \to \neg\psi\}$，核心信念集 $A = \{\alpha \to \neg\varphi, \tau, \tau \to \neg\psi\}$，评价 $C|D = \psi|\varphi$。根据定义 9.59 易得 $B\blacktriangledown_\top^A(C|D) = \{\{\alpha \to \neg\varphi, \tau, \tau \to \neg\psi\}\}$。

(2) 继续示例 9.47 (2)。由于信念库 $B = \{\alpha, \tau, \tau \to \neg\psi, \neg\varphi \to \neg\alpha\}$，核心信念集 $A = \{\tau, \neg\varphi \to \neg\alpha\}$，评价 $C|D = \varphi|\psi$。根据定义 9.59 易得 $B\blacktriangledown_\top^A(C|D) = \{\{\tau, \neg\varphi \to \neg\alpha\}\}$。

在定义选择函数之前，先考察评价保留集的性质。首先是评价保留集的上界性，这个性质在表达定理的证明中非常有用。

引理 9.61 令 $(B, A) \in \mathcal{B}, C|D \in \mathcal{A}$。如果 $X \subseteq B$ 且 $Cn(X \cup A \cup D) \cap (C \cup \{\bot\}) = \emptyset$，那么存在 $Y \supseteq X$ 使得 $Y \in B\blacktriangledown_\top^A(C|D)$。

证明：令 $X \subseteq B$ 且 $Cn(X \cup A \cup D) \cap (C \cup \{\bot\}) = \emptyset$。记 $T = A \cup D$。故 $X \backslash T \cup T \subseteq B \backslash T \cup T$ 且 $Cn(X \backslash T \cup T) \cap (C \cup \{\bot\}) = \emptyset$，由保留集的上界性 (Hansson, 1999b, P. 38) 知存在 Z 使得 $X \backslash T \cup T \subseteq Z \in (B \backslash T \cup T) \triangledown (C \cup \{\bot\})$。由于 $Z \subseteq B \backslash T \cup T$，故 $Z \backslash T \subseteq B \backslash T$。由 $Z \in (B \backslash T \cup T) \triangledown (C \cup \{\bot\})$ 得 $Cn(Z) \cap (C \cup \{\bot\}) = \emptyset$，由 $T \subseteq Z$ 得 $Z = Z \backslash T \cup T$，故 $Cn(Z \backslash T \cup T) \cap (C \cup \{\bot\}) = \emptyset$。下面证明 $X \subseteq (Z \backslash T) \cup (B \cap T) \in B\blacktriangledown_\top^A(C|D)$。

用反证法，假设 $(Z \backslash T) \cup (B \cap T) \notin B\blacktriangledown_\top^A(C|D)$。由 $Z \backslash T \subseteq B \backslash T$ 易得 $(Z \backslash T) \cup (B \cap T) \subseteq B$。由 $Cn(Z \backslash T \cup T) \cap (C \cup \{\bot\}) = \emptyset$ 得 $Cn((Z \backslash T) \cup (B \cap T) \cup T) \cap (C \cup \{\bot\}) = Cn(Z \backslash T \cup T) \cap (C \cup \{\bot\}) = \emptyset$。故由假设和定义 9.59 知：存在 Y 使得 $(Z \backslash T) \cup (B \cap T) \subset Y \subseteq B$ 且 $Cn(Y \cup T) \cap (C \cup \{\bot\}) = \emptyset$。故存在 $\psi \in Y$ 但 $\psi \notin (Z \backslash T) \cup (B \cap T)$，故 $\psi \notin Z \backslash T$ 且 $\psi \notin B \cap T$，又 $\psi \in Y \subseteq B$，故 $\psi \notin T$，故 $\psi \notin Z \backslash T \cup T$。由 $(Z \backslash T) \cup (B \cap T) \subset Y$ 得 $Z \backslash T \cup T \subseteq Y \cup T$。再由 $\psi \in Y \cup T$ 和 $\psi \notin Z \backslash T \cup T$ 得 $Z \backslash T \cup T \subset Y \cup T$，故 $Z \subset Y \cup T \subseteq B \backslash T \cup T$，再由 $Z \in (B \backslash T \cup T) \triangledown (C \cup \{\bot\})$ 得 $Cn(Y \cup T) \cap (C \cup \{\bot\}) \neq \emptyset$，产生矛盾，故假设错误，$(Z \backslash T) \cup (B \cap T) \in B\blacktriangledown_\top^A(C|D)$。

令 $\varphi \in X$，分两种情况。当 $\varphi \in T$ 时，$\varphi \in B \cap T \subseteq (Z \backslash T) \cup (B \cap T)$ 显然成立；当 $\varphi \notin T$ 时，由 $X \subseteq X \backslash T \cup T \subseteq Z$ 得 $\varphi \in Z$，又 $\varphi \notin T$，故 $\varphi \in Z \backslash T \subseteq (Z \backslash T) \cup (B \cap T)$。两种情况都有 $\varphi \in (Z \backslash T) \cup (B \cap T)$，故 $X \subseteq (Z \backslash T) \cup (B \cap T)$。由 $X \subseteq (Z \backslash T) \cup (B \cap T)$ 和 $(Z \backslash T) \cup (B \cap T) \in B\blacktriangledown_\top^A(C|D)$ 知存在 $W \supseteq X$ 使得 $W \in B\blacktriangledown_\top^A(C|D)$。证毕。

除了上界性，评价保留集还有下列边界性质：

命题 9.62 令 $(B,A) \in \mathcal{B}$，$C|D \in \mathcal{A}$。下列边界命题成立：

（1）$B\blacktriangledown_\top^A(C|D) \neq \varnothing$。

（2）$B \in B\blacktriangledown_\top^A(C|D)$ 当且仅当 $Cn(B \cup D) \cap (C \cup \{\bot\}) = \varnothing$。

（3）如果 $X \in B\blacktriangledown_\top^A(C|D)$，那么 $Cn(A \cup D) \cap B \subseteq X$。

证明：（1）由于 $(B,A) \in \mathcal{B}$ 并且 $C|D \in \mathcal{A}$，故 $\varnothing \subseteq B$ 且 $Cn(A \cup D) \cap (C \cup \{\bot\}) = \varnothing$。由引理 9.61 的上界性知存在 $Y \supseteq \varnothing$ 使得 $Y \in B\blacktriangledown_\top^A(C|D)$，故 $B\blacktriangledown_\top^A(C|D) \neq \varnothing$。

（2）根据 $B\blacktriangledown_\top^A(C|D)$ 定义这是显然的，证明略。

（3）令 $X \in B\blacktriangledown_\top^A(C|D)$。用反证法，假设 $Cn(A \cup D) \cap B \nsubseteq X$，故存在 $\tau \in Cn(A \cup D) \cap B$ 但 $\tau \notin X$。由 $X \in B\blacktriangledown_\top^A(C|D)$ 得 $Cn(X \cup A \cup D) \cap (C \cup \{\bot\}) = \varnothing$。由 $\tau \notin X$ 和 $\tau \in B$ 得 $X \subset X \cup \{\tau\} \subseteq B$，再由 $X \in B\blacktriangledown_\top^A(C|D)$ 得 $Cn(X \cup \{\tau\} \cup A \cup D) \cap (C \cup \{\bot\}) \neq \varnothing$。然而由 $\tau \in Cn(A \cup D)$ 可得 $Cn(X \cup \{\tau\} \cup A \cup D) = Cn(X \cup A \cup D)$。故 $Cn(X \cup \{\tau\} \cup A \cup D) \cap (C \cup \{\bot\}) = Cn(X \cup A \cup D) \cap (C \cup \{\bot\}) = \varnothing$，产生矛盾，故假设错误，$Cn(A \cup D) \cap B \subseteq X$ 成立。

除了上述这些性质外，评价保留集还有下面这种等价性质，这种性质可用于表达定理的证明。

引理 9.63 令 $(B,A) \in \mathcal{B}$，$\{C_1|D_1, C_2|D_2\} \subseteq \mathcal{A}$。下列条件等价：

（1）$B\blacktriangledown_\top^A(C_1|D_1) = B\blacktriangledown_\top^A(C_2|D_2)$；

（2）$\forall X \subseteq B, Cn(X \cup A \cup D_1) \cap (C_1 \cup \{\bot\}) \neq \varnothing \iff Cn(X \cup A \cup D_2) \cap (C_2 \cup \{\bot\}) \neq \varnothing$。

证明：（1）$\Longrightarrow$（2）：令（1）成立。用反证法，假设存在 $X \subseteq B$ 使得 $Cn(X \cup A \cup D_1) \cap (C_1 \cup \{\bot\}) \neq \varnothing \nLeftrightarrow Cn(X \cup A \cup D_2) \cap (C_2 \cup \{\bot\}) \neq \varnothing$。分两种情况导出矛盾。情况（a）：$Cn(X \cup A \cup D_1) \cap (C_1 \cup \{\bot\}) \neq \varnothing$ 而 $Cn(X \cup A \cup D_2) \cap (C_2 \cup \{\bot\}) = \varnothing$。由 $X \subseteq B$、$Cn(X \cup A \cup D_2) \cap (C_2 \cup \{\bot\}) = \varnothing$ 和引理 9.61 的上界性知存在 $Y \supseteq X$ 使得 $Y \in B\blacktriangledown_\top^A(C_2|D_2)$。由（1）得 $Y \in B\blacktriangledown_\top^A(C_1|D_1)$，故 $Cn(Y \cup A \cup D_1) \cap (C_1 \cup \{\bot\}) = \varnothing$，又 $Y \supseteq X$，故 $Cn(X \cup A \cup D_1) \cap (C_1 \cup \{\bot\}) = \varnothing$，产生矛盾。情况（b）：$Cn(X \cup A \cup D_1) \cap (C_1 \cup \{\bot\}) = \varnothing$ 而 $Cn(X \cup A \cup D_2) \cap (C_2 \cup \{\bot\}) \neq \varnothing$，由对称性知这种情况可与情况（a）类似地导出矛盾。由于这两种情况都导出矛盾，故假设错误，故（2）成立。

（2）$\Longrightarrow$（1）：令（2）成立，下证（1）。$B\blacktriangledown_\top^A(C_1|D_1) \subseteq B\blacktriangledown_\top^A(C_2|D_2)$ 方

向：令 $X \in B\blacktriangledown^A_\top(C_1|D_1)$，故 $X \subseteq B$ 且 $Cn(X \cup A \cup D_1) \cap (C_1 \cup \{\bot\}) = \varnothing$，由（2）得 $Cn(X \cup A \cup D_2) \cap (C_2 \cup \{\bot\}) = \varnothing$。假设存在 Y 使得 $X \subset Y \subseteq B$ 且 $Cn(Y \cup A \cup D_2) \cap (C_2 \cup \{\bot\}) = \varnothing$，那么再由（2）得 $Cn(Y \cup A \cup D_1) \cap (C_1 \cup \{\bot\}) = \varnothing$，从而 $X \notin B\blacktriangledown^A_\top(C_1|D_1)$，产生矛盾，故假设错误。因此，不存在 Y 使得 $X \subset Y \subseteq B$ 且 $Cn(Y \cup A \cup D_2) \cap (C_2 \cup \{\bot\}) = \varnothing$，故如果 $X \subset Y \subseteq B$，那么 $Cn(Y \cup A \cup D_2) \cap (C_2 \cup \{\bot\}) \neq \varnothing$。所以 $X \in B\blacktriangledown^A_\top(C_2|D_2)$ 成立，故 $B\blacktriangledown^A_\top(C_1|D_1) \subseteq B\blacktriangledown^A_\top(C_2|D_2)$ 成立。

$B\blacktriangledown^A_\top(C_1|D_1) \supseteq B\blacktriangledown^A_\top(C_2|D_2)$ 方向：由对称性知此方向可仿照 $B\blacktriangledown^A_\top(C_1|D_1) \subseteq B\blacktriangledown^A_\top(C_2|D_2)$ 方向类似地进行证明，故略。由这两个方向知（1）成立。证毕。

由定义 9.59 易知：$B\blacktriangledown^A_\top(C|D)$ 的所有元素既满足与 $A \cup D$ 一致的条件，又满足与 $A \cup D$ 一起不可证斥集 C 中命题的条件，而且它们都是极大的。又由命题 9.62（1）知 $B\blacktriangledown^A_\top(C|D) \neq \varnothing$。因此从评价保留集中任意挑选一个元素都可以作为评价复合修正后信念库 B 中保留下来的信念，但这样的 B-子集可能并不唯一。故可以从 $B\blacktriangledown^A_\top(C|D)$ 中挑选出一部分元素进行交运算，把结果集与信集 D 的并集作为新的信念库。因此，我们有下面的评价选择函数：

定义 9.64 令 $(B, A) \in \mathcal{B}$。函数 $\gamma(B\blacktriangledown^A_\top(C|D))$ 是基于 (B, A) 的评价选择函数（$\gamma : 2^{2^{\mathcal{L}}} \mapsto 2^{2^{\mathcal{L}}}$）当且仅当对所有的 $C|D \in \mathcal{A}$，γ 满足下列条件：

（1）$\gamma(B\blacktriangledown^A_\top(C|D)) \subseteq B\blacktriangledown^A_\top(C|D)$；

（2）$\gamma(B\blacktriangledown^A_\top(C|D)) \neq \varnothing$。

由命题 9.62（1）知 $B\blacktriangledown^A_\top(C|D) \neq \varnothing$，故条件（2）是可行的。由命题 9.62（3）知挑选出来的 $X \in \gamma(B\blacktriangledown^A_\top(C|D))$，都满足 $Cn(A \cup D) \cap B \subseteq X$，也就是说，核心信念集 A 和信集 D 中的信息都是可信的，因此它们的逻辑后承如果已然在信念库 B 中，那么这些逻辑后承都会被保留下来。

示例 9.65（1）继续示例 9.60 -(1)。由于 $B\blacktriangledown^A_\top(C|D) = \{\{\alpha \to \neg\varphi, \tau, \tau \to \neg\psi\}\}$，故由定义 9.64 知满足条件（1）（2）的评价选择函数只有一个，即 $\gamma(B\blacktriangledown^A_\top(C|D)) = \{\{\alpha \to \neg\varphi, \tau, \tau \to \neg\psi\}\}$。

（2）继续示例 9.60 -(2)。由于 $B\blacktriangledown^A_\top(C|D) = \{\{\tau, \neg\varphi \to \neg\alpha\}\}$，故由定义 9.64 知满足条件（1）（2）的评价选择函数只有一个，即 $\gamma(B\blacktriangledown^A_\top(C|D)) = \{\{\tau, \neg\varphi \to \neg\alpha\}\}$。

下面定义部分交评价复合修正算子的函数式构造：

定义 9.66 令 $(B, A) \in \mathcal{B}$，$C|D \in \mathcal{A}$，γ 是基于 (B, A) 的评价选择函数。

（1）由 γ 构造的基于 (B, A) 的部分交评价复合修正算子 $\triangleright^\gamma$ 是这样定义的：对所有的 $C|D \in \mathcal{A}$，$B \triangleright^\gamma_A (C|D) \doteq (B', A')$，其中 $B' = \bigcap \gamma(B \blacktriangledown^A_\top (C|D)) \cup D$，$A' = Cn(A) \cap B'$。

（2）算子 $\triangleright$ 是基于 (B, A) 的部分交评价复合修正算子当且仅当存在评价选择函数 γ 使得对所有的 $C|D \in \mathcal{A}$ 都有 $B \triangleright_A (C|D) \doteq B \triangleright^\gamma_A (C|D)$。

示例 9.67（1）继续示例 9.65 -(1)。由于 $\gamma(B \blacktriangledown^A_\top (C|D)) = \{\{\alpha \to \neg\varphi, \tau, \tau \to \neg\psi\}\}$，故根据定义 9.66 知由 γ 构造的 $B \triangleright^\gamma_A (C|D) \doteq (B', A')$，其中 $B' = \bigcap \gamma(B \blacktriangledown^A_\top (C|D)) \cup D = \{\alpha \to \neg\varphi, \tau, \tau \to \neg\psi, \varphi\}$，$A' = Cn(A) \cap B' = \{\alpha \to \neg\varphi, \tau, \tau \to \neg\psi\}$。

（2）继续示例 9.65 -(2)。由于 $\gamma(B \blacktriangledown^A_\top (C|D)) = \{\{\tau, \neg\varphi \to \neg\alpha\}\}$，故根据定义 9.66 知由 γ 构造的 $B \triangleright^\gamma_A (C|D) \doteq (B', A')$，其中 $B' = \bigcap \gamma(B \blacktriangledown^A_\top (C|D)) \cup D = \{\tau, \neg\varphi \to \neg\alpha, \psi\}$，$A' = Cn(A) \cap B' = \{\tau, \neg\varphi \to \neg\alpha\}$。

定理 9.68 令 $(B, A) \in \mathcal{B}$。算子 $\triangleright$ 是基于 (B, A) 的部分交评价复合修正算子当且仅当它满足 EV-BelState，EV-CoreInvariance，EV-Inclusion，EV-InSuccess，EV-OutSuccess，EV-Consistency，EV-Uniformity 和 EV-Relevance。

证明：（I）Construction $\Longrightarrow$ Postulates：令算子 $\triangleright$ 是一个部分交评价复合修正算子，下面证它满足这些性质。

EV-BelState：根据定义 9.43 和定义 9.66 易知即证 $Cn(A') \cap B' = A'$，即证 $Cn(Cn(A) \cap B') \cap B' = Cn(A) \cap B'$。$\supseteq$ 方向是显然的，$\subseteq$ 方向也易证略。

EV-CoreInvariance：根据定义 9.66 知即证 $A' = Cn(A) \cap B' = Cn(A) \cap (B \cup D)$，$\subseteq$ 方向是显然的。假设 $Cn(A) \cap B' \not\supseteq Cn(A) \cap (B \cup D)$，故存在 $\tau \in Cn(A) \cap (B \cup D)$ 使得 $\tau \notin B' = \bigcap \gamma(B \blacktriangledown^A_\top (C|D)) \cup D$，故 $\tau \in B$。由 $\tau \notin \bigcap \gamma(B \blacktriangledown^A_\top (C|D))$ 和定义 9.64 知存在 $X \in \gamma(B \blacktriangledown^A_\top (C|D))$ 使得 $\tau \notin X$。再由命题 9.62（3）得 $\tau \notin Cn(A \cup D) \cap B$。这与 $\tau \in Cn(A)$ 和 $\tau \in B$ 相矛盾，故假设错误，$\supseteq$ 方向也成立。因此 EV-CoreInvariance 成立。

EV-Inclusion：根据定义 9.59 知每个 $X \in B \blacktriangledown^A_\top (C|D)$ 都有 $X \subseteq B$，故 $\bigcap \gamma(B \blacktriangledown^A_\top (C|D)) \subseteq B$，故 $B \triangleright_A (C|D) = \bigcap \gamma(B \blacktriangledown^A_\top (C|D)) \cup D \subseteq B \cup D$，故 EV-Inclusion 成立。

EV-InSuccess：根据定义 9.66 知显然有 $D \subseteq B \triangleright_A (C|D)$。

EV-OutSuccess：用反证法，假设 $Cn(B \triangleright_A (C|D)) \cap C \neq \varnothing$，令 $\tau \in Cn(B \triangleright (C|D)) \cap C$，故 $\tau \in C$ 且 $B \triangleright_A (C|D) = \bigcap \gamma(B \blacktriangledown^A_\top (C|D)) \cup D \vdash \tau$。由定义 9.64 得 $\gamma(B \blacktriangledown^A_\top (C|D)) \neq \varnothing$，任取 $X \in \gamma(B \blacktriangledown^A_\top (C|D))$，有 $\bigcap \gamma(B \blacktriangledown^A_\top (C|D)) \subseteq X$，故由

$\bigcap \gamma(B \blacktriangledown_{\top}^{A}(C|D)) \cup D \vdash \tau$ 得 $X \cup D \vdash \tau$，故 $\tau \in Cn(X \cup A \cup D) \cap (C \cup \{\bot\})$，从而 $Cn(X \cup A \cup D) \cap (C \cup \{\bot\}) \neq \varnothing$。而由 $X \in \gamma(B\blacktriangledown_{\top}^{A}(C|D))$ 得 $X \in B\blacktriangledown_{\top}^{A}(C|D)$，故 $Cn(X \cup A \cup D) \cap (C \cup \{\bot\}) = \varnothing$，产生矛盾，故假设错误，$Cn(B \triangleright_A (C|D)) \cap C = \varnothing$ 成立。

EV-Consistency：用反证法，假设 $B \triangleright_A (C|D) \vdash \bot$，即 $\bigcap \gamma(B\blacktriangledown_{\top}^{A}(C|D)) \cup D \vdash \bot$。由定义 9.64 得 $\gamma(B\blacktriangledown_{\top}^{A}(C|D)) \neq \varnothing$，任取 $X \in \gamma(B\blacktriangledown_{\top}^{A}(C|D))$，有 $\bigcap \gamma(B\blacktriangledown_{\top}^{A}(C|D)) \subseteq X$，故由 $\bigcap \gamma(B\blacktriangledown_{\top}^{A}(C|D)) \cup D \vdash \bot$ 得 $X \cup D \vdash \bot$，故 $Cn(X \cup A \cup D) \cap (C \cup \{\bot\}) \neq \varnothing$。而由 $X \in \gamma(B\blacktriangledown_{\top}^{A}(C|D))$ 得 $X \in B\blacktriangledown_{\top}^{A}(C|D)$，故 $Cn(X \cup A \cup D) \cap (C \cup \{\bot\}) = \varnothing$，产生矛盾，故假设错误，$B \triangleright_A (C|D) \not\vdash \bot$ 成立。

EV-Uniformity：令 $C_1|D_1$ 和 $C_2|D_2$ 都是 A-评价并且 $\forall X \subseteq B, Cn(X \cup A \cup D_1) \cap (C_1 \cup \{\bot\}) \neq \varnothing \iff Cn(X \cup A \cup D_2) \cap (C_2 \cup \{\bot\}) \neq \varnothing$。由引理 9.63 得 $B\blacktriangledown_{\top}^{A}(C_1|D_1) = B\blacktriangledown_{\top}^{A}(C_2|D_2)$，故 $\gamma(B\blacktriangledown_{\top}^{A}(C_1|D_1)) = \gamma(B\blacktriangledown_{\top}^{A}(C_2|D_2))$，故 $\bigcap \gamma(B\blacktriangledown_{\top}^{A}(C_1|D_1)) = \bigcap \gamma(B\blacktriangledown_{\top}^{A}(C_2|D_2))$。先证下面结论（*）：

（*）对每个 A-评价 $C|D$，都有 $B \cap B \triangleright_A (C|D) = \bigcap \gamma(B\blacktriangledown_{\top}^{A}(C|D))$。

根据 $B \triangleright_A (C|D)$ 的定义有 $B \cap B \triangleright_A (C|D) = B \cap (\bigcap \gamma(B\blacktriangledown_{\top}^{A}(C|D)) \cup D) = \bigcap \gamma(B\blacktriangledown_{\top}^{A}(C|D)) \cup (D \cap B)$，故要证 $B \cap B \triangleright_A (C|D) = \bigcap \gamma(B\blacktriangledown_{\top}^{A}(C|D))$，只需证明 $D \cap B \subseteq \bigcap \gamma(B\blacktriangledown_{\top}^{A}(C|D))$ 即可。用反证法，假设 $D \cap B \not\subseteq \bigcap \gamma(B\blacktriangledown_{\top}^{A}(C|D))$，故存在 $\tau \in D \cap B$ 但 $\tau \notin \bigcap \gamma(B\blacktriangledown_{\top}^{A}(C|D))$。由定义 9.64（2）知 $\gamma(B\blacktriangledown_{\top}^{A}(C|D)) \neq \varnothing$。由 $\tau \notin \bigcap \gamma(B\blacktriangledown_{\top}^{A}(C|D))$ 和 $\gamma(B\blacktriangledown_{\top}^{A}(C|D)) \neq \varnothing$ 知存在 $X \in \gamma(B\blacktriangledown_{\top}^{A}(C|D))$ 使得 $\tau \notin X$。再由命题 9.62（3）得 $\tau \notin Cn(A \cup D) \cap B$。这与 $\tau \in D \cap B$ 矛盾，故假设错误，$D \cap B \subseteq \bigcap \gamma(B\blacktriangledown_{\top}^{A}(C|D))$ 成立，从而 $B \cap B \triangleright_A (C|D) = \bigcap \gamma(B\blacktriangledown_{\top}^{A}(C|D))$。

因此，由（*）得 $B \backslash (B \triangleright_A (C_1|D_1)) = B \backslash (B \cap B \triangleright_A (C_1|D_1)) = B \backslash \bigcap \gamma(B\blacktriangledown_{\top}^{A}(C_1|D_1))$。而由 $\bigcap \gamma(B\blacktriangledown_{\top}^{A}(C_1|D_1)) = \bigcap \gamma(B\blacktriangledown_{\top}^{A}(C_2|D_2))$ 得 $B \backslash \bigcap \gamma(B\blacktriangledown_{\top}^{A}(C_1|D_1)) = B \backslash \bigcap \gamma(B\blacktriangledown_{\top}^{A}(C_2|D_2))$，再由（*）得 $B \backslash \bigcap \gamma(B\blacktriangledown_{\top}^{A}(C_2|D_2)) = B \backslash (B \cap B \triangleright_A (C_2|D_2)) = B \backslash (B \triangleright_A (C_2|D_2))$，所以 $B \backslash (B \triangleright_A (C_1|D_1)) = B \backslash (B \triangleright_A (C_2|D_2))$，从而 EV-Unicofmity 成立。

EV-Relevance：令 $\psi \in B \backslash B \triangleright_A (C|D)$，即 $\psi \in B$ 且 $\psi \notin \bigcap \gamma(B\blacktriangledown_{\top}^{A}(C|D)) \cup D$。由 $\psi \notin \bigcap \gamma(B\blacktriangledown_{\top}^{A}(C|D))$ 和 $\gamma(B\blacktriangledown_{\top}^{A}(C|D)) \neq \varnothing$ 知存在 $X \in \gamma(B\blacktriangledown_{\top}^{A}(C|D))$ 使得 $\psi \notin X$。由 $X \in \gamma(B\blacktriangledown_{\top}^{A}(C|D))$ 知 $\bigcap \gamma(B\blacktriangledown_{\top}^{A}(C|D)) \subseteq X$，又由（*）得 $B \cap B \triangleright_A (C|D) = \bigcap \gamma(B\blacktriangledown_{\top}^{A}(C|D))$，故 $B \cap B \triangleright_A (C|D) \subseteq X$。由 $X \in B\blacktriangledown_{\top}^{A}(C|D)$ 得 $Cn(X \cup A \cup D) \cap (C \cup \{\bot\}) = \varnothing$。由 $\psi \notin X$、$X \subseteq B$ 和 $\psi \in B$ 知 $X \subset X \cup \{\psi\} \subseteq B$，故由 $X \in B\blacktriangledown_{\top}^{A}(C|D)$ 得 $Cn(X \cup \{\psi\} \cup A \cup D) \cap (C \cup \{\bot\}) \neq \varnothing$。也就是说，

存在 $X \subseteq B$ 使得 $B \triangleright_A (C|D) \cap B \subseteq X$ 且 $Cn(X \cup A \cup D) \cap (C \cup \{\bot\}) = \emptyset$，但 $Cn(X \cup \{\psi\} \cup A \cup D) \cap (C \cup \{\bot\}) \neq \emptyset$。因此，EV-Relevance 成立。

（II）Postulates $\Longrightarrow$ Construction：令算子 $\triangleright$ 满足这些性质，下面证明它是一个部分交评价复合修正算子。

定义基于 (B, A) 的映射 γ 使其满足：对所有 $C|D \in \mathcal{A}$，$\gamma(B\blacktriangledown_\uparrow^A(C|D)) = \{X \in B\blacktriangledown_\uparrow^A(C|D) | B \cap B \triangleright_A (C|D) \subseteq X\}$，再定义基于 (B, A) 的算子 $\uplus$ 使其满足：对所有 $C|D \in \mathcal{A}$，$B \uplus_A (C|D) \stackrel{\circ}{=} (B', A')$，其中 $B' = \bigcap \gamma(B\blacktriangledown_\uparrow^A(C|D)) \cup D$，$A' = Cn(A) \cap B'$。下面需证明：（a）$\gamma$ 是良定义的函数；（b）γ 是评价选择函数；（c）对任意的 $C|D \in \mathcal{A}$ 都有 $B \triangleright_A (C|D) \stackrel{\circ}{=} B \uplus_A (C|D)$。

（a）γ 是良定义的函数：即证如果 $B\blacktriangledown_\uparrow^A(C_1|D_1) = B\blacktriangledown_\uparrow^A(C_2|D_2)$，那么 $\gamma(B\blacktriangledown_\uparrow^A(C_1|D_1)) = \gamma(B\blacktriangledown_\uparrow^A(C_2|D_2))$。令 $B\blacktriangledown_\uparrow^A(C_1|D_1) = B\blacktriangledown_\uparrow^A(C_2|D_2)$，由引理 9.63 得 $\forall X \subseteq B, Cn(X \cup A \cup D_1) \cap (C_1 \cup \{\bot\}) \neq \emptyset \iff Cn(X \cup A \cup D_2) \cap (C_2 \cup \{\bot\}) \neq \emptyset$，再由 EV-Uniformity 得 $B \backslash (B \triangleright_A (C_1|D_1)) = B \backslash (B \triangleright_A (C_2|D_2))$，故 $B \backslash (B \cap B \triangleright_A (C_1|D_1)) = B \backslash (B \cap B \triangleright_A (C_2|D_2))$，故 $B \backslash (B \backslash (B \cap B \triangleright_A (C_1|D_1))) = B \backslash (B \backslash (B \cap B \triangleright_A (C_2|D_2)))$，故 $B \cap B \triangleright_A (C_1|D_1) = B \cap B \triangleright_A (C_2|D_2)$。因此，由 $B\blacktriangledown_\uparrow^A(C_1|D_1) = B\blacktriangledown_\uparrow^A(C_2|D_2)$ 和 $B \cap B \triangleright_A (C_1|D_1) = B \cap B \triangleright_A (C_2|D_2)$ 得 $\gamma(B\blacktriangledown_\uparrow^A(C_1|D_1)) = \gamma(B\blacktriangledown_\uparrow^A(C_2|D_2))$，故 γ 是良定义的函数。

（b）γ 是评价选择函数：条件（1）：根据 $\gamma(B\blacktriangledown_\uparrow^A(C|D))$ 的定义，$\gamma(B\blacktriangledown_\uparrow^A(C|D)) \subseteq B\blacktriangledown_\uparrow^A(C|D)$ 显然成立。

条件（2）：由 EV-OutSuccess 得 $Cn(B \triangleright_A (C|D)) \cap C = \emptyset$，由 EV-Consistency 得 $Cn(B \triangleright_A (C|D)) \cap \bot = \emptyset$，故 $Cn(B \triangleright_A (C|D)) \cap (C \cup \{\bot\}) = \emptyset$。由 EV-InSuccess 得 $Cn((B \cap B \triangleright_A (C|D)) \cup D) \cap (C \cup \{\bot\}) = \emptyset$。由 EV-Relevance 知 EV-Retainment 成立，再由命题 9.45（1）知 EV-Protection 即 $A \subseteq B \triangleright_A (C|D)$ 成立。故 $(B \cap B \triangleright_A (C|D)) \cup A \cup D = (B \cap B \triangleright_A (C|D)) \cup D$。故 $Cn((B \cap B \triangleright_A (C|D)) \cup A \cup D) \cap (C \cup \{\bot\}) = \emptyset$。再由 $B \cap B \triangleright_A (C|D) \subseteq B$ 和引理 9.61 的上界性知存在 $Y \supseteq B \cap B \triangleright_A (C|D)$ 使得 $Y \in B\blacktriangledown_\uparrow^A(C|D)$。根据 γ 的定义知 $Y \in \{X \in B\blacktriangledown_\uparrow^A(C|D) | B \cap B \triangleright_A (C|D) \subseteq X\} = \gamma(B\blacktriangledown_\uparrow^A(C|D))$，故 $\gamma(B\blacktriangledown_\uparrow^A(C|D)) \neq \emptyset$ 成立。即条件（2）也成立。

因此，由条件（1）（2）知 γ 是评价选择函数。

（c）对任意的 $C|D \in \mathcal{A}$ 都有 $B \triangleright_A (C|D) \stackrel{\circ}{=} B \uplus_A (C|D)$：即证 $B \triangleright_A (C|D) = B'$、$(B \triangleright_A (C|D))_2 = A'$ 且 $B \uplus_A (C|D) \in \mathcal{B}$。

$B \triangleright_A (C|D) = B'$：$\subseteq$ 方向，用反证法，假设 $B \triangleright_A (C|D) \nsubseteq B'$，故存在 $\tau \in B \triangleright_A (C|D)$ 但 $\tau \notin B' = \bigcap \gamma(B\blacktriangledown_\uparrow^A(C|D)) \cup D$，故 $\tau \notin D$ 且 $\tau \notin \bigcap \gamma(B\blacktriangledown_\uparrow^A(C|D))$。

由（b）条件（2）的结论 $\gamma(B\blacktriangledown_\top^A(C|D)) \neq \varnothing$ 和 $\tau \notin \bigcap \gamma(B\blacktriangledown_\top^A(C|D))$ 知存在 $X \in \gamma(B\blacktriangledown_\top^A(C|D))$ 使得 $\tau \notin X$。由 γ 的定义得 $B \cap B \triangleright_A (C|D) \subseteq X$，故 $\tau \notin B \cap B \triangleright_A (C|D)$，又 $\tau \in B \triangleright_A (C|D)$，故 $\tau \notin B$。由 $\tau \notin D$ 和 $\tau \notin B$ 得 $\tau \notin B \cup D$。然而由 $\tau \in B \triangleright_A (C|D)$ 和 EV-Inclusion 得 $\tau \in B \cup D$，产生矛盾，故假设错误，$B \triangleright_A (C|D) \subseteq B'$ 成立。

$\supseteq$ 方向，用反证法，假设 $B \triangleright_A (C|D) \not\supseteq B'$，故存在 $\tau \in B'$ 但 $\tau \notin B \triangleright_A (C|D)$。由 EV-InSuccess 得 $\tau \notin D$，又 $\tau \in B' = \bigcap \gamma(B\blacktriangledown_\top^A(C|D)) \cup D$，故 $\tau \in \bigcap \gamma(B\blacktriangledown_\top^A(C|D))$，故（\$）：所有的 $X \in \gamma(B\blacktriangledown_\top^A(C|D))$ 都有 $\tau \in X$。由 $\tau \in \bigcap \gamma(B\blacktriangledown_\top^A(C|D))$ 知 $\tau \in B$。故 $\tau \in B \setminus B \triangleright_A (C|D)$，由 EV-Relevance 知：存在 $Y \subseteq B$ 使得 $B \triangleright_A (C|D) \cap B \subseteq Y$ 且 $Cn(Y \cup A \cup D) \cap (C \cup \{\bot\}) = \varnothing$，但 $Cn(Y \cup \{\tau\} \cup A \cup D) \cap (C \cup \{\bot\}) \neq \varnothing$。由 $Y \subseteq B$、$Cn(Y \cup A \cup D) \cap (C \cup \{\bot\}) = \varnothing$ 和引理 9.61 的上界性知存在 $Z \supseteq Y$ 使得 $Z \in B\blacktriangledown_\top^A(C|D)$。由 $Z \in B\blacktriangledown_\top^A(C|D)$ 得 $Cn(Z \cup A \cup D) \cap (C \cup \{\bot\}) = \varnothing$。假设 $\tau \in Z$，那么由 $\tau \in Z$ 和 $Z \supseteq Y$ 得 $Y \cup \{\tau\} \subseteq Z$，故由 $Cn(Y \cup \{\tau\} \cup A \cup D) \cap (C \cup \{\bot\}) \neq \varnothing$ 得 $Cn(Z \cup A \cup D) \cap (C \cup \{\bot\}) \neq \varnothing$，产生矛盾，故 $\tau \notin Z$。因此，由 γ 的定义、$\tau \notin Z \in B\blacktriangledown_\top^A(C|D)$ 和 $B \triangleright_A (C|D) \cap B \subseteq Y \subseteq Z$ 知 $Z \in \gamma(B\blacktriangledown_\top^A(C|D))$ 且 $\tau \notin Z$，即存在 $Z \in \gamma(B\blacktriangledown_\top^A(C|D))$ 使得 $\tau \notin Z$，这与（\$）相矛盾，故假设错误，$B \triangleright_A (C|D) \supseteq B'$ 成立。因此，由 $\subseteq$ 和 $\supseteq$ 这两个方向得 $B \triangleright_A (C|D) = B'$。

$(B \triangleright_A (C|D))_2 = A'$：由 EV-CoreInvariance 和 A' 的定义知即证 $Cn(A) \cap (B \cup D) = Cn(A) \cap B'$。由 B' 的定义知 $\supseteq$ 方向显然成立。假设 $Cn(A) \cap (B \cup D) \not\subseteq Cn(A) \cap B'$，故存在 $\tau \in Cn(A) \cap (B \cup D)$ 使得 $\tau \notin B' = \bigcap \gamma(B\blacktriangledown_\top^A(C|D)) \cup D$，故 $\tau \in B$。由 $\tau \notin \bigcap \gamma(B\blacktriangledown_\top^A(C|D))$ 和（b）条件（2）的结论 $\gamma(B\blacktriangledown_\top^A(C|D)) \neq \varnothing$ 知存在 $X \in \gamma(B\blacktriangledown_\top^A(C|D))$ 使得 $\tau \notin X$。再由 γ 的定义得 $B \cap B \triangleright_A (C|D) \subseteq X$，故 $\tau \notin B \cap B \triangleright_A (C|D)$，再由 $\tau \in B$ 得 $\tau \notin B \triangleright_A (C|D)$，故 $\tau \in B \setminus (B \triangleright_A (C|D))$，由 EV-Relevance 易知 $A \cup D \not\vdash \tau$，这与 $\tau \in Cn(A)$ 相矛盾，故假设错误，$Cn(A) \cap (B \cup D) \subseteq Cn(A) \cap B'$。由这两个方向可知 $Cn(A) \cap (B \cup D) = Cn(A) \cap B'$ 成立，即 $(B \triangleright_A (C|D))_2 = A'$ 成立。

$B \uplus_A (C|D) \in \mathcal{B}$：由 $B \triangleright_A (C|D) = B'$、$(B \triangleright_A (C|D))_2 = A'$ 和 EV-BelState 即证。证毕。

推论 9.69 令 $(B, A) \in \mathcal{B}$。如果算子 $\triangleright$ 是基于 (B, A) 的部分交评价复合修正算子，那么它满足 EV-Protection，EV-Closure 和 EV-Vacuity。

证明：由命题 9.45 和定理 9.68 易证，略。

此外，由定理 9.57 和定理 9.68 显然可得下面推论。

推论 9.70 令 $(B, A) \in \mathcal{B}$。如果算子 $\triangleright$ 是基于 (B, A) 的部分交评价复合修正算子，那么它也是基于 (B, A) 的核心评价复合修正算子。

9.3.5 与相关工作的比较

9.3.5.1 评价复合修正与置换算子

受"residual shift"概念 (Levi, 2004, P. 15) 的启发，Hansson (2009) 提出了与评价复合修正算子类似的同时收缩和修正的置换算子（replacement operator），这个算子用记号 $K|_\psi^\varphi$ 表示用 ψ 替换 φ，也就是说在放弃 φ 的同时添加 ψ。下面这些假定是其 (Hansson) 对此算子的公理性刻画（由于传统 AGM 算子也有类似性质，故在此对这些公理都加 R-前缀以示区别）：

R-Closure：$K|_\psi^\varphi = Cn(K|_\psi^\varphi)$

R-Extensionality：如果 $\vdash \varphi_1 \leftrightarrow \varphi_2$ 且 $\vdash \psi_1 \leftrightarrow \psi_2$，那么 $K|_{\psi_1}^{\varphi_1} = K|_{\psi_2}^{\varphi_2}$。

R-Contractive Success：如果 $\psi \nvdash \varphi$，那么 $\varphi \notin Cn(K|_\psi^\varphi)$。

R-Revision Success：$\psi \in K|_\psi^\varphi$

R-Inclusion：$K|_\psi^\varphi \subseteq Cn(K \cup \psi)$

R-Vacuity：如果 $\varphi \notin K$ 且 $\psi \in K$，那么 $K|_\psi^\varphi = K$。

R-Failure：如果 $\vdash \varphi$，那么 $K \subseteq K|_\psi^\varphi$。

R-Expansion：如果 $\vdash \varphi$，那么 $K|_\psi^\varphi = Cn(K \cup \psi)$。

R-Consistency：如果存在集合 $X \nvdash \varphi$ 且 $X \vdash \psi$，那么 $K|_\psi^\varphi$ 是一致的。

R-Recovery：如果 $\varphi \in K$，那么 $K|_\top^\varphi|_\psi^\top = K$。

R-Condensed Recovery：如果 $\varphi \in K$，那么 $K|_\varphi^\varphi = K$。

R-Contractive Uniformity：如果 $\forall X \ni \psi, X \vdash \varphi_1 \iff X \vdash \varphi_2$，那么 $K|_\psi^{\varphi_1} = K|_\psi^{\varphi_2}$。

R-Decomposition：如果所有的 X 满足 $X \vdash \varphi \iff X \cup \psi \vdash \varphi$，那么 $K|_\psi^\varphi = K|_\top^\varphi|_\psi^\top$。

R-Conjunctive Overlap：$K|_\psi^{\varphi_1} \cap K|_\psi^{\varphi_2} \subseteq K|_\psi^{\varphi_1 \wedge \varphi_2}$

R-Conjunctive Inclusion：如果 $K|_\psi^{\varphi_1 \wedge \varphi_2} \nvdash \varphi_1$，那么 $K|_\psi^{\varphi_1 \wedge \varphi_2} \subseteq K|_\psi^{\varphi_1}$。

R-Closure 是指置换结果仍然是一个后承封闭的信念集。R-Extensionality 是说置换算子对逻辑等价的命题是同样处理的。R-Contractive Success 的直观意思是说如果需添加的信息不蕴含需放弃的信息，那么收缩子操作是成功的。R-Revision

Success 是说修正子操作是无条件成功的。R-Inclusion 说明置换结果不能添加新的信息，只能包含在旧信念集和所添加信息的后承封闭集中。R-Vacuity 的直观涵义是说，如果要放弃的信息不是旧信念并且要添加的信息已然是旧信念，那么置换算子不需对信念集 K 做任何改变。R-Failure 是说重言式是无法被放弃的，在此情况下置换算子的结果集包含 K。R-Expansion 直观上是说如果需放弃的信息是重言式，那么收缩子操作并不起实际作用，置换结果只是旧信念和需添加信息 ψ 的后承封闭集，也就是说在此情况下置换算子只是起到膨胀的作用，就连修正子操作都没有起到实际作用。R-Consistency 的直观意思是说，如果置换的目标能够完成，那么置换结果应当是一致的。R-Consistency 的前件和 R-Contractive Success 的前件是等价的。R-Recovery 和 R-Condensed Recovery 两者都是置换算子的恢复性，直观意思都是说先收缩 φ 后膨胀 φ 能够恢复原来的信念集。R-Contractive Uniformity 的直观涵义是说置换中旧信念的删除只决定于包含 ψ 且可推出 φ 的那些集合。R-Decomposition 说明了在所有的 X 都满足 $X \vdash \varphi \iff X \cup \psi \vdash \varphi$ 时，置换算子可以像 Levi-Identity 那样拆分为相继的收缩算子和膨胀算子。R-Conjunctive Overlap 和 R-Conjunctive Inclusion 两者类似于 AGM 信念收缩的补充假定（supplementary postulates），前者提供 $K|_{\psi}^{\varphi_1 \wedge \varphi_2}$ 的下界，后者提供 $K|_{\psi}^{\varphi_1 \wedge \varphi_2}$ 的上界。Hansson 还在该文中证明了传统的 AGM 信念收缩算子、膨胀算子和修正算子都可以用这种置换算子来定义，分别被定义为 $K|_{\top}^{\varphi}$、$K|_{\psi}^{\top}$ 和 $K|_{\psi}^{\bot}$。

上面简单介绍了置换算子的直观思想，下面比较置换算子和评价复合修正算子之间的异同。首先是共同或者说类似之处，主要有下面三处：

（1）两者都是同时收缩和修正的算子。置换算子 $K|_{\psi}^{\varphi}$ 在放弃 φ 的同时添加 ψ，评价复合修正 $B \triangleright_A (C|D)$ 类似地在放弃斥集 C 的同时添加信集 D 中的信息。换句话说，它们都有收缩和修正这两个子操作。

（2）两者都分别有收缩和修正子操作的成功性。评价复合修正算子的收缩成功性为 EV-OutSuccess，修正成功性为 EV-InSuccess；而置换算子的修正成功性为 R-Revision Success，收缩成功性是 R-Contractive Success。但 R-Contractive Success 并非无条件的，而要满足条件"$\psi \nvdash \varphi$"；评价复合修正算子则在新信息类型即评价的定义 9.44 中作出了类似的要求"$Cn(A \cup D) \cap (C \cup \{\bot\}) = \varnothing$"，从这个要求可以看出斥集 C 不能包含 $A \cup D$ 的逻辑后承。

（3）两者都满足包含性。置换算子满足 R-Inclusion，即 $K|_{\psi}^{\varphi} \subseteq Cn(K \cup \psi)$，这与评价复合修正算子的 EV-Inclusion，即 $B \triangleright_A (C|D) \subseteq B \cup D$，是非常相似的。

此外，两者还有很多不同之处，下面只列举几种主要的差异。

（1）信念状态的表征差异。置换算子的信念状态用逻辑后承封闭的信念集来表征，因此是基于信念集的信念改变；而评价复合修正算子的信念状态用二元组 (B, A) 来表征，其中作为信念库的 B 并不要求后承封闭，而只要求核心信念集 A 是 B-相对封闭的，因此可以说是基于信念库的信念改变。

（2）新信息类型的表征差异。置换算子的新信息的收缩部分和修正部分都是用句子来表征，因此是句子型信念改变；而评价复合修正算子的新信息的收缩部分和修正部分都用命题集来表示，因此可以说是一种复合信念改变。此外置换算子的新信息是任意给定的，它不要求放弃的信息和添加的信息之间有任何规定的关系，但在评价复合修正算子中，新信息是一个评价信息类型，它要求信集和斥集满足一定的要求，比如定义 9.44 中的 "$Cn(A \cup D) \cap (C \cup \{\bot\}) = \varnothing$"。

（3）评价复合修正还要求保护核心信念，即满足 EV-Protection，置换算子中无此要求。

（4）置换算子的 R-Failure 表明它具有失败性，但评价复合修正算子无此性质。

（5）置换算子的 R-Consistency 说明它的一致性是有条件的弱一致性，而评价复合修正算子的 EV-Consistency 表明它具有无条件的强一致性。

（6）R-Recovery 表明置换算子具有恢复性，评价复合修正算子无此性质。

（7）评价复合修正的新信息 $C|D$ 可能是无穷的，即 C 或 D 可以是无穷的，但置换算子的新信息被规定为有穷的。

9.3.5.2　评价复合修正与核心包收缩

Fermé 和 Sanz（2003）提出了基于信念库的核心包收缩算子 $B \ominus C$，这种算子将需要收缩掉的信息 C 全部放弃。这种复合收缩过程与评价复合修正算子的收缩子操作是类似的，这一小节对这二者的关系进行简单考察。

从上一小节的分析阐述，我们知道评价复合修正算子 $B \triangleright_A (C|D)$ 包含复合收缩子操作和复合修正子操作。另外，复合收缩分为包复合收缩、选择复合收缩和集合收缩这三种 (Fuhrmann and Hansson, 1994; Zhang, 1996; Zhang and Foo, 2001)，其中第一种放弃所有信息，而第二种只要求放弃部分信息即可。由于评价复合修正算子具有 EV-OutSuccess，也就是说斥集 C 里的所有信息都会被放弃。因此，从这种意义上说它具有一种包复合收缩的功能。

为了考察这种包收缩机制和核心包收缩算子的关系，我们首先要将这种包收缩机制从评价复合修正算子中拆解出来，作为一个单一的收缩算子，下面是拆解出的生成算子的形式定义。

定义 9.71 令 $(B,A) \in \mathcal{B}$，$A = Cn(\emptyset) \cap B$ 且 $\triangleright$ 为基于 (B,A) 的评价复合修正算子。那么由 $\triangleright$ 生成的收缩算子为 $\ominus_\triangleright$ 使得对所有 $C \in 2^\mathcal{L} \setminus \{\emptyset\}$，都有 $B \ominus_\triangleright C =$
$$\begin{cases} B \triangleright_A (C|\emptyset) & \text{如果} Cn(\emptyset) \cap C = \emptyset \\ B & \text{否则} \end{cases}。$$

值得注意的是，由定义 9.44 易证在 $Cn(\emptyset) \cap C = \emptyset$ 时 $C|\emptyset \in \mathcal{A}$，故上述定义是可行的。并且由此定义可得出下面结论。

定理 9.72 令 $(B,A) \in \mathcal{B}$，$A = Cn(\emptyset) \cap B$ 且 $\triangleright$ 为基于 (B,A) 的评价复合修正算子。

（1）如果 $\triangleright$ 是核心评价复合修正算子，那么收缩算子 $\ominus_\triangleright$ 是一个核心包收缩算子；

（2）如果 $\triangleright$ 是部分交评价复合修正算子，那么收缩算子 $\ominus_\triangleright$ 是一个核心包收缩算子。

证明：（1）令 $\triangleright$ 是核心评价复合修正算子。只需证明 $\ominus_\triangleright$ 满足下列性质即可：

P-Inclusion：当 $Cn(\emptyset) \cap C \neq \emptyset$ 时，根据定义 9.71，显然有 $B \ominus_\triangleright C \subseteq B$；当 $Cn(\emptyset) \cap C = \emptyset$ 时，根据定义 9.71 得 $B \ominus_\triangleright C = B \triangleright_A (C|\emptyset)$，又由 EV-Inclusion 得 $B \triangleright_A (C|\emptyset) \subseteq B \cup \emptyset = B$，故 $B \ominus_\triangleright C \subseteq B$，即 P-Inclusion 成立。

P-Success：令 $Cn(\emptyset) \cap C = \emptyset$。根据定义 9.71 得 $B \ominus_\triangleright C = B \triangleright_A (C|\emptyset)$，由 EV-OutSuccess 得 $Cn(B \triangleright_A (C|\emptyset)) \cap C = \emptyset$，故 $Cn(B \ominus_\triangleright C) \cap C = \emptyset$。故 P-Success 成立。

P-Uniformity：令 $\forall X \subseteq B, Cn(X) \cap C_1 \neq \emptyset \iff Cn(X) \cap C_2 \neq \emptyset$，记为（*）。故 $Cn(\emptyset) \cap C_1 = \emptyset \iff Cn(\emptyset) \cap C_2 = \emptyset$，因此分两种情况证明 $B \ominus_\triangleright C_1 = B \ominus_\triangleright C_2$。

$Cn(\emptyset) \cap C_1 \neq \emptyset \wedge Cn(\emptyset) \cap C_2 \neq \emptyset$：根据定义 9.71，显然有 $B \ominus_\triangleright C_1 = B = B \ominus_\triangleright C_2$。

$Cn(\emptyset) \cap C_1 = \emptyset \wedge Cn(\emptyset) \cap C_2 = \emptyset$：根据定义 9.71，有 $B \ominus_\triangleright C_1 = B \triangleright_A (C_1|\emptyset)$ 且 $B \ominus_\triangleright C_2 = B \triangleright_A (C_2|\emptyset)$。假设 $\forall X \subseteq B, Cn(X \cup A) \cap (C_1 \cup \{\bot\}) \neq \emptyset \iff Cn(X \cup A) \cap (C_2 \cup \{\bot\}) \neq \emptyset$ 不成立，故存在 $X \subseteq B$ 使得 $Cn(X \cup A) \cap (C_1 \cup \{\bot\}) \neq \emptyset \not\Leftrightarrow Cn(X \cup A) \cap (C_2 \cup \{\bot\}) \neq \emptyset$。下面分两种情况导出矛盾：

情况 a：$Cn(X \cup A) \cap (C_1 \cup \{\bot\}) \neq \emptyset$ 但 $Cn(X \cup A) \cap (C_2 \cup \{\bot\}) = \emptyset$。故存在 $\tau \in Cn(X \cup A) \cap (C_1 \cup \{\bot\})$，故要么 $\tau \in C_1$，要么 τ 就是 $\bot$。如果 $\tau \in C_1$，那么由（*）和 $A = Cn(\emptyset) \cap B$ 得 $Cn(X) \cap C_2 \neq \emptyset$，故 $Cn(X \cup A) \cap (C_2 \cup \{\bot\}) \neq \emptyset$，产生矛盾；如果 τ 就是 $\bot$，那么 $X \vdash \bot$，故 $Cn(X \cup A) \cap (C_2 \cup \{\bot\}) \neq \emptyset$，同

样产生矛盾。

情况 b：$Cn(X \cup A) \cap (C_1 \cup \{\bot\}) = \varnothing$ 但 $Cn(X \cup A) \cap (C_2 \cup \{\bot\}) \neq \varnothing$。与情况 a 类似可导出矛盾。

由于这两种情况都导出矛盾，故假设错误，$\forall X \subseteq B, Cn(X \cup A) \cap (C_1 \cup \{\bot\}) \neq \varnothing \Longleftrightarrow Cn(X \cup A) \cap (C_2 \cup \{\bot\}) \neq \varnothing$ 成立。由 EV-Uniformity 得 $B \backslash (B \triangleright_A (C_1|\varnothing)) = B \backslash (B \triangleright_A (C_2|\varnothing))$。又 $B \ominus_\triangleright C_1 = B \triangleright_A (C_1|\varnothing)$ 且 $B \ominus_\triangleright C_2 = B \triangleright_A (C_2|\varnothing)$，故 $B \backslash (B \ominus_\triangleright C_1) = B \backslash (B \ominus_\triangleright C_2)$。再由已证的 P-Inclusion 得 $B \supseteq B \ominus_\triangleright C_1$ 且 $B \supseteq B \ominus_\triangleright C_2$。故 $B \ominus_\triangleright C_1 = B \ominus_\triangleright C_2$。因此，P-Uniformity 成立。

P-Core-Retainment：令 $\varphi \in B \backslash B \ominus_\triangleright C$。故 $B \ominus_\triangleright C \neq B$，故根据定义 9.71 知 $Cn(\varnothing) \cap C = \varnothing$，故 $B \ominus_\triangleright C = B \triangleright_A (C|\varnothing)$，故 $\varphi \in B \backslash (B \triangleright_A (C|\varnothing))$。由 EV-Retainment 知存在 $X \subseteq B$ 使得 $Cn(X \cup A \cup \varnothing) \cap (C \cup \{\bot\}) = \varnothing$，但 $Cn(X \cup \{\varphi\} \cup A \cup \varnothing) \cap (C \cup \{\bot\}) \neq \varnothing$。由 $A = Cn(\varnothing) \cap B$ 和 $Cn(X \cup A \cup \varnothing) \cap (C \cup \{\bot\}) = \varnothing$ 得 $Cn(X) \cap C = \varnothing$。由 $Cn(X \cup \{\varphi\} \cup A \cup \varnothing) \cap (C \cup \{\bot\}) \neq \varnothing$ 知存在 $\tau \in Cn(X \cup A \cup \{\varphi\}) \cap (C \cup \{\bot\})$，故要么 $\tau \in C$，要么 τ 就是 $\bot$。$\tau \in C$ 时，显然有 $Cn(X \cup A \cup \{\varphi\}) \cap C \neq \varnothing$，再由 $A = Cn(\varnothing) \cap B$ 知 $Cn(X \cup \{\varphi\}) \cap C \neq \varnothing$；$\tau$ 是 $\bot$ 时，$\bot \in Cn(X \cup A \cup \{\varphi\})$，故 $Cn(X \cup A \cup \{\varphi\}) \cap C = \mathcal{L} \cap C = C \neq \varnothing$，再由 $A = Cn(\varnothing) \cap B$ 知 $Cn(X \cup \{\varphi\}) \cap C \neq \varnothing$。也就是说，这两种情况都有 $Cn(X \cup \{\varphi\}) \cap C \neq \varnothing$。因此，存在 $X \subseteq B$ 使得 $Cn(X) \cap C = \varnothing$ 但 $Cn(X \cup \{\varphi\}) \cap C \neq \varnothing$。故 P-Core-Retainment 成立。

（2）令 $\triangleright$ 为部分交评价复合修正算子，由推论 9.70 得 $\triangleright$ 为核心评价复合修正算子，再由（1）即证。

9.3.5.3 评价复合修正与优先复合修正

有学者 (Falappa and Simari, 2012) 提出基于信念库的优先复合修正算子 $B \otimes D$，这种算子将需要添加的信息 D 全部添加进来。这种复合修正过程与评价复合修正算子的修正子操作是类似的，这一小节对这二者的关系进行简单考察。他们对优先复合修正算子给出了两种函数式构造，一种是基于不一致核心集的优先复合核心修正，另一种是基于一致保留集的优先复合部分交修正，并且证明了公理性刻画和这两种函数式构造之间的表达定理。

定理 9.73 （1）一个算子 $\otimes$ 是优先复合核心修正算子当且仅当它满足性质：PB-Inclusion，PB-Consistency，PB-Weak-Success，PB-Vacuity1，PB-Uniformity1 和 PB-Core-Retainment。

（2）一个算子 $\otimes$ 是优先复合部分交修正算子当且仅当它满足性质：PB-Inclusion，PB-Consistency，PB-Weak-Success，PB-Vacuity1，PB-Uniformity1 和 PB-Relevance。

从第 9.3.5.1 部分的分析阐述，我们知道评价复合修正算子 $B \triangleright_A (C|D)$ 包含复合收缩子操作和复合修正子操作。由于评价复合修正算子具有 EV-InSuccess，也就是说信集 D 里的所有信息都具有优先性，因此在这种意义上可以说它具有优先的包复合修正机制。

类似于第 9.3.5.2 部分，为了考察这种包复合修正机制和优先复合修正算子的关系，我们首先要将这种包复合修正机制从评价复合修正算子中拆解出来，作为一个单一的修正算子，下面是拆解出的生成算子的形式定义。

定义 9.74 令 $(B,A) \in \mathcal{B}$，$A = Cn(\emptyset) \cap B$ 且 $\triangleright$ 为基于 (B,A) 的评价复合修正算子。那么由 $\triangleright$ 生成的修正算子为 $\otimes_\triangleright$ 使得对所有 $D \in 2^{\mathcal{L}} \setminus \{\emptyset\}$，都有 $B \otimes_\triangleright D =$
$$\begin{cases} B \triangleright_A (\emptyset|D) & \text{如果} D \nvdash \bot \\ B & \text{否则} \end{cases}$$

值得注意的是，由定义 9.44 易证在 $D \nvdash \bot$ 时 $\emptyset|D \in \mathcal{A}$，故上述定义是可行的。并且由此定义可得下列定理。

定理 9.75 令 $(B,A) \in \mathcal{B}$，$A = Cn(\emptyset) \cap B$ 且 $\triangleright$ 为基于 (B,A) 的评价复合修正算子。

（1）如果 $\triangleright$ 是核心评价复合修正算子，那么生成修正算子 $\otimes_\triangleright$ 是一个优先复合核心修正算子；

（2）如果 $\triangleright$ 是部分交评价复合修正算子，那么生成修正算子 $\otimes_\triangleright$ 是一个优先复合部分交修正算子。

证明：（1）令 $\triangleright$ 是核心评价复合修正算子。由定理 9.73（1）知只需证明 $\otimes_\triangleright$ 满足下列性质即可：

PB-Inclusion：由定义 9.74 知：当 $D \vdash \bot$ 时，$B \otimes_\triangleright D = B \subseteq B \cup D$；当 $D \nvdash \bot$ 时，由 EV-Inclusion 得 $B \otimes_\triangleright D = B \triangleright_A (\emptyset|D) \subseteq B \cup D$，故 PB-Inclusion 成立。

PB-Consistency：令 D 是一致的。由定义 9.74 和 EV-Consistency 得 $B \otimes_\triangleright D = B \triangleright_A (\emptyset|D) \nvdash \bot$。故 PB-Consistency 成立。

PB-Weak-Success：令 D 是一致的。由定义 9.74 和 EV-InSuccess 得 $D \subseteq B \triangleright_A (\emptyset|D) = B \otimes_\triangleright D$，故 PB-Weak-Success 成立。

PB-Vacuity1：令 $D \vdash \bot$。由定义 9.74 得 $B \otimes_\triangleright D = B$。故 PB-Vacuity1 成立。

PB-Uniformity1：令 D_1 和 D_2 为一致集，并且 $\forall X \subseteq B, X \cup D_1 \vdash \bot \iff X \cup D_2 \vdash \bot$。故 $\forall X \subseteq B, Cn(X \cup D_1) \cap (\emptyset \cup \{\bot\}) \neq \emptyset \iff Cn(X \cup D_2) \cap (\emptyset \cup \{\bot\}) \neq \emptyset$ 成立。又由于 $A = Cn(\emptyset) \cap B$，故 $\forall X \subseteq B, Cn(X \cup A \cup D_1) \cap (\emptyset \cup \{\bot\}) \neq \emptyset \iff Cn(X \cup A \cup D_2) \cap (\emptyset \cup \{\bot\}) \neq \emptyset$ 成立。由定义 9.44、$D_1 \nvdash \bot$ 和 $D_2 \nvdash \bot$ 易证 $\{\emptyset | D_1, \emptyset | D_2\} \subseteq \mathcal{A}$。故由 EV-Uniformity 得 $B \setminus (B \triangleright_A (\emptyset | D_1)) = B \setminus (B \triangleright_A (\emptyset | D_2))$，再由定义 9.74、$D_1 \nvdash \bot$ 和 $D_2 \nvdash \bot$ 得 $B \otimes_\triangleright D_1 = B \triangleright_A (\emptyset | D_1)$ 且 $B \otimes_\triangleright D_2 = B \triangleright_A (\emptyset | D_2)$。故 $B \setminus (B \otimes_\triangleright D_1) = B \setminus (B \otimes_\triangleright D_2)$。故 PB-Uniformity1 成立。

PB-Core-Retainment：令 $\varphi \in B \setminus B \otimes_\triangleright D$。故 $B \otimes_\triangleright D \neq B$，故根据定义 9.74 知 $D \nvdash \bot$，故 $B \otimes_\triangleright D = B \triangleright_A (\emptyset | D)$，故 $\varphi \in B \setminus B \triangleright_A (\emptyset | D)$。由 EV-Retainment 知：存在 $X \subseteq B$ 使得 $Cn(X \cup A \cup D) \cap \{\bot\} = \emptyset$，但 $Cn(X \cup \{\varphi\} \cup A \cup D) \cap \{\bot\} \neq \emptyset$。又由于 $A = Cn(\emptyset) \cap B$，故 $Cn(X \cup D) \cap \{\bot\} = \emptyset$ 且 $Cn(X \cup \{\varphi\} \cup D) \cap \{\bot\} \neq \emptyset$。也就是说存在 $X \subseteq B \cup D$ 使得 $X \cup D \nvdash \bot$ 但 $X \cup \{\varphi\} \cup D \vdash \bot$。故 PB-Core-Retainment 成立。

（2）令 $\triangleright$ 是部分交评价复合修正算子。由定理 9.73（2）知只需证明 $\otimes_\triangleright$ 满足下列性质即可：PB-Inclusion，PB-Consistency，PB-Weak-Success，PB-Vacuity1，PB-Uniformity1 和 PB-Relevance。又由推论 9.70 知 $\triangleright$ 也是核心评价复合修正算子，故由（1）知 $\otimes_\triangleright$ 满足性质 PB-Inclusion，PB-Consistency，PB-Weak-Success，PB-Vacuity1 和 PB-Uniformity1，因此，下面只需证明 $\otimes_\triangleright$ 满足 PB-Relevance 即可。

PB-Relevance：令 $\varphi \in B \setminus B \otimes_\triangleright D$。故 $B \otimes_\triangleright D \neq B$，故由定义 9.74 知 $D \nvdash \bot$，故 $B \otimes_\triangleright D = B \triangleright_A (\emptyset | D)$，故 $\varphi \in B \setminus B \triangleright_A (\emptyset | D)$。由 EV-Relevance 知：存在 $X \subseteq B$ 使得 $B \triangleright_A (\emptyset | D) \cap B \subseteq X$ 且 $Cn(X \cup A \cup D) \cap \{\bot\} = \emptyset$，但 $Cn(X \cup \{\varphi\} \cup A \cup D) \cap \{\bot\} \neq \emptyset$。又由于 $A = Cn(\emptyset) \cap B$，故 $Cn(X \cup D) \cap \{\bot\} = \emptyset$ 并且 $Cn(X \cup \{\varphi\} \cup D) \cap \{\bot\} \neq \emptyset$。记 $Y = X \cup D$，显然有 $Y \subseteq B \cup D$。再由 $B \otimes_\triangleright D = B \triangleright_A (\emptyset | D)$ 和 $B \triangleright_A (\emptyset | D) \cap B \subseteq X$ 得 $(B \otimes_\triangleright D \cap B) \cup D \subseteq Y$。令 $\tau \in B \otimes_\triangleright D$，由（1）中已证的 PB-Inclusion 知要么 $\tau \in B$，要么 $\tau \in D$，两种情况都显然有 $\tau \in (B \otimes_\triangleright D \cap B) \cup D$，故 $B \otimes_\triangleright D \subseteq (B \otimes_\triangleright D \cap B) \cup D$。因此，$B \otimes_\triangleright D \subseteq (B \otimes_\triangleright D \cap B) \cup D \subseteq Y$，即 $B \otimes_\triangleright D \subseteq Y$。由 $Cn(X \cup D) \cap \{\bot\} = \emptyset$ 得 $Y \cup D = X \cup D \nvdash \bot$，由 $Cn(X \cup \{\varphi\} \cup D) \cap \{\bot\} \neq \emptyset$ 得 $Y \cup \{\varphi\} \cup D = X \cup \{\varphi\} \cup D \vdash \bot$。因此，存在 $Y \subseteq B \cup D$ 使得 $B \otimes_\triangleright D \subseteq Y$ 且 $Y \cup D \nvdash \bot$ 但 $Y \cup \{\varphi\} \cup D \vdash \bot$。故 PB-Relevance 成立。证毕。

第 10 章

基于核心信念的修正 Ⅱ

10.1 代谢修正算子

10.1.1 动机

上一章采用决策＋修正模式对基于核心信念的非优先复合修正进行了考察，第 9.2 节的评价算子和第 9.3 节的评价复合修正算子是两种独立的算子，它们分别刻画了决策子模块和修正子模块。本章将考察非优先复合修正的另一种模式：膨胀＋巩固模式，它是一种先将新信息添加进来然后再利用核心信念对信念状态进行整理和巩固以恢复一致性的信念改变模式。

在具体的公理性刻画和函数式构造之前，这里先介绍代谢修正算子的直观动机。首先，代谢修正算子的前缀"代谢"概念来源于信念修正与动物新陈代谢机制的类比。认知主体的信念动态和动物的躯体动态具有一定可类比性，可通过对这两种动态的描述分析来把握到这种类似性。

（1）动物躯体由大量具有不同结构的大分子构成，这些大分子之间有复杂的生理关系。动物对食物的新陈代谢过程为躯体提供"建筑材料"，也为躯体的健康排斥有毒物质。毒物具有破坏动物躯体健康状况的特点，使得躯体丧失稳定性，进入一个不稳定、不协调的状态。为了避免毒物的这种破坏性作用，动物具有两种对待食物的方式。第一种模式是决策模式，动物主动根据自己的生存经验对食物进行评价性决策：若食物无毒则进食；若食物有毒但可除去毒物则在除去毒物后进食；若食物有毒而且不可去除毒物则舍弃。另一种模式是代谢模式，被动物的有限理性评价为无毒的食物可能仍然具有一定的毒性成分或无用成分，这些食物成分由动物身体自动进行新陈代谢，把有毒成分和无用成分以新陈代谢的方式排泄出去。

（2）认知主体的信念状态由大量具有不同形式结构的命题构成，这些命题之间有复杂的逻辑关系。认知主体对新信息的认知实践为信念状态提供"建筑材料"，也为保持信念状态的一致性而放弃导致信念冲突的部分信息。这些信息被认知主体认为是假的。如果认知主体接纳假信息，那么信念状态就会变得不一致，稳定性就会被打破，从而进入一个需要恢复一致性的过渡期。为了避免假信息的这种负面作用，认知主体通常也具有两种处理新信息的模式。第一种模式是决策＋修正模式，认知主体根据自己的核心信念对新信息进行评价：若新信息与核心信念集一致则接纳所有新信息；若新信息中有一部分与核心信念集不一致则有选择地接纳可以相信的、与核心信念集一致的部分信息；若所有新信息都与核心信念集相冲突则不改变信念状态。另一种模式是膨胀＋巩固模式，由于理性能力的有限性，认知主体并不能总是明确地判断新信息是否可信、是否与旧信念有矛盾，他们往往采取的处理方式是先把自认为一致的信息都添加进信念库中来，然后再在后续认知实践中进一步发现不一致性，进而将不可信的信息排除出去。这两种模式可粗略的归于 (Hansson, 1999a) 提出的决策＋修正模式和膨胀＋巩固模式。

从（1）（2）可以看出"心""身"的动态改变模式是非常相似的。动物躯体动态的对食物的决策行为中使用的决策依据是生存经验，认知主体对新信息的评价依据是核心信念，在这一点上两者可以说是相同的。本章考察的代谢修正算子是受动物躯体的代谢模式和认知主体信念改变的膨胀＋巩固模式的启发，两者都是先往旧事物中添加新事物，然后再利用认知机制进行"巩固"的过程。这种"巩固"通过内部机制对潜藏在新旧事物中的"毒物"进行清除。这种内在的排异机制具有两种重要性质：不变性和塑形性。动物躯体的代谢功能作为排异机制是躯体所固有的生物功能，这种功能本身具有本能意义上的不变性；而且这种排异机制是有选择的排异机制，它不会随意地排斥养分和毒物，而是有选择的排斥毒物以避免毒物所引起的病态变化，从而保持生物在健康状态下的稳定结构，从而起到一定的塑形的作用。认知主体的膨胀＋巩固模式与此类似，认知主体在巩固阶段并不是随心所欲的放弃一些信息，而是有选择的放弃引起不一致现象的部分信息，也就是说认知主体内部有一定的选择机制，而这个选择机制必然会依赖于某些原则，这些选择机制和原则也具有不变性和塑形性。不变性是指在信念动态中认知主体的这些选择机制和原则是不变的，而不是千变万化的，它们的不变性也导致了认知主体的相对稳定的个别性。塑形性是指选择机制的选择性和原则立场的排异性会塑造一定形态的信念状态，也就是说信念状态的动态变化不是任意方向都是可达的，选择机制和原则导致某些改变方向是不可达的。比如，如果认知主体坚信某个命题，那么放弃这个命题的信念状态对于这样的认知主体而言就是不可达的。这种塑形作用使得认知主体具有自己的形态特征，即使信息动态千变万化，但认知主体依旧保持他们的独特性。文化传统对社会成员的根深蒂固的影响正是由于这种塑形作用。不同的文化传统塑造了不同类型的社会成员，而不同类型的社会成员构成了不同的社会群体。

  上面提到代谢模式和膨胀+巩固模式都是先接纳后巩固的模式，其实这种模式在信念改变的理论领域早已有学者进行研究。Hansson (1991) 提出了巩固算子（consolidation），即从信念库中清除不一致性的算子。在此基础上，Hansson (1997) 利用巩固算子定义了半修正算子（semi-revision），半修正算子就是先将句子型新信息添加进信念库，然后再利用巩固算子清除不一致性。这种非优先信念改变的模式被某些学者(Fuhrmann)扩展到复合信念改变中，他在1997年中提出了聚合算子（merge operation），这个算子先将两个信息源进行集合并运算，然后再对合并的结果进行巩固操作以恢复一致性。这种算子虽然从公理性刻画和函数式构造两方面刻画了认知主体内部的选择机制，但是并没有涉及认知主体的原则立场，即核心信念。代谢修正算子则不同，它还要考虑认知主体在膨胀后依据核心信念对信念状态进行整理和巩固的功能。膨胀+巩固模式的巩固过程是从可能的不一致（不稳定的）状态到一致（相对稳定的）状态的过程，认知主体在这个过程中总会坚持一些可靠的核心信念，并且这些核心信念也会排斥"异物"的"入侵"。因此，这些"核心信念"或者说"知识"在巩固过程中起到排异和塑形的作用，并且这些信念是认知主体相对稳定的个别性的根本所在，它们受到认知主体的保护，从而在信念改变过程中具有不变性。所以代谢修正算子是在半修正算子和聚合算子的基础上进一步考虑核心信念的不变性和塑形性，它是一种复合型半修正算子（multiple semi-revision）。但它不是聚合算子，因为它不具有聚合算子所具有的对称性，即左右参数都是同一类型的信息并且两个参数可以互换位置而不影响聚合结果。本章将在第10.1.7节中比较这三种非优先信念改变算子的异同。

  这种先膨胀后巩固的代谢修正行为是非常常见的，它们往往发生在认知主体接收到新信息之后，由于有限理性，并不能及时有效地发现新信息与旧信念之间的不一致问题,故先将这些新信息作为信念添加进来。这样的新信念状态由于可能存在不一致性,从而并不是稳定的。在后续认知实践中认知主体会发现其中的不一致现象,从而对信念状态进行巩固以消除所发现的不一致问题。我们先来看下面这些例子。

示例 10.1 (1) 在调查某官员 d 受贿的一案件中,检察官 a 先审问了行贿商人 b,并暂时相信了他的陈述 B,而且 B 的部分内容 A 与已有人证物证相符,因此,a 坚信 b 的陈述 B 中至少 A 中内容是真实的、证据确凿的。接着他又审问了受贿官员 d,由于并没发现 d 的陈述 D 与已有信念有明显的冲突,故检察官 a 暂时相信了 d 的陈述。但审问结束几天后,检察官 a 忽然发现 B 和 D 这两个陈述在某个细节上存在不是很明显的矛盾,而这个矛盾直接使得 a 在后续办案过程中发现了潜藏的更大的腐败黑幕。

(2) 传说有个人学做生意,他去工匠那里买矛和盾到市场上卖。工匠对他说:"我这里生产的矛是世界上最锋利的矛,可以刺穿所有的盾;我这里生产的盾是世界上最坚固的盾,可以抵挡所有的矛。"他信以为真,就在市场上也照着工匠的话叫卖。后来一个围观者跟他说:"那用你的矛去刺你的盾如何呢?"他哑口无言。

(3) 某科学家 a 相信同时代主流科学家们所相信的理论体系 M,但另一个科学家根据最新实验数据提出了假说 N,并发表在科学期刊上,a 从期刊看到该假说后认为 N 也是符合直观的,跟理论体系 M 并没有明显冲突,因此 a 相信了假说 N。但在 a 以 M 和 N 为基础的进一步理论研究中发现 M 和 N 是相互不一致的。因此,他开始修正 M 理论和 N 假说,从而提出了一个新的一致的理论体系 M',新体系 M' 并没有全盘否定 M,而是保留了 M 理论中的一些核心部分 A,同样 M' 也没有完全否定 N 假说,而是放弃了一些被 A 排斥的部分假说。

这三个例子中相互矛盾的两个信息对认知主体而言并没有明显的矛盾冲突,但确实存在潜在的不一致问题。这些认知主体对待此类信息都是先膨胀,然后由反思或论辩发现其中的不一致问题,最后为消除不一致现象而进行巩固操作。示例 10.1 (1) 和示例 10.1 (3) 都有明显的被认知主体所保护的核心信念集 A,这些核心信念在认知实践中起到排斥冲突信息的作用。示例 10.1 (2) 中虽然没有明显的核心信念,但学做生意的人的无言以对侧面表明他也坚持认为矛盾的信念是不正确的,否则围观者的反驳言论对他而言并不是一个需要避免的情形,换句话说学做生意的人在此例子中所坚持的核心信念是重言式。

本章将利用 AGM 信念改变的研究范式来刻画代谢修正算子。那么怎样的代谢修正才是理性的呢？这里主要遵循三个指导原则：最小改变原则、一致性原则和保护性原则。最小改变原则是说信息是宝贵的，从膨胀后的信念库中放弃尽量少的信念；一致性原则是指任何被放弃的信息都必须有被放弃的理由，而最基本的理由就是避免信念间的矛盾冲突；保护性原则是说核心信念具有不变性，它们在信念改变过程中受认知主体保护而不被放弃。这三个原则是本章刻画代谢修正算子的主要指导原则。

10.1.2 公理性刻画

从示例 10.1 (1) 可知，检察官 a 在审问完行贿商人 b 后的信念状态包含 b 的陈述 B，而且尤其相信其中证据确凿的 B 子集 A。在审问受贿官员 d 时他又接收到新信息 D，但 B 和 D 没有明显冲突，故他把 D 先接纳进来，从而信念状态包含 $B \cup D$，然后在后续办案过程中发现矛盾引出更大的腐败内幕。检察官 a 的信念改变过程采用先膨胀后巩固的方式先把所有新信息添加进来，然后在后续认知实践中挑选出一些造成信念冲突现象的部分信念进行删除。从这个示例，我们可以得出代谢修正算子的三个关键因素：选择机制、信念状态和新信息。其中选择机制类似于剪切函数和选择函数，后两者是代谢修正算子的两个输入参数，信念状态可以表征为包含核心信念的信念库，而新信息是一个命题集。

类似于 AGM 信念修正理论，下面公理性刻画时只把代谢修正算子当作黑盒子来刻画它的性质。因此，这一节只考虑信念状态和新信息这两个关键因素；后面四节将重点考察四种选择机制，即分别基于核心集、不一致核心集、保留集和一致保留集的选择机制。

如果将认知主体的信念状态按定义 9.43 表征为 (B, A)，把接收到的新信息用 D 表示，并且用 $\diamond$ 表示采用膨胀+巩固模式的代谢修正算子，那么代谢修正算子可记为 $(B, A) \diamond D : \mathcal{B} \times 2^{\mathcal{L}} \longmapsto \mathcal{B}$。但为方便起见，这里一般将它简记为 $B \diamond_A D$。需要特别注意的是，由于代谢修正的结果 $B \diamond_A D$ 作为信念状态是个二元组，故为方便起见，本章在后承关系、集合关系和集合运算中，如无特别指明，一般用 $B \diamond_A D$ 表示代谢修正后的新信念状态的第一个参数：信念库，用 $(B \diamond_A D)_2$ 表示代谢修正后的新信念状态的第二个参数：核心信念集。

这里提出下面这些性质作为代谢修正算子的合理的公理性刻画。

（$\diamond 1$）$B \diamond_A D$ 是一个信念状态。（M-BelState）

（$\diamond 2$）$(B \diamond_A D)_2 = Cn(A) \cap (B \cup D)$。（M-CoreInvariance）

（$\diamond 3$）$B \diamond_A D \subseteq B \cup D$。（M-Inclusion）

（◇4）$A \subseteq B \diamond_A D$。（M-Protection）

（◇5）$B \diamond_A D$ 是一致的。（M-Consistency）

（◇6）$Cn(B \diamond_A D) \cap (B \cup D) \subseteq B \diamond_A D$。（M-RelClosure）

（◇7）如果 $B \cup D \nvdash \bot$，那么 $B \cup D \subseteq B \diamond_A D$。（M-Vacuity）

（◇8）如果 $B \cup D_1$ 和 $B \cup D_2$ 有相同的极小不一致子集，那么 $(B \cup D_1) \backslash B \diamond_A D_1 = (B \cup D_2) \backslash B \diamond_A D_2$。（M-Reversion）

（◇9）如果 $B \cup D_1$ 和 $B \cup D_2$ 与 A 不一致的极小子集相同，那么 $(B \cup D_1) \backslash B \diamond_A D_1 = (B \cup D_2) \backslash B \diamond_A D_2$。（M-Uniformity）

（◇10）如果 $\forall \varphi \in ((B \cup D_1) \cup (B \cup D_2)) \backslash ((B \cup D_1) \cap (B \cup D_2))$ 都有 $\varphi \vdash \bot$，那么 $B \diamond_A D_1 = B \diamond_A D_2$。（M-Irrelevance）

（◇11）如果 $\forall \varphi \in ((B \cup D_1) \cup (B \cup D_2)) \backslash ((B \cup D_1) \cap (B \cup D_2))$ 都有 $\{\varphi\} \cup A \vdash \bot$，那么 $B \diamond_A D_1 = B \diamond_A D_2$。（M-ExIrrelevance）

（◇12）如果 $\psi \in (B \cup D) \backslash B \diamond_A D$，那么 $A \nvdash \psi$ 并且存在 $C \subseteq B \cup D$ 使得 $C \nvdash \bot$ 但 $C \cup \{\psi\} \vdash \bot$。（M-Retainment）

（◇13）如果 $\psi \in (B \cup D) \backslash B \diamond_A D$，那么存在 $C \subseteq B \cup D$ 使得 $C \cup A \nvdash \bot$ 但 $C \cup \{\psi\} \cup A \vdash \bot$。（M-ExRetainment）

（◇14）如果 $\psi \in (B \cup D) \backslash B \diamond_A D$，那么 $A \nvdash \psi$ 并且存在 $C \subseteq B \cup D$ 使得 $B \diamond_A D \subseteq C$ 且 $C \nvdash \bot$ 但 $C \cup \{\psi\} \vdash \bot$。（M-Relevance）

（◇15）如果 $\psi \in (B \cup D) \backslash B \diamond_A D$，那么存在 $C \subseteq B \cup D$ 使得 $B \diamond_A D \subseteq C$ 且 $C \cup A \nvdash \bot$ 但 $C \cup \{\psi\} \cup A \vdash \bot$。（M-ExRelevance）

M-BelState 是说修正后 $B \diamond_A D$ 应该仍然是信念状态。M-CoreInvariance 是说代谢修正后信念状态的第二个参数核心信念集 $(B \diamond_A D)_2$ 应当保持某种核心不变性，但新信息 D 中可能包含 A 的逻辑后承，故修正结果的核心信念集应当包含这些逻辑后承；由 $(B, A) \in \mathcal{B}$ 和 M-CoreInvariance 容易证明 $Cn((B \diamond_A D)_2) = Cn(A)$，即修正前后的核心信念集逻辑等价。M-Inclusion 是指修正过程中不能画蛇添足地增加其他新信息，修正结果集应当包含在信念库和新信息的并集之中。M-Protection 的直观涵义是说：认知主体会主动保护核心信念，而不会在信念改变中放弃这些他们坚信的信念。M-Consistency 是说代谢修正的结果集是必须一致的，代谢修正算子一般地具有强一致性，如聚合算子的强一致性（Konieczny and Pino-Pérez, 1998; Lin, 1995; Lin and Mendelzon, 1998, 1999）。M-RelClosure 从平滑核心巩固算子（smooth kernel consolidation）（Hansson, 1997, P. 162）的性质 relative closure 扩展而来，它的直观意思是：如果代谢修正的结果集的一些逻辑后承已然在膨胀结果集里，那么这些逻辑后承和修正结果集中的元素一样也是可信的，应该被保留下来而不能被删除，即包含在代谢修正的结果集里面，否则是不理性的。M-Vacuity 是说：如果信念库 B 和新信息 D 的并集是一致的，那么只需要把新信息 D 的信息直接添加进信念库 B 中即可，不需放弃任何 B 中的旧信念；也就是说修正结果应包含信念库和新信息的所有信息。M-Reversion，M-Uniformity，M-Irrelevance 和 M-ExIrrelevance 这四个性质都是对由不同新信息引起的代谢修正过程所作的理性要求，其中 M-Reversion 要求：如果信念库 B 与两新信息的并集具有相同的极小不一致集，那么这两个并集在修正过程中被删除的信息相同；M-Uniformity 要求：如果信念库 B 与两新信息的并集具有相同的与 A 不一致的极小子集，那么这两个并集在修正过程中被删除的信息相同；M-Irrelevance 要求：如果信念库 B 与两新信息的并集的交集外信息都是矛盾式，那么这些交集外信息都应当在修正过程中被删除，因此，修正后保留下来的可信信息只与该交集相关，从而最终两个代谢修正的结果集应该相等；M-ExIrrelevance 要求：如果信念库 B 与两个新信息的并集的交集外信息都是被核心信念集 A 所反驳的，那么这些交集外信息都是认知主体所排斥的，故应当在修正过程中被删除，因此修正后保留下来的可信信息只与该交集相关，从而最终两个代谢修正的结果集应该相等。M-Retainment，M-ExRetainment，M-Relevance 和 M-ExRelevance 这四个性质都各自要求放弃信息需要一定的理由，其中 M-Retainment 要求被放弃信息不仅不能是核心信念集 A 所赞同的信息，而且直接参与导致了不一致性；M-ExRetainment 则要求被放弃信息直接参与导致了与核心信念集 A 的冲突；M-Relevance 是 M-Retainment 的加强版本；M-ExRelevance 是 M-Relevance 的加强版本。

M-Reversion 从 Falappa 和 Simari (2002, P. 5) 提出的修正算子的 Reversion 性质扩展而来；M-Uniformity 从第 9 章中评价算子的 E-Uniformity 扩展而来；M-Irrelevance 和 M-ExIrrelevance 从第 9 章中评价算子的 E-Irrelevance 扩展而来；M-Retainment 和 M-ExRetainment 从 Falappa 和 Simari (2002) 提出的修正算子的 Core retainment 性质扩展而来；M-Relevance 和 M-ExRelevance 从 Fuhrmann (1997) 的修正算子的 relevance 扩展而来。

下面这些命题考察了上述这些性质之间主要的相互关系。

命题 10.2 令 $(B, A) \in \mathcal{B}$，那么下列命题成立：

（1）如果 $\diamond$ 满足 M-Retainment，那么它也满足 M-Protection。

（2）如果 $\diamond$ 满足 M-ExRetainment，那么它也满足 M-Protection。

（3）如果 ◇ 满足 M-ExIrrelevance，那么它也满足 M-Irrelevance。

（4）如果 ◇ 满足 M-ExRetainment，那么它也满足 M-Retainment。

（5）如果 ◇ 满足 M-Relevance，那么它也满足 M-ExRetainment。

（6）算子 ◇ 满足 M-ExRelevance 当且仅当它满足 M-Relevance。

（7）如果 ◇ 满足 M-Retainment，那么它也满足 M-Vacuity。

（8）如果 ◇ 满足 M-ExRetainment，那么它也满足 M-Vacuity。

（9）如果 ◇ 满足 M-Relevance，那么它也满足 M-RelClosure。

证明：（1）令 ◇ 满足 M-Retainment 且 $\tau \in A$。由 $(B, A) \in \mathcal{B}$ 得 $A \subseteq B \subseteq B \cup D$，$\tau \in B \cup D$。用反证法，假设 $\tau \notin B \diamond_A D$，故 $\tau \in (B \cup D) \backslash B \diamond_A D$。由 M-Retainment 得 $A \nvdash \tau$，与 $\tau \in A$ 矛盾，故假设错误，$\tau \in B \diamond_A D$ 成立，故 M-Protection 即 $A \subseteq B \diamond_A D$ 成立。

（2）令 ◇ 满足 M-ExRetainment 且 $\tau \in A$。由 $(B, A) \in \mathcal{B}$ 得 $A \subseteq B \subseteq B \cup D$，$\tau \in B \cup D$。用反证法，假设 $\tau \notin B \diamond_A D$。故 $\tau \in (B \cup D) \backslash B \diamond_A D$。由 M-ExRetainment 知存在 $C \subseteq B \cup D$ 使得 $C \cup A \nvdash \bot$ 但 $C \cup \{\tau\} \cup A \vdash \bot$。由 $C \cup A \nvdash \bot$ 且 $C \cup \{\tau\} \cup A \vdash \bot$ 得 $A \nvdash \tau$，产生矛盾，故假设错误，$\tau \in B \diamond_A D$ 成立，故 M-Protection 即 $A \subseteq B \diamond_A D$ 成立。

（3）是显然的，证略。

（4）令 ◇ 满足 M-ExRetainment 且 $\varphi \in (B \cup D) \backslash B \diamond_A D$。故存在 $C \subseteq B \cup D$ 使得 $C \cup A \nvdash \bot$，但 $C \cup \{\varphi\} \cup A \vdash \bot$。由 $C \cup A \nvdash \bot$ 和 $C \cup \{\varphi\} \cup A \vdash \bot$ 易得 $A \nvdash \varphi$。再令 $C' = C \cup A$，又由 $(B, A) \in \mathcal{B}$ 得 $A \subseteq B \subseteq B \cup D$，故 $C' = C \cup A \subseteq B \cup D$。再由 $C \cup A \nvdash \bot$ 和 $C \cup \{\varphi\} \cup A \vdash \bot$ 得 $C' \nvdash \bot$ 且 $C' \cup \{\varphi\} \vdash \bot$，故 M-Retainment 的后件成立。因此 M-Retainment 成立。

（5）令 ◇ 满足 M-Relevance 且 $\varphi \in (B \cup D) \backslash B \diamond_A D$，故存在 $C \subseteq B \cup D$ 使得 $B \diamond_A D \subseteq C$ 且 $C \nvdash \bot$，但 $C \cup \{\varphi\} \vdash \bot$。由 M-Relevance 得 M-Retainment 成立，再由（1）得 M-Protection 成立，故 $A \subseteq B \diamond_A D \subseteq C$。令 $C' = C \backslash A$，故 $C = C' \cup A$，显然有 $C' \subseteq C \subseteq B \cup D$、$C' \cup A = C \nvdash \bot$ 并且 $C' \cup \{\varphi\} \cup A = C \cup \{\varphi\} \vdash \bot$，即 M-ExRetainment 的后件成立。因此 M-ExRetainment 成立。

（6）$\Longrightarrow$：令 ◇ 满足 M-ExRelevance 并且 $\varphi \in (B \cup D) \backslash B \diamond_A D$，故存在 $C \subseteq B \cup D$ 使得 $B \diamond_A D \subseteq C$ 且 $C \cup A \nvdash \bot$，但 $C \cup \{\varphi\} \cup A \vdash \bot$。由 $C \cup A \nvdash \bot$ 和 $C \cup \{\varphi\} \cup A \vdash \bot$ 易得 $A \nvdash \varphi$。由 M-ExRelevance 易得 M-ExRetainment 成立，再由（2）得 M-Protection 成立，故 $A \subseteq B \diamond_A D \subseteq C$，故 $C = C \cup A \nvdash \bot$ 且 $C \cup \{\varphi\} = C \cup \{\varphi\} \cup A \vdash \bot$，故存在 $C \subseteq B \cup D$ 使得 $B \diamond_A D \subseteq C$ 且 $C \nvdash \bot$ 但

$C \cup \{\varphi\} \vdash \bot$,即 M-Relevance 后件成立。因此 M-Relevance 成立。

$\Longleftarrow$:令 $\diamond$ 满足 M-Relevance 并且 $\varphi \in (B \cup D) \backslash B \diamond_A D$。故 $A \not\vdash \varphi$ 且存在 $C \subseteq B \cup D$ 使得 $B \diamond_A D \subseteq C$ 且 $C \not\vdash \bot$,但 $C \cup \{\varphi\} \vdash \bot$。由 M-Relevance 易得 M-Retainment,再由(1)得 M-Protection 成立,即 $A \subseteq B \diamond_A D$。又 $B \diamond_A D \subseteq C$,故 $A \subseteq C$,故 $C \cup A = C \not\vdash \bot$ 并且 $C \cup \{\varphi\} \cup A = C \cup \{\varphi\} \vdash \bot$。因此 M-ExRelevance 成立。

(7)令 $\diamond$ 满足 M-Retainment 和 $B \cup D \not\vdash \bot$。用反证法,假设 $B \cup D \not\subseteq B \diamond_A D$,故存在 $\psi \in (B \cup D) \backslash B \diamond_A D$。由 M-Retainment 知 $A \not\vdash \psi$ 并且存在 $C \subseteq B \cup D$ 使得 $C \not\vdash \bot$,但 $C \cup \{\psi\} \vdash \bot$。由于 $C \cup \{\psi\} \subseteq B \cup D$,故 $B \cup D \vdash \bot$。产生矛盾,故假设错误,$B \cup D \subseteq B \diamond_A D$ 成立。故 M-Vacuity 成立。

(8)令 $\diamond$ 满足 M-ExRetainment,再由(4)和(7)易得。

(9)令 $\diamond$ 满足 M-Relevance。用反证法,假设 $Cn(B \diamond_A D) \cap (B \cup D) \not\subseteq B \diamond_A D$,故存在 $\psi \in (B \cup D) \backslash B \diamond_A D$ 使得 $B \diamond_A D \vdash \psi$。由 $\psi \in (B \cup D) \backslash B \diamond_A D$ 和 M-Relevance 知:存在 $C \subseteq B \cup D$ 使得 $B \diamond_A D \subseteq C$ 且 $C \not\vdash \bot$ 但 $C \cup \{\psi\} \vdash \bot$。由于 $B \diamond_A D \subseteq C$ 且 $B \diamond_A D \vdash \psi$,故 $C \vdash \psi$,故 $Cn(C) = Cn(C \cup \{\psi\})$。这与 $C \not\vdash \bot$ 且 $C \cup \{\psi\} \vdash \bot$ 产生矛盾,故假设错误,M-RelClosure 成立。

10.1.3 函数式构造:核心集方案

这一节将构造第一种代谢修正算子:保护型核心代谢修正算子。由于此算子是先膨胀后巩固的核心修正算子,故这里采用 Hansson(1994)提出的核心集概念 $(B \triangle \varphi)$ 来构造。

为了保证修正结果集是一致的,需要构造剪切函数从信念库 B 和新信息 D 的并集 $B \cup D$ 中的每个 $\bot -$ 核心($\bot - kernel$)中都删除至少一个元素。为了构造保护型核心代谢修正算子,需要一个可以保护核心信念集的剪切函数。

定义 10.3 令 $(B, A) \in \mathcal{B}$。函数 $\theta((B \cup D) \triangle \bot)$ 是基于 (B, A) 的保护型剪切函数当且仅当对任意的 $D \subseteq \mathcal{L}$,下列条件都成立:

(1)$\theta((B \cup D) \triangle \bot) \subseteq \bigcup((B \cup D) \triangle \bot)$;

(2)如果 $X \in (B \cup D) \triangle \bot$,那么 $\theta((B \cup D) \triangle \bot) \cap X \neq \varnothing$,并且 $\theta((B \cup D) \triangle \bot) \cap X \subseteq X \backslash Cn(A)$。

这里主要有两点值得注意:(a)显然有 $\varnothing \notin (B \cup D) \triangle \bot$,故条件(2)中的 $\theta((B \cup D) \triangle \bot) \cap X \neq \varnothing$ 是可行的。(b)条件(2)的"$\theta((B \cup D) \triangle \bot) \cap$

$X \subseteq X \backslash Cn(A)$"要求剪切函数将剪切范围限制在 $X \backslash Cn(A)$ 之内，这是为了保护 $\bot - kernel$ 里面的核心信念集 A 的逻辑后承。但这要求 $X \backslash Cn(A) \neq \emptyset$，这一点是由条件 $(B, A) \in \mathcal{B}$ 所保证的，由定义 9.43 知 $A \nvdash \bot$，由 $X \in (B \cup D) \triangle \bot$ 知 $X \vdash \bot$，如果 $X \backslash Cn(A) = \emptyset$，那么 $X \subseteq Cn(A)$，这意味着 $A \vdash \bot$，导致矛盾，故 $X \backslash Cn(A) \neq \emptyset$ 成立。

示例 10.4 令 φ 和 ψ 为不相关的原子命题，信念库 $B = \{\varphi, \psi\}$，核心信念集 $A = \{\varphi\}$，新信息 $D = \{\neg \varphi, \varphi \rightarrow \psi, \neg \varphi \rightarrow \neg \psi\}$。根据定义 9.43 容易验证 $(B, A) \in \mathcal{B}$，并且 $(B \cup D) \triangle \bot = \{\{\varphi, \neg \varphi\}, \{\neg \varphi, \neg \varphi \rightarrow \neg \psi, \psi\}\}$。令 $\theta((B \cup D) \triangle \bot) = \{\neg \varphi, \psi\}$，根据定义 10.3 容易验证 θ 满足条件（1）和（2），另外 B 中的 φ 和 D 中的 $\neg \varphi \rightarrow \neg \psi$ 是核心信念集 A 的逻辑后承，故受到剪切函数 θ 的保护。

有了保护型剪切函数，我们可以来定义保护型核心代谢修正算子的函数式构造。

定义 10.5 令 $(B, A) \in \mathcal{B}$，θ 是基于 (B, A) 的保护型剪切函数。

（1）由 θ 构造的基于 (B, A) 的保护型核心代谢修正算子 $\diamond^\theta$ 是这样定义的：对所有的 $D \subseteq \mathcal{L}$，$B \diamond_A^\theta D \doteq (B', A')$，其中 $B' = (B \cup D) \backslash \theta((B \cup D) \triangle \bot)$，$A' = Cn(A) \cap B'$。

（2）算子 $\diamond$ 是基于 (B, A) 的保护型核心代谢修正算子当且仅当存在保护型剪切函数 θ 使得对所有的 $D \subseteq \mathcal{L}$ 都有 $B \diamond_A D \doteq B \diamond_A^\theta D$。

示例 10.6 继续示例 10.4。由于 $\theta((B \cup D) \triangle \bot) = \{\neg \varphi, \psi\}$，故根据定义 10.5 知由 θ 构造的 $B \diamond_A^\theta D \doteq (B', A')$，其中 $B' = (B \cup D) \backslash \theta((B \cup D) \triangle \bot) = \{\varphi, \varphi \rightarrow \psi, \neg \varphi \rightarrow \neg \psi\}$，$A' = Cn(A) \cap B' = \{\varphi, \neg \varphi \rightarrow \neg \psi\}$。

定理 10.7 令 $(B, A) \in \mathcal{B}$。算子 $\diamond$ 是一个基于 (B, A) 的保护型核心代谢修正算子当且仅当它满足性质：M-BelState，M-CoreInvariance，M-Inclusion，M-Consistency，M-Reversion 和 M-Retainment。

证明：（I）Construction $\Longrightarrow$ Postulates：令算子 $\diamond$ 为基于 (B, A) 的保护型核心代谢修正算子，下证它满足这些性质。

M-BelState：由 $(B, A) \in \mathcal{B}$ 和定义 10.5 知 $A' \nvdash \bot$，再由定义 9.43 知只需证明 $Cn(A') \cap B' = A'$，由定义 10.5 知只需证 $Cn(Cn(A) \cap B') \cap B' = Cn(A) \cap B'$，易证，略。

M-CoreInvariance：由定义 10.5 知 $(B \diamond_A D)_2 = A' = Cn(A) \cap B'$，故只要证

明 $Cn(A) \cap B' = Cn(A) \cap (B \cup D)$ 即可。$Cn(A) \cap B' \subseteq Cn(A) \cap (B \cup D)$ 是显然的。假设 $Cn(A) \cap B' \not\supseteq Cn(A) \cap (B \cup D)$，故存在 $\tau \in Cn(A) \cap (B \cup D)$ 使得 $\tau \notin B' = (B \cup D) \setminus \theta((B \cup D) \triangle \bot)$，故 $\tau \in \theta((B \cup D) \triangle \bot)$。再由定义 10.3 知存在 $X \in (B \cup D) \triangle \bot$ 使得 $\tau \in X$，并且 $\tau \in X \setminus Cn(A)$，故 $\tau \notin Cn(A)$，产生矛盾，故假设错误，$Cn(A) \cap B' \supseteq Cn(A) \cap (B \cup D)$。因此，$Cn(A) \cap B' = Cn(A) \cap (B \cup D)$ 成立，故 M-CoreInvariance 成立。

M-Inclusion：由定义 10.5 易知 $B \diamond_A D = (B \cup D) \setminus \theta((B \cup D) \triangle \bot) \subseteq B \cup D$。

M-Consistency：假设 $B \diamond_A D \vdash \bot$，即 $(B \cup D) \setminus \theta((B \cup D) \triangle \bot) \vdash \bot$，根据紧致性易知：存在 $X \subseteq (B \cup D) \setminus \theta((B \cup D) \triangle \bot)$ 使得 $X \in (B \cup D) \triangle \bot$。由 $X \subseteq (B \cup D) \setminus \theta((B \cup D) \triangle \bot)$ 得 $X \cap \theta((B \cup D) \triangle \bot) = \varnothing$。而由 $X \in (B \cup D) \triangle \bot$ 和定义 10.3 条件（2）得 $\theta((B \cup D) \triangle \bot) \cap X \neq \varnothing$，产生矛盾，故假设错误，$B \diamond_A D$ 是一致的。

M-Reversion：令 $B \cup D_1$ 和 $B \cup D_2$ 有相同的极小不一致子集，即 $(B \cup D_1) \triangle \bot = (B \cup D_2) \triangle \bot$。故 $\theta((B \cup D_1) \triangle \bot) = \theta((B \cup D_2) \triangle \bot)$，由于对任意的 D 都有 $B \diamond_A D = (B \cup D) \setminus \theta((B \cup D) \triangle \bot)$，故 $(B \cup D_1) \setminus B \diamond_A D_1 = (B \cup D_1) \setminus ((B \cup D_1) \setminus \theta((B \cup D_1) \triangle \bot)) = \theta((B \cup D_1) \triangle \bot) = \theta((B \cup D_2) \triangle \bot) = (B \cup D_2) \setminus ((B \cup D_2) \setminus \theta((B \cup D_2) \triangle \bot)) = (B \cup D_2) \setminus B \diamond_A D_2$，故 $(B \cup D_1) \setminus B \diamond_A D_1 = (B \cup D_2) \setminus B \diamond_A D_2$，即 M-Reversion 成立。

M-Retainment：令 $\psi \in (B \cup D) \setminus B \diamond_A D$。由 $\psi \in B \cup D$ 和 $\psi \notin B \diamond_A D = (B \cup D) \setminus \theta((B \cup D) \triangle \bot)$ 知 $\psi \in \theta((B \cup D) \triangle \bot)$，故存在 $X \in (B \cup D) \triangle \bot$ 使得 $\psi \in X$。根据定义 10.3 条件（2）得 $\psi \in \theta((B \cup D) \triangle \bot) \cap X \subseteq X \setminus Cn(A)$。故 $A \nvdash \psi$。令 $C = X \setminus \{\psi\}$，显然 $C \subseteq B \cup D$。由 $\psi \in X$ 得 $C = X \setminus \{\psi\} \subset X$，再由 $X \in (B \cup D) \triangle \bot$ 知 $X \setminus \{\psi\}$ 是一致的，即 C 是一致的。而 $C \cup \{\psi\}$ 即为 X，显然是不一致的。因此 M-Retainment 成立。

（II）Postulates $\Longrightarrow$ Construction：令算子 $\diamond$ 满足这些性质，下证它是基于 (B, A) 的保护型核心代谢修正算子。

定义基于 (B, A) 的映射 θ 使其满足：对任意 $D \subseteq \mathcal{L}$ 都有 $\theta((B \cup D) \triangle \bot) = (B \cup D) \setminus B \diamond_A D$。定义基于 (B, A) 的算子 $\circ$ 使其满足：对任意的 $D \subseteq \mathcal{L}$ 都有 $B \circ_A D \stackrel{\text{def}}{=} (B', A')$，其中 $B' = (B \cup D) \setminus \theta((B \cup D) \triangle \bot)$，$A' = Cn(A) \cap B'$。下面要证明：（a）$\theta$ 是一个良定义的函数；（b）θ 是基于 (B, A) 的保护型剪切函数；（c）对任何 $D \subseteq \mathcal{L}$ 都有 $B \diamond_A D \stackrel{\text{def}}{=} B \circ_A D$。

（a）θ 是一个良定义的函数：即证对任意的 $D_1, D_2 \subseteq \mathcal{L}$，如果 $(B \cup D_1) \triangle \bot = (B \cup D_2) \triangle \bot$，那么 $\theta((B \cup D_1) \triangle \bot) = \theta((B \cup D_2) \triangle \bot)$。令 $(B \cup D_1) \triangle \bot =$

$(B \cup D_2) \triangle \bot$，即 $B \cup D_1$ 和 $B \cup D_2$ 有同样的不一致子集，由 M-Reversion 得 $(B \cup D_1) \backslash B \diamond_A D_1 = (B \cup D_2) \backslash B \diamond_A D_2$，因此 $\theta((B \cup D_1) \triangle \bot) = \theta((B \cup D_2) \triangle \bot)$。

（b）θ 是基于 (B, A) 的保护型剪切函数：

条件（1）：用反证法，假设 $\theta((B \cup D) \triangle \bot) \nsubseteq \bigcup((B \cup D) \triangle \bot)$。那么存在 $\tau \in \theta((B \cup D) \triangle \bot) \backslash \bigcup((B \cup D) \triangle \bot)$，即 $\tau \in (B \cup D) \backslash B \diamond_A D$ 并且 $\tau \notin \bigcup((B \cup D) \triangle \bot)$。由 $\tau \in (B \cup D) \backslash B \diamond_A D$ 和 M-Retainment 知：存在 $C \subseteq B \cup D$ 使得 $C \nvdash \bot$ 并且 $C \cup \{\tau\} \vdash \bot$。由 $C \cup \{\tau\} \vdash \bot$ 和紧致性知存在 $Y \subseteq C \cup \{\tau\}$ 使得 $Y \in (B \cup D) \triangle \bot$，再由 $Y \vdash \bot$、$C \nvdash \bot$ 和 $Y \subseteq C \cup \{\tau\}$ 得 $\tau \in Y$。由 $Y \in (B \cup D) \triangle \bot$ 知 $(B \cup D) \triangle \bot \neq \emptyset$，再由 $\tau \notin \bigcup((B \cup D) \triangle \bot)$ 知每个 $X \in (B \cup D) \triangle \bot$ 都有 $\tau \notin X$，然而 Y 却是一个反例，产生矛盾，故假设错误，$\theta((B \cup D) \triangle \bot) \subseteq \bigcup((B \cup D) \triangle \bot)$ 成立。因此条件（1）成立。

条件（2）：令 $X \in (B \cup D) \triangle \bot$。故 $X \vdash \bot$。假设 $\theta((B \cup D) \triangle \bot) \cap X = \emptyset$，即 $(B \cup D) \backslash B \diamond_A D \cap X = \emptyset$。再由 $X \subseteq B \cup D$ 得 $X \subseteq B \diamond_A D$。故 $B \diamond_A D \vdash \bot$。这与 $\diamond$ 的 M-Consistency 矛盾，故假设错误，$\theta((B \cup D) \triangle \bot) \cap X \neq \emptyset$。假设 $\theta((B \cup D) \triangle \bot) \cap X \nsubseteq X \backslash Cn(A)$，那么存在 $\tau \in \theta((B \cup D) \triangle \bot) \cap X$ 并且 $\tau \notin X \backslash Cn(A)$，即 $\tau \in (B \cup D) \backslash B \diamond_A D$、$\tau \in X$ 且 $A \vdash \tau$。而由 $\tau \in (B \cup D) \backslash B \diamond_A D$ 和 M-Retainment 得 $A \nvdash \tau$，产生矛盾，故假设错误，$\theta((B \cup D) \triangle \bot) \cap X \subseteq X \backslash Cn(A)$ 成立。因此条件（2）成立。

由条件（1）（2）这两种情况知 θ 是基于 (B, A) 的保护型剪切函数。

（c）对任意的 $D \subseteq \mathcal{L}$ 都有 $B \diamond_A D \stackrel{\circ}{=} B \diamond_A D$：即证 $B \diamond_A D = B'$、$(B \diamond_A D)_2 = A'$ 和 $B \diamond_A D \in \mathcal{B}$。

$B \diamond_A D = B'$：由 $\circ$ 的定义知 $B' = (B \cup D) \backslash \theta((B \cup D) \triangle \bot) = (B \cup D) \backslash ((B \cup D) \backslash B \diamond_A D)$。由 M-Inclusion 即 $B \diamond_A D \subseteq B \cup D$ 得 $(B \cup D) \backslash ((B \cup D) \backslash B \diamond_A D) = B \diamond_A D$，从而 $B' = B \diamond_A D$。

$(B \diamond_A D)_2 = A'$：由 M-CoreInvariance 和 $\circ$ 的定义知即证 $Cn(A) \cap (B \cup D) = Cn(A) \cap B'$，$\supseteq$ 方向是显然的。假设 $\subseteq$ 方向不成立，即 $Cn(A) \cap (B \cup D) \nsubseteq Cn(A) \cap B'$，故存在 $\tau \in Cn(A) \cap (B \cup D)$ 使得 $\tau \notin B' = (B \cup D) \backslash \theta((B \cup D) \triangle \bot)$。故 $\tau \in \theta((B \cup D) \triangle \bot) = (B \cup D) \backslash B \diamond_A D$。再由 M-Retainment 得 $A \nvdash \tau$，与 $\tau \in Cn(A)$ 产生矛盾，故假设错误，$\subseteq$ 方向亦成立。因此 $(B \diamond_A D)_2 = A'$。

$B \diamond_A D \in \mathcal{B}$：由 $B \diamond_A D = B'$、$(B \diamond_A D)_2 = A'$ 和 M-BelState 即得。证毕。

由命题 10.2 和定理 10.7 易得下面推论。

推论 10.8 令 $(B, A) \in \mathcal{B}$。如果算子 $\diamond$ 是基于 (B, A) 的保护型核心代谢修正算子，

那么它也满足 M-Vacuity 和 M-Protection。

在第 10.1.2 节中已经指出，M-RelClosure 的直观意思是如果认知主体在膨胀后的巩固过程中保留了可信信息 $B \diamond_A D$，那么这些信息的逻辑后承对该主体而言也是可信的，因此，如果它们的部分逻辑后承已然在膨胀后的并集 $B \cup D$ 当中，那么这些逻辑后承就应当保留下来。这是很直观、很合理的，但是从表达定理 10.7 可以看出保护型核心代谢修正算子并不要求 M-RelClosure 成立，甚至存在保护型核心代谢修正算子不满足 M-RelClosure。通过下面示例可以形象的说明这一点。

示例 10.9 继续示例 10.6。由于 $\theta((B \cup D) \triangle \bot) = \{\neg\varphi, \psi\}$，故根据定义 10.5 知由 θ 构造的保护型核心代谢修正算子满足 $B \diamond_A^\theta D = \{\varphi, \varphi \to \psi, \neg\varphi \to \neg\psi\}$。又 $B \cup D = \{\varphi, \neg\varphi, \varphi \to \psi, \neg\varphi \to \neg\psi, \psi\}$，故 $\psi \in Cn(B \diamond_A^\theta D) \cap (B \cup D)$，但是 $\psi \notin B \diamond_A^\theta D$，故 $Cn(B \diamond_A^\theta D) \cap (B \cup D) \not\subseteq B \diamond_A^\theta D$，即虽然 $\diamond^\theta$ 是保护型核心代谢修正算子，但它并不满足 M-RelClosure。

那么什么样的保护型核心代谢修正算子满足 M-RelClosure 呢？能否对保护型剪切函数 θ 添加特定条件使得由其构造的代谢修正算子满足 M-RelClosure 呢？如果可以的话，那么在新的剪切函数下重新定义保护型核心代谢修正算子是否具有表达定理呢？本节剩余的部分表明答案是肯定的。

定义 10.10 令 $(B, A) \in \mathcal{B}$，θ 为基于 (B, A) 的保护型剪切函数。θ 是分离的当且仅当对任意的 $D \subseteq \mathcal{L}$ 都满足：如果 $\tau \in \theta((B \cup D) \triangle \bot)$，那么 $(B \cup D) \backslash \theta((B \cup D) \triangle \bot) \nvdash \tau$。

上述定义的直观意思是说剪切函数 θ 剪切掉的命题是认知主体在巩固过程中认为不可相信的，而剪切后保留下来信息是认知主体所相信的，如果剪切后保留下来的信息仍可蕴涵被剪切的命题，即 $(B \cup D) \backslash \theta((B \cup D) \triangle \bot) \vdash \tau$，那么这是不符合理性的。这个条件并不是无意义的，确实存在满足定义 10.3 的条件 (1)(2) 却不满足分离性的例子。

示例 10.11 令 φ, ψ 为两个不相关的原子命题，信念库 $B = \{\varphi, \varphi \to \neg\psi\}$，核心信念集 $A = \emptyset$，新信息 $D = \{\varphi \wedge \psi\}$。故 $(B \cup D) \triangle \bot = \{\{\varphi, \varphi \to \neg\psi\}, \{\varphi \to \neg\psi, \varphi \wedge \psi\}\}$，容易验证下面两个剪切方案满足定义 10.3 条件 (1)(2)：$\theta_1((B \cup D) \triangle \bot) = \{\varphi, \varphi \to \neg\psi\}$，$\theta_2((B \cup D) \triangle \bot) = \{\varphi \to \neg\psi\}$。其中 θ_2 满足分离性但 θ_1 则不满足。

定义 10.12 令 $(B, A) \in \mathcal{B}$。算子 $\diamond$ 是基于 (B, A) 的分离保护型核心代谢修正算

子当且仅当存在基于 (B,A) 的分离保护型剪切函数 θ 使得对所有的 $D \subseteq \mathcal{L}$ 都有 $B \diamond_A D \doteq B \diamond_A^\theta D$。

示例 10.13 继续示例 10.11。由于 $\theta_2((B \cup D) \triangle \bot) = \{\varphi \to \neg\psi\}$ 满足分离性，故由其构造的基于 (B,A) 的分离保护型核心代谢修正算子对新信息 D 的修正结果为：$B \diamond_A^{\theta_2} D \doteq (B', A')$，其中 $B' = (B \cup D) \backslash \theta_2((B \cup D) \triangle \bot) = \{\varphi, \psi, \varphi \wedge \psi\}$，$A' = Cn(A) \cap B' = \varnothing$。又由于 $\theta_1((B \cup D) \triangle \bot) = \{\varphi, \varphi \to \neg\psi\}$ 不满足分离性，故由其构造的基于 (B,A) 的保护型核心代谢修正算子对新信息 D 的修正结果为：$B \diamond_A^{\theta_1} D \doteq (B', A')$，其中 $B' = (B \cup D) \backslash \theta_1((B \cup D) \triangle \bot) = \{\psi, \varphi \wedge \psi\}$，$A' = Cn(A) \cap B' = \varnothing$。

定理 10.14 令 $(B,A) \in \mathcal{B}$。算子 $\diamond$ 是基于 (B,A) 的分离保护型核心代谢修正算子当且仅当它满足性质：M-BelState，M-CoreInvariance，M-Inclusion，M-Consistency，M-RelClosure，M-Reversion 和 M-Retainment。

证明：（Ⅰ）Construction $\Longrightarrow$ Postulates：令算子 $\diamond$ 为基于 (B,A) 的分离保护型核心代谢修正算子，下证它满足这些性质。M-BelState，M-CoreInvariance，M-Inclusion，M-Consistency，M-Reversion 和 M-Retainment 这六种性质的证明如定理 10.7（Ⅰ），下面只需证明 M-RelClosure 即可。由定义 10.12 知：存在基于 (B,A) 的分离保护型剪切函数 θ 使得对所有的 $D \subseteq \mathcal{L}$ 都有 $B \diamond_A D \doteq B \diamond_A^\theta D$。用反证法，假设 $Cn(B \diamond_A D) \cap (B \cup D) \nsubseteq B \diamond_A D$，故存在 $\tau \in Cn(B \diamond_A D) \cap (B \cup D)$ 但 $\tau \notin B \diamond_A D$。由 $\tau \notin B \diamond_A D$ 和 $B \diamond_A D = B \diamond_A^\theta D = (B \cup D) \backslash \theta((B \cup D) \triangle \bot)$ 得 $\tau \notin (B \cup D) \backslash \theta((B \cup D) \triangle \bot)$，再由 $\tau \in B \cup D$ 得 $\tau \in \theta((B \cup D) \triangle \bot)$。由于保护型剪切函数 θ 是分离的，故由定义 10.10 和 $\tau \in \theta((B \cup D) \triangle \bot)$ 得 $(B \cup D) \backslash \theta((B \cup D) \triangle \bot) \nvdash \tau$，即 $\tau \notin Cn((B \cup D) \backslash \theta((B \cup D) \triangle \bot)) = Cn(B \diamond_A^\theta D) = Cn(B \diamond_A D)$，即 $\tau \notin Cn(B \diamond_A D)$。产生矛盾，故假设错误，M-RelClosure 成立。

（Ⅱ）Postulates $\Longrightarrow$ Construction：令算子 $\diamond$ 满足这些性质，下证它是基于 (B,A) 的分离保护型核心代谢修正算子。θ 和 $\diamond$ 的定义如定理 10.7（Ⅱ）的证明，这里只需补充证明保护型剪切函数 θ 是分离的即可。令 $\tau \in \theta((B \cup D) \triangle \bot)$，即 $\tau \in (B \cup D) \backslash B \diamond_A D$。再由 M-RelClosure 即 $Cn(B \diamond_A D) \cap (B \cup D) \subseteq B \diamond_A D$ 得 $B \diamond_A D \nvdash \tau$。由 θ 的定义和 M-Inclusion 得 $(B \cup D) \backslash \theta((B \cup D) \triangle \bot) = (B \cup D) \backslash ((B \cup D) \backslash B \diamond_A D) = B \diamond_A D$。故由 $B \diamond_A D \nvdash \tau$ 得 $(B \cup D) \backslash \theta((B \cup D) \triangle \bot) \nvdash \tau$。因此，再根据定义 10.10 知保护型剪切函数 θ 是分离的，证毕。

10.1.4 函数式构造：不一致核心集方案

这一节将构造第二种代谢修正算子：排斥型核心代谢修正算子。此算子要体现核心信念集在巩固过程中对不可信信息的排斥作用，这里需要采用 Falappa et al. (2012) 提出的不一致核心集概念（$M\triangle_\perp A$，定义 9.5）。不一致核心集 $M\triangle_\perp A$ 是所有 M 中与 A 不一致的极小 M-子集的集合，$M\triangle_\perp A$ 的元素一般被称为 A-不一致核心（$A-inconsistent-kernel$）。

那么这种不一致核心集与核心集有什么异同呢？这里证明了下面关于这两者的关系命题。

命题 10.15 令 $A \subseteq B, A \subseteq C$ 且 A 为一致集。如果 $B\triangle_\perp = C\triangle_\perp$，那么 $B\triangle_\perp A = C\triangle_\perp A$；反之则不一定成立。

证明：（1）令 $B\triangle_\perp = C\triangle_\perp$，分两个方向证明 $B\triangle_\perp A = C\triangle_\perp A$：

$B\triangle_\perp A \subseteq C\triangle_\perp A$：令 $X \in B\triangle_\perp A$，故 $X \cup A \vdash \perp$，由紧致性知存在有穷集合 $W \subseteq X \cup A$ 使得 $W \vdash \perp$。由 $X \subseteq B$ 和 $A \subseteq B$ 得 $X \cup A \subseteq B$，故 $W \subseteq B$。再根据 W 的有穷性和 $W \vdash \perp$ 易知存在 $Y \subseteq W$ 使得 $Y \in B\triangle_\perp$。假设 $X \not\subseteq Y$，那么存在 $\tau \in X\backslash Y$。由 $Y \in B\triangle_\perp$ 得 $Y \cup A \vdash \perp$，故 $Y\backslash A \cup A \vdash \perp$。由 $Y \subseteq W \subseteq X \cup A$ 得 $Y\backslash A \subseteq X$，再由 $\tau \in X\backslash Y$ 得 $Y\backslash A \subset X$，又 $Y\backslash A \cup A \vdash \perp$，故由定义 9.5 条件（3）得 $X \notin B\triangle_\perp A$，产生矛盾，故假设错误，$X \subseteq Y$ 成立。再由 $Y \in B\triangle_\perp = C\triangle_\perp$ 得 $X \subseteq C$。用反证法，假设 $X \notin C\triangle_\perp A$。由已证的 $X \subseteq C$ 和 $X \cup A \vdash \perp$ 知存在 $Z \subset X$ 使得 $Z \cup A \vdash \perp$，这与 $X \in B\triangle_\perp A$ 相矛盾，故假设错误，$X \in C\triangle_\perp A$ 成立，故 $B\triangle_\perp A \subseteq C\triangle_\perp A$ 成立。

$B\triangle_\perp A \supseteq C\triangle_\perp A$：这个方向与上面类似，证略。

（2）反向的不成立性只需举出一个 $B\triangle_\perp A = C\triangle_\perp A$ 但 $B\triangle_\perp \neq C\triangle_\perp$ 的例子即可。

令 φ, ψ 为不相关的原子命题，$B = \{\varphi, \varphi \to \psi, \psi \to \neg\varphi\}$，$C = \{\neg\psi, \varphi, \varphi \to \psi, \psi \to \neg\varphi\}$，$A = \{\varphi \to \psi, \psi \to \neg\varphi\}$。由定义 9.5 易得 $B\triangle_\perp A = C\triangle_\perp A = \{\{\varphi\}\}$，而 $B\triangle_\perp = \{\{\varphi, \varphi \to \psi, \psi \to \neg\varphi\}\} \neq C\triangle_\perp = \{\{\neg\psi, \varphi, \varphi \to \psi\}, \{\varphi, \varphi \to \psi, \psi \to \neg\varphi\}\}$。

命题 10.16 令 $(B, A) \in \mathcal{B}$。如果 $\diamond$ 满足 M-Uniformity，那么 $\diamond$ 也满足 M-Reversion。

证明：令 $\diamond$ 满足 M-Uniformity 且 $B \cup D_1$ 和 $B \cup D_2$ 有相同的极小不一致子集，即 $(B \cup D_1)\triangle_\perp = (B \cup D_2)\triangle_\perp$。由命题 10.15 知 $(B \cup D_1)\triangle_\perp A = (B \cup D_2)\triangle_\perp A$。由 M-Uniformity 得 $(B \cup D_1)\backslash B \diamond_A D_1 = (B \cup D_2)\backslash B \diamond_A D_2$，即 M-Reversion 的后

件成立，故 M-Reversion 成立。

如果 $B \cup D$ 中的元素 φ 出现在某个不一致核心之内，那么称 φ 是受牵连的，故不一致核心集的牵连范围为 $\bigcup((B \cup D) \triangle_\perp A)$；类似的，如果 $B \cup D$ 中的元素 φ 出现在某个核心之内，那么也称 φ 是受牵连的，故核心集的牵连范围为 $\bigcup((B \cup D) \triangle \perp)$。下列命题表明了这两者的关系。

命题 10.17 令 $(B, A) \in \mathcal{B}$ 且 $D \subseteq \mathcal{L}$。那么 $\bigcup((B \cup D) \triangle_\perp A) \subseteq \bigcup((B \cup D) \triangle \perp)$。

证明：令 $\tau \in \bigcup((B \cup D) \triangle_\perp A)$，故存在 $X \in (B \cup D) \triangle_\perp A$ 使得 $\tau \in X$。由 $X \in (B \cup D) \triangle_\perp A$ 得 $X \subseteq B \cup D$ 且 $X \cup A \vdash \perp$，再由 $X \subseteq B \cup D$、$(B, A) \in \mathcal{B}$ 和紧致性易知存在 $Z \subseteq X \cup A \subseteq B \cup D$ 使得 $Z \in (B \cup D) \triangle \perp$。由 $Z \in (B \cup D) \triangle \perp$ 知 $Z \vdash \perp$，故 $Z \setminus A \cup A \vdash \perp$。假设 $\tau \notin Z$。由 $Z \subseteq X \cup A$ 得 $Z \setminus A \subseteq X$，再由 $\tau \in X$ 和 $\tau \notin Z$ 得 $Z \setminus A \subset X$，故由 $X \in (B \cup D) \triangle_\perp A$ 得 $Z \setminus A \cup A \nvdash \perp$。这与已证的 $Z \setminus A \cup A \vdash \perp$ 产生矛盾，故假设错误，$\tau \in Z$ 成立。再由 $\tau \in Z$ 和 $Z \in (B \cup D) \triangle \perp$ 得 $\tau \in \bigcup((B \cup D) \triangle \perp)$。因此，$\bigcup((B \cup D) \triangle_\perp A) \subseteq \bigcup((B \cup D) \triangle \perp)$ 成立。

从这个命题可以看出不一致核心集的牵连范围包含在核心集的牵连范围之中，也就是说如果认知主体采用基于不一致核心集的信念改变方案，那么他在改变过程中考虑的牵涉范围至多不超过基于核心集的改变方案的牵涉范围。那么这个命题的反向即 $\bigcup((B \cup D) \triangle_\perp A) \supseteq \bigcup((B \cup D) \triangle \perp)$ 是否成立呢？下面这个例子是一个反例。

示例 10.18 令 φ, ψ 为不相关的原子命题，$B \cup D = \{\neg\psi, \varphi, \varphi \to \psi, \psi \to \neg\varphi\}$，核心信念集 $A = \{\varphi \to \psi, \psi \to \neg\varphi\}$。由定义 9.5 得 $(B \cup D) \triangle_\perp A = \{\{\varphi\}\}$，由不一致核心集的定义知 $(B \cup D) \triangle \perp = \{\{\neg\psi, \varphi, \varphi \to \psi\}, \{\varphi, \varphi \to \psi, \psi \to \neg\varphi\}\}$。显然，$\bigcup((B \cup D) \triangle_\perp A) = \{\varphi\}$ 且 $\bigcup((B \cup D) \triangle \perp) = \{\neg\psi, \varphi, \varphi \to \psi, \psi \to \neg\varphi\}$，可见 $\bigcup((B \cup D) \triangle_\perp A) \subseteq \bigcup((B \cup D) \triangle \perp)$ 但 $\bigcup((B \cup D) \triangle_\perp A) \not\supseteq \bigcup((B \cup D) \triangle \perp)$。

如果 (B, A) 是信念状态且 $D \subseteq \mathcal{L}$ 是新信息，那么 $(B \cup D) \triangle_\perp A$ 的所有元素都包含了与核心信念集 A 相冲突的信息，也就是说这些元素中包含了认知主体认为不可信的信息，需要从这些元素中删除部分信念以清除与核心信念集 A 的冲突，从而达到巩固信念状态的目的。因此，这里需要构造排斥型的剪切函数，通过它从 $(B \cup D) \triangle_\perp A$ 的所有元素中至少删除一个命题来达到清除冲突的目的。

定义 10.19 令 $(B, A) \in \mathcal{B}$。函数 $\theta((B \cup D) \triangle_\perp A)$ 是基于 (B, A) 的排斥型剪切函数当且仅当对任意的 $D \subseteq \mathcal{L}$，下列条件都成立：

（1）$\theta((B \cup D) \triangle_\perp A) \subseteq \bigcup((B \cup D) \triangle_\perp A)$;

（2）如果 $X \in (B \cup D) \triangle_\perp A$，那么 $\theta((B \cup D) \triangle_\perp A) \cap X \neq \varnothing$；

（3）如果 $\tau \in \theta((B \cup D) \triangle_\perp A)$，那么 $(B \cup D) \backslash \theta((B \cup D) \triangle_\perp A) \nvdash \tau$。

这里有五点值得注意：（a）由于 $(B, A) \in \mathcal{B}$，故 $A \nvdash \perp$，故由定义 9.5 知 $\varnothing \notin (B \cup D) \triangle_\perp A$，因此，条件（2）的 "$\theta((B \cup D) \triangle_\perp A) \cap X \neq \varnothing$" 要求是可行的。

（b）条件（2）中不再明确规定保护性要求 $\theta((B \cup D) \triangle_\perp A) \cap X \subseteq X \backslash Cn(A)$ 以保护核心信念集 A，但依旧满足保护性，因为从命题 9.8（5）知不一致核心集有下列性质：如果 $X \in (B \cup D) \triangle_\perp A$，那么 $Cn(A) \cap X = \varnothing$。也就是说不一致核心集的所有元素都没有核心信念集 A 的逻辑后承，因此，无论排斥型剪切函数如何剪切都不会剪切掉核心信念集的逻辑后承。

（c）条件（3）与定义 10.10 中保护型剪切函数的分离性类似，它的直观意思是说剪切函数 θ 剪切掉的命题都受到核心信念集 A 的排斥，从而在巩固过程中被认为是不可相信的，而剪切后保留下来的信息是认知主体所相信的，如果剪切后保留下来的信息仍可推出被剪切的命题，即 $(B \cup D) \backslash \theta((B \cup D) \triangle_\perp A) \vdash \tau$，那么这是不理性的。这个条件并不是无意义的、或者说不必要的，确实存在满足定义 10.19 的条件（1）（2）却不满足条件（3）的例子。

示例 10.20 令 $\varphi, \psi, \alpha, \tau$ 是互不相关的原子命题，$B \cup D = \{\neg\varphi, \neg\varphi \to \psi, \neg\alpha, \neg\alpha \to \psi, \alpha \to \neg\tau, \neg\psi, \tau\}$，核心信念集 $A = \{\neg\psi, \tau\}$。根据定义 9.5 易得 $(B \cup D) \triangle_\perp A = \{\{\neg\varphi, \neg\varphi \to \psi\}, \{\neg\alpha, \neg\alpha \to \psi\}, \{\neg\alpha \to \psi, \alpha \to \neg\tau\}\}$。根据定义 10.19 容易验证：剪切方案 $\theta_1((B \cup D) \triangle_\perp A) = \{\neg\varphi \to \psi, \neg\alpha, \alpha \to \neg\tau\}$ 满足条件（1）（2）（3）；然而剪切方案 $\theta_2((B \cup D) \triangle_\perp A) = \{\neg\varphi \to \psi, \neg\alpha \to \psi, \alpha \to \neg\tau\}$ 满足条件（1）（2）却不满足条件（3），因为 $\alpha \to \neg\tau \in \theta_2$，但是 $(B \cup D) \backslash \theta_2((B \cup D) \triangle_\perp A) = \{\neg\varphi, \neg\alpha, \neg\psi, \tau\} \vdash \alpha \to \neg\tau$，故 θ_2 不满足条件（3）。

（d）是否对任意的 D 都能找到满足定义 10.19 的全部三个条件的剪切方案呢？答案是肯定的。这里证明了在极端情况 $\forall D \subseteq \mathcal{L}(\theta((B \cup D) \triangle_\perp A) = \bigcup((B \cup D) \triangle_\perp A))$ 下对任意 D 都是满足这三个条件的。

命题 10.21 令 $(B, A) \in \mathcal{B}$。如果剪切函数 θ 定义为 $\forall D \subseteq \mathcal{L}(\theta((B \cup D) \triangle_\perp A) = \bigcup((B \cup D) \triangle_\perp A))$，那么 θ 是基于 (B, A) 的排斥型剪切函数。

证明：只需证明：任取 $D \subseteq \mathcal{L}$ 都有 $\theta((B \cup D) \triangle_\perp A)$ 满足定义 10.19 的条件（1）（2）（3）即可。

条件（1）：根据 θ 的定义，显然满足 $\theta((B\cup D)\triangle_\perp A) \subseteq \bigcup((B\cup D)\triangle_\perp A)$。

条件（2）：令 $X \in (B\cup D)\triangle_\perp A$，故 $X\cup A \vdash \perp$。由 $(B,A) \in \mathcal{B}$ 得 $A \nvdash \perp$。由 $X\cup A \vdash \perp$ 和 $A \nvdash \perp$ 得 $X \neq \emptyset$。再由 $X \in (B\cup D)\triangle_\perp A$ 得 $X \subseteq \bigcup((B\cup D)\triangle_\perp A) = \theta((B\cup D)\triangle_\perp A)$，故 $\theta((B\cup D)\triangle_\perp A)\cap X = X \neq \emptyset$。因此条件（2）成立。

条件（3）：令 $\tau \in \theta((B\cup D)\triangle_\perp A)$，即 $\tau \in \bigcup((B\cup D)\triangle_\perp A)$。用反证法，假设 $(B\cup D)\setminus\theta((B\cup D)\triangle_\perp A) \vdash \tau$。故由紧致性易知存在 $Y \subseteq (B\cup D)\setminus\theta((B\cup D)\triangle_\perp A)$ 使得 $Y \in (B\cup D)\triangle\tau$。由 $\tau \in \bigcup((B\cup D)\triangle_\perp A)$ 知存在 $X \in (B\cup D)\triangle_\perp A$ 使得 $\tau \in X$。由 $X \in (B\cup D)\triangle_\perp A$ 得 $X\cup A \vdash \perp$，由 $Y \in (B\cup D)\triangle\tau$ 得 $Y \vdash \tau$。再由 $\tau \in X$ 得 $X\setminus\{\tau\}\cup Y\cup A \vdash \perp$。由 $Y \subseteq B\cup D$ 和 $X \subseteq B\cup D$ 得 $X\setminus\{\tau\}\cup Y \subseteq B\cup D$。由 $X\setminus\{\tau\}\cup Y \subseteq B\cup D$、$X\setminus\{\tau\}\cup Y\cup A \vdash \perp$ 和下界性引理 9.7 知存在 $Z \subseteq X\setminus\{\tau\}\cup Y$ 使得 $Z \in (B\cup D)\triangle_\perp A$。由 $Z \in (B\cup D)\triangle_\perp A$ 和 θ 的定义得 $Z \subseteq \bigcup((B\cup D)\triangle_\perp A) = \theta((B\cup D)\triangle_\perp A)$。假设 $Z\cap Y = \emptyset$，故由 $Z \subseteq X\setminus\{\tau\}\cup Y$ 得 $Z \subseteq X\setminus\{\tau\}$。由 $Z \in (B\cup D)\triangle_\perp A$ 得 $Z\cup A \vdash \perp$，再由 $Z \subseteq X\setminus\{\tau\}$ 得 $X\setminus\{\tau\}\cup A \vdash \perp$。然而由 $\tau \in X$ 得 $X\setminus\{\tau\} \subset X$，再由 $X \in (B\cup D)\triangle_\perp A$ 得 $X\setminus\{\tau\}\cup A \nvdash \perp$，产生矛盾，故假设 $Z\cap Y = \emptyset$ 错误，故 $Z\cap Y \neq \emptyset$。故存在 $\psi \in Z\cap Y$。由 $\psi \in Z\cap Y$ 和 $Z \subseteq \theta((B\cup D)\triangle_\perp A)$ 得 $\psi \in \theta((B\cup D)\triangle_\perp A)$。然而由 $\psi \in Z\cap Y$ 和 $Y \subseteq (B\cup D)\setminus\theta((B\cup D)\triangle_\perp A)$ 得 $\psi \in (B\cup D)\setminus\theta((B\cup D)\triangle_\perp A)$，故 $\psi \notin \theta((B\cup D)\triangle_\perp A)$。产生矛盾，故假设 $(B\cup D)\setminus\theta((B\cup D)\triangle_\perp A) \vdash \tau$ 错误，$(B\cup D)\setminus\theta((B\cup D)\triangle_\perp A) \nvdash \tau$ 成立。因此条件（3）成立。证毕。

（e）排斥型剪切函数和保护型剪切函数在剪切范围上有什么差异呢？由定义 10.19 条件（1）知排斥型剪切函数的剪切范围是 $\bigcup((B\cup D)\triangle_\perp A)$，与不一致核心集的牵连范围相同。而由定义 10.3 条件（1）知保护型剪切函数的剪切范围在 $\bigcup((B\cup D)\triangle\perp)$ 之内，由条件（2）知剪切范围进一步被限定在非 A 后承之中，即剪切范围是 $\bigcup((B\cup D)\triangle\perp)\setminus Cn(A)$。那么这两个范围有什么关系呢？这里证明了下面的关系命题。

命题 10.22 令 $(B,A) \in \mathcal{B}$ 且 $D \subseteq \mathcal{L}$。那么 $\bigcup((B\cup D)\triangle_\perp A) \subseteq \bigcup((B\cup D)\triangle\perp)\setminus Cn(A)$。

证明：令 $\tau \in \bigcup((B\cup D)\triangle_\perp A)$，故存在 $X \in (B\cup D)\triangle_\perp A$ 使得 $\tau \in X$。由 $X \in (B\cup D)\triangle_\perp A$ 得 $X\cup A \vdash \perp$。再由 $X \subseteq B\cup D$、$(B,A) \in \mathcal{B}$ 和紧致性易知存在 $Z \subseteq X\cup A \subseteq B\cup D$ 使得 $Z \in (B\cup D)\triangle\perp$。假设 $\tau \notin Z$。由 $Z \in (B\cup D)\triangle\perp$

知 $Z \vdash \bot$，故 $Z \backslash A \cup A \vdash \bot$。由 $Z \subseteq X \cup A$ 得 $Z \backslash A \subseteq X$，再由 $\tau \in X$ 和 $\tau \notin Z$ 得 $Z \backslash A \subset X$，故由 $X \in (B \cup D) \triangle_{\bot} A$ 得 $Z \backslash A \cup A \nvdash \bot$，产生矛盾，故假设 $\tau \notin Z$ 错误，$\tau \in Z$ 成立。再由 $\tau \in Z$ 和 $Z \in (B \cup D) \triangle \bot$ 得 $\tau \in \bigcup ((B \cup D) \triangle \bot)$。假设 $A \vdash \tau$，故 $Cn(X \cup A) = Cn(X \backslash \{\tau\} \cup A)$。由 $\tau \in X$ 得 $X \backslash \{\tau\} \subset X$，再由 $X \in (B \cup D) \triangle_{\bot} A$ 得 $X \backslash \{\tau\} \cup A \nvdash \bot$，故由 $Cn(X \cup A) = Cn(X \backslash \{\tau\} \cup A)$ 得 $X \cup A \nvdash \bot$，与已证的 $X \cup A \vdash \bot$ 产生矛盾，故假设 $A \vdash \tau$ 错误，$\tau \notin Cn(A)$ 成立。由 $\tau \in \bigcup((B \cup D) \triangle \bot)$ 和 $\tau \notin Cn(A)$ 得 $\tau \in \bigcup((B \cup D) \triangle \bot) \backslash Cn(A)$。因此，$\bigcup((B \cup D) \triangle_{\bot} A) \subseteq \bigcup((B \cup D) \triangle \bot) \backslash Cn(A)$ 成立。

由此命题可看出两者的差异在于：对于固定的信念状态 (B, A)，排斥型剪切函数的剪切范围包含在保护型剪切函数的剪切范围之内。排斥型剪切函数所剪切的元素是不一致核心集的并集的元素，而保护型剪切函数可能会剪切核心集的并集以内、不一致核心集的并集内外的非 A 后承。另外，上述命题的另一个方向则不一定成立，即存在 $D \subseteq \mathcal{L}$ 使得 $\bigcup((B \cup D) \triangle_{\bot} A) \not\supseteq \bigcup((B \cup D) \triangle \bot) \backslash Cn(A)$。下面的例子是一个反例。

示例 10.23 继续示例 10.18。由于核心信念集 $A = \{\varphi \to \psi, \psi \to \neg\varphi\}$，$(B \cup D) \triangle_{\bot} A = \{\{\varphi\}\}$ 且 $(B \cup D) \triangle \bot = \{\{\neg\psi, \varphi, \varphi \to \psi\}, \{\varphi, \varphi \to \psi, \psi \to \neg\varphi\}\}$。故排斥型剪切函数的剪切范围为 $\bigcup((B \cup D) \triangle_{\bot} A) = \{\varphi\}$，而保护型剪切函数的剪切范围为 $\bigcup((B \cup D) \triangle \bot) \backslash Cn(A) = \{\neg\psi, \varphi\}$。因此 $\bigcup((B \cup D) \triangle_{\bot} A) \subseteq \bigcup((B \cup D) \triangle \bot) \backslash Cn(A)$ 但是 $\bigcup((B \cup D) \triangle_{\bot} A) \not\supseteq \bigcup((B \cup D) \triangle \bot) \backslash Cn(A)$。从这里也可看出，与核心信念集 A 的保护机制相比，其排斥机制对剪切范围具有更多的限制。

有了排斥型剪切函数，下面来定义排斥型核心代谢修正算子。

定义 10.24 令 $(B, A) \in \mathcal{B}$，θ 是基于 (B, A) 的排斥型剪切函数。

（1）由 θ 构造的基于 (B, A) 的排斥型核心代谢修正算子 $\diamond^{\theta}$ 是这样定义的：对所有的 $D \subseteq \mathcal{L}$，$B \diamond^{\theta}_A D \doteq (B', A')$，其中 $B' = (B \cup D) \backslash \theta((B \cup D) \triangle_{\bot} A)$，$A' = Cn(A) \cap B'$。

（2）算子 $\diamond$ 是基于 (B, A) 的排斥型核心代谢修正算子当且仅当存在排斥型剪切函数 θ 使得对所有的 $D \subseteq \mathcal{L}$ 都有 $B \diamond_A D \doteq B \diamond^{\theta}_A D$。

示例 10.25 （1）继续示例 10.20，由于 $B \cup D = \{\neg\varphi, \neg\varphi \to \psi, \neg\alpha, \neg\alpha \to \psi, \alpha \to \neg\tau, \neg\psi, \tau\}$，核心信念集 $A = \{\neg\psi, \tau\}$，并且给出了满足定义 10.19 的条件（1）（2）（3）的排斥型剪切函数 $\theta_1((B \cup D) \triangle_{\bot} A) = \{\neg\varphi \to \psi, \neg\alpha, \alpha \to \neg\tau\}$。故由它构

造的基于 (B, A) 的排斥型核心代谢修正算子对新信息 D 的修正结果为：$B \diamond_A^\theta D \triangleq (B', A')$，其中 $B' = (B \cup D) \backslash \theta((B \cup D) \triangle_\perp A) = \{\neg\varphi, \neg\alpha \to \psi, \neg\psi, \tau\}$，$A' = Cn(A) \cap B' = \{\neg\psi, \tau\}$。

(2) 令 φ, ψ 为不相关的原子命题，信念库 $B = \{\neg\psi, \varphi \to \psi, \psi \to \neg\varphi\}$，核心信念集 $A = \{\varphi \to \psi, \psi \to \neg\varphi\}$，新信息 $D = \{\varphi\}$。由定义 9.5 得 $(B \cup D) \triangle_\perp A = \{\{\varphi\}\}$，由不一致核心集的定义知 $(B \cup D) \triangle \perp = \{\{\neg\psi, \varphi, \varphi \to \psi\}, \{\varphi, \varphi \to \psi, \psi \to \neg\varphi\}\}$。根据定义 10.19 容易验证：唯一的剪切方案 $\theta((B \cup D) \triangle_\perp A) = \{\varphi\}$ 满足条件（1）（2）（3），故 θ 是排斥型剪切函数，由其构造的排斥型核心代谢修正算子对新信息 D 的修正结果为：$B \diamond_A^\theta D \triangleq (B', A')$，其中 $B' = (B \cup D) \backslash \theta((B \cup D) \triangle_\perp A) = \{\neg\psi, \varphi \to \psi, \psi \to \neg\varphi\}$，$A' = Cn(A) \cap B' = \{\varphi \to \psi, \psi \to \neg\varphi\}$。根据定义 10.3 容易验证：其中一种可能的剪切方案 $\sigma((B \cup D) \triangle \perp) = \{\neg\psi, \varphi\}$ 满足条件（1）（2），故 σ 是保护型剪切函数，由其构造的保护型核心代谢修正算子对新信息 D 的修正结果为：$B \diamond_A^\sigma D \triangleq (B', A')$，其中 $B' = (B \cup D) \backslash \sigma((B \cup D) \triangle \perp) = \{\varphi \to \psi, \psi \to \neg\varphi\}$，$A' = Cn(A) \cap B' = \{\varphi \to \psi, \psi \to \neg\varphi\}$。

定理 10.26 令 $(B, A) \in \mathcal{B}$。算子 $\diamond$ 是基于 (B, A) 的排斥型核心代谢修正算子当且仅当它也满足性质：M-BelState，M-Inclusion，M-CoreInvariance，M-Consistency，M-RelClosure，M-Uniformity 和 M-ExRetainment。

证明：（Ⅰ）Construction $\Longrightarrow$ Postulates：令算子 $\diamond$ 为基于 (B, A) 的排斥型核心代谢修正算子，下证它满足这些性质。

M-BelState： 由 $(B, A) \in \mathcal{B}$ 和定义 10.24 知 $A' \nvdash \perp$，再由定义 9.43 知只需证明 $Cn(A') \cap B' = A'$，由定义 10.24 知只需证 $Cn(Cn(A) \cap B') \cap B' = Cn(A) \cap B'$，易证，略。

M-CoreInvariance： 由定义 10.24 知 $(B \diamond_A D)_2 = A' = Cn(A) \cap B'$，故只要证明 $Cn(A) \cap B' = Cn(A) \cap (B \cup D)$ 即可。$Cn(A) \cap B' \subseteq Cn(A) \cap (B \cup D)$ 是显然的。假设 $Cn(A) \cap B' \nsupseteq Cn(A) \cap (B \cup D)$，故存在 $\tau \in Cn(A) \cap (B \cup D)$ 使得 $\tau \notin B' = (B \cup D) \backslash \theta((B \cup D) \triangle_\perp A)$，故 $\tau \in \theta((B \cup D) \triangle_\perp A)$。再由定义 10.19 知存在 $X \in (B \cup D) \triangle_\perp A$ 使得 $\tau \in X$。由 $\tau \in X$ 得 $X \backslash \{\tau\} \subset X$，再由 $X \in (B \cup D) \triangle_\perp A$ 得 $X \cup A \vdash \perp$ 且 $X \backslash \{\tau\} \cup A \nvdash \perp$。然而由 $\tau \in Cn(A)$ 知 $Cn(X \backslash \{\tau\} \cup A) = Cn(X \cup A)$，产生矛盾，故假设错误，$Cn(A) \cap B' \supseteq Cn(A) \cap (B \cup D)$ 成立。因此，$Cn(A) \cap B' = Cn(A) \cap (B \cup D)$ 成立，故 M-CoreInvariance 成立。

M-Inclusion： 由定义 10.24 显然有 $B \diamond_A D = (B \cup D) \backslash \theta((B \cup D) \triangle_\perp A) \subseteq$

$B \cup D$。

M-Consistency：用反证法，假设 $B \diamond_A D \vdash \bot$，故 $B \diamond_A D \cup A \vdash \bot$，再由 $B \diamond_A D \subseteq B \cup D$ 和下界性引理 9.7 易知存在 Y 使得 $Y \subseteq B \diamond_A D$ 且 $Y \in (B \cup D) \triangle_\bot A$。由 $Y \subseteq B \diamond_A D$ 得 $Y \subseteq (B \cup D) \setminus \theta((B \cup D) \triangle_\bot A)$，故 $Y \cap \theta((B \cup D) \triangle_\bot A) = \varnothing$。而由 $Y \in (B \cup D) \triangle_\bot A$ 和定义 10.19 条件（2）得 $\theta((B \cup D) \triangle_\bot A) \cap Y \neq \varnothing$，产生矛盾，故假设错误，$B \diamond_A D$ 是一致的。

M-RelClosure：用反证法，假设 $Cn(B \diamond_A D) \cap (B \cup D) \not\subseteq B \diamond_A D$，故存在 $\psi \in (B \cup D) \setminus B \diamond_A D$ 使得 $B \diamond_A D \vdash \psi$。由于 $\psi \in (B \cup D) \setminus B \diamond_A D = (B \cup D) \setminus ((B \cup D) \setminus \theta((B \cup D) \triangle_\bot A))$，故 $\psi \in \theta((B \cup D) \triangle_\bot A)$，由定义 10.19 条件（3）得 $(B \cup D) \setminus \theta((B \cup D) \triangle_\bot A) \not\vdash \psi$。然而，由 $B \diamond_A D \vdash \psi$ 和 $B \diamond_A D = (B \cup D) \setminus \theta((B \cup D) \triangle_\bot A)$ 得 $(B \cup D) \setminus \theta((B \cup D) \triangle_\bot A) \vdash \psi$，产生矛盾，故假设错误，$Cn(B \diamond_A D) \cap (B \cup D) \subseteq B \diamond_A D$ 即 M-RelClosure 成立。

M-Uniformity：令 $B \cup D_1$ 和 $B \cup D_2$ 的与 A 不一致的极小子集相同，即 $(B \cup D_1) \triangle_\bot A = (B \cup D_2) \triangle_\bot A$，故 $\theta((B \cup D_1) \triangle_\bot A) = \theta((B \cup D_2) \triangle_\bot A)$，故 $(B \cup D_1) \setminus B \diamond_A D_1 = (B \cup D_1) \setminus ((B \cup D_1) \setminus \theta((B \cup D_1) \triangle_\bot A)) = \theta((B \cup D_1) \triangle_\bot A) = \theta((B \cup D_2) \triangle_\bot A) = (B \cup D_2) \setminus ((B \cup D_2) \setminus \theta((B \cup D_2) \triangle_\bot A)) = (B \cup D_2) \setminus B \diamond_A D_2$。故 $(B \cup D_1) \setminus B \diamond_A D_1 = (B \cup D_2) \setminus B \diamond_A D_2$，即 M-Uniformity 成立。

M-ExRetainment：令 $\psi \in (B \cup D) \setminus (B \diamond_A D)$，故 $\psi \in (B \cup D) \setminus ((B \cup D) \setminus \theta((B \cup D) \triangle_\bot A)) = \theta((B \cup D) \triangle_\bot A)$。故存在 $Y \in (B \cup D) \triangle_\bot A$ 使得 $\psi \in Y$，故 $Y \cup A \vdash \bot$。令 $C = Y \setminus \{\psi\}$，显然 $C \subset Y \subseteq B \cup D$。再由 $Y \in (B \cup D) \triangle_\bot A$ 和 $C \subset Y$ 得 $C \cup A \not\vdash \bot$ 且 $C \cup \{\psi\} \cup A = Y \cup A \vdash \bot$。因此存在 $C \subseteq B \cup D$ 使得 $C \cup A \not\vdash \bot$，但 $C \cup \{\psi\} \cup A \vdash \bot$。由此知 M-ExRetainment 成立。

（Ⅱ）Postulates $\Longrightarrow$ Construction：令算子 $\diamond$ 满足这些性质，下面证明它是基于 (B, A) 的排斥型核心代谢修正算子。

定义基于 (B, A) 的映射 θ 使其满足：对任意的 $D \subseteq \mathcal{L}$ 都有 $\theta((B \cup D) \triangle_\bot A) = (B \cup D) \setminus (B \diamond_A D)$，定义基于 (B, A) 的算子 $\circ$ 使其满足：对任意的 $D \subseteq \mathcal{L}$ 都有 $B \circ_A D \triangleq (B', A')$，其中 $B' = (B \cup D) \setminus \theta((B \cup D) \triangle_\bot A)$，$A' = Cn(A) \cap B'$。下面需要证明：(a) θ 是一个良定义的函数；(b) θ 是基于 (B, A) 的排斥型剪切函数；(c) 对任何 $D \subseteq \mathcal{L}$ 都有 $B \circ_A D \triangleq B \diamond_A D$。

(a) θ 是一个良定义的函数：即证对任意的 $D_1, D_2 \subseteq \mathcal{L}$，如果 $(B \cup D_1) \triangle_\bot A = (B \cup D_2) \triangle_\bot A$，那么 $\theta((B \cup D_1) \triangle_\bot A) = \theta((B \cup D_2) \triangle_\bot A)$。令 $(B \cup D_1) \triangle_\bot A = (B \cup D_2) \triangle_\bot A$，由 M-Uniformity 得 $(B \cup D_1) \setminus B \diamond_A D_1 = (B \cup D_2) \setminus B \diamond_A D_2$，即 $\theta((B \cup D_1) \triangle_\bot A) = \theta((B \cup D_2) \triangle_\bot A)$。

（b）θ 是基于 (B, A) 的排斥型剪切函数。条件（1）：令 $\tau \in \theta((B \cup D) \triangle_\perp A)$ 即 $\tau \in (B \cup D) \setminus (B \diamond_A D)$，由 M-ExRetainment 知存在 $C \subseteq B \cup D$ 使得 $C \cup A \not\vdash \perp$，但 $C \cup \{\tau\} \cup A \vdash \perp$。由 $C \cup \{\tau\} \subseteq B \cup D$、$C \cup \{\tau\} \cup A \vdash \perp$ 和引理 9.7 的下界性知存在 Y 使得 $Y \subseteq C \cup \{\tau\}$ 且 $Y \in (B \cup D) \triangle_\perp A$。故 $Y \cup A \vdash \perp$。由 $Y \subseteq C \cup \{\tau\}$、$C \cup A \not\vdash \perp$ 和 $Y \cup A \vdash \perp$ 得 $\tau \in Y$。由 $\tau \in Y \in (B \cup D) \triangle_\perp A$ 得 $\tau \in \bigcup ((B \cup D) \triangle_\perp A)$。故条件（1）成立。

条件（2）：令 $X \in ((B \cup D) \triangle_\perp A)$，用反证法，假设 $\theta((B \cup D) \triangle_\perp A) \cap X = \emptyset$，即 $((B \cup D) \setminus (B \diamond_A D)) \cap X = \emptyset$。故由 $X \subseteq B \cup D$ 得 $X \subseteq B \diamond_A D$。故由 $X \cup A \vdash \perp$ 得 $B \diamond_A D \cup A \vdash \perp$。由 M-ExRetainment 和命题 10.2（2）得 M-Protection 即 $A \subseteq B \diamond_A D$ 成立。故 $B \diamond_A D \vdash \perp$，这与 M-Consistency 相矛盾，故假设错误，$\theta((B \cup D) \triangle_\perp A) \cap X \neq \emptyset$，故条件（2）成立。

条件（3）：令 $\tau \in \theta((B \cup D) \triangle_\perp A)$，即 $\tau \in (B \cup D) \setminus B \diamond_A D$。再由 M-RelClosure 得 $B \diamond_A D \not\vdash \tau$，故由 M-Inclusion 得 $(B \cup D) \setminus ((B \cup D) \setminus B \diamond_A D) \not\vdash \tau$，即 $(B \cup D) \setminus \theta((B \cup D) \triangle_\perp A) \not\vdash \tau$。故条件（3）成立。

因此，由条件（1）（2）（3）和定义 10.19 知（b）成立。

（c）对任意的 $D \subseteq \mathcal{L}$ 都有 $B \diamond_A D \doteq B \circ_A D$：即证 $B \diamond_A D = B'$、$(B \diamond_A D)_2 = A'$ 和 $B \circ_A D \in \mathcal{B}$。

$B \diamond_A D = B'$：由 $\circ$ 的定义知 $B' = (B \cup D) \setminus \theta((B \cup D) \triangle_\perp A) = (B \cup D) \setminus ((B \cup D) \setminus B \diamond_A D)$。由 M-Inclusion 得 $B \diamond_A D \subseteq B \cup D$，故 $B' = (B \cup D) \setminus ((B \cup D) \setminus B \diamond_A D) = B \diamond_A D$。

$(B \diamond_A D)_2 = A'$：由 M-CoreInvariance 和 $\circ$ 的定义知即证 $Cn(A) \cap (B \cup D) = Cn(A) \cap B'$，$\supseteq$ 方向是显然的。假设 $\subseteq$ 方向不成立，即 $Cn(A) \cap (B \cup D) \not\subseteq Cn(A) \cap B'$，故存在 $\tau \in Cn(A) \cap (B \cup D)$ 使得 $\tau \notin B' = (B \cup D) \setminus \theta((B \cup D) \triangle_\perp A)$，故 $\tau \in \theta((B \cup D) \triangle_\perp A) = (B \cup D) \setminus B \diamond_A D$。再由 M-ExRetainment 知存在 $C \subseteq B \cup D$ 使得 $C \cup A \not\vdash \perp$，但 $C \cup \{\tau\} \cup A \vdash \perp$。故 $A \not\vdash \tau$，与 $\tau \in Cn(A)$ 相矛盾，故假设错误，$\subseteq$ 方向亦成立。因此 $(B \diamond_A D)_2 = A'$。

$B \circ_A D \in \mathcal{B}$：由 $B \diamond_A D = B'$、$(B \diamond_A D)_2 = A'$ 和 M-BelState 即得，证毕。

由命题 10.2 和定理 10.26 易得下面推论。

推论 10.27 令 $(B, A) \in \mathcal{B}$。如果算子 $\diamond$ 是基于 (B, A) 的排斥型核心代谢修正算子，那么它也满足 M-Protection，M-Vacuity 和 M-Retainment。

那么排斥型核心代谢算子与保护型核心代谢算子之间有什么关系呢？这里有下面推论。

推论 10.28 令 $(B,A) \in \mathcal{B}$，如果算子 $\diamond$ 是基于 (B,A) 的排斥型核心代谢修正算子，那么它也是分离保护型核心代谢修正算子。

证明：令算子 $\diamond$ 是基于 (B,A) 的排斥型核心代谢修正算子，由定理 10.26 知 $\diamond$ 满足 M-Uniformity，再由命题 10.16 知 $\diamond$ 也满足 M-Reversion。再由命题 10.2（4）、定理 10.14 和定理 10.26 即证。

10.1.5 函数式构造：保留集方案

这一节将构造第三种代谢修正算子：保护型部分交代谢修正算子。由于此算子是先膨胀后巩固的部分交修正算子，故需要采用 AGM 三人（Alchourrón et al., 1985）首先提出的保留集概念（$B \triangledown \varphi$）。下面引入保留集的上界性，这个性质在后续定理证明中非常有用。

引理 10.29 令 $B, D \subseteq \mathcal{L}$。如果 $Z \subseteq B$ 且 $Cn(Z) \cap D = \varnothing$，那么存在 X 使得 $Z \subseteq X \in B \triangledown D$。(Hansson, 1999b, P. 38)

在定义选择函数之前，这里先证明下面关于 $\bot$-保留集的引理，它在表达定理中会利用到。

引理 10.30 令 $M, N \subseteq \mathcal{L}$，下列条件等价：

（1）$M \triangledown \bot = N \triangledown \bot$；

（2）$\forall \varphi \in (M \cup N) \setminus (M \cap N)$ 都有 $\varphi \vdash \bot$。

证明：（1）$\Longrightarrow$（2）：令（1）成立。用反证法，假设 $\exists \varphi \in (M \cup N) \setminus (M \cap N)$ 使得 $\varphi \nvdash \bot$。分两种情况导出矛盾，$\varphi \in M \setminus N$ 的情况：由 $\{\varphi\} \subseteq M$、$\{\varphi\} \nvdash \bot$ 和引理 10.29 的上界性知存在 X 使得 $\{\varphi\} \subseteq X \in M \triangledown \bot$，故由（1）得 $\{\varphi\} \subseteq X \in N \triangledown \bot$，故 $\varphi \in N$，产生矛盾；$\varphi \in N \setminus M$ 的情况：由对称性知可类似地导出矛盾，略。由于在这两种情况下都导出矛盾，故假设错误，因此（2）成立。

（2）$\Longrightarrow$（1）：令（2）成立，分两个方向证明。

$M \triangledown \bot \subseteq N \triangledown \bot$：令 $X \in M \triangledown \bot$。故 $X \subseteq M$ 且 $X \nvdash \bot$。假设 $X \nsubseteq M \cap N$，故 $X \nsubseteq N$，故存在 $\tau \in X \setminus N$，故 $\tau \in (M \cup N) \setminus (M \cap N)$，由（2）得 $\tau \vdash \bot$，故由 $\tau \in X$ 得 $X \vdash \bot$。这与 $X \in M \triangledown \bot$ 相矛盾，故假设 $X \nsubseteq M \cap N$ 错误，$X \subseteq M \cap N \subseteq N$ 成立。下证 $X \in N \triangledown \bot$。用反证法，假设 $X \notin N \triangledown \bot$，由已证的 $X \subseteq N$、$X \nvdash \bot$ 知存在 $Y \subseteq N$ 使得 $X \subset Y$ 且 $Y \nvdash \bot$。类似地，假设 $Y \nsubseteq M \cap N$，故由 $Y \subseteq N$ 得 $Y \nsubseteq M$，故存在 $\tau \in Y \setminus M$，故 $\tau \in (M \cup N) \setminus (M \cap N)$，由（2）得 $\tau \vdash \bot$，故由 $\tau \in Y$ 得 $Y \vdash \bot$，产生矛盾，故假设 $Y \nsubseteq M \cap N$ 错误，

$Y \subseteq M \cap N \subseteq M$ 成立。由 $X \subset Y \subseteq M$ 和 $Y \nvdash \bot$ 得 $X \notin M \triangledown \bot$，产生矛盾，故假设 $X \notin N \triangledown \bot$ 错误，$X \in N \triangledown \bot$ 成立，从而 $M \triangledown \bot \subseteq N \triangledown \bot$。

$M \triangledown \bot \supseteq N \triangledown \bot$：由对称性易知这个方向可类似可证，略。因此，由这两个方向可得（1）成立。

为了保证修正结果集是一致的，需要利用保留集概念获得 $\bot - Remainder$。虽然保留集的元素都是一致的，但这样的 $\bot - Remainder$ 可能不止一个，而且可能存在一些并不保护核心信念集 A 的 $\bot - Remainder$。因此，这里需要构造一种具有保护功能的选择函数，从保留集中选取符合要求的 $\bot - Remainder$ 进行部分交运算，把运算结果集作为修正结果集。

定义 10.31 令 $(B, A) \in \mathcal{B}$。函数 $Y((B \cup D) \triangledown \bot)$ 是基于 (B, A) 的保护型选择函数当且仅当对任意的 $D \subseteq \mathcal{L}$，下列条件成立：

（1）$Y((B \cup D) \triangledown \bot) \subseteq (B \cup D) \triangledown \bot$；

（2）$Y((B \cup D) \triangledown \bot) \neq \varnothing$，并且每个 $X \in Y((B \cup D) \triangledown \bot)$ 都有 $Cn(A) \cap (B \cup D) \subseteq X$ 成立。

这里值得注意的有下面五点：（a）由 $\varnothing \subseteq B \cup D$、$Cn(\varnothing) \cap \{\bot\} = \varnothing$ 和引理 10.29 的上界性知存在 X 使得 $\varnothing \subseteq X \in (B \cup D) \triangledown \bot$，故 $(B \cup D) \triangledown \bot \neq \varnothing$，因此，条件（2）的要求 "$Y((B \cup D) \triangledown \bot) \neq \varnothing$" 是可行的。

（b）条件（2）的剩余部分的直观意思是说：在先膨胀后巩固过程中 $B \cup D$ 中的所有核心信念集 A 的逻辑后承，即 $Cn(A) \cap (B \cup D)$，都是认知主体相信的，这些逻辑后承受到认知主体的保护而得以保留，因此它们应该在选择函数所选择的所有 $\bot - Remainder$ 里面。

（c）在（a）中论证了条件（2）第一部分要求 "$Y((B \cup D) \triangledown \bot) \neq \varnothing$" 是可行的，但条件（2）作为整体的可行性还取决于非空集 $(B \cup D) \triangledown \bot$ 中是否存在满足条件（2）第二部分要求 "$Cn(A) \cap (B \cup D) \subseteq X$" 的 $\bot - Remainder$ 使得选择函数可以将它们挑选出来。下面这个命题说明答案是肯定的。

命题 10.32 令 $(B, A) \in \mathcal{B}$ 且 $D \subseteq \mathcal{L}$。那么存在 $X \in (B \cup D) \triangledown \bot$ 使得 $Cn(A) \cap (B \cup D) \subseteq X$ 成立。

证明： 由 $(B, A) \in \mathcal{B}$ 知 $Cn(A) \cap \{\bot\} = \varnothing$。由于 $Cn(A) \cap (B \cup D) \subseteq Cn(A)$，故 $Cn(Cn(A) \cap (B \cup D)) \cap \{\bot\} \subseteq Cn(A) \cap \{\bot\}$，从而 $Cn(Cn(A) \cap (B \cup D)) \cap \{\bot\} = \varnothing$。由 $Cn(A) \cap (B \cup D) \subseteq B \cup D$、$Cn(Cn(A) \cap (B \cup D)) \cap \{\bot\} = \varnothing$ 和引理 10.29 上界性知存在 X 使得 $Cn(A) \cap (B \cup D) \subseteq X \in (B \cup D) \triangledown \bot$，即结论

成立。

（d）在定义 10.31 中并没有给出与排斥型剪切函数的定义 10.19（3）类似的条件"如果 $\tau \in (B \cup D) \setminus \bigcap Y((B \cup D) \triangledown \bot)$，那么 $\bigcap Y((B \cup D) \triangledown \bot) \not\vdash \tau$"。这个条件的直观涵义也是说：被删除的信念不能是被保留下来的信念的逻辑后承。此定义虽然没有明确作出这个符合理性的要求，但是可以证明此定义是满足这种性质的。

命题 10.33 令 $(B, A) \in \mathcal{B}$、$D \subseteq \mathcal{L}$ 且 $Y((B \cup D) \triangledown \bot)$ 是基于 (B, A) 的保护型选择函数。如果 $\tau \in (B \cup D) \setminus \bigcap Y((B \cup D) \triangledown \bot)$，那么 $\bigcap Y((B \cup D) \triangledown \bot) \not\vdash \tau$。

证明：用反证法，假设存在 $\tau \in (B \cup D) \setminus \bigcap Y((B \cup D) \triangledown \bot)$ 使得 $\bigcap Y((B \cup D) \triangledown \bot) \vdash \tau$。由定义 10.31 条件（2）得 $Y((B \cup D) \triangledown \bot) \neq \varnothing$，再由 $\tau \notin \bigcap Y((B \cup D) \triangledown \bot)$ 知存在 $X \in Y((B \cup D) \triangledown \bot)$ 使得 $\tau \notin X$。由 $X \in Y((B \cup D) \triangledown \bot)$ 和 $\tau \in B \cup D$ 易得 $X \not\vdash \bot$ 且 $X \cup \{\tau\} \subseteq B \cup D$。由 $\tau \notin X$ 得 $X \subset X \cup \{\tau\}$。由 $\bigcap Y((B \cup D) \triangledown \bot) \vdash \tau$ 得 $\forall Y \in Y((B \cup D) \triangledown \bot)$ 都有 $Y \vdash \tau$，再由 $X \in Y((B \cup D) \triangledown \bot)$ 得 $X \vdash \tau$。由 $X \vdash \tau$ 得 $Cn(X) = Cn(X \cup \{\tau\})$，再由 $X \not\vdash \bot$ 得 $X \cup \{\tau\} \not\vdash \bot$。综上所述，存在 $Z = X \cup \{\tau\}$ 使得 $X \subset Z \subseteq B \cup D$ 且 $Z \not\vdash \bot$，故 $X \notin (B \cup D) \triangledown \bot$，这与 $X \in Y((B \cup D) \triangledown \bot)$ 产生矛盾，故假设错误，不存在 $\tau \in (B \cup D) \setminus \bigcap Y((B \cup D) \triangledown \bot)$ 使得 $\bigcap Y((B \cup D) \triangledown \bot) \vdash \tau$，故该命题成立。

（e）定义 10.31 要求 $Y((B \cup D) \triangledown \bot)$ 是函数，也就是说对每个 $D_1, D_2 \subseteq \mathcal{L}$，它必须满足下面条件：

（#）如果 $(B \cup D_1) \triangledown \bot = (B \cup D_2) \triangledown \bot$，那么 $Y((B \cup D_1) \triangledown \bot) = Y((B \cup D_2) \triangledown \bot)$。

那么这个条件是否与条件（1）（2）相一致呢？下面命题表明答案是肯定的。

命题 10.34 令 $(B, A) \in \mathcal{B}$。如果选择函数 Y 定义为 $\forall D \subseteq \mathcal{L}(Y((B \cup D) \triangledown \bot) = \{X \in (B \cup D) \triangledown \bot | Cn(A) \cap (B \cup D) \subseteq X\})$，那么 Y 满足定义 10.31 的条件（1）（2）和（#），从而是保护型选择函数。

证明：令选择函数 Y 按上面命题所述这样定义，这里需要证明 Y 满足定义 10.31 的条件（1）（2）和（#）。

条件（1）：由 Y 的定义知 $Y((B \cup D) \triangledown \bot) \subseteq (B \cup D) \triangledown \bot$ 显然成立。

条件（2）：由命题 10.32 和 Y 的定义易知条件（2）也成立。

条件（#）：令 $(B \cup D_1) \triangledown \bot = (B \cup D_2) \triangledown \bot$，由引理 10.30 得 $\forall \varphi \in ((B \cup D_1) \cup (B \cup D_2)) \setminus ((B \cup D_1) \cap (B \cup D_2))$ 都有 $\varphi \vdash \bot$。假设 $Cn(A) \cap (B \cup D_1) \neq$

$Cn(A) \cap (B \cup D_2)$。故存在 $\psi \in Cn(A) \cap (B \cup D_1)$ 使得 $\psi \notin B \cup D_2$ 或者存在 $\psi \in Cn(A) \cap (B \cup D_2)$ 使得 $\psi \notin B \cup D_1$。当前者成立时，$\psi \in (B \cup D_1) \backslash (B \cup D_2)$，故 $\psi \vdash \bot$，再由 $\psi \in Cn(A)$ 得 $A \vdash \bot$，这与 $(B, A) \in \mathcal{B}$ 相矛盾；当后者成立时，可类似地导出矛盾。由于这两种情况都导出矛盾，故假设错误，$Cn(A) \cap (B \cup D_1) = Cn(A) \cap (B \cup D_2)$ 成立。从而由 Y 的定义和 $(B \cup D_1) \triangledown \bot = (B \cup D_2) \triangledown \bot$ 得 $Y((B \cup D_1) \triangledown \bot) = \{X \in (B \cup D_1) \triangledown \bot | Cn(A) \cap (B \cup D_1) \subseteq X\} = \{X \in (B \cup D_2) \triangledown \bot | Cn(A) \cap (B \cup D_2) \subseteq X\} = Y((B \cup D_2) \triangledown \bot)$，即 $Y((B \cup D_1) \triangledown \bot) = Y((B \cup D_2) \triangledown \bot)$，故条件（#）也成立。

示例 10.35 令 φ 和 ψ 为不相关的原子命题，信念库 $B = \{\varphi, \psi\}$，核心信念集 $A = \{\varphi\}$，新信息 $D = \{\neg\varphi, \varphi \to \psi, \neg\varphi \to \neg\psi\}$。根据定义 9.43 容易验证 $(B, A) \in \mathcal{B}$，$(B \cup D) \triangledown \bot = \{\{\varphi, \varphi \to \psi, \neg\varphi \to \neg\psi\}, \{\neg\varphi, \varphi \to \psi, \neg\varphi \to \neg\psi\}, \{\neg\varphi, \varphi \to \psi, \psi\}\}$。其中一种选择方案为 $Y_1((B \cup D) \triangledown \bot) = \{\{\varphi, \varphi \to \psi, \neg\varphi \to \neg\psi\}\}$，根据定义 10.31 容易验证 Y_1 满足条件（1）和条件（2），故 Y_1 是保护型选择函数。另外，B 中的 φ 和 D 中的 $\neg\varphi \to \neg\psi$ 是核心信念集 A 的逻辑后承，故受到保护型选择函数 Y_1 的保护。另一种选择方案 $Y_2((B \cup D) \triangledown \bot) = \{\{\neg\varphi, \varphi \to \psi, \psi\}\}$，根据定义 10.31 容易验证 Y_2 满足条件（1）但不满足（2），因为 D 中的 $\neg\varphi \to \neg\psi$ 是核心信念集 A 的逻辑后承，故 $\neg\varphi \to \neg\psi \in Cn(A) \cap (B \cup D)$，但是 $\neg\varphi \to \neg\psi \notin \{\neg\varphi, \varphi \to \psi, \psi\} \in Y_2((B \cup D) \triangledown \bot)$，故 Y_2 不是保护型选择函数。

有了保护型选择函数，下面来定义保护型部分交代谢修正算子。

定义 10.36 令 $(B, A) \in \mathcal{B}$，Y 是基于 (B, A) 的保护型选择函数。

（1）由 Y 构造的基于 (B, A) 的保护型部分交代谢修正算子 $\diamond^Y$ 是这样定义的：对所有的 $D \subseteq \mathcal{L}$，$B \diamond_A^Y D \doteq (B', A')$，其中 $B' = \bigcap Y((B \cup D) \triangledown \bot)$，$A' = Cn(A) \cap B'$。

（2）算子 $\diamond$ 是基于 (B, A) 的保护型部分交代谢修正算子当且仅当存在保护型选择函数 Y 使得对所有的 $D \subseteq \mathcal{L}$ 都有 $B \diamond_A D \doteq B \diamond_A^Y D$。

示例 10.37 继续示例 10.35。由于 $A = \{\varphi\}$ 且 $Y_1((B \cup D) \triangledown \bot) = \{\{\varphi, \varphi \to \psi, \neg\varphi \to \neg\psi\}\}$，故由其构造的基于 (B, A) 的保护型部分交代谢修正算子对新信息 D 的修正结果为 $B \diamond_A^{Y_1} D \doteq (B', A')$，其中 $B' = \bigcap Y_1((B \cup D) \triangledown \bot) = \{\varphi, \varphi \to \psi, \neg\varphi \to \neg\psi\}$，$A' = Cn(A) \cap B' = \{\varphi, \neg\varphi \to \neg\psi\}$。

定理 10.38 令 $(B, A) \in \mathcal{B}$。算子 $\diamond$ 是基于 (B, A) 的保护型部分交代谢修正算子当

且仅当它满足性质：M-BelState，M-CoreInvariance，M-Inclusion，M-Consistency，M-Irrelevance 和 M-Relevance。

证明：（Ⅰ）Construction $\Longrightarrow$ Postulates：令算子 $\diamond$ 为基于 (B,A) 的保护型部分交代谢修正算子，下证它满足这些性质。

M-BelState：由 $(B,A) \in \mathcal{B}$ 和定义 10.36 知 $A' \nvdash \bot$，再由定义 9.43 知只需证明 $Cn(A') \cap B' = A'$，由定义 10.36 知只需证 $Cn(Cn(A) \cap B') \cap B' = Cn(A) \cap B'$，易证，略。

M-CoreInvariance：由定义 10.36 知 $(B \diamond_A D)_2 = A' = Cn(A) \cap B'$，故只要证明 $Cn(A) \cap B' = Cn(A) \cap (B \cup D)$ 即可。$Cn(A) \cap B' \subseteq Cn(A) \cap (B \cup D)$ 是显然的。假设 $Cn(A) \cap B' \not\supseteq Cn(A) \cap (B \cup D)$，故存在 $\tau \in Cn(A) \cap (B \cup D)$ 使得 $\tau \notin B' = \bigcap Y((B \cup D) \triangledown \bot)$。由定义 10.31 得 $Y((B \cup D) \triangledown \bot) \neq \varnothing$，再由 $\tau \notin \bigcap Y((B \cup D) \triangledown \bot)$ 知存在 $X \in Y((B \cup D) \triangledown \bot)$ 使得 $\tau \notin X$。再由定义 10.31 得 $\tau \notin Cn(A) \cap (B \cup D)$，产生矛盾，故假设错误，$Cn(A) \cap B' \supseteq Cn(A) \cap (B \cup D)$。因此，$Cn(A) \cap B' = Cn(A) \cap (B \cup D)$ 成立，故 M-CoreInvariance 成立。

M-Inclusion：由定义 10.36 易知 $B \diamond_A D = \bigcap Y((B \cup D) \triangledown \bot) \subseteq B \cup D$。

M-Consistency：假设 $B \diamond_A D \vdash \bot$，即 $\bigcap Y((B \cup D) \triangledown \bot) \vdash \bot$。由定义 10.31 得 $Y((B \cup D) \triangledown \bot) \neq \varnothing$，从而每个 $X \in Y((B \cup D) \triangledown \bot)$，都有 $X \vdash \bot$ 成立，与 $X \in (B \cup D) \triangledown \bot$ 矛盾，故假设错误，$B \diamond_A D \nvdash \bot$ 成立，即 M-Consistency 成立。

M-Irrelevance：令 $\forall \varphi \in ((B \cup D_1) \cup (B \cup D_2)) \setminus ((B \cup D_1) \cap (B \cup D_2))$ 都有 $\varphi \vdash \bot$，由引理 10.30 得 $(B \cup D_1) \triangledown \bot = (B \cup D_2) \triangledown \bot$。由 Y 的定义得 $Y((B \cup D_1) \triangledown \bot) = Y((B \cup D_2) \triangledown \bot)$。故 $B \diamond_A D_1 = \bigcap Y((B \cup D_1) \triangledown \bot) = \bigcap Y((B \cup D_2) \triangledown \bot) = B \diamond_A D_2$，即 $B \diamond_A D_1 = B \diamond_A D_2$，故 M-Irrelevance 成立。

M-Relevance：令 $\psi \in (B \cup D) \setminus B \diamond_A D$，故 $\psi \in B \cup D$ 且 $\psi \notin B \diamond_A D = \bigcap Y((B \cup D) \triangledown \bot)$。又由定义 10.31 条件（2）得 $Y((B \cup D) \triangledown \bot) \neq \varnothing$，故存在 $X \in Y((B \cup D) \triangledown \bot)$ 使得 $\psi \notin X$，并由 $\psi \in B \cup D$ 和定义 10.31（2）知 $\psi \notin Cn(A)$，即 $A \nvdash \psi$。令 $C = X$，由 $X \in Y((B \cup D) \triangledown \bot)$ 得 $\bigcap Y((B \cup D) \triangledown \bot) \subseteq X$，即 $B \diamond_A D \subseteq C$。由 $C \in (B \cup D) \triangledown \bot$ 得 C 是一致的，并且由 $\psi \notin X = C$ 和 $\psi \in B \cup D$ 得 $C \subset C \cup \{\psi\} \subseteq B \cup D$，故由 $C \in (B \cup D) \triangledown \bot$ 得 $C \cup \{\psi\}$ 是不一致的。因此 M-Relevance 成立。

（Ⅱ）Postulates $\Longrightarrow$ Construction：令算子 $\diamond$ 满足这些性质，下面证明它是基于 (B,A) 的保护型部分交代谢修正算子。

定义基于 (B,A) 的映射 Y 使其满足：对任意的 $D \subseteq \mathcal{L}$ 都有 $Y((B \cup D) \triangledown$

$\perp) = \{X \in (B \cup D) \triangledown \perp | B \diamond_A D \subseteq X\}$。定义基于 (B, A) 的算子 $\circ$ 使其满足：对任意的 $D \subseteq \mathcal{L}$ 都有 $B \circ_A D \stackrel{d}{=} (B', A')$，其中 $B' = \bigcap Y((B \cup D) \triangledown \perp)$，$A' = Cn(A) \cap B'$。下面要证明：（a）Y 是良定义的函数；（b）Y 是基于 (B, A) 的保护型选择函数；（c）对任何 $D \subseteq \mathcal{L}$ 都有 $B \diamond_A D \stackrel{d}{=} B \circ_A D$。

（a）Y 是良定义的函数：令 $(B \cup D_1) \triangledown \perp = (B \cup D_2) \triangledown \perp$，这里要证 $Y((B \cup D_1) \triangledown \perp) = Y((B \cup D_2) \triangledown \perp)$。

由引理 10.30 和 $(B \cup D_1) \triangledown \perp = (B \cup D_2) \triangledown \perp$ 得 $\forall \varphi \in ((B \cup D_1) \cup (B \cup D_2)) \setminus ((B \cup D_1) \cap (B \cup D_2))$ 都有 $\varphi \vdash \perp$。再由 M-Irrelevance 得 $B \diamond_A D_1 = B \diamond_A D_2$。因此，$Y((B \cup D_1) \triangledown \perp) = \{X \in (B \cup D_1) \triangledown \perp | B \diamond_A D_1 \subseteq X\} = \{X \in (B \cup D_1) \triangledown \perp | B \diamond_A D_2 \subseteq X\} = \{X \in (B \cup D_2) \triangledown \perp | B \diamond_A D_2 \subseteq X\} = Y((B \cup D_2) \triangledown \perp)$。

（b）Y 是基于 (B, A) 的保护型选择函数：

条件（1）：根据 $Y((B \cup D) \triangledown \perp)$ 的定义显然有 $Y((B \cup D) \triangledown \perp) \subseteq (B \cup D) \triangledown \perp$。

条件（2）：由 M-Consistency 得 $B \diamond_A D \nvdash \perp$，由 M-Inclusion 得 $B \diamond_A D \subseteq B \cup D$，由这两个条件加上上界性引理 10.29 知存在 Y 使得 $B \diamond_A D \subseteq Y \in (B \cup D) \triangledown \perp$，故由 $Y((B \cup D) \triangledown \perp)$ 定义知 $Y \in Y((B \cup D) \triangledown \perp) \neq \varnothing$。

假设存在 $X \in Y((B \cup D) \triangledown \perp)$ 使得 $Cn(A) \cap (B \cup D) \nsubseteq X$ 成立。故存在 $\tau \in Cn(A) \cap (B \cup D)$ 但 $\tau \notin X$，再由 $X \in Y((B \cup D) \triangledown \perp) = \{X \in (B \cup D) \triangledown \perp | B \diamond_A D \subseteq X\}$ 得 $\tau \notin B \diamond_A D$。由 $\tau \in B \cup D$、$\tau \notin B \diamond_A D$ 和 M-Relevance 得 $A \nvdash \tau$，与 $\tau \in Cn(A)$ 矛盾，故假设错误，每个 $X \in Y((B \cup D) \triangledown \perp)$ 都有 $Cn(A) \cap (B \cup D) \subseteq X$ 成立。因此条件（2）成立。

由条件（1）（2）这两种情况知 Y 是基于 (B, A) 的保护型选择函数。

（c）对任意的 $D \subseteq \mathcal{L}$ 都有 $B \diamond_A D \stackrel{d}{=} B \circ_A D$：即证 $B \diamond_A D = B'$、$(B \diamond_A D)_2 = A'$ 和 $B \diamond_A D \in \mathcal{B}$。

$B \diamond_A D = B'$：由 $Y((B \cup D) \triangledown \perp)$ 的定义知每个 $X \in Y((B \cup D) \triangledown \perp)$ 都有 $B \diamond_A D \subseteq X$，又由（b）知 $Y((B \cup D) \triangledown \perp) \neq \varnothing$，故 $B \diamond_A D \subseteq \bigcap Y((B \cup D) \triangledown \perp) = B'$。假设 $B' \nsubseteq B \diamond_A D$，那么存在 $\varphi \in B'$ 但 $\varphi \notin B \diamond_A D$。由 $\varphi \in B'$ 得 $\varphi \in \bigcap Y((B \cup D) \triangledown \perp)$，故 $\forall X((X \in Y((B \cup D) \triangledown \perp)) \Longrightarrow (\varphi \in X))$。由 $\varphi \in \bigcap Y((B \cup D) \triangledown \perp)$ 得 $\varphi \in B \cup D$。由 $\varphi \notin B \diamond_A D$、$\varphi \in B \cup D$ 和 M-Relevance 知：存在 $C \subseteq B \cup D$ 使得 $B \diamond_A D \subseteq C$ 且 $C \nvdash \perp$ 但 $C \cup \{\varphi\} \vdash \perp$。由 $C \subseteq B \cup D$、$C \nvdash \perp$ 和上界性引理 10.29 知存在 $Y \supseteq C$ 使得 $Y \in (B \cup D) \triangledown \perp$。由 $B \diamond_A D \subseteq C$ 和 $Y \supseteq C$ 得 $B \diamond_A D \subseteq Y$，加上 $Y \in (B \cup D) \triangledown \perp$ 可知 $Y \in Y((B \cup D) \triangledown \perp)$。在此前提下，再假设 $\varphi \in Y$，再由 $Y \supseteq C$ 可得 $C \cup \{\varphi\} \subseteq Y$，由于 $C \cup \{\varphi\} \vdash \perp$,

故 $Y \vdash \bot$，与 $Y \in (B \cup D) \triangledown \bot$ 矛盾，故假设 $\varphi \in Y$ 错误，$\varphi \notin Y$ 成立。而由 $\varphi \notin Y$ 和 $Y \in Y((B \cup D) \triangledown \bot)$ 可得 $\exists X((X \in Y((B \cup D) \triangledown \bot)) \wedge (\varphi \notin X))$，这与上面的 $\forall X((X \in Y((B \cup D) \triangledown \bot)) \Longrightarrow (\varphi \in X))$ 相矛盾，故假设 $B' \not\subseteq B \diamond_A D$ 错误，$B' \subseteq B \diamond_A D$ 成立。因此，由 $B \diamond_A D \subseteq B'$ 和 $B' \subseteq B \diamond_A D$ 得 $B \diamond_A D = B'$。

$(B \diamond_A D)_2 = A'$：由 M-CoreInvariance 和 ∘ 的定义知即证 $Cn(A) \cap (B \cup D) = Cn(A) \cap B'$。$\supseteq$ 方向是显然的。假设 $\subseteq$ 方向不成立，即 $Cn(A) \cap (B \cup D) \not\subseteq Cn(A) \cap B'$，故存在 $\tau \in Cn(A) \cap (B \cup D)$ 使得 $\tau \notin B' = \bigcap Y((B \cup D) \triangledown \bot)$。再由（b）中已证的 $Y((B \cup D) \triangledown \bot) \neq \emptyset$ 可知存在 $X \in Y((B \cup D) \triangledown \bot)$ 使得 $\tau \notin X$，再由 $X \in Y((B \cup D) \triangledown \bot)$ 得 $\tau \notin B \diamond_A D$。由 $\tau \in (B \cup D) \backslash B \diamond_A D$ 和 M-Relevance 得 $A \not\vdash \tau$，与 $\tau \in Cn(A)$ 相矛盾，故假设错误，$\subseteq$ 方向亦成立。因此 $(B \diamond_A D)_2 = A'$。

$B \diamond_A D \in \mathcal{B}$：由 $B \diamond_A D = B'$、$(B \diamond_A D)_2 = A'$ 和 M-BelState 即得。证毕。

由命题 10.2 和定理 10.38 易得下面推论。

推论 10.39 令 $(B, A) \in \mathcal{B}$。如果算子 $\diamond$ 是基于 (B, A) 的保护型部分交代谢修正算子，那么它也满足 M-Vacuity，M-Protection，M-RelClosure，M-Retainment，M-ExRetainment 和 M-ExRelevance。

10.1.6 函数式构造：一致保留集方案

这一小节将构造第四种代谢修正算子：排斥型部分交代谢修正算子。此算子要体现核心信念集在代谢修正过程中对不可信信息的排斥作用，因此不能采用 Alchourrón 等 (1985) 提出的保留集 $B \triangledown \alpha$ 来构造。这里采用一致保留集（$M \triangledown_\top A$，定义 9.21）来构造排斥型部分交代谢修正算子。由该定义可知 $M \triangledown_\top A$ 的直观涵义是所有那些与核心信念 A 一致的 M-极大子集的集合。因此，M 中被核心信念集 A 排斥的信息都被排斥在外了。

那么这种一致保留集与保留集有什么异同呢？这里证明了下面关于这两者的关系命题。

命题 10.40 令 $A, M, N \subseteq \mathcal{L}$ 且 A 为一致集。

(1) 如果 $M \triangledown \bot = N \triangledown \bot$，那么 $M \triangledown_\top A = N \triangledown_\top A$；反之则不一定成立。

(2) 如果 $X \in M \triangledown_\top A$，那么存在 $Y \in M \triangledown \bot$ 使得 $X \subseteq Y$。

(3) 如果 $X \in M \triangledown \bot$ 且 $Y \in M \triangledown_\top A$，那么 $X \subset Y$ 不成立。

证明：（1）部分 a：令 $M \triangledown \bot = N \triangledown \bot$，由引理 10.30 得 $\forall \varphi \in (M \cup N) \backslash (M \cap N)$

都有 $\varphi \vdash \bot$。故 $\forall \varphi \in (M \cup N) \setminus (M \cap N)$ 都有 $\varphi \cup A \vdash \bot$，再由引理 9.24 得 $M \triangledown_\top A = N \triangledown_\top A$。

部分 b：只需举出一个 $M \triangledown_\top A = N \triangledown_\top A$ 但 $M \triangledown \bot \neq N \triangledown \bot$ 的例子即可。令 φ, ψ 为不相关的原子命题，$M = \{\varphi, \varphi \to \psi, \psi \to \neg \varphi\}$，$N = \{\neg \psi, \varphi, \varphi \to \psi, \psi \to \neg \varphi\}$，$A = \{\varphi, \varphi \to \psi\}$。由定义 9.21 易得 $M \triangledown_\top A = N \triangledown_\top A = \{\{\varphi, \varphi \to \psi\}\}$，而 $M \triangledown \bot = \{\{\varphi, \varphi \to \psi\}, \{\varphi, \psi \to \neg \varphi\}, \{\varphi \to \psi, \psi \to \neg \varphi\}\}$，而 $N \triangledown \bot = \{\{\varphi, \varphi \to \psi\}, \{\neg \psi, \varphi, \psi \to \neg \varphi\}, \{\neg \psi, \varphi \to \psi, \psi \to \neg \varphi\}\}$。可见 $M \triangledown \bot \neq N \triangledown \bot$。

（2）令 $X \in M \triangledown_\top A$，故 $X \subseteq M$ 且 $X \cup A \nvdash \bot$，故 $X \subseteq M$ 且 $X \nvdash \bot$，再由引理 10.29 知存在 Y 使得 $X \subseteq Y \in M \triangledown \bot$。

（3）令 $X \in M \triangledown \bot$ 且 $Y \in M \triangledown_\top A$。用反证法，假设 $X \subset Y$。由 $Y \in M \triangledown_\top A$ 得 $Y \cup A \nvdash \bot$，故 $Y \nvdash \bot$。由 $X \subset Y \subseteq M$、$Y \nvdash \bot$ 得 $X \notin M \triangledown \bot$，产生矛盾，故假设错误，$X \subset Y$ 不成立。

在命题 10.17 中证明了不一致核心集和核心集的牵连范围满足 "$\bigcup ((B \cup D) \triangle_\bot A) \subseteq \bigcup ((B \cup D) \triangle \bot)$"。那么一致保留集和保留集的牵连范围满足什么样的关系呢？如果 $B \cup D$ 中的元素 φ 被排斥在某个一致保留集 $(B \cup D) \triangledown_\top A$ 的元素之外，那么我们称 φ 是受牵连的，故一致保留集的牵连范围为 $\bigcup \{(B \cup D) \setminus X | X \in (B \cup D) \triangledown_\top A\}$；类似的，如果 $B \cup D$ 中的元素 φ 被排斥在某个保留集 $(B \cup D) \triangledown \bot$ 的元素之外，那么我们也称 φ 是受牵连的，故保留集的牵连范围为 $\bigcup \{(B \cup D) \setminus X | X \in (B \cup D) \triangledown \bot\}$。下列命题表明了这两者的关系。

命题 10.41 令 $(B, A) \in \mathcal{B}$ 且 $D \subseteq \mathcal{L}$，下列命题成立：

(1) $\bigcup \{(B \cup D) \setminus X | X \in (B \cup D) \triangledown_\top A\} \subseteq \bigcup ((B \cup D) \triangle_\bot A)$；

(2) $\bigcup \{(B \cup D) \setminus X | X \in (B \cup D) \triangledown \bot\} = \bigcup ((B \cup D) \triangle \bot)$；

(3) $\bigcup \{(B \cup D) \setminus X | X \in (B \cup D) \triangledown_\top A\} \subseteq \bigcup \{(B \cup D) \setminus X | X \in (B \cup D) \triangledown \bot\}$。

证明：(1) 令 $\psi \in \bigcup \{(B \cup D) \setminus X | X \in (B \cup D) \triangledown_\top A\}$，故存在 $X \in (B \cup D) \triangledown_\top A$ 使得 $\psi \in (B \cup D) \setminus X$。由 $X \in (B \cup D) \triangledown_\top A$ 得 $X \cup A \nvdash \bot$，由 $\psi \notin X$ 和 $\psi \in B \cup D$ 得 $X \subset X \cup \{\psi\} \subseteq B \cup D$，再由 $X \in (B \cup D) \triangledown_\top A$ 得 $X \cup \{\psi\} \cup A \vdash \bot$。由 $X \cup \{\psi\} \subseteq B \cup D$、$X \cup \{\psi\} \cup A \vdash \bot$ 和不一致核心集的下界性引理 9.7 知存在 Y 使得 $Y \subseteq X \cup \{\psi\}$ 且 $Y \in (B \cup D) \triangle_\bot A$。假设 $\psi \notin Y$，故由 $Y \subseteq X \cup \{\psi\}$ 得 $Y \subseteq X$。再由 $Y \in (B \cup D) \triangle_\bot A$ 得 $Y \cup A \vdash \bot$，故由 $Y \subseteq X$ 和 $Y \cup A \vdash \bot$ 得 $X \cup A \vdash \bot$，产生矛盾，故假设错误，$\psi \in Y$ 成立。由 $\psi \in Y \in (B \cup D) \triangle_\bot A$ 得

$\psi \in \bigcup((B \cup D) \triangle_\bot A)$，故 (1) 成立。

(2) $\subseteq$ 方向：令 $\psi \in \bigcup\{(B \cup D)\backslash X | X \in (B \cup D) \triangledown \bot\}$，故存在 $X \in (B \cup D) \triangledown \bot$ 使得 $\psi \in (B \cup D)\backslash X$。由 $X \in (B \cup D) \triangledown \bot$ 得 $X \nvdash \bot$，由 $\psi \notin X$ 和 $\psi \in B \cup D$ 得 $X \subset X \cup \{\psi\} \subseteq B \cup D$，再由 $X \in (B \cup D) \triangledown \bot$ 得 $X \cup \{\psi\} \vdash \bot$。由 $X \cup \{\psi\} \subseteq B \cup D$、$X \cup \{\psi\} \vdash \bot$ 和紧致性易知存在 Y 使得 $Y \subseteq X \cup \{\psi\}$ 且 $Y \in (B \cup D) \triangle \bot$。假设 $\psi \notin Y$，故由 $Y \subseteq X \cup \{\psi\}$ 得 $Y \subseteq X$。再由 $Y \in (B \cup D) \triangle \bot$ 得 $Y \vdash \bot$，故由 $Y \subseteq X$ 和 $Y \vdash \bot$ 得 $X \vdash \bot$，产生矛盾，故假设错误，$\psi \in Y$ 成立。由 $\psi \in Y \in (B \cup D) \triangle \bot$ 得 $\psi \in \bigcup((B \cup D) \triangle \bot)$，故 $\subseteq$ 方向成立。

$\supseteq$ 方向：令 $\psi \in \bigcup((B \cup D) \triangle \bot)$，故存在 $X \in (B \cup D) \triangle \bot$ 使得 $\psi \in X$。由 $X \in (B \cup D) \triangle \bot$ 得 $X \vdash \bot$，记 $M = (B \cup D)\backslash X$ 且 $N = X\backslash\{\psi\}$。显然由 $\psi \in X$ 得 $N \subset X$，再由 $X \in (B \cup D) \triangle \bot$ 得 $N \nvdash \bot$。由 $\varnothing \subseteq M$、$\varnothing \cup N \nvdash \bot$ 和引理 9.22 上界性知存在 Y 使得 $\varnothing \subseteq Y \in M \triangledown_\top N$。由 $Y \in M \triangledown_\top N$ 得 $Y \cup N \nvdash \bot$ 且 $Y \subseteq M$。由 $\psi \in X$、$M = (B \cup D)\backslash X$ 和 $N = X\backslash\{\psi\}$ 易得 $\psi \notin M \cup N$。由 $Y \subseteq M$ 和 $\psi \notin M \cup N$ 得 $\psi \notin Y \cup N$。由 $Y \subseteq M \subseteq B \cup D$ 和 $N \subseteq X \subseteq B \cup D$ 得 $Y \cup N \subseteq B \cup D$。下面证明 $Y \cup N \in (B \cup D) \triangledown \bot$。用反证法，假设 $Y \cup N \notin (B \cup D) \triangledown \bot$，由已证的 $Y \cup N \subseteq B \cup D$ 和 $Y \cup N \nvdash \bot$ 知存在 W 使得 $Y \cup N \subset W \subseteq B \cup D$ 且 $W \nvdash \bot$。由 $Y \cup N \subset W \subseteq B \cup D$ 知存在 $\varphi \in (B \cup D)\backslash(Y \cup N)$ 使得 $\varphi \in W$。由于 $B \cup D = M \cup N \cup \{\psi\} = Y \cup M\backslash Y \cup N \cup \{\psi\}$，故 $\varphi \in (B \cup D)\backslash(Y \cup N) = (M\backslash Y \cup \{\psi\})\backslash(Y \cup N)$。分两种情况导出矛盾：

(a) 当 $\varphi \in \{\psi\}\backslash(Y \cup N)$ 时，由 $\psi \notin Y \cup N$ 知 φ 就是 ψ，再由 $\varphi \in W$ 和 $Y \cup N \subset W$ 得 $Y \cup N \cup \{\varphi\} \subseteq W$，即 $Y \cup N \cup \{\psi\} \subseteq W$，又 $N \cup \{\psi\} = X$，故由 $X \vdash \bot$ 得 $N \cup \{\psi\} \vdash \bot$，故 $W \vdash \bot$，产生矛盾。

(b) 当 $\varphi \in (M\backslash Y)\backslash(Y \cup N)$ 时，由 $\varphi \in M\backslash Y$ 和 $Y \subseteq M$ 得 $Y \subset Y \cup \{\varphi\} \subseteq M$。故由 $Y \in M \triangledown_\top N$ 得 $Y \cup \{\varphi\} \cup N \vdash \bot$。又由 $\varphi \in W$ 和 $Y \cup N \subset W$ 得 $Y \cup N \cup \{\varphi\} \subseteq W$，故 $W \vdash \bot$，同样产生矛盾。

由于这两种情况都导致矛盾，故假设错误，$Y \cup N \in (B \cup D) \triangledown \bot$ 成立。再由 $\psi \in B \cup D$、$\psi \notin Y \cup N$ 和 $Y \cup N \in (B \cup D) \triangledown \bot$ 得 $\psi \in \bigcup\{(B \cup D)\backslash X | X \in (B \cup D) \triangledown \bot\}$。因此，$\supseteq$ 方向也成立。故由这两个方向知 (2) 成立。

(3) 由 (1)(2) 和命题 10.17 易得，证略。

从命题 10.41 (3) 可以看出一致保留集的牵连范围包含在保留集的牵连范围之中，也就是说如果认知主体采用基于一致保留集的信念改变方案，那么他在改变过程中考虑的牵连范围至多不超过基于保留集的改变方案的牵连范围。那

么这个命题的反向即 $\bigcup\{(B\cup D)\setminus X|X\in (B\cup D)\triangledown_\top A\} \supseteq \bigcup\{(B\cup D)\setminus X|X\in (B\cup D)\triangledown\bot\}$ 是否成立呢？下面示例是一个反例。

示例 10.42 令 φ,ψ 为不相关的原子命题，$B\cup D=\{\neg\psi,\varphi,\varphi\to\psi,\psi\to\neg\varphi\}$，核心信念集 $A=\{\varphi\to\psi,\psi\to\neg\varphi\}$。由定义 9.21 得 $(B\cup D)\triangledown_\top A=\{\{\neg\psi,\varphi\to\psi,\psi\to\neg\varphi\}\}$，由一致保留集概念知 $(B\cup D)\triangledown\bot=\{\{\neg\psi,\varphi,\psi\to\neg\varphi\},\{\neg\psi,\varphi\to\psi,\psi\to\neg\varphi\},\{\varphi,\varphi\to\psi\}\}$。显然，$\bigcup\{(B\cup D)\setminus X|X\in (B\cup D)\triangledown_\top A\}=\{\varphi\}$ 且 $\bigcup\{(B\cup D)\setminus X|X\in (B\cup D)\triangledown\bot\}=\{\neg\psi,\varphi,\varphi\to\psi,\psi\to\neg\varphi\}$，可见 $\bigcup\{(B\cup D)\setminus X|X\in (B\cup D)\triangledown_\top A\}\subseteq \bigcup\{(B\cup D)\setminus X|X\in (B\cup D)\triangledown\bot\}$ 但 $\bigcup\{(B\cup D)\setminus X|X\in (B\cup D)\triangledown_\top A\}\not\supseteq \bigcup\{(B\cup D)\setminus X|X\in (B\cup D)\triangledown\bot\}$。

为了保证修正结果集与核心信念集 A 协调共存，需要利用一致保留集概念获得 A-Consistent-Remainder，它们都是与 A 一致的。但这样的 A-Consistent-Remainder 可能不止一个，因此，这里需要构造选择函数，从一致保留集中选取符合要求的 A-Consistent-Remainder 进行部分交运算，把运算结果集作为修正结果集。

定义 10.43 令 $(B,A)\in\mathcal{B}$。函数 $Y((B\cup D)\triangledown_\top A)$ 是基于 (B,A) 的排斥型选择函数当且仅当对任意的 $D\subseteq \mathcal{L}$，下列条件成立：

（1）$Y((B\cup D)\triangledown_\top A)\subseteq (B\cup D)\triangledown_\top A$；

（2）$Y((B\cup D)\triangledown_\top A)\neq\varnothing$。

此定义有四点值得注意：（a）由 $\varnothing\subseteq B\cup D$、$\varnothing\cup A\not\vdash\bot$ 和引理 9.22 上界性知存在 X 使得 $\varnothing\subseteq X\in (B\cup D)\triangledown_\top A$，故 $(B\cup D)\triangledown_\top A\neq\varnothing$，故条件（2）的要求 "$Y((B\cup D)\triangledown_\top A)\neq\varnothing$" 是可行的。

（b）在定义 10.43（2）中并没有给出与保护型选择函数的定义 10.31（2）类似的条件 "每个 $X\in Y((B\cup D)\triangledown_\top A)$ 都有 $Cn(A)\cap (B\cup D)\subseteq X$ 成立"。这个条件的直观涵义是 $B\cup D$ 中的核心信念集 A 的逻辑后承是认知主体所确信的，应当在修正过程中被保留下来，故挑选的 A-Consistent-Remainder 应当满足条件 "$Cn(A)\cap (B\cup D)\subseteq X$"。此定义虽然没有明确作出这个符合直观的要求，但是由命题 9.23（5）即 "如果 $X\in D\triangledown_\top A$，那么 $Cn(A)\cap D\subseteq X$" 可知 "$\forall X\in (B\cup D)\triangledown_\top A (Cn(A)\cap (B\cup D)\subseteq X)$" 成立，故任意挑选的 A-Consistent-Remainder 都满足这种性质。

（c）在定义 10.43 中并没有给出与排斥型剪切函数的定义 10.19（3）类似的条件 "如果 $\tau\in (B\cup D)\setminus\bigcap Y((B\cup D)\triangledown_\top A)$，那么 $\bigcap Y((B\cup D)\triangledown_\top A)\not\vdash\tau$"。这个条件的直观涵义是说：被删除的信念不能是被保留下来的信念的逻辑后承。

此定义虽然没有明确作出这个符合直观的要求，但是可以证明排斥型选择函数是满足这种性质的。

命题 10.44 令 $(B,A) \in \mathcal{B}$ 且 $Y((B \cup D) \triangledown_\top A)$ 是基于 (B,A) 的排斥型选择函数。如果 $\tau \in (B \cup D) \setminus \bigcap Y((B \cup D) \triangledown_\top A)$，那么 $\bigcap Y((B \cup D) \triangledown_\top A) \nvdash \tau$。

证明：用反证法，假设存在 $\tau \in (B \cup D) \setminus \bigcap Y((B \cup D) \triangledown_\top A)$ 使得 $\bigcap Y((B \cup D) \triangledown_\top A) \vdash \tau$。由定义 10.43 条件（2）得 $Y((B \cup D) \triangledown_\top A) \neq \emptyset$，再由 $\tau \notin \bigcap Y((B \cup D) \triangledown_\top A)$ 知存在 $X \in Y((B \cup D) \triangledown_\top A)$ 使得 $\tau \notin X$。由 $X \in Y((B \cup D) \triangledown_\top A)$ 和 $\tau \in B \cup D$ 易得 $X \cup A \nvdash \bot$ 且 $X \cup \{\tau\} \subseteq B \cup D$。由 $\tau \notin X$ 得 $X \subset X \cup \{\tau\}$。由 $\bigcap Y((B \cup D) \triangledown_\top A) \vdash \tau$ 得 $\forall Y \in Y((B \cup D) \triangledown_\top A)$ 都有 $Y \vdash \tau$，再由 $X \in Y((B \cup D) \triangledown_\top A)$ 得 $X \vdash \tau$。由 $X \vdash \tau$ 得 $Cn(X) = Cn(X \cup \{\tau\})$，再由 $X \cup A \nvdash \bot$ 得 $X \cup \{\tau\} \cup A \nvdash \bot$。综上所述，存在 $Z = X \cup \{\tau\}$ 使得 $X \subset Z \subseteq B \cup D$ 且 $Z \cup A \nvdash \bot$，故由定义 9.21 得 $X \notin (B \cup D) \triangledown_\top A$，这与 $X \in Y((B \cup D) \triangledown_\top A)$ 产生矛盾，故假设错误，不存在 $\tau \in (B \cup D) \setminus \bigcap Y((B \cup D) \triangledown_\top A)$ 使得 $\bigcap Y((B \cup D) \triangledown_\top A) \vdash \tau$，故该命题成立。

（d）在命题 10.22 中证明了排斥型剪切函数和保护型剪切函数的剪切范围满足 "$\bigcup((B \cup D) \triangle_\bot A) \subseteq \bigcup((B \cup D) \triangle \bot) \setminus Cn(A)$"。那么排斥型选择函数和保护型选择函数在对信息的剔除范围上有什么差异呢？由定义 10.43（1）知排斥型选择函数的剔除范围为 $\bigcup\{(B \cup D) \setminus X | X \in (B \cup D) \triangledown_\top A\}$，与一致保留集的牵连范围相同；由定义 10.31 的条件（1）知保护型选择函数的剔除范围在 $\bigcup\{(B \cup D) \setminus X | X \in (B \cup D) \triangledown \bot\}$ 之内，由条件（2）知剔除范围与保护功能有关，只有包含 $Cn(A) \cap (B \cup D)$ 的保留集才可能被挑选，故只有在这些可能被挑选的保留集之外的命题才可能被剔除。因此，保护型选择函数的剔除范围进一步被限定为 $\bigcup\{(B \cup D) \setminus X | Cn(A) \cap (B \cup D) \subseteq X \in (B \cup D) \triangledown \bot\}$。下面考察这两者的关系。

命题 10.45 令 $(B,A) \in \mathcal{B}$ 且 $D \subseteq \mathcal{L}$，那么下列命题成立：

（1）$\bigcup\{(B \cup D) \setminus X | Cn(A) \cap (B \cup D) \subseteq X \in (B \cup D) \triangledown \bot\} \supseteq \bigcup((B \cup D) \triangle_\bot A)$。

（2）$\bigcup\{(B \cup D) \setminus X | Cn(A) \cap (B \cup D) \subseteq X \in (B \cup D) \triangledown \bot\} = \bigcup\{(B \cup D) \setminus X | X \in (B \cup D) \triangledown_\top A\}$。

证明：（1）记 $A' = Cn(A) \cap (B \cup D)$。由 $(B,A) \in \mathcal{B}$ 得 $Cn(A) \cap B = A$，故 $Cn(A) = Cn(A')$。令 $\psi \in \bigcup((B \cup D) \triangle_\bot A)$，故存在 $X \in (B \cup D) \triangle_\bot A$ 使得 $\psi \in X$。由 $X \in (B \cup D) \triangle_\bot A$ 得 $X \cup A \vdash \bot$，故 $X \cup A' \vdash \bot$。记 $M = (B \cup D) \setminus (X \cup A')$

且 $N = X\setminus\{\psi\} \cup A'$。由 $\psi \in X$ 得 $X\setminus\{\psi\} \subset X$，故由 $X \in (B\cup D) \triangle_\perp A$ 得 $X\setminus\{\psi\} \cup A \not\vdash \perp$，故 $X\setminus\{\psi\} \cup A' \not\vdash \perp$，即 $N \not\vdash \perp$。假设 $\psi \in Cn(A)$，故 $Cn(X\setminus\{\psi\} \cup A) = Cn(X \cup A)$，故 $X \cup A \not\vdash \perp$，与已证的 $X \cup A \vdash \perp$ 产生矛盾，故假设 $\psi \in Cn(A)$ 错误，$\psi \notin Cn(A)$ 成立。由 $\varnothing \subseteq M$、$\varnothing \cup N \not\vdash \perp$ 和引理 9.22 上界性知存在 Y 使得 $\varnothing \subseteq Y \in M \triangledown_\top N$。由 $Y \in M \triangledown_\top N$ 得 $Y \cup N \not\vdash \perp$ 且 $Y \subseteq M$。由 $\psi \in X$ 和 $M = (B\cup D)\setminus(X\cup A')$ 得 $\psi \notin M$，由 $\psi \notin Cn(A) = Cn(A')$ 和 $N = X\setminus\{\psi\} \cup A'$ 易得 $\psi \notin N$。由 $\psi \notin M$ 和 $\psi \notin N$ 得 $\psi \notin M \cup N$。由 $Y \subseteq M$ 和 $\psi \notin M \cup N$ 得 $\psi \notin Y \cup N$。由 $Y \subseteq M \subseteq B \cup D$ 和 $N \subseteq X \cup A' \subseteq B \cup D$ 得 $Y \cup N \subseteq B \cup D$。下面证明 $Y \cup N \in (B\cup D)\triangledown \perp$。用反证法，假设 $Y \cup N \notin (B\cup D)\triangledown \perp$，由已证的 $Y \cup N \subseteq B \cup D$ 和 $Y \cup N \not\vdash \perp$ 知存在 W 使得 $Y \cup N \subset W \subseteq B \cup D$ 且 $W \not\vdash \perp$。由 $Y \cup N \subset W \subseteq B \cup D$ 知存在 $\varphi \in (B\cup D)\setminus(Y\cup N)$ 使得 $\varphi \in W$。由于 $B \cup D = M \cup N \cup \{\psi\} = Y \cup M\setminus Y \cup N \cup \{\psi\}$，故 $\varphi \in (B\cup D)\setminus(Y\cup N) = (M\setminus Y \cup \{\psi\})\setminus(Y\cup N)$。分两种情况导出矛盾：

（a）当 $\varphi \in \{\psi\}\setminus(Y\cup N)$ 时，由 $\psi \notin Y \cup N$ 知 φ 就是 ψ，再由 $\varphi \in W$ 和 $Y \cup N \subset W$ 得 $Y \cup N \cup \{\varphi\} \subseteq W$，即 $Y \cup N \cup \{\psi\} \subseteq W$，又 $N \cup \{\psi\} = X \cup A'$，故由 $X \cup A' \vdash \perp$ 得 $N \cup \{\psi\} \vdash \perp$，故 $W \vdash \perp$，产生矛盾。

（b）当 $\varphi \in (M\setminus Y)\setminus(Y\cup N)$ 时，由 $\varphi \in M\setminus Y$ 和 $Y \subseteq M$ 得 $Y \subset Y \cup \{\varphi\} \subseteq M$。故由 $Y \in M \triangledown_\top N$ 得 $Y \cup \{\varphi\} \cup N \vdash \perp$。又由 $\varphi \in W$ 和 $Y \cup N \subset W$ 得 $Y \cup N \cup \{\varphi\} \subseteq W$，故 $W \vdash \perp$，同样产生矛盾。

由于这两种情况都导致矛盾，故假设错误，$Y \cup N \in (B\cup D)\triangledown \perp$ 成立。由 $\psi \in B\cup D$ 和 $\psi \notin Y \cup N$ 得 $\psi \in (B\cup D)\setminus(Y\cup N)$，由 $A' = Cn(A) \cap (B\cup D) \subseteq N$ 和 $Y \cup N \in (B\cup D)\triangledown \perp$ 得 $Cn(A) \cap (B\cup D) \subseteq Y \cup N \in (B\cup D)\triangledown \perp$，因此 $\psi \in \bigcup\{(B\cup D)\setminus X | Cn(A) \cap (B\cup D) \subseteq X \in (B\cup D)\triangledown \perp\}$。因此，结论成立。

（2）$\supseteq$ 方向：由命题 10.41（1）得 $\bigcup\{(B\cup D)\setminus X | X \in (B\cup D)\triangledown_\top A\} \subseteq \bigcup((B\cup D)\triangle_\perp A)$，再由（1）即得。

$\subseteq$ 方向：用反证法，假设 $\subseteq$ 方向不成立，故存在 $\tau \in \bigcup\{(B\cup D)\setminus X | Cn(A) \cap (B\cup D) \subseteq X \in (B\cup D)\triangledown \perp\}$ 但 $\tau \notin \bigcup\{(B\cup D)\setminus X | X \in (B\cup D)\triangledown_\top A\}$。显然有 $\tau \in B\cup D$，再由 $\tau \notin \bigcup\{(B\cup D)\setminus X | X \in (B\cup D)\triangledown_\top A\}$ 得 $\forall Y \in (B\cup D)\triangledown_\top A (\tau \in Y)$。由 $\tau \in \bigcup\{(B\cup D)\setminus X | Cn(A) \cap (B\cup D) \subseteq X \in (B\cup D)\triangledown \perp\}$ 知存在 W 使得 $Cn(A) \cap (B\cup D) \subseteq W \in (B\cup D)\triangledown \perp$ 且 $\tau \notin W$。记 $A' = Cn(A) \cap (B\cup D)$。由 $(B, A) \in \mathcal{B}$ 得 $Cn(A) \cap B = A$，故 $Cn(A) = Cn(A')$。故 $A' \subseteq W \in (B\cup D)\triangledown \perp$，故 $W \not\vdash \perp$，再由 $Cn(A) = Cn(A')$ 和 $A' \subseteq W$ 得

$W \cup A \not\vdash \bot$。由 $W \subseteq B \cup D$、$W \cup A \not\vdash \bot$ 和上界性引理 9.22 知存在 Z 使得 $W \subseteq Z \in (B \cup D) \triangledown_\top A$。假设 $\tau \in Z$，再由 $W \subseteq Z$ 得 $W \cup \{\tau\} \subseteq Z$。然而由 $\tau \notin W$ 和 $\tau \in B \cup D$ 得 $W \subset W \cup \{\tau\} \subseteq B \cup D$，再由 $W \in (B \cup D) \triangledown \bot$ 得 $W \cup \{\tau\} \vdash \bot$，故由 $W \cup \{\tau\} \subseteq Z$ 得 $Z \vdash \bot$，这与 $Z \in (B \cup D) \triangledown_\top A$ 矛盾，故假设 $\tau \in Z$ 错误，$\tau \notin Z$ 成立。由于 $\tau \notin Z \in (B \cup D) \triangledown_\top A$ 和已证的 $\forall Y \in (B \cup D) \triangledown_\top A (\tau \in Y)$ 产生矛盾，故假设错误，$\subseteq$ 方向也成立。由这两个方向可知（2）成立。

由命题 10.45（2）知排斥型选择函数的剔除范围和保护型选择函数的剔除范围是相同的。从下面这个示例可以更清楚地看出这一点。

示例 10.46 继续示例 10.42，$B \cup D = \{\neg\psi, \varphi, \varphi \to \psi, \psi \to \neg\varphi\}$，$A = \{\varphi \to \psi, \psi \to \neg\varphi\}$。由于 $(B \cup D) \triangledown_\top A = \{\{\neg\psi, \varphi \to \psi, \psi \to \neg\varphi\}\}$，故排斥型选择函数的剔除范围 $\bigcup\{(B \cup D)\backslash X | X \in (B \cup D) \triangledown_\top A\} = \{\varphi\}$。由于 $(B \cup D) \triangledown \bot = \{\{\neg\psi, \varphi, \psi \to \neg\varphi\}, \{\neg\psi, \varphi \to \psi, \psi \to \neg\varphi\}, \{\varphi, \varphi \to \psi\}\}$，故保护型选择函数的剔除范围 $\bigcup\{(B \cup D)\backslash X | Cn(A) \cap (B \cup D) \subseteq X \in (B \cup D) \triangledown \bot\} = \bigcup\{(B \cup D)\backslash\{\neg\psi, \varphi \to \psi, \psi \to \neg\varphi\}\} = \{\varphi\} = \bigcup\{(B \cup D)\backslash X | X \in (B \cup D) \triangledown_\top A\}$。

定义 10.47 令 $(B, A) \in \mathcal{B}$，Y 是基于 (B, A) 的排斥型选择函数。

（1）由 Y 构造的基于 (B, A) 的排斥型部分交代谢修正算子 $\diamond^Y$ 是这样定义的：对所有的 $D \subseteq \mathcal{L}$，$B \diamond_A^Y D \stackrel{\triangle}{=} (B', A')$，其中 $B' = \bigcap Y((B \cup D) \triangledown_\top A)$，$A' = Cn(A) \cap B'$。

（2）算子 $\diamond$ 是基于 (B, A) 的排斥型部分交代谢修正算子当且仅当存在基于 (B, A) 的排斥型选择函数 Y 使得：对所有的 $D \subseteq \mathcal{L}$，$B \diamond_A D \stackrel{\triangle}{=} B \diamond_A^Y D$。

示例 10.48 令 φ, ψ 为不相关的原子命题，信念库为 $B = \{\neg\psi, \varphi \to \psi, \psi \to \neg\varphi\}$，核心信念集 $A = \{\varphi \to \psi, \psi \to \neg\varphi\}$，$D = \{\varphi\}$。由定义 9.21 得 $(B \cup D) \triangledown_\top A = \{\{\neg\psi, \varphi \to \psi, \psi \to \neg\varphi\}\}$，容易验证唯一的选择方案 $Y((B \cup D) \triangledown_\top A) = \{\{\neg\psi, \varphi \to \psi, \psi \to \neg\varphi\}\}$ 满足定义 10.43 的条件（1）（2），故 Y 是排斥型选择函数。根据定义 10.47 知由其构造的基于 (B, A) 的排斥型部分交代谢修正算子对新信息 D 的修正结果为 $B \diamond_A^Y D \stackrel{\triangle}{=} (B', A')$，其中 $B' = \bigcap Y((B \cup D) \triangledown_\top A) = \{\neg\psi, \varphi \to \psi, \psi \to \neg\varphi\}$，$A' = Cn(A) \cap B' = \{\varphi \to \psi, \psi \to \neg\varphi\}$。

定理 10.49 令 $(B, A) \in \mathcal{B}$。算子 $\diamond$ 是基于 (B, A) 的排斥型部分交代谢修正算子当且仅当它满足性质：M-BelState，M-CoreInvariance，M-Inclusion，M-Consistency，M-ExIrrelevance 和 M-ExRelevance。

证明：（Ⅰ）Construction $\Longrightarrow$ Postulates：令算子 $\diamond$ 为基于 (B,A) 的排斥型部分交代谢修正算子，下证它满足这些性质。

M-BelState：由 $(B,A) \in \mathcal{B}$ 和定义 10.47 知 $A' \nvdash \bot$，再由定义 9.43 知只需证明 $Cn(A') \cap B' = A'$，由定义 10.47 知只需证 $Cn(Cn(A) \cap B') \cap B' = Cn(A) \cap B'$，易证，略。

M-CoreInvariance：由定义 10.47 知 $(B \diamond_A D)_2 = A' = Cn(A) \cap B'$，故只要证明 $Cn(A) \cap B' = Cn(A) \cap (B \cup D)$ 即可。$Cn(A) \cap B' \subseteq Cn(A) \cap (B \cup D)$ 是显然的。假设 $Cn(A) \cap B' \nsupseteq Cn(A) \cap (B \cup D)$，故存在 $\tau \in Cn(A) \cap (B \cup D)$ 使得 $\tau \notin B' = \bigcap Y((B \cup D) \triangledown_\top A)$。由定义 10.43 得 $Y((B \cup D) \triangledown_\top A) \neq \varnothing$，再由 $\tau \notin \bigcap Y((B \cup D) \triangledown_\top A)$ 知存在 $X \in Y((B \cup D) \triangledown_\top A)$ 使得 $\tau \notin X$。由 $\tau \in B \cup D$ 和 $\tau \notin X$ 得 $X \subset X \cup \{\tau\} \subseteq B \cup D$，再由 $X \in (B \cup D) \triangledown_\top A$ 得 $X \cup A \nvdash \bot$ 且 $X \cup \{\tau\} \cup A \vdash \bot$。然而，由 $\tau \in Cn(A)$ 得 $Cn(X \cup A) = Cn(X \cup \{\tau\} \cup A)$，产生矛盾，故假设错误，$Cn(A) \cap B' \supseteq Cn(A) \cap (B \cup D)$。因此，$Cn(A) \cap B' = Cn(A) \cap (B \cup D)$ 成立，故 M-CoreInvariance 成立。

M-Inclusion：根据定义 10.47 显然有 $B \diamond_A D = \bigcap Y((B \cup D) \triangledown_\top A) \subseteq B \cup D$。

M-Consistency：由定义 10.43（2）知 $Y((B \cup D) \triangledown_\top A) \neq \varnothing$。由于任取 $X \in Y((B \cup D) \triangledown_\top A)$ 有 $\bigcap Y((B \cup D) \triangledown_\top A) \subseteq X$ 且 $X \cup A \nvdash \bot$，故由 $X \cup A \nvdash \bot$ 得 $\bigcap Y((B \cup D) \triangledown_\top A) \cup A \nvdash \bot$，即 $B \diamond_A D \cup A \nvdash \bot$，故 $B \diamond_A D \nvdash \bot$。

M-ExIrrelevance：令 $\forall \varphi \in ((B \cup D_1) \cup (B \cup D_2)) \setminus ((B \cup D_1) \cap (B \cup D_2))$ 都有 $\{\varphi\} \cup A \vdash \bot$，由引理 9.24 得 $(B \cup D_1) \triangledown_\top A = (B \cup D_2) \triangledown_\top A$，故 $Y((B \cup D_1) \triangledown_\top A) = Y((B \cup D_2) \triangledown_\top A)$。故由定义 10.47 得 $B \diamond_A D_1 = \bigcap Y((B \cup D_1) \triangledown_\top A) = \bigcap Y((B \cup D_2) \triangledown_\top A) = B \diamond_A D_2$。故 M-ExIrrelevance 成立。

M-ExRelevance：令 $\psi \in (B \cup D) \setminus B \diamond_A D$，故 $\psi \notin B \diamond_A D = \bigcap Y((B \cup D) \triangledown_\top A)$，又由定义 10.43（2）知 $Y((B \cup D) \triangledown_\top A) \neq \varnothing$，故存在 $X \in Y((B \cup D) \triangledown_\top A)$ 使得 $\psi \notin X$。故 $X \subset X \cup \{\psi\}$，再由 $\psi \in B \cup D$ 得 $X \cup \{\psi\} \subseteq B \cup D$。令 $C = X$。显然有 $C \subseteq B \cup D$。由 $X \in (B \cup D) \triangledown_\top A$ 得 $C \cup A \nvdash \bot$。由 $X \subset X \cup \{\psi\} \subseteq B \cup D$ 和 $X \in (B \cup D) \triangledown_\top A$ 得 $C \cup \{\psi\} \cup A \vdash \bot$。由 $X \in Y((B \cup D) \triangledown_\top A)$ 得 $B \diamond_A D = \bigcap Y((B \cup D) \triangledown_\top A) \subseteq X = C$，即 $B \diamond_A D \subseteq C$。因此存在 $C \subseteq B \cup D$ 使得 $B \diamond_A D \subseteq C$ 且 $C \cup A \nvdash \bot$，但 $C \cup \{\psi\} \cup A \vdash \bot$。因此 M-ExRelevance 成立。

（Ⅱ）Postulates $\Longrightarrow$ Construction：令算子 $\diamond$ 满足这些性质，下面证明它是基于 (B,A) 的排斥型部分交代谢修正算子。

定义基于 (B,A) 的映射 Y 使其满足：对所有的 $D \subseteq \mathcal{L}$ 都有 $Y((B \cup D) \triangledown_\top$

$A) = \{X \in (B \cup D) \triangledown_\top A | B \diamond_A D \subseteq X\}$,定义基于 (B, A) 的算子。使其满足：对所有的 $D \subseteq \mathcal{L}$ 都有 $B \circ_A D \stackrel{\circ}{=} (B', A')$，其中 $B' = \bigcap Y((B \cup D) \triangledown_\top A)$，$A' = Cn(A) \cap B'$。需要证明：（a）Y 是良定义的函数；（b）Y 是基于 (B, A) 的排斥型选择函数；（c）对任何 $D \subseteq \mathcal{L}$ 都有 $B \diamond_A D \stackrel{\circ}{=} B \circ_A D$。

（a）Y 是良定义的函数：令 $(B \cup D_1) \triangledown_\top A = (B \cup D_2) \triangledown_\top A$，下证 $Y((B \cup D_1) \triangledown_\top A) = Y((B \cup D_2) \triangledown_\top A)$。由引理 9.24 得 $\forall \varphi \in ((B \cup D_1) \cup (B \cup D_2)) \setminus ((B \cup D_1) \cap (B \cup D_2))$ 都有 $\{\varphi\} \cup A \vdash \bot$。再由 M-ExIrrelevance 得 $B \diamond_A D_1 = B \diamond_A D_2$。由 $(B \cup D_1) \triangledown_\top A = (B \cup D_2) \triangledown_\top A$ 和 $B \diamond_A D_1 = B \diamond_A D_2$ 得 $Y((B \cup D_1) \triangledown_\top A) = \{X \in (B \cup D_1) \triangledown_\top A | B \diamond_A D_1 \subseteq X\} = \{X \in (B \cup D_2) \triangledown_\top A | B \diamond_A D_1 \subseteq X\} = \{X \in (B \cup D_2) \triangledown_\top A | B \diamond_A D_2 \subseteq X\} = Y((B \cup D_2) \triangledown_\top A)$。故（a）成立。

（b）Y 是基于 (B, A) 的排斥型选择函数：

条件（1）：根据 $Y((B \cup D) \triangledown_\top A)$ 的定义显然有 $Y((B \cup D) \triangledown_\top A) \subseteq (B \cup D) \triangledown_\top A$。

条件（2）：由 M-ExRelevance 和命题 10.2 易得 M-Protection 即 $A \subseteq B \diamond_A D$ 成立，再由 M-Consistency 得 $B \diamond_A D \cup A = B \diamond_A D \not\vdash \bot$。再由 M-Inclusion 得 $B \diamond_A D \subseteq B \cup D$。再由引理 9.22 上界性知存在 X 使得 $B \diamond_A D \subseteq X \in (B \cup D) \triangledown_\top A$。故由 Y 的定义得 $X \in Y((B \cup D) \triangledown_\top A) \neq \varnothing$。因此，由这两个条件知（b）成立。

（c）对任何 $D \subseteq \mathcal{L}$ 都有 $B \diamond_A D \stackrel{\circ}{=} B \circ_A D$：即证 $B \diamond_A D = B'$、$(B \diamond_A D)_2 = A'$ 和 $B \diamond_A D \in \mathcal{B}$。

$B \diamond_A D = B'$：由（b）条件（2）知 $Y((B \cup D) \triangledown_\top A) \neq \varnothing$，又由于任取 $Y \in Y((B \cup D) \triangledown_\top A)$ 都有 $B \diamond_A D \subseteq Y$，故 $B \diamond_A D \subseteq \bigcap Y((B \cup D) \triangledown_\top A) = B'$。假设 $B \diamond_A D \not\supseteq B'$，故存在 $\tau \in B'$ 但 $\tau \notin B \diamond_A D$，即存在 $\tau \in \bigcap Y((B \cup D) \triangledown_\top A)$ 但 $\tau \notin B \diamond_A D$。故 $\tau \in (B \cup D) \setminus B \diamond_A D$，由 M-ExRelevance 知存在 $C \subseteq B \cup D$ 使得 $B \diamond_A D \subseteq C$ 且 $C \cup A \not\vdash \bot$，但 $C \cup \{\tau\} \cup A \vdash \bot$。由 $C \subseteq B \cup D$、$C \cup A \not\vdash \bot$ 和引理 9.22 上界性知存在 X 使得 $C \subseteq X \in (B \cup D) \triangledown_\top A$。再由 $B \diamond_A D \subseteq C$ 得 $B \diamond_A D \subseteq X$。从而 $X \in Y((B \cup D) \triangledown_\top A)$。由 $X \in (B \cup D) \triangledown_\top A$ 得 $X \cup A \not\vdash \bot$，由 $X \cup A \not\vdash \bot$、$C \subseteq X$ 和 $C \cup \{\tau\} \cup A \vdash \bot$ 得 $\tau \notin X$。故（*）存在 $X \in Y((B \cup D) \triangledown_\top A)$ 使得 $\tau \notin X$。然而由 $\tau \in \bigcap Y((B \cup D) \triangledown_\top A)$ 和上面（b）条件（2）已证的 $Y((B \cup D) \triangledown_\top A) \neq \varnothing$ 知所有 $Y \in Y((B \cup D) \triangledown_\top A)$ 都有 $\tau \in Y$，这与（*）产生矛盾，故假设错误，$B \diamond_A D \supseteq B'$ 成立。因此由这两个方向知 $B \diamond_A D = B'$ 成立。

$(B \diamond_A D)_2 = A'$：由 M-CoreInvariance 和 $\circ$ 的定义知即证 $Cn(A) \cap (B \cup D) = Cn(A) \cap B'$。$\supseteq$ 方向是显然的。假设 $\subseteq$ 方向不成立，即 $Cn(A) \cap (B \cup D) \not\subseteq$

$Cn(A) \cap B'$，故存在 $\tau \in Cn(A) \cap (B \cup D)$ 使得 $\tau \notin B' = \bigcap Y((B \cup D) \triangledown_\perp A)$。再由（b）的 $Y((B \cup D) \triangledown_\perp A) \neq \varnothing$ 可知存在 $X \in Y((B \cup D) \triangledown_\perp A)$ 使得 $\tau \notin X$。由 $\tau \notin X$ 和 $\tau \in B \cup D$ 得 $X \subset X \cup \{\tau\} \subseteq B \cup D$，再由 $X \in (B \cup D) \triangledown_\perp A$ 得 $X \cup A \nvdash \perp$ 且 $X \cup \{\tau\} \cup A \vdash \perp$。然而由 $\tau \in Cn(A)$ 得 $Cn(X \cup A) = Cn(X \cup \{\tau\} \cup A)$，故产生矛盾，故假设错误，$\subseteq$ 方向亦成立。因此 $(B \diamond_A D)_2 = A'$。

$B \circ_A D \in \mathcal{B}$：由 $B \diamond_A D = B'$、$(B \diamond_A D)_2 = A'$ 和 M-BelState 即得。证毕。

由命题 10.2 和定理 10.49 易得下面推论。

推论 10.50 令 $(B, A) \in \mathcal{B}$。如果算子 $\diamond$ 是基于 (B, A) 的排斥型部分交代谢修正算子，那么它也满足 M-Vacuity，M-Irrelevance，M-RelClosure，M-Protection，M-Retainment，M-ExRetainment 和 M-Relevance。

那么排斥型部分交代谢修正算子和保护型部分交代谢修正算子有什么关系呢？由定理 10.38、定理 10.49 和推论 10.50 易得下面推论。

推论 10.51 令 $(B, A) \in \mathcal{B}$。如果算子 $\diamond$ 是基于 (B, A) 的排斥型部分交代谢修正算子，那么它也是保护型部分交代谢修正算子。

10.1.7 与相关工作的比较

10.1.7.1 与半修正算子

Hansson (1991) 提出了巩固算子，即对信念库恢复一致性的算子，可以定义为对矛盾式（$\perp$）的收缩，然后 Hansson (1997) 利用巩固算子来定义半修正算子，即先膨胀后巩固的句子型改变算子，在这种算子中，新信息不具有绝对的优先性，故属于非优先的信念改变。这种算子与本章考察的代谢修正算子有一些共同点，但也有其差别之处，本小节将对它们进行简单比较。从该算子的 strong consistency 可以看出半修正算子与代谢修正算子一样具有强一致性，而不管信念库和新信息是否一致。包含性 inclusion 是说不能增加额外的信息，这与代谢修正算子的 M-Inclusion 是相同的。core retainment 和 relevance 是说在半修正过程中信念被删除都需要一定的理由，这种理由就是它们直接参与导致了不一致现象，这两者与代谢修正算子的 M-Retainment、M-ExRetainment、M-Relevance 和 M-ExRelevance 类似。

如上所述，半修正算子与代谢修正算子的主要相似之处在于它们都是基于信念库的先膨胀后巩固的非优先信念改变算子。下面来看看这两者的主要差异：

（1）半修正算子的新信息是句子类型的，属于句子型改变算子；而代谢修正算子的新信息是句子集合，属于复合型改变算子。

（2）半修正算子的信念状态表征为信念库，但代谢修正算子由于要考虑核心信念集的不变性和对引起冲突之信息的排斥性，信念状态被重新表征为具有信念库 B 和核心信念集 A 并满足一定条件的二元结构。

（3）虽然两者都利用了核心集和保留集进行函数式构造，但代谢修正算子的剪切函数和选择函数与半修正算子的不同之处在于它们具有保护核心信念集 A 的功能，半修正算子则不具有这种保护机制。

（4）核心信念集 A 还具有排斥功能，这种排斥功能分别可通过不一致核心集和一致保留集进行函数式构造，半修正算子不具有这种排斥机制。

10.1.7.2　与原则受限聚合算子

Fuhrmann（1997）将巩固算子一般化为聚合算子，即将两个信念库合并为一个信念库的算子。由于待聚合的两个信念库都没有特殊的优先性，可以从这两个信念库中放弃信息，故是一种非优先的对称改变算子。Konieczny 和 Pino Pérez 在聚合算子上做了很多工作，尤其是对聚合算子的公理性刻画方面。他们 2002 提出了原则受限聚合（merge with integrity constraints），它是 AGM 信念修正的一个扩展，它研究在给定受限原则（Integrity Constraints，IC）的情况下应当如何理性的聚合多个信念库。他们设定信念库 B 是有穷命题集，因此可以看成是一个等价于 B 中所有元素的合取的命题 ψ。令 $\psi_1, \psi_2, \cdots, \psi_n$ 为信念库，他们称 $\Psi = \{\psi_1, \psi_2, \cdots, \psi_n\}$ 为信念集。$\wedge \Psi$ 表示 Ψ 中元素的合取，即 $\wedge \Psi = \psi_1 \wedge \psi_2 \wedge \cdots \wedge \psi_n$。信念集间的并集用 $\sqcup$ 表示。受限原则 IC 集是一个命题集，他们常用 μ 来表示。聚合算子用 Δ 表示，一个信念集 Ψ 的 μ 受限聚合记为 $\Delta_\mu(\Psi)$。下面先来看他们对这样的聚合算子的定义。

定义 10.52 Δ 是一个 IC 聚合算子当且仅当它满足下列假定 (Konieczny and Pino Pérez, 2002):

（IC0）$\Delta_\mu(\Psi) \vdash \mu$

（IC1）如果 μ 是一致的，那么 $\Delta_\mu(\Psi)$ 也是一致的。

（IC2）如果 $\wedge \Psi$ 与 μ 一致，那么 $\Delta_\mu(\Psi) = \wedge \Psi \wedge \mu$。

（IC3）如果 $\Psi_1 \leftrightarrow \Psi_2$ 且 $\mu_1 \leftrightarrow \mu_2$，那么 $\Delta_{\mu_1}(\Psi_1) \leftrightarrow \Delta_{\mu_2}(\Psi_2)$。

（IC4）如果 $\psi_1 \vdash \mu$ 且 $\psi_2 \vdash \mu$，那么 $\Delta_\mu(\psi_1 \sqcup \psi_2) \wedge \psi_1 \nvdash \bot \Longrightarrow \Delta_\mu(\psi_1 \sqcup \psi_2) \wedge \psi_2 \nvdash \bot$。

（IC5）$\Delta_\mu(\Psi_1) \wedge \Delta_\mu(\Psi_2) \vdash \Delta_\mu(\Psi_1 \sqcup \Psi_2)$

（IC6）如果 $\Delta_\mu(\Psi_1) \wedge \Delta_\mu(\Psi_2)$ 是一致的，那么 $\Delta_\mu(\Psi_1 \sqcup \Psi_2) \vdash \Delta_\mu(\Psi_1) \wedge \Delta_\mu(\Psi_2)$。

（IC7）$\Delta_{\mu_1}(\Psi) \wedge \mu_2 \vdash \Delta_{\mu_1 \wedge \mu_2}(\Psi)$

（IC8）如果 $\Delta_{\mu_1}(\Psi) \wedge \mu_2$ 是一致的，那么 $\Delta_{\mu_1 \wedge \mu_2}(\Psi) \vdash \Delta_{\mu_1}(\Psi) \wedge \mu_2$。

下面来看这种受限聚合算子与上面提出的代谢修正算子◇的异同。先来看主要的相似之处：

（1）两者都是膨胀＋巩固模式的复合改变算子；

（2）两者的待膨胀信息源都不具有绝对优先性，可以从各个信息源中放弃信息，故都是非优先改变算子；

（3）两者在改变过程中都受到一定限制：从（IC0）知受限聚合算子的限制因子是 μ 集，聚合结果满足 μ 的条件；从 M-Protection 知代谢修正算子的限制因子是核心信念集 A，修正结果集包含 A 的信息。

再来看它们主要的不同之处：

（1）两者的直观内涵是不相同的：受限聚合是多个信息源的聚合，没有代谢修正算子那样的新信息和信念状态的二分性，故待聚合的所有信息源都是同等对待的，从而是对称改变算子，从而输入参数的位置差异是无关紧要的；代谢修正算子是非对称的算子，刻画的是认知主体受新信息激发而引起的信念改变过程。

（2）受限聚合算子的所有信息源都是有穷命题集；代谢修正算子是二元算子，只有两个参数，左参数是一个表征为具有信念库和核心信念集这样二元结构的信念状态，右参数是命题集，而且信念库、核心信念集和新信息都可以是无穷的。

（3）虽然两者都是先膨胀后巩固，但受限聚合算子是通过可能世界语义来构造的，本章的代谢修正算子则是通过四种各不相同的剪切函数或选择函数来构造的。

（4）虽然两者都受到限制因子的限制，但受限聚合要求的是 μ 集是聚合结果 $\Delta_\mu(\Psi)$ 的逻辑后承，而代谢修正算子要求修正结果集里包含核心信念集 A，这两种限制方式是不同的。

（5）代谢修正算子要求修正结果是强一致的，但从（IC1）来看，受限聚合算子只要求相对一致性，即如果受限原则 μ 是一致的，那么聚合结果也是一致的。从这里也可以看出，受限聚合算子的受限原则 μ 是可以不一致的，与代谢修正算子对核心信念集 A 的一致性要求不同。

10.2 生成算子

从宏观上来看，我们主要分两种模式对基于核心信念的非优先复合修正进行研究。第一种是决策+修正模式，第 9.2 节和第 9.3 节先将非优先复合修正算子解构为决策子模块和修正子模块分别进行研究。第二种模式是膨胀+巩固模式，由于膨胀算子仅仅是集合并运算，因此上面的代谢修正算子实际上并没有将非优先复合修正解构为两个算子进行研究，而是仅仅作为单独的算子进行考察。那么这两种非优先复合修正的模式之间有什么关系呢？采用这两种模式的算子之间是否可以相互定义呢？本节将简单考察并回答这两个问题。

10.2.1 评价算子和评价复合修正算子的复合运算

第 9.2 节提出了非优先复合修正的决策子模块，即评价算子，用于从新信息中区分可信和不可信的新信息。第 9.3 节提出了非优先复合修正的修正子模块，即评价复合修正算子，它以评价为新信息类型，对信念状态 (B, A) 进行修正。那么评价算子的输出结果（信集为 $D \triangleleft A$，斥集为 $D \backslash D \triangleleft A$）是否属于评价复合修正算子所要求的评价（定义 9.44）这种信息类型呢？下面这个命题表明答案是肯定的。

命题 10.53 令 $(B, A) \in \mathcal{B}$ 且 $\emptyset \neq D \subseteq \mathcal{L}$。如果 $\triangleleft$ 是满足 E-Inclusion、E-Compatibility 和 E-Closure 的基于 A 的评价算子，那么 $(D \backslash D \triangleleft A)|(D \triangleleft A)$ 是一个 A-评价，即 $(D \backslash D \triangleleft A)|(D \triangleleft A) \in \mathcal{A}$。

证明： 令 $\triangleleft$ 是满足 E-Inclusion、E-Compatibility 和 E-Closure 的基于 A 的评价算子。由 E-Compatibility 得 $Cn(A \cup D \triangleleft A) \cap \{\bot\} = \emptyset$。再由 E-Closure 得 $Cn(A \cup D \triangleleft A) \cap D \subseteq D \triangleleft A$，故 $Cn(A \cup D \triangleleft A) \cap (D \backslash D \triangleleft A) = \emptyset$。因此 $Cn(A \cup D \triangleleft A) \cap ((D \backslash D \triangleleft A) \cup \{\bot\}) = \emptyset$。又由 E-Inclusion 得 $(D \backslash D \triangleleft A) \cup (D \triangleleft A) = D \neq \emptyset$。再由定义 9.44 知 $(D \backslash D \triangleleft A)|(D \triangleleft A)$ 是一个 A-评价。

从这个命题易知，可以将决策子模块和修正子模块迭代起来形成这里将讨论的基于评价的非优先复合修正算子，它是评价算子和评价复合修正算子这两种算子的复合运算。

定义 10.54 令 $(B, A) \in \mathcal{B}$，$\emptyset \neq D \subseteq \mathcal{L}$。如果 $\triangleleft$ 是满足 E-Inclusion、E-Compatibility 和 E-Closure 的基于 A 的评价算子且 $\triangleright$ 是基于 (B, A) 的评价复合修正算子，那么由 $\triangleleft$ 和 $\triangleright$ 按等式 $B \odot_A D \stackrel{\mathrm{def}}{=} B \triangleright_A ((D \backslash D \triangleleft A)|(D \triangleleft A))$ 构造的生成算子 $\odot$ 就是基

于评价的非优先复合修正算子。

从这个定义可知：根据满足不同性质的评价算子 ◁ 和评价复合修正算子 ▷ 可以构造各种不同的生成算子。值得注意的是，由于生成算子的结果 $B \odot_A D$ 作为信念状态是个二元组，故为方便起见，在关系表达式和集合运算中，如无特别说明，一般用 $B \odot_A D$ 表示修正后信念状态的第一个参数，即信念库，用 $(B \odot_A D)_2$ 表示修正后信念状态的第二个参数，即核心信念集。

示例 10.55 令 $\alpha, \varphi, \psi, \tau$ 为互不相关的原子命题，令信念库 $B = \{\alpha, \alpha \to \neg\varphi, \tau, \tau \to \neg\psi\}$，核心信念集 $A = \{\alpha \to \neg\varphi, \tau, \tau \to \neg\psi\}$，新信息 $M = \{\varphi, \psi\}$。

容易验证 $(B, A) \in \mathcal{B}$。根据定义 9.5 易知 $M \triangle_\perp A = \{\{\psi\}\}$，再根据定义 9.9 容易验证满足条件（1）（2）（3）的剪切方案只有一个即 $\sigma(M \triangle_\perp A) = \{\psi\}$。故根据定义 9.12，由 σ 构造的基于 A 的核心评价算子 $\triangleleft_\sigma$ 满足 $M \triangleleft_\sigma A = \{\varphi\}$，也就是说认知主体相信 φ，但不相信 ψ。另一方面，容易验证 $\triangleleft_\sigma$ 满足 E-Inclusion、E-Compatibility 和 E-Closure。

再根据定义 9.44 容易验证 $(M \backslash M \triangleleft_\sigma A) | (M \triangleleft_\sigma A) = \psi | \varphi \in \mathcal{A}$。根据定义 9.46 易得 $B \blacktriangle_\perp^A (\psi|\varphi) = \{\{\alpha\}\}$。再由定义 9.51 知满足条件（1）（2）（3）的评价剪切函数只有 $\rho(B \blacktriangle_\perp^A (\psi|\varphi)) = \{\alpha\}$。故根据定义 9.55 知由 ρ 构造的基于 (B, A) 的核心评价复合修正算子 $\triangleright^\rho$ 满足 $B \triangleright_A^\rho (\psi|\varphi) \doteq (B', A')$，其中 $B' = B \backslash \rho(B \blacktriangle_\perp^A (\psi|\varphi)) \cup \{\varphi\}$，$A' = Cn(A) \cap B'$。

因此，由核心评价算子 $\triangleleft_\sigma$ 和核心评价复合修正算子 $\triangleright^\rho$ 构造的生成算子 $\odot$ 满足 $B \odot_A M \doteq B \triangleright_A^\rho ((M \backslash M \triangleleft_\sigma A) | (M \triangleleft_\sigma A)) \doteq (B', A')$，其中 $B' = \{\varphi, \alpha \to \neg\varphi, \tau, \tau \to \neg\psi\}$，$A' = \{\alpha \to \neg\varphi, \tau, \tau \to \neg\psi\}$。

如果说代谢修正算子采用一个单独的算子来刻画基于核心信念的非优先复合修正，那么定义 10.54 的生成算子则是通过两个算子的复合运算来构造这种非优先复合修正。那么单独算子和生成算子这二者之间有什么关系呢？生成算子是否满足以及满足哪些单独算子的性质呢？这里证明了下面定理。

定理 10.56 令 $(B, A) \in \mathcal{B}$，◁ 是满足 E-Inclusion、E-Compatibility 和 E-Closure 的基于 A 的评价算子，▷ 是基于 (B, A) 的评价复合修正算子且 $\odot$ 是由 ◁ 和 ▷ 按定义 10.54 生成的基于评价的非优先复合修正算子。那么下面这些结论成立：

（1）如果 ▷ 满足 EV-BelState，那么 $\odot$ 满足 M-BelState。

（2）如果 ▷ 满足 EV-CoreInvariance，那么 $\odot$ 满足 M-CoreInvariance。

（3）如果 ▷ 满足 EV-Inclusion，那么 $\odot$ 满足 M-Inclusion。

（4）如果 $\triangleright$ 满足 EV-Consistency，那么 $\odot$ 满足 M-Consistency。

（5）如果 $\triangleright$ 满足 EV-Inclusion、EV-InSuccess、EV-OutSuccess 和 EV-Relevance，那么 $\odot$ 满足 M-RelClosure。

（6）如果 $\triangleleft$ 满足 E-Irrelevance 且 $\triangleright$ 满足：

（EV^-Uniformity）如果 $D_1 = D_2$ 且 $\forall \varphi \in (C_1 \cup C_2)\backslash(C_1 \cap C_2)$ 都有 $\{\varphi\} \cup A \vdash \bot$，那么 $B \triangleright_A (C_1|D_1) = B \triangleright_A (C_2|D_2)$。

那么 $\odot$ 满足下面性质：

（M^-Irrelevance）如果 $\forall \varphi \in (D_1 \cup D_2)\backslash(D_1 \cap D_2)$ 都有 $\varphi \vdash \bot$，那么 $B \odot_A D_1 = B \odot_A D_2$。

（7）如果 $\triangleleft$ 满足 E-Irrelevance 且 $\triangleright$ 满足（6）中的 EV^-Uniformity，那么 $\odot$ 满足下面性质：

（M^-ExIrrelevance）如果 $\forall \varphi \in (D_1 \cup D_2)\backslash(D_1 \cap D_2)$ 都有 $\{\varphi\} \cup A \vdash \bot$，那么 $B \odot_A D_1 = B \odot_A D_2$。

（8）如果 $\triangleleft$ 满足 E-Retainment 且 $\triangleright$ 满足 EV-Retainment，那么 $\odot$ 不一定满足 M-Retainment 和 M-Relevance。

（9）如果 $\triangleleft$ 满足 E-Relevance 且 $\triangleright$ 满足 EV-Relevance，那么 $\odot$ 不一定满足 M-ExRetainment 和 M-ExRelevance。

证明：分别令这些结论的前件成立，下面分别证明它们的后件也成立：

（1）M-BelState：根据 $\triangleright$ 的 EV-BelState 和定义 10.54 知这是显然的。

（2）由 $\triangleright$ 的 EV-CoreInvariance 和定义 10.54 知 $(B \odot_A D)_2 = Cn(A) \cap (B \cup D \triangleleft A)$。再由 $\triangleleft$ 的 E-Closure 得 $Cn(A) \cap D \subseteq D \triangleleft A$，再由 $\triangleleft$ 的 E-Inclusion 得 $Cn(A) \cap D = Cn(A) \cap D \triangleleft A$。因此 $Cn(A) \cap (B \cup D \triangleleft A) = Cn(A) \cap (B \cup D)$，即得 $(B \odot_A D)_2 = Cn(A) \cap (B \cup D)$。M-CoreInvariance 成立。

（3）由 $\triangleright$ 的 EV-Inclusion 和定义 10.54 得 $B \odot_A D = B \triangleright_A ((D\backslash D \triangleleft A)|(D \triangleleft A)) \subseteq B \cup D \triangleleft A$，再由 $\triangleleft$ 的 E-Inclusion 得 $B \odot_A D \subseteq B \cup D \triangleleft A \subseteq B \cup D$。M-Inclusion 成立。

（4）M-Consistency：由 $\triangleright$ 的 EV-Consistency 和定义 10.54 知这是显然的。

（5）用反证法。假设 $Cn(B \odot_A D) \cap (B \cup D) \not\subseteq B \odot_A D$。故存在 $\varphi \in B \cup D$ 使得 $B \odot_A D \vdash \varphi$ 且 $\varphi \notin B \odot_A D$。根据定义 10.54 得 $B \triangleright_A ((D\backslash D \triangleleft A)|(D \triangleleft A)) \vdash \varphi$ 且 $\varphi \notin B \triangleright_A ((D\backslash D \triangleleft A)|(D \triangleleft A))$。下面分 $\varphi \notin B$ 或 $\varphi \in B$ 两种情况导出矛盾。

（a）当 $\varphi \notin B$ 时，显然 $\varphi \in D$。又由 $\varphi \notin B \triangleright_A ((D\backslash D \triangleleft A)|(D \triangleleft A))$ 和 $\triangleright$ 的 EV-InSuccess 得 $\varphi \notin D \triangleleft A$。故 $\varphi \in D\backslash D \triangleleft A$。再由 $\triangleright$ 的 EV-OutSuccess 得

$B \triangleright_A ((D \backslash D \triangleleft A)|(D \triangleleft A)) \nvdash \varphi$。产生矛盾。

（b）当 $\varphi \in B$ 时，$\varphi \in B \backslash B \triangleright_A ((D \backslash D \triangleleft A)|(D \triangleleft A))$。由 $\triangleright$ 的 EV-Relevance 知：存在 $X \subseteq B$ 使得 $B \cap B \triangleright_A ((D \backslash D \triangleleft A)|(D \triangleleft A)) \subseteq X$ 且 $Cn(X \cup A \cup D \triangleleft A) \cap ((D \backslash D \triangleleft A) \cup \{\bot\}) = \varnothing$，但 $Cn(X \cup \{\varphi\} \cup A \cup D \triangleleft A) \cap ((D \backslash D \triangleleft A) \cup \{\bot\}) \neq \varnothing$。令 $\psi \in B \triangleright_A ((D \backslash D \triangleleft A)|(D \triangleleft A))$。由 $\triangleright$ 的 EV-Inclusion 知：要么 $\psi \in B$，要么 $\psi \in D \triangleleft A$。当 $\psi \in B$ 时，由 $\psi \in B \triangleright_A ((D \backslash D \triangleleft A)|(D \triangleleft A))$ 得 $\psi \in (B \cap B \triangleright_A ((D \backslash D \triangleleft A)|(D \triangleleft A))) \cup (D \triangleleft A)$；当 $\psi \in D \triangleleft A$ 时也显然有 $\psi \in (B \cap B \triangleright_A ((D \backslash D \triangleleft A)|(D \triangleleft A))) \cup (D \triangleleft A)$。故 $B \triangleright_A ((D \backslash D \triangleleft A)|(D \triangleleft A)) \subseteq (B \cap B \triangleright_A ((D \backslash D \triangleleft A)|(D \triangleleft A))) \cup (D \triangleleft A)$。又由 $B \cap B \triangleright_A ((D \backslash D \triangleleft A)|(D \triangleleft A)) \subseteq X$ 得 $B \triangleright_A ((D \backslash D \triangleleft A)|(D \triangleleft A)) \subseteq X \cup (D \triangleleft A)$。再由 $B \triangleright_A ((D \backslash D \triangleleft A)|(D \triangleleft A)) \vdash \varphi$ 得 $X \cup (D \triangleleft A) \vdash \varphi$，故 $Cn(X \cup A \cup D \triangleleft A) = Cn(X \cup \{\varphi\} \cup A \cup D \triangleleft A)$。从而 $Cn(X \cup A \cup D \triangleleft A) \cap ((D \backslash D \triangleleft A) \cup \{\bot\}) = Cn(X \cup \{\varphi\} \cup A \cup D \triangleleft A) \cap ((D \backslash D \triangleleft A) \cup \{\bot\}) \neq \varnothing$。产生矛盾。

由于（a）（b）两种情况都导致矛盾，故假设错误，M-RelClosure 成立。

（6）令 $\forall \varphi \in (D_1 \cup D_2) \backslash (D_1 \cap D_2)$ 都有 $\varphi \vdash \bot$。由 E-Irrelevance 得 $D_1 \triangleleft A = D_2 \triangleleft A$。现假设存在 $\psi \in ((D_1 \backslash D_1 \triangleleft A) \cup (D_2 \backslash D_2 \triangleleft A)) \backslash ((D_1 \backslash D_1 \triangleleft A) \cap (D_2 \backslash D_2 \triangleleft A))$ 使得 $\psi \cup A \nvdash \bot$。当 $\psi \in (D_1 \backslash D_1 \triangleleft A) \backslash (D_2 \backslash D_2 \triangleleft A)$ 时，分 $\psi \in D_2$ 和 $\psi \notin D_2$ 两种情况导出矛盾：

（a）$\psi \in D_2$ 时，$\psi \in D_2 \triangleleft A = D_1 \triangleleft A$，即 $\psi \in D_1 \triangleleft A$，与 $\psi \in D_1 \backslash D_1 \triangleleft A$ 产生矛盾；

（b）$\psi \notin D_2$ 时，由 $\psi \in D_1 \backslash D_1 \triangleleft A$ 得 $\psi \in (D_1 \cup D_2) \backslash (D_1 \cap D_2)$，故 $\psi \vdash \bot$，与 $\psi \cup A \nvdash \bot$ 矛盾。

根据对称性，当 $\psi \in (D_2 \backslash D_2 \triangleleft A) \backslash (D_1 \backslash D_1 \triangleleft A)$ 时也可类似地导出矛盾。因此，该假设错误，$\forall \psi \in ((D_1 \backslash D_1 \triangleleft A) \cup (D_2 \backslash D_2 \triangleleft A)) \backslash ((D_1 \backslash D_1 \triangleleft A) \cap (D_2 \backslash D_2 \triangleleft A))$ 都有 $\psi \cup A \vdash \bot$。再由 EV^-Uniformity 得 $B \triangleright_A ((D_1 \backslash D_1 \triangleleft A)|(D_1 \triangleleft A)) = B \triangleright_A ((D_2 \backslash D_2 \triangleleft A)|(D_2 \triangleleft A))$。再由定义 10.54 得 $B \odot_A D_1 = B \odot_A D_2$。故 M^-Irrelevance 成立。

（7）证明类似于（6），略。故 M^-ExIrrelevance 成立。

（8）举出反例即可。令 $\psi, \varphi, \alpha, \tau, \theta$ 为互不逻辑相关的原子命题，$(B, A) \triangleq (\{\psi, (\psi \to \varphi) \wedge \neg \theta\}, \varnothing)$ 且 $D = \{\varphi, \alpha \wedge \theta, \alpha \to \neg \varphi\}$，再令 $\triangleleft$ 满足 $D \triangleleft A = \{\alpha \to \neg \varphi\}$ 且 $\triangleright$ 满足 $B \triangleright_A (D \backslash D \triangleleft A | D \triangleleft A) = \{(\psi \to \varphi) \wedge \neg \theta, \alpha \to \neg \varphi\}$。故由定义 10.54 得 $B \odot_A D = \{(\psi \to \varphi) \wedge \neg \theta, \alpha \to \neg \varphi\}$。容易验证 $\triangleleft$ 满足 E-Inclusion、E-Compatibility、E-Closure 和 E-Retainment，并且 $\triangleright$ 满足 EV-Retainment。同样也

容易验证 ⊚ 不满足 M-Retainment 和 M-Relevance，因为不存在 $C \subseteq B \cup D$ 使得 $C \nvdash \bot$ 但 $C \cup \{\psi\} \vdash \bot$。

（9）反例与（8）相同，容易验证 ◁ 满足 E-Inclusion、E-Compatibility、E-Closure 和 E-Relevance，并且 ▷ 满足 EV-Relevance。同样也容易验证 ⊚ 不满足 M-ExRetainment 和 M-ExRelevance。因为不存在 $C \subseteq B \cup D$ 使得 $C \cup A \nvdash \bot$ 但 $C \cup \{\psi\} \cup A \vdash \bot$。

上面定理 10.56（6）中的 EV^-Uniformity 的直观意思是：如果两个评价 $C_1|D_1$ 和 $C_2|D_2$ 的信集相等并且两者斥集间相互区别的元素[①]都是被核心信念集 A 所排斥的，那么认知主体对这两个评价信息进行的评价复合修正的结果应该是相同的。M^-Irrelevance 的直观意思是：如果两个新信息集合 D_1 和 D_2 之间相互区别的元素都是不一致的，那么认知主体拒斥所有这样的元素，从而生成算子 ⊚ 对 D_1 和 D_2 进行修正的结果应该是相同的。（7）中的 M^-ExIrrelevance 与（6）中的 M^-Irrelevance 类似，如果两个新信息间相互区别的元素都是被核心信念集 A 所排斥的，那么这些相区别的元素不会导致产生不同的修正结果。那么 EV^-Uniformity 和 EV-Uniformity、M^-Irrelevance 和 M-Irrelevance 以及 M^-ExIrrelevance 和 M-ExIrrelevance 的关系是怎样的呢？第 9.3 节提出的评价复合修正算子是否满足 EV^-Uniformity，第 10 章提出的代谢修正算子又是否满足 M^-Irrelevance 和 M^-ExIrrelevance。这些问题无疑是有趣的，但由于篇幅关系我们对此不作研究。（8）和（9）两个不满足的结论揭示了生成算子 ⊚ 与代谢修正算子的差异之处。即使 ◁ 和 ▷ 都在一定程度上满足最小改变原则（即以 retainment 或 relevance 为后缀的性质，下同），它们的生成算子 ⊚ 也不一定满足代谢修正算子的最小改变原则。

10.2.2 评价算子与代谢修正算子

第 9 章的论述已表明：当认知主体接收到新信息时，他往往通过评价依据即核心信念对新信息进行评价，评价结果是一个由信集和斥集组成的二元结构，这个评价结果进一步引发认知主体的信念修正过程，即同时放弃斥集且接纳信集的评价复合修正算子。在这样一种机制中，核心信念的作用是对新信息的评价；代谢修正算子所采用的膨胀＋巩固模式则不同，认知主体并不是先通过评价性决策来确定对新信息的接纳与否，然后进行信念修正，而是先把所有的新信息都作为信念接纳进来，然后再对信念状态进行整理和巩固。也就是说膨胀＋巩固模式并

[①] 如果 $\varphi \in C_1 \backslash C_2$ 或 $\varphi \in C_2 \backslash C_1$，那么称 φ 为斥集 C_1 和 C_2 间相互区别的元素，下面类同。

没有评价决策过程，但为恢复一致性应当对新信息或旧信念进行抉择，它对新信息的放弃和旧信念的收缩是在巩固过程中完成的。

那么在评价算子中起到评价决策作用的核心信念集 A 是否在代谢修正过程中也起到某种决策作用呢？的确如此，核心信念集 A 在代谢修正过程中起到排斥作用，与核心信念集 A 不一致的命题集中包含了认知主体不相信的信息，这些信息的部分将受到认知主体的排斥，故在代谢修正中得以保留的新信息即是可信的信息。

下面将核心信念集 A 在代谢修正过程中所起到的排斥功能拆解出来，然后考察这种排斥机制与评价算子的关系。

定义 10.57 令 $(A,A) \in \mathcal{B}$ 且 $\diamond$ 为基于 (A,A) 的代谢修正算子。那么由 $\diamond$ 生成的评价算子为 $\triangleleft_\diamond$。使得对所有 $D \in 2^\mathcal{L} \setminus \{\varnothing\}$，都有 $D \triangleleft_\diamond A = A \diamond_A D \cap D$。

定理 10.58 令 $(A,A) \in \mathcal{B}$。(1) 如果 $\diamond$ 是基于 (A,A) 的排斥型核心代谢修正算子，那么由上述定义生成的评价算子 $\triangleleft_\diamond$ 是一个核心评价算子；

（2）如果 $\diamond$ 是基于 (A,A) 的排斥型部分交代谢修正算子，那么由上述定义生成的评价算子 $\triangleleft_\diamond$ 是一个部分交评价算子。

证明：（1）令 $\diamond$ 是排斥型核心代谢修正算子。由定理 9.14 知只需证明：对所有 $D \subseteq \mathcal{L}$，$\triangleleft_\diamond$ 满足 E-Inclusion、E-Compatibility、E-Closure、E-Uniformity 和 E-Retainment 即可。

E-Inclusion：由定义 10.57 显然有 $D \triangleleft_\diamond A = A \diamond_A D \cap D \subseteq D$。

E-Compatibility：由 $\diamond$ 的 M-Consistency 得 $A \diamond_A D \not\vdash \bot$，再由 $\diamond$ 的 M-ExRetainment 和命题 10.2（2）得 $A \subseteq A \diamond_A D$。故 $A \cup D \triangleleft_\diamond A = A \cup (A \diamond_A D \cap D) \subseteq A \diamond_A D \not\vdash \bot$，即 $A \cup D \triangleleft_\diamond A \not\vdash \bot$。

E-Closure：用反证法，假设 E-Closure 不成立，即 $Cn(A \cup D \triangleleft_\diamond A) \cap D \not\subseteq D \triangleleft_\diamond A$，故存在 $\psi \in Cn(A \cup D \triangleleft_\diamond A) \cap D$ 使得 $\psi \notin D \triangleleft_\diamond A$。由 $\psi \notin D \triangleleft_\diamond A = A \diamond_A D \cap D$ 和 $\psi \in D$ 得 $\psi \notin A \diamond_A D$。由 $\psi \in D \subseteq A \cup D$、$\psi \notin A \diamond_A D$ 和 M-RelClosure 得 $A \diamond_A D \not\vdash \psi$。由 $\psi \in Cn(A \cup D \triangleleft_\diamond A)$ 得 $A \cup (A \diamond_A D \cap D) \vdash \psi$，再由 $A \cup (A \diamond_A D \cap D) \subseteq A \diamond_A D$ 得 $A \diamond_A D \vdash \psi$，产生矛盾，故假设错误，E-Closure 成立。

E-Uniformity：令 D_1 和 D_2 的与 A 不一致的极小子集相同，即 $D_1 \triangle_\bot A = D_2 \triangle_\bot A$。先证下面结论：

（*）对所有 $D \subseteq \mathcal{L}$，$D \triangle_\bot A = (A \cup D) \triangle_\bot A$。

$\subseteq$ 方向：令 $X \in D \triangle_\bot A$，故 $X \subseteq D \subseteq A \cup D$，$X \cup A \vdash \bot$ 且对每个 $Y \subset X$ 都

有 $Y \cup A \nvdash \bot$。故由定义 9.5 得 $X \in (A \cup D) \triangle_{\bot} A$，故 $D \triangle_{\bot} A \subseteq (A \cup D) \triangle_{\bot} A$。$\supseteq$ 方向：令 $X \in (A \cup D) \triangle_{\bot} A$，故 $X \subseteq A \cup D$、$X \cup A \vdash \bot$ 且对每个 $Y \subset X$ 都有 $Y \cup A \nvdash \bot$。假设 $X \nsubseteq D$。故存在 $\psi \in X \backslash D$，由 $X \subseteq A \cup D$ 得 $\psi \in A$，故 $X \backslash \{\psi\} \cup A = X \cup A \vdash \bot$。又由 $\psi \in X$ 得 $X \backslash \{\psi\} \subset X$，再由 $X \in (A \cup D) \triangle_{\bot} A$ 得 $X \backslash \{\psi\} \cup A \nvdash \bot$，产生矛盾，故假设错误，$X \subseteq D$ 成立。由于 $X \subseteq D$、$X \cup A \vdash \bot$ 且对每个 $Y \subset X$ 都有 $Y \cup A \nvdash \bot$，故 $X \in D \triangle_{\bot} A$，故 $D \triangle_{\bot} A \supseteq (A \cup D) \triangle_{\bot} A$。

故由 $D_1 \triangle_{\bot} A = D_2 \triangle_{\bot} A$ 和（*）得 $(A \cup D_1) \triangle_{\bot} A = D_1 \triangle_{\bot} A = D_2 \triangle_{\bot} A = (A \cup D_2) \triangle_{\bot} A$，即 $A \cup D_1$ 和 $A \cup D_2$ 的与 A 不一致的极小子集相同。再由 M-Uniformity 得 $(A \cup D_1) \backslash A \diamond_A D_1 = (A \cup D_2) \backslash A \diamond_A D_2$。再由上面 E-Compatibility 中已证的 $A \subseteq A \diamond_A D$ 易得 $D_1 \backslash A \diamond_A D_1 = D_2 \backslash A \diamond_A D_2$，故 $D_1 \backslash D_1 \triangleleft_{\diamond} A = D_1 \backslash (A \diamond_A D_1 \cap D_1) = D_1 \backslash A \diamond_A D_1 = D_2 \backslash A \diamond_A D_2 = D_2 \backslash (A \diamond_A D_2 \cap D_2) = D_2 \backslash D_2 \triangleleft_{\diamond} A$，即 $D_1 \backslash D_1 \triangleleft_{\diamond} A = D_2 \backslash D_2 \triangleleft_{\diamond} A$。因此，E-Uniformity 成立。

E-Retainment：令 $\varphi \in D \backslash D \triangleleft_{\diamond} A$，即 $\varphi \in D \backslash (A \diamond_A D \cap D) = D \backslash A \diamond_A D$。故 $\varphi \in (A \cup D) \backslash A \diamond_A D$，由 $\diamond$ 的 M-ExRetainment 知存在 $C \subseteq A \cup D$ 使得 $C \cup A \nvdash \bot$ 但 $C \cup \{\varphi\} \cup A \vdash \bot$。记 $C' = C \backslash A$。再由 $C \subseteq A \cup D$ 得 $C' \subseteq D$。又由于 $C' \cup A = C \cup A \nvdash \bot$ 且 $C' \cup \{\varphi\} \cup A = C \cup \{\varphi\} \cup A \vdash \bot$，故存在 $C' \subseteq D$ 使得 $C' \cup A \nvdash \bot$，但 $C' \cup A \cup \{\varphi\} \vdash \bot$。因此 E-Retainment 成立。

（2）令 $\diamond$ 是排斥型部分交代谢修正算子。由定理 9.29 知只需证明：对所有 $D \subseteq \mathcal{L}$，$\triangleleft_{\diamond}$ 满足：E-Inclusion、E-Compatibility、E-Irrelevance 和 E-Relevance 即可。E-Inclusion：同（1），略。

E-Compatibility：由 $\diamond$ 的 M-Consistency 得 $A \diamond_A D \nvdash \bot$，再由 $\diamond$ 的 M-ExRelevance 和命题 10.2（2）（5）（6）得 $A \subseteq A \diamond_A D$。故 $A \cup D \triangleleft_{\diamond} A = A \cup (A \diamond_A D \cap D) \subseteq A \diamond_A D \nvdash \bot$，即 $A \cup D \triangleleft_{\diamond} A \nvdash \bot$。

E-Irrelevance：令 $\forall \varphi \in (D_1 \cup D_2) \backslash (D_1 \cap D_2)$ 都有 $\{\varphi\} \cup A \vdash \bot$，记为（\$）。假设存在 $\psi \in ((A \cup D_1) \cup (A \cup D_2)) \backslash ((A \cup D_1) \cap (A \cup D_2))$ 使得 $\{\psi\} \cup A \nvdash \bot$。分两种情况导出矛盾：情况 $\psi \in (A \cup D_2) \backslash (A \cup D_1)$ 时，故 $\psi \in D_2 \backslash D_1$，由（\$）得 $\{\psi\} \cup A \vdash \bot$，产生矛盾；情况 $\psi \in (A \cup D_1) \backslash (A \cup D_2)$ 时类似可导出矛盾。故假设错误，$\forall \psi \in ((A \cup D_1) \cup (A \cup D_2)) \backslash ((A \cup D_1) \cap (A \cup D_2))$ 都有 $\{\psi\} \cup A \vdash \bot$，再由 $\diamond$ 的 M-ExIrrelevance 得 $A \diamond_A D_1 = A \diamond_A D_2$。下面证明 $A \diamond_A D_1 \cap D_1 = A \diamond_A D_2 \cap D_2$。

$\subseteq$ 方向：用反证法，假设 $A \diamond_A D_1 \cap D_1 \nsubseteq A \diamond_A D_2 \cap D_2$，故存在 $\tau \in A \diamond_A D_1 \cap D_1$ 但 $\tau \notin A \diamond_A D_2 \cap D_2$。再由 $A \diamond_A D_1 = A \diamond_A D_2$ 知 $\tau \in A \diamond_A D_2$，故由 $\tau \notin A \diamond_A D_2 \cap D_2$ 得 $\tau \notin D_2$。由 $\tau \in D_1 \backslash D_2$ 和（\$）得 $\{\tau\} \cup A \vdash \bot$。由

$\tau \in A \diamond_A D_1$ 和上面 E-Compatibility 中已证的 $A \subseteq A \diamond_A D$ 得 $\{\tau\} \cup A \subseteq A \diamond_A D_1$，故 $A \diamond_A D_1 \vdash \bot$，这与 M-Consistency 矛盾，故假设错误，$A \diamond_A D_1 \cap D_1 \subseteq A \diamond_A D_2 \cap D_2$ 成立。

$\supseteq$ 方向：与 $\subseteq$ 方向类似可证，略。由这两个方向得 $A \diamond_A D_1 \cap D_1 = A \diamond_A D_2 \cap D_2$，即 $D_1 \triangleleft_\diamond A = D_2 \triangleleft_\diamond A$ 成立。因此 E-Irrelevance 成立。

E-Relevance：令 $\varphi \in D \setminus D \triangleleft_\diamond A$，即 $\varphi \in D \setminus (A \diamond_A D \cap D)$，故 $\varphi \notin A \diamond_A D$。由 $\varphi \in D \subseteq A \cup D$ 和 $\varphi \notin A \diamond_A D$ 得 $\varphi \in (A \cup D) \setminus A \diamond_A D$，由 $\diamond$ 的 M-ExRelevance 知存在 $C \subseteq A \cup D$ 使得 $A \diamond_A D \subseteq C$ 且 $C \cup A \nvdash \bot$ 但 $C \cup \{\varphi\} \cup A \vdash \bot$。令 $C' = C \setminus (A \setminus (A \cap D))$。假设 $C' \nsubseteq D$，故存在 $\psi \in C' \setminus D$。由 $\psi \in C' = C \setminus (A \setminus (A \cap D))$ 得 $\psi \in C$ 且 $\psi \notin A \setminus (A \cap D)$。由 $\psi \notin A \setminus (A \cap D)$ 和 $\psi \notin D$ 得 $\psi \notin A$，再由 $\psi \in C$ 和 $C \subseteq A \cup D$ 得 $\psi \in D$，产生矛盾，故假设 $C' \nsubseteq D$ 错误，$C' \subseteq D$ 成立。再假设 $D \triangleleft_\diamond A \nsubseteq C'$，即 $A \diamond_A D \cap D \nsubseteq C'$，故存在 $\tau \in A \diamond_A D \cap D$ 使得 $\tau \notin C' = C \setminus (A \setminus (A \cap D))$。由 $\tau \in A \diamond_A D \cap D$ 和 $A \diamond_A D \subseteq C$ 得 $\tau \in C$。由 $\tau \in C$ 和 $\tau \notin C \setminus (A \setminus (A \cap D))$ 得 $\tau \in A \setminus (A \cap D)$，故 $\tau \notin D$，这与 $\tau \in A \diamond_A D \cap D$ 相矛盾，故假设 $D \triangleleft_\diamond A \nsubseteq C'$ 错误，故 $D \triangleleft_\diamond A \subseteq C'$ 成立。由 $C \cup A \nvdash \bot$ 和 $C' = C \setminus (A \setminus (A \cap D)) \subseteq C$ 得 $C' \cup A \nvdash \bot$。由 $C' = C \setminus (A \setminus (A \cap D)) \supseteq C \setminus A$ 得 $C \cup \{\varphi\} \cup A \subseteq C \setminus A \cup \{\varphi\} \cup A \subseteq C' \cup \{\varphi\} \cup A$。再由 $C \cup \{\varphi\} \cup A \vdash \bot$ 得 $C' \cup \{\varphi\} \cup A \vdash \bot$。因此，存在 $C' \subseteq D$ 使得 $D \triangleleft_\diamond A \subseteq C'$ 且 $C' \cup A \nvdash \bot$ 但 $C' \cup \{\varphi\} \cup A \vdash \bot$。故 E-Relevance 成立。

10.3 案例分析

这一节将利用示例 9.1 中提出的两个跨文化交流的例子对上面提出的评价算子、评价复合修正算子和代谢修正算子进行案例分析。从小节 9.1.1 的分析可知：持有核心信念 α 的无明禅师在遇到复合类型的新信息 $\{\psi, \tau\}$ 时，是一种先评判新信息可信与否然后再进行信念改变的非优先复合修正过程，从而属于决策＋修正模式。下面先对此案例进行形式化分析和整理，然后再用此例子对评价算子和评价复合修正算子进行案例分析。为了进一步深入细致地分析，下面列出无明禅师的主要核心信念和接收到的新信息：

（φ）那只龟是水龟，可以在水里放生。

（α）投胎轮回是真实的生命现象。

（ψ）那只龟是四爪陆龟，不能在水里放生。

（τ）生命死亡后是不可能投胎轮回的。

其中 φ 和 ψ 相矛盾，α 和 τ 相矛盾，即 $\{\psi,\varphi\} \vdash \bot$ 并且 $\{\alpha,\tau\} \vdash \bot$。$\alpha$ 为无明禅师的核心信念，φ 是他的外围信念（非核心信念），而 ψ 和 τ 是他接收到的新信息。因此，无明禅师在交流之前的信念状态可表示为 $(B,A) \triangleq (\{\varphi,\alpha\},\{\alpha\})$，他接收到的新信息 $D = \{\psi,\tau\}$。然后他开始对新信息进行评价，将与核心信念一致的 ψ 评价为可信，而将与核心信念不一致的 τ 评价为不可信。最后再对不可信的言论进行反驳。从而可用评价算子的记号将评价结果表示为 $\tau|\psi$。论辩结束后，无明禅师的信念状态改变为 $(B',A') \triangleq (\{\psi,\alpha\},\{\alpha\})$。下面先用第 9 章提出的两种评价算子对此案例进行分析。

（a）核心评价算子：根据不一致核心集的定义 9.5 易知 $D \triangle_\bot A = \{\{\tau\}\}$，令 $\sigma(D \triangle_\bot A) = \{\tau\}$。由分离巩固剪切函数的定义 9.9 容易验证 σ 满足条件（1）（2）和（3），从而是一个分离巩固剪切函数。故根据定义 9.12 知由 σ 构造的基于 A 的核心评价算子对新信息 D 的评价结果为 $D \triangleleft_\sigma A = \{\psi\}$。也就是说，评价结果为相信 ψ 而不相信 τ，这与无明禅师的评价结果相同。

（b）部分交评价算子：根据一致保留集的定义 9.21 易知 $D \triangledown_\top A = \{\{\psi\}\}$，令 $\gamma(D \triangledown_\top A) = \{\{\psi\}\}$。由分离巩固选择函数的定义 9.25 容易验证 γ 满足条件（1）和（2），从而是一个分离巩固选择函数。故根据定义 9.27 知由 γ 构造的基于 A 的部分交评价算子对新信息 D 的评价结果为 $D \triangleleft_\gamma A = \{\psi\}$。也就是说，评价结果为相信 ψ 而不相信 τ，这与无明禅师的评价结果相同。

现在利用第 9 章提出的两种评价复合修正算子对此案例进行分析。

（c）核心评价复合修正算子：根据评价核心集的定义 9.46 易知 $B \blacktriangle_\bot^A (\tau|\psi) = \{\{\varphi\}\}$，令 $\rho(B \blacktriangle_\bot^A (\tau|\psi)) = \{\varphi\}$。由评价剪切函数的定义 9.51 容易验证 ρ 满足条件（1）（2）和（3），从而是一个评价剪切函数。故根据定义 9.55 知由 ρ 构造的基于 (B,A) 的核心评价复合修正算子对评价信息 $\tau|\psi$ 的修正结果为 $B \triangleright_A^\rho (\tau|\psi) \triangleq (\{\psi,\alpha\},\{\alpha\}) \triangleq (B',A')$。

（d）部分交评价复合修正算子：根据评价保留集的定义 9.59 易知 $B \blacktriangledown_\top^A (\tau|\psi) = \{\{\alpha\}\}$，令 $\gamma(B \blacktriangledown_\top^A (\tau|\psi)) = \{\{\alpha\}\}$。由评价选择函数的定义 9.64 容易验证 γ 满足条件（1）和（2），从而是一个评价选择函数。故根据定义 9.66 知由 γ 构造的基于 (B,A) 的部分交评价复合修正算子对评价信息 $\tau|\psi$ 的修正结果为 $B \triangleright_A^\gamma (\tau|\psi) \triangleq (\{\psi,\alpha\},\{\alpha\}) \triangleq (B',A')$。

从第 9.1 节的分析可知：持有核心信念 θ 的 Sophia 在遇到复合类型的新信息 $\{\beta,\chi,\pi\}$ 时，由于暂时认为新信息与核心信念无冲突，故先将新信息都添加进信念库，然后再在后续认知实践中发现它们之间的矛盾并恢复一致性，这是一种属于膨胀 + 巩固模式的非优先复合修正。下面先对此案例进行形式化分析和整理。

然后再用此例子对第 10 章提出的代谢修正算子进行案例分析。为了进一步深入细致地分析，下面列出 Sophia 的主要核心信念和接收到的新信息：

（θ）凡是故意给无辜者带来痛苦的人①都是罪恶的。

（ω）人的生活是充满各种痛苦的。

（η）存在于世是痛苦得以可能的前提；如果人的生活是充满各种痛苦的，那么使人存在于世就给人带来了痛苦。

（β）上帝是全知全能的，他创造了世界和人类，从而是有意为之的。

（χ）上帝播撒慈爱，是至善的主。

（π）如果上帝造人是真实的，那么上帝造人前是没有经过人允许的，从而人是无辜者。

其中 η，ω 和 θ 为 Sophia 的核心信念，而其余的则为她从宗教典籍中接收到的新信息。因此，她开始时的信念状态可表示为 $(B,A) \triangleq (\{\eta,\omega,\theta\},\{\eta,\omega,\theta\})$，她接收到的新信息 $D=\{\beta,\chi,\pi\}$。然而她开始时并不知道 $\{\beta,\chi,\pi,\eta,\omega,\theta\}$ 是不一致的，即认为 $\{\beta,\chi,\pi,\eta,\omega,\theta\} \nvdash \bot$，从而把 D 中新信息都添加进信念状态里面，即以新信息 D 先对信念状态 (B,A) 进行膨胀，从而膨胀后的新信念状态可表示为 $(B_1,A_1) \triangleq (B \cup D, A) \triangleq (\{\beta,\chi,\pi,\eta,\omega,\theta\},\{\eta,\omega,\theta\})$。后来，Sophia 在经过哲学专业的伦理学训练之后发现这些信息的集合 $B \cup D$ 是不一致的，可以导致逻辑矛盾，即 $\{\beta,\chi,\pi,\eta,\omega,\theta\} \vdash \bot$。下面是具体证明过程：

（1）由 β 得上帝造人是故意的；

（2）由 β 和 π 得上帝造人前是没有经过人允许的，进一步可得人作为被造者是无辜的；

（3）由 β、η 和 ω 得上帝给人带来了痛苦；

（4）由（1）（2）（3）和 θ 可得上帝是罪恶的；

（5）再由（4）和 χ 可导出矛盾，即（4）和 χ 是相互矛盾的。

这种矛盾导致 Sophia 不再相信上帝创世论和上帝至善论，即转变为新的信念状态 $(B_2,A_2) \triangleq (\{\pi,\eta,\omega,\theta\},\{\eta,\omega,\theta\})$。从这里也可以发现，Sophia 的新信念状态比一开始的信念状态 (B,A) 增加了一个信念，即 π，因为她认为 π 是可信的而且没有足够的理由反驳。这也是她经过哲学训练后通过更明锐的觉察力获得的新信念。

下面利用第 10 章提出的四种代谢修正算子对这一跨文化交流的案例进行分析。

---

① 这里的"人"泛指具有自由意志的主体，包括上帝及其创造的人类。

（Ⅰ）保护型核心代谢修正算子：由上述分析易知 $\{\beta,\chi,\pi,\eta,\omega,\theta\}$ 是 $B\cup D$ 中唯一的极小不一致集，即 $(B\cup D)\triangle\bot=\{\{\beta,\chi,\pi,\eta,\omega,\theta\}\}$，令 $\sigma((B\cup D)\triangle\bot)=\{\beta,\chi\}$。容易验证 σ 满足定义 10.3 的条件（1）和（2），并且也容易验证 σ 满足定义 10.10 的分离性，从而 σ 是基于 (B,A) 的分离保护型剪切函数。再由定义 10.12 知由 σ 构造的基于 (B,A) 的分离保护型核心代谢修正算子 $\diamond$ 对新信息 D 的修正结果为 $B\diamond_A^\sigma D\triangleq(B_2,A_2)$。

（Ⅱ）排斥型核心代谢修正算子：由上述分析易知，$\{\beta,\chi,\pi\}$ 是与核心信念集 A 不一致的 $B\cup D$ 中唯一的极小子集，即 $(B\cup D)\triangle_\bot A=\{\{\beta,\chi,\pi\}\}$，令 $\sigma_1((B\cup D)\triangle_\bot A)=\{\beta,\chi\}$。容易验证 σ_1 满足定义 10.19 的条件（1）（2）和（3），从而是一个排斥型剪切函数。再由定义 10.24 知由 σ_1 构造的基于 (B,A) 的排斥型核心代谢修正算子 $\diamond$ 对新信息 D 的修正结果为 $B\diamond_A^{\sigma_1}D\triangleq(B_2,A_2)$。

（Ⅲ）保护型部分交代谢修正算子：由上述分析易知，保留集为 $(B\cup D)\triangledown\bot=\{\{\chi,\pi,\eta,\omega,\theta\},\{\beta,\pi,\eta,\omega,\theta\},\{\beta,\chi,\eta,\omega,\theta\},\{\beta,\chi,\pi,\omega,\theta\},\{\beta,\chi,\pi,\eta,\theta\},\{\beta,\chi,\pi,\eta,\omega\}\}$。也就是说有六个候选方案，但并不是每个都符合保护型选择函数的挑选标准。根据保护型选择函数的定义 10.31 容易验证满足条件（1）和（2）的挑选方案有七个，它们分别为：

$Y_1((B\cup D)\triangledown\bot)=\{\{\chi,\pi,\eta,\omega,\theta\},\{\beta,\pi,\eta,\omega,\theta\},\{\beta,\chi,\eta,\omega,\theta\}\}$

$Y_2((B\cup D)\triangledown\bot)=\{\{\chi,\pi,\eta,\omega,\theta\},\{\beta,\pi,\eta,\omega,\theta\}\}$

$Y_3((B\cup D)\triangledown\bot)=\{\{\chi,\pi,\eta,\omega,\theta\},\{\beta,\chi,\eta,\omega,\theta\}\}$

$Y_4((B\cup D)\triangledown\bot)=\{\{\beta,\pi,\eta,\omega,\theta\},\{\beta,\chi,\eta,\omega,\theta\}\}$

$Y_5((B\cup D)\triangledown\bot)=\{\{\chi,\pi,\eta,\omega,\theta\}\}$

$Y_6((B\cup D)\triangledown\bot)=\{\{\beta,\pi,\eta,\omega,\theta\}\}$

$Y_7((B\cup D)\triangledown\bot)=\{\{\beta,\chi,\eta,\omega,\theta\}\}$

因此，由这些保护型选择函数构造的保护型部分交代谢修正方案也有七个。但是根据保护型部分交代谢修正算子的定义 10.36 知只有 Y_2 使得最后修正结果为 (B_2,A_2)。

（Ⅳ）排斥型部分交代谢修正算子：由上述分析易知，一致保留集为 $(B\cup D)\triangledown_\top A=\{\{\chi,\pi,\eta,\omega,\theta\},\{\beta,\pi,\eta,\omega,\theta\},\{\beta,\chi,\eta,\omega,\theta\}\}$。也就是说有三个候选方案，根据排斥型选择函数的定义 10.43 容易验证满足条件（1）和（2）的挑选方案也有七个，它们分别为：

$Y_1((B\cup D)\triangledown_\top A)=\{\{\chi,\pi,\eta,\omega,\theta\},\{\beta,\pi,\eta,\omega,\theta\},\{\beta,\chi,\eta,\omega,\theta\}\}$

$Y_2((B\cup D)\triangledown_\top A)=\{\{\chi,\pi,\eta,\omega,\theta\},\{\beta,\pi,\eta,\omega,\theta\}\}$

$Y_3((B \cup D) \triangledown_T A) = \{\{\chi, \pi, \eta, \omega, \theta\}, \{\beta, \chi, \eta, \omega, \theta\}\}$

$Y_4((B \cup D) \triangledown_T A) = \{\{\beta, \pi, \eta, \omega, \theta\}, \{\beta, \chi, \eta, \omega, \theta\}\}$

$Y_5((B \cup D) \triangledown_T A) = \{\{\chi, \pi, \eta, \omega, \theta\}\}$

$Y_6((B \cup D) \triangledown_T A) = \{\{\beta, \pi, \eta, \omega, \theta\}\}$

$Y_7((B \cup D) \triangledown_T A) = \{\{\beta, \chi, \eta, \omega, \theta\}\}$

故由这些排斥型选择函数构造的排斥型部分交代谢修正方案也有七个。但是根据排斥型部分交代谢修正算子的定义 10.47 知只有 Y_2 使得最后修正结果为 (B_2, A_2)。

因此，由上述案例分析可知，我们上面提出的三种算子都能很好的刻画跨文化交流中信念改变现象。

10.4　小结

我们首先介绍了基于核心信念的非优先复合修正这一论题的两个缘起：一则来自于对跨文化交流过程中出现的认知主体的信念改变现象的特点的哲学思考，二则来自人工智能逻辑的信念修正理论领域的技术考虑。然后对信念修正理论的四个研究主题进行了简单介绍，它们分别是：优先句子修正、非优先句子修正、优先复合修正和非优先复合修正。

非优先复合修正主要有三种模式：决策＋修正模式、整合选择模式和膨胀＋巩固模式。第 9 章提出了决策＋修正模式的决策子模块的一种实现方案，即评价算子。评价算子依据认知主体的核心信念（或者更直观的说，知识）对接收到的新信息进行理性评价，从中获得可信的信息。第 9 章首先给出了评价算子的公理性刻画，然后依据不一致核心集和一致保留集给出了两种函数式构造：核心评价算子和部分交评价算子，并分别证明了它们的表达定理，最后则考察了评价算子与相关工作的关系。

第 9 章进一步提出决策＋修正模式的修正子模块的一种实现方案，即评价复合修正算子，它以评价 $C|D$ 这种二元结构作为新信息类型，对同样被定义为二元结构的信念状态 (B, A) 进行信念修正，其目的是在放弃斥集 C 中所有信息的同时添加信集 D 中的所有信息，并且与此同时还要保护核心信念集 A 中的所有信念不被放弃。因此，它融合了保护型修正（screened revision）(Makinson, 1997)、包复合收缩和优先复合修正这三者的直观思想。正因为如此，这种"三合一"的信念改变具有很强的通用性。我们首先给出了该算子的公理性刻画。由于该算子不能采用核心集、包核心集和一致核心集等概念来构造，故提出了一种新的核心

集概念：评价核心集；基于类似的原因提出了另一种新的保留集概念：评价保留集。然后基于评价核心集和评价保留集分别给出了两种函数式构造：核心评价复合修正算子和部分交评价复合修正算子，并分别证明了它们的表达定理。最后对置换算子等相关理论进行了比较研究。

第 10 章则采用膨胀＋巩固模式提出了另一种基于核心信念的非优先复合修正的实现方案：代谢修正算子。这种算子不像决策＋修正模式那样，先对新信息进行评价决策，然后再进行信念改变。而是先把新信息添加进来，然后再进行信念巩固以恢复一致性。这种算子乍一看不像决策＋修正模式的算子那样符合日常直观，但细想则会发现这种算子所表现的信念改变现象常常出现在认知主体对新信息难以作出有效评价，或者说对似是而非的信息权且相信的情况下。这些信息与核心信念集 A 的不一致性只能在后续认知实践中得到发现和排除，从而使新信念状态得到巩固。我们首先给出了该算子公理性刻画，然后分别依据核心集、不一致核心集、保留集和不一致保留集四个概念构造了四种算子：保护型核心代谢修正、排斥型核心代谢修正、保护型部分交代谢修正和排斥型部分交代谢修正，并证明了它们的表达定理。最后考察了代谢修正算子与半修正算子等理论的异同。

第 10 章还考察了评价算子、评价复合修正算子和代谢修正算子之间的内在关系。首先利用评价算子和评价复合修正算子构造了生成算子 $\odot$，并考察了该生成算子与代谢修正算子的公理之间的关系。然后利用代谢修正算子和等式 $D \triangleleft A = A \diamond_A D \cap D$ 构造了生成算子 $\triangleleft$，并考察了这种生成算子与评价算子的关系。这些论证表明，虽然基于决策＋修正模式的生成算子 $\odot$ 和基于膨胀＋巩固模式的代谢修正算子 $\diamond$ 都是对基于核心信念的非优先复合修正的形式刻画，但它们之间并非等价，而是彼此相互区别的。最后还利用跨文化交流的例子 9.1 对我们提出的三种算子进行了案例分析，突出了我们提出的理论在现实生活中的应用价值。

虽然综上所述可知我们得出了部分良好的结论，但对非优先复合修正的进一步的研究工作仍待深入展开。许多信念改变理论都可以扩展到非优先复合修正层面上来。未来工作方向之一是将选择性修正（selective revision）的变换函数 f（transformation function）推广到非优先复合修正中来，即从新信息（命题集）中选择可信的内容进行信念改变，从而变换函数的定义域和值域变成 $2^{\mathcal{L}}$，而不再是 $\mathcal{L}$。未来工作方向之二是利用认知强度（epistemic entrenchment）概念或球系统概念实现第三种非优先复合修正模式，即整合选择模式（integrated choice）。第三个工作方向是将评价算子与论辩理论 (See Besnard and Hunter, 2008) 结合起来

研究。论辩理论同样关注认知主体对信息的评价，不同的是论辩理论更注重对论证类型的信息的评价。信念修正和论辩理论两个领域的交叉研究已有一定的成果（可参阅 Falappa and Simari, 2009, 2011）。从9.3.5.1部分我们知道评价复合修正的新信息 $C|D$ 可能是无穷的，即 C 或 D 可以是无穷的，但置换算子的新信息被规定为有穷的，而且评价复合修正的信念状态是基于信念库的，而置换算子是基于逻辑后承封闭的信念集的。因此未来工作的第四个方向是在核心信念集 A 为空集且 $C|D$ 为有穷的情况下，考察基于信念集的评价复合修正算子是否可以还原为置换算子。在10.1.7部分中已经简单考察了代谢修正算子与聚合算子、巩固算子之间的关系，但由于篇幅问题，并没有深入比较研究。故第五个工作方向与这些算子相关，主要考察下面两个问题：

（1）是否可利用代谢修正算子来定义聚合算子？从直观上看，聚合算子是在代谢修正算子的核心信念集 $A = Cn(\emptyset) \cap B$ 时的特例，故这种定义应该是可行的。

（2）Hansson (1997) 研究发现半修正算子与巩固算子之间可以互相定义，那么是否可以扩展巩固算子以构造某种与代谢修正算子对应的代谢巩固算子呢？这种代谢巩固算子与代谢修正算子之间是否也可以互相定义？

第 11 章

基于模糊真的修正

通过本书前几章给出的在跨文化交流中语言、逻辑等方面的融合，不同的文化群体可以达成公共的语言和公共的推理规则，为跨文化交流提供了基本的交流平台，参与主体可以开始交流双方的知识体系和规范体系，共享社群经验。但是由于不同文化主体对世界的基本认识不同，那么他们推理的前提不同，即使有了共同的语言和逻辑平台，还是没办法进行有效交流和论证。因此，在本章中，我们将关注多重文化融合论中不同文化群体各自原文化的知识和信念方面，即我们试图给出对不同文化群体信念修正过程的形式化刻画。基于人们在言语交流中语言的模糊性，在这里我们给出一个模糊动态信念修正的方法，来修正来自不同文化背景的主体的信念，从而使他们在对世界的基本认识上达成一致。具体来讲，本章主要分为四个部分，首先我们介绍了关于模糊理论的基本知识，接着给出了我们的逻辑系统语言和公理系统，并且证明系统的可靠性和完全性，最后证明系统所给出的模糊动态修正方法符合 AGM 修正理论的基本假设。

11.1 预备知识

本节我们主要介绍下关于模糊理论的基础概念和知识识 (Zadeh, 1965; 1975; Luo et al., 2002)。

定义 11.1 (模糊集合) 一个模糊集合是一个二元组 (A, μ)，其中 A 是一个集合，μ

是一个从 A 到 $[0,1]$ 函数。对于任意的 $x \in A$，$\mu_A(x)$ 的值叫做 x 属于 A 的隶属度。

在我们给出的模糊逻辑当中，我们对每个命题都赋予一个在语言真值集合中的语言真值。

定义 11.2 (语言真值) 一个语言真值集合是如下定义的：

$$LTTS = \{absolutely\text{-}true, very\text{-}true, true, fairly\text{-}true, undecided$$
$$fairly\text{-}false, false, very\text{-}false, absolutely\text{-}false\} \tag{11.1}$$

为了写作和阅读方便，我们把上面的语言真值集合简记如下：

$$LTTS_t = \{absolutely\text{-}true, very\text{-}true, true, fairly\text{-}true\} \tag{11.2}$$

$$LTTS_f = \{absolutely\text{-}false, very\text{-}false, false, fairly\text{-}false, \} \tag{11.3}$$

从而，我们得到：

$$LTTS = LTTS_t \cup LTTS_f \cup \{undecided\} \tag{11.4}$$

上面给出的语言真值集合中的语言真值的语义如表 11-1 所定义，并且可以通过图 11-1 清楚地表现出来 (Luo et al., 2002)。

表 11-1 语言真值

$\mu_{完全真}(x) = \begin{cases} 1 & \text{if } x = 1 \\ 0 & \text{otherwise} \end{cases}$	$\mu_{完全假}(x) = \begin{cases} 1 & \text{if } x = 0 \\ 0 & \text{otherwise} \end{cases}$
$\mu_{非常真}(x) = \mu_{true}^2(x)$	$\mu_{非常假}(x) = \mu_{假}^2(x)$
$\mu_{真}(x) = x, \forall x \in [0,1]$	$\mu_{假}(x) = 1 - x, \forall x \in [0,1]$
$\mu_{可能真}(x) = \mu_{true}^{1/2}(x)$	$\mu_{可能假}(x) = \mu_{假}^{1/2}(x)$
$\mu_{不确定}(x) = \begin{cases} 1 & \text{if } x \in (0,1) \\ 0 & \text{otherwise} \end{cases}$	

我们假定语言真值集合 $LTTS$ 中的语言真值是按下面顺序排列的：

$$absolutely\text{-}true > very\text{-}true > true > fairly\text{-}true > undecided >$$
$$fairly\text{-}false > false > very\text{-}false > absolutely\text{-}false \tag{11.5}$$

另外，语言真值之间变换的操作是根据数值变元上的操作相应进行的。这里，我们先简单回顾下关于一致模 (Yager and Rybalov, 1996; Yager, 2001)，t-模和 t-余模 (Dubois and Prade, 1982; 1984) 等聚合算子。

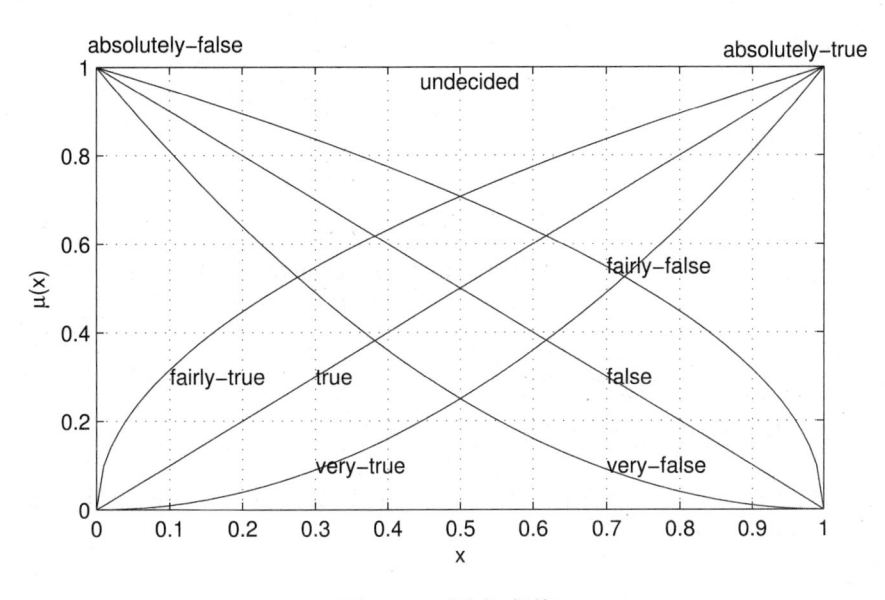

图 11-1 语言真值

定义 11.3 (一致模，T-模和T-余模) 一个二元算子 $U:[0,1]\times[0,1]\to[0,1]$ 是一个一致模，当且仅当它满足下面条件：

(1) 单调性：$\forall a_1,a_1',a_2,a_2'\in[0,1], a_1\leqslant a_1', a_2\leqslant a_2'\Rightarrow U(a_1,a_2)\leqslant U(a_1',a_2')$；

(2) 结合性：$\forall a_1,a_2,a_3\in[0,1], U(U(a_1,a_2),a_3)=U(a_1,U(a_2,a_3))$；

(3) 交换性：$\forall a_1,a_2\in[0,1], U(a_1,a_2)=U(a_2,a_1)$；

(4) 中性元素：$\exists\tau\in[0,1],\forall a\in[0,1], U(a,\tau)=a$。

特别的，当中性元素 τ 是 1，0，或位于 1 到 0 之间时候，一致模分别被称作 t-模（用 $\triangle$ 来表示），t-余模 (用 $\triangledown$ 来表示)，和一致折中算子 (用 U_τ 来表示)。[1]

在模糊逻辑中，三角模 (t-模) 和三角余模 (t-余模) (Dubois and Prade, 1982; Luo et al., 1997; Dubois and Prade, 1984) 用来出来合取与析取。下面是一些关于 t-模的算子 (Bonissone and Decker, 2013)[2]：

$$a\triangle_1 b = \max\{0, a+b-1\} \tag{11.6}$$

$$a\triangle_2 b = a\times b \tag{11.7}$$

$$a\triangle_3 b = \min\{a,b\} \tag{11.8}$$

下面我们给出一些关于 t-余模的例子：(Bonissone and Decker, 2013):

---

[1] 一致折中算子位于一个连续的折中聚合算子中 (Luo and Jennings, 2007)，反映了在多属性决策中不同的风险态度。其他的算子在本章并未涉及，我们就不详细展开了。

[2] 在关于模的工作中，Mesiarová-Zemánková and Ahmad (2012) 给出了关于 t-模的有趣的讨论，这些讨论可以为如果在某个特定的应用中选择一个合适的 t-模算子提供线索。

$$a \triangledown_1 b = \min\{1, a+b\} \tag{11.9}$$

$$a \triangledown_2 b = a + b - a \times b \tag{11.10}$$

$$a \triangledown_3 b = \max\{a, b\} \tag{11.11}$$

最后，我们给出一些关于一致折中模的算子 (Klement et al., 1996)[①]：

$$U_\tau(a,b) = \frac{(1-\tau)ab}{(1-\tau)a_1a_2 + \tau(1-a_1)(1-a_2)}, \tag{11.12}$$

其中，$\tau \in (0,1)$ 是它的中性元素。

下面的算子用来出来模糊逻辑中关于"非"的问题。

定义 11.4 (求补算子) 一个映射 $C: [0,1] \to [0,1]$ 如果满足下面的条件，那么它是一个求补算子：

(1) $C(0) = 1$ 和 $C(1) = 1$

(2) $C(C(x)) = x$

(3) 如果 $a \leqslant b$ 那么 $C(a) \geqslant C(b)$ \hfill (11.13)

我们可以在 Zadeh (1965; 1975) 中找到一个关于求补算子的常用例子：

$$C(x) = 1 - x \tag{11.14}$$

现在我们来介绍模糊逻辑中的蕴含关系。

定义 11.5 (模糊蕴含关系与算子) 给定两个模糊集合 A 和 B，如果 $A \to B$，那么它们的模糊蕴含关系是：

$$\mu_{A \to B}(x,y) = I(\mu_A(x), \mu_B(y)) \tag{11.15}$$

这里 $I: [0,1] \times [0,1] \to [0,1]$ 叫作模糊蕴含算子，并且可以通过下面的方法定义出来。

(1) S-蕴含：$I(a,b) = C(a) \triangledown b$

(2) R-蕴含：$I(a,b) = \sup\{x \in [0,1] | a \triangle x \leqslant b\}$

(3) QL-蕴含：$I(a,b) = C(a) \triangledown (a \triangle b)$

关于模糊蕴含的例子有 (Luo et al., 2002)：

$$I_1(x,y) = \max\{1-x, y\} \tag{11.16}$$

$$I_2(x,y) = 1 - x + xy \tag{11.17}$$

[①] 实际上，这是一类计算可能性的聚合算子 (Luo et al., 2001; Kagan et al., 2013)，并且在决策制定 (Huang and Huang, 2012)、自动谈判 (Luo et al., 2003)、博弈论 (Zhang et al., 2013)、法庭辩论模拟 (Zhong et al., 2013) 等领域广泛运用。

$$I_3(x,y) = \min\{1, 1-x+xy\} \tag{11.18}$$

$$I_4(x,y) = \begin{cases} 1 & \text{if } x \leqslant y \\ y & \text{otherwise} \end{cases} \tag{11.19}$$

$$I_5(x,y) = \begin{cases} 1 & \text{if } x \leqslant y \\ \frac{x}{y} & \text{otherwise} \end{cases} \tag{11.20}$$

定义 11.6 (模糊分离规则) 假设 A 和 A' 是在论域 X 上的两个模糊集，B 和 B' 是在论域 Y 上的两个模糊集。如果 $A \to B$ 并且我们知道 A'，那么通过下面定义，我们可以得到 B'：

$$\mu_{B'}(y) = \sup\{\mu_{A'}(x) \triangle \mu_{A \to B}(x,y)\} \tag{11.21}$$

这里 $\mu_{A \to B}(x,y)$ 通过式 (11.15) 给出。

下面我们通过扩张原理把上面的算子对应到相应的语言真值集合 $LTTS$ 当中。

定义 11.7 (扩张原理) 假设 f 是一个包含 n 个元素 $x_1, \cdots, x_n$，记作 $\vec{x}$，的函数。令 A_i 是那些元素的模糊函数，x_i ($i \in \{1, \cdots, n\}$)。那么：

$$\mu_B(y) = \sup\{\mu_{A_i}(x_1) \wedge \cdots \wedge \mu_{A_n}(x_n) | f(\vec{x}) = y\} \tag{11.22}$$

这里 sup 表示在一个集合中取极大值，$\mu_{A_i}(x_i)$ 和 $\mu_B(y)$ 分别对应于 A_i 中 x_i ($1 \leqslant i \leqslant n$) 的隶属函数和 B 中 y 的隶属函数。为了简单起见，我们把扩张原理的运算记作：$\otimes$, i.e.,

$$B = \otimes(A_1, \cdots, A_n, f) \tag{11.23}$$

最后，如果一个关于语言真值集合的操作没有落在我们给的语言真值的曲线上，我们就要通过语义近似的方法来求出相应的语言真值曲线。形式上有：

定义 11.8 (语言近似) 给定 $\tau'' \in LTTS$，$\tau \in LTTS$ 离 τ'' 最近，应该满足下列条件：

$$\forall \tau' \in LTTS, ED(\tau, \tau'') \leqslant ED(\tau', \tau'') \tag{11.24}$$

其中 ED 是欧几里得距离。并且，欧几里得距离定义如下：对于两个模糊集合 A 和 B：

$$ED(A,B) = \sqrt{\sum\{(\mu_A(x) - \mu_B(x))^2 | x \in [0,1]\}} \tag{11.25}$$

为了简单起见，我们把语义近似的预算记作 $\odot$，也就是：

$$\tau = \odot(\tau'') \tag{11.26}$$

11.2 模糊动态信念逻辑

我们将在这一部分介绍模糊动态信念逻辑系统。

11.2.1 语言

模糊动态信念逻辑系统的语言定义如下：

定义 11.9 (信念认知逻辑的语言) 给定一可数的原子命题集 P 和一个有穷主体集合 N，定义公式如下：

$$\varphi := p|\neg\varphi|\varphi \wedge \psi|K_j\varphi|B_j\varphi|[*\varphi]\psi \tag{11.27}$$

其中，j 是 N 中的一个主体，p 是 P 中的任一原子命题，$\neg\varphi$ 和 $\varphi \wedge \psi$ 是命题公式的布尔组合。公式 $K_j\varphi$ 表示主体 j 知道 φ，$B_j\varphi$ 表示主体 j 相信 φ，以及 $[*\varphi]\psi$ 表达了用信息 φ 更新后，ψ 成立。

11.2.2 语义

我们将基于克里普克（Kripke）语义来解释模糊动态信念语言。克里普克语义是在模态逻辑中被普遍应用的语义。①

简单来说，一个克里普克框架是一个二元组 (W,R)，其中 W 是一个非空集合，R 是定义在 W 上的二元关系。给定一个世界的状态描述，主体可能不确定哪个状态是事实状态。每个可能状态都有它相关联的可能状态集。在动态认知逻辑中，可能有可达的意思。

可能与不可能状态的区别在于：在可能状态集上可以定义一组偏好关系，从而这些状态是可比较的。也就是说，相对于偏好关系，一些可能状态优于另一些状态。然而不可能状态是相同程度地不可能的。我们用 κ 定义一个从可能世界集 W 到自然数集的一个函数，也就是用 $\kappa_j(w)$ 来表达主体 j 对于可能世界集 w 的偏好度。特别地，给定两个可能世界 w 和 v，如果 $\kappa_j(w) < \kappa_j(v)$，那么，主体 j 认为世界 w 比 v 可能性更高。

直观上来说，信念修正的动态逻辑的方法是用整体的偏好调整来达到修正的结果。形式上，我们有：

---

① 然而，我们所定义的系统的语义与一般的模态逻辑有所不同。该系统中公式的真值定义在一般语言学意义上的真值集 $LTTS$ 上，由 (11.1) 给出。而不是定义在二值真值集 $\{true, false\}$ 上。然后在此基础上定义模糊信念认知模型和模糊动态信念句的真条件和有效性条件。

定义 11.10　　(1) W 是所有可能世界的非空集合。

(2) $R: W \times W \to LTTS$ 是任意两个可能世界之间的可达关系。

(3) $e: Var \times W \to LTTS$ 是一个模糊真值指派集，其中 Var 是一个命题变量的可数集合 $p_1, \cdots, p_n$。也就是，对于 Var 中的任一命题变量和 W 中的任一可能世界，e 将指派一个 $LTTS$ 中的真值。

(4) $\kappa_j: W \to N$ (也就是一个从可能世界集 W 到自然数集的函数) 表达了主体 j 对于可能世界的偏好。

示例 11.11　考虑一个主体和一个事实 p，对于主体来说，他对 p 是不确定的。有九个可能的状态：$W = \{w_{00}, w_{01}, w_{02}, w_{10}, w_{11}, w_{12}, w_{20}, w_{21}, w_{22}\}$。原子 p 在 w_{22} 中是绝对真的，在 w_{02} 和 w_{12} 上是非常真的，在 w_{01} 和 w_{11} 上是相当真的，在 w_{20} 和 w_{21} 上是非常假的，在 w_{10} 上是相当假的，在 w_{00} 上是真的。

该主体在这组可能世界上有一个偏好。也就是，他认为 w_{22} 最有可能是现实世界，其次有可能的是 w_{20}, w_{21}, w_{12}，再次 w_{02}，然后是 w_{10}, w_{11} 和 w_{01}。最不可能的就是 w_{00} 了。更确切的，我们可以将他的偏好表达如下：

$$\kappa(w_{22}) = 0$$

$$\kappa(w_{20}) = \kappa(w_{21}) = \kappa(w_{12}) = \kappa(w_{02}) = 1$$

$$\kappa(w_{10}) = \kappa(w_{11}) = \kappa(w_{01}) = 2$$

$$\kappa(w_{00}) = 3$$

在表 11-2 中可以看出，在同一行中的状态具有相同的偏好，对于不同行的状态，在上面的状态偏好于下面的状态。

表 11-2　可能状态的初始偏好

可能世界	偏好度
w_{22}	0
$w_{20}, w_{21}, w_{02}, w_{12}$	1
w_{01}, w_{10}, w_{11}	2
w_{00}	3

在这个模型中，我们可以看出 $W = \{w_{00}, w_{01}, w_{02}, w_{10}, w_{11}, w_{12}, w_{20}, w_{21}, w_{22}\}$ 相对于 p 的真值来说都是可达世界。因此，在 W 中的任意两个可能世界间的可达关系都不是绝对假的。对于可能世界的偏好度，我们发现 $\kappa(w_{22}) < \kappa(w_{20}) = \kappa(w_{21}) = \kappa(w_{12}) = \kappa(w_{02}) < \kappa(w_{10}) = \kappa(w_{11}) = \kappa(w_{01}) < \kappa(w_{00})$，并且主体对

于可能世界 w_{22} 的偏好度最高。此外，原子命题 p 在 w_{22} 中是绝对真的。所有，我们发现在这个模型中，主体对于命题 p 的信念是绝对真。

在模糊动态语言中，对于我们用命题变量 Var 和在定义 11.9 中定义的联接符来构造的每一个公式 φ。用 $e(\varphi, w)$ 来表达 w 中 φ 的模糊真值。然后，我们将分两步给出语言的语义。首先，在静态中定义公式的真值，然后再考虑带修正算子的语言。

定义 11.12 (静态真值指派) 给定一个信念认知模型 $M = (W, R, e, \kappa_j)$，和一个可能世界 $w \in W$，$\tau_{p,w} \in LTTS$ 是 p 在 w 上的真值，并且 $\mu_\tau(x)$ 表示 $x \in [0,1]$ 在 τ。从而：

(1) $e(\neg\varphi, M, w) = \tau_{\neg\varphi, M, w}$，其中 $\mu_{\tau_{\neg\varphi,M,w}}(x) = \mu_{e(\varphi),M,w}(1-x)$

(2) $e(\varphi \wedge \psi, M, w) = \odot(\otimes(e(\varphi, M, w), e(\psi, M, w), \triangle))$

(3) $e(\varphi \vee \psi, M, w) = \odot(\otimes(e(\varphi, M, w), e(\psi, M, w), \triangledown))$

(4) $e(\varphi \rightarrow \psi, M, w) = \begin{cases} \tau & \text{if } e(\varphi, M, w) \leqslant e(\psi, M, w), \\ \tau_{\varphi\rightarrow\psi, w} & \text{otherwise,} \end{cases}$ 其中 $\tau \in LTTS_t$ 和 $\tau_{\varphi\rightarrow\psi,w} = \odot(\otimes(\tau_\varphi, \tau_\psi, I))$

(5) $e(K_j\varphi, M, w) = \inf\{e(\varphi, M, w') | w, w' \in W, R(w, w') \in LTTS_t\}$

(6) $e(B_j\varphi, M, w) = \sup\{e(\varphi, M, w') | w, w', w'' \in W, R(w, w'), R(w, w'') \notin LTTS_f,$ 和 $\forall w', w'' \in W, \kappa(w') \leqslant \kappa(w'')\}$

在以上的定义中，第 (1)~(3) 条表达了经典命题句的真值指派，是基于对于子公式的真值指派的计算并且利用语言学的近似技术 $\odot$ 来获得的。第 (4) 条是模糊蕴含的真值定义。第 (5) 条定义了 M 下可能世界 w 中公式 $K_j\varphi$ 的真值条件。它是由在世界 w' 中对于 φ 指派的下确界来决定的，其中 $R(w, w')$ 是绝对真的关系。第 (6) 条定义了 M 下可能世界 w 中公式 $B_j\varphi$ 的真值条件。它是由在世界 w' 中对于 φ 指派的上确界来决定的，其中 $R(w, w')$ 是不是绝对假的关系并且 w' 是主体 j 认为的最有可能的世界。接下来，我们将给出修正算子 $[*\varphi]\psi$ 的语义：

定义 11.13 (动态真值和修正方法) 如果对于一个命题公式 φ，一个信念认知模型 $M = (W, R, e, \kappa_j)$ 被修正为另一个信念认知模型，$M' = (W, R, e, \kappa'_j)$ 那么，

$$e([*\varphi]\psi, M, w) = e(B_j\psi, M', w), \tag{11.28}$$

其中，

$$\kappa'_j(w) = \begin{cases} \kappa_j(w) - \min\{\kappa_j(v)|e(\varphi, M, v) \in LTTS_t\} \\ \qquad \text{if } e(\varphi, M, w) \in LTTS_t, \\ \kappa_j(w) + 1 - \min\{\kappa_j(v)|e(\neg\varphi, M, v) \in LTTS_t\} \\ \qquad \text{if } e(\varphi, M, w) \in LTTS_f. \end{cases} \quad (11.29)$$

像我们之前提到的，信念修正的动态逻辑方法实际上就是整体的偏好调整。因而，以上的定义说明给定一个模型 M，我们用一个公式 φ 将它转变成一个新的模型 M'，实际上是调整了 M 中每个可能世界的偏好度。进一步来看，每个可能世界 $w \in M$ 被转化成了新模型 M' 中的可能世界 w'。更确切地说，如果一个 $w \in M$ 中的修正公式 φ 的真值属于 $LTTS_t$，那么新的可能世界 $w' \in M'$ 的偏好度是 $w \in M$ 的偏好度减去 M 中的可能世界的最小偏好度，从而使得给偏好度在原模型 M 中是最小的，并且修正算子 $\neg\varphi$ 的真值属于 $LTTS_t$。事实上，我们的修正是对在二值模态逻辑中 Aucher 修正 (Aucher, 2005) 的扩充。对于修正公式 (11.29) 合理性的讨论，我们将与 AGM 公设进行比较。AGM 公设的性质是一个修正算子所应该满足的。

为了对以上的定义有更好的理解，让我们考虑下面的例子：

示例 11.14 让我们回到示例 11.11 在之前的模型中，主体对于命题 p 的信念是绝对真。现在我们用一个信念修正公式 $\neg p$ 对该信念认知模型进行修正。然后用公式 (11.29) 来修正。

对于 w_{22}，因为 $e(p, M, w_{22}) = \text{absolutely-true}$，我们有：

$$e(\neg p, M, w_{22}) = \text{absolutely-false} \in LTTS_f$$

另一方面，我们知道：

$$e(p, M, w_{22}) = \text{absolutlly-true} \in LTTS_t$$
$$e(p, M, w_{02}) = e(p, M, w_{12}) = \text{very-true} \in LTTS_t$$
$$e(p, M, w_{01}) = e(p, M, w_{11}) = \text{fairly-true} \in LTTS_t$$
$$e(p, M, w_{00}) = \text{true} \in LTTS_t.$$

此外，因为 $\kappa(w_{22}) = 0$, $\kappa(w_{12}) = \kappa(w_{02}) = 1$, $\kappa(w_{11}) = \kappa(w_{01}) = 2$，且 $\kappa(w_{00}) = 3$，我们有：

$$\min\{\kappa(v)|e(\neg(\neg p), M, v) \in LTTS_t\}$$
$$= \min\{\kappa(w_{22}), \kappa(w_{12}), \kappa(w_{02}), \kappa(w_{11}), \kappa(w_{01}), \kappa(w_{00})\}$$
$$= \min\{0, 1, 2, 3\}$$

$$= 0$$

因此，由公式 (11.29) 我们有：

$$\kappa'(w_{22}) = \kappa(w_{22}) + 1 - \min\{\kappa(v) | e(\neg(\neg p), M, v) \in LTTS_t\}$$
$$= 0 + 1 - 0$$
$$= 1$$

同样地，由公式 (11.29)，我们可以获得新模型 M' 中其他可能世界的偏好度如下：

$$\kappa'(w_{12}) = 1 + 1 - 0 = 2 \qquad \kappa'(w_{02}) = 1 + 1 - 0 = 2$$
$$\kappa'(w_{20}) = 1 - 1 = 0 \qquad \kappa'(w_{21}) = 1 - 1 = 0$$
$$\kappa'(w'_{10}) = 2 - 1 = 1 \qquad \kappa'(w_{11}) = 2 + 1 - 0 = 3$$
$$\kappa'(w'_{01}) = 2 + 1 - 0 = 3 \qquad \kappa'(w_{00}) = 3 + 1 - 0 = 4$$

现在，新的信念认知模型如表 11-3 所示。我们可以看修正后，主体对于 p 的信念是非常假。修正是成功的。

表 11-3　用 $e(\neg p) = \mathit{very\text{-}true}$ 作信念修正后的偏好

可能世界	偏好度
w_{20}, w_{21}	0
w_{22}, w_{10}	1
w_{02}, w_{12}	2
w_{01}, w_{11}	3
w_{00}	4

11.2.3　证明系统

这一部分将介绍该模糊动态逻辑的整个证明系统。总的来说，如果 $\models \varphi$，我们说一个公式 φ 在我们的模糊动态信念系统中是重言式。为了得到所有的重言式，我们首先需要以下的定义。

定义 11.15（可满足性）假设 w 是模型 M 中的状态，给定任一公式 φ，定义 φ 在 M 中的 w 上是可满足的：

$$M, w \models \varphi$$

那么所有公式的可能足性可以归纳地定义如下：

(1) $M, w \models p$ 当且仅当 $e(p, M, w) \in LTTS_t$

(2) $M, w \models \neg\varphi$ 当且仅当非 $M, w \models \neg\varphi$

(3) $M, w \models \varphi \wedge \psi$ 当且仅当 $M, w \models \varphi$ 且 $M, w \models \psi$

(4) $M, w \models K_j\varphi$ 当且仅当对所有 $w' \in M$ 有 $R(w, w') \in LTTS_t$ 我们有 $M, w \models \varphi$

(5) $M, w \models B_j\varphi$ 当且仅当存在至少一个 w' 满足 $R(w, w'), R(w, w'') \notin LTTS_f$，且 $\forall w', w'' \in W, \kappa(w') \leqslant \kappa(w'')\}, M, w \models \varphi$

(6) $M, w \models [*\varphi]\psi$ 当且仅当 $\sigma(w) = w'$ 且 $M, w' \models \varphi$

然后，有效性的定义如下：

定义 11.16 (有效性) M 是一个模型，w 是一个 M 上的可能状态。那么：

(1) 公式 φ 在 M 上是有效的，写作 $M \models \varphi$，如果 φ 在 M 上的所有可能世界 w 上可满足。

(2) 公式 φ 是有效的，写作 $\models \varphi$，如果 φ 在所有模型 M 上是有效的。

系统的公理如下：

定义 11.17 (系统公理)　　(1) 命题逻辑重言式

(2) $K_j\varphi \to \varphi$

(3) $K_j\varphi \to K_j K_j \varphi$

(4) $K_j\varphi \to B_j\varphi$

在以上的定义中，$K_j\varphi \to \varphi$ 表达了如果主体 j 知道 φ 带有 $LTTS_t$ 中的真值 τ，那么 φ 的真值也在 $LTTS_t$ 中。$K_j\varphi \to K_j K_j \varphi$ 表达了如果主体 j 知道 φ，那么 j 知道她知道 φ。最后一个公理说明如果 j 知道 φ，那么她相信 φ。

演绎推理规则为分离规则，平行聚合规则和必然化规则。

定义 11.18 (分离规则) 如果 $(e(\varphi)$ 是 $\tau_\varphi) \to (e(\psi)$ 是 $\tau_\psi)$ 并且我们知道 φ 的真值是 τ'_φ (也就是，$e(\varphi)$ 是 τ'_φ)，那么 ψ 的真值是 τ'_ψ (也就是 $e(\psi)$ 是 τ'_ψ)，被定义如下：

$$\tau'_\psi = \odot(\tau') \tag{11.30}$$

并且：

$$\mu_{\tau'}(y) = \sup\{\mu_{\tau'_\varphi}(x) \triangle I(\mu_{\tau_\varphi}(x), \mu_{\tau_\varphi}(y))\} \tag{11.31}$$

以上定义是根据定义 11.6 得到的。事实上，让定义 11.6 中的 A，A'，B 和 B' 为 $(e(\varphi)$ 是 $\tau_\varphi)$，$(e(\varphi)$ 是 $\tau'_\varphi)$，$(e(\psi)$ 是 $\tau_\psi)$ 和 $(e(\psi)$ 是 $\tau'_\psi)$，那么我们将得到公式 (11.31)。同时，由公式 (11.31) 得到的结果在 LTTS 中可能不是封闭的。我们需

要运用语言学的近似技巧，也就是公式 (11.26)。从而最终得到公式 (11.30)。

定义 11.19 (平行聚合规则) 假设：

$$\vdash (e(\varphi_1) 是 \tau_{\varphi_1}) \to (e(\psi) 是 \tau_{1,\psi})$$
$$\vdash (e(\varphi_2) 是 \tau_{\varphi_2}) \to (e(\psi) 是 \tau_{2,\psi})$$

且 $\vdash (e(\varphi_1) 是 \tau'_{\varphi_1})$ 且 $\vdash (e(\varphi_1) 是 \tau'_{\varphi_2})$ 且由公式 (11.30) 和公式 (11.31)，推理得到 $\vdash (e(\psi) 是 \tau'_{1,\psi})$ 和 $\vdash (e(\psi) 是 \tau'_{2,\psi})$。$\psi$ 的整合值由以下公式给出：

$$e_{1,2}(\psi) = \begin{cases} \text{"undecided"} & \text{if } \tau'_{1,\psi} = \neg \tau'_{2,\psi} \\ \tau'_{1,\psi} & \text{if } \tau'_{2,\psi} = \text{"undecided"} \\ \tau'_{2,\psi} & \text{if } \tau'_{1,\psi} = \text{"undecided"} \\ \odot(\otimes(\tau'_{1,\psi}, \tau'_{2,\psi}, U_{0.5})) & \text{otherwise} \end{cases} \quad (11.32)$$

其中，$U_{0.5}$ 是以 0.5 为中间元素的合并算子。为了方便，我们依然根据公式 (11.32) 定义该算子为 ++，也就是：

$$e_{1,2}(\psi) = ++(\tau'_{1,\psi}, \tau'_{2,\psi}) \quad (11.33)$$

直观上，当我们从不同推理规则得到同一个命题的两个真值时，如果这两个值是完全对立的，那么将无法做出选择。也就是，如果 $\tau'_{1,\psi} = \neg \tau'_{2,\psi}$，合并的结果为"不确定的"。同时，如果用一个规则，我们无法判断对于同一个命题值的信念，那么该命题的真值应该由另一推理规则得到。也就是，如果 $\tau'_{1,\psi}$ 和 $\tau'_{2,\psi}$ 中的一个无法确定的，那么它们合并的结果将是其中的另一个。

在其他情况中，我们将采用带中间值 0.5 的合并折中算子，因为它具有我们需要的一些性质 (Yager and Rybalov, 1996; Yager, 2001)。

(1) 当两个数都是大于 0.5 的，那么它们是互相加强的。因此，我们可以用它来表达：当用两个推理规则得到的同一命题的真值都是正的，那么我们应该对该命题更加确定。

(2) 当两个数都小于 0.5 时，它们是互相减弱的。因此，它可以表达：当用两个推理规则得到的同一命题的真值都是负的，那么我们应该对该命题更加不确定。

(3) 当两个数一个大于 0.5 而另一个小于 0.5 时，整合结果是两者的折中。因此，我们用它来表达：当两个推理规则得到的同一命题的真值一个是正数，一个是负数时，我们应该用两者的折中值。

最后，因为整合算子是作用在数值上的，我们需要用到扩展原则 $\otimes$ 来将它扩展到我们的语义真值集 LTTS 上。同时用语义上的近似技巧 ⊙ 来保证整合结果在 LTTS 上是封闭的。

定义 11.20 (必然化规则) 如果 $\vdash \varphi$，那么 $\vdash K_j\varphi$。

最后，我们将接介绍系统的逻辑后承关系如下：

定义 11.21 (逻辑后承) 定义 Σ 为一公式集，φ 是模糊动态信念修正系统的一个公式，我们说对于所有的模糊信念认知模型 M 和 M 上所有的点 w，φ 是 Σ 的逻辑后承为：如果 $M,w \models \Sigma$ 那么 $M,w \models \varphi$。

11.3 可靠性和完全性

在这一部分，我们将证明逻辑系统的可靠性和完全性。

11.3.1 可靠性

在这一节中，我们将讨论模糊动态信念语言的可靠性。

引理 11.22 假设 $\vdash (e(\varphi)$ 是 $\tau_\varphi) \to (e(\psi)$ 是 $\tau_\psi)$ 且 $\vdash e(\varphi)$ 是 τ'_φ，因此有 $\vdash e(\psi)$ 是 τ'_ψ，其中 τ'_ψ 由公式 (11.30)、公式 (11.31) 和 (11.31) 给出，t-norm $\triangle$ 由公式 (11.6) 得到且模糊蕴含算子由 I 给出。那么如果 τ_φ, τ_ψ 和 τ'_φ 都在 $LTTS_t$ 中，τ'_ψ 在 $LTTS_t$ 中。

证明：由公式 (11.32)、(11.33)、(11.12)、(11.22)~(11.26) 和公式 (11.2) 以及表 11-1 中的公式，我们可以得到表 11-4 ~ 表 11-7。从表中可以看出引理成立。

表 11-4 语言真值 τ'_ψ 当 $\vdash (e(\varphi)$ 是 $\tau'_\varphi)$ 且 $\vdash (e(\varphi)$ 是 $\tau_\varphi) \to (e(\psi)$ 是 $\tau_\psi)$，大概 $\tau'_\varphi =$ 真且 $\tau_\varphi, \tau_\psi \in LTTS_t$

τ_φ \ τ_ψ	真	非常真	相当真	绝对真
真	真	非常真	相当真	绝对真
非常真	相当真	真	相当真	非常真
相当真	真	非常真	相当真	绝对真
绝对真	相当真	相当真	相当真	相当真

表 11-5　语义真值 τ'_ψ 当 $\vdash (e(\varphi)$ 是 $\tau'_\varphi)$ 且 $\vdash (e(\varphi)$ 是 $\tau_\varphi) \to (e(\psi)$ 是 $\tau_\psi)$，其中 $\tau'_\varphi = $ 非常真且 $\tau_\varphi, \tau_\psi \in LTTS_t$

τ_φ \ τ_ψ	真	非常真	相当真	绝对真
真	真	非常真	相当真	绝对真
非常真	真	非常真	相当真	绝对真
相当真	真	非常真	相当真	绝对真
绝对真	相当真	相当真	相当真	相当真

表 11-6　语义真值 τ'_ψ 当 $\vdash (e(\varphi)$ 是 $\tau'_\varphi)$ 且 $\vdash (e(\varphi)$ 是 $\tau_\varphi) \to (e(\psi)$ 是 $\tau_\psi)$，其中 $\tau'_\varphi = $ 相当真且 $\tau_\varphi, \tau_\psi \in LTTS_t$

τ_φ \ τ_ψ	真	非常真	相当真	绝对真
真	相当真	真	相当真	非常真
非常真	相当真	相当真	相当真	相当真
相当真	真	非常真	相当真	绝对真
绝对真	相当真	相当真	相当真	相当真

表 11-7　语义真值 τ'_ψ 当 $\vdash (e(\varphi)$ 是 $\tau'_\varphi)$ 且 $\vdash (e(\varphi)$ 是 $\tau_\varphi) \to (e(\psi)$ 是 $\tau_\psi)$，其中 $\tau'_\varphi = $ 绝对真且 $\tau_\varphi, \tau_\psi \in LTTS_t$

τ_φ \ τ_ψ	真	非常真	相当真	绝对真
真	真	非常真	相当真	绝对真
非常真	真	非常真	相当真	绝对真
相当真	真	非常真	相当真	绝对真
绝对真	真	非常真	相当真	绝对真

引理 11.23 假设 $\vdash (e(\psi)$ is $\tau'_{1,\psi})$ 且 $\vdash (e(\psi)$ is $\tau'_{2,\psi})$。如果 $\tau'_{1,\psi}$ 和 $\tau'_{2,\psi}$ 在 $LTTS_t$ 中，那么 $e_{1,2}(\psi)$ 在 $LTTS_t$ 中，其中 $e_{1,2}(\psi)$ 由公式 (11.33) 和 (11.32) 给出并且在公式 (11.32) 中。$U_{0.5}$ 由公式 (11.12) 得到。

证明：由公式 (11.32)、(11.33)、(11.12)、(11.22) ~ (11.26) 和公式 (11.2) 以及表 11-1 中的公式，可以得到表 11-8。从中可以看到引理成立。

表 11-8　当 $\tau'_{1,\psi}, \tau'_{2,\psi}$ 在 $LTTS_t$ 中的 $++(\tau'_{1,\psi}, \tau'_{2,\psi})$ 的语义真值

$\tau'_{1,\psi}$ \ $\tau'_{2,\psi}$	真	非常真	相当真	绝对真
真	非常真	非常真	非常真	绝对真
非常真	非常真	绝对真	非常真	绝对真
相当真	非常真	非常真	真	绝对真
绝对真	绝对真	绝对真	绝对真	绝对真

定理 11.24 (可靠性) 模糊动态信念修正逻辑相对于自反，传递的模糊信念认知框架类是可靠的。这里自反的意思是对所有框架中的 w，$R(w,w) \in LTTS_t$。传递性表示对所有框架中的 w, v, u，如果 $R(w,v) \in LTTS_t$ 和 $R(v,u) \in LTTS_t$，有 $R(w,u) \in LTTS_t$。

证明：我们首先证明必然化规则，分离规则和平行聚合规则在框架中保持有效性。由引理 11.22 和 11.23 可知，分离规则和平行聚合规则在框架中是保持有效的。因此，我们只需证明必然化规则在框架中也保持有效性。根据定义 11.16 和 11.20，需要证明如果 $\models \varphi$ 那么 $\models K_j\varphi$。如果 $\models \varphi$ 意味着对所有模型 M 和所有可能世界 $w \in M$，有 $M, w \models \varphi$。定义 $w, v \in M$ 且 $V = \{v | R(w,v) \in LTTS_t\}$，那么 $M, v \models \varphi$。因此由定义 11.15 第 (4) 条，有 $M, w \models K_j\varphi$。因此，必然化规则成立。

因为所有推理规则在任意框架中都保持有效性。接下来只有证明公理的有效性。

(i) $K_j\varphi \to \varphi$。要证明 $\models K_j\varphi \to \varphi$，根据有效性的定义 (也就是定义 11.16)，只需证明对于任意模型 M 和模型中的可能世界 w，$e(K_j\varphi \to \varphi, M, w) \in LTTS_t$。根据定义 11.12 中的第 (4) 条，需要证明 $e(K_j\varphi, M, w) \leqslant e(\varphi, M, w)$。定义 $e(K_j\varphi, M, w) = \tau$，要证明 $e(\varphi, M, w) \geqslant \tau$。事实上，$e(K_j\varphi, M, w) = \tau$ 表示在任意可能世界 v 上，如果 $R(w,v) \in LTTS_t$，那么 $\inf\{e(\varphi, M, v)\} = \tau$。并且因为框架具有自反性，所以 $R(w,w) \in LTTS_t$，$e(\varphi, M, w) \geqslant \tau$。

(ii) $K_j\varphi \to K_jK_j\varphi$。因为定义的框架式传递的，根据定义 11.16 和定义 11.12 的第 (4) 条，只需证明对于任意模型 M 和 M 上的任意可能世界 w，那么 $e(K_j\varphi, M, w) \leqslant e(K_jK_j\varphi, M, w)$。

定义 $e(K_j\varphi, M, w) = \tau$，然后根据定义 11.12，有：

$$e(K_j\varphi, M, w) = \inf\{e(\varphi, M, v) | w, v \in W, R(w,v) \in LTTS_t\}$$

$$= \tau$$

这以为着在世界 v_s 上的命题 φ 值的下确界是 τ，其中 w 和 v 在 W 中且 $R(w,v) \in LTTS_t$，并且有：

$$e(K_j K_j \varphi, M, w) = \inf\{e(K_j \varphi)(v) | w, v \in W, R(w,v) \in LTTS_t\}$$
$$= \inf\{\inf\{e(\varphi)(u) | v, u \in W, R(v,u) \in LTTS_t\}\}$$

假设有一个可能世界 u 使得 $e(\varphi, M, u) < \tau$ 成立。又因为该框架式传递的，$R(w,v) \in LTTS_t$ 且 $R(v,u) \in LTTS_t$，所以 $R(w,u) \in LTTS_t$。从而 $e(K_j \varphi, M, w) = \inf\{e(\varphi, M, v) | R(w,v) \in LTTS_t\} = \tau$ 不成立。因此假设错误，原命题成立。

(iii) $K_j \varphi \to B_j \varphi$。根据定义 11.16 和定义 11.12 第 (4) 条，需要证明对于任意模型 M 和模型上的可能世界 w，$e(K_j \varphi, M, w) \leqslant e(B_j \varphi, M, w)$。定义 $e(K_j \varphi, M, w) = \tau$，也就是说，对模型 M 中的任意可能世界 w，$R(w,v) \in LTTS_t$ 成立，因而有：

$$\inf\{e(\varphi, M, v)\} = \tau$$

$$e(B_j \varphi, M, w) = \sup\{e(\varphi, M, w') | w, w', w'' \in WR(w, w'), R(w, w'') \notin LTTS_f$$
$$\kappa(w') \leqslant \kappa(w''), \forall w', w'' \in W\}$$

Let $V = \{v | v \in W, R(w,v) \in LTTS_t\}$ and $V' = \{v | v \in W, R(w, w') \notin LTTS_f\}$

所有显然 $V \subseteq V'$。最后，因为：

$$e(K_j \varphi, M, w) = \inf\{e(\varphi, M, v) | v \in V\} = \tau$$

得到：

$$e(B_j \varphi, M, w) = \sup\{e(\varphi, M, w') | w \in V'\} \geqslant \tau$$

因为证明了所有的公理都是可靠的以及所有的推理规则也是可靠的，所以模糊动态信念修正系统的所有公式相对于我们所定义的语义是可靠的。

11.3.2 完全性

现在，让我们来讨论模糊动态信念逻辑的完全性。

根据一般模态逻辑完全性的证明，我们将会构建一个典范模型。其中所有的可能世界都是极大一致公式集。但是我们的一致性定义有所区别。

形式上，我们有：

定义 11.25 (完全性) 一个逻辑 Λ 相对于结构 S 是强完全的，如果对于公式集 $\Gamma \cup \{\varphi\}$，如果 $\Gamma \models_S \varphi$，那么 $\Gamma \vdash_\Lambda \varphi$。

定义 11.26 (模糊一致性) 定义 Γ 为一公式集，说 Γ 是一致的：如果对于任一公式 $\varphi \in \Gamma$，$e(\varphi, M, w) \in LTTS_t$ 和 $e(\neg \varphi, M, w) \in LTTS_t$ 不同时成立。

定义 11.27 (极大一致性) 给定模糊动态信念逻辑的一个公式集合 Γ，说 Γ 是极大一致的当且仅当：

(1) Γ 是一致的，且

(2) Γ 是极大的：语言中不存在 Γ' 使得 $\Gamma \subset \Gamma'$ 和 Γ' 都是一致的。

定义 11.28 (典范模型) 典范模型 $M^c = (W^c, R^c, e^c, \kappa^c, \sigma^c)$ 定义如下：

(1) $W^c = \{w | w \text{ 是极大一致的}\}$；

(2) $R^c(w,v) \in LTTS_t$ 当且仅当所有公式 φ，$K\varphi \in w$ 蕴含 $\varphi \in v$；且 $R^c(w,v) \notin LTTS_f$ 当且仅当至少存在一个公式 φ 使得 $B\varphi \in w$ 蕴含 $\varphi \in v$；

(3) $e^c(p, M \cdot w) \in LTTS_t$ 当且仅当 $p \in w$；

(4) κ^c 是从 W^c 到自然数集的函数；且

(5) σ^c 是一个从 W 到 W 的转换算子，也就是 $\sigma^c(w) = w'$ 如果 $\kappa_j(w')$ 是在可能世界 w 上用新信息更新后最小的。

为证明完全性，我们首先给出真引理。

引理 11.29 对任一模糊动态信念语言中的公式 φ，$\varphi \in w$ 当且仅当 $(M^c, w) \models \varphi$.

证明：用对于 φ 的归纳法进行证明。

(i) 基础步。假设 φ 是命题变元 p。需要证明 $p \in w$ 当且仅当 $e(p, M \cdot w) \in LTTS_t$。有定义 11.28 第三条和定义 11.15 的第一条，$(M^c, w) \models p$。

(ii) 归纳步。假设对于任意极大一致集 w 和任一公式 φ，$\varphi \in w$ 当且仅当 $(M^c, w) \models \varphi$ 成立。为以下几种情况：

(a) $\varphi = \neg \psi$。假设 $\neg \psi \in w$。因为 w 是极大一致集，$\psi \notin w$。根据归纳假设 $(M^c, w) \not\models \psi$，所以 $e(\psi, M^c, w) \in LTTS_f$，且有 $e(\neg\psi, M^c, w) \in LTTS_t$。根据语义定义，等价于 $(M^c, w) \models \neg\psi$。

(b) $\varphi = \psi \wedge \chi$。显然 $\psi \wedge \chi \in w$ 等价于 $\psi \in w$ 和 $\chi \in w$。因此，根据归纳假设，$(M^c, w) \models \psi$ 且 $(M^c, w) \models \chi$。根据语义定义，等价于 $(M^c, w) \models \psi \wedge \chi$。

(c) $\varphi = K_j \psi$。($\Rightarrow$) 假设 $K_j \psi \in w$。根据典范关系 R^c，表明存在 v 使得 $R^c(w,v) \in LTTS_t$ 且 $\psi \in v$。因此，由归纳假设 $(M^c, v) \models \psi$。且有 $R^c(w,v) \in LTTS_t$，所以 $(M^c, w) \models K_j \psi$。($\Leftarrow$) $(M^c, w) \models K_j \psi$ 说明存在 v 使得 $R^c(w,v) \in LTTS_t$ 且 $(M^c, v) \models \psi$。因此，由归纳假设，有 $\psi \in v$。因此，根据定义的典范关系，$K_j \psi \in w$ 成立。

(d) $\varphi = B_j\psi$。($\Rightarrow$) 假设 $B_j\psi \in w$。根据典范关系 R^c，存在 v 使得 $R^c(w,v) \notin LTTS_f$ 且 $\psi \in v$。因此，根据归纳假设，$(M^c,v) \models \psi$。且有 $R^c(w,v) \notin LTTS_t$，从而 $(M^c,w) \models B_j\psi$。($\Leftarrow$) $(M^c,w) \models B_j\psi$ 说明存在 v 使得 $R^c(w,v) \notin LTTS_f$ 且 $(M^c,v) \models \psi$。因此，由归纳假设，有 $\psi \in v$。所以，由定义的典范关系。最终得到 $B_j\psi \in w$。

(e) $\varphi = [*\psi]\chi$。($\Rightarrow$) 假设 $[*\psi]\chi \in w$。根据定义 11.28，$\chi \in w'$。有归纳假设，$(M^c,w') \models \chi$，所以 $(M^c,w) \models [*\psi]\chi$。($\Leftarrow$) 因为 $(M^c,w) \models [*\psi]\chi$ 蕴含 $(M^c,w') \models \chi$，由归纳假设有 $\chi \in w'$，所以 $[*\psi]\chi \in w$。

引理 11.30 (Lindenbaum 引理) 如果 Σ 是一个 Λ 一致公式集，那么存在一个 Λ 极大一致集 Σ^+ 使得 $\Sigma \subseteq \Sigma^+$。

证明：该引理的证明可以参见任一模态逻辑教材 (Blackburn et al., 2002)。

定理 11.31 模糊动态信念逻辑相对于自反和传递的模糊信念认知框架类是完全的。

证明：为了阅读方便，我们用 L_{be} 来表示模糊动态信念语言的集合。给定一个 L_{be}-一致公式集，用 Σ 表示。为了证明这个定理，需要找到一个模型 (F,e) 和模型中的一个可能世界 w，使得 (1) $(F,e),w \models \Sigma$，且 (2) F 是自反和传递的。

(i) 现在我们来找到一个模型 $(F,e),w \models \Sigma$。由引理 11.30，存在一个由 Σ 扩充的 L_{be} 极大一致集 Σ^+。然后根据引理 11.29，对任意 L_{be}-一致公式集 Σ，可以找到一个典范模型 $(W^c, R^c, e^c, \kappa^c, \sigma^c)$ 使得：

$$(W^c, R^c, e^c, \kappa^c, \sigma^c), \Sigma^+ \models \Sigma$$

(ii) 然后证明 $F = (W^c, R^c)$ 是自反和传递的。首先，证明 $F = (W^c, R^c)$ 是自反的。给定 $w \in W^c$，假设 $K_j\varphi \in w$。因为 w 是 L_{be} 极大一致的，它包含 $K_j\varphi \to \varphi$，并且由分离规则，它包含 φ。根据定义 11.28，$R(w,w) \in LTTS_t$ 成立，也就是 (W^c, R^c) 是自反的。

其次，证明 $F = (W^c, R^c)$ 是传递的。给定 $w, v, u \in W^c$，假设 $K_j K_j\varphi \in w$，$R(w,v) \in LTTS_t$ 且 $R(v,u) \in LTTS_t$。然后证明 $R(w,u) \in LTTS_t$。显然有定义 11.28 有 $K_j\varphi \in v$ 且 $\varphi \in u$。因为 w 是 L_{be} 极大一致的，它包含 $K_j K_j\varphi \to K_j\varphi$，且有 $K_j\varphi \in w$。由定义 11.28，我们可以得出 $R(w,u) \in LTTS_t$。

11.4 模糊动态信念修正的合理性

在这个小节里，我们通过证明我们所给出的模糊动态信念修正方法是否满足 AGM 理论的基本假设来考察所定义的修正方法的有效性。AGM 理论所给出的基本假设一个理性的修正算子应该满足的基本性质。

首先，我们定义了一个信念集合，扩充的信念集合和修正的信念集合。

定义 11.32 (信念集合和修正的信念集合) 给定一个模糊信念认知模型 $M = (W, R, e, \kappa_j, \sigma)$，

(1) 一个信念集合是指 $K = \{\psi | e(B\psi, M, w) \in LTTS_t\}$；

(2) 信念集合的修正是指 K with φ is $K * \varphi = \{\psi | e([*\varphi]B\psi, M, w) \in LTTS_t\}$。

直观上来讲，上面的定义的意思是，一个信念集合是一集被认为在何种程度上被相信的命题公式。信念集合的修正是指对信念集合中的每个命题公式进行修正，使得修正后的信念集合是在新的可能世界上被认为某种程度上为真的公式的集合。这里值得注意的是，在上面的定义中，对 $e(B\psi, M, w)$ 的计算是通过定义 11.12 给出的。在这个定义中，修正方法中对可能世界偏好的更新是通过定义 11.13 中的公式 (11.29) 给出的。

由于我们只关注修正，并不涉及扩充和收缩，因此我们不考虑 AGM 理论中有关扩充和收缩的假设。下面的定理说明，我们的模糊动态信念逻辑系统中所定义的更新算子 $*$ 满足 AGM 理论的基本假设。

定理 11.33 我们的模糊动态信念逻辑系统中所定义的更新算子 $*$ 满足 AGM 理论中下面一些基本假设：

(1) 类型性：$K * \varphi$ 是一个信念集合；

(2) 成功性：$\varphi \in K * \varphi$；

(3) 平凡性：$K * \varphi = K\bot$ iff φ 是不一致的；以及

(4) 等价性：如果 φ 与 ψ 是等价的，那么 $K * \varphi = K * \psi$。

证明：我们下面逐一来证明我们所定义的模糊动态信念逻辑的信念更新算子满足以上的性质。

(i) 类型性。因为我们所给出的逻辑系统是演绎封闭的，$K * \varphi$ 是演绎封闭的。

(ii) 成功性。如果我们想证明一个修正是成功的，我们就需要证明对于任意一个模型 M 和该模型上的任何一个可能世界 w，如果 $e(B\neg\varphi, M, w) \in LTTS_t$，并且用来修正的公式是 φ，那么 $e(B\varphi, M', w') \in LTTS_t$，其中 M' 是信念修正后

得到的模型。现在，因为：
$$e(B_j\varphi, M, w) = \sup\{e(\varphi, M, w') | \forall w, w', w'' \in WR(w, w'), R(w, w'') \notin LTTS_f$$
$$\kappa(w') \leqslant \kappa(w'')\}$$

我们只需要考虑我们认为最可能的那个可能世界 w。令 $w_1, w_2 \in W$，$\kappa(w_1)$ 在所有的可能世界值最小，并且在 w_1 上，对 $\neg\varphi$ 的模糊赋值是属于 $LTTS_t$ 的某个语言真值。$\kappa(w_2)$ 是 φ 在其上的可能真值属于 $LTTS_t$ 的所有可能世界中的最小值。那么我们可看到，当用公式 φ 对一个信念集合进行修正时，由于 $B\varphi$ 的真值取决于 φ 在我们认为最可能的可能世界上的真值。修正的结果只依赖 φ 在 (w_1) 和 (w_2) 上的真值。从而，根据定义 11.13 中的修正方法，也就是公式 (11.29)，我们可以得出：

$$\kappa'(w_1) = \kappa(w_1) + 1 - \kappa(w_1) = 1,$$
$$\kappa'(w_2) = \kappa(w_2) - \kappa(w_2) = 0.$$

因此，w_2 是通过 φ 修正后的最可能的可能世界。我们已经知道，$e(\varphi, M, w) \in LTTS_t$，所以：

$$e(B\varphi, M', w) = e(\varphi, M, w_2) \in LTTS_t.$$

(iii) 平凡性。如果 φ 是不一致的，那么 φ 是一个形如 $p \wedge \neg p$ 的公式。因此，通过我们在 11.13 中给出的修正方法，如公式 (11.29)，对于所有的公式 ψ，我们有：

$$e([*\varphi]B\psi, M, s) \in LTTS_t$$

并且，我们可以得出：

$$K * \varphi = \{\psi | e([*\varphi]B\psi, M, s) \in LTTS_t\}$$

是一个不一致的公式集合。

(iv) 等价性。如果 φ 和 ψ 是等价的，那么 $e(\varphi, M, s) = e(\psi, M, s)$。如果我们分别用 φ 和 ψ 在信念状态 (M, s) 上来修正我们的信念集合，那么由于主体对可能世界的偏好关系在最开始是相同的，也就是 $e(\varphi, M, s) = e(\psi, M, s)$，通过定义 11.13 中的修正方法，也就是公式 (11.29)，主体对可能世界的偏好在用 φ 和 ψ 分别修正后，还是相同的。因此，我们可以得到：

$$\forall \chi \in K, e([*\varphi]B\chi, M, s) = e([*\psi]B\chi, M, s)$$

也就是，$K * \varphi = K * \psi$。

上面给出的定理说明了对一个信念集合用我们给出的修正算子进行修正后得到的仍然是一个信念集合（类型性）；通过修正后，新的信息可以被接受（成功性）；并且，如果对一个信念集合用两个等价的信息来修正的话，修正后的信念集合是相同的。

11.5　小结

在本章中,我们给出了一个模糊动态信念修正的逻辑系统。因为在第 4 章中,来自不同文化背景的主体通过融合的方法已经达成了公共的逻辑。从而有了公共的语言和公共的推理规则,那么不同文化群体的主体就可以用共同的语言来表达他们的信念。但是由于他们对世界的基本认识并不完全相同,我们需要通过融合的方法来修正他们各自的信念,从而使得他们在对世界的基本认识上达成一致。基于跨文化冲突消解中修正过程的特点,也就是来自不同文化背景的主体在接收到其他文化背景主体的新信息并进行信念修正时,对外来信息的接受不是完全的立刻的,而是部分的,并且有一个渐进的过程。因此我们本章给出了一个模糊动态信念修正方法。具体来讲,我们首先定义了一个模糊动态信念逻辑系统的语言,并给出了该系统的模型,接着在静态和动态的意义上,分别给出了语言的语义。我们可以看到,模糊动态信念修正的实质就是通过模型上所有可能世界的可能程度来达到一个新的模型,从而实现信念的更新。另外,我们定义了我们系统语言的可满足性、有效性,给出了一个非常简单的公理系统。也证明了该系统的可靠性与完全性,最后证明我们定义的模糊动态信念修正方法满足 AGM 理论的一些基本假设。

第 12 章

基于谈判的修正

在第 11 章中，我们着重考虑文化多重融合论中的文化的知识信念因素，对不同文化群体通过信念修正对原文化的内容进行的修正进行了形式刻画，从而得到各自原文化的修订版。在修订版中，有一些信念（如语言、推理规则以及对世界的基本认识）可以达成一致，但是有些信念是因为立场不同产生的，不可能通过修正达成一致。根据文化多重融合论，在跨文化交流中，不仅交流双方各自的本文化可以被修改；而且通过融合他们各自的本文化及其修改版，可以创生一个新的文化。我们称这种新文化为这两种文化的公共或共生文化。这种共生文化的产生有多种方式。在这里我们讨论一种最常见的生成公共文化的方法，即谈判。谈判是不同主体间解决冲突达成一致意见的有效方法在这里我们通过谈判来解决第 11 章中依然未能解决的立场不同产生的冲突，从而使得不同文化群体达成一致意见，生成共生文化。

我们可以看到，借助本书前几章关于融合和修正的方法，不同文化的主体在语言、推理规则以及对世界的基本认识上都达成了一致。那么在试图生成更多共生文化而进行的谈判的时候，来自不同文化背景的主体就必须都要遵守之前已经达成一致意见的规则和协议，这里，这些所有谈判者都必须遵守的规则和协议我们就用完整性约束条件来表示。接下来，我们给出了基于完整性约束的谈判框架。本章的工作主要有以下几方面：首先，我们给出了一个基于完整性约束的谈判框架；其次，我们定义了谈判的解，并给出了一个特殊的解叫作同时让步的解；

再次，我们证明了这个解都可以由一组逻辑性质唯一地刻画；最后，我们通过实验分析讨论了谈判中的各个因素对谈判的结果有什么影响作用。具体来讲，就是指谈判中冲突的要求的个数、谈判者的风险态度、谈判者数量对谈判的成功率、谈判效率和谈判的质量分别有什么影响。

12.1 谈判模型

首先，我们给出本章所需要的一些预备知识。令 Φ 是一个有穷的命题公式的集合。在 Φ 上的一个二元关系 $\geqslant$ 是一个拟序关系，当且仅当如果它在 Φ 上是自反的并且传递的。如果对于 Φ 中的所有公式 $\varphi, \psi \in \Phi$，$\varphi \geqslant \psi$ 或者 $\psi \geqslant \varphi$，那么一个拟序关系是全的。给定一个 Φ 上的拟序关系 $\geqslant$，我们把 $\varphi > \psi$ 定义为 $\varphi \geqslant \psi$ 并且 $\psi \ngeqslant \varphi$。另外，如果 $\varphi \geqslant \psi$，那么 $\psi \leqslant \varphi$ 并且如果 $\varphi > \psi$，那么 $\psi < \varphi$。

下面，我们开始定义我们的基于完整性约束的谈判模型。

12.1.1 谈判博弈

我们延续张 (Zhang, 2010) 的说法，假设每一个谈判者都有一个要求集融合且在这个要求集合上有一个偏序关系。正如我们上面所谈论的，前两个阶段中，来自不同文化背景的主体在语言、推理规则和对世界的基本认识达成的一致意见，并且在谈判过程中也必须遵循这些达成一致的规则和协议，用完整性约束条件来表示。在张 (2010) 的模型中，这些完整性约束条件都被放在主体的谈判要求当中，很显然这种处理并不符合谈判的直觉。下面，我们首先给出了谈判者的要求结构，并进一步定义了基于完整性约束的谈判模型。

定义 12.1 一个**要求结构** D 是一个二元组 $(X, \geqslant)$，其中 X 一个是在语言 $\mathcal{L}$ 上一个有穷的，逻辑一致的句子集合，$\geqslant$ 是一个在 X 上的全的拟序关系，并且这个拟序关系满足下面的条件：

(LC) 如果 $\varphi_1, \cdots, \varphi_n \vdash \psi$，那么至少存着一个 $k \in \{1, \cdots, n\}$ 使得 $\psi \geqslant \varphi_k$

直观上说，一个要求集合表示了一个谈判者想要保留下来放到一致协议中的要求，要求集合上的拟序关系表达了谈判者对于他的要求集合中公式的坚持程度。换句话说，$\varphi \geqslant \psi$ 说明谈判者对于要求 φ 的坚持程度要高于对 ψ 的坚持程度。另外，LC 是对谈判者给出的拟序关系的理性限制 (Zhang and Foo, 2001)。它的意思是说，如果一个要求 ψ 是一组要求集合 $\varphi_1, \cdots, \varphi_n$ 的逻辑后承，那么谈判者对于 ψ 的坚持程度要大于等于 $\varphi_1, \cdots, \varphi_n$ 中至少某一个要求的坚持程度。

在一个谈判场景中，一个完整性约束条件就是所有谈判者所必须遵守的规则。这些规则包括在跨文化冲突消解的前两个步骤中已经达成一致协议的语言、推理规则和对世界的基本认识等。下面我们可以看到，我们假设所有的完整性约束条件都可以用一个命题公式来表示，并且一个谈判中的所有的完整性约束都是逻辑一致的。下面的谈判博弈的定义在张东摩教授关于谈判博弈定义的基础上，加入了完整性约束的条件。

定义 12.2 一个**谈判博弈**就是一个多元组 $\langle (X_i, \geqslant_i)_{i\in N}, IC \rangle$，其中：

(i) $N = \{1, 2, \cdots, n\}$ 是所有谈判者的集合；

(ii) 每一个 $(X_i, \geqslant_i)$；

(iii) IC 是一个一致的句子集合 (*i.e.*, 完整性约束)。

所有基于语言 $\mathcal{L}$ 的谈判博弈的集合，我们用 $G_{n,\mathcal{L}}^{IC}$ 来表示。

一个谈判博弈实质上是一个谈判过程在某一时刻的快照。就如同我们上面所讲的，我们把一个谈判的过程形式化为一组谈判博弈的序列。一般来讲，谈判刚开始的时候，不同谈判者的要求结构中存在着冲突。随着谈判的不断进行，谈判者不断地做出妥协来达到一个一致的协议。最后，在谈判结束的时候，谈判者或者达成某个一致的协议，或者达不成任何协议。根据谈判结果的不同，我们定义了两种特殊的谈判博弈。

定义 12.3 如果在一个谈判博弈 $\langle (X_i, \geqslant_i)_{i\in N}, IC \rangle$ 中，$\bigcup_{i=1}^{n} X_i \cup IC$ 都是逻辑一致的，那么我们说这个谈判博弈是非冲突的。反之，如果在一个谈判博弈 $\langle (X_i, \geqslant_i)_{i\in N}, IC \rangle$ 中，存在某一个谈判者 $k \in N$，并且谈判者 k 的要求集合是空集，那么我们把它称之为一个不一致。

值得注意的是，我们这里所说的不一致谈判博弈，是指在这个谈判博弈中，有某一个谈判者的要求集合是空集，那么他就不能做出任何的让步。①

12.1.2 谈判层次和综合集

在给出我们谈判模型的解的定义一起，我们首先定义了一些对于单个的谈判者的要求结构相关的概念。

定义 12.4 给定一个要求集合 $D = (X, \geqslant)$，其中 $X \neq \emptyset$，那么我们把 $P = (X^1, \cdots, X^L)$ 称为要求结构 D 的**划分**，并且划分满足下面的要求：

---

① 在实际的谈判情形中，如果他发现除非把他的所有要求都放弃，否则不能达成一致协议的话，这个谈判者就会宣告谈判失败。

(i) $X = \bigcup_{l=1}^{L} X^l$；

(ii) 对于所有的 l $(1 \leqslant l \leqslant L)$，有 $X^l \subseteq X$ 并且 $X^l \neq \emptyset$；

(iii) 对于任何的 $k \neq l$ 来说，$X^k \cap X^l = \emptyset$；并且

(iv) $\forall \varphi \in X^k \, \psi \in X^l, \varphi > \psi$ 当且仅当 $k < l$。

在上面给出的划分的基础上，我们结合完整性约束条件 IC 定义了层次。

定义 12.5 给定一个要求结构 $D = (X, \geqslant)$ 和一组完整性约束条件 IC，令 $P = (X^1, \ldots, X^L)$ 是 D 的划分。那么，我们将 D 在完整性约束 IC 基础上的层次的递归定义如下：

(i) $H^1 = Cn(X^1 \cup IC)$，

(ii) $H^{k+1} = Cn(\bigcup_{i=1}^{k+1} X^i \cup IC) \setminus \bigcup_{i=1}^{k} H^i$。

$\forall \varphi \in Cn(X \cup IC)$，我们把 $h(\varphi) = k$ 定义为 φ 在这个层次结构中的层数，当且仅当 $\varphi \in H^k$。另外，我们把 $h_D = \max\{h(\varphi) | \varphi \in Cn(X \cup IC)\}$ 记作要求结构 D 的高度。除此以外，$\forall \varphi, \psi \in X$，假设 $\varphi \in H^k$，$\psi \in H^j$，那么：

$$\varphi \geqslant^{IC} \psi \text{ iff } k \leqslant j$$

为了简单起见，我们假设对于所有的 i 来讲，$H^i \neq \emptyset$。实际上，如果存在一个 $k \in N^+$ 并且 H^k 是一个空集，我们就可以把这些空的层次删除掉，并且把剩下要求结构 D 中的层次依此补充上来。因为 $\geqslant$ 是在 X 的一个全的拟序关系，我们可以很容易地得出 $\geqslant^{IC}$ 也是一个基于 $Cn(X \cup IC)$ 上的拟序关系。

定义 12.6 给定一个要求结构 $D = (X, \geqslant)$ 和一组完整性约束条件 IC，如果下面的条件成立，那么我们把 Ω 定义为要求结构 D 的一个 **IC-综合集**。

(i) $\Omega \subseteq Cn(X \cup IC)$；

(ii) $\Omega = Cn(\Omega)$；并且

(iii) 对于任意的 $\varphi \in \Omega$，$\psi \in Cn(X \cup IC), \psi \geqslant^{IC} \varphi$ 可以推出 $\psi \in \Omega$。

换句话说，如果一个 $Cn(X \cup IC)$ 的子集在 $\geqslant^{IC}$ 的关系上是逻辑封闭的，那么我们说这个子集是要求集合的一个 IC 综合集。另外，我们把所有的要求集合 D 的 IC 综合集用 $\Gamma^{IC}(D)$ 来表示。如果根据文章内容 IC 是很显然的话，我们就将 $\Gamma^{IC}(D)$ 简记作 $\Gamma(D)$。

下面我们给出一个对谈判的解非常重要的关于 IC 综合集的性质。

定理 12.7 给定一个要求结构 $D = (X, \geqslant)$ 和一组完整性约束集合 IC，一个公式集合 Ω 是要求结构 D 的一个 IC 综合集，当且仅当，存在一个 $k \in \{1, \cdots, h_D\}$ 使得 $\Omega = \bigcup_{i=1}^{k} H^i$。

证明：($\Rightarrow$) 我们首先证明如果 $\Omega \in \Gamma(D)$ 那么存在 $k \in \{1, \cdots, h_D\}$ 使得 $\Omega = T^k$，其中 $T^k = \bigcup_{i=1}^{k} H^i$。令 $k^0 = \min\{k|\Omega \subseteq T^k\}$。很显然，$1 \leqslant k^0 \leqslant h_D$。我们想要证明 $\Omega = T^{k^0}$。通过 k^0 的定义，$\Omega \subseteq T^{k^0}$。我们只需要证明，$T^{k^0} \subseteq \Omega$。假设上面所说的情况不成立，那么存在一个 ψ 使得 $\psi \in T^{k^0}$ 但是 $\psi \notin \Omega$。因为 $\Omega \in \Gamma(D)$，$\forall \varphi \in \Omega$，我们可以得出 $\psi \in Cn(X \cup IC)$ 并且 $\psi \notin \Omega$，以及 $\psi <^{IC} \varphi$。所以，$h(\psi) > h(\varphi)$。$\forall \varphi \in \Omega$，我们有 $1 \leqslant h(\varphi) \leqslant k^0$。除此以外，$k^0 = \min\{k|\Omega \subseteq T^k\}$。所以，$h(\psi) > k^0$。但是，$\psi \in T^{k^0}$，并且 $1 \leqslant h(\psi) \leqslant k^0$，它们是相互矛盾的。所以，假设不成立，即，我们可以得出 $T^{k^0} \subseteq \Omega$。从而，如果 $\Omega \in \Gamma(D)$，我们可以找到一个 $k = k^0$ 使得 $\Omega = T^{k^0}$。

($\Leftarrow$) $\forall k \in \{1, \cdots, h_D\}$，我们需要证明 $T^k \in \Gamma(D)$。因为 $T^k = \bigcup_{i=1}^{k} H^i = Cn(\bigcup_{i=1}^{k} X^i \cup IC)$，我们知道 T^k 是封闭的。另外，$\forall k \in \{1, \cdots, h_D\}, \bigcup_{i=1}^{k} X^i \subseteq X$，那么 $T^k = Cn(\bigcup_{i=1}^{k} X^i \cup IC) \subseteq Cn(X \cup IC)$。$\forall k \in \{1, \cdots, h_D\}, \forall \varphi \in T^k$，并且 $\psi \in Cn(X \cup IC)$，如果 $\psi \geqslant^{IC} \varphi$，我们可以证明 $\psi \in T^k$。假设情况不是这样的话，即，$\psi \notin T^k$。由于 $T^k = Cn(X \cup IC) \setminus \bigcup_{i=k+1}^{h_D} H^i$，那么 $\psi \in \bigcup_{i=k+1}^{h_D} H^i$，从而 $k+1 \leqslant h(\psi) \leqslant h_D$。另外，因为 $\varphi \in T^k, T^k = \bigcup_{i=1}^{k} H^i, 1 \leqslant h(\varphi) \leqslant k$。所以，我们可以得到 $h(\psi) > h(\varphi)$，那么 $\varphi >^{IC} \psi$，与 $\psi \geqslant^{IC} \varphi$ 相矛盾。因此，假设不成立，原命题正确。

下面，我们定义了在完整性约束条件下两个要求结构的等价，这个定义也在讨论我们给出得到解的性质起到了关键的作用，我们的所定义的解是相对语言是语法独立的，而张东摩原来的模型下的解不是语法独立的。

定义 12.8 令 $D = (X, \geqslant)$ 和 $D' = (X', \geqslant')$ 是两个要求结构，其中 $X \neq \varnothing$ 并且 $X' \neq \varnothing$，IC 是一组完整性约束条件的集合。我们说 D 和 D' 基于 IC 是**等价**，记作 $D \Leftrightarrow^{IC} D'$，当且仅当 $\Gamma(D) = \Gamma'(D')$ 是成立的。

12.2 谈判的解

在本章中，我们给出了在我们谈判博弈模型中关于谈判的解的定义。

定义 12.9 一个**谈判的解** s 是一个从 $G_{n,\mathcal{L}}^{IC}$ 到 $\prod_{i=1}^{n} \Gamma(D_i)$ 的函数，即：

$$\forall G \in G_{n,\mathcal{L}}^{IC}, s(G) = (s_1(G), \cdots, s_n(G)) \tag{12.1}$$

这里，对于所有的 i，$s_i(G) \in \Gamma(D_i)$。$s_i(G)$ 是指 $s(G)$ 的第 i 个元素。从而，谈判所达成的协议可以定义如下：

$$A(G) = Cn(\bigcup_{i=1}^{n} s_i(G)) \tag{12.2}$$

直观上讲，谈判所达成的协议是一个被所有的谈判者共同接受的要求的集合。也就是说，一个谈判的解就给出了每个谈判者最终可以放入谈判协议的要求的集合。

下面，我们将要构造一个特殊的解，叫作同时让步的解。并且，我们所构造的同时让步的解可以由一组逻辑性质唯一地刻画。构造的过程直观上说是这样一个过程：直观上讲，就是在谈判过程中，所有的谈判者把要求结构及完整性约束都告诉仲裁者。那么仲裁者就进行分析，如果所有要求之间且与完整性约束之间都没有任何冲突，那么谈判的解就是所有要求融合起来。如果不同谈判者的要求集合之间或者与完整性约束条件之间有冲突，那么仲裁者就要求所有的谈判者进行同时让步，放弃那些他们认为最不重要的要求。这个过程一直持续，直到所有的冲突都被消除。值得注意的是，我们这里构造的解，并不是给出了一种谈判的策略，而是用逻辑的工具在谈判过程背后进行的关于求解的分析和刻画。这里，我们把由这样一个构造过程构造出来的谈判的解称作同时让步的解，并且可以形式化定义如下：

定义 12.10 给定一个谈判博弈 $G = \langle (X_i, \leqslant_i)_{i \in N}, IC \rangle$，**同时让步的解** $S(G)$ 是由下面的步骤构造得出的。

$$S(G) = \begin{cases} (H_1^{\leqslant h_{D_1} - \rho}, \cdots, H_n^{\leqslant h_{D_n} - \rho}) & \text{若 } \rho < L, \\ (\varnothing, \cdots, \varnothing) & \text{否则} \end{cases} \quad (12.3)$$

其中 $\forall i \in N, H_i^{\leqslant j} = \bigcup_{k=1}^{j} H_i^k$（$H^k$ 在定义 12.5 中给出），h_{D_i} 是要求集合 D_i 的高度，$\rho = \min\{k | \bigcup_{i=1}^{n} H_i^{\leqslant h_{D_i} - k} \text{是一致的}\}$，并且 $L = \min\{h_{D_i} | i \in N\}$。

为了能够更好地理解我们所给出的谈判的解的定义，我们用一个简单的例子来更加形象地解释和说明。

示例 12.11 一对夫妇讨论去哪里就餐：或者去清真餐厅或者去法国餐厅。丈夫是中国的回族人，而他的妻子是法国人。对于丈夫来讲，他不能吃猪肉 (p)，并且他想吃点儿蔬菜 (v)。另外，他更想去清真餐厅 (h) 并且想点一碗在他家乡非常流行的羊杂汤 (c)。对于妻子来讲，她完全没有办法忍受羊杂汤，并且她也想吃点儿蔬菜。另外，她想吃一道非常盛行的法国菜——蜗牛 (s)。她觉得吃点儿牛排 (b) 也可以。夫妻两人都知道蜗牛一般只在法国餐厅供应 ($s \to f$)，如果不吃猪肉的话最好去清真餐厅 ($\neg p \to h$)。

综合上面所给出的信息，我们可以把丈夫的要求结构表示为：

$$X_h = \{\neg p, v, h, c\}$$

并且，
$$\neg p \geqslant_h v \geqslant_h h \geqslant_h c$$
妻子的要求是：
$$X_w = \{\neg c, v, s, b\}$$
她的坚持程度排序是：
$$\neg c \geqslant_w v \geqslant_w s \geqslant_w b$$
并且完整性约束条件可以表示为：
$$IC = \{\neg f \vee \neg h, \neg p \to h, s \to f\}$$
从而，我们可以把上面的谈判情景用一个谈判博弈来表示：
$$G = \langle (X_h, \geqslant_h), (X_w, \geqslant_w), IC \rangle$$

为了解决这个问题，我们首先要根据定义 12.5 计算出每个谈判者的要求结构层次的层数。我们用表 12-1 来表示。

$$H_h^1 = \{\neg p, \neg f \vee \neg h, \neg p \to h, s \to f, h, \neg f, \neg s\}$$

$$H_h^2 = \{v\}$$

$$H_h^3 = \{c\}$$

此外，$H_w^1 = \{\neg c, \neg f \vee \neg h, \neg p \to h, s \to f\}$

$$H_w^2 = \{v\}$$

$$H_w^3 = \{s, f, \neg h, p\}$$

$$H_h^4 = \{b\}$$

最后，我们得到 X_H 和 X_W 的层数分别如表 12-1 所示。

表 12-1　谈判者的层次

丈夫	妻子
	$\neg c, \neg f \vee \neg h, \neg p \to h, s \to f$
$\neg p, \neg f \vee \neg h, \neg p \to h, s \to f, h, \neg f, \neg s$	v
v	$s, f, \neg h, p$
c	b

通过上面的表示，我们可以看出 $h(D_h) = 3, h(D_w) = 4, \rho = 2$ and $L = 3$，那么这个谈判博弈的解就是：

$$s_h(G) = H_h^{\leqslant 1} = \{\neg p, \neg f \vee \neg h, \neg p \to h, s \to f, h, \neg f, \neg s\}$$

$$s_w(G) = H_w^{\leqslant 2} = \{\neg c, \neg f \vee \neg h, \neg p \to h, s \to f, v\}$$

最后，这个谈判所达成的协议是：

$$A(G) = Cn(H_h^{\leqslant 2} \cup H_w^{\leqslant 1}) \to i\}) = \{\neg f \vee \neg h, \neg p \to h, s \to f, \neg p, h, \neg f, \neg s, \neg c, v\}$$

12.3 解的性质

在这一节，我们将研究在上一节中给出的解的性质。为此，我们先引入一些基本概念。

定义 12.12 给定两个谈判博弈 $G = \langle (D_i)_{i \in N}, IC \rangle$ 和 $G' = \langle (D'_i)_{i \in N}, IC' \rangle$，称 G 和 G' 是**等价的**，用 $G \equiv G'$ 表示，当且仅当：

(i) G 和 G' 都是不一致博弈；或者

(ii) G 和 G' 都不是不一致博弈，$\vdash IC \leftrightarrow IC'$ 且对所有的 $i \in N$，$D_i \Leftrightarrow^{IC} D'_i$。

定义 12.13 给定谈判博弈 $G = \langle (D_i)_{i \in N}, IC \rangle$，称谈判博弈 $G' = \langle (D'_i)_{i \in N}, IC' \rangle$，其中 $D'_i = (X'_i, \geqslant'_i)$，是 G 的一个**子博弈**，表示为 $G' \subseteq G$，当且仅当对所有的 $i \in N$，

(i) $IC \vdash IC', IC' \vdash IC$，简写为 $\vdash IC \leftrightarrow IC'$；

(ii) $Cn(X'_i \cup IC')$ 是 D_i 的 IC 综合集；且

(iii) $\geqslant'^{IC'}_i = \geqslant^{IC}_i \cap (Cn(X'_i \cup IC') \times Cn(X'_i \cup IC'))$。

此外，如果对所有的 $i \in N$ $Cn(X'_i \cup IC') \subset Cn(X_i \cup IC)$，则称 G' 是 G 的真子博弈，表示为 $G' \subset G$。特别地，给定谈判博弈 $G = \langle (D_i)_{i \in N}, IC \rangle$，如果对所有 G 的 D_i $h_{D_i} = 1$，那么 G 不存在子博弈。下面的概念来自张 (2010)。

定义 12.14 如果对所有的 $G'' \subset G$ 都有 $G'' \subseteq G'$，则称 G 的真子博弈 G' 是 G 的**极大真子博弈**。

12.3.1 逻辑刻画

我们首先来考虑谈判博弈解的逻辑性质。一般地，任何谈判博弈解都需要具备下面的直观性质。

(i) 如果完整性约束条件是一致的，那么谈判所达成的协议总是一致。

(ii) 如果所有谈判者的要求与完整性约束之间没有冲突，那么所有的谈判者都不需要作出任何妥协。

(iii) 如果一个谈判博弈是不一致的谈判博弈，那么该谈判不能达成任何协议。

(iv) 如果两个谈判博弈等价，那么它们的解也相同。这一性质是我们的谈判模型与张东摩给出的谈判模型的一个关键区别，在张的谈判模型 (Zhang, 2010) 中，等价性并不成立。

(v) 谈判博弈的解独立谈判博弈中的最后同时让步。这一部分将证明我们所

给出的同时让步解满足上面所有的五个性质。首先，我们先证明下面的引理。

引理 12.15 给定两个谈判博弈 G（其中对所有 G 中的 D_i 有 $h(D_i) > 1$），G' 是 G 的极大真子博弈，当且仅当，对所有的 i，

(i) $\vdash IC \leftrightarrow IC'$；

(ii) $Cn(X_i' \cup IC') = H_i^{\leqslant h_{D_i}-1}$；且

(iii) $\geqslant_i^{IC'} = \geqslant_i^{IC} \cap (Cn(X_i' \cup IC') \times Cn(X_i' \cup IC'))$。

证明：($\Leftarrow$) 首先证明 G' 满足性质 (i)–(iii)。G' 是 G 的极大真子博弈。因为满足性质 (ii)，G 不是不一致博弈。所以，下面首先证明 $G' \subset G$。因为性质 (i) 和 (iii) 与定义 12.13 中的性质 (i) 和 (iii) 相同，所以只需要证明性质 (ii)，即，$Cn(X_i' \cup IC') = H_i^{\leqslant h_{D_i}-1}$ 是 D_i 的一个 IC-综合集，并且 $Cn(X_i' \cup IC') \subset Cn(X_i \cup IC)$。由于对所有 G 中 D_i 有 $h_{D_i} > 1$，根据定理 12.7，$H_i^{\leqslant h_{D_i}-1} = \bigcup_{j=1}^{h_{D_i}-1} H_i^j$ 是 D_i 的一个 IC 综合集。并且，因为 $H_i^{h(D_i)} \neq \emptyset$，$T_i^{h_{D_i}-1} = Cn(X_i \cup IC) \setminus H_i^{h(D_i)} \subset Cn(X_i \cup IC)$。

接下来，对于 $G'' = \langle D_{i \in N}'', \geqslant'' \rangle$，如果 $G'' \subset G$，需要证明 $G'' \subseteq G'$。因此 $G'' \subset G$ 和 $G' \subset G$，(i) $IC'' \leftrightarrow IC \leftrightarrow IC'$；(ii) $Cn(X_i'' \cup IC'')$ 且对所有 i 有 $Cn(X_i' \cup IC')$ 是 D_i 的 IC 综合集；且 (iii) $\geqslant_i''^{IC} = \geqslant_i^{IC} \cap (Cn(X_i'' \cup IC'') \times Cn(X_i'' \cup IC''))$ $= \geqslant_i'^{IC} \cap (Cn(X_i'' \cup IC'') \times Cn(X_i'' \cup IC''))$。并且，对所有 i 有 $Cn(X_i'' \cup IC'') \subset Cn(X_i \cup IC)$，$Cn(X_i' \cup IC') \subset Cn(X_i \cup IC)$。因此，只需要证明对所有 i，$Cn(X_i'' \cup IC'')$ 是 D_i' 的 IC 综合集合。

首先证明 $Cn(X_i'' \cup IC'') \subseteq Cn(X_i' \cup IC')$。假设不然，则存在 $\varphi \in Cn(X_i'' \cup IC'')$ 但 $\varphi \notin Cn(X_i' \cup IC')$。根据 $Cn(X_i' \cup IC') = H_i^{\leqslant h_{D_i}-1} = Cn(X_i \cup IC) \setminus H_i^{h_{D_i}}$ 和 $Cn(X_i'' \cup IC'') \subset Cn(X_i \cup IC)$，我们得到 $\varphi \in H_i^{h_{D_i}}$。因此，$h(\varphi) = h_{D_i}$。由于 $\forall \psi \in Cn(X_i \cup IC)$，$h(\psi) \leqslant h_{D_i}$，$\psi \geqslant^{IC} \varphi$，并且 $Cn(X_i'' \cup IC'')$ 是 D_i 的 IC 综合集合，$\psi \in Cn(X_i'' \cup IC'')$，则 $Cn(X_i \cup IC) \subseteq Cn(X_i'' \cup IC'')$。然而，这与 $Cn(X_i'' \cup IC'') \subset Cn(X_i \cup IC)$ 矛盾。所以，假设不成立。由此，$Cn(X_i'' \cup IC'') \subseteq Cn(X_i' \cup IC')$。

因为对所有 i $G' \subset G$ and $G'' \subset G$，$Cn(X_i' \cup IC')$ 和 $Cn(X_i'' \cup IC'')$ 都是 D_i 得 IC 综合集。所以，$\forall \varphi \in Cn(X_i'' \cup IC'')$，$\forall \psi \in Cn(X_i' \cup IC')$。所以，$\psi \in Cn(X_i \cup IC)$，若 $\psi \geqslant^{IC} \varphi$ 则 $\psi \in Cn(X_i'' \cup IC'')$。所以，$Cn(X_i'' \cup IC'')$ 是 D_i' 的 IC 综合集合。并且，$G'' \subseteq G'$。

($\Rightarrow$) 如果 G' 是 G 的一个极大真子博弈，那么在引理中性质 (i)，(ii) 和 (iii) 成立。

首先，因为 G 至少有一个真子博弈 G'，$\forall i \in N$，$X_i \neq \emptyset$ 且 $Cn(X_i' \cup IC') \subset$

$Cn(X_i \cup IC)$。如果 G' 是 G 的极大真子博弈,根据定义 12.13 和 12.14,引理中的性质 (i) and (iii) 成立。下面证明性质 (ii)。假设不然,即 $Cn(X'_i \cup IC') \neq H_i^{\leqslant h_{D_i}-1}$。因为 G' 是 G 的真子博弈,$Cn(X'_i \cup IC')$ 是 D_i 的 IC 综合集合。因此,定理 12.7,存在 $k \in [1, h(D_i)]$,使得 $Cn(X'_i \cup IC') = \bigcup_{j=1}^{k} H_i^j$。因为 $Cn(X'_i \cup IC') \subset Cn(X_i \cup IC)$ 和 $Cn(X'_i \cup IC') \neq H_i^{\leqslant h_{D_i}-1}$,所以 $k < h_{D_i} - 1$。

根据前面的证明存在子博弈 G'' 使得:(i) $\vdash IC \leftrightarrow IC''$; (ii) $Cn(X''_i \cup IC'') = H_i^{\leqslant h_{D_i}-1}$; (iii) $\geqslant''^{IC''}_i = \geqslant^{IC}_i \cap (Cn(X''_i \cup IC'') \times Cn(X''_i \cup IC''))$,则 $G'' \subset G$。因为 $k < h_{D_i} - 1, \bigcup_{j=1}^{k} X_i^j \subset \bigcup_{j=1}^{h_{D_i}-1} X_i^j, \bigcup_{j=1}^{k} H_i^j = Cn(\bigcup_{j=1}^{k} X_i^j \cup IC) \subset Cn(\bigcup_{i=1}^{h_{D_i}-1} X_i^j \cup IC) = H_i^{\leqslant h_{D_i}-1}$,所以 $G'' \supset G'$,这与 G' 是 G 的极大真子博弈矛盾。因此,假设不成立。所以,$Cn(X'_i \cup IC') = H_i^{\leqslant h_{D_i}-1}$。

下面来证明我们所给出的解满足上面的五个基本性质。

定理 12.16 给定一个谈判博弈 $G = \langle (X_i, \leqslant_i)_{i \in N}, IC \rangle$,令它的同时让步的解是 $S(G)$ 并且谈判所达成的协议是 $A(G)$。那么 $S(G)$ 满足下列性质。

(i) 一致性:如果 IC 一致,那么 $A(G)$ 一致。

(ii) 非冲突性:如果 G 是非冲突的,那么 $\forall i, s_i(G) = Cn(X_i \cup IC)$。

(iii) 分歧性:如果 G 分歧,那么 $A(G) = \emptyset$。

(iv) 等价性:如果 $G \equiv G'$,那么对所有的 $i, s_i(G) = s_i(G')$。

(v) 收缩独立性:如果 $G' \subset_{max} G$ 那么对所有的 $i, s_i(G) = s_i(G')$ 除非 G 是非冲突的。

证明:(i) 假设 IC 是一致的。给定 IC 谈判博弈 G,如果 $\rho \geqslant L$ 那么 $S(G) = \{\emptyset, \cdots, \emptyset\}$。所以,$A(G) = \emptyset$。显然,$A(G)$ 是一致的。如果 $\rho < L$,那么:

$$S(G) = (H_1^{\leqslant h_{D_1}-\rho}, \cdots, H_n^{\leqslant h_{D_n}-\rho})$$

因为根据定义 12.10,有:

$$\rho = \min\{k | \bigcup_{i=1}^{n} H_i^{\leqslant h_{D_i}-k} \text{是一致的}\}$$

所以,$A(G) = Cn(\bigcup_{i=1}^{n} H_i^{\leqslant h_{D_i}-\rho})$ 是一致的,也就是说,一致性成立。

(ii) 如果 G 是非冲突的,根据定义 12.3,

$\bigcup_{i=1}^{n} X_i \cup IC$ 是一致的。那么,$\rho = 0, L \geqslant 1$。所以,$\forall i \in N, S^i(G) = H_i^{\leqslant h_{D_i}-0} = H_i^{\leqslant h_{D_i}}$。因为 $h_{D_i} = \max\{h(\varphi) | \forall \varphi \in Cn(X_i \cup IC)\}$,所以:

$$H_i^{\leqslant h_{D_i}} = Cn(\bigcup_{j=1}^{h_{D_i}} X_i^j \cup IC) = Cn(X_i \cup IC)$$

所以,$S^i(G) = Cn(X_i \cup IC)$。

(iii) 如果 G 具有分歧性，根据定义 12.3，存在 k 使得 $X_k = \varnothing$，则 $L = 0$；但是 $\rho \geqslant 0$。所以 $\rho \geqslant L$，所以对所有的 $i, S^i(G) = \varnothing$。并且，$A(G) = Cn(\bigcup_{i=1}^n S^i(G)) = \varnothing$。

(iv) 给定两个谈判博弈 $G = \langle (X_i, \geqslant_i)_{i \in N}, IC \rangle$ 和 $G' = \langle (X'_i, \geqslant'_i)_{i \in N}, IC' \rangle$ 使得 $G \equiv G'$。根据定义 12.8 和 12.12，如果 G 分歧，那么 G' 也分歧；否则，$IC \leftrightarrow IC'$ 和 $\Gamma(D) = \Gamma'(D')$。因此，如果 G 是非冲突的，易得 G' 是非冲突的。所以，对所有的 $i, S^i(G) = S^i(G')$。否则，易得 $h_{D_i} = h_{D'_i}, \rho = \rho'$ 和 $L = L'$。并且，因为 $H_i^{\leqslant h_{D_i} - \rho} = H_i'^{\leqslant h_{D'_i} - \rho'}$，所以，对所有的 $i, S^i(G) = S^i(G')$ 即等价性成立。

(v) 给定谈判博弈 $G = \langle (X_i, \geqslant_i)_{i \in N}, IC \rangle$。(a) 如果 $L = 0$，那么 $\exists k, X_i^k = \varnothing$，也就是说 G 不存在子博弈。那么 $S(G)$ 显然满足收缩独立性。(b) 如果 $L > 0$，那么由 G 具有非冲突性，$\rho > 0$。假设 $G' = \langle (X'_i, \geqslant'_i)_{i \in N}, IC' \rangle$ 是 G 的极大真子集。令 $\rho' = \min\{k' | \bigcup_{i=1}^n H_i'^{\leqslant h_{D'_i} - k'} \text{ is consistent}\}, L' = \min\{h'_{D_i} | i \in N\}$。根据引理 12.15，$\forall i, \vdash IC \leftrightarrow IC'; Cn(X'_i \cup IC') = H_i^{\leqslant h_{D_i} - 1}; \geqslant_i'^{IC'} = \geqslant_i^{IC} \cap (Cn(X'_i \cup IC') \times Cn(X'_i \cup IC'))$。

显然，$L' = L - 1, \rho' = \rho - 1, h_{D'_i} = h_{D_i} - 1$。所以，$\rho' < L'$ 当且仅当 $\rho < L$。如果 $\rho \geqslant L, S(G) = S(G') = \{\varnothing, \cdots, \varnothing\}$。否则，当 $\rho < L, \forall i \in N$，有：

$$\begin{aligned}
S_i(G) &= H_i^{\leqslant h_{D_i} - \rho} = Cn(X_i \cup IC) \setminus \bigcup_{j=h_{D_i}-\rho+1}^{h_{D_i}} H_i^j \\
&= (Cn(X_i \cup IC) \setminus H_i^{h_{D_i}}) \setminus \bigcup_{j=h_{D_i}-\rho+1}^{h_{D_i}-1} H_i^j \\
&= H_i^{\leqslant h_{D_i}-1} \setminus \bigcup_{j=h_{D'_i}-\rho'+1}^{h_{D'_i}} H_i^j \\
&= Cn(X'_i \cup IC') \setminus \bigcup_{j=h_{D'_i}-\rho'+1}^{h_{D'_i}} H_i^j \\
&= H_i^{\leqslant h_{D'_i}-\rho'} \\
&= S_i(G') \quad\quad\quad\quad\quad\quad\quad\quad\quad\quad (12.4)
\end{aligned}$$

所以，收缩独立性成立。

下面的定理表明五个基本性质恰好刻画了同时让步解（因此这两个定理组成了我们所给出解的表示定理）：

定理 12.17 如果一个谈判的解 s 满足一致性、非冲突性、分歧性、等价性和收缩独立性，那么 s 是同时让步的解。

证明： 下面基于 ρ 归纳证明如果谈判解满足这五个性质，那么对于任意 G $s(G) = S(G)$。

对于初始步 $\rho = 0$，有两种情形。(i) 如果 G 是非冲突的，根据非冲突性，$\forall i$，$s_i(G) = Cn(X_i \cup IC)$。因为 $\rho = 0$ 和 $L \geqslant 1$，$\rho < L$。所以，根据定义 12.10，对所有的 i，有：

$$S_i(G) = H_i^{\leqslant h_{D_i} - 0} = H_i^{\leqslant h_{D_i}} = Cn(\bigcup_{j=1}^{h_{D_i}} X_i^j \cup IC) = Cn(X_i \cup IC)$$

因此，对所有的 i，$s_i(G) = S_i(G)$。(ii) 如果 G 是分歧的，根据分歧性，$\forall i$，$s^i(G) = \varnothing$，且存在 k 使得 $X_k = \varnothing$，因此 $L = 0$。因为 $\rho = 0$，$\rho = L$。所以，根据定义 12.10，$S_i(G) = \varnothing$。所以，$s_i(G) = S_i(G)$。

假设对任意谈判博弈 G' 使得 $\rho' = k$，$s(G') = S(G')$。对于博弈 G 使得 $\rho = k + 1$，将证明对所有 i，$s^i(G) = S^i(G)$。因为 G 中 $\rho = k + 1 \geqslant 1$，G 不是分歧博弈也不是非冲突博弈。令 $G' = \langle (X_i', \geqslant_i')_{i \in N}, IC' \rangle$，其中：(a) $\vdash IC \leftrightarrow IC'$，(b) $Cn(X_i' \cup IC') = H_i^{\leqslant h_{D_i} - 1}$，(c) 对所有 $i \geqslant_i^{IC} = \geqslant_i^{IC} \cap (Cn(X_i' \cup IC) \times Cn(X_i' \cup IC'))$。所以，$G'$ 是 G 的一个极大真子博弈。因为 $\rho' = \rho - 1 = k$，所以根据归纳假设得 $s^i(G') = S^i(G') = H_i^{\leqslant h_{D_i'} - \rho'}$。并且，根据收缩独立性，对所有的 i $s_i(G') = s_i(G)$。因此，只需证明：

$$S_i(G) = H_i^{\leqslant h_{D_i} - \rho} = H_i^{\leqslant h_{D_i'} - \rho'}$$

它类似于公式 (12.4)。

12.3.2 博弈论性质

在这一小节中，我们证明了我们所给出的谈判的解可以满足博弈论的一些基本性质：帕累托最优和对称性。由于基于博弈论的谈判模型是考虑的是不同谈判者的效用函数，而我们所给的谈判模型在谈判者的要求结构基础上建立的，我们需要在我们给出的谈判框架中重新解释帕累托最优和对称性。首先，我们以下两个相关的定义。

定义 12.18 给定一个谈判博弈 $G = \langle (D_i)_{i \in N}, IC \rangle$，其中 $D_i = (X_i, \geqslant_i)$，谈判 G 的**结果**是一个多元组 $O = (o_1, \cdots, o_n)$，其中 $\forall o_i \in \Gamma(D_i)$，$\bigcup_{i=1}^n o_i$ 是逻辑一致的。

定义 12.19 给定两个谈判博弈 $G = \langle D, IC \rangle$ 和 $G' = \langle D', IC' \rangle$，其中 $D = (X_i, \geqslant_i)_{i \in N}$，$D' = (X_i', \geqslant_i')_{i \in N}$。我们说 G 和 G' 是**对称的**，当且仅当，存在着一个从 D 到 D' 的双射 g，使得 $\forall i \in N, g(D_i) \Leftrightarrow^{IC} D_i$，并且 $\vdash IC \leftrightarrow IC'$。

定理 12.20 我们所构造的同时让步的解满足：

(i) **帕累托最优**：给定一个谈判博弈 $G = \langle (X_i, \geqslant_i)_{i \in N}, IC \rangle$，并且 $s(G) \neq$

$(\emptyset, \cdots, \emptyset)$ 成立，令 O 和 O' 是谈判博弈 G 的两个可能的谈判结果。如果对于所有的 $i \in N$, $o'_i \supset o_i$, 那么，$s(G) \neq O$。

(ii) 对称性：两个谈判博弈 G 和 G' 关于 g 是对称的。那么 $A(G) = A(G')$。并且，对于任意的 $i, j \in N$，如果 $g(D_i) = D'_j$，那么 $s_i(G) = s_j(G')$。

证明：首先，我们来证明我们所构造的同时让步的解 S 满足帕累托最优的性质。我们通过反证法来证明。假设 $S(G) = O$，那么根据定义 12.10, $O = (H_1^{\leqslant h_{D_1} - \rho}, \cdots, H_n^{\leqslant h_{D_n} - \rho})$，其中 $\rho = \min\{k | \bigcup_{i=1}^{n} H_i^{\leqslant h_{D_i} - k}$ 是一致的$\}$。由于 $o'_i \supset o_i$ for all $i \in N$, $o'_i = H_i^{\leqslant h_{D_i} - \rho'}$，其中 $h_{D_n} - \rho' > h_{D_n} - \rho$。那么 $\rho' < \rho$。通过 ρ 的定义，$\bigcup_{i=1}^{n} H_i^{\leqslant h_{D_i} - \rho'}$ 是逻辑一致的，从而 $\bigcup_{i=1}^{n} o'_i$ 是不一致的，那么 O' 不是 G 的一个结果。这个结论与假设矛盾，因此，$S(G) \neq O$ 成立。

接着，我们来证明我们所构造的同时让步的解 S 满足对称性。

(i) 如果 G 中有某个谈判者的要求是空集，也就是说，存在至少一个 $X_k (k \in N)$ in D_k, $X_k = \emptyset$，那么对于 G 来讲，$L = 0$。因为 G 和 G' 是对称的，那么必定存在 G' 的一个要求结构 $D'_{k'}$ 使得 $D'_k \Leftrightarrow^{IC} D'_{k'}$, $X'_{k'}(k' \in N) = \emptyset$，那么 $L' = 0$，那么，$\rho \geqslant L$ 并且 $\rho' \geqslant L'$ in G and G'。那么，通过定义 12.10，我们可以得出 $S(G) = S(G') = \emptyset$。

(ii) 假如 G 和 G' 不是非冲突的博弈，因为 G 和 G' 是对称的，那么 $g(D_i) = D'_j$。由定义 12.4，对于所有的 $i, j \in N$ $D_i \Leftrightarrow^{IC} D'_j$, 并且 $\vdash IC \leftrightarrow IC'$。那么对于 G 中所有的 D_i 和 G' 中所有的 D'_j, $\forall \Omega \in \Gamma(D_i), \exists \Omega' \in \Gamma'(D'_j)$ 使得 $\Omega = \Omega'$; 反之亦然。可以看出 $\rho = \rho', h_{D_i} = h_{D'_j}$ 并且对于 G 和 G' 而言，$L = L'$。那么：

$$\forall i, j \in N, S^i(G) = H_i^{\leqslant h_{D_i} - \rho} = H_j'^{\leqslant h_{D'_j} - \rho'} = s^j(G')$$

从而，我们可以得到：

$$A(G) = Cn(\bigcup_{i=1}^{n} s^i(G)) = Cn(\bigcup_{j=1}^{n} s^j(G')) = A(G')$$

12.4 实验分析

在前面的章节里，我们用理论的方法研究了我们所给出的谈判的解。在这节中，我们将通过实验分析来发掘更多我们所给出的谈判模型的性质。更确切地讲，我们通过实验来检验我们给出的谈判模型及所定义的解的性能。在实验中，我们按照给定谈判模型（定义 12.2）和谈判的解（定义 12.9）进行相关设置并进行了 1000 次的重复实验。

我们考虑了三种影响谈判结果的因素：冲突的要求的数目、谈判者的风险态度，以及谈判者的数量。另外，对于每一个影响因素，我们从三个角度对谈判的解进行评估。

(i) 成功率 是指谈判能够达成一致协议的可能性。如同我们在定义 12.3 中所定义的，如果在一个谈判过程中，某一个谈判者的要求集合是空集，那么他们就不可能达成任何协议。这里，这个谈判的成功率就是 0。

(ii) 谈判效率 是指经过多少轮后谈判能够达成结果。也就是说，谈判者需要通过多少轮的同时让步，放弃他们认为最不重要的要求，才能够得到谈判的结果。

(iii) 谈判质量 就是指谈判结束后，所达成的一致协议中要求的个数。直观上讲，一个谈判者能够在谈判所达成的协议中保留下来的要求越多，他对谈判的结果越满意，也就是他认为谈判的质量越高。

12.4.1 冲突的要求数目

根据我们在定义 12.9 中所给出的谈判的解的构造方法，我们可以看出谈判中冲突的要求数目对谈判所能达成的协议具有重要的影响。因此，在这一小节中，我们就来详细考察谈判中冲突的要求数目是如何来影响谈判的结果的。我们设计了一个包含两个完整性约束条件关于两个谈判主体的实验。并且，对于每个谈判者我们随机给出 14 个他们坚持程度不同的要求。

我们前面已经解释过，谈判的成功率是谈判能够达成一致协议的可能性，谈判的质量是指一个谈判主体能够在最后的协议中保留下来的要求的个数。从图 12-1(a) 和图 12-1(c) 我们可以看出，当冲突的要求个数增加时，谈判的成功率以及谈判者能够保留在一致协议中的要求的数目都会降低。同时，谈判质量降低得到速度明显低于比谈判的成功率降低的速度。从而，我们可以得出结论：谈判中冲突得到要求的个数对谈判的成功率的影响作用要大于它对谈判质量的影响作用。另外，图 12-1(b) 表明，谈判中冲突的要求个数越多，谈判者需要作出更多轮的妥协使得谈判最终达成一致协议。

12.4.2 风险态度

风险态度反映了一个谈判者在面对风险的心态，它反映了一个谈判者的谈判能力。在基于博弈论方法的谈判模型中 (John F. Nash, 1950)，风险追求者比风险规避者在谈判中具有更多的优势 (Roth, 1979)。实质上，跟张东摩提出的模型 (Zhang, 2010; Zhang and Zhang, 2008) 类似，我们的谈判模型中谈判者的风险态度可以如下表达：一个风险规避者趋向于把那些个更容易与其他谈判者的要求或也完整性约束条件相冲突的要求放在偏好程度低的位置，使得谈判更容易达成一致的协议。相反的，风险追求者则更倾向于把这些容易起冲突的要求放在比较高的层次中。

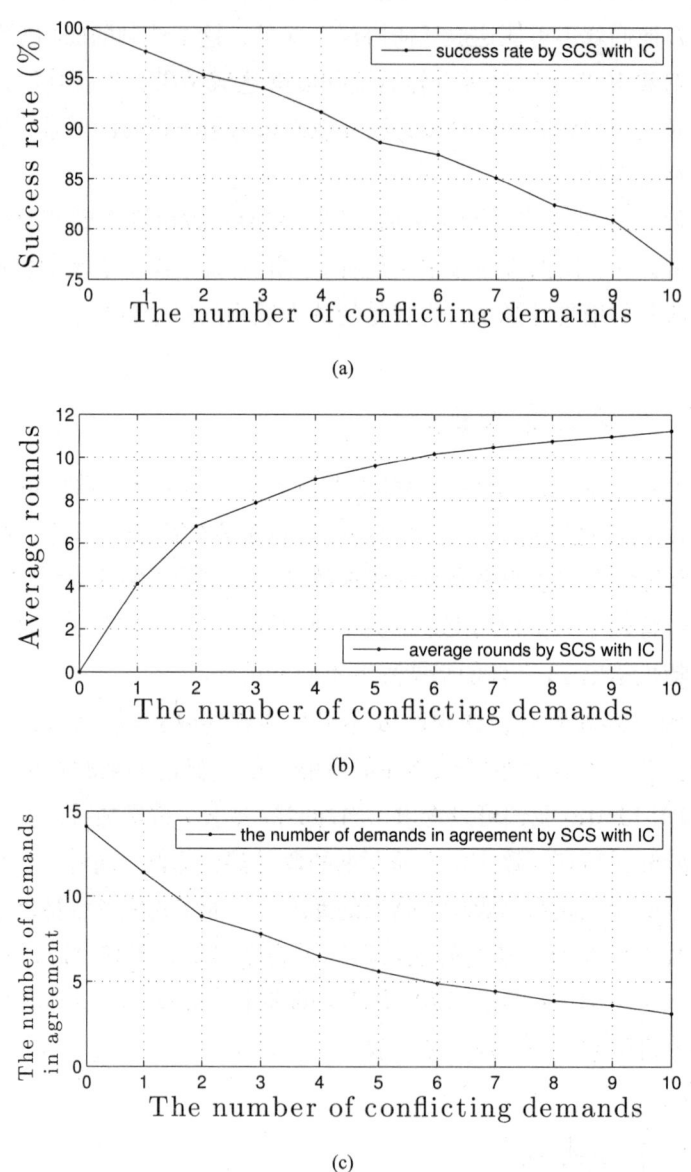

(a)

(b)

(c)

图 12-1　成功率、谈判效率和谈判质量随冲突要求个数变化的关系

这一小节我们主要考察了谈判者的风险态度对谈判结果的影响作用。因此，我们设置了一个与上面类似的实验模型，但是把谈判者根据他们风险态度的不同

分成了三组：(i) 都是风险追求者；(ii) 一名追求风险和另一名是规避风险；(iii) 双方都是风险规避者。

从图 12-2，我们可以看到，不管谈判者相互冲突的要求有多少，双方都是风险追求者的谈判的成功率低于谈判者中至少有一方是风险规避者的谈判的成功率。这个结果与我们的直觉也是相符的，因为谈判的规避这倾向于尽早放弃那些与其他谈判者冲突的要求，从而更容易达成一致协议。

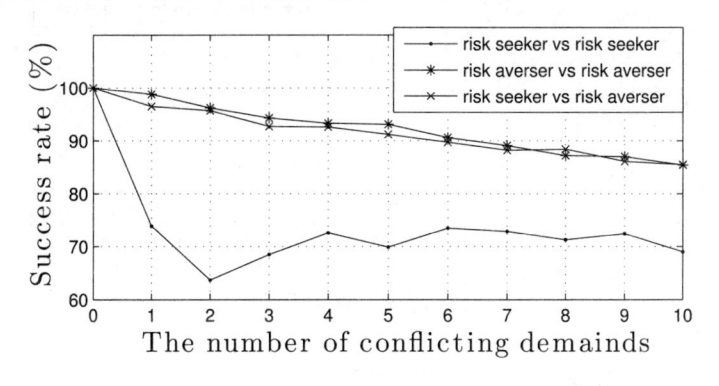

图 12-2 谈判的成功率

从图 12-3，我们可以看到，不管谈判者相互冲突的要求有多少，如果谈判者中至少有一方是风险追求者的话，他们一般需要经过更多轮的妥协才能达成一致意见。并且，谈判双方都是风险规避者的谈判的效率最高，说明双方都是谈判贵比在和的话，谈判会更有效率。

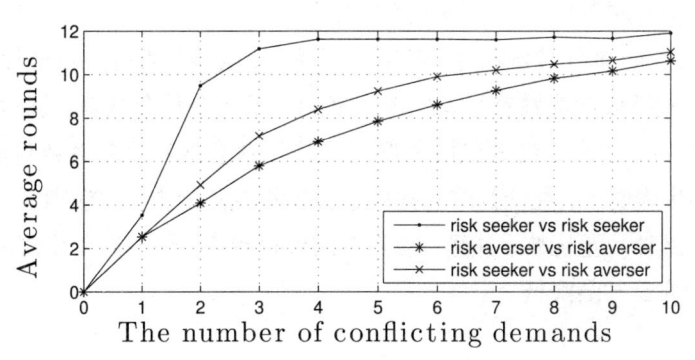

图 12-3 谈判效率

从图 12-4，我们可以观察到，在一个都是谈判规避者的谈判中，在谈判结束后保留下来的要求的个数要多于其中都是风险追求者的谈判在结束后保留下来的要求个数。换句话说，谈判主体都是风险规避者的谈判质量要高于谈判主体都好风险追求者的谈判质量。这个结果也很合理。实质上，由于谈判中冲突的要求个数以及需要谈判的要求的总个数都是固定的，那么风险规避者倾向于把易于与其他谈判者要求起冲突的要求放在较低的层次上，并且在谈判的早期阶段，这些冲突的要求就可以通过同时妥协放弃掉。所以，更多的不与其他谈判者起冲突的要求就可以被保留下来。

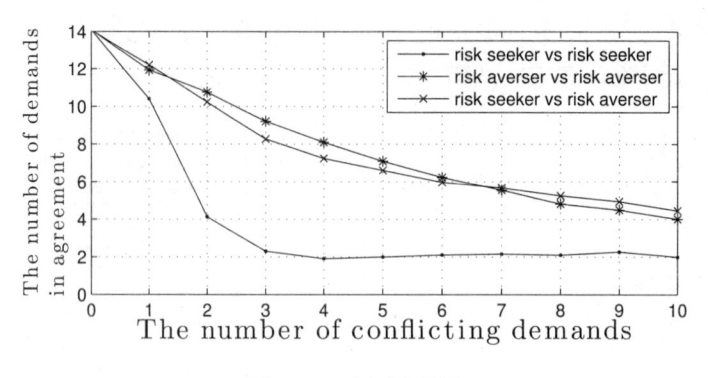

图 12-4　谈判质量

12.4.3　谈判者的个数

这一小节我们来通过实验考察，当谈判的其他要素相同的情况下，谈判中的个数对谈判结果的影响。在下面设计的实验中，我们随机地对 M 个谈判者分别选取 10 个要求放在不同的偏好顺序中，并且随机地选择 4 个要求作为冲突的要求。另外，假定谈判中完整性约束条件是 2 个。

在图 12-5(a) 和图 12-5(c) 中，我们可以看出，当谈判者的数目增加时，谈判的成功率和谈判结束后谈判者可以保留下来的要求的个数会减少。通过图 12-5(b)，我们可以看到，达成一致协议所需要的平均轮数会随着谈判者数目的增加而增加。这些结果表明了，在谈判的其他要素保持不变的前提下，谈判者的数目越多，他们达成一致协议更困难。并且，谈判者的数目越多，他们需要妥协的步数越多，但是谈判的质量却会降低。

12.5　小结

在这一章中，我们给出了一个基于完整性约束的多主体谈判的博弈模型，并且定义了谈判的解及进一步构造了一个特殊的解，叫作同时让步的解。我们可以证明这个同时让步的解可以由一组逻辑性质唯一地刻画，并且满足博弈论的一些基本性质。最后，我们通过实验分析的方法考察了谈判的各个因素对谈判结果的

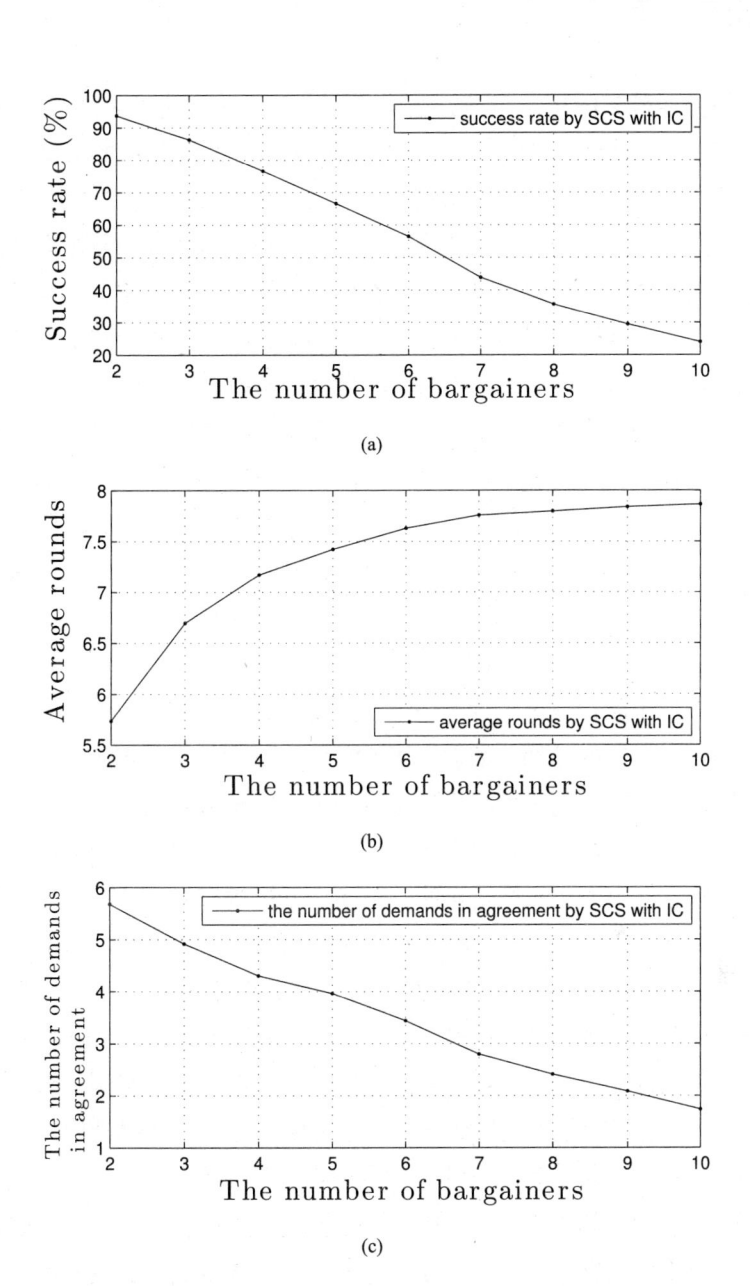

图 12-5　成功率、谈判效率和谈判质量随谈判者个数变化的关系

影响。具体来讲，我们讨论了谈判中冲突的要求、谈判者的风险态度，以及谈判者的数量对谈判的成功率、谈判效率以及谈判质量分别有什么影响作用。

我们的目标是试图用逻辑的方法构造一个刻画跨文化冲突消解过程的系统。根据基于言语交流的跨文化冲突的产生原因不同，我们可以将跨文化冲突消解分为三个阶段。第一阶段，在交流的最初，来自不同文化的主体由于推理规则、语言都不相同，他们完全没有办法进行交流和论证。因此我们通过融合的方法消解逻辑系统中的冲突，从而来自不同文化背景的主体由于在语言、推理规则上已经达成了一致，通过用相同语言来表示他们的想法，通过相同的推理方法进行论证，他们就有了可以进行交流的平台。但是由于不同文化主体对世界的基本认识不同，那么他们进行推理的前提就不同，从而交流也不能有效进行。因此，第二阶段我们通过模糊修正方法修正主体的信念，从而对世界的基本认识达成一致。最后，由于在上面信念修正的过程中，有些信念可以达成一致，有些信念由于立场不同，不可能达成一致，我们最后通过谈判来解决这个问题。具体来讲，在跨文化冲突的每个阶段，我们都分别给出了一种消解理论。

(1) 融合。首先，根据广义论证，不同的文化有不同的逻辑。并且不同的逻辑表现形式也不相同。当我们试图用现代逻辑的方法去刻画它们的时候，我们就需要给它一个一致的结构，把握不同逻辑的规律和本质。因此，在融合的理论中，我们把来自不同文化背景的主体各自的逻辑系统用一个二元组来表示。其中包括他们的语言，以及一个在语言上的推理关系。接着融合不同的逻辑系统可以分为两个步骤：首先，我们把给定的一组逻辑系统进行扩充，使得它们都基于同一种语言上；其次，我们用基于距离的方法挑选出离扩充后的一组逻辑系统距离最近的一个的逻辑系统。这里，我们对两个逻辑系统的距离采用汉明距离来度量，两个逻辑系统之间的汉明距离，就是它们当中看法不同的论证的个数。并且，通过采用求和函数作为聚合函数，我们就得到了一个逻辑系统到一组逻辑系统的距离。最后，我们证明了我们所给出的融合方法满足社会选择理论的一些基本性质，例如：一致性、强一致同意性、有根性和匿名性等。

(2) 修正。我们给出了一种模糊动态信念修正的方法。首先，我们对于我们所定义的系统中的语言赋予语言真值。这种赋值较之传统的真假赋值更加实用和贴切。另外，我们给出了我们所定义的模糊动态信念逻辑系统的语言，包括传统的命题逻辑的语言、信念算子、知道算子以及更新算子。接着，我们给出了该系统的模型，并在静态和动态的情况下分别定义了系统中句子的语义。一般来讲，对于静态情况下句子的语义主要通过原子命题的语义结合相应联结词的函数，通过扩展原理和语义近似求出。动态情况下句子的语义通过考察在更新的模型中相应可能世界上某些句子的语义来实现。而模型的更新主要通过调整模型中可能世界的可能程度来完成。在此基础上，我们定义了该系统中命题的可满足性、有效性，并给出了简单的公理系统。并且进一步证明了该系统的可靠性和完全性。最后，我们证明我们所给出的模糊动态信念修正方法满足 AGM 理论的一些基本假设。

(3) 谈判。考虑到跨文化冲突消解前两个阶段以及达成了共同的语言、推理规则和对世界的基本认识，通过把这些所有谈判者必须遵守的规则和协议用逻辑公式表达出来，我们构造了基于完整性约束的谈判框架。具体来讲，首先，我们定义了谈判博弈；接着，我们给出谈判的解的一般定义，并构造了一个特殊的解叫作同时让步的解；另外，我们证明了我们所构造的解可以由一组逻辑性质唯一地刻画，并且满足博弈论的一些基本性质；最后，我们通过实验分析考察了谈判中的各个因素对谈判结果的影响作用。具体来讲，我们讨论了谈判中冲突的要求、谈判者的风险态度，以及谈判者的数量对谈判的成功率、谈判效率以及谈判质量分别有什么影响作用。

对于未来的工作，主要有以下几个方向：

(1) 我们的目标是构造一个系统刻画基于言语的跨文化冲突消解的过程，并为过程的每个阶段提供了一种消解理论。由于三种理论的侧重点不同，所以把它们构成一个有机的系统，难度比较大。因此在未来的工作中，我们希望可以找到一个有效的方法，把三阶段的理论有机地联系起来，构成一个完整的理论体系。

(2) 在融合理论中，我们可以看到，给定一个语言后，它所生成的论证和逻辑系统的数目都是指数级增长，从而，基于距离计算和比较而进行的融合方法的计算的复杂性非常高。因此，在未来的工作中，我们希望可以改进我们的融合方法，降低计算复杂性，使得我们的融合方法操作更加方便。

(3) 在修正理论中，我们定义了模糊动态信念修正的方法。其中动态情况下，通过调整模型中不同可能世界的可能程度来更新模型的方法，我们其实是借鉴了最小成功算子而实现的。除此以外，还有其他各种作用不同的修正算子，我们也可以如果将它们应用在我们的模糊动态系统中，并对由不同的修正算子生成的修正理论进行分析和比较。

(4) 在谈判理论中，我们所构造的同时让步的解是一个非常简单的解，但在实际生活中谈判会复杂很多，因此，在未来的工作中，我们希望可以刻画更多更实用的谈判协议，使得我们的谈判框架具有更多的实用价值。

参考文献

Airiau, S., Bonzon, E., Endriss, U., Maudet, N., and Rossit, J. (2016). Rationalisation of profiles of abstract argumentation frameworks. In *Proceedings of the 15th International Conference on Autonomous Agents and Multiagent Systems (AAMAS)*, pages 350–357.

Alchourrón, C., Gärdenfors, P., and Makinson, D. (1985). On the logic of theory change: Partial meet contraction and revision functions. *Journal of Symbolic Logic*, 50:510–530.

Alchourrón, C. and Makinson, D. (1981). Hierarchies of regulations and their logic. In Hilpinen, R., editor, *New studies in deontic logic: Norms, actions, and the foundations of ethics*, pages 125–148. Springer Netherlands.

Alchourrón, C. and Makinson, D. (1985). On the logic of theory change: Safe contraction. *Studia Logica*, 44:405–422.

Alchourrón, C. E. and Makinson, D. (1982). On the logic of theory change: Contraction functions and their associated revision functions. *Theoria*, 48:14–37.

Anderson, J. R. (1976). *Language, memory, and thought*. Hillsdale, NJ. Erlbaum.

Aronson, E., W.Timothy, D., Robin, M. A., and Samuel, R. S. (2015). *Social Psychology*. Boston, MA: MPearson.

Arrow, K. J. (1963). *Social Choice and Individual Values*. John Wiley and Sons, 2nd edition. First edition published in 1951.

Arrow, K. J., Sen, A. K., and Suzumura, K., editors (2002). *Handbook of Social Choice and Welfare*. North-Holland.

Aucher, G. (2005). A combined system for update logic and belief revision. In *Intelligent Agents and Multi-Agent Systems*, pages 1–17. Springer.

Barth, E. M. and Krabbe, E. C. W. (1982). *From Axiom to Dialogue*.

Bartlett, F. (1932). *Remembering: A Study in Experimental and Social Psychology*. Cambridge, UK: Cambridge University Press.

Bartlett, F. (1958). *Thinking: An Experimental and Social Study*. New York: Basic Books.

Barwise, J. and Cooper, R. (1981). Generalized quantifiers and natural language. *Linguistics and Philosophy*, 4(2):159–219.

Benamara, F., Kaci, S., and Pigozzi, G. (2010). Individual Opinions-Based Judgment Aggregation Procedures. In Torra, V., Narukawa, Y., and Daumas, M., editors, *Modeling Decisions for Artificial Intelligence, LNAI 6408*, pages 55–66. Springer.

Benet-Martínez, V. and Haritatos, J. (2005). Bicultural identity integration (bii): Components and psychosocial antecedents. *Journal of Personality*, 73(4):1015–1050.

Benet-Martínez, V., Leu, J., Lee, F., and Morris, M. W. (2002). Negotiating biculturalism cultural frame switching in biculturals with oppositional versus compatible cultural identities. *Journal of Cross-Cultural Psychology*, 33(5):492–516.

Bermudez, J. (2003). *Thinking Without Words*. Oxford University Press, Oxford.

Berry, J. W. (1990). *Applied cross-cultural psychology*, chapter Psychology of acculturation: Understanding individuals moving between cultures, pages 232–253. Thousand Oaks, CA, US: Sage Publications, Inc.

Berry, J. W., Kim, U., Power, S., Young, M., and Bujaki, M. (1989). Acculturation attitudes in plural societies. *Applied Psychology*, 38(2):185–206.

Besnard, P. and Hunter, A. (2008). *Elements of Argumentation*. MIT Press.

Bienvenu, M. (2009). Prime implicates and prime implicants: From propositional to modal logic. *Journal of Artificial Intelligence Research*, 36(1):71–128.

Bienvenu, M., Herzig, A., and Qi, G. (2008). Prime implicate-based belief revision operators. In *ECAI 2008 - 18th European Conference on Artificial Intelligence, Patras, Greece, July 21-25, 2008, Proceedings*, pages 741–742.

Bird, A. (1998). *Philosophy of science*. Routledge.

Bittencourt, G., Perrussel, L., and Marchi, J. (2004). A syntactical approach to revision. In *Proceedings of the 16th Eureopean Conference on Artificial Intelligence, ECAI'2004, including Prestigious Applicants of Intelligent Systems, PAIS 2004, Valencia, Spain, August 22-27, 2004*, pages 788–792.

Blackburn, P., De Rijke, M., and Venema, Y. (2002). *Modal Logic: Graph. Darst*, volume 53 of *Cambridge Tracts in Theoretical Computer Science*. Cambridge University Press.

Bodanza, G. M., Tohmé, F. A., and Auday, M. R. (2017). Collective argumentation: A survey of aggregation issues around argumentation frameworks. *Argument & Computation*, 8(1):1–34.

Bois-Reymond, M. (1994). *Kinderleben, Modernisierung von Kindheit im interkulturellen Vergleich*, chapter Die moderne Familie als Verhandlungshaushalt, Eltern-Kind-Beziehungen in West- und Ostdeutschland und in den Niederlanden, pages 137–219. Opladen: Leske + Budrich.

Bonanno, G. (2005). A simple modal logic for belief revision. *Synthese*, 147:193–228.

Bonanno, G. (2007a). Axiomatic characterization of the AGM theory of belief revision in a temporal logic. *Artif. Intell.*, 171(2-3):144–160.

Bonanno, G. (2007b). Temporal interaction of information and belief. *Studia Logica*, 86(3):375–401.

Bonissone, P. P. and Decker, K. S. (2013). Selecting uncertainty calculi and granularity: An experiment in trading-off precision and complexity. *arXiv preprint arXiv: 1304.3425*.

Bruner, J. S. (1990). *Acts of Meaning*. Cambridge, MA: Harvard University Press.

Caminada, M. (2006). Semi-stable semantics. In *Proceedings of the 1st International Conference on Computational Model of Argument (COMMA)*, pages 121–130. IOS Press.

Caminada, M. and Pigozzi, G. (2011). On judgment aggregation in abstract argumentation. *Journal of Autonomous Agents and Multiagent Systems*, 22(1):64–102.

Carley, K. (1993). Semantic connectivity: an approach for analyzing symbols in semantic networks. *Communication Theory*, 3:183–213.

Carpenter, B. (1997). *Type-Logical Semantics*. The MIT Press.

Carroll, D. W. (2007). *Psychology of Language*. Wadsworth Publishing, 5th edition.

Carse, J. P. (1986). *Finite and Infinite Games - A Vision of Life as Play and Possibility*. New York: Ballantine.

Chaffin, R. (1984). Only connections: A critique of semantic networks. *Psychological Bulletin*, 2:292–315.

Chen, W. and Endriss, U. (2018). Aggregating alternative extensions of abstract argumentation frameworks: Preservation results for quota rules. In *Proceedings of the 7th International Conference on Computational Models of Argument (COMMA)*. IOS Press.

Chomsky, N. (1977). *Essays on Form and Interpretation*. North-Holland.

Chomsky, N. (1995). *The Minimalist Program*. The MIT Press, Cambridge, Mass.

Copestake, A., Flickinger, D., Pollard, C., and Sag, I. (2005). Minimal Recursion Semantics: An Introduction. *Research on Language & Computation*, 3(4):281–332.

Coste-Marquis, S., Devred, C., Konieczny, S., Lagasquie-Schiex, M.-C., and Marquis, P. (2007). On the merging of Dung's argumentation systems. *Artificial Intelligence*, 171(10–15):730–753.

Dalal, M. (1988). Investigations into a theory of knowledge base revision: Preliminary report. In Paul, S., editor, *Seventh national converence on artificial intelligence, (AAAI-88)*, pages 475–479.

Dalrymple, M., Lamping, J., and Saraswat, V. (1993). LFG semantics via constraints. In *Proceedings of the 6th meeting of the European ACL*, pages 97–105. University of Utrecht.

D'Andrade, R. G. (1995). *The Development of Cognitive Anthropology*. Cambridge University Press, Cambridge.

Daniulaityte, R. (2004). Making sense of diabetes: cultural models, gender, and individual adjustments to type 2 diabetes in a mexican community. *Social science and medicine*, 59(9):1899–1912.

Delobelle, J., Konieczny, S., and Vesic, S. (2015). On the aggregation of argumentation frameworks. In *Proceedings of the 24th International Joint Conference on Artificial Intelligence (IJCAI)*, pages 2911–2917.

Dietrich, F. (2007). A generalised model of judgment aggregation. *Social Choice and Welfare*, 28(4):529–565.

Dietrich, F. and List, C. (2007a). Judgment aggregation by quota rules: Majority voting generalized. *Journal of Theoretical Politics*, 19(4):391–424.

Dietrich, F. and List, C. (2007b). Strategy-Proof Judgment Aggregation. *Economics and Philosophy*, 23(3):19–33.

Dietrich, F. and Mongin, P. (2010). The premiss-based approach to judgment aggregation. *Journal of Economic Theory*, 145(2):562–582.

Doyle, J. (1979). A truth maintenance system. *Artificial Intelligence*, 12:231–272.

Dubois, D. and Prade, H. (1982). A class of fuzzy measures based on triangular norms a general framework for the combination of uncertain information. *International Journal of General System*, 8(1):43–61.

Dubois, D. and Prade, H. (1984). Criteria aggregation and ranking of alternatives in the framework of fuzzy set theory. *TIMS Studies in the Management Sciences*, 20:209–240.

Dummett, M. (1993). *Seas of Language*. Oxford University Press, Oxford.

Dung, P. M. (1995). On the acceptability of arguments and its fundamental role in non-monotonic reasoning, logic programming and n-person games. *Artificial Intelligence*, 77(2):321–357.

Dung, P. M., Mancarella, P., and Toni, F. (2007). Computing ideal sceptical argumentation. *Artificial Intelligence*, 171(10):642–674.

Dunne, P. E., Marquis, P., and Wooldridge, M. (2012). Argument aggregation: Basic axioms and complexity results. In *Proceedings of the 4th International Conference on Computational Models of Argument (COMMA)*. IOS Press.

Endriss, U. and Grandi, U. (2012). Graph Aggregation. In *Proceedings of the 4th International Workshop on Computational Social Choice (COMSOC-2012)*.

Endriss, U. and Grandi, U. (2017). Graph aggregation. *Artificial Intelligence*, 245:86–114.

Endriss, U., Grandi, U., and Porello, D. (2010). Complexity of Judgment Aggregation: Safety of the Agenda. In *Proceedings of 9th International Conference on Autonomous Agents and Multiagent Systems (AAMAS 2010)*, number 359, pages 359–366.

Endriss, U., Grandi, U., and Porello, D. (2012). Complexity of judgment aggregation. *Journal of Artificial Intelligence Research (JAIR)*, 45:481–514.

Erdélyi-Szabó, M., Kálmán, L., and Kurucz, A. (2008). Towards a natural language semantics without functors and operands. *Journal of Logic, Language and Information*, 17(1):1–17.

Erickson, F. and J.Schultz (1998). *The Counselor as Gatekeeper: Social and Cultural Organization of Communication in Counseling Interviews*. New York: Academic Press.

Evans, J. S. B. T. and Over, D. E. (2008). Whole mind theory: Massive modularity meets dual processes. *Thinking and Reasoning*, 14(2):200–208.

Ewing, K. P. (1990). The illusion of wholeness: culture, self, and the experience of inconsistency. *Ethos*, 18(3):251–278.

Falappa, M. A., G. A. J. K.-I. G. and Simari, G. R. (2011). On the evolving relation between belief revision and argumentation. *The Knowledge Engineering Review*, 26(1):35–43.

Falappa, M., K.-I. G. and Simari, G. R. (2002). Belief revision, explanations and defeasible reasoning. *Artificial Intelligence*, 141:1–28.

Falappa, M. A., K.-I. G. and Simari, G. R. (2009). Belief revision and argumentation theory. In Simari, G. and Rahwan, I., editors, *Argumentation in artificial intelligence*, pages 341–360. US: Springer.

Falappa, M. A., K.-I. G. R.-M. D. L. and Simari, G. R. (2012). Prioritized and non-prioritized multiple change on belief bases. *Journal of Philosophical Logic*, 41:77–113.

Falappa, M. A., Kern-Isberner, G., and Simari, G. R. (2012). Belief revision and argumentation theory. In Simari, G. and Rahwan, I., editors, *Argumentation in artificial intelligence*, pages 341–360. Springer.

Fellbaum, C. (2010). Wordnet. In Poli et al., R., editor, *Theory and Applications of Ontology: Computer Applications*, pages 231–243.

Fermé, E. and Hansson, S. (2011). Agm 25 years:twenty-five years of research in belief change. *J. Philos. Logic*, 40:295–331.

Fermé, E., S. K. and Sanz, P. (2003). Multiple kernel contraction. *Studia Logica*, 73:183–195.

Fishburn, P. C. (1970). Arrow's impossibility theorem: Concise proof and infinite voters. *Journal of Economic Theory*, 2(1):103–106.

Fiske, S. T. and Shelly, E. T. (1991). *Social Cognition*. Singapore: McGraw-Hill, Inc.

Fodor, J. A. (1994). *The Elm and the Expert: Mentalese and Its Semantics*.

Friedmann, J. and Später, J. (2002). *Wandlungsprozesse in Westdeutschland, Belastung, Integration, Liberalisierung 1945–1980*, chapter Britische und deutsche Kollektivschuld-Debatte. Göttingen: Wallstein.

Fuhrmann, A. (1988). *Relevant logic, modal logic and theory change*. PhD thesis, Department of Philosophy and Automated Reasoning Project, Institute of Advanced Studies, Australian National University, Canberra.

Fuhrmann, A. (1989). Reflective modalities and theory change. *Synthese*, 81(1):115–134.

Fuhrmann, A. (1997). An essay on contraction. In *Studies in logic, language and information*. Stanford: CSLI Publications.

Fuhrmann, A. and Hansson, S. (1994). A survey of multiple contraction. *Journal of Logic, Language, and Information*, 3:39–76.

Gabbay, D. M., editor (1995). *What is a Logical System?* Oxford University Press.

Gaertner, W. (2006). *A Primer in Social Choice Theory*. LSE Perspectives in Economic Analysis. Oxford University Press.

Garcia, D., Munck, V. D., Rocha, L., G.Vargas, and Garro, T. (1998). *Using methods in the field*, chapter Consensus analysis: high blood pressure in a Mexican barrio, pages 197–210. Walnut Creek: AltaMira Press.

Gärdenfors, P. (1984). Epistemic importance and minimal changes of belief. *Australasian Journal of Philosophy*, 62:136–157.

Gärdenfors, P. (1991). Belief revision and nonmonotonic logic: Two sides of the same coin? In Eijck, J. M., editor, *Logics in AI*, volume 478 of *Lecture notes in computer science*, pages 52–54. European workshop JELIA '90 Amsterdam, The Netherlands, 10–14 September, 1990 Proceedings.

Gärdenfors, P. (2006). A representation theorem for voting with logical consequences. *Economics and Philosophy*, 22(2):181–190.

Garro, L. C. (1988). Explaining high blood pressure: variation in knowledge about illness. *American ethnologist*, 15(1):98–119.

Geertz, C. (1973). *Interpretation of Culture*. Basic Books, New York.

Gentner (1982). Why nouns are learned before verbs, language. *Lawrence Erlbaum Associates*, 2:301–334. Issue 1.

Gil, D. (2005). Isolating-monocategorial-associational language. In H. Cohen and C. Lefebvre, editors, *Handbook of Categorization in Cognitive Science*, pages 348–379. Elsevier.

Grainger, K., Mills, S., and Sibanda, S. (2010). Just tell us what to do: southern african face and its relevance to intercultural communication. *Journal of pragmatics*, 42(8):2158–2171.

Grandi, U. and Endriss, U. (2010). Lifting Rationality Assumptions in Binary Aggregation. In *Proceedings of AAAI-2010*, number IIIc, pages 780–785.

Greenwald, A. G. and Banaji, M. R. (1995). Implicit social cognition: attitudes, self-esteem, and stereotypes. *Psychological Review*, 102(1):4–27.

Grice, P. (1975). *Syntax and semantics III: Speech acts*, chapter Logic and conversation, pages 41–58. London: Academic Press.

Grossi, D. and Pigozzi, G. (2012). Introduction to judgment aggregation. In Bezhanishvili, N. and Goranko, V., editors, *Lectures on Logic and Computation, ESSLLI 2010/2011, LNCS 7388*, pages 160–209. Springer.

Grossi, D. and Pigozzi, G. (2014). *Judgment Aggregation: A Primer*. Synthesis Lectures on Artificial Intelligence and Machine Learning. Morgan & Claypool Publishers.

Grove, A. (1988). Two modellings for theory change. *Journal of Philosophical Logic*, 17:157–170.

Günthner, S. (1991). *Interkulturelle Wirtschafts kommunikation*, chapter Pi Lao Zheng Müdigkeit im Kampf". Zur Begegnung deutscher und chinesischer Gesprächsstile, pages 297–324. München: Indicium-Verl.

Günthner, S. (1993). *Diskursstrategien in der interkulturellen Kommunikation. Analysen deutsch-chinesischer Gespräche*. Tübingen: Niemeyer.

Habermas, J. (1987). *Eine Art Schadensabwicklung*. Frankfurt am Main: Suhrkamp.

Hansson, S. O., F.-E. C. J. and Falappa, M. (2001). Credibility-limited revision. *Journal of Symbolic Logic*, 66(4):1581–1596.

Hansson, S. O. (1991). *Belief base dynamics*. PhD thesis, Uppsala University.

Hansson, S. O. (1992). In defense of base contraction. *Synthese*, 91:239–245.

Hansson, S. O. (1994). Kernel contraction. *Journal of Symbolic Logic*, 59:845–859.

Hansson, S. O. (1997). Semi-revision. *Journal of Applied Non-Classical Logic*, 7(1–2):151–175.

Hansson, S. O. (1999a). A survey of non-prioritized belief revision. *Erkenntnis*, 50:413–427.

Hansson, S. O. (1999b). *A textbook of belief dynamics: Theory change and database updating*. Applied logic series. Dordrecht: Kluwer Academic Publishers.

Hansson, S. O. (2009). Replacement—a sheffer stroke for belief revision. *Journal of Philosophical Logic*, 38:127–149.

Haviland, W. A., Prins, H. E. L., Walrath, D., and McBride, B. (2004). *Cultural Anthropology - The Human Challenge*. Wadsworth Publishing.

Hemaspaandra, E., Spakowski, H., and Vogel, J. (2005). The complexity of Kemeny elections. *Theoretical Computer Science*, 349(3):382–391.

Henkemans, A. F. S. and Wagemans, J. H. M. (2015). *Reflections on theoretical issues in argumentation theory*, pages 217–226. Springer.

Hirschfeld, L. A. and Susan, A. G. (1994). *Mapping the Mind*, chapter Toward A Topography of Mind: An Introduction to Domain Specificity, pages 3–35. New York: Cambridge University Press.

Hofstede, G. (1984). National cultures and corporate cultures. In Samovar, L. S., R., editors, *Communication Between Cultures*. Belmont, CA: Wadsworth.

Hollan, D. (1992). Cross-cultural differences in the self. *Journal of anthropological research*, 48(4):283–300.

Holland, D. and Kipnis, A. (1994). Metaphors for embarrassment and stories of exposure: the not - so - egocentric self in american culture. *Ethos*, 22(3):316–342.

Holland, D. and Quinn, N. (1987). *Cultural models in language and thought.* Cambridge University Press.

Hong, Y., Morris, M. W., Chiu, C., and Benet-Martínez, V. (2000). Multicultural minds: A dynamic constructivist approach to culture and cognition. *American Psychologist,*, 55(7):709–720.

Hong, Y.-Y. (2009). *Understanding culture: Theory, research, and application*, chapter A dynamic constructivist approach to culture: Moving from describing culture to explaining culture. New York, NY, US: Psychology Press.

Hu, H. C. (1944). The chinese concepts of "face". *American Anthropologist*, 46:45–64.

Huang, Z. and Huang, Q. (2012). To reach consensus using uninorm aggregation operator: A gossip-based protocol. *International Journal of Intelligent Systems*, 27(4):375–395.

Huynh, Q.-L., Nguyen, A.-M. D., and Benet-Martínez, V. (2011). *Bicultural Identity Integration*, pages 827–842. Springer.

Jansana, R. (2011). Propositional consequence relations and algebraic logic. in zalta, E. N., editor, *The Stanford Encyclopedia of Philosophy*. Spring 201 edition.

Jaspers, K. (1979). *Die Schuldfrage; Für Völkermord gibt es keine Verjährung.* München, Piper.

Ji, L.-J., Zhang, Z., and Nisbett, R. E. (2004). Is it culture or is it language? examination of language effects in cross-cultural research on categorization. *Journal of Personality and Social Psychology*, 87(1):57–65.

John F. Nash, J. (1950). The bargaining problem. *Econometrica*, 18(2):155–162.

Kagan, E., Rybalov, A., Siegelmann, H., and Yager, R. (2013). Probability-generated aggregators. *International Journal of Intelligent Systems*.

Katsuno, H. and Mendelzon, A. (1991). Propositional knowledge base revision and minimal change. *Journal of Artificial Intelligence*, 52:263–294.

Katsuno, H. and Mendelzon, A. (1992). On the difference between updating a knowledge base and revising it. In Gärdenfors, P., editor, *Belief revision.*, volume 29 of *Cambridge tracts in theoretical computer science*, pages 183–203. Cambridge: Cambridge University Press.

Kempton, W. and Falk, J. (2000). Cultural models of pfiesteria: toward cultivating more appropriate risk perceptions. *Costal management*, 28(4):173–285.

Klamler, C. and Eckert, D. (2009). A simple ultrafilter proof for an impossibility theorem in judgment aggregation. *Economics Bulletin*, 29(1):319–327.

Klement, E. P., Mesiar, R., and Pap, E. (1996). On the relationship of associative compensatory operators to triangular norms and conorms. *International Journal of Uncertainty, Fuzziness and Knowledge-Based Systems*, 4(2):129–144.

Kokkonidis, M. (2007). First-Order Glue. *Journal of Logic, Language and Information*, 17(1):43–68.

Konieczny, S., Lang, J., and Marquis, P. (2004). DA^2 merging operators. *Artificial Intelligence*, 157(1-2):49–79.

Konieczny, S. and Pérez, R. P. (2002a). Merging information under constraints: A logical framework. *Journal of Logic and Computation*, 12(5):773–808.

Konieczny, S. and Pérez, R. P. (2002b). On the frontier between arbitration and majority. In *Proceedings of the Eighth Principles of Knowledge Representation and Reasoning*, pages 109–120.

Konieczny, S. and Pérez, R. P. (2011). Logic based merging. *Journal of Philosophical Logic*, 40(2):239–270.

Konieczny, S. and Pino-Pérez, R. (1998). On the logic of merging. In *Proceedings of the Sixth International Conference on Principles of Knowledge Representation and Reasoning*, pages 488–498.

Konieczny, S. and Pino Pérez, R. (2002). Merging information under constraints: a logical framework. *Journal of Logic and Computation*, 12(5):773–808.

Kroeber, A. and Kluckhohn, C. (1952). *Culture: A critical review of concepts and definitions*. Vintage Books.

Labelle, M. (2005). The acquisition of grammatical categories: the state of the art. In Lefebvre, H. C. and Claire, editors, *Handbook of Categorization in Cognitive Science*, pages 433–457. Elsevier.

Lederach, J. (1995). *Preparing for peace: Conflict transformation across cultures*. NY: Syracuse University Press.

Levi, I. (2004). *Mild contraction: Evaluating loss of information due to loss of belief*. Oxford: Clarendon.

Levinson, S. C. (1983). *Pragmatics*. Cambridge University Press.

Levinson, S. C. (2003). Language and mind: let's get the issues straight! in gentner, D. and Goldin-Meadow, S., editors, *Language in Mind: Advances in the Study of Language and Cognition*, pages 25–46. The MIT Press.

Liang, Y. (1992). Höflichkeit als interkulturelles verständigungsproblem - eine kontrastive analyse deutsch / chinesisch zum kommunikativen verhalten in alltag und wissenschaftsbetrieb. *Jahrbuch Deutsch als Fremdsprache*, 18:65–86.

Liang, Y. (1996). Interkulturelle kommunikation und wissenschaftlichw weiterbildung. zum kommunikationsverhalten zwischen deutschen und chinesen. *Jahrbuch Deutsch als Fremdsprache*, 22:141–169.

Lin, J. (1995). *Frameworks for dealing with conflicting information and applications*. PhD thesis, University of Toronto.

Lin, J. and Mendelzon, A. O. (1998). Merging databases under constraints. *International Journal of Cooperative Information System*, 7(1):55–76.

Lin, J. and Mendelzon, A. O. (1999). Knowledge base merging by majority. In *Dynamic Worlds: From the Frame Problem to Knowledge Management*. Kluwer.

Lindström, S. and Rabinowicz, W. (1999). Belief change for introspective agents. In Hansson, S. H. B. and Nils-Eric-Sahlin, editors, *Spinning ideas: Electronic essays dedicated to Peter Gärdenfors on his fiftieth birthday*.

Linton, R. (1945). *The Cultural Background of Personality*. New York: Appleton - Century - Crofts Inc.

List, C. (2012). The theory of judgment aggregation: An introductory review. *Synthese*, 187(1):179–207.

List, C. and Pettit, P. (2002). Aggregating sets of judgments: An impossibility result. *Economics and Philosophy*, 18(1):89–110.

Luo, X. and Jennings, N. R. (2007). A spectrum of compromise aggregation operators for multi-attribute decision making. *Artificial Intelligence*, 171(2):161–184.

Luo, X., Jennings, N. R., Shadbolt, N., Leung, H.-f., and Lee, J. H.-m. (2003). A fuzzy constraint based model for bilateral, multi-issue negotiations in semi-competitive environments. *Artificial Intelligence*, 148(1):53–102.

Luo, X., Zhang, C., and Cai, J. (1997). The weighting issue in fuzzy logic. *Informatica: An International Journal of Computing and Informatica*, 21:255–262.

Luo, X., Zhang, C., and Jennings, N. R. (2002). A hybrid model for sharing information between fuzzy, uncertain and default reasoning models in multi-agent systems. *International Journal of Uncertainty, Fuzziness and Knowledge-Based Systems*, 10(4):401–450.

Luo, X., Zhang, C., and Leung, H.-f. (2001). Information sharing between heterogeneous uncertain reasoning models in a multi-agent environment: a case study. *International journal of approximate reasoning*, 27(1):27–59.

Makinson, D. (1997). Screened revision. *Theoria*, 63:14–23.

Makinson, D. and Gärdenfors, P. (1991). Relation between the logic of theory change and nonmonotonic logic. In Fuhrmann and Morreau, editors, *The logic of theory change*, pages 185–205. Springer, Berlin.

Mao, L. R. (1994). Beyond politeness theory: "face" revisited and renewed. *Journal of Pragmatics*, 21(5):451–486.

Mathews, H. F. and Hill, C. E. (1990). Applying cognitive decision theory to the study of regional patterns of illness treatment choice. *American anthropologist*, 92(1):155–170.

McLean, I. and Urken, A. B., editors (1995). *Classics of Social Choice*. University of Michigan Press.

Medin, D. L., Ross, N., and Cox, D. (2006). *Culture and resource conflict: why meanings matter*. New York: Russell Sage Foundation.

Mesiarová-Zemánková, A. and Ahmad, K. (2012). Differences between t-norms in fuzzy control. *International Journal of Intelligent Systems*, 27(7):662–679.

Miller, G. A. (1995). Wordnet: A lexical database for english. *Communication of the ACM*, 11:39–41.

Miller, M. K. (2008). Judgment Aggregation and Subjective Decision-Making. *Economics and Philosophy*, 24(2):205–231.

Modgil, S., Oren, N., and Toni, F., editors (2012). *Proceedings of the 1st International Workshop on Theory and Applications of Formal Argumentation (TAFA)*. Springer-Verlag.

Monge, P. R. and Contractor, N. S. (2002). Emergence of communication networks. In *new handbook of organizational communication : advances in theory, research, and methods*, volume 12, pages 440–502. Thousand Oaks, California Sage.

Mongin, P. (2008). Factoring out the impossibility of logical aggregation. *Journal of Economic Theory*, 141(1):100–113.

Montague, R. (1973). The proper treatment of quantification in ordinary English. In Jaako Hintikka, Julius Moravcsik, and Patrick Suppes, editors, *Approaches to Natural Language*, pages 221–242. Reidel, Dordrecht.

Montague, R. (1974). English as a formal language. In Thomason, R., editor, *Formal Philosophy, Selected Papers of Richard Montague*. Yale University Press.

Moortgat, M. (1997). Categorial type logics. In van Benthem, J. and Meulen, A. T., editors, *Handbook of Logic and Language*, pages 93–177. Elsevier.

Morril, G. V. (1994). *Type logical grammar: categorial logic of signs*. Kluwer, Dordrecht.

Munck, V. C. D. (1992). The fallacy of the misplaced self: gender relations and the construction of multiple selves among srilankan muslims. *Ethos*, 20(2):167–190.

Munck, V. C. D. (2013). A theory explaining the functional linkage between the self, identity and cultural models. *Journal of Cognition and Cultures*, 13(1-2):179–200.

Neys, W. D. (2006). Dual processing in reasoning: Two systems but one reasoner. *Psychological Science*, 17(5):428–433.

Nishida, H. (2005). *Theorizing about Intercultural Communication*, chapter Cultural schema theory, pages 401–418.

No, S., Hong, Y., Liao, H.-Y., Lee, K., Wood, D., and Chao, M. M. (2008). Lay theory of race affects and moderates asian americans' responses toward american culture. *Journal of Personality and Social Psychology*, 95(4):991–1004.

Norenzayan, A., Smith, E. E., Kim, B. J., and Nisbett, R. E. (2002). Cultural preferences for formal versus intuitive reasoning. *Cognitive Science*, 26(5):653–684.

Parson, T. (1949). *Essays in Sociological Theory*. Glencoe, IL.

Payne, J. (1985). Complex phrases and complex sentences. In T. Shopen, editor, *Language Typology and Syntactic Description: Complex Constructions, Vol.2*, pages 3–41. Cambridge University Press, Cambridge.

Peppas, P. (2008a). Belief Revision. In van Harmelen, F., Lifschitz, V., and Porter, B., editors, *Handbook of Knowlege Representation*, volume 6526, chapter 8, pages 317–359. Elsevier.

Peppas, P. (2008b). Belief revision. In F. van Harmelen, V. L. and Porter, B., editors, *Handbook of Knowledge Representation*, chapter 8. Elsevier.

Piaget, J. (1952). *The Origins of Intelligence in Children*. New York, NY: International University Press.

Pigozzi, G. (2006). Belief merging and the discursive dilemma: an argument-based account to paradoxes of judgment aggregation. *Synthese*, 152(2):285–298.

Pini, M. S., Rossi, F., Venable, K. B., and Walsh, T. (2009). Aggregating Partially Ordered Preferences. *Journal of Logic and Computation*, 19(3):475–502.

Pinker, S. (1994). *The Language Instinct: The New Science of Language and Mind*. Penguin, London.

Porello, D. and Endriss, U. (2011). Ontology Merging as Social Choice. In *Computational Logic in Multi-Agent Systems: Proceedings of 12th International Workshop, CLIMA XII, Barcelona, Spain, July 17-18, 2011*, number IIIc, pages 157–170. Springer.

Preller, A. (2007). Toward discourse representation via pregroup grammars. *Journal of Logic, Language and Information*, 16(2):173–194.

Prinz, J. (2011). Culture and cognitive science. In Zalta, E. N., editor, *The Stanford Encyclopedia of Philosophy*. http://plato.stanford.edu/entries/culture-cogsci/, winter 2011 edition.

Quine, W. (1960). *Word and Object*. The MIT Press.

Quine, W. (1969). Nature kinds. In *Ontological Relativity and Other Essays*, pages 114–138, New York. Columbia University Press.

Quinn, N. (1992). *Human Motivesand Cultural Models*, chapter The Directive Force of Self-understanding: Evidence from wives inner conflicts, pages 90–126. New York: Cambridge University Press.

Rahwan, I. and Simari, G. R. (2009). *Argumentation in Artificial Intelligence*. Springer-Verlag.

Rahwan, I. and Tohmé, F. A. (2010). Collective argument evaluation as judgement aggregation. In *Proceedings of the 9th International Conference on Autonomous Agents and Multiagent Systems (AAMAS)*, pages 417–424.

Rescher, N. (1964). *Introduction to Logic*. New York: St. Martin's Press.

Richerson, P. J. and Boyd, R. (2005). *Not by Genes Alone: How Culture Transformed Human Evolution*. University of Chicago Press, Chicago.

Rolison, J. J., Evans, J. S. B. T., Dennis, I., and Walsh, C. R. (2012). Dual-processes in learning and judgment: Evidence from the multiple cue probability learning paradigm. *Organizational Behavior and Human Decision Processes*, 118(2):189–202.

Roth, A. E. (1979). Axiomatic models of bargaining. Technical report, David K. Levine.

Rumelhart, D. E. (1980). *Theoretical Issues in Reading Comprehension: Persepectives from Cognitive Psychology, Liguistics, Artificial Intelligence and Education*, chapter Schemata: The Building Blocks of Cognition, pages 33–58. Hillsdale, NJ: Lawrence Erlbaum.

Samovar, L. A., Porter, R. E., and McDaniel, E. R. (2010). *Communication Between Cultures*. Wadsworth, Cengage Learning, 7 ed. edition.

Searle, J. (1969). *Speech Acts: An Essay in the Philosophy of Language*. Cambridge University Press.

Shi, R. (2005). Early syntactic categories in infants' language. In Lefebvre, H. C. and Claire, editors, *Handbook of Categorization in Cognitive Science*, pages 481–495. Elsevier.

Shore, B. (1996). *Culture in mind: Cognition, culture, and the problem of meaning*. Oxford University Press.

Smith, H. (2011). *The Oxford handbook of modern Germany history*. Oxford: Oxford University Press.

Sowa, J. F. (1987). Semantic networks (edited version). In Shapiro, S. C., editor, *Encyclopedia of Artificial Intelligence*. Wiley.

Sperber, D. (1996). *Explaining Culture*. Blackwell, Oxford.

Sperber, D. and Wilson, D. (2001). *Relevance: Communication and Cognition*. 外语教学与研究出版社.

Talhelm, T., Zhang, X., Oishi, S., Shimin, C., Duan, D., Lan, X., and Kitayama, S. (2014). Is it culture or is it language? examination of language effects in cross-cultural research on categorization. *Science*, 344(6184):603–608.

Thomas, A. (1991). *Kulturstandards in der internationalen Begegnung*. Saarbrücken: Breitenbach.

Thomason, S. (2001). *Language Contact*. georgetown University Press.

Tohmé, F. A., Bodanza, G. A., and Simari, G. R. (2008). Aggregation of attack relations: A social-choice theoretical analysis of defeasibility criteria. In *Proceedings of the 5th International Symposium on Foundations of Information and Knowledge Systems (FoIKS)*. Springer-Verlag.

Tomasello (1999). *The cultural origins of human cognition*. Harvard university press.

van Eemeren, F. H. (2010). *Strategic maneuvering in argumentative discours: extending the pragma-dialectical theory of argumentation*. Amsterdam: John Benjamins Publishing Company.

van Eemeren, F. H. (2015). *Reasonableness and effectiveness in argumentative discourse*, chapter From ideal model of critical discussion to situated argumentative discourse: The step-by-step development of the Pragma-Dialectical Theory of Argumentation, pages 141–142. Springer International Publishing.

van Eemeren, F. H. (2016). Identifying argumentative patterns: a vital step in the development of pragma-dialectics. *Argumentation*, 30(1):1–23.

van Eemeren, F. H. and Grootendorst, R. (1984). *Speech acts in Argumentative Discussions: A Theoretical Model for Analysis of Discussions Directed towards Solving Conflicts of Opinion*. Dordrecht: Foris.

van Eemeren, F. H. and Grootendorst, R. (2004). *Systematic Theory of Argumentation: The Pragma-dialectical Approach*. Cambridge: Cambridge University Press.

von Fintel, K. and Matthewson, L. (2008). Universals in semantics. *The Linguistic Review*, 25(1—2):139–201.

Winter, Y. (1995). Syncategorematic conjunction and structured meanings. In *Proceedings of SALT 5*, pages 387–404.

Wittgenstein, L. (1921). *Tractatus Logico-Philosophicus*. English edition translated by D. F. Pears and B. F. McGuinness. London and New York.

Wittgenstein, L. (1983). *Remarks on the Foundations of Mathematics*. The MIT Press.

Yager, R. R. (2001). Uninorms in fuzzy systems modeling. *Fuzzy Sets and Systems*, 122(1):167–175.

Yager, R. R. and Rybalov, A. (1996). Uninorm aggregation operators. *Fuzzy sets and systems*, 80(1):111–120.

Young, J. C. (1980). A model of illness treatment decisions in a tarascan town. *American ethnologist*, 7(1):106–131.

Yuan, Y. and Ju, S. (2015). Rational evaluation in belief revision. *Synthese*, 192(7):2311–2336.

Zadeh, L. A. (1965). Fuzzy sets. *Information and control*, 8(3):338–353.

Zadeh, L. A. (1975). The concept of a linguistic variable and its application to approximate reasoning—i. *Information sciences*, 8(3):199–249.

Zhang, D. (1996). Belief revision by sets of sentences. *Journal of Computer Science and Technology*, 11(2):108–125.

Zhang, D. (2010). A logic-based axiomatic model of bargaining. *Artificial Intelligence*, 174(16-17):1307–1322.

Zhang, D. and Foo, N. (2001). Infinitary belief revision. *Journal of Philosophical Logic*, 30(6):525–570.

Zhang, D. and Zhang, Y. (2008). An ordinal bargaining solution with fixed-point property. *Journal of Artificial Intelligence Research*, 33(1):433–464.

Zhang, Y., Luo, X., and Leung, H.-f. (2013). Fuzzily constrained games. In *Proceedings of 2013 IEEE/WIC/ACM International Joint Conferences on Web Intelligence and Intelligent Agent Technologies*, volume 2, pages 361–368.

Zhong, Q., Luo, X., van Eemeren, F. H., and Huang, F. (2013). The task model of court investigation in a multi-agent system of argumentation in court. In Grossi, D., Roy, O., and Huang, H., editors, *LORI 2013*, volume 8196 of *Lecture Notes in Computer Science*, pages 296–310. Springer.

Zinnecker, J. (1987). *Jugendkultur 1940–1985*. Opladen: Leske + Budrich.

丹曲 (2010). 拉扑楞史话. 甘肃民族出版社.

任远 (2008). 指称的因果理论及其修正. 自然辩证法研究, (8):1–5.

佟锦华、庄晶、格桑顿珠 (1980). 藏族谚语. 四川民族出版社.

党诚恩、陈宝生 (1988). 甘肃民族贸易史稿. 甘肃人民出版社.

刘夏蓓 (2004). 一个特殊回族群体的人类学调查——以卡力岗两个回族村为个案. 回族研究, (4):71–76.

刘波、王川 (2009). 试析近代中国藏区关公崇拜的藏汉交融特征. 宗教学研究, (1):107–111.

刘虹 (2004). 会话结构分析. 北京大学出版社.

华锐·东智 (2010). 拉卜楞民俗风情. 甘肃民族出版社.

吕叔湘 (1979). 汉语语法分析问题. 商务印书馆.

周大鸣 (1997). 略论夏河族群与族群关系.

夏河信息办公室. 夏河县旅游工作稳步推进. http://www.xiahe.gov.cn/newsshow.asp?id=4824. 2017 年 3 月 5 日获取.

夏河信息办公室. 畜牧资源. http://www.xiahe.gov.cn/newsshow.asp?id=1454. 2017 年 3 月 5 日获取.

孙思邈 (2011). 道林养性第二. 备急千金要方（卷二十七）. 中国医药科技出版社.

安尼 (2011). 德国战后初期关于"集体罪责"的争论. 同济大学学报（社会科学版）, 22(4):18–23.

宋兴富 (2004). 藏族民间谚语. 巴蜀书社.

扎扎 (1998). 嘉木样呼图克图世系. 甘肃民族出版社.

敏俊卿 (2006). 甘南地区民族关系研究. 中央民族大学硕士学位论文.

朱谕 (2017). 跨文化交往中的日常说理——基于对中德大学生在德国科隆语伴互动的分析. 中山大学博士学位论文.

李双剑、曲尼 (1989). 藏族谚语集锦. 中央民族学院出版社.

李时珍 (2016). 濒湖脉学奇经八脉考. 中国医药科技出版社.

李栩 (2018). 跨文化交流的多重融合理论初探——文化共生现象分析. 中山大学博士学位论文.

杨建新 (2009). 中国少数民族通论. 民族出版社.

杨晓莉、刘力、赵显、史佳鑫 (2014). 民族本质论对跨民族交往的影响——以中国内地的藏族大学生为例. 心理科学, (2):394–398.

林耀华 (1984). 原始社会史. 中华书局.

桂乾元、肖培生 (1998). 汉德翻译教程. 上海译文出版社.

王景荣 (1998). 新疆汉话中的维吾尔语借词. 语言与翻译, (3).

甘南州地方史志办公室 (2014). 甘南州年鉴.

甘南藏族自治州统计局 (2011). 甘南州夏河县 2010 年第六次全国人口普查主要数据公报. http://www.gnztj.gov.cn/htm/201412/108_2219.htm. 2017 年 3 月 5 日获取.

甘肃省图书馆书目参考部 (1984). 西北民族宗教史料文摘（甘肃分册）. 甘肃省图书馆.

翟学伟 (1995). 中国人的脸面观. 台北：桂冠图书股份有公司.

胡炳年 (2017). 鲁西南 N 村落民间彩礼说理研究. 中山大学博士学位论文.

莫里斯·哈布瓦赫 (2002). 论集体记忆. 上海人民出版社.

袁永锋 (2014). 基于核心信念的非优先复合修正理论. 中山大学博士学位论文.

费孝通 (1981). 中国传统伦理观念与人口问题. 人民出版社.

赵元任 (1979). 汉语口语语法. 商务印书馆.

郑恺、桑旦卓玛、达瓦、张江宇 (2013). 甘南州夏河县关帝庙庙会调查. 西藏民族学院学报 (哲学社会科学版), (6):70–76+140.

钱文彩 (2001). 汉德语言实用对比研究. 外语教学与研究出版社.

钱文彩 (2010). 汉译德理论与实践. 外语教学与研究出版社.

陈小青 (2014). 跨文化语境下藏族青少年认知结构及其调适. 中山大学博士学位论文.

陈小青 (2015). "面子"背后的地方性知识：从文化与认知的视角看西藏藏族青少年的"面子"观. 开放时代, (3):193–204.

陈彦瑾 (2012). 试析论证研究中语境及社会性因素的介入. 逻辑学研究, 4:61–76.

陈心文 (2016). 当代中美国家领导人政治论证模式分析——从广义论证理论的视角看. 中山大学博士学位论文.

鞠实儿 (2006). 逻辑学的问题与未来. 中国社会科学, (4):49–54.

鞠实儿 (2010a). 序言. 简明逻辑学, 译林出版社.

鞠实儿 (2010b). 论逻辑的文化相对性——从民族志和历史学的观点看. 中国社会科学, (1):35–47.

鞠实儿 (2012). Cultural relativism and culture conflict resolution. 威斯康星大学麦迪逊分校社会系特邀报告.

鞠实儿 (2013). Cultural turn in logic - from the later wittgenstein's view of logic. 大会报告，维特根斯坦与当代哲学国际学术研讨会纪念《哲学研究》发表 60 周年暨中国维特根斯坦学会成立大会，北京.

鞠实儿 (2017). 从文化相对性到多重融合论. 大会特邀报告，内蒙古师范大学民族学人类学论坛，通辽.

鞠实儿 (2019). 广义论证的功能结构理论. 中山大学逻辑与认知研究所报告.

鞠实儿、何杨 (2014). 基于广义论证的中国古代逻辑研究——以春秋赋诗论证为例. 哲学研究, (1):102–110.

鞠实儿、张一杰 (2017). 中国古代算学史研究新途径——以刘徽割圆术本土化研究为例. 哲学与文化, 44(6):25–51.

马仲荣 (2012). 社会转型期的甘肃藏区社会矛盾与民族关系相互作用问题研究. 兰州大学博士学位论文.

黄龙光 (2011). 边界内外：从文化冲突到文化融合——以峨山县塔甸彝汉两村为个案. 毕节学院学报 (综合版), 29(9):31–39.

黎千驹 (2007). 模糊语义学导论. 社会科学文献出版社.

后记：走向田野的逻辑学

本书为教育部重大攻关项目"跨文化互动的逻辑认知机制与计算机模拟研究"的结项成果。该项目从2006年开始酝酿，2010年9月正式申报，2011年获批，到2018年结项；涉及哲学、逻辑学、语言学、认知科学、人类学、宗教学、医学、人工智能等多个学科和领域；相关成果涉及面宽广。由于著作体裁和容量方面的限制，本书无法全面地反映项目研究的前因后果。在前言中，我们主要介绍本书的理论假定、篇章结构和主要内容。后记将以历史回顾的形式，介绍项目申报的起因和动机，研究方法、理论基础和主要结论的形成过程，以及力所能及地记载那些在项目设计和实施过程中的事件；并在此基础上筹划未来，使该项目成果所使用的理论、方法和思想体系有更立体的呈现，并对它们如何指导未来研究作进一步凝练和展望。

前因

1996年，亨廷顿出版了《文明的冲突》一书。2001年在他的家乡纽约发生了"9·11"恐怖袭击事件。文化冲突的消解成为人类普遍关注的问题。而解决问题的关键正是：把握文化差异、跨文化交流的途径及其限度。

如所周知，文化是一个复合整体。粗略地说，它包括：语言、知识、价值、信仰、艺术、道德以及习俗等要素。蒯因试图探讨不同文化个体间的语言交流问题。为此，他构造了一个思想实验：一位语言学家在没有任何译员的帮助下，根据说话者当下可观察的反应，翻译说话者用那种尚不为人知的语言说出的"土著语句"。在此实验的基础上，蒯因建立了翻译不确定性理论。根据这一理论，没有理由认为：不同文化的交流者总是可以通过它们各自的语言，正确地把握对方所要表达的思想。因此，同样没有理由认为：不同文化的语言具有可通约性。由此引起的更为一般的问题：不同文化群体的知识、价值观和信仰可通约吗？

为了探讨这个关于跨文化交流的问题，我们开展了相应的田野考察。2006年4月，中山大学人类学系何国强教授携博士生许昭明赴西藏贡觉县山岩地区，考察当地的一夫多妻制。我加入了这一行列，着手考察当地藏族民众的价值观。我们搭依维柯小货车，取道成都，先后穿大渡河、雅江、翻海拔6168米的雀儿山、跨过金沙江，到达贡觉。一路上尘土飞扬，水电站和矿山纷纷开工，一派经济发展的景象。相形之下，贡觉却显得缺乏生机。当地藏民世代以畜牧和种植为生。由于历史原因，它一直属于贫困地区。但是该县地处三江流域中心地带，水系发达，矿产资源丰富。当地藏民为什么不大力修水利、开发矿产资源，发展当地经济？

经何教授安排，我们在拥有高品位可开采金矿的阿旺乡开展了相关考察。据记载："贡觉"藏语意为"贡"活佛在"觉"地方定居。境内唐夏寺系有影响力的萨伽派早期寺庙，具有独特的宗教文化特色，风土人情独具一格，多与宗教有关，涉及生活各个领域。据当地藏民说：在这贫困的佛乡，曾有过一场关于金矿开发的对话；其结果令人瞠目结舌。贡觉县政府一直力主开发该金矿，多次派人与藏民洽谈开发事务。但是，藏民均以保护生态环境和生产必须之土地资源为由加以拒绝。随后，政府方面承诺：不改变矿山表面土地样貌，不破坏生态环境，仅开一条隧道进矿山，开采活动在山内部进行，以满足藏民要求。然而，当地藏民严词拒绝：这是神山。在山的中间挖掉一块，开一个口子，留一个通道，就如一个人里面挖空，外面的皮肤缝好，那是死人；同样，这样挖过的山也是死的，不再是神仙了。不过，政府方面锲而不舍，继续进行说服：贡觉是贫困县，入不敷出；如果开金矿，财政收入大大增加，可以办医院、学校、剧院、增加福利。此时，藏民代表回应政府方面说，我们知道政府诚心诚意，说的话也有道理：有金矿就有钱，有钱就有好日子。但是，我们死了以后去哪里？几个回合下来，协商没有任何进展，开矿的事情也就搁置起来了。

从对话的过程来看，政府方面持有一种以科学知识为基础的经济理性，其核心是尊崇科学和经济效益最大化。这一立场为大多数官员和开发商所享有。藏民方面持有藏传佛教信仰和基于这种信仰的生活习俗。两方分属于不同的文化，具有截然不同的世界观、方法论、价值观。如果任何一方坚持本文化的核心立场，那么既没有可能说服对方放弃其立场，也没有可能被对方说服进而接受对方的立场。因此，正是不同文化间的根本差异，使得它们显现出不通约性。

值得一提的是，在上述对话中，分属于不同文化的对话者，依据各自的知识、价值观和信仰展开言语互动，实施论辩；其断定和结论均受说者所属社会文化群体规范的制约；其说服力来自社会规范本身的逼迫性和强制性。虽然，它在形式上与典型的论证截然不同，但同样具有说服功能。因此，这是一种广义论证。

对于借助宗教信仰做出的广义论证，最常见的态度是，它借助非科学观念和臆想，因而是一种荒诞的错误，根本不具有合理性。但是，除非以权威为判据，仅仅靠指出某观点与广为认可的观点不同、甚至对立，就断定该观点不合理，这是不妥当的。因为合理性判断涉及到标准。事实上，不同的文化群体具有不同的信念和价值系统，在某一文化中合理的事物，在另一文化中未必。进一步，理论上我们没有办法证明存在一种普遍的合理性标准，因而无法在不同的标准之间判定孰优孰劣。

尽管如此，享有不可通约文化的群体及其成员之间，存在通过论辩、进行协商，进而达成共识和协议的可能性。事实上，贡觉县政府与藏民之间有长期的合作。问题是，这种协商是如何进行的？它实际上产生了什么样的结果？协商的前提是相互说服，说服需要论证。而揭示论证的规则及其使用条件，描述它的结构及其种类，这正是广义论证理论的研究对象。2006年11月，在冯平教授的主持下，我在复旦大学作了题为"逻辑学的未来"的报告，强调对跨文化交流中逻辑和认知进行研究的必要性，并对进一步研究提出了初步设想。由此，本项目的申报工作拉开序幕。

后果

经过三年的酝酿和交流，我确定了项目命名和结构设计。本项目的核心问题是：跨文化互动的逻辑与认知机制。共分成5个子课题，它们分别是：跨文化互动的历史学和人类学案例；跨文化互动的广义论证模式；跨文化互动的认知机制；跨文化互动的形式公理系统；跨文化互动的计算机模拟。2009年开始组织团队、准备选题申报。2010年选题获批后，根据先前确定的结构设计和研究重点，撰写项目申报书的工作开始了。在本课题参与者的协助下，我完成了申报书的写作、修改与定稿工作，并于同年9月正式提交教育部社科司，其中文学锋协助完成了项目研究流程设计。经过6年的努力，在学界的支持下，我们的项目终于在2011年正式立项并启动了！

如果说项目申报是说服评审专家，那么项目研究就是经受学科的审问。艰难的历程才开始呢！首先，要解决研究他文化逻辑的方法问题。鞠实儿从2007年开始处理这一问题，直到2015年才开始形成较系统的看法。根据弗雷格以来的传统，在主流文化中构造逻辑系统的一般程序是：澄清关于该领域的基本概念和它们之间的关系，为所要建立的逻辑形式系统提供领域相关的解释和辩护；在此基础上提出公理系统和形式语义学，用形式化方法刻画该领域。这清楚地显现该逻辑系统与现代科学文化的关联，以及在该文化内部发展这一文化的过程。但是，从广义论证的角度看，不同的文化有不同的逻辑。因此，他的文化逻辑不同于现代科学文化的主流逻辑（简称主流逻辑）。事实上，如果用主流逻辑描述他文化逻辑，前者就将后者描述成为它的子系统，而不是后者自身。如果用它描述不同文化逻辑间的融合，其结果仅仅表达主流文化的逻辑对这种融合的理解。这类描述真正的价值在于：刻画了主流逻辑如何把握他文化及文化间互动，为建立真正跨文化共享的逻辑提供建设性方案。我们称这类用一种文化的逻辑去描述另一种文化的逻辑的方法为：外部化方法。

所谓内在化或本土化方法是指：根据一种文化本身的特点，直接面向该文化的文本和社会实践，采用该文化的观念描述它本身具有的广义逻辑，或构造广义论证的规则集。鉴于外部化方法在描述他文化逻辑方面的局限，我们试图采用内部化方法去描述不同的文化及其它们之间互动时实际上使用的逻辑。所谓逻辑就是构造论证的规则的集合。因此，要构造或描述一种逻辑，就是要给出或描述这一规则集。在 2015 年到 2016 年间，我做了一系列题为"广义论证研究程序"的学术报告，表明如何实施本土化方式去获取他文化的论证规则。虽然，它们至今尚未正式发表，但大都体现在我指导的博士论文和本书相关章节中。

需要指出的是：外在化方法与本土化方法的目标都是描述他文化的逻辑或论证。因此，它们都必须面向他文化的论证实践。例如：当人们为了古为今用，从外在化视角，采用据西释中方法研究中国古代逻辑时，就必须去了解中国古代的论证实践。两者之间的主要区别在于：处理论证这种社会活动的方法和所获得的结果。本书采用上述两种方法，从不同的视角研究同一个领域中的问题。由于前一种方法已经得到较为充分的研究，在后记中主要探讨后者。

根据以上所述，要描述他文化的逻辑以及不同文化的逻辑之间的融合，逻辑学家要进行田野调查。通常认为，所谓的田野调查是指：研究人员为了理解他者，长时间、全方位、在他者的驻地与他者互动，尽可能享有关于他者的环境、困难、背景、语言、仪式和社会关系的第一手材料，从而对所要研究的他者的生活世界有真实的了解。不过，了解他者必须了解他者的历史，尽可能享有历史上关于他者的"环境、困难、背景、语言、仪式和社会关系的第一手"文本，这绝不是单纯为了引证历史文献，而是体验和融入历史上他者的生活图景。因此，这是"文本"田野调查。

值得一提的是：直到 2006 年，我们的研究团队主要由具有数学、逻辑学、计算机学科和分析哲学背景成员组成。显然，这样的团队无法从事基于田野的研究工作。2007年，中山大学开始自主设置二级学科博士点。在中山大学社会学与人类学学院，尤其是人类学系及其有关研究人员的支持下，我牵头成功申报了社会学一级学科下自设文化与认知二级学科博士点。为开展这一领域的工作聚集和培养人才，使得本项目必须的田野考察能够顺利进行。

其次，要形成了本项目研究的核心思想。早在2003年7月和2005年7月，我分别赴新疆喀什地区刀郎乡（同行人：熊明辉教授，助理人员鞠兴生）和西藏那曲地区（同行人：肖平教授、李小五教授和藏族学生布穷），考察跨文化交流中的指称行为。2006年4月和2009年8月，分别赴西藏昌都地区贡觉县（见上文）和贵州黔南苗寨岜沙（同行人：王建新教授和张连顺教授），考察跨文化交流中的论证活动。通过对上述田野考察数据的分析，开始形成关于跨文化交流过程中文化融合方式的设想。

2012年4月，我应洛杉矶克莱蒙大学王治河博士邀请，参加"第六届国际生态文明论坛"，会议报告题为"文化相对主义和交流的可能性"，提出了跨文化交流的"五环理论"。其核心思想是：两种不同文化间的互动会使双方发生变化，乃至融合成一种新的文化（参见本书前言）。之所以如此命名，主要是受到奥林匹克精神和会旗的启发。由于内容方面的原因，这一理论在往后的发展中又被称为"多重文化融合理论"。同年12月，我应威斯康辛大学麦迪逊分校社会学系前主任梅纳德教授邀请前去该系做公开讲演："文化相对主义与文化冲突消解"。其中，给出了上述理论的第一个修订版。至此，本项目研究的核心思想基本形成。

为了进一步验证多重文化融合理论，我于2014年7月（同行人：赵希顺教授、文学锋副教授、王路博士等）赴甘肃夏河拉不愣寺、青海西宁塔尔寺、青海海南石藏寺考察跨文化论辩。期间，代表藏文化一方的高僧和格西采用因明方法；代表现代科学文化的另一方则采用当代主流逻辑学方法，双方就同一个问题"白马非马"进行论辩。2015年4月，我访问埃及（同行人：刘昭瑞教授、谢耘副教授和阿拉伯语学者周玉兰），与开罗大学副校长、阿拉伯哲学家阿布杜·哈里姆教授和埃尔哈兹大学副校长、埃及语言学会会长交流，与伊斯兰学者塞赫·艾哈麦德教授探讨中华文明与伊斯兰文明的关系。2015~2017年间，在我的指导下李栴博士和冯聪博士在甘南夏河县拉卜楞镇及其周边地区考察日常生活中汉藏文化融合问题。2017年11月应内蒙古师范大学巴图教授的邀请，我参加了在通辽举行的民族学人类学论坛，所作报告题为："从文化相对主义到多重文化融合论"。其中，吸取了上述考察的成果，给出"五环理论"的第二个修订版。

最后，在本项目研究前期准备和具体开展的过程中，我们逐渐形成由研究方法和理论假定构成的研究流程：用人类学、社会学、历史学和语言学的方式进行田野（含文本）考察和数据采集；在多重文化融合的假设之下，用内在化和外在化的方法处理相关数据；给出不同文化及其它们之间互动的广义论证模式和形式系统。

在外在化方向上，根据多重文化融合理论，跨文化交流的两个核心机制是融合和修正。我们从语言和逻辑两个方面对融合进行了形式化建模。在语言融合方面，我们将不同文化背景的人群使用的语言抽象为不同的语义网，考察了语义网上节点的对应和融合，进而研究新产生的语义网对两个原有语义网的影响。另外，根据文献中语言人类学的调查结果，我们对语言学家发现的一种原始性的具有一定普遍性的语言 IMA 语言进行了逻辑建模，它有助于我们理解不同语言表层差异下的深层差异和共同之处。

在逻辑融合方面，我们将一个文化的逻辑抽象为该文化所认可的全体论证构成的集合，然后考察不同逻辑融合的可能性。通过公理化方法，我们得到了一些不可能性结果，以及哪些逻辑性在融合下更容易得到保持。通过构造性方法，我们找到了实现逻辑融合的一种途径。另外，我们还将一个文化的逻辑处理为一个论辩框架，研究了不同论辩框架融合下各种语义性质的保持性。

在修正方面，由于信念是文化的重要承载形式，因此我们运用形式化方法研究了跨文化交流背景下信念修正机制。与传统的信念修正理论相比，我们的信念修正理论不再假设新信息具有绝对优先性，而是要在本文化的核心信念下进行评估，与核心信念相融的信息才会引发修正。由于语言的模糊性，我们还以动态信念逻辑为基础，考察了基于模糊真的修正。

进一步，按照多重文化融合理论，在融合与修正后，会产生一种新的共生文化。一种达成共生文化的方法就是谈判。因此，我们研究了一种基于谈判的修正，以及谈判解的逻辑刻画。以上形式化研究表明，面向跨文化交流的多重文化融合理论，为逻辑学研究提供了新的背景问题和更广阔的应用空间。不仅催生了新的逻辑学理论（如基于核心信念的信念修正理论），而且促使形式逻辑学家从抽象冰冷的概念模型走向生动具体的田野数据，进而反思逻辑的多样性并谋求方法论上的变革。

在本土化方向上，我分别于 2011~2014 年指导朱谕博士以中山大学和德国科隆大学为田野点，考察了中德学生日常跨文化交流的论辩过程；2012~2016 年指导胡炳年博士和陈彦瑾博士以鲁西南地区 N 村落为田野点，考察了鲁西南地区城乡之间跨文化交流的论辩过程；2013~2017 年指导李栩博士和冯聪博士以甘南夏河县拉卜楞镇及其周边地区为田野点，考察了文化共生现象以及多重融合理论对该跨文化交流活动的适用性。在王建新教授的指导下，2013~2016 年陈小青博士以拉萨西郊和北郊、广州中山大学为田野点,考察了本土藏族青少年认知结构及内地藏族青年跨文化交际和认知调适机制。

基于上述田野调查,我们从广义论证的角度刻画了跨文化交流中的论辩过程。这一阶段主要研究的问题是,如何直接从离散的自然语言文本中提取出具有论证性质的语篇,即论证性语篇。为此,我们通常先采取语言学的分析方法,识别出用以表达立场的语句,再根据文本中的语言标记或非语言标记,找出为该立场作出辩护(或反驳)的语句。继而,确定上述两组语句之间的关系,即论证规则和策略。最后,利用由此得到的论证性语篇,根据主体、语境和言语行为的特征刻画出真实的论辩过程。通过上述方法,我们从田野考察数据中,提取了跨文化交际活动中多种典型论证模式。

与此同时,我们从认知心理学的角度揭示了主体在跨文化交流中使用的文化模型与文化图式,并探讨了文化图式的动态变化与融合过程;对刻画跨文化互动整体性质的多重文化融合理论(简称五环理论)及其假设,提供人类学与心理学证据并进行验证;在上述研究结果和田野数据的基础上,我们进一步提出约束公共文化的规则。

在本项目的实施过程中,我们采集了大量的田野数据。其内容之丰富远超越了我们事先的估计。其中,有一部分我们至今没有足够的能力去处理它所包含的论证;另有一部分我们只能从中提取部分论证模式;更有一部分我们的处理结果本身有进一步修正的必要。因此,完成本项目并不意味着对这批数据的研究已经结束,我们将携带这些未完成的工作,从新方向走向未来。

未来

本项目从开题到结项历时近8年。此刻,我将回顾整个研究过程,更为深入地揭示和拓展蕴含于上述研究过程中的内在化或本土化方法,希望这些方法能够有益于未来将要展开的广义论证研究。

(1) 广义论证的基本性质。

田野表明,广泛存在如下形式的社会互动:在某个社会文化背景下,隶属于一个或多个社会文化群体的成员,对某一事件或观点产生意见分歧或尚无一致意见;他们用语篇影响各自对方,试图达成一致的立场或说服自对方接受己方立场,即说理;从而给出一个被称为论证的语篇序列。因此,论证是基于语篇的、具有说理功能的社会互动。

论证参与者从属于某一文化，享有该文化中相应的信念系统和价值观等文化要素；同时，他们处于一定的社会群体之中，被相应的社会结构所约束，遵守相应的社会规范。正是具有社会约束力的规范控制论证参与者的言行，论证才有可能终止于某个具有主体间性和被相关社会文化群体所接受的结果。因此，论证是一个遵从论证参与者所属社会文化群体规范的社会互动过程。于是，我们可以给出如下定义：

论证是隶属于一个或多个社会文化群体的成员，即论证参与者，在相应社会文化背景下、依据所属社会文化群体的规范下生成的一个基于语篇（discourse）的社会互动序列。其目的和功能是：劝使论证参与者对有争议的观点或论点采取某种态度，消除分歧和达成一致意见。其中，语篇是指由一个以上的语段或句子组成语言整体，其组成部分形式上相互衔接（cohesion），语义上前后连贯（coherence）；它在交流过程中形成，是实际使用的语言单位，具有交流功能。

由于该定义从形式和功能的角度定义论证，并未规定它的结构；覆盖了不同文化中多种形式的论证行为，故它刻画了广义论证。按上述定义，广义论证是具有说理功能的语篇，而语篇是广义论证的语言形式。

（2）广义论证的结构与规则。

根据以上论述，构成论证的每一步都是表现为子语篇的社会行动，而构成论证整体的论证步骤序列则是表现论证语篇的社会互动整体。由于它们作为社会行动都有各自的目的或意图；因此，实质上都是言语行为。从语用学的观点看，说话者意图是言语行为的起因和目的，言语行为是实现说话者意图的工具和手段。因此，为了完成论证，参与者在实施每一论证步时，必须回答两个相继的问题：(a) 参与者应该借助语篇向其他参者传递哪一意图？(b) 参与者应该借助哪一语篇向其他参者传递给定意图？前一问题的实质是确定论证所采用的语篇作为言语行为应该具有什么功能；后者的关键是什么语篇具有这样的功能。

因此，已完成的论证在时空中展现为两个网络。第一个网络是所谓的论证语篇网，它由构成论证的子语篇及其它们在论证中的相互关系构成。由于在论证中每一语篇对应于一个功能，因此，论证语篇网对应于一个所谓的论证功能网；它由论证中语篇和子语篇的功能及其它们在论证中的相互关系构成。最后，由于上述网中的功能和语篇是按问题（a）和（b）的解答确定的，它们必须依据和满足论证在其中发生的社会文化规范。因此，存在两个社会规范集合，分别生成论证语篇网和论证功能网。

因此,在给定语境下实施论证,必须根据规范采取行动,使得在这样的语境下,所采取的行动既合乎社会规范又具有实现某个目标的某种功能。我们称这种社会规范为论证功能规则:在什么条件下,为了实现某个目标,应该采取具有什么功能的语篇或言语行动。

在行动必须具有的论证功能业已确定的条件下,参与者根据当下明确掌握的语境,采取具体行动或发出语篇实现某一目标或预期功能,这是具体的社会行动。它同样必须满足社会规范。我们称这种社会规范为论证语篇规则:在什么条件下,为了实现某个目标,应该采取什么语篇或言语行动的去实现某个功能。值得一提的是:由于参与者所接受的教育、经历和个人修养,在论证场合,参与者具有一个论证语篇偏好集,他会根据规则和个人偏好选择语篇实现相应的功能,生成论证语篇。

而广义论证理论研究就是:遵照本土化原则,去描述某文化中广义论证的功能规则集、论证语篇规则集和参与者论证语篇偏好集;依据上述规则和偏好,去描述某一论证的论证语篇网和论证功能网,进而对它们进行分析和评判。

(3) 广义论证本土化研究方法。

进一步的问题是:如何采用本土化方法完成上述研究任务。根据广义论证理论,某文化中存在广义论证的先决条件是:该文化具有一套社会互动规范,成员能够运用这些规范给出不同的语篇去实现不同的目标。其中,包括论证的标志性目标:与他人达成一致意见或劝使他人接受自己的观点。除此之外,该条件对于规范和行动目标没有任何其他限定。尽管这一条件非常宽泛,但是它构成广义论证存在的充要条件。因此,只有面向满足上条件,我们的研究才具有意义。

一个公认的事实是:作为一种社会现象,论证及其内在结构和生成规则在社会文化生活中呈现出来;它们可以为人所经验并在此基础上为人所理解。我们的目标是获取本土文化中合理的规则,如果确是规则,就会被用来解释和生成论证,由此被发现。另一方面,如果我们在田野考察中发现的是规则,它就应该合乎它所属的文化规范,并被相应社会文化群体认可,因此,可以在本土化范围内说明所获取的规则的合理性。

根据以上讨论,假定广义论证的存在性条件得到满足,我们可以得到如下本土化研究方法:

(a) 进入田野整理本土文化中关于论证的相关背景知识:语言、信仰、价值、宗教信念、社会制度、文化习俗等；
（b）进入田野，采集关于论证的经验数据，如音像资料；
（c）用会话分析和语用学方法分析数据，在此基础上概括出候选的逻辑规则；
（d）运用（a）中结果对候选规则的合理性说明，筛选出在该文化中拟似合理的逻辑规则；
（e）重回田野，运用（d）所得规则进行论证实践，对它们进行检验，通过检验者为该文化中控制论证进程的论证规则。

历史学研究表明：文化及其各组成要素是不断变化的。因而，论证所使用的语言及其判定规则合理性的标准也是变动不居的。同时，论证发生时的社会背景、情景和论证者所面临的问题也是不断变化的。因此，不存在固定不变的规则，我们通过田野考察得到的规则必须不断更新。我们面临的是开放世界！

结束之际，回想本项目近十年的研究历程，深感跨学科研究之艰难。不同的学科构成科学文化中不同的亚文化，跨学科研究就是跨文化互动。这涉及到研究对象和方法的归属，这种归属关系又涉及到研究成果的评价，而不同的学科亚文化对此又有不同立场和标准。毫无疑问，这是一个充满争议的领域。在期间行走，更需要持有一种开放的信念以及融合与修正的态度。

最后，我感谢所有项目参与者，尽管我无法在此列出一份完整的名单。感谢我的学生，他们在研究本项目的过程中经历艰难、奉献才智。感谢文学锋副教授，除了出色地完成项目研究任务之外，他还承担了本书编辑中的几乎所有技术工作。特别感谢我多年的朋友罗旭东教授，在与我开展合作之时，他远在英国的太太正陷于病痛之中，在如此艰难的条件下，他依然为项目的完成做出突出贡献；我至今为此感慨不已！

索引

AGM 信念修正理论, 223

半修正算子, 318
帮忙, 180
保护型剪切函数, 289
保护型修正 screened revision, 225
保护型选择函数, 306
本地性, 193
本土化方法, 403, 408
不一致核心集 inconsistent kernel, 232

彩礼, 163
彩礼说理, 171
藏汉互动, 180
常人民族观, 198
常人种族观, 198
超滤, 80
成功率, 369
斥集, 255
抽象论辩, 98
抽象论辩框架, 98
词汇融合, 53

disjunctive 性质, 105
代谢修正算子, 281
独裁性, 77
独立性, 76, 102

多重融合理论, 191
多重文化融合理论, 26

非优先信念修正 non-prioritized belief revision, 224
分离巩固剪切函数, 234
分离巩固选择函数, 246
风险态度, 369
否决权, 102
复合修正 multiple revision, 224
附加, 207

公共空间, 193
公共文化, 26, 193
公理化方法, 71
功能词, 63
共存, 209
共生文化, 3
广义论证, 157, 406

汉明距离, 88
核心信念, 229
会话性语境, 121

IMA 语言, 57
implicative 性质, 105

基外延 grounded extension, 99

集体理性, 77
剪切函数 incision function, 225
简化, 205
紧致性, 73
谨慎单调性, 73
句子修正 sentence revision, 224
聚合 merge, 225

可得性 acquirability, 192
可记忆性, 193
可修改性 revisability, 192
跨文化交流, 2, 13
扩张原理, 339

鲁棒性, 77
论辩, 96
论证, 72
论证模式, 172
论证性语篇, 128
逻辑, 8, 72
逻辑融合, 71
逻辑专名, 44

m-紧致性, 73
面子, 178, 183
模糊动态信念逻辑, 340
模糊分离规则, 339
模糊集, 336
模糊蕴含, 338

内部归因, 199
内隐知识, 192
匿名性, 93, 102

排斥型剪切函数, 296
排斥型选择函数, 312

判断聚合, 82
配额函数, 101
膨胀 expansion, 224
偏好聚合, 82
评价保留集, 266
评价复合修正算子, 252
评价算子, 227
评价选择函数, 269

强一致性, 92
区分, 210

融合, 210
弱一致同意性, 76
弱有根性, 76

三支论式, 11
生成算子, 321
收缩 contraction, 224
受限聚合算子, 319
双加工理论 dual-process theory, 192
双文化认同整合, 197
私人交往型对话, 139
诉诸礼俗, 171

谈判博弈, 358
谈判的解, 360
谈判效率, 369
谈判质量, 369
通名, 47
同时让步的解, 361
透明映射, 57
图聚合, 83
图式 schema, 177

外部归因, 199

411

外部化方法, 403
外延 extension, 99
完全外延 complete extension, 99
维吾尔语, 53
文化, 1
文化模型, 18
文化图式（文化模型）, 177
文化相对性 cultural relativity, 192
文化修正, 20
稳定外延 stable extension, 99
无冲突 conflict-free, 99
五环理论, 404
五支论式, 11

夏河县, 196
闲谈型对话, 138
协同性, 92
信集, 255
信念更新 belief update, 225
信念集 belief set, 225
信念库 belief base, 225
信念融合, 88
信念修正 belief revision, 223
修正 revision, 224
选择函数 selection function, 225
学习型对话, 138

一致保留集 consistent remainder, 240
一致同意性, 75, 102
一致性, 92
异化, 211
优先外延 preferred extension, 99
优先信念修正 prioritized belief revision, 224

友谊, 184
有根性, 75, 92, 102
语境, 65
语言近似, 339
语言真值, 336
语义通用规则, 57
语义网, 34
允可的 admissible, 99

制度性语境, 123
中立性, 76, 102
主超滤, 80
专名, 44
转换, 206

教育部哲学社会科学研究重大课题攻关项目成果出版列表

序号	书　名	首席专家
1	《马克思主义基础理论若干重大问题研究》	陈先达
2	《马克思主义理论学科体系建构与建设研究》	张雷声
3	《马克思主义整体性研究》	逄锦聚
4	《改革开放以来马克思主义在中国的发展》	顾钰民
5	《新时期　新探索　新征程——当代资本主义国家共产党的理论与实践研究》	聂运麟
6	《坚持马克思主义在意识形态领域指导地位研究》	陈先达
7	《当代资本主义新变化的批判性解读》	唐正东
8	《当代中国人精神生活研究》	童世骏
9	《弘扬与培育民族精神研究》	杨叔子
10	《当代科学哲学的发展趋势》	郭贵春
11	《服务型政府建设规律研究》	朱光磊
12	《地方政府改革与深化行政管理体制改革研究》	沈荣华
13	《面向知识表示与推理的自然语言逻辑》	鞠实儿
14	《当代宗教冲突与对话研究》	张志刚
15	《马克思主义文艺理论中国化研究》	朱立元
16	《历史题材文学创作重大问题研究》	童庆炳
17	《现代中西高校公共艺术教育比较研究》	曾繁仁
18	《西方文论中国化与中国文论建设》	王一川
19	《中华民族音乐文化的国际传播与推广》	王耀华
20	《楚地出土戰國簡册［十四種］》	陈　伟
21	《近代中国的知识与制度转型》	桑　兵
22	《中国抗战在世界反法西斯战争中的历史地位》	胡德坤
23	《近代以来日本对华认识及其行动选择研究》	杨栋梁
24	《京津冀都市圈的崛起与中国经济发展》	周立群
25	《金融市场全球化下的中国监管体系研究》	曹凤岐
26	《中国市场经济发展研究》	刘　伟
27	《全球经济调整中的中国经济增长与宏观调控体系研究》	黄　达
28	《中国特大都市圈与世界制造业中心研究》	李廉水

序号	书名	首席专家
29	《中国产业竞争力研究》	赵彦云
30	《东北老工业基地资源型城市发展可持续产业问题研究》	宋冬林
31	《转型时期消费需求升级与产业发展研究》	臧旭恒
32	《中国金融国际化中的风险防范与金融安全研究》	刘锡良
33	《全球新型金融危机与中国的外汇储备战略》	陈雨露
34	《全球金融危机与新常态下的中国产业发展》	段文斌
35	《中国民营经济制度创新与发展》	李维安
36	《中国现代服务经济理论与发展战略研究》	陈宪
37	《中国转型期的社会风险及公共危机管理研究》	丁烈云
38	《人文社会科学研究成果评价体系研究》	刘大椿
39	《中国工业化、城镇化进程中的农村土地问题研究》	曲福田
40	《中国农村社区建设研究》	项继权
41	《东北老工业基地改造与振兴研究》	程伟
42	《全面建设小康社会进程中的我国就业发展战略研究》	曾湘泉
43	《自主创新战略与国际竞争力研究》	吴贵生
44	《转轨经济中的反行政性垄断与促进竞争政策研究》	于良春
45	《面向公共服务的电子政务管理体系研究》	孙宝文
46	《产权理论比较与中国产权制度变革》	黄少安
47	《中国企业集团成长与重组研究》	蓝海林
48	《我国资源、环境、人口与经济承载能力研究》	邱东
49	《"病有所医"——目标、路径与战略选择》	高建民
50	《税收对国民收入分配调控作用研究》	郭庆旺
51	《多党合作与中国共产党执政能力建设研究》	周淑真
52	《规范收入分配秩序研究》	杨灿明
53	《中国社会转型中的政府治理模式研究》	娄成武
54	《中国加入区域经济一体化研究》	黄卫平
55	《金融体制改革和货币问题研究》	王广谦
56	《人民币均衡汇率问题研究》	姜波克
57	《我国土地制度与社会经济协调发展研究》	黄祖辉
58	《南水北调工程与中部地区经济社会可持续发展研究》	杨云彦
59	《产业集聚与区域经济协调发展研究》	王珺

序号	书名	首席专家
60	《我国货币政策体系与传导机制研究》	刘 伟
61	《我国民法典体系问题研究》	王利明
62	《中国司法制度的基础理论问题研究》	陈光中
63	《多元化纠纷解决机制与和谐社会的构建》	范 愉
64	《中国和平发展的重大前沿国际法律问题研究》	曾令良
65	《中国法制现代化的理论与实践》	徐显明
66	《农村土地问题立法研究》	陈小君
67	《知识产权制度变革与发展研究》	吴汉东
68	《中国能源安全若干法律与政策问题研究》	黄 进
69	《城乡统筹视角下我国城乡双向商贸流通体系研究》	任保平
70	《产权强度、土地流转与农民权益保护》	罗必良
71	《我国建设用地总量控制与差别化管理政策研究》	欧名豪
72	《矿产资源有偿使用制度与生态补偿机制》	李国平
73	《巨灾风险管理制度创新研究》	卓 志
74	《国有资产法律保护机制研究》	李曙光
75	《中国与全球油气资源重点区域合作研究》	王 震
76	《可持续发展的中国新型农村社会养老保险制度研究》	邓大松
77	《农民工权益保护理论与实践研究》	刘林平
78	《大学生就业创业教育研究》	杨晓慧
79	《新能源与可再生能源法律与政策研究》	李艳芳
80	《中国海外投资的风险防范与管控体系研究》	陈菲琼
81	《生活质量的指标构建与现状评价》	周长城
82	《中国公民人文素质研究》	石亚军
83	《城市化进程中的重大社会问题及其对策研究》	李 强
84	《中国农村与农民问题前沿研究》	徐 勇
85	《西部开发中的人口流动与族际交往研究》	马 戎
86	《现代农业发展战略研究》	周应恒
87	《综合交通运输体系研究——认知与建构》	荣朝和
88	《中国独生子女问题研究》	风笑天
89	《我国粮食安全保障体系研究》	胡小平
90	《我国食品安全风险防控研究》	王 硕

序号	书　名	首席专家
91	《城市新移民问题及其对策研究》	周大鸣
92	《新农村建设与城镇化推进中农村教育布局调整研究》	史宁中
93	《农村公共产品供给与农村和谐社会建设》	王国华
94	《中国大城市户籍制度改革研究》	彭希哲
95	《国家惠农政策的成效评价与完善研究》	邓大才
96	《以民主促进和谐——和谐社会构建中的基层民主政治建设研究》	徐　勇
97	《城市文化与国家治理——当代中国城市建设理论内涵与发展模式建构》	皇甫晓涛
98	《中国边疆治理研究》	周　平
99	《边疆多民族地区构建社会主义和谐社会研究》	张先亮
100	《新疆民族文化、民族心理与社会长治久安》	高静文
101	《中国大众媒介的传播效果与公信力研究》	喻国明
102	《媒介素养：理念、认知、参与》	陆　晔
103	《创新型国家的知识信息服务体系研究》	胡昌平
104	《数字信息资源规划、管理与利用研究》	马费成
105	《新闻传媒发展与建构和谐社会关系研究》	罗以澄
106	《数字传播技术与媒体产业发展研究》	黄升民
107	《互联网等新媒体对社会舆论影响与利用研究》	谢新洲
108	《网络舆论监测与安全研究》	黄永林
109	《中国文化产业发展战略论》	胡惠林
110	《20世纪中国古代文化经典在域外的传播与影响研究》	张西平
111	《国际传播的理论、现状和发展趋势研究》	吴　飞
112	《教育投入、资源配置与人力资本收益》	闵维方
113	《创新人才与教育创新研究》	林崇德
114	《中国农村教育发展指标体系研究》	袁桂林
115	《高校思想政治理论课程建设研究》	顾海良
116	《网络思想政治教育研究》	张再兴
117	《高校招生考试制度改革研究》	刘海峰
118	《基础教育改革与中国教育学理论重建研究》	叶　澜
119	《我国研究生教育结构调整问题研究》	袁本涛 王传毅
120	《公共财政框架下公共教育财政制度研究》	王善迈

序号	书名	首席专家
121	《农民工子女问题研究》	袁振国
122	《当代大学生诚信制度建设及加强大学生思想政治工作研究》	黄蓉生
123	《从失衡走向平衡：素质教育课程评价体系研究》	钟启泉 崔允漷
124	《构建城乡一体化的教育体制机制研究》	李 玲
125	《高校思想政治理论课教育教学质量监测体系研究》	张耀灿
126	《处境不利儿童的心理发展现状与教育对策研究》	申继亮
127	《学习过程与机制研究》	莫 雷
128	《青少年心理健康素质调查研究》	沈德立
129	《灾后中小学生心理疏导研究》	林崇德
130	《民族地区教育优先发展研究》	张诗亚
131	《WTO主要成员贸易政策体系与对策研究》	张汉林
132	《中国和平发展的国际环境分析》	叶自成
133	《冷战时期美国重大外交政策案例研究》	沈志华
134	《新时期中非合作关系研究》	刘鸿武
135	《我国的地缘政治及其战略研究》	倪世雄
136	《中国海洋发展战略研究》	徐祥民
137	《深化医药卫生体制改革研究》	孟庆跃
138	《华侨华人在中国软实力建设中的作用研究》	黄 平
139	《我国地方法制建设理论与实践研究》	葛洪义
140	《城市化理论重构与城市化战略研究》	张鸿雁
141	《境外宗教渗透论》	段德智
142	《中部崛起过程中的新型工业化研究》	陈晓红
143	《农村社会保障制度研究》	赵 曼
144	《中国艺术学学科体系建设研究》	黄会林
145	《人工耳蜗术后儿童康复教育的原理与方法》	黄昭鸣
146	《我国少数民族音乐资源的保护与开发研究》	樊祖荫
147	《中国道德文化的传统理念与现代践行研究》	李建华
148	《低碳经济转型下的中国排放权交易体系》	齐绍洲
149	《中国东北亚战略与政策研究》	刘清才
150	《促进经济发展方式转变的地方财税体制改革研究》	钟晓敏
151	《中国—东盟区域经济一体化》	范祚军

序号	书　名	首席专家
152	《非传统安全合作与中俄关系》	冯绍雷
153	《外资并购与我国产业安全研究》	李善民
154	《近代汉字术语的生成演变与中西日文化互动研究》	冯天瑜
155	《新时期加强社会组织建设研究》	李友梅
156	《民办学校分类管理政策研究》	周海涛
157	《我国城市住房制度改革研究》	高　波
158	《新媒体环境下的危机传播及舆论引导研究》	喻国明
159	《法治国家建设中的司法判例制度研究》	何家弘
160	《中国女性高层次人才发展规律及发展对策研究》	佟　新
161	《国际金融中心法制环境研究》	周仲飞
162	《居民收入占国民收入比重统计指标体系研究》	刘　扬
163	《中国历代边疆治理研究》	程妮娜
164	《性别视角下的中国文学与文化》	乔以钢
165	《我国公共财政风险评估及其防范对策研究》	吴俊培
166	《中国历代民歌史论》	陈书录
167	《大学生村官成长成才机制研究》	马抗美
168	《完善学校突发事件应急管理机制研究》	马怀德
169	《秦简牍整理与研究》	陈　伟
170	《出土简帛与古史再建》	李学勤
171	《民间借贷与非法集资风险防范的法律机制研究》	岳彩申
172	《新时期社会治安防控体系建设研究》	宫志刚
173	《加快发展我国生产服务业研究》	李江帆
174	《基本公共服务均等化研究》	张贤明
175	《职业教育质量评价体系研究》	周志刚
176	《中国大学校长管理专业化研究》	宣　勇
177	《"两型社会"建设标准及指标体系研究》	陈晓红
178	《中国与中亚地区国家关系研究》	潘志平
179	《保障我国海上通道安全研究》	吕　靖
180	《世界主要国家安全体制机制研究》	刘胜湘
181	《中国流动人口的城市逐梦》	杨菊华
182	《建设人口均衡型社会研究》	刘渝琳
183	《农产品流通体系建设的机制创新与政策体系研究》	夏春玉

序号	书　名	首席专家
184	《区域经济一体化中府际合作的法律问题研究》	石佑启
185	《城乡劳动力平等就业研究》	姚先国
186	《20世纪朱子学研究精华集成——从学术思想史的视角》	乐爱国
187	《拔尖创新人才成长规律与培养模式研究》	林崇德
188	《生态文明制度建设研究》	陈晓红
189	《我国城镇住房保障体系及运行机制研究》	虞晓芬
190	《中国战略性新兴产业国际化战略研究》	汪　涛
191	《证据科学论纲》	张保生
192	《要素成本上升背景下我国外贸中长期发展趋势研究》	黄建忠
193	《中国历代长城研究》	段清波
194	《当代技术哲学的发展趋势研究》	吴国林
195	《20世纪中国社会思潮研究》	高瑞泉
196	《中国社会保障制度整合与体系完善重大问题研究》	丁建定
197	《民族地区特殊类型贫困与反贫困研究》	李俊杰
198	《扩大消费需求的长效机制研究》	臧旭恒
199	《我国土地出让制度改革及收益共享机制研究》	石晓平
200	《高等学校分类体系及其设置标准研究》	史秋衡
201	《全面加强学校德育体系建设研究》	杜时忠
202	《生态环境公益诉讼机制研究》	颜运秋
203	《科学研究与高等教育深度融合的知识创新体系建设研究》	杜德斌
204	《女性高层次人才成长规律与发展对策研究》	罗瑾琏
205	《岳麓秦简与秦代法律制度研究》	陈松长
206	《民办教育分类管理政策实施跟踪与评估研究》	周海涛
207	《建立城乡统一的建设用地市场研究》	张安录
208	《迈向高质量发展的经济结构转变研究》	郭熙保
209	《中国社会福利理论与制度构建——以适度普惠社会福利制度为例》	彭华民
210	《提高教育系统廉政文化建设实效性和针对性研究》	罗国振
211	《毒品成瘾及其复吸行为——心理学的研究视角》	沈模卫
212	《英语世界的中国文学译介与研究》	曹顺庆
213	《建立公开规范的住房公积金制度研究》	王先柱

序号	书名	首席专家
214	《现代归纳逻辑理论及其应用研究》	何向东
215	《时代变迁、技术扩散与教育变革：信息化教育的理论与实践探索》	杨浩
216	《城镇化进程中新生代农民工职业教育与社会融合问题研究》	褚宏启 薛二勇
217	《我国先进制造业发展战略研究》	唐晓华
218	《融合与修正：跨文化交流的逻辑与认知研究》	鞠实儿
……		